Princípios Constitucionais Penais e Processuais Penais

O GEN | Grupo Editorial Nacional reúne as editoras Guanabara Koogan, Santos, Roca, AC Farmacêutica, Forense, Método, LTC, E.P.U. e Forense Universitária, que publicam nas áreas científica, técnica e profissional.

Essas empresas, respeitadas no mercado editorial, construíram catálogos inigualáveis, com obras que têm sido decisivas na formação acadêmica e no aperfeiçoamento de várias gerações de profissionais e de estudantes de Administração, Direito, Enfermagem, Engenharia, Fisioterapia, Medicina, Odontologia, Educação Física e muitas outras ciências, tendo se tornado sinônimo de seriedade e respeito.

Nossa missão é prover o melhor conteúdo científico e distribuí-lo de maneira flexível e conveniente, a preços justos, gerando benefícios e servindo a autores, docentes, livreiros, funcionários, colaboradores e acionistas.

Nosso comportamento ético incondicional e nossa responsabilidade social e ambiental são reforçados pela natureza educacional de nossa atividade, sem comprometer o crescimento contínuo e a rentabilidade do grupo.

Guilherme de Souza Nucci

Princípios Constitucionais Penais e Processuais Penais

4.ª edição
revista, atualizada
e ampliada

RIO DE JANEIRO

■ A EDITORA FORENSE se responsabiliza pelos vícios do produto no que concerne à sua edição (impressão e apresentação a fim de possibilitar ao consumidor bem manuseá-lo e lê-lo). Nem a editora nem o autor assumem qualquer responsabilidade por eventuais danos ou perdas a pessoa ou bens, decorrentes do uso da presente obra.
Todos os direitos reservados. Nos termos da Lei que resguarda os direitos autorais, é proibida a reprodução total ou parcial de qualquer forma ou por qualquer meio, eletrônico ou mecânico, inclusive através de processos xerográficos, fotocópia e gravação, sem permissão por escrito do autor e do editor.

Impresso no Brasil – *Printed in Brazil*

■ Direitos exclusivos para o Brasil na língua portuguesa
Copyright © 2015 by
EDITORA FORENSE LTDA.
Uma editora integrante do GEN | Grupo Editorial Nacional
Travessa do Ouvidor, 11 – Térreo e 6º andar – 20040-040 – Rio de Janeiro – RJ
Tel.: (21) 3543-0770 – Fax: (21) 3543-0896
forense@grupogen.com.br | www.grupogen.com.br

■ O titular cuja obra seja fraudulentamente reproduzida, divulgada ou de qualquer forma utilizada poderá requerer a apreensão dos exemplares reproduzidos ou a suspensão da divulgação, sem prejuízo da indenização cabível (art. 102 da Lei n. 9.610, de 19.02.1998). Quem vender, expuser à venda, ocultar, adquirir, distribuir, tiver em depósito ou utilizar obra ou fonograma reproduzidos com fraude, com a finalidade de vender, obter ganho, vantagem, proveito, lucro direto ou indireto, para si ou para outrem, será solidariamente responsável com o contrafator, nos termos dos artigos precedentes, respondendo como contrafatores o importador e o distribuidor em caso de reprodução no exterior (art. 104 da Lei n. 9.610/98).

■ A Editora Forense passou a publicar esta obra a partir da 4.ª edição.

■ Capa: Danilo Oliveira

■ CIP – Brasil. Catalogação-na-fonte.
Sindicato Nacional dos Editores de Livros, RJ.

Nucci, Guilherme de Souza

Princípios constitucionais penais e processuais penais / Guilherme de Souza Nucci. – 4. ed. rev., atual. e ampl. – Rio de Janeiro : Forense, 2015.

Inclui bibliografia
ISBN 978-85-309-6203-6

1. Direito penal. 2. Processo penal. I. Título.

14-18703

CDU: 343.1(81)

A dignidade da pessoa humana é a meta maior na caminhada pelo aperfeiçoamento interior, motivo pelo qual não devemos nos basear em nossos próprios defeitos ou falhas, mas, sim, pela perfeição, composta, dentre outras virtudes, pela razoabilidade, sensibilidade e moderação de sentimentos.

O mundo jurídico não difere do real; em verdade, neste está inserido. A solidariedade e a fraternidade compõem a incessante busca pelo aprimoramento humano, constituindo o princípio mais relevante no horizonte do Estado Democrático de Direito.

Nota da Editora: o Acordo Ortográfico foi aplicado integralmente nesta obra.

APRESENTAÇÃO À 4.ª EDIÇÃO

Esta é a 4.ª edição do livro *Princípios constitucionais penais e processuais penais*, embora constitua a primeira edição publicada pela Editora Forense, que hoje abriga todas as minhas obras.

Creio ser interessante um pequeno escorço histórico deste trabalho, um dos mais importantes para mim. Desenvolvido em 2010, depois de pesquisas realizadas com meu Grupo de Estudos da PUC-SP e de muitas reflexões decorrentes da minha atuação como professor e magistrado, notei ser o momento ideal de construir um sistema de princípios constitucionais, entrelaçando Direito Penal e Processo Penal. É preciso colocar um fim na infeliz junção, feita há algumas décadas, do Processo Penal ao Processo Civil, na chamada Teoria Geral do Processo. Na verdade, bem observando, essa teoria só serviu ao processo civil, pois tornou o processo penal o seu apêndice. Não é à toa que, nos primórdios, foi constituída por processualistas civis, que pincelavam linhas no processo penal – ciência considerada menor, na prática acadêmica. Somente quem a estuda com afinco pode sentir esse menosprezo doutrinário pelo processo penal.

Os princípios constitucionais, muitos dos quais significam nítidos direitos humanos fundamentais, são, na maioria, voltados ao Direito Penal e ao Processo Penal – e não ao processo civil. Assim sendo, cabe entrelaçar as ciências criminais num só cenário, desvinculando, como modo e método de trabalho, o processo penal do processo civil.

O braço repressivo do Estado concentra-se no Direito Penal, mas este somente se realiza por meio do devido processo legal, que, em última análise, é também o processo penal em atividade. A própria prisão cautelar interliga--se, com perfeição, a um instituto penal, como a detração. A execução penal, que hoje aufere posto de ciência autônoma, tem os seus princípios marcantes em Direito Penal e Processo Penal. Vários institutos de Direito Penal estão repetidos na Execução Penal. Essas são apenas algumas amostras da mais perfeita identidade entre Penal e Processo Penal.

Esta obra já começou a produzir seus efeitos positivos e, para meu júbilo, foi indicada dentre as dez melhores de 2011, na área jurídica, concorrendo ao *Prêmio Jabuti*.

Mantenho-a como um livro de cabeceira para escrever todas as minhas demais obras, pela imensa relevância dos princípios constitucionais regentes das ciências criminais em geral. E sigo além, pela importância do princípio regente de todas as disciplinas, que é a *dignidade da pessoa humana*.

Apresento esta edição ao leitor, com a mais atualizada jurisprudência dos tribunais brasileiros, em especial do STF e do STJ. Foi revista e preparada para perpetuar-se em 2015.

Ao leitor amigo, o meu agradecimento pelas contínuas colaborações. À Editora Forense, o meu reconhecimento pelo trabalho inestimável.

São Paulo, janeiro de 2015.

O Autor

SUMÁRIO

I. PRINCÍPIOS 27

   1. Conceito e amplitude 27

   2. Graduação dos princípios 30

II. PRINCÍPIOS REGENTES 31

   1. Dignidade da pessoa humana 31

     1.1   Aspectos do crime e a dignidade da pessoa humana 33

     1.2   Aspectos do processo e a dignidade da pessoa humana 39

     1.3   A dignidade da pessoa humana na jurisprudência 42

       1.3.1   Exteriorização penal 42

         1.3.1.1   Insignificância e crime militar 42

         1.3.1.2   Tráfico de drogas e substituição da pena privativa de liberdade por restritiva de direitos 43

         1.3.1.3   Execução provisória da pena 44

         1.3.1.4   *Sursis* humanitário e prisão domiciliar 44

         1.3.1.5   Inexistência de casa do albergado 44

1.3.1.6	Controle judiciário da execução penal	45
1.3.1.7	Insignificância no contexto tributário	46
1.3.1.8	Penas alternativas e cestas básicas	46
1.3.1.9	Finalidade da pena	47
1.3.1.10	Redução a condição análoga à de escravo	47
1.3.1.11	Trabalho externo e regime semiaberto	48
1.3.1.12	Visita íntima	48
1.3.1.13	Local adequado para abrigar inimputável	48
1.3.1.14	Superlotação dos presídios e regime inadequado	49
1.3.1.15	Indevida violação do sigilo bancário pela Receita Federal	49
1.3.1.16	Violação da dupla punição pelo mesmo fato	50
1.3.1.17	Progressão de regime para condenado estrangeiro	50
1.3.2	Exteriorização processual penal	50
1.3.2.1	Prisão domiciliar	50
1.3.2.2	Justa causa para a ação penal e recebimento da denúncia	51
1.3.2.3	Prisão cautelar e razoável duração do processo	51
1.3.2.4	Competência federal e redução à condição análoga a de escravo	53
1.3.2.5	Direito de presença em juízo	54
1.3.2.6	Avaliação da palavra da vítima	54
1.3.2.7	A soberania dos veredictos e a dignidade da vítima	54
1.3.2.8	Ilegitimidade da prova advinda da fase inquisitiva	55
1.3.2.9	Excepcionalidade da prisão cautelar	56
1.3.2.10	Provas ilícitas e direito à intimidade	57
1.3.2.11	Tráfico de drogas e liberdade provisória	58
1.3.2.12	Fixação da competência federal nos crimes contra a organização do trabalho	59
1.3.2.13	Termos usados na denúncia para designar o acusado	59
1.3.2.14	Comparecimento em juízo durante a execução da pena	59
1.3.2.15	Indispensabilidade da fundamentação da decisão judicial	60
1.3.2.16	Denúncia genérica	60
1.3.2.17	Substituição da prisão por outras medidas cautelares	60
1.3.2.18	Condições precárias de saúde e direito à liberdade provisória	61

2.	Devido processo legal	61
2.1	Aspectos ligados ao crime	63
2.2	Aspectos ligados ao processo	64
2.3	A devida investigação penal	65
2.4	O devido processo legal na jurisprudência	69
2.4.1	Exteriorização penal	69
2.4.1.1	Correlação com a intervenção mínima	69
2.4.1.2	Correlação com a responsabilidade pessoal	70
2.5.2	Exteriorização processual penal	70
2.5.2.1	Correlação com a ampla defesa	70
2.5.2.2	Correlação com a duração razoável do processo	71
2.5.2.3	Correlação com o contraditório	72
2.5.2.4	Correlação com as provas ilícitas	73
2.5.2.5	Correlação com a prevalência do interesse do réu	73
2.5.2.6	Correlação com a presunção de inocência	74
2.5.2.7	Correlação com o duplo grau de jurisdição	74
2.5.2.8	*Habeas corpus* e avaliação de provas	74
2.5.2.9	Videoconferência antes da Lei 11.900/2009	75
2.5.2.10	Nulidade do processo e avaliação do prejuízo para o réu..	76
2.5.2.11	Julgamento antecipado da lide	76
2.5.2.12	Possibilidade de decretação da prisão cautelar	76
2.5.2.13	Observância dos prazos	77
2.5.2.14	Oferta de suspensão condicional do processo pelo Ministério Público	77
2.5.2.15	Perícia não pode ser substituída por testemunhas	78
2.5.2.16	Correlação com publicidade do processo, ampla defesa e contraditório em relação ao sigilo imposto por Provimento do TJSP	78
2.5.2.17	Correlação com o direito à liberdade provisória	78
2.5.2.18	Expressão do direito de defesa	79

III.	**DIREITOS E GARANTIAS HUMANAS FUNDAMENTAIS**	**81**
1.	Direitos humanos fundamentais	81

2. Garantias humanas fundamentais 83

3. Superioridade dos direitos e garantais fundamentais e harmonia das normas constitucionais 84

IV. PRINCÍPIOS CONSTITUCIONAIS PENAIS E ENFOQUES PROCESSUAIS PENAIS 89

1. Princípios explícitos 89

   1.1   Concernentes à atuação do Estado 89

      1.1.1   Princípio da legalidade ou da reserva legal e princípios correlatos da estrita legalidade da prisão cautelar, da obrigatoriedade da ação penal e da oficialidade 89

         1.1.1.1   Conceito e alcance 89

         1.1.1.2   Legalidade formal e eficácia do princípio 91

         1.1.1.3   Fontes do direito penal e do processo penal 93

         1.1.1.4   Alguns instrumentos de criação do tipo penal: enfoques do tipo aberto, do tipo remissivo e da norma penal em branco 99

         1.1.1.5   Alguns instrumentos de integração e interpretação da norma penal: enfoques da analogia, da interpretação analógica e da interpretação extensiva 102

         1.1.1.6   Alguns instrumentos de integração e interpretação da norma processual penal: enfoques da analogia, da interpretação analógica e da interpretação extensiva 105

         1.1.1.7   Medida de segurança: aspectos cautelares e executórios .. 106

         1.1.1.8   A função do costume nos âmbitos penal e processual penal 107

         1.1.1.9   Estrita legalidade da prisão cautelar 108

         1.1.1.10   Obrigatoriedade da ação penal 110

         1.1.1.11   Oficialidade 111

         1.1.1.12   A legalidade na jurisprudência 112

      1.1.2   Princípio da anterioridade da lei penal 136

         1.1.2.1   Conceito e aplicação prática 136

         1.1.2.2   Correlação com a retroatividade da lei penal benéfica 137

         1.1.2.3   A anterioridade na jurisprudência 137

      1.1.3   Princípio da retroatividade da lei penal benéfica 139

1.1.3.1	Conceito e relevância	139
1.1.3.2	Extratividade da lei penal benéfica	140
1.1.3.2.1	Ultratividade da lei	143
1.1.3.2.2	Retroatividade da lei	143
1.1.3.2.3	Lei penal intermediária	144
1.1.3.3	Lei penal abolicionista e o princípio da continuidade normativa típica	144
1.1.3.4	Aspectos polêmicos da retroatividade benéfica	145
1.1.3.4.1	Interpretação benéfica de lei penal	145
1.1.3.4.2	Lei penal corretiva ou interpretativa	146
1.1.3.4.3	Lei penal publicada com erro	148
1.1.3.4.4	Lei penal em *vacatio legis*	149
1.1.3.4.5	Lei penal inconstitucional	152
1.1.3.4.6	Combinação de leis penais	152
1.1.3.4.7	Crime permanente e crime continuado	155
1.1.3.5	Competência para aplicação	156
1.1.3.6	Leis processuais penais materiais	157
1.1.3.7	Lei penal excepcional ou temporária	160
1.1.3.8	A retroatividade da lei penal benéfica na jurisprudência	161
1.1.3.8.1	Retroatividade benéfica na aplicação da pena	161
1.1.3.8.2	Combinação de leis	163
1.1.3.8.3	Retroatividade benéfica do complemento de norma em branco	169
1.1.3.8.4	Irretroatividade prejudicial	169
1.1.3.8.5	Norma processual penal material benéfica	170
1.1.3.8.6	Extratividade fora do período data do fato/término do interesse punitivo estatal	171
1.1.3.8.7	Ultratividade benéfica	171
1.1.3.8.8	Retroatividade da remição benéfica	172
1.1.3.8.9	Competência para aplicar a lei nova favorável	173
1.1.3.8.10	Retroatividade de norma extrapenal gerando insignificância	174
1.1.4	Princípio da humanidade	174
1.1.4.1	A concretude do princípio da humanidade	176

1.1.4.2	A humanidade na jurisprudência	179
1.1.4.2.1	Progressão de regime	179
1.1.4.2.2	Cumprimento da pena privativa de liberdade em presídio federal	180
1.1.4.2.3	Viabilidade da prisão domiciliar	181
1.1.4.2.4	Extensão da medida de segurança	182
1.1.4.2.5	Progressão de regime para estrangeiro	183
1.2	Concernentes ao indivíduo	183
1.2.1	Princípio da personalidade ou da responsabilidade pessoal e princípio consequencial da intranscendência	183
1.2.1.1	Conceito e amplitude	183
1.2.1.2	A medida penal do princípio	184
1.2.1.3	A medida extrapenal do princípio	186
1.2.1.4	Correlação entre responsabilidade pessoal e culpabilidade	188
1.2.1.5	Correção entre responsabilidade pessoal e intranscendência	189
1.2.1.6	A responsabilidade pessoal na jurisprudência	189
1.2.1.6.1	Exigência	189
1.2.1.6.2	Não configuração	190
1.2.1.6.3	Concurso de pessoas	191
1.2.1.6.4	Responsabilidade civil independente	191
1.2.1.6.5	Intranscendência	191
1.2.1.6.6	Execução penal	192
1.2.1.6.7	Confusão indevida entre pessoa jurídica e sócio	193
1.2.2	Princípio da individualização da pena e princípio correlato da individualização das medidas cautelares processuais penais...	193
1.2.2.1	Conceito e importância	193
1.2.2.2	A concretização da pena: *quantum*, regime e benefícios ..	195
1.2.2.3	A motivação da aplicação da pena	197
1.2.2.4	Individualização das medidas cautelares processuais penais	198
1.2.2.5	A individualização executória	199
1.2.2.6	A detração e o regime inicial de cumprimento da pena	201

1.2.2.7	A individualização da pena na jurisprudência..................	202
1.2.2.7.1	Fundamentação da dosimetria.......................................	202
1.2.2.7.2	Não ofensa ao princípio da individualização da pena....	206
1.2.2.7.3	Contexto processual	207
1.2.2.7.4	Individualização executória...	207
1.2.2.7.5	Regime inicial semiaberto e inclusão do réu no fechado por falta de vaga...	209
1.2.2.7.6	Deferimento da progressão do fechado ao semiaberto e falta de vaga	209
1.2.2.7.7	Concessão de indulto e rigoroso cumprimento dos termos do decreto	210
1.2.2.7.8	Cálculo das causas de aumento do roubo: qualidade e não quantidade...	211
1.2.2.7.9	Individualização de corréus...	211
1.2.2.7.10	Importância do critério trifásico....................................	212
1.2.2.7.11	Inconstitucionalidade de lei em face do regime inicial fechado	212
1.2.2.7.12	Progressão para estrangeiro...	213
1.2.2.7.13	Limite mínimo e coexistência de atenuantes	213
1.2.2.7.14	Vedação ao *bis in idem*..	213
1.2.2.7.15	Supressão de instância	214
2.	**Princípios implícitos**..	214
2.1	Concernentes à atuação do Estado..	214
2.1.1	Princípio da intervenção mínima – princípios paralelos e corolários: subsidiariedade, fragmentariedade e ofensividade.........	214
2.1.1.1	Princípio da insignificância	218
2.1.1.2	A insignificância na jurisprudência	223
2.1.1.2.1	Aplicabilidade...	223
2.1.1.2.2	Inaplicabilidade..	239
2.1.1.3	Princípio da adequação social..	250
2.1.1.4	A adequação social na jurisprudência criminal.............	251
2.1.1.4.1	Admissibilidade	251
2.1.1.4.2	Inadmissibilidade..	251
2.1.1.4.3	A polêmica do crime do art. 229 do Código Penal	254

2.1.1.5   A tipificação do perigo abstrato.. 255

2.1.2   Princípio da taxatividade.. 258

2.1.2.1   Conceito e importância.. 258

2.1.2.2   Mecanismos legítimos para a construção dos tipos penais: elementos normativos, subjetivos específicos e norma em branco... 258

2.1.2.3   Análise dos tipos abertos.. 260

2.1.2.3.1   Os elementos necessários... 260

2.1.2.3.2   Os excessos ofensivos à taxatividade...................... 264

2.1.2.4   As falhas de construções dos tipos penais......................... 269

2.1.2.4.1   Tautologia.. 269

2.1.2.4.2   Omissão descritiva.. 270

2.1.2.4.3   Excesso descritivo... 270

2.1.2.4.4   Estrutura fechada em tipo aberto........................... 271

2.1.2.4.5   Estrutura aberta em tipo fechado........................... 272

2.1.2.4.6   Estrutura fechada excessivamente limitante.......... 272

2.1.2.4.7   Inserção de elemento subjetivo genérico................ 274

2.1.2.4.8   Inserção de elemento subjetivo específico limitador...... 275

2.1.2.4.9   Título inadequado... 276

2.1.2.4.10   Título implícito... 276

2.1.2.5   Normas penais explicativas.. 277

2.1.2.6   Tipos remissivos... 278

2.1.2.7   Política criminal... 279

2.1.2.8   A taxatividade na jurisprudência.. 281

2.1.3   Princípio da proporcionalidade.. 283

2.1.3.1   Conceito e dimensão... 283

2.1.3.2   Alterações legislativas e desproporcionalidade.................. 284

2.1.3.3   O princípio da proibição da proteção deficiente................ 287

2.1.3.4   A proporcionalidade na jurisprudência.............................. 288

2.1.3.4.1   Aplicação da pena.. 288

2.1.3.4.2   Pena pecuniária... 298

2.1.3.4.3   Correlação com o princípio da individualização da pena.. 299

2.1.3.4.4	Execução da pena	301
2.1.3.4.5	Prisão cautelar e medidas cautelares alternativas	301
2.1.4	Princípio da vedação da dupla punição pelo mesmo fato	306
2.1.4.1	Conceito e aplicação prática	306
2.1.4.2	Correlação com a individualização da pena	306
2.1.4.3	Inconstitucionalidade do art. 8.º do Código Penal	307
2.1.4.4	A constitucionalidade da aplicação da reincidência	307
2.1.4.5	Absorção do perigo pelo dano	308
2.1.4.6	A dupla punição na jurisprudência	309
2.1.4.6.1	Extradição	309
2.1.4.6.2	Reincidência	309
2.1.4.6.3	Consideração do mesmo fato para diferentes fases da aplicação da pena	311
2.1.4.6.4	Regime de cumprimento da pena e pena restritiva de direitos	313
2.1.4.6.5	Conflito aparente de normas	314
2.1.4.6.6	Elementares do tipo e demais circunstâncias para aplicação da pena	314
2.1.4.6.7	Concurso entre roubo qualificado e quadrilha [associação criminosa] armada	315
2.1.4.6.8	Circunstâncias judiciais na dosimetria da pena	315
2.1.4.6.9	Concurso entre delitos financeiros e lavagem de dinheiro	315
2.1.4.6.10	Em confronto com a transação penal	316
2.2	Concernente ao indivíduo	316
2.2.1	Princípio da culpabilidade	316
2.2.1.1	Conceito e relevância	316
2.2.1.2	Dolo e culpa: uma nova abordagem	318
2.2.1.3	Responsabilidade penal objetiva, sua extensão na teoria do tipo e o enfoque da embriaguez voluntária ou culposa	321
2.2.1.4	Culpabilidade no campo da aplicação da pena	326
2.2.1.5	Culpabilidade no processo penal	326
2.2.1.6	A culpabilidade na jurisprudência	327

2.2.1.6.1	A responsabilidade penal objetiva na jurisprudência	327
2.2.1.6.2	Culpabilidade na aplicação da pena	331

V. PRINCÍPIOS CONSTITUCIONAIS PROCESSUAIS PENAIS E ENFOQUES PENAIS 333

1. Princípios explícitos.. 333

1.1   Concernentes ao indivíduo.. 333

1.1.1   Princípio da presunção de inocência.................................... 333

     1.1.1.1   Conceito e extensão 333

     1.1.1.2   Ônus da prova.. 335

     1.1.1.3   Excepcionalidade das medidas restritivas à liberdade e à intimidade... 337

       1.1.1.3.1   A denúncia anônima..................................... 337

       1.1.1.3.2   A prisão preventiva como fundamento cautelar único... 338

       1.1.1.3.3   O *habeas corpus* e a dúvida quanto à necessidade da prisão cautelar 339

     1.1.1.4   Princípios consequenciais da prevalência do interesse do réu e da imunidade à autoacusação 340

       1.1.1.4.1   Prevalência do interesse do réu..................... 341

       1.1.1.4.2   Imunidade à autoacusação e direito ao silêncio.......... 341

       1.1.1.4.3   Presunção de culpa no Direito Penal 344

       1.1.1.4.4   Inaplicabilidade após o trânsito em julgado................ 346

       1.1.1.4.5   Prescrição antecipada ou virtual 347

       1.1.1.4.6   A presunção de inocência na jurisprudência............. 349

1.1.2   Princípio da ampla defesa 368

     1.1.2.1   Conceito e vastidão 368

     1.1.2.2   Autodefesa e defesa técnica.................................... 368

     1.1.2.3   Correlação com o estado de inocência..................... 369

     1.1.2.4   Correlação com a duração razoável do processo e impunidade 370

     1.1.2.5   Especificidades no processo penal 370

     1.1.2.6   A ampla defesa na jurisprudência........................... 372

       1.1.2.6.1   Atuação do defensor 372

       1.1.2.6.2   Conteúdo da acusação.................................. 378

1.1.2.6.3	Peças processuais	380
1.1.2.6.4	Medidas cautelares de restrição à propriedade	383
1.1.2.6.5	Comunicações de atos por edital	384
1.1.2.6.6	Revogação de benefícios penais	385
1.1.2.6.7	Avaliação de provas	386
1.1.2.6.8	Apelação e fuga do réu	387
1.1.2.6.9	Execução penal	387
1.1.2.6.10	Confronto com o crime de falsa identidade	389
1.1.2.6.11	Confronto com o Provimento 32/2000 do TJSP, que impõe sigilo aos nomes de vítimas e testemunhas	389
1.1.2.6.12	Apreciação de recurso somente pelo relator	389
1.1.2.6.13	Fixação de indenização civil na sentença condenatória	389
1.1.2.6.14	Atuação do Ministério Público em 2.º grau	390
1.1.2.6.15	Ordem de inquirição do réu e das testemunhas	390
1.1.3	Princípio da plenitude de defesa	390
1.1.3.1	Conceito e interesse prático	390
1.1.3.2	Especificidades no processo penal	391
1.1.3.3	Restrição à autodefesa técnica	392
1.1.3.4	A plenitude de defesa na jurisprudência	393
1.1.3.4.1	Atuação do defensor	393
1.1.3.4.2	Autodefesa e defesa técnica	394
1.1.3.4.3	Superioridade em relação à ampla defesa	395
1.1.3.4.4	Tréplica no júri	396
1.1.3.4.5	Não divulgação do resultado total da votação	396
1.1.3.4.6	Quesito de interesse defensivo não levantado pelas partes em plenário	396
1.1.3.4.7	Intimação de corréu e seu defensor para o interrogatório de outro acusado	396
1.1.3.4.8	Presença do acusado no julgamento	397
1.1.3.4.9	Prazo entre a intimação do Defensor Público e a data do julgamento pelo júri	397
1.1.3.4.10	Reconhecimento de atenuante de ofício pelo juiz presidente	397
1.1.3.4.11	Ausência de correlação entre acusação e pronúncia	398

1.2 Concernente à relação processual	398
1.2.1 Princípio do contraditório	398
1.2.1.1 Conceito e limites	398
1.2.1.2 Contraditório de fatos	400
1.2.1.3 Contraditório de direito	400
1.2.1.4 Contraditório de provas	401
1.2.1.5 Contraditório de alegações e requerimentos	401
1.2.1.6 A não prevalência do contraditório	402
1.2.1.7 O contraditório na jurisprudência	403
1.2.1.7.1 Provas	403
1.2.1.7.2 Investigação policial	405
1.2.1.7.3 Nulidades	407
1.2.1.7.4 Análise dos argumentos das partes	407
1.2.1.7.5 Recebimento da denúncia	408
1.2.1.7.6 Advogado	410
1.2.1.7.7 Recursos	411
1.2.1.7.8 Direito de audiência	412
1.2.1.7.9 Execução penal	412
1.2.1.7.10 *Habeas corpus*	416
1.2.1.7.11 Medidas cautelares	416
1.2.1.7.12 Indenização civil	417
1.2.1.7.13 Absolvição sumária do art. 397 do CPP	417
1.2.1.7.14 Revisão criminal	417
1.2.1.7.15 Necessidade de intimação	418
1.2.1.7.16 Imposição de penas restritivas de direitos	418
1.2.1.7.17 Inviabilidade da inovação da tese defensiva na tréplica	419
1.2.1.7.18 Ordem de manifestação para sustentação oral	419
1.2.1.7.19 Indeferimento de carta rogatória	419
1.2.1.7.20 Inovação de tese em embargos de declaração	419
1.3 Concernentes à atuação do Estado	420

1.3.1	Princípio do juiz natural e imparcial e princípio consequencial da iniciativa das partes		420
	1.3.1.1	Conceito e abrangência	420
	1.3.1.2	Juiz natural e juízo ou tribunal de exceção	421
	1.3.1.3	Juiz imparcial	421
	1.3.1.4	Iniciativa do juiz	423
	1.3.1.5	Imparcialidade e motivação das decisões	424
	1.3.1.6	Modificações de competência	425
	1.3.1.7	Instrumentos casuísticos	426
	1.3.1.8	O juiz natural e imparcial na jurisprudência	427
	1.3.1.8.1	Juiz Natural	427
	1.3.1.8.2	Juiz imparcial	432
	1.3.1.8.3	Supressão de instância	436
1.3.2	Princípio da publicidade		437
	1.3.2.1	Conceito e mérito	437
	1.3.2.2	Intimidade e informação	439
	1.3.2.3	Segredo de justiça e suas implicações	441
	1.3.2.4	A publicidade na jurisprudência	442
	1.3.2.4.1	Publicidade específica	442
	1.3.2.4.2	Recursos	445
	1.3.2.4.3	Confronto com o sigilo	445
	1.3.2.4.4	Divulgação do nome do réu	445
	1.3.2.4.5	Intimação pelo Diário Oficial	446
1.3.3	Princípio da vedação das provas ilícitas		446
	1.3.3.1	Conceito e fundamento	446
	1.3.3.2	Provas obtidas ilicitamente e a prevalência do interesse do réu	448
	1.3.3.3	Disciplina legal	449
	1.3.3.4	As provas ilegítimas e as nulidades	449
	1.3.3.5	A teoria da proporcionalidade na aceitação da prova ilícita	450
	1.3.3.6	A prova ilícita por derivação	451
	1.3.3.7	Incidente de ilicitude da prova	452

1.3.3.8	A prova ilícita na jurisprudência	453
1.3.3.8.1	Prova ilícita por derivação	453
1.3.3.8.2	Demonstração da ilicitude da prova	455
1.3.3.8.3	Utilização de prova ilícita na sentença	456
1.3.3.8.4	Confronto com o direito à intimidade	456
1.3.3.8.5	Prova produzida por particular	457
1.3.3.8.6	Interceptação telefônica	457
1.3.3.8.7	Reconhecimento do acusado	459
1.3.4	Princípio da economia processual e princípios correlatos e consequenciais da duração razoável do processo e da duração razoável da prisão cautelar	460
1.3.4.1	Conceito e relevância	460
1.3.4.2	Princípio da duração razoável do processo	462
1.3.4.3	Princípio da duração razoável da prisão cautelar	463
1.3.4.3.1	O critério da proporcionalidade	463
1.3.4.4	A economia processual na jurisprudência	464
1.3.4.4.1	Duração razoável da prisão cautelar	464
1.3.4.4.2	Duração razoável do processo	485
1.3.4.4.3	Perpetuação da jurisdição	488
1.3.4.4.4	Falha de fundamentação e redução de pena	489
1.3.4.4.5	Reconhecimento de nulidade	489
1.3.4.4.6	Incompatibilidade da citação por edital no Juizado Especial Criminal	489
1.3.4.4.7	Julgamento unificado	490
1.3.4.4.8	Hipótese de absolvição sumária	490
1.3.4.4.9	Respeito à ampla defesa	490
1.3.4.4.10	Prova emprestada	491
1.3.4.4.11	Em conflito de competência	492
1.3.5	Princípios regentes do Tribunal do Júri	493
1.3.5.1	Tribunal do Júri como direito e garantia humana fundamental	493
1.3.5.2	Princípio do sigilo das votações	493
1.3.5.3	Princípio da soberania dos veredictos	495

1.3.5.4	Princípio da preservação da competência para julgamento dos crimes dolosos contra a vida	497
1.3.5.5	O sigilo das votações na jurisprudência	498
1.3.5.5.1	Motivação das decisões	498
1.3.5.5.2	Incomunicabilidade dos jurados	499
1.3.5.6	A soberania dos veredictos na jurisprudência	499
1.3.5.6.1	Apelação	499
1.3.5.6.2	Pronúncia	503
1.3.5.6.3	Quesitação	504
1.3.5.6.4	Recursos	504
1.3.5.7	Competência para os crimes dolosos contra a vida	505
2.	**Princípios implícitos**	505
2.1	Concernentes à relação processual	505
2.1.1	Princípio do duplo grau de jurisdição	505
2.1.1.1	Conceito e aplicabilidade	505
2.1.1.2	Exceções ao duplo grau de jurisdição	507
2.1.1.3	Fundamentação nos graus superiores	508
2.1.1.4	Supressão de instância	509
2.1.1.5	O duplo grau de jurisdição na jurisprudência	510
2.1.1.5.1	Limites ao duplo grau de jurisdição	510
2.1.1.5.2	Exercício do duplo grau de jurisdição	511
2.1.1.5.3	Correlação com outros princípios	512
2.1.1.5.4	Supressão de instância	513
2.1.1.5.5	Recurso no Júri	516
2.1.1.5.6	Julgamento por câmaras formadas por juízes de primeiro grau	517
2.2	Concernentes à atuação do Estado	517
2.2.1	Princípio do promotor natural e imparcial	517
2.2.1.1	Conceito e aplicação	517
2.2.1.2	Fundamento constitucional	518
2.2.1.3	O promotor natural na jurisprudência	519
2.2.1.3.1	Previsão no ordenamento brasileiro	519
2.2.1.3.2	Atuação na fase investigatória	522

2.2.1.3.3 Competência por prerrogativa de foro 523

2.2.1.3.4 Unidade e indivisibilidade do MP 523

2.2.2 Princípio da vedação do duplo processo pelo mesmo fato 524

2.2.2.1 Conceito e mérito 524

2.2.2.2 Correlação com impunidade 525

2.2.2.3 A reabertura da persecução penal 526

2.2.2.3.1 A inconstitucionalidade do art. 414, parágrafo único, do CPP 527

2.2.2.4 O duplo processo na jurisprudência 528

2.2.2.4.1 Reinício da persecução penal 528

VI. SÍNTESE CONCLUSIVA DAS PROPOSTAS RELATIVAS À EXEGESE DOS PRINCÍPIOS CONSTITUCIONAIS PENAIS E PROCESSUAIS PENAIS 529

1. Princípios regentes 529

2. Direitos e garantias humanas fundamentais 530

3. Legalidade 530

4. Anterioridade 530

5. Retroatividade 531

6. Humanidade 531

7. Responsabilidade pessoal 531

8. Individualização da pena e das medidas cautelares processuais penais ... 532

9. Intervenção mínima 533

10. Taxatividade 533

11. Proporcionalidade 534

12. Dupla punição pelo mesmo fato 534

13. Culpabilidade 535

14. Presunção de inocência 536

15. Ampla defesa 537

16. Plenitude de defesa 537

17. Contraditório 537

18. Juiz natural e imparcial 538

19. Publicidade 539

20. Provas ilícitas	539
21. Economia processual	540
22. Júri	540
23. Duplo grau de jurisdição	541
24. Promotor natural e imparcial	541
25. Duplo processo pelo mesmo fato	541
26. Primazia da Constituição Federal	542

BIBLIOGRAFIA ... 543

ANEXOS ... 555

OBRAS DO AUTOR ... 565

I

PRINCÍPIOS

1. CONCEITO E AMPLITUDE

O ordenamento jurídico constitui um sistema lógico e coordenado, imantado por princípios, cuja meta é assegurar a coerência na aplicação das normas de diversas áreas do Direito. Dentre os vários significados do termo *princípio*, não se pode deixar de considerá-lo a causa primária de algo ou o elemento predominante na composição de um corpo. Juridicamente, o princípio é, sem dúvida, uma norma, porém de conteúdo abrangente, servindo de instrumento para a integração, interpretação, conhecimento e aplicação do direito positivo.[1]

Os princípios são normas com elevado grau de generalidade, passível de envolver várias situações e resolver diversos problemas, no tocante à aplicação de normas de alcance limitado ou estreito. Além do mais, parece-nos correta a denominação feita por Robert Alexy, mencionando serem os princípios "normas que ordenam que algo seja realizado na maior medida possível dentro das possibilidades jurídicas e fáticas existentes. Princípios são, por conseguinte, *mandamentos de otimização*, que são caracterizados

---

1. José Afonso da Silva, *Curso de direito constitucional positivo*, p. 85.

por poderem ser satisfeitos em graus variados e pelo fato de que a medida devida de sua satisfação não depende somente das possibilidades fáticas, mas também das possibilidades jurídicas".[2]

Inegavelmente, o sistema normativo carece de otimização, algo que pode ser realizado pela priorização dos princípios, ainda que em detrimento de normas específicas. Tal assertiva não significa a eleição dos princípios como as únicas normas a serem aplicadas e respeitadas; seu valor emerge justamente da coexistência com o corpo legislativo existente, regendo e integrando as normas vocacionadas a solucionar determinados assuntos, conferindo consistência ao ordenamento como um todo.

O Poder Legislativo edita as variadas normas, que compõem o direito codificado no Brasil, podendo, inclusive, elaborar princípios, o que, no entanto, se dá, basicamente, no contexto da Constituição Federal. Raramente, em legislação infraconstitucional, surgem princípios diretamente preparados pelo Legislativo. Cabe ao operador do Direito, analisando o conjunto das normas de determinada área, encontrar e apontar os princípios regentes.

Portanto, há princípios constitucionais, deduzidos na Constituição Federal, bem como princípios infraconstitucionais, encontrados em Códigos e leis especiais. Os primeiros são mais importantes, pelo fato de comporem o Texto Fundamental do Estado Democrático de Direito;[3] os segundos devem irmanar-se com os constitucionais, servindo para a perfeita compreensão das normas específicas.

Os princípios – constitucionais e infraconstitucionais, explícitos e implícitos – detêm relevância extraordinária para a coerência do conjunto de normas especiais, nem sempre elaboradas de maneira sistemática e lógica pelo legislador. Devem ser considerados os fios condutores dos diferentes segmentos do Texto Constitucional, dando unidade ao sistema normativo, nas palavras de Luís Roberto Barroso.[4]

Assim considerados, os princípios, especialmente os constitucionais explícitos, jamais entram em colisão, gerando antinomia insuperável. Eles são

---

2. *Teoria dos direitos fundamentais*, p. 87-90.

3. "O Estado Democrático de Direito, que significa a exigência de reger-se por normas democráticas, com eleições livres, periódicas e pelo povo, bem como o respeito das autoridades públicas aos direitos e garantias fundamentais (...)" (ALEXANDRE DE MORAES, *Direito constitucional*, 24. ed., p. 22). "Na verdade, transita-se do *Estado de Direito* para o chamado *Estado Democrático de Direito*, que constitui um aprofundamento do *Estado Social de Direito*, maximizando a abertura de suas instâncias decisórias para os cidadãos" (ENRIQUE RICARDO LEWANDOWSKI, A formação da doutrina dos direitos fundamentais, p. 400).

4. *Interpretação e aplicação da Constituição*, p. 146.

genéricos e flexíveis o suficiente para *coordenar* o sistema, *harmonizando-se* entre si, quando necessário. No dizer de Inocêncio Mártires Coelho, "essas espécies normativas" por sua própria natureza, finalidade e formulação "parece não se prestarem a provocar conflitos, criando apenas momentâneos estados de *tensão* ou de *mal-estar hermenêutico*, que o operador jurídico *prima facie* verifica serem passageiros e plenamente superáveis no curso do processo de aplicação do Direito".[5]

Sob outro aspecto, os princípios não afrontam direitos e garantias fundamentais; com eles sintonizam-se na essência. Aliás, como regra, os princípios protegem os direitos fundamentais e servem de estrutura para as garantais fundamentais. Ilustrando, o princípio da presunção de inocência não afronta o direito à segurança, nem privilegia de modo absoluto o direito à liberdade. Em harmonia, assegura constituir o direito à liberdade a regra no Estado Democrático de Direito, justamente porque o estado natural do ser humano é *nascer livre*, assim devendo permanecer durante toda a sua existência. De outro lado, havendo culpa e sendo necessária a prisão, para garantia da segurança, cede o estado de inocência, após o devido processo legal, podendo-se impor a perda temporária da liberdade. Nota-se, pois, a coordenação dos princípios da presunção de inocência, do devido processo legal, da ampla defesa e do contraditório, somente para citar o básico, até que se possa impor a pena justa, dentro de critérios e princípios de humanidade, proporcionalidade, individualização e responsabilidade pessoal.

Por derradeiro, em nosso entendimento, todos os princípios garantistas, que regem as matérias de penal e processo penal, diretamente vinculadas aos mais relevantes valores humanos, são sempre *princípios*, na mais pura acepção, não se confundindo com meras regras ou normas. Ilustrando, a ampla defesa é um princípio, apto a superar qualquer entrave colocado pela legislação ordinária, merecendo ser consagrado na aplicação cotidiana pelos operadores do Direito. Logo, não se pode considerá-la simples regra. O mesmo ocorre com o princípio do juiz natural e imparcial, base fulcral de credibilidade no Judiciário, como Poder de Estado, legitimado a dispor de interesses, valendo-se de medidas coercitivas, se necessário for.

A ideia de valorização e supremacia dos princípios constitucionais penais e processuais penais deve ser enaltecida e lançada como meta para a composição com as demais normas do sistema. Nesse entrelaçamento, o império a ser construído depende da fiel observância dos comandos mais importantes, encarnados pelos princípios.

---

5. *Curso de direito constitucional*, p. 55.

2. GRADUAÇÃO DOS PRINCÍPIOS

Os princípios constitucionais explícitos merecem primazia sobre os princípios infraconstitucionais. Afinal, são os vetores do Estado Democrático de Direito. Os princípios constitucionais implícitos, igualmente, devem predominar sobre os infraconstitucionais.

Os princípios constitucionais explícitos precisam harmonizar-se com os implícitos, pois constituem a estrutura do mesmo Texto Fundamental. Os princípios infraconstitucionais devem prevalecer sobre normas específicas ou simples regras.

Em qualquer situação, os princípios constitucionais e infraconstitucionais coordenam o sistema normativo, não podendo ser afastados para dar lugar à aplicação de qualquer norma específica da legislação ordinária.

Ilustrando, o Supremo Tribunal Federal, considerando prevalente os princípios constitucionais da presunção de inocência, do devido processo legal, da ampla defesa e do contraditório, além de ressaltar ser o direito à liberdade a regra, bem como a prisão, exceção, julgou inconstitucionais os parágrafos únicos dos arts. 14 e 15 e o art. 21 da Lei 10.826/2003 (Estatuto do Desarmamento), que vedavam, de maneira genérica, a liberdade provisória.[6]

Compreende-se ser inadmissível a produção legislativa contrária aos princípios constitucionais, em particular quando expressos.[7] Nos campos penal e processual penal, com maior razão, a primazia dos princípios precisa ser respeitada, vez que se lida, diretamente, com a liberdade individual e, indiretamente, com vários outros direitos fundamentais (vida, intimidade, propriedade, integridade física etc.).

---

6. ADI 3.112-DF, Pleno, rel. Ricardo Lewandowsky, 02.05.2007, m. v.

7. "Todo princípio jurídico, não sendo meramente descritivo, é uma prescrição que estabelece para o legislador uma preferência, ou mediante a qual o legislador estabelece uma preferência" (SÉRGIO SÉRVULO DA CUNHA, *Princípios constitucionais*, p. 18).

II

PRINCÍPIOS REGENTES

O Direito Penal e o Processo Penal estruturam-se sob as bases de inúmeros princípios constitucionais e infraconstitucionais, porém, parece-nos essencial destacar dois princípios governantes para que se obtenha a efetividade das propostas do Estado Democrático de Direito.

Olhares especiais devem voltar-se ao princípio da dignidade da pessoa humana e ao princípio do devido processo legal. Afinal, respeitada a dignidade da pessoa humana, seja do ângulo do acusado, seja do prisma da vítima do crime, além de assegurada a fiel aplicação do devido processo legal, para a consideração de inocência ou culpa, está-se cumprindo, na parte penal e processual penal, o objetivo do Estado de Direito e, com ênfase, *democrático*.

1. DIGNIDADE DA PESSOA HUMANA

Escritos não faltam voltados à definição de tão relevante princípio. O consenso, por certo, inexiste, embora alguns postulados sejam comuns a quase todos os autores.

Trata-se, sem dúvida, de um princípio regente,[1] cuja missão é a preservação do ser humano, desde o nascimento até a morte, conferindo-lhe autoestima e garantindo-lhe o mínimo existencial.[2]

A referência à *dignidade da pessoa humana*, feita no art. 1.º, III, da Constituição Federal, "parece conglobar em si todos aqueles direitos fundamentais, quer sejam os individuais clássicos, quer sejam os de fundo econômico e social".[3] É um princípio de valor pré-constituinte e de hierarquia supraconstitucional.[4]

Segundo nos parece, o princípio constitucional da dignidade da pessoa humana possui dois prismas: objetivo e subjetivo. Objetivamente, envolve a garantia de um *mínimo existencial* ao ser humano, atendendo as suas necessidades vitais básicas, como reconhecido pelo art. 7.º, IV, da Constituição, ao cuidar do salário mínimo (moradia, alimentação, educação, saúde, lazer, vestuário, higiene, transporte, previdência social). Inexiste dignidade se a pessoa humana não dispuser de condições básicas de vivência.[5] Subjetivamente, cuida-se do

---

1. Em singelas palavras, NELSON NERY JR. e ROSA MARIA DE ANDRADE NERY a ele referem-se como "o princípio fundamental do direito. É o primeiro. O mais importante" (*Constituição Federal comentada*, p. 118).

2. "Seja qual for o ângulo pelo qual analisemos o homem, veremos que ele é dotado de um valor de dignidade, que consiste na autonomia, ou seja, na aptidão para formular as próprias regras da vida. O homem possui dignidade pelo simples fato de existir como ser humano, dignidade esta que lhe é inerente e inalienável" (ELOISA DE SOUZA ARRUDA, O papel do Ministério Público na efetivação dos tratados internacionais de direitos humanos, p. 368). "Entenda-se como dignidade da pessoa humana o conjunto de atributos pessoais de natureza moral, intelectual, física, material que dão a cada homem a consciência de suas necessidades, de suas aspirações, de seu valor, e o tornam merecedor de respeito e acatamento perante o corpo social" (ANTONIO CLÁUDIO MARIZ DE OLIVEIRA, O direito penal e a dignidade humana – a questão criminal: discurso tradicional, p. 816). "A dignidade da pessoa humana é, em si, qualidade intrínseca e indissociável de todo e qualquer ser humano. Constitui elemento que o qualifica como tal e dele não pode ser separado. Não é algo concedido à pessoa humana, porque já lhe pertence de forma inata. Por isso, é irrenunciável e inalienável, porquanto se trata de um atributo de todo ser humano" (CAROLINA ALVES DE SOUZA LIMA & OSWALDO HENRIQUE DUEK MARQUES, O princípio da humanidade das penas, p. 443).

3. CELSO BASTOS e IVES GANDRA, *Comentários à Constituição do Brasil*, v. 1, p. 425. Em igual prisma, ALEXANDRE DE MORAES, *Direito constitucional*, p. 21; JOSÉ AFONSO DA SILVA, *Comentário contextual à Constituição*, p. 38.

4. INOCÊNCIO MÁRTIRES COELHO, *Curso de direito constitucional*, p. 172.

5. Nesse sentido, escreve VANDER FERREIRA DE ANDRADE: "entendemos assim que a dignidade humana não se define pelo que é, mas sim pelo seu oposto, ou seja, pelo que não é. Desta forma, tranquilo afirmarmos que não é digna a vida humana

sentimento de respeitabilidade e autoestima, inerentes ao ser humano, desde o nascimento, quando passa a desenvolver sua personalidade, entrelaçando-se em comunidade e merecendo consideração, mormente do Estado.

Para que o ser humano tenha a sua dignidade preservada torna-se essencial o fiel respeito aos direitos e garantias individuais.[6] Por isso, esse princípio é a base e a meta do Estado Democrático de Direito, não podendo ser contrariado, nem alijado de qualquer cenário, em particular, do contexto penal e processual penal.[7]

Sem dúvida, a existência de tipos penais incriminadores, voltados à punição de quem violar os bens jurídicos por eles tutelados, consagra a ideia de que o delito, quando concretizado, ofende, de algum modo, a dignidade da pessoa humana. Desse modo, várias infrações penais envolvem direitos e garantias fundamentais, tais como a vida, a integridade física, a honra, a intimidade, o patrimônio, a liberdade, dentre outras. Entretanto, há particularidades, no âmbito penal, envolvendo determinados crimes, onde se consegue destacar, com maior nitidez e profundidade, o alcance da dignidade da pessoa humana.

Sob o mesmo prisma, o processo penal é constituído para servir de base ao justo procedimento de apuração da existência da infração penal e de quem seja seu autor, legitimando, ao final, garantida a ampla defesa, o contraditório e outros relevantes princípios, a devida punição. Porém, alguns aspectos sobressaem, no cenário processual penal, de modo a dar relevo especial à dignidade da pessoa humana, durante o desenvolvimento do devido processo legal.

1.1 Aspectos do crime e a dignidade da pessoa humana

Fugindo da obviedade de que o homicídio é dos mais graves – senão o mais ponderoso – tipos penais incriminadores, pois lesa o bem maior do

---

desprovida de saúde elementar, de alimentação mínima, de saúde básica ou de educação fundamental (...)" (*A dignidade da pessoa humana*, p. 69).

6. "A consciência da dignidade do homem, a evolução da humanidade que se verifica com a aceitação da necessidade de respeito do homem como pessoa, leva ao entendimento de que a dignidade depende do respeito aos direitos fundamentais por parte de cada indivíduo da sociedade e também por parte do Estado" (CÉLIA ROSENTHAL ZISMAN, *O princípio da dignidade da pessoa humana*, p. 39).

7. "Certamente um dos papéis centrais do Direito e da Filosofia do Direito é o de assegurar, por intermédio de uma adequada construção e compreensão da noção de dignidade da pessoa humana, a superação de qualquer visão unilateral e reducionista e a promoção e proteção da dignidade de todas as pessoas em todos os lugares" (INGO WOLFGANG SARLET, *Dicionário de filosofia*, p. 224).

ser humano, a vida, é preciso considerar outros aspectos sobressalentes da dignidade da pessoa humana, transcendendo os naturais e cristalinos direitos fundamentais. Nesse caminho, a tipificação do delito de tortura certamente busca a proteção à vida, à liberdade e à integridade física, mas não somente isso. Tem por finalidade precípua exigir respeito ao ser humano como tal, escudando sua integridade moral, sua autoestima e seu direito de livre pensamento, além de lhe garantir a livre disposição do seu conhecimento e de suas metas individuais. Constitui elemento ético essencial incutir na sociedade o culto à sensibilidade, à humanidade e à bondade, em oposição à dureza, à insensibilidade e à maldade, inerentes ao crime de tortura.

Note-se que o constrangimento ilegal[8] é previsto como delito, porém caracterizado como infração de menor potencial ofensivo, enquanto a tortura[9] não passa de um constrangimento específico, embora ligado, estreitamente, ao desrespeito à dignidade da pessoa humana. Por isso, é infração grave, constitucionalmente intolerável (art. 5.º, XLIII, CF), com particulares sanções. Vários indivíduos – senão todos – são capazes de cometer algum crime violento contra a pessoa, especialmente em momento de desatino ou cólera, desde uma simples lesão corporal até um homicídio. Entretanto, quantos seriam capazes de torturar outrem até que se obtenha uma confissão, por exemplo? Quantos teriam condições emocionais e psicológicas para enfrentar o sofrimento inconteste de um ser humano, que, aos gritos, pede clemência? A afronta à dignidade da pessoa humana pode ser muito mais aberta e visível no delito de tortura do que seria capaz de emergir, à vista geral, do homicídio.

A previsão de punição à prática do racismo – outra preocupação específica da Constituição Federal (art. 5.º, XLII) – constitui parcela inequivocamente vinculada ao respeito demandado pela dignidade da pessoa humana. A ideia de discriminação de grupos sociais, com seu afastamento do convívio, cultivando-se a pretensa e falsa concepção de superioridade, fomenta ódio, segregação, lesão direta à autoestima e insensibilidade. Consagra-se a vaidade e o egoísmo na atuação do racista, invalidando metas de fraternidade e solidariedade. Em princípio, pode parecer matéria estranha ao Direito as referências a elementos distanciados da fria linguagem das normas jurídicas, como

---

8. Art. 146, CP: "constranger alguém, mediante violência ou grave ameaça, ou depois de lhe haver reduzido, por qualquer outro meio, a capacidade de resistência, a não fazer o que a lei permite, ou a fazer o que ela não manda. Pena – detenção, de 3 (três) meses a 1 (um) ano, ou multa".

9. Art. 1.º, I, *a*, Lei 9.455/97: "constitui crime de tortura: I – constranger alguém com emprego de violência ou grave ameaça, causando-lhe sofrimento físico ou mental: a) com o fim de obter informação, declaração ou confissão da vítima ou de terceira pessoa. (...) Pena – reclusão, de 2 (dois) a 8 (oito) anos".

fraternidade, solidariedade, bondade, ética, sensibilidade etc., e seus adversos sentimentos, como egoísmo, vaidade, maldade, antiética, insensibilidade etc. A sensação é, apenas, aparente, tendo em vista o propósito maior do Direito, que é a busca da justiça e da convivência harmônica entre os seres humanos.

O *justo* exige comportamentos elevados do ser humano, sob qualquer prisma, e não somente o respeito às normas jurídicas postas. Afinal, até mesmo para seguir fielmente o disposto pelo Direito deve-se agir com honestidade e retidão de caráter, a fim de não provocar mecanismos de tergiversação, contornando-se, com astúcia, o preceito normativo. Registre-se, no campo dos crimes contra a honra, a busca fundamental pelo *animus injuriandi vel difamandi*, com o objetivo de verificar se, realmente, configura-se o delito. Não basta agir com dolo e proferir uma injúria capaz de ofender a dignidade ou decoro; torna-se crucial assim se portar, carregando no íntimo, o especial desejo de denegrir, humilhar, maltratar a honra alheia. O elemento subjetivo específico implícito, no contexto dos delitos contra a honra, demonstra o trato do Direito com fatores do espírito humano, mormente quando se trata de bens jurídicos invisíveis e apenas sensíveis a cada indivíduo.

Cresce, com entusiasmo, o interesse da sociedade, captado pelo legislador e transformado em leis penais, em relação à proteção particular destinada às vítimas potencialmente expostas a atitudes indignas e intoleráveis. Outra não foi a razão de edição da Lei 11.340/2006 (denominada Lei Maria da Penha, cuja vítima foi exposta a cruel ação criminosa no cenário doméstico), buscando enaltecer os direitos e garantias fundamentais da mulher. Embora tautológicos, os arts. 2.º e 3.º da referida Lei repetem a meta atual de enaltecimento dos mínimos direitos da pessoa humana, no caso do sexo feminino: "toda mulher, independentemente de classe, raça, etnia, orientação sexual, renda, cultura, nível educacional, idade e religião, goza dos direitos fundamentais inerentes à pessoa humana, sendo-lhe asseguradas as oportunidades e facilidades para viver sem violência, preservar sua saúde física e mental e seu aperfeiçoamento moral, intelectual e social" (art. 2.º); "serão asseguradas às mulheres as condições para o exercício efetivo dos direitos à vida, à segurança, à saúde, à alimentação, à educação, à cultura, à moradia, ao acesso à justiça, ao esporte, ao lazer, ao trabalho, à cidadania, à liberdade, à dignidade, ao respeito e à convivência familiar e comunitária" (art. 3.º, *caput*).

Ora, sem dúvida alguma, todos os direitos supramencionados são aplicáveis a qualquer ser humano e não somente à mulher. A sua explícita repetição na abertura da Lei 11.340/2006 obedece a um critério didático do legislador, buscando a criação de um *fato novo*, de modo a despertar a atenção de todos à obviedade – não tão clara para alguns – dos direitos humanos fundamentais. Assim, editada a novel lei, divulgada amplamente pelos órgãos de comunicação, insiste-se na reiteração de preceitos básicos de respeito à dignidade da pessoa humana. Com particular cuidado no tocante à mulher, parte fragilizada no cenário doméstico, sujeita ao domínio machista, muitas vezes sem recursos próprios e expurgada do mercado de trabalho, denota-se o objetivo de concentrar os esforços das autoridades para o reequilíbrio de forças, conferindo proteção distinta às mulheres.

O *fato novo*, permitido pela edição de lei específica, dá ensejo a estudos inéditos e modernos, acerca de assunto tradicional e antigo, bem como fomenta a realização de congressos, encontros, seminários, simpósios, enfim, novos enfoques pela doutrina e pela jurisprudência no tocante ao tema. Busca-se corrigir distorções geradas com o passar do tempo, embora ilegalidades que poderiam ser regularizadas com maior cuidado por parte do operador do Direito. Esse foi o enfoque do art. 17, ao vedar a aplicação, nos casos de violência doméstica e familiar contra a mulher, de "penas de cesta básica". Esta pena nunca existiu no ordenamento jurídico penal, mas, na prática, foi *criada* por magistrados, em especial nos Juizados Especiais Criminais, para promover rápida transação, desafogando a pauta e conferindo caráter pasteurizado à justiça criminal. A pena de prestação pecuniária, prevista no art. 45, § 1.º, do Código Penal,[10] foi deturpada pela equivocada leitura do § 2.º do mesmo artigo,[11] proporcionando o surgimento da denominada *pena de cesta básica*. Afinal, a prestação de outra natureza, prevista no referido § 2.º, somente poderia surgir na medida em que fosse ineficaz a prestação em pecúnia, estabelecida pelo § 1.º, além de exigir concordância da vítima. Somente fixando-se a primeira (prestação pecuniária), quando impossível de ser exigida, poder-se-ia passar à segunda (prestação de outra natureza). Ademais, a *diversa natureza* liga-se a serviços prestados e não a outro pagamento em pecúnia, sob a veste de cesta básica.

A sequencial fixação da entrega de cesta básica a instituições de caridade provocou o descrédito da Justiça Criminal, favorecendo a impunidade dos agressores de mulheres, que já poderiam *contabilizar* em cestas básicas as surras desferidas nas suas esposas e companheiras. A situação consistiu em nítida ofensa à dignidade da pessoa humana, pois as penas inicialmente previstas pelo legislador para contornar a pena privativa de liberdade, substituindo-a por restritiva de direitos, terminou por cultuar a ilegal pena de cesta básica, deixando ao léu a proteção à mulher.

---

10. "A prestação pecuniária consiste no pagamento em dinheiro à vítima, a seus dependentes, ou a entidade pública ou privada com destinação social, de importância fixada pelo juiz, não inferior a 1 (um) salário mínimo nem superior a 360 (trezentos e sessenta) salários mínimos. O valor pago será deduzido do montante de eventual condenação em ação de reparação civil, se coincidentes os beneficiários".

11. "No caso do parágrafo anterior, se houver aceitação do beneficiário, a prestação pecuniária pode consistir em prestação de outra natureza".

Pode-se perceber a íntima ligação entre a aplicação prática do Direito Penal e os elementos salientes do princípio da dignidade da pessoa humana. Tanto quanto o agente do crime, merecedor de respeito à sua existência e dignidade como pessoa, também se deve voltar os olhos à vítima. Assim como se editou a Lei 11.340/2006, tratando com particular zelo, a figura da mulher, em especial no âmbito doméstico e familiar, outros dispositivos penais demandam interpretação renovada, moderna e de acordo com os anseios atuais da sociedade.

A lesão corporal (art. 129, CP) tem sido interpretada sob diversos outros prismas, desligados da tradicional concepção de que toda ofensa à integridade corporal, produzida intencionalmente, deve ser considerada criminosa. A liberdade de pensamento e expressão fez nascer costumes novos, como o culto à tatuagem e ao *piercing*, formas de agressão à integridade física, porém concebidos como embelezamento, modelagem física ou expressão de ideias e lemas. Independentemente de qualquer alteração legislativa, atenta à liberdade constitucional de expressão, a doutrina sinalizou para a atipicidade material do fato. Em outros termos, formalmente, a realização de uma tatuagem pode consistir uma lesão corporal, embora, na essência, não passe de um contentamento obtido pela *vítima*, que busca, por si mesma, a introdução na epiderme de elementos colorantes.

Surge da modernidade, calcada na dignidade da pessoa humana, a possibilidade cada vez maior de mudança de sexo, por cirurgias invasoras e corretivas, antes consideradas nítidas lesões corporais de natureza grave; hoje, no entanto, concebidas como operações de cura e adaptação do ser humano ao seu íntimo e ao seu psicológico. Busca-se assegurar a boa harmonia entre o sexo idealizado e sentido pela pessoa com a realidade física oposta. A medicina, mais adiantada que o Direito, passou a visualizar essa cirurgia como corretiva, tal como se faz com a vítima de queimaduras graves, quando se recompõe o corpo ao estado ideal. A mudança de sexo já está prevista como viável por Resolução do Conselho Federal de Medicina (Resolução 1.652/2002), terminando por gerar efeitos na interpretação do art. 129 do Código Penal diante da nova realidade. Preferimos considerar, quando indispensável, conforme critério médico, a referida cirurgia como fato atípico, nos mesmos moldes da tatuagem ou do *piercing*. Formalmente, poder-se-ia falar em lesão corporal, mas, materialmente, não passa de uma recomposição ideal do corpo humano, respeitada a dignidade da pessoa humana, em particular no seu aspecto subjetivo, que é a autoestima.

Se os exemplos anteriores vinculam-se ao agente, permitindo a consideração de atipicidade do fato, deve-se focar, também, aspectos relevantes da lesão corporal, quanto à vítima, de modo a aplicar a pena com maior severidade. O art. 129, § 2.º, IV, do Código Penal, considera lesão corporal gravíssima, passível de reclusão, de dois a oito anos, a agressão que provoca no ofendido *deformidade permanente*. A análise da deformidade é controversa. Parcela da doutrina entende deva haver dano estético visível, para que se possa aplicar a qualificadora. Ora, a interpretação restritiva é lesiva à dignidade da pessoa humana, pois a deformidade diz respeito a qualquer parte do corpo humano, desde que seja permanente. A consideração de que se trata de dano estético visível foge ao âmbito de respeito à sensibilidade do sujeito agredido. Se o agente lhe causa uma deformidade nas costas ou nas nádegas, ilustrando, partes do corpo raramente expostas, deve responder por lesão gravíssima. A integridade física, perturbada definitivamente, pode gerar danos psicológicos e traumas a qualquer um, independentemente do local onde se dá. Desapegar-se disso significa desprender-se da autoestima de cada pessoa, concepção inadequada em nosso entendimento.

Na análise dos princípios penais, tornaremos a destacar a importância da dignidade da pessoa humana, com o princípio geral, informador e norteador do Direito. Porém, desde logo, vale ressaltar a preocupação que se deve cultuar para a preservação de bases mínimas de sobrevivência digna do ser humano, ainda que réu e condenado por delito grave, no cárcere. A sociedade não pode vituperar seus próprios membros, autores de erros inequívocos, mas que merecem castigo adequado e proporcionalmente aplicado em relação à infração penal cometida. O menoscabo à pessoa, permitindo que se recolham acusados e condenados em celas imundas, fétidas e insalubres, como se tal medida fosse razoável à punição de qualquer delito, por mais cruel que tenha sido, foge do âmbito de respeito à ética e à sensibilidade, elementos inerentes à natureza humana.

O cultivo do prazer vingativo, muito embora possa constituir fator ligado à personalidade de vários indivíduos, não deve converter-se em objetivo do Estado, ente perfeito e abstrato, fomentador do Direito e da Justiça, sempre imparcialmente cultuados e aplicados. Se época houver em que os agentes do Estado passarem a agir desgovernadamente, com ânimo de vingança e prazer sádico de ferir e lesar aquele que, porventura, fez o mesmo a seu semelhante, não mais se poderá falar em Estado Democrático de Direito e muito menos em respeito à dignidade da pessoa humana.

O Estado-juiz é, idealmente, imparcial, justo, honesto, ético e adequado às necessidades sociais. Hoje, aquele que erra e lesiona interesse alheio merece punição proporcional e firme, sem qualquer invasão corporal, implicando castigos físicos ou mentais. Isto porque, amanhã, pode ele tornar-se vítima da ação criminosa de outrem e não poderá exigir tratamento desumano a quem lhe fez mal. Alternam-se, no seio social, agentes agressores e vítimas. O ser humano não é perfeito e, consideradas as inúmeras e exageradas previsões típicas incriminadoras, restariam pouquíssimos indivíduos a dizer que, jamais, em tempo algum, cometeram qualquer espécie de infração penal. Abra-se o leque de delitos contidos em diversos textos legais e pode-se encontrar uma simples contravenção de perturbação do sossego (art. 42, Lei de

Contravenções Penais) até o cometimento de um latrocínio (art. 157, § 3.º, CP). Da singela lesão a planta de ornamentação (art. 49, Lei 9.605/98) até a extorsão mediante sequestro (art. 159, CP). De uma prestação de declaração falsa de rendimentos à Receita Federal (art. 1.º, I, Lei 8.137/90) até o tráfico ilícito de entorpecentes (art. 33, Lei 11.343/2006). Enfim, crime por crime, todos são igualmente infrações penais passíveis de sanção. Aos mais graves, aplicam-se penalidades proporcionalmente mais severas; aos considerados mais brancos, aplicam-se as penalidades proporcionalmente mais leves. Em nenhum cenário, admite-se o abuso, o exagero e a desumanidade.

Cuidou a Constituição Federal de proibir, claramente, a instituição e concretização de penas cruéis (art. 5.º, XLVII). Esse é a meta do Direito Penal brasileiro, no Estado Democrático de Direito, privilegiando a dignidade da pessoa humana. Portanto, torna-se essencial *retirar do papel* o princípio da humanidade, transformando-o em realidade. É preciso apor um *basta* na atividade estatal desmedida de encarceramento insalubre com o beneplácito de vários segmentos sociais, sob a bandeira de que *lugar de bandido é na cadeia*. Puro sofisma, visto que, em sociedade, ninguém está isento da prática de infração penal e o adjetivo *bandido* (malfeitor, indivíduo de maus sentimentos) não espelha a realidade. A visão maniqueísta buscando dividir a sociedade entre bons e maus é contraproducente e incompatível com quem pretenda assumir posição de defesa dos direitos humanos fundamentais.

Desvende-se, de vez, a celeuma em torno da pejorativa afirmação de que, no Brasil, os defensores dos direitos humanos são aqueles que somente enxergam os agentes criminosos, mas não se voltam às vítimas dos delitos. Ainda que alguns possam estar inseridos nessa ótica, igualmente deturpada, a maioria sustenta o princípio maior, regente do Estado Democrático de Direito, que é a dignidade da pessoa humana. Esta, por sua vez, não admite partição, divisão ou manipulação. Constitui direito de todos, agressores e agredidos, bastando a natureza humana.[12]

1.2 Aspectos do processo e a dignidade da pessoa humana

A prática do crime faz nascer a pretensão punitiva do Estado, que se materializa após o transcurso do devido processo legal, preservadas as garantias de defesa, constitucionalmente asseguradas.

---

12. Sob o enfoque da vítima do crime, "entendendo-se o direito à segurança como direito humano, estamos a tratar de direito de todas as pessoas e, portanto, na expressão também veem-se incluídas as vítimas de infrações penais e as testemunhas de crimes ou de contravenções penais" (CHRISTIANO JORGE SANTOS, Interceptação telefônica, segurança e dignidade da pessoa humana, p. 842).

Por isso, ser *réu*, no processo penal, é apenas uma contingência da civilização e da sociedade democrática, que não pune sem a prévia comprovação da culpa. Há necessidade de alguém ocupar o lugar de acusado para que outro figure como vítima, não constituindo, por óbvio, rótulo de algoz para o primeiro, nem de mártir para o segundo. Ilustrando, quando se apura uma tentativa de homicídio, durante a instrução, pode-se constatar ter havido legítima defesa, garantindo-se a absolvição do réu. Assim ocorrendo, na realidade, o agressor foi a vítima (assim considerada no processo), enquanto o autenticamente agredido foi o acusado (posição formal no processo).

Ser réu, no processo penal, não significa ser criminoso, pois se depende da decisão condenatória, com trânsito em julgado. Ser vítima, no processo penal, não confere a ninguém atestado de idoneidade, tendo em vista que, no mundo do crime, também há agressores e agredidos, todos em situação de ilegalidade.

O princípio da presunção de inocência não passa de um desdobramento lógico e adequado ao respeito pela dignidade da pessoa humana, não se devendo considerar culpado alguém ainda não definitivamente julgado. Tal justa medida não tem o condão de impedir coerções à liberdade, quando indispensáveis para a situação concreta, visando à escorreita apuração dos fatos. A harmonização dos princípios constitucionais é desejável e não pode sofrer de radicalismos: tornar-se réu não significa encarceramento imediato; ser presumidamente inocente não confere imunidade para fugir à aplicação justa da lei penal.

No processo penal, portanto, busca-se enaltecer o ser humano, resguardando a segurança pública na exata proporção da necessidade. A prisão cautelar, nesse contexto, exsurge como firme disposição estatal para preservar a instrução criminal idônea. No entanto, quando decretada, considerando-se o estado de inocência do réu, jamais pode transformar-se em aplicação antecipada da pena, nem tampouco ferir a razoabilidade de se materializar o processo célere.

Se o Estado não dispuser de meios eficientes para assegurar a instrução rápida, levando-se em conta a prisão cautelar do acusado, nem tampouco tiver condições reais de inserir o preso em lugar adequado à sua condição de inocente, até prova em contrário, falece-lhe legitimidade para o encarceramento sem culpa formada.

Por certo, deve-se preservar a segurança da vítima, quando, por exemplo, ameaçada pelo acusado, mas tal situação não elimina a obrigação do Estado de cuidar de todos, igualmente, retirando o réu de circulação, porém garantindo-lhe a devida prisão.

Outros prismas são fundamentais no processo penal democrático, tais como o fiel respeito aos direitos inerentes à defesa. Não se trata, em absoluto, de cultuar um processo protetor do agente criminoso ou do crime. Durante a instrução, tem-se o Estado-juiz imparcial e a contraposição natural entre acusação e defesa, naturalmente considerando-se a força dos órgãos acusatórios frente ao indivíduo. A infração penal é apurada pela polícia, com acompanhamento do Ministério Público e do magistrado. Nessa fase, pode-se averiguar incontáveis aspectos da vida do indiciado, vasculhando-se, quando preciso, sua intimidade e vida privada, com a quebra de sigilos (bancário, fiscal, telefônico, domiciliar etc.) e com a possibilidade de prisão cautelar ou indisponibilidade de bens. Apresentada a denúncia, o Ministério Público continua legitimado a promover várias diligências para buscar elementos da culpa do acusado, ora atuando por si mesmo, ora dependendo de decisão judicial. Além disso, o órgão acusatório público é composto por operadores do Direito de alto nível, concursados e preparados a conhecer profundamente as leis penais e processuais penais.

Como contraponto, encontra-se o indiciado/réu e seu advogado, com suas prerrogativas profissionais e sua vontade de fazer valer seu lema constitucional de ente indispensável à administração da justiça (art. 133, CF). Porém, cuida--se de ente isolado e dependente do Poder Judiciário para fazer valer suas buscas e a colheita de provas em prol do defendido. Muitas vezes, assume o posto quando a investigação criminal está, praticamente, concluída, contendo todos os indícios coletados contra os interesses do indiciado, lembrando-se que a polícia judiciária e o Ministério Público não possuem o *dever* de atuar de forma *autenticamente* imparcial. Embora, em tese, todos aguardem o desempenho profissional equilibrado desses órgãos estatais, a lei processual não impõe que o delegado colha provas nos dois sentidos, leia-se, contra os interesses do indiciado e, também, em seu favor. Do mesmo modo, inexiste obrigação para o Ministério Público agir nessa ótica. Ilustrando, seu rol de testemunhas, contido na denúncia, pode perfeitamente apresentar *todos* os nomes de pessoas que irão depor contra os interesses do acusado.

Tal situação espelha a pura realidade, associada ao fato de que, no Brasil, poucos ainda são os indiciados ou réus que conseguem contratar bons advogados, bancando a mais ampla defesa do começo ao fim do longo processo criminal. As disputas e os recursos tendem a se eternizar e o alcance das mais altas Cortes significa o desembolso de elevadas somas. A justiça, sob tal prisma, é cara e elitista. Portanto, inúmeros defensores dativos são convocados a atuar na relevante missão de sustentar, a qualquer custo, a inocência ou a mais branda sanção penal para o acusado. Esses defensores possuem seus próprios clientes e não têm condições de exercitar, na prática, a almejada ampla defesa, com os recursos a ela inerentes. Alguns o fazem, com ímpar galhardia e firme valentia. Outros, entretanto, sucumbem à realidade da massificação dos processos criminais e promovem uma defesa formal, porém ineficiente na essência.

Estrutura-se, aos poucos, a Defensoria Pública, composta por valorosos operadores do Direito, também concursados e preparados para o conhecimento profundo do ordenamento jurídico penal e processual penal. Sua atuação, entretanto, ainda é ínfima, comparada com a demanda exigida pelos réus pobres, bem como quando realizado o contraste com a organização nacional do Ministério Público. Quer-se demonstrar que a *ampla defesa*, tomando-a como exemplo, padece, na prática, de efetividade, constituindo lesão à dignidade da pessoa humana, pois a formalidade sobreleva a realidade.

Finalize-se com o texto de Antonio Scarance Fernandes: "Do fato de o país ser um Estado Democrático de Direito assentado no valor da dignidade humana, extrai-se pelo menos algumas regras básicas sobre como o processo penal deve ser construído e atuado: a) no processo deve-se proporcionar efetiva e contraditória participação das partes, a fim de que possam, de forma democrática, contribuir para o seu julgamento; b) na investigação, no processo condenatório, no processo de execução deve-se levar em conta a dignidade da pessoa submetida à persecução ou ao cumprimento da pena, sendo vedados atos atentatórios aos seus valores essenciais; c) em qualquer tipo de processo deve-se assegurar ao investigado, ao acusado ou ao condenado mecanismos para se defender contra atos violadores de sua dignidade humana, assegurando-lhe, por exemplo, meios para proteger a sua liberdade".[13]

1.3 A dignidade da pessoa humana na jurisprudência

1.3.1 Exteriorização penal

1.3.1.1 Insignificância e crime militar

- STF: "*Habeas corpus*. Penal Militar. Uso de substância entorpecente. Princípio da insignificância. Aplicação no âmbito da Justiça Militar. Art. 1.º, III da Constituição do Brasil. Princípio da dignidade da pessoa humana. 1. Paciente, militar, condenado pela prática do delito tipificado no art. 290 do Código Penal Militar (portava, no interior da unidade militar, pequena quantidade de maconha). 2. Condenação por posse e uso de entorpecentes. Não aplicação do princípio da insignificância, em prol da saúde, disciplina e hierarquia militares. 3. A mínima ofensividade da conduta, a ausência de periculosidade social da ação, o reduzido grau de reprovabilidade do comportamento e a inexpressividade da lesão jurídica constituem os requisitos de ordem objetiva autorizadores da aplicação do princípio da insignificância. 4. A Lei 11.343/2006 – nova Lei de Drogas – veda a prisão do usuário. Prevê, contra ele, apenas a lavratura de termo

---

13. Vinte anos de Constituição e o processo penal, p. 86.

circunstanciado. Preocupação, do Estado, em alterar a visão que se tem em relação aos usuários de drogas. 5. Punição severa e exemplar deve ser reservada aos traficantes, não alcançando os usuários. A estes devem ser oferecidas políticas sociais eficientes para recuperá-los do vício. 6. O Superior Tribunal Militar não cogitou da aplicação da Lei 11.343/2006. Não obstante, cabe a esta Corte fazê-lo, incumbindo-lhe confrontar o princípio da especialidade da lei penal militar, óbice à aplicação da nova Lei de Drogas, com o princípio da dignidade humana, arrolado na Constituição do Brasil de modo destacado, incisivo, vigoroso, como princípio fundamental (art. 1.º, III). 7. Paciente jovem, sem antecedentes criminais, com futuro comprometido por condenação penal militar quando há lei que, em lugar de apenar – Lei 11.343/2006 – possibilita a recuperação do civil que praticou a mesma conduta. 8. No caso se impõe a aplicação do princípio da insignificância, seja porque presentes seus requisitos, de natureza objetiva, seja por imposição da dignidade da pessoa humana. Ordem concedida" (HC 90.125-RS, 2.ª T., rel. para acórdão Eros Grau, 24.06.2008, empate).

1.3.1.2 Tráfico de drogas e substituição da pena privativa de liberdade por restritiva de direitos

- STJ: "*Habeas corpus*. Lei 11.343/2006. Art. 33, § 4.º, e art. 44. Vedação à substituição de pena. Arguição de inconstitucionalidade. Acolhimento. Princípios da dignidade da pessoa humana, individualização da pena e proporcionalidade. Submissão do incidente à apreciação da corte especial. 1. A questão cinge-se a determinar se é possível, a despeito da redação do art. 33, § 4.º, e do art. 44, ambos da Lei 11.343/2006, a substituição da pena privativa de liberdade por restritivas de direitos. 2. Argumentação de que a proibição à substituição de pena viola os princípios da dignidade da pessoa humana, individualização da pena, bem assim o da proporcionalidade. 3. Tais princípios constituem verdadeiras normas jurídicas, de *status* constitucional e aplicação imediata (art. 5.º, § 1.º, CF), garantias fundamentais insuscetíveis de supressão por emenda (art. 60, § 4.º, IV, CF).4. Entendimento da Sexta Turma de que, ainda na vigência da antiga redação do § 1.º do art. 2.º da Lei 8.072/90, antes da declaração de sua inconstitucionalidade pelo Supremo Tribunal Federal, a vedação à progressão de regime aos crimes hediondos e equiparados não impedia a aplicação do benefício da substituição de pena. 5. Acolhida a arguição de inconstitucionalidade da vedação à substituição de pena contida no § 4.º do art. 33 e no art. 44 da Lei 11.343/2006, submetendo-se o incidente, nos termos do art. 200 do Regimento Interno deste Tribunal e do art. 480 e seguintes do Código de Processo Civil, à apreciação da Corte Especial" (HC 120.353-SP, 6.ª T., rel. Og Fernandes, 13.08.2009, v.u.).

1.3.1.3 Execução provisória da pena

• TRF-5.ª R.: "A possibilidade de majoração da reprimenda cominada pelo juiz *a quo*, vista em postura mais consentânea com o postulado da dignidade da pessoa humana, não deve ser empecilho à admissão da instauração da execução provisória do julgado, independentemente da interposição de qualquer recurso, seja da acusação ou da defesa" (HC 3.698-PE, 2.ª T., rel. Francisco Barros Dias, 22.09.2009, v.u.).

1.3.1.4 Sursis *humanitário e prisão domiciliar*

• TRF-5.ª R.: "O *sursis* humanitário e o regime especial de cumprimento da pena, a exemplo da prisão domiciliar, escorados no princípio constitucional da dignidade da pessoa humana, apenas se justificam, excepcionalmente, quando a imposição do cumprimento de pena em regime fechado em estabelecimento prisional coloca em risco a vida do condenado, considerada uma faixa etária significativamente avançada e um estado de saúde de grande debilidade ou precariedade, com a impossibilidade de adequado tratamento carcerário em vista de tais condições fáticas. Precedentes do STJ. Segundo declaração médica, constante dos autos, o paciente, hoje com 66 anos de idade, foi submetido, há cerca de seis anos, a uma gastrectomia, devido a um adenocarcinoma gástrico, do qual restou curado. A cirurgia legou-lhe, contudo, anemias ferropriva (pela deficiência de ferro) e perniciosa (pela não absorção de vitamina B12). O controle de tais males se dá, ainda de acordo com o documento médico, pela administração de medicamentos, com o uso semanal endovenoso de sacarato de hidróxido de ferro III (noripurum) e com a utilização de vitamina B12 (citoneurim), além da 'realização de exames laboratoriais e de endoscopia digestiva alta para controle de cura'. Se é certo que o quadro inspira cuidados, esses não são de ordem a justificar o regime especial de cumprimento de pena, bastando a atenção do juízo da execução e da autoridade estatal carcerária, que devem zelar pela integridade do encarcerado, examinando, inclusive, todas as solicitações que forem feitas pelo mesmo em relação às dificuldades encontradas no tratamento de sua saúde no cárcere. Pela denegação da ordem" (HC 3.406-PE, 1.ª T., rel. Francisco Cavalcanti, 22.01.2009, v.u.).

1.3.1.5 Inexistência de casa do albergado

• TJMG: "A prisão domiciliar deve ser deferida nos casos em que, fixado o regime aberto, inexistem vagas em casas de albergado para que o sentenciado inicie o cumprimento da reprimenda, sob pena de ofensa

CAP. II • PRINCÍPIOS REGENTES | 45

aos princípios da dignidade da pessoa humana e da individualização da pena" (Emb. Infr. 0431036-12.2010.8.13.0000 – MG, 2.ª C.C., rel. Nelson Missias de Morais, 07.04.2011).

- TJMG: "A inexistência de estabelecimento prisional adequado ao regime aberto – casa de albergado – não pode acarretar a submissão do reeducando a regime mais gravoso, o que afrontaria os princípios constitucionais da individualização da pena e da dignidade da pessoa humana" (Emb. Infr. 0166849-76.2010.8.13.0000 – MG, 2.ª C.C., rel. Matheus Chaves Jardim, 10.02.2011.).

- TJRJ: "O condenado não pode ser prejudicado pela displicência estatal, quando não institui casa de albergado, conforme estabelecido nos arts. 93 e 95 da LEP. No ponto, o princípio da dignidade da pessoa humana assume primazia no sopesamento com a legalidade, até porque, trata--se de uma solução excepcional (AEP 2009.076.00745-RJ, 7.ª C.C., rel. Siro Darlan de Oliveira, 20.10.2009, v.u.).

- TJRJ: "Não se coaduna com o princípio supraconstitucional da dignidade da pessoa humana que o réu passe pelos rigores do regime fechado em que pese ter sido condenado ao cumprimento da pena no regime aberto" (HC 2008.059.08319-RJ, 7.ª C.C., rel. Siro Darlan de Oliveira, 13.01.2009, v.u.).

1.3.1.6 Controle judiciário da execução penal

- TJRJ: "De acordo com o art. 93, V, os juízos das Varas Criminais possuem competência concorrente para proceder mensalmente à inspeção de cadeias públicas, adotando, quando for o caso, as providências contidas nos itens VII e VIII da LEP. Quanto ao devido processo legal, deve-se destacar o caráter administrativo da atividade judicial, que fiscaliza e toma as medidas pertinentes ao adequado funcionamento dos estabelecimentos penais, logo, prescinde de provocação, devendo o magistrado pautar-se no princípio da legalidade. Com relação à alegada violação dos princípios da ampla de defesa, do contraditório e da isonomia, as decisões impugnadas não impuseram ao Estado qualquer sanção ou punição, por ato praticado pelo ente da federação. Além disso, trata-se de atividade realizada em cooperação entre os poderes públicos e os entes da Federação, cabendo, precipuamente, ao Poder Judiciário, através dos juízos da VEP e das Varas Criminais, a fiscalização de estabelecimentos penais, e, à administração, a atuação como órgão consultivo e de execução de políticas penitenciárias. Deste modo, cabe aos magistrados, em verdadeira atividade administrativa, tomar as providências para transferir os presos, se necessários, para o adequado funcionamento dos estabelecimentos penais, cuidando velar pela garantias mínimas do preso, em respeito ao princípio da dignidade da pessoa humana" (MS 2008.078.00057-RJ, 7.ª C.C., rel. Alexandre H. Varella, 17.02.2009, v.u.).

1.3.1.7 Insignificância no contexto tributário

• TRF-3.ª R.: "O Supremo Tribunal Federal e o Superior Tribunal de Justiça firmaram entendimento no sentido de que, nas hipóteses em que o valor do crédito tributário for inferior ao montante previsto para o arquivamento da execução fiscal (art. 20 da Lei 10.522/2002 com a redação dada pela Lei 11.033/2004), falta justa causa para o desencadeamento de ação penal em que se imputa a prática do crime de descaminho, uma vez que, se a própria Administração Fazendária reconhece a irrelevância da conduta, não há justificativa para a intervenção do Direito Penal que, por influxo do princípio da dignidade da pessoa humana, deve ocorrer de forma subsidiária, sendo irrelevante a eventual existência de antecedente análogo, tendo em vista tratar-se de circunstância alheia ao delito" (ACR 36.083-SP, 2.ª T., rel. Cotrim Guimarães, 22.09.2009, v.u.).

1.3.1.8 Penas alternativas e cestas básicas

• TRF-3.ª R.: "12. O pedido do réu de se 'transformar' a pena em distribuição de duas cestas básicas somente pode ser interpretado como a intenção de alteração das penas restritivas de direito impostas. Ao efetuar a substituição da pena privativa de liberdade por restritivas de direitos o magistrado não o faz com discricionariedade absoluta, mas sim regrada, devendo observar os preceitos do artigo 44 do Código Penal. No caso concreto, porquanto o apelante foi condenado a cumprimento de pena superior a 1 (um) ano, a substituição da pena privativa de liberdade pode ser por uma privativa de direito e multa ou por duas restritivas de direitos, conforme § 2.º do artigo 44 do Código Penal. O juízo a quo entendeu que a primeira possibilidade prevista pelo legislador seria a mais adequada para reparar o mal que o réu causado à sociedade e para viabilizar sua ressocialização. 13. O recorrente sequer explicitou as razões de fato ou de direito de seu pedido. Não disse que a decisão é ilegal e tampouco que algum problema de saúde o impossibilitaria de trabalhar. Apesar da redundância: pena alternativa é pena ! Não pode ser escolhida pelo condenado. A sentença condenatória não pode ser modificada segundo o critério de conveniência do condenado. Ou a pena se impõe unilateralmente pelo Estado-Juiz ou de pena não se trata. Se for permitido que o condenado escolha a qual sanção irá se submeter, será retirada da pena todo seu aspecto retributivo e até mesmo preventivo, porque se mostrará à sociedade as benesses de se cometer um crime que, a pedido do réu, terá como consequência a entrega de cestas básicas. 14. É evidente que não se pode exigir do condenado trabalhos humilhantes que atentem contra a dignidade da pessoa humana, fundamento previsto no art. 1.º, III, da Constituição Federal. Mas não é o caso dos autos, porque a definição do trabalho ficou a cargo do juízo da execução. Ademais, a Lei Maior, a par da dignidade humana, também consagra, no seu primeiro artigo, o valor social do trabalho. 15. De ofício, aplicando a jurisprudência unânime desta Turma, altero o destinatário da prestação pecuniária, porquanto deve ser paga para a vítima, que no caso é o INSS, de acordo com o art. 45, § 1.º, do CP" (ACR 18.387-SP, 1.ª T., rel. Johonsom Di Salvo, 27.11.2007, v.u.).

1.3.1.9 Finalidade da pena

- TRF-3.ª R.: "É certo, ainda, que o caráter retributivo da pena, como uma forma de exemplo social, não deve ser esquecido. Deve, entretanto, ser mitigado pela necessidade de reintegração social do condenado em respeito à dignidade da pessoa humana e, até porque, não há em nosso país, nos tempos de paz, penas perpétuas ou capitais, do que se infere a certeza do retorno do condenado ao seio social, situação para a qual deve ser preparado da melhor forma possível" (HC 26.552-SP, 5.ª T., rel. Ramza Tartuce, 20.08.2007, v.u.).

1.3.1.10 Redução a condição análoga à de escravo

- TRF-3.ª R.: "7. Tendo como parâmetro a dignidade da pessoa humana (art. 1.º, *caput*, III, CF) e os preceitos de que ninguém será submetido a tortura nem a tratamento desumano ou degradante e de que a lei punirá qualquer discriminação atentatória dos direitos e liberdades fundamentais (art. 5.º, III e XLI, respectivamente), é que deve ser considerado o crime de redução a condição análoga à de escravo, tipificado no art. 149, do Estatuto Repressivo, dado que, se um ser humano está tendo tratamento assemelhado àquele conferido a um escravo (visto como uma propriedade de seu dono, e não como uma pessoa), por certo que seus mínimo direitos e liberdades não estão sendo garantidos, pelo que a dignidade da pessoa humana também não está sendo respeitada, a ensejar a punição na seara criminal. 8. A conduta dos apelantes que alojam os trabalhadores em ambiente em péssimas condições de higiene, não efetuam o pagamento diário de seus trabalhos, nem tampouco os direitos previdenciários, e ainda, vendem produtos diversos em preço superior ao cobrado no comércio em geral, que serão descontados, após, das verbas que os trabalhadores têm para receber, acabam por reduzir às vítimas à condição análoga à de escravo (art. 149, CP), eis que acarretam, invariavelmente, a submissão fática do empregado aos réus, inviabilizando, inclusive, seu retorno para a cidade de origem. Condenação mantida" (ACR 16.940-SP, 5.ª T., rel. Suzana Camargo, 24.04.2006, v.u.).

1.3.1.11 Trabalho externo e regime semiaberto

- TJRS: "O trabalho externo é da essência do regime semiaberto, independentemente do tempo de cumprimento da pena, satisfeitos os demais requisitos legais. 2. O trabalho do apenado insere-se na finalidade ressocializadora da pena privativa de liberdade e na afirmação da base constitucional da dignidade da pessoa humana, não comportando restrições. 3. Ao apenado, o trabalho é a principal maneira de permitir a coexistência e/ou sobrevivência minimamente "saudável numa sociedade carcerária, sabidamente doentia, patológica, excludente, desumana e irracional" (HC 70034083857 – TJRS, 6.ª C.C., rel. Nereu José Giacomolli, 10.02.2010, v.u.).

1.3.1.12 Visita íntima

- TJSP: "Direito de visita – Agravante, preso no regime fechado, cuja companheira encontra-se em gozo de livramento condicional – Restrição à visitação, a ser realizada apenas no parlatório e com limite de tempo – Ofensa aos princípios da legalidade, igualdade, dignidade da pessoa humana e ao caráter ressocializador da pena – Cessação da ilegalidade, para que possa o agravante receber normalmente a visita de sua esposa" (Agr. Ex. Penal 0054039-64.2011.8.26.0000 – SP, 16.ª C. D. C., rel. Newton Neves, 26.07.2011).

1.3.1.13 Local adequado para abrigar inimputável

- TJSP: "Compete ao Estado fornecer ao inimputável a assistência compatível com a medida de segurança aplicada, resguardando-lhe os direitos inerentes à dignidade da pessoa humana e à sua condição social, inclusive fornecendo-lhe a assistência à saúde para correção de disfunção de comportamento. Daí porque constitui constrangimento ilegal a manutenção do inimputável em Centro de Detenção Provisória por mais de três anos." (HC 0027806-30.2011.8.26.0000 – SP, 4.ª C. D. C., rel. Willian Campos, 03.05.2011).

1.3.1.14 Superlotação dos presídios e regime inadequado

- STJ: "Hipótese em que há flagrante constrangimento ilegal. Se, por culpa do Estado, o condenado não vem cumprindo pena em estabelecimento prisional adequado ao regime fixado na decisão judicial (aberto), resta caracterizado o constrangimento ilegal. A superlotação e a precariedade do estabelecimento penal, é dizer, a ausência de condições necessárias ao cumprimento da pena em regime aberto, permite ao condenado a possibilidade de ser colocado em prisão domiciliar, até que solvida a pendência, em homenagem aos princípios da dignidade da pessoa humana, da humanidade da pena e da individualização da pena" (HC 248358 – RS, 6.ª T., rel. Maria Thereza de Assis Moura, 11.04.2013, v.u.).

- STJ: "1. Esta Corte Superior de Justiça tem entendido que a ineficiência do Estado em assegurar instituições em condições adequadas ao cumprimento de pena em regime semiaberto autoriza, ainda que excepcionalmente, a concessão da prisão domiciliar. A superlotação e a precariedade do estabelecimento penal, é dizer, a ausência de condições necessárias ao cumprimento da pena em regime semiaberto, permite ao condenado a possibilidade de ser colocado em prisão domiciliar, até que solvida a pendência, em homenagem aos princípios da dignidade da pessoa humana, da humanidade das penas e da individualização da pena" (AgRg no HC 275.742/RS, 6.ª T., rel. Sebastião Reis Júnior, j. 10.09.2013, *DJe* 24.09.2013, v.u.).

- STJ: "A jurisprudência tem admitido a concessão da prisão domiciliar aos condenados que se encontram em regime fechado, em situações excepcionalíssimas, como no caso de portadores de doença grave, desde que comprovada a impossibilidade da assistência médica no estabelecimento prisional em que cumprem sua pena. *In casu*, as autoridades locais demonstraram que o apenado tem a atenção devida do sistema prisional, em respeito ao primado da dignidade da pessoa humana e à preservação da vida, situação a exigir o apuro probatório não possível na via do procedimento heroico" (RHC 34325 – ES, 6.ª T., rel. Maria Thereza de Assis Moura, 13.03.2013, v.u.).

1.3.1.15 Indevida violação do sigilo bancário pela Receita Federal

- TRF5: "O Supremo Tribunal Federal, por ocasião do julgamento do RE 389.808 – PR, em sede de repercussão geral que traduz vinculação indireta dos órgãos julgadores, entendeu ser incompatível com a Constituição Federal o disposto no art. 6.º da LC 105/2001, afirmando que o acesso direto, por parte da Receita Federal, dos dados relacionados com a movimentação bancária dos contribuintes, sem a devida quebra do sigilo de forma judicial, fere o princípio constitucional da dignidade da pessoa humana e o direito à intimidade da vida privada' (HC 4958 – PE, 3.ª T., rel. Geraldo Apoliano, 14.02.2013, v.u.).

1.3.1.16 *Violação da dupla punição pelo mesmo fato*

- TRF5: "Destarte não previsto expressamente na Constituição Federal de 1988, o princípio do *ne bis in idem* tem sua presença garantida no sistema jurídico-penal do Estado Democrático de Direito brasileiro, notadamente diante do incremento do respeito à dignidade da pessoa humana em nosso ordenamento" (Ap. 8598 – CE, 3.ª T., rel. Cíntia Menezes Brunetta, 19.07.2012, v.u.).

1.3.1.17 *Progressão de regime para condenado estrangeiro*

- TJSP: "O fato da condenada ser estrangeira não constitui óbice à progressão de regime de cumprimento de pena, de acordo com os princípios constitucionais da dignidade humana e da individualização da pena" (Agravo em Execução 0031664-64.2014.8.26.0000, 12.ª C., rel. Paulo Rossi, j. 06.08.2014, Data de Publicação: 07.08.2014, v.u.).

1.3.2 *Exteriorização processual penal*

1.3.2.1 *Prisão domiciliar*

- STF: "O fato de o paciente estar condenado por delito tipificado como hediondo não enseja, por si só, uma proibição objetiva incondicional à concessão de prisão domiciliar, pois a dignidade da pessoa huma-na, especialmente a dos idosos, sempre será preponderante, dada a sua condição de princípio fundamental da República (art. 1.º, III, da CF/88). Por outro lado, incontroverso que essa mesma dignidade se encontrará ameaçada nas hipóteses excepcionalíssimas em que o apenado idoso estiver acometido de doença grave que exija cuidados especiais, os quais não podem ser fornecidos no local da custódia ou em estabelecimento hospitalar adequado. No caso, deixou de haver demonstração satisfatória da situação extraordinária autorizadora da custódia domiciliar. *Habeas corpus* indeferido" (HC 83.358-SP, 1.ª T., rel. Carlos Britto, 04.05.2004, v.u.).
- STJ: "Em casos excepcionais, como o indivíduo ser portador de moléstia grave, de necessidades especiais ou de idade avançada e o estabeleci-mento prisional não puder suprir tais necessidades de caráter contínuo,

a jurisprudência vem admitindo outras formas de execução da medida restritiva da liberdade, como a prisão domiciliar, mas, mesmo nesses casos, o fundamento utilizado é constitucional, qual seja, a preservação da dignidade da pessoa humana – e não normas de índole penal" (HC 181231 – RO, 3.ª T., rel. Vasco Della Giustina, 05.04.2011, v.u.).

- TRF-5.ª R.: "A manutenção do paciente preso preventivamente, há mais de 94 dias, sem oferecer os tratamentos médicos adequados, que são considerados indispensáveis, atenta contra a dignidade da pessoa humana. A prisão domiciliar, no caso, mostra-se medida que melhor atende ao interesse público, na medida em que possibilita a garantia da ordem pública e a aplicação eficiente da lei penal, ao mesmo tempo em que afasta a possibilidade de o estado de saúde do paciente piorar, impondo ao Estado a responsabilidade pelo agravamento da doença" (HC 3.477-RN, 4.ª T., rel. Margarida Cantarelli, 03.02.2009, v.u.).

1.3.2.2 Justa causa para a ação penal e recebimento da denúncia

- STF: "1. A técnica da denúncia (art. 41 do Código de Processo Penal) tem merecido reflexão no plano da dogmática constitucional, associada especialmente ao direito de defesa. Precedentes. 2. Denúncias genéricas, que não descrevem os fatos na sua devida conformação, não se coadunam com os postulados básicos do Estado de Direito. 3. Violação ao princípio da dignidade da pessoa humana. Não é difícil perceber os danos que a mera existência de uma ação penal impõe ao indivíduo. Necessidade de rigor e prudência daqueles que têm o poder de iniciativa nas ações penais e daqueles que podem decidir sobre o seu curso. 4. Ordem deferida, por maioria, para trancar a ação penal" (HC 84.409-SP, 2.ª T., rel. para acórdão Gilmar Mendes, 14.12.2004, m.v.).

- TRF-1.ª R.: "Não se deve receber a denúncia tão só sob o exame da legalidade formal, deve o juiz para recebê-la cotejá-la com os elementos obtidos pela investigação policial. Há de haver indícios de autoria, de forma a servir de base à acusação. Deve o juiz examinar o conjunto probatório em que se baseou a acusação para dizer se receber ou não a denúncia. A falta de justa causa atinge o *status dignitatis* do cidadão" (HC 0020807-90.2011.4.01.000-PA, 3.ª T., rel. Tourinho Neto, 07.06.2011, v.u.).

1.3.2.3 Prisão cautelar e razoável duração do processo

- STF: "O excesso de prazo na duração da prisão cautelar – tratando-se, ou não, de delito hediondo – não pode ser tolerado, impondo-se, ao Poder Judiciário, em obséquio aos princípios consagrados na Constituição da República, a imediata devolução do 'status libertatis' ao indiciado ou ao réu. A duração prolongada, abusiva e irrazoável da prisão cautelar de alguém ofende, de modo frontal, o postulado da dignidade da pessoa humana, que representa – considerada a centralidade desse princípio essencial (CF, art. 1.º, III) – significativo vetor interpretativo, verdadeiro valor-fonte que conforma e inspira todo o ordenamento constitucional vigente em nosso País e que traduz, de modo expressivo, um dos fundamentos em que se assenta, entre nós, a ordem republicana e democrática consagrada pelo sistema de direito constitucional positivo. Constituição Federal (art. 5.º, incisos LIV e LXXVIII). EC 45/2004. Convenção Americana sobre Direitos Humanos (Art. 7º, ns. 5 e 6)." (HC 107108- SP, 2ª.T., rel. Celso de Mello, 30/10/2012, v.u.).

• STF: "A duração prolongada, abusiva e não razoável da prisão cautelar do réu, sem julgamento da causa, ofende o postulado da dignidade da pessoa humana e, como tal, consubstancia constrangimento ilegal, ainda que se trate da imputação de crime grave" (HC 113611 – RJ, 2.ª T., rel. Cezar Peluso, 26.06.2012, v.u.).

• STF: "Prisão preventiva. Excesso de prazo. Caracterização. Instrução processual ainda não encerrada. Ausência de defensor público na comarca. Demora não imputável ao réu. Dilação não razoável. Constrangimento ilegal caracterizado. HC concedido. Aplicação do art. 5.º, LXXVIII, da CF. Precedentes. A duração prolongada, abusiva e irrazoável da prisão cautelar do réu, sem julgamento da causa, ofende o postulado da dignidade da pessoa humana e, como tal, consubstancia constrangimento ilegal, ainda que se trate da imputação de crime grave" (HC 100.053-ES, 2.ª T., rel. Cezar Peluso, 17.11.2009, v.u.).

• STF: "A duração prolongada, abusiva e irrazoável da prisão cautelar de alguém ofende, de modo frontal, o postulado da dignidade da pessoa humana, que representa – considerada a centralidade desse princípio essencial (CF, art. 1.º, III) – significativo vetor interpretativo, verdadeiro valor-fonte que conforma e inspira todo o ordenamento constitucional vigente em nosso País e que traduz, de modo expressivo, um dos fundamentos em que se assenta, entre nós, a ordem republicana e democrática consagrada pelo sistema de direito constitucional positivo" (HC 100.574-MG, 2.ª T., rel. Celso de Mello, 10.11.2009, v.u.).

• STF: "Prisão preventiva. Prisão em flagrante. Excesso de prazo. Caracterização. Custódia que perdura por mais de dois anos. Instrução processual ainda não encerrada. Requerimentos da defesa, deferidos quando já configurado o excesso. Demora não imputável à defesa. Dilação não razoável. Constrangimento ilegal caracterizado. HC concedido. Aplicação do art. 5.º, LXXVIII, da CF. Voto vencido do relator original, Min. Carlos Britto. A duração prolongada e abusiva da prisão cautelar, assim entendida a demora não razoável, sem culpa do réu, nem julgamento da causa, ofende o postulado da dignidade da pessoa humana e, como tal, consubstancia constrangimento ilegal, ainda que tenha a defesa requerido diligências após caracterização do excesso de prazo" (HC 87.461-RJ, 1.ª T., rel. para acórdão Cezar Peluso, 13.06.2006, m.v.).

- STJ: "Admite-se a dilação dos prazos previstos, em virtude dos meandros que permeiam o curso do processo, desde que tal alargamento, repise--se, não ofenda a dignidade da pessoa humana, isto é, que o acusado não permaneça preso, sem sentença definitiva, por tempo excessivo" (HC 238811- BA, 6.ª T., rel. Og Fernandes, 18.12.2012, v.u.).

- STJ: "Considerando o seu caráter cautelar, a vigência da prisão proces-sual não pode perdurar além do tempo necessário para a apuração dos fatos. Todavia, não raro admite-se a dilação dos prazos previstos em lei em virtude dos meandros que permeiam o curso do processo, desde que tal dilação não ofenda a dignidade da pessoa humana, isto é, que o acusado não permaneça preso, sem sentença definitiva, por tempo excessivo" (HC 195923 – RS, 6.ªT., rel. Og Fernandes, 02.06.2011, v.u.).

- TJRJ: "Regime prisional aberto fixado em sentença condenatória transitada em julgado. Cumprimento da sanção em estabelecimento penal incompatível com o regime adotado. A permanência de preso em regime que não o estabelecido pela sentença condenatória viola os princípios da individualização da pena e da dignidade da pessoa humana. Não pode a paciente arcar com os prejuízos resultantes da demora no trâmite processual mormente quando o que se tem em jogo é o natural direito à liberdade. Cerceamento de defesa configu-rado. Ocorrência de constrangimento ilegal de que tratam os arts. 5.º, LXVIII, da CF/88, e 647, do Diploma Processual Penal. Concessão do *writ*" (HC 2009.059.02038-RJ, Seção Criminal, rel. Adilson Vieira Macabu, 13.05.2009, v.u.).

1.3.2.4 *Competência federal e redução à condição análoga a de escravo*

- STF: "A Constituição de 1988 traz um robusto conjunto normativo que visa à proteção e efetivação dos direitos fundamentais do ser humano. A existência de trabalhadores a laborar sob escolta, alguns acorrentados, em situação de total violação da liberdade e da autodeterminação de cada um, configura crime contra a organização do trabalho. Quaisquer condutas que possam ser tidas como violadoras não somente do siste-ma de órgãos e instituições com atribuições para proteger os direitos e deveres dos trabalhadores, mas também dos próprios trabalhadores,

PRINCÍPIOS CONSTITUCIONAIS PENAIS E PROCESSUAIS PENAIS – Nucci

atingindo-os em esferas que lhes são mais caras, em que a Constituição lhes confere proteção máxima, são enquadráveis na categoria dos crimes contra a organização do trabalho, se praticadas no contexto das relações de trabalho. Nesses casos, a prática do crime prevista no art. 149 do Código Penal (Redução à condição análoga a de escravo) se caracteriza como crime contra a organização do trabalho, de modo a atrair a competência da Justiça federal (art. 109, VI da Constituição) para processá-lo e julgá-lo. Recurso extraordinário conhecido e provido" (RE 398.041-PA, Pleno, rel. Joaquim Barbosa, 30.11.2006, m.v.).

1.3.2.5 Direito de presença em juízo

• TJRJ: "A dificuldade de acesso pelos servidores de encontrar o apenado não pode impedir que o mesmo seja devidamente intimado para o comparecimento em juízo, sob pena de violação aos princípios da dignidade da pessoa humana, do devido processo legal e da ampla defesa (HC 2009.059.07139-RJ, 7.ª C., rel. Siro Darlan de Oliveira, 20.10.2009, v.u.).

1.3.2.6 Avaliação da palavra da vítima

• TJRJ: "Havendo, como há na espécie, indícios de ter o recorrido agredido fisicamente sua mulher, causando-lhe ferimentos detalhados em laudo policial técnico; havendo ainda outros elementos em correlação, dentre os quais ameaças, antes registradas em delegacia especializada; não se admite que o julgador singular rejeite a peça vestibular da Promotoria de Justiça, esta fulcrada na violação ao artigo 129, § 9.º, do Código Penal; incidindo a Lei 11340/2006, denominada 'Lei Maria da Penha'. Erronia manifesta do Magistrado *a quo*, no desprezo antecipado às palavras da cidadã ofendida, as quais merecem prestígio nessa fase, na consonância da letra e da filosofia do diploma de proteção à mulher brasileira. Referência indevida ao processo inquisitório de antanho, até porque disso não se cuida, mas por diverso, e por bem moderno, no combate a um triste caldo de cultura, eivado de patriarcalismo e machismo, a merecer o repudio do legislador nacional e do legislador forâneo, na proteção à dignidade da pessoa humana; por específico, do sexo feminino." (RSE 2009.051.00230 –RJ, 6.ª C.C., rel. Luiz Felipe Haddad, 08.06.2009).

1.3.2.7 A soberania dos veredictos e a dignidade da vítima

• TJRJ: "Apelação Criminal. Art. 121, *caput*, do Código Penal. Sentença absolutória. Recurso da assistência de acusação. Julgamento manifestamente contrário à prova dos autos. Os Tribunais Superiores firmaram entendimento inúmeras vezes adotado por esta Câmara, no sentido de que não se qualifica como manifestamente contrária à prova dos autos, a decisão dos jurados que se filia a uma das versões para o crime, em detrimento de outra, ambas apresentadas em Plenário. Há apenas uma ressalva: a de que a tese privilegiada seja plausível e esteja amparada em prova idônea. Conquanto haja conveniente sintonia entre todos os depoimentos do grupo do réu, que apontam no sentido da ocorrência de disparo acidental, o contexto fático probatório demonstra não ser verossímil a tese de que o tiro fatal tenha partido da própria vítima. Opção do Júri que não se deu simplesmente entre duas versões para o mesmo fato. Escolha dos jurados que recaiu sobre versão despida de plausibilidade, porque incompatível com as circunstâncias do episódio. Interpretação do art. 593, III, *d*, do CPP, conforme a Constituição Federal, que impõe a cassação da decisão ora exprobada. Necessidade de se privilegiar o conteúdo de justiça existente nesse dispositivo para que seja resguardada a vontade geral contida no "pacto social". Hipótese em que há de prevalecer o princípio da dignidade da pessoa humana, em cotejo com o da soberania dos veredictos. Anulação da sentença. Provimento do recurso (Ap. 2009.050.01038-RJ, 3.ª C.C., Rel. Agostinho Teixeira de Almeida Filho, 12.05.2009, v.u.).

1.3.2.8 Ilegitimidade da prova advinda da fase inquisitiva

- TJRJ: "Os meios de prova adequados vinculam-se às garantias constitucionais do processo, e com esta referência teórica é que se produz o livre convencimento. Em um Estado Democrático de Direito, cujo postulado máximo reside na dignidade da pessoa humana, todas as provas obtidas hão de ser imperiosamente submetidas ao crivo do contraditório e da ampla defesa, o que não ocorreu na hipótese dos autos" (Apelação – 2008.050.07331-RJ, 7.ª C.C., rel. Siro Darlan de Oliveira, 17.02.2009, v.u.).

- TJRJ: "Insuficiente a prova para demonstrar a autoria, mantém-se a absolvição. As informações do inquérito policial, não confirmadas em Juízo, são despidas de legitimidade processual para fundamentar a condenação. Às razões do MP, perderia valor a ação repressiva do Estado caso o Juiz não viesse a dispor de meios de prova adequados para a busca da verdade real – afastam-se do devido processo legal e do princípio da judicialização da prova. Os meios de prova adequados vinculam-se às garantias constitucionais do processo, e com esta referência teórica é que se produz o livre convencimento. Num Estado Democrático de Direito, cujo postulado máximo reside na dignidade da pessoa humana, todas as provas obtidas hão de ser imperiosamente submetidas ao crivo do contraditório e da ampla defesa (Juiz Geraldo Prado). Além de insuficiente a prova da autoria, o tipo (art. 1.º, I, *a*, Lei 9.455/97) não se encontra perfeitamente delineado. A criminalização da tortura é resultado de uma histórica luta política contra o terror produzido pelo Estado e seus agentes. Na hipótese, inexiste a relação de subordinação e de poder – hierarquicamente institucionalizada – entre os réus e as vítimas, tratando-se de disputa de facções criminosas sobre a exploração do tráfico de entorpecentes. E não aparece demonstrado o elemento típico intenso sofrimento físico e mental. Recurso desprovido" (Apelação 2007.050.00038-RJ, 5.ª C.C., rel. Sérgio de Souza Verani, 24.01.2008, v.u.).

1.3.2.9 *Excepcionalidade da prisão cautelar*

- TJRJ: "A prisão cautelar do réu só se justifica em hipóteses excepcionais, sob pena de restarem vilipendiados os princípios constitucionais da presunção da inocência e da dignidade da pessoa humana" (HC 2008.059.03963-RJ, 2.ª C.C., rel. José Muinos Pineiro Filho, 01.07.2008, v.u.).

- TJRJ: "Não posso deixar de apreciar a legalidade de qualquer prisão antes do trânsito em julgado sem confrontar a decisão respectiva com o texto constitucional que prevê o estado de inocência e o devido processo legal, sempre em consonância com o princípio da dignidade da pessoa humana. (...) Na hipótese, a prisão cautelar não se mostra necessária para justificar aquela medida de exceção, não me impressionando o argumento de que a Câmara, anteriormente, inclusive em *habeas* em que atuei como vogal, já reconhecera a necessidade da prisão. Não dispunha dos elementos que hoje tenho para apreciar aquela eventual necessidade da cautela. Não me sinto constrangido em rever minha decisão ao receber novos elementos de prova que deixam certa a desnecessidade da prisão. Segundo ponto: impressionou-me as fotos do rosto do acusado após ter sido agredido pela vítima. Diversas as lesões por ele sofridas em seu local de trabalho, também não podendo deixar de ser desconsiderado o fato do paciente e da vítima, que são policiais, estar armados quando do evento. A dinâmica do evento, por si só, em concreto, não autoriza a prisão cautelar. Caberá ao Tribunal Popular decidir sobre o fato. A prisão antes daquela decisão definitiva não se justifica. Mas não é só. Foi dito da tribuna quando da sustentação oral e consignado no memorial cuja juntada aos autos já determinei acima, que o paciente possui mais de 60 anos (idoso juridicamente), tem mais de 30 anos de polícia, é primário e de bons antecedentes, sequer tendo sofrido anteriormente qualquer punição administrativa. Assim, estando preso o paciente por período superior ao legal e não havendo necessidade da prisão cautelar, dirijo meu voto no sentido de conceder a ordem para que possa aguardar em liberdade a tramitação do processo, com expedição de alvará de soltura (HC 2007.059.02377-RJ, 1.ª C.C., rel. Marcus Basílio, 15.05.2007, v.u.).

1.3.2.10 Provas ilícitas e direito à intimidade

- TJSP: "Sigilo de dados cadastrais de clientes de concessionárias de serviços telefonia – Não indicação de fato concreto e de pessoas individualizadas – Autorização de quebra de sigilo genérica e sem fundamentação específica Inadmissibilidade – Devassa que afronta as garantias constitucionais da intimidade e da privacidade (art. 5.º, X, CF) e o princípio da dignidade da pessoa humana (art. 1.º, III, CF) – Receio fundado de represália jurídico-penal decorrente do descumprimento da sobredita ordem judicial genérica – Precedentes desta Corte de Justiça – *Mandamus* concedido" (HC 0444859-90.2010.8.26.0000 SP, 3.ª C. D. C., rel. Moreira da Silva, 08.02.2011).
- TJRJ: "Apelante processado e condenado pela prática das infrações previstas nos arts. 33 da Lei 11.343/2006 e art. 58 do Dec.-lei 6.259/44. Prisão em flagrante quando o apelante se encontrava em seu local de trabalho. Cautelar de Busca e Apreensão concedida com base exclusivamente em denúncia anônima, sem que sequer fosse instaurado procedimento investigatório para a apuração dos fatos objetos da referida denúncia anônima. Ilegalidade da medida, eis que a denúncia anônima não confere lastro mínimo probatório exigido pela lei para a concessão da cautelar. Constituição da República que veda o anonimato em seu art. 5.º, IV, ante a impossibilidade de se descobrir o autor da denúncia e de responsabilizá-lo por eventuais danos causados a terceiro. Conforme determina o § 1.º do art. 240 do Código de Processo Penal, exige-se fundada suspeita de que um crime esteja sendo praticado no interior da casa que se pretende ingressar e que o ingresso seja justamente com o propósito de evitar que se consume. Diligência realizada em contrariedade com o ordenamento jurídico-constitucional. Limites à atuação estatal, cujos agentes e autoridades estão sujeitos à observância dos direitos e prerrogativas que assistem aos cidadãos em geral, como fator condicionante da legitimidade de suas condutas. Art. 5.º, *caput*, da Constituição da República que assegura o direito à segurança tornando-se o Estado devedor desta prestação positiva, pelo que não deve olvidar esforços em prestá-la, porém na forma da lei e seguindo escrupulosamente os parâmetros

constitucionais. Conforme destaca Klaus Tiedmann a verdade não pode ser investigada a qualquer preço, mas somente mediante preservação da dignidade da pessoa humana e dos direitos fundamentais do acusado. Ponderação entre a garantia entre a intimidade e a privacidade e o interesse de ordem pública pertinente à prevenção e repressão das infrações penais, este último como justificador da autorização de busca e apreensão. Prova ilícita, eis que produzida em contrariedade à ordem constitucional. Contaminação das demais provas que dela derivam e que por conta desta foram obtidas. Nulidade da apreensão. Decreto condenatório embasado exclusivamente nas provas obtidas na busca e apreensão ilegal. Ausência de outras provas aptas a ensejar a condenação, uma vez excluída a prova ilícita. Absolvição do apelante. Ainda que vencido nesta parte, não há que subsistir a condenação pelo tráfico ante a ausência de provas acerca da finalidade de comercialização da droga. Absolvição também pela contravenção do art. 58, do Dec.-lei 6.259/44, eis que a conduta padece de potencial ofensivo ao bem jurídico. Absolvição do apelante" (Apelação 2007.050.05634-RJ, 5.ª C.C., rel. Geraldo Prado, 19.06.2008, v.u.).

- TJRJ: "Constatou-se que a apelante, ao submeter-se a revista íntima no Presídio Muniz Sodré, Complexo Penitenciário de Bangu – onde visitaria um preso –, trazia consigo, dentro da vagina, 317g. de maconha. O modo como se fez a, apreensão do entorpecente, no interior da vagina, constitui prova obtida por meios ilícitos, inadmissíveis no processo (art. 5.º, LVI, Constituição Federal). Essa revista pessoal obrigada a visitante a despir-se completamente, abaixar-se, abrir as pernas, fazer força, pular – é vexatória, degradante, violenta o direito à intimidade (art. 5.º, X, CF) e a dignidade da pessoa humana (art. 1.º, III, CF), nenhum valor processual tendo a prova assim obtida. O Processo Penal Democrático não pode permitir a realização de busca manual nas entranhas da mulher, no interior da sua vagina. Não se pode relativizar a garantia constitucional, porque não se pode relativizar a própria dignidade humana. 'Inadmissível é, na Justiça Penal, a adoção do princípio de que os fins justificam os meios, para assim tentar legitimar-se a procura da verdade através de qualquer fonte probatória' (José Frederico Marques). Recurso provido" (Apelação 2004.050.01657-RJ, 5.ª C.C., rel. Sérgio de Souza Verani, 06.09.2005, v.u.).

1.3.2.11 *Tráfico de drogas e liberdade provisória*

- TJMG: "A vedação 'ex lege' de concessão de liberdade provisória não tem lugar no regime constitucional vigente. Se a Carta impõe que a determinados crimes não se concederá liberdade mediante fiança, a interpretação extensiva do dispositivo restritivo atenta contra a garantia de presunção de inocência e contra a dignidade da pessoa humana, entre outros" (RSE 2220829-26.2010.8.13.0024 – MG, 1.ª C.C., rel. Flávio Leite, 01.07.2011.).

• TJRS: "A mais recente jurisprudência do Supremo Tribunal Federal vem considerando inconstitucional a vedação legal à concessão de liberdade provisória contida no art. 44 da lei antidrogas, por ofensa aos postulados constitucionais da presunção de inocência, do devido processo legal, da proporcionalidade e da dignidade da pessoa humana" (HC 70034718825-RS, 3.ª C.C., rel. Odone Sanguiné, 08.04.2010, m.v.).

1.3.2.12 Fixação da competência federal nos crimes contra a organização do trabalho

• STF: "É da mais recente jurisprudência desta Suprema Corte, o entendimento de que, para fins de fixação da competência da justiça federal, o enquadramento na categoria de crimes contra a organização do trabalho, vai além de condutas ofensivas ao sistema de órgãos e instituições que visam a proteção dos trabalhadores. A dignidade do homem, protegida amplamente pela Constituição da República, não pode ser olvidada, devendo ser atrelada àquele componente orgânico (RE 398.041/PA, Pleno, rel. Min. Joaquim Barbosa, DJe 19.12.2008)." (RE 587.530 AgR – SC, 1.ª T., rel. Dias Toffoli, 03.05.2011, v.u.).

1.3.2.13 Termos usados na denúncia para designar o acusado

• STJ: "A denúncia, ao se referir ao Paciente como 'agiota', não extrapolou os limites da acusação e, tampouco, feriu o princípio da dignidade da pessoa humana, pois a menção à atividade ilícita era essencial para a compreensão da própria narrativa da trama criminosa, a qual culminou com a sua condenação pelos delitos de estelionato e falsidade ideológica" (HC 162.680 – SP, 5.ª T., rel. Laurita Vaz, 03.02.2011, v.u.).

1.3.2.14 Comparecimento em juízo durante a execução da pena

• STJ: "Entretanto, no que toca o pedido de comparecimento quinzenal ao Juízo das execuções, tendo em vista que o Paciente possui sérias restrições para se locomover, em razão de sua situação clínica, torna-se razoável a concessão da ordem para que ele assim compareça perante o referido Juízo e não mais semanalmente, em homenagem aos princípios da dignidade da pessoa humana, da humanidade da pena e da individualização da pena" (HC 258752 – MG, 6.ª T., rel. Maria Thereza de Assis Moura, 23/04/2013, v.u.).

1.3.2.15 Indispensabilidade da fundamentação da decisão judicial

• STJ: "A importância da fundamentação ultrapassa a literalidade da lei, pois reflete a liberdade, um dos bens mais sagrados de que o homem pode usufruir, principalmente em vista dos princípios constitucionais da ampla defesa, do contraditório, do devido processo legal, da presunção de inocência e da dignidade da pessoa humana. Relativamente à interceptação telefônica, considerando a proteção constitucional à intimidade do indivíduo, a importância da fundamentação das decisões judiciais atinge maiores proporções, não podendo a autoridade judicial se furtar em demonstrar o *fumus bonis juris* e o *periculum in mora* da medida" (HC 240905 – SP, 5.ª T., rel. Marco Aurélio Bellizze, 19.03.2013, v.u.).

• TRF-1.ª R.: "Decretação da prisão preventiva no curso do processo não viola os princípios da presunção da inocência e da dignidade da pessoa humana se ela foi decretada em decisão motivada, com fundamento no art. 312 do CPP e em razão do réu ter sido acusado pelo seu próprio defensor de suprimir dos autos a prova da materialidade do delito" (Ap. 2007.35.03.000215-5 – GO, 3.ª T., rel. Monica Sifuentes, 22.03.2013, v.u.).

1.3.2.16 Denúncia genérica

• TRF-1.ª R.: "Ofende aos princípios constitucionais do devido processo legal, da ampla defesa, do contraditório, da presunção de inocência e da dignidade da pessoa humana, bem como ofende aos artigos 8.º, item 2, letra "b", da Convenção Americana de Direitos Humanos (Pacto de San José da Costa Rica), e 41 do Código de Processo Penal, a denúncia genérica, que não diz o que o denunciado fez. " (HC 0051802-52.2012.4.01.0000 – MG, 3ª.T., rel. Tourinho Neto, 21.09.2012, v.u.).

1.3.2.17 Substituição da prisão por outras medidas cautelares

• TRF-1.ª R.: "A Lei n. 12.403, de 02.07.2011, à vista dos princípios constitucionais da presunção de inocência e da dignidade da pessoa humana e do devido processo legal, conferiu ao magistrado, dentro dos critérios de legalidade e proporcionalidade e com observância do binômio "necessidade e adequação", a possibilidade de substituir a prisão preventiva por medidas cautelares mais brandas" (HC 0066766-84.2011.4.01.0000 – MT, 4ª.T., rel. Mário César Ribeiro, 14.02.2012, v.u.).

1.3.2.18 *Condições precárias de saúde e direito à liberdade provisória*

• STJ: "1. A República Federativa do Brasil tem como fundamento constitucional a dignidade da pessoa humana (art. 1.º, III, da CF). 2. A custódia cautelar implica necessariamente o cerceamento do direito à liberdade, entretanto o custodiado em nenhum momento perde a sua condição humana (art. 312 do CPP). 3. Impõe-se ao magistrado verificar, caso a caso, se o sistema prisional detém meios adequados para tratar preso em condições precárias de saúde, caso contrário, admite-se – de forma excepcional – a concessão da liberdade provisória, em atenção ao princípio da dignidade humana, inclusive porque, nos termos da Constituição Federal, ninguém será submetido a tratamento desumano ou degradante (art. 5.º, III). 4. Relevante a manifestação do juízo de primeiro grau – ao deferir a liberdade provisória –, pois manteve contato direto, a um só tempo, com a situação concreta do acusado, com os fatos a ele imputados e com o ambiente social onde estes ocorreram. 5. Recurso especial não conhecido. Concessão de *habeas corpus* de ofício para determinar a expedição de alvará de soltura em nome da codenunciada, a fim de garantir-lhe o direito de aguardar em liberdade o curso da ação penal – mediante o compromisso de comparecimento a todos os atos do processo, sob pena de revogação do benefício –, se por outro motivo não estiver presa e ressalvada a possibilidade de haver decretação de prisão, caso se apresente motivo concreto para tanto, nos termos do voto" (REsp 1.253.921/RS, 6.ª T., rel. Sebastião Reis Júnior, j. 09.10.2012, *DJe* 21.05.2013, v.u.).

2. DEVIDO PROCESSO LEGAL

Outro princípio regente concentra-se no devido processo legal, cuja raiz remonta à Magna Carta de 1215 ("Nenhum homem pode ser preso ou privado de sua propriedade a não ser pelo julgamento de seus pares ou pela lei da terra"). A célebre expressão "by the lay of the land" (lei da terra), que inicialmente constou da redação desse documento histórico, transmudou-se para "due process of law" (devido processo legal). A modificação vernacular não teve o condão de apartar o significado histórico do princípio. Buscou--se uma garantia e uma proteção contra os desmandos do rei, encarnando a época autoritária absoluta na Inglaterra. Não mais seria possível admitir-se a prisão ou a perda de bens de qualquer pessoa em virtude de simples capricho do governante. A tolerância havia atingido seu limite, tornando-se essencial o surgimento do princípio da legalidade ou reserva legal, determinando o império da lei sobre a vontade do rei.

A lei da terra envolvia os costumes, donde surge o direito consuetudinário, até hoje prevalente no Reino Unido. Portanto, haveria de prevalecer a vontade da sociedade, espelhada pelos tradicionais costumes, em detrimento da vontade do soberano. Hoje, consubstancia-se no moderno princípio da legalidade penal, demonstrativo de não existir crime e pena sem prévia previsão legal.

O devido processo legal, portanto, possui dois importantes aspectos: o lado substantivo (material), de Direito Penal, e o lado procedimental (processual), de Processo Penal. No primeiro, como já demonstrado, encaixa-se o princípio da legalidade, basicamente, além dos demais princípios penais.[14] Quanto ao prisma processual, cria-se um espectro de garantias fundamentais para que o Estado apure e constate a culpa de alguém, em relação à prática de crime, passível de aplicação de sanção. Eis por que o devido processo legal coroa os princípios processuais, chamando a si todos os elementos estruturais do processo penal democrático, valendo dizer, a ampla defesa, o contraditório, o juiz natural e imparcial, a publicidade, dentre outros, como forma de assegurar a justa aplicação da força estatal na repressão aos delitos existentes.

Há quem atribua ao devido processo legal um alcance genérico, valendo para todo o processo, demonstrando a existência de postulados comuns para estruturar qualquer procedimento concebido sob critérios garantistas. Nessa ótica, prefere Rogério Lauria Tucci reservar ao âmbito processual penal a expressão *devido processo penal*, agora, sim, abrangendo todos os princípios protetores do justo processo penal.[15] Muito embora o devido processo legal sirva, realmente, a todo cenário processual, invadindo as searas civil e administrativa, é fato que, quando se está inserto no contexto processual penal, trata-se do devido processo legal em matéria processual penal. Logo, não há razão para alterar a forte e tradicional expressão, constante da Constituição Federal (art. 5.º, LIV), para outra, similar, como o devido processo penal.

---

14. Em diversa visão, Luiz Flávio Gomes atribui ao significado substantivo do devido processo legal a regência dos atos públicos conforme a razoabilidade e a proporcionalidade, incluindo-se nessa exigência, principalmente, a lei, que não deve cercear, sem justa motivação, direitos individuais (*Comentários à Convenção Americana sobre Direitos Humanos*, p. 76). Preferimos manter o nosso posicionamento, calcado nas raízes do devido processo legal, que se deu em virtude do princípio da legalidade, nos termos da Magna Carta. Seu substrato, portanto, é a observância fiel dos princípios penais.

15. *Direitos e garantias individuais no processo penal brasileiro*, p. 57-64.

A ação e o processo penal somente respeitam o devido processo legal, caso todos os princípios norteadores do Direito Penal e do Processo Penal sejam, fielmente, respeitados durante a persecução penal, garantidos e afirmados os direitos do acusado para produzir sua defesa, bem como fazendo atuar um Judiciário imparcial e independente. A comunhão entre os princípios penais (legalidade, anterioridade, retroatividade benéfica, proporcionalidade etc.) e os processuais penais (contraditório, ampla defesa, juiz natural e imparcial, publicidade etc.) torna efetivo e concreto o devido processo legal.

2.1 Aspectos ligados ao crime

O devido processo legal, no âmbito do Direito Penal, delineia-se pela aplicação efetiva dos princípios penais, mormente os de alçada constitucional, interligando-se a aspectos fundamentais do conceito de crime. Em primeiro plano, deve-se destacar a importância da legalidade e seus corolários indispensáveis da anterioridade e da taxatividade. Para a construção de tipos penais incriminadores, que possam dar ensejo à aplicação da pena ao criminoso, torna-se essencial o respeito à anterior previsão em detalhada lei acerca da conduta proibida penalmente.

Inexistiria o devido processo legal, caso se aceitasse a condenação de alguém, com base em tipo penal excessivamente aberto, desrespeitoso ao princípio da taxatividade. Do mesmo modo, formando paralelo com a intervenção mínima e seus consequenciais princípios da subsidiariedade, fragmentariedade e ofensividade, não há que se aceitar a tipificação de conduta considerada penalmente insignificante, visto ser o Direito Penal a *ultima ratio* do Estado Democrático de Direito. Por isso, considerando-se atípico o fato, por configurar bagatela, afasta-se a necessidade do processo criminal, mas se consagra o devido processo legal na sua forma substantiva.

O confisco de bens e instrumentos do crime (art. 91, II, CP), avançando, se preciso for, em patrimônio de terceiro, ressalvado o de boa-fé, impõe o cumprimento do devido processo legal, respeitando-se a responsabilidade pessoal, determinativa de que a pena não passará da pessoa do delinquente.

Para que se afigure justa e de acordo com o devido processo legal, deve a pena ser aplicada conforme os preceitos ditados pelo princípio da individualização da pena, evitando-se qualquer método tendente à padronização da sanção penal. Do mesmo modo, penas desproporcionais à gravidade do delito cometido ferem a proporcionalidade e, por via de consequência, a efetividade do devido processo legal substancial.

O acolhimento desmensurável da responsabilidade penal objetiva, lançada em normas penais ou em interpretações jurisprudenciais, colocam em risco a fidelidade ao princípio da culpabilidade, não se podendo atingir o cumprimento ao devido processo legal.

A dupla punição pelo mesmo fato fere a legalidade, pois inexiste previsão para a incidência reiterada da lei penal, motivo pelo qual deixa de seguir o princípio regente do devido processo legal.

2.2 Aspectos ligados ao processo

No campo processual, o devido processo legal desenha-se em vários setores como supedâneo dos inúmeros direitos e garantias fundamentais para amparar o indivíduo, quando suspeito ou acusado pelo Estado. Logo, seus mais visíveis princípios consequenciais são a ampla defesa e o contraditório. Porém, todos os demais princípios constitucionais processuais penais integram a sua órbita de ascendência.

Por vezes, observa-se que alguns princípios constitucionais, embora relevantes, podem servir de empecilhos ao devido processo legal, em sua plena forma de desenvolvimento, tal como se dá com o princípio da economia processual. A celeridade na busca pela aplicação do direito ao caso concreto não pode atropelar garantias essenciais. A colheita de provas, em fase de instrução, pode ser o melhor palco para amealhar elementos suficientes para a formação do convencimento do julgador. Diante disso, é preciso cautela ao se utilizar do *habeas corpus* para rever decisões tomadas, durante o trâmite processual, ainda pendente de solução de mérito. A rapidez da ação de impugnação, tendente a eliminar qualquer produção de prova, não é compatível com a segurança demandada para certas decisões. Ilustrando, salvo casos teratológicos, não se pode deferir a progressão de regime em sede de *habeas corpus*, pois tal avaliação depende da análise de inúmeros requisitos, conseguidos na instrução feita no juízo da execução penal. O mesmo se diga do delicado e complexo processo de fixação da pena, cuja revisão deve ficar a cargo de recurso apropriado, como a apelação.

Observa-se, ainda, a interligação natural e salutar da legalidade, no processo penal, associada ao devido processo legal. Destaque-se a postura jurisprudencial de inadmissibilidade do uso da videoconferência, para a colheita de provas e do interrogatório do réu, antes do advento da Lei 11.900/2009, alegando-se a ilegalidade de postura do Judiciário, que a acolhia, em face da lacuna legal.

O processo penal é, sem dúvida, formal. Entretanto, suas formalidades constituem garantias para o equilíbrio das partes e para a escorreita instrução, não se podendo considerá-las fins em si mesmas. Por isso, atualmente, a visão que se tem das nulidades é utilitarista e não meramente formalista. A consequência demanda a decretação da nulidade do processo, apenas e tão somente, quando houver demonstração de prejuízo para a parte que a invoca. Em ritmo de exceção, há falhas processuais geradoras de nulidades absolutas, independentes da prova do prejuízo. O devido processo legal, buscando amparar tanto a duração razoável do processo quanto as garantias de manifestação das partes, precisa encontrar a mais adequada saída na avaliação das nulidades, evitando-se o refazimento inútil de atos processuais já consumados.

2.3 A devida investigação penal

Investigar um crime – existência e autoria – é dever inconteste do Estado. Por meio de vários órgãos, assim que acontece uma infração penal, cabe-lhe atuar com firmeza e rigor. O principal desses organismos, inclusive por força constitucional, é a polícia judiciária. Cumpre ao delegado (civil ou federal) instaurar o inquérito policial e providenciar a apuração do fato, até encontrar elementos suficientes, que apontem à tipicidade e, na sequência, ao seu autor.

O princípio regente do devido processo legal, como já mencionado, abrange a coletânea de princípios penais e processuais penais, devendo ser integralmente seguido, para que se possa obter uma punição justa.

Aponta-se, em grande parte, a sua incidência sobre o processo-crime, mas olvida-se a sua relevância para a fase da investigação policial. Há que se ponderar a medida do acerto e do equívoco dessa visão.

O acerto cinge-se à inexigência de seguimento direto a certos princípios, como a ampla defesa, o contraditório, a publicidade, presunção de inocência, dentre outros, que são aplicáveis ao processo.

O equívoco é imaginar que *todos* os princípios penais e processuais penais somente se aplicam ao processo criminal, pois a persecução estatal pode oprimir o indivíduo desde o início, que ocorre na fase do inquérito. Diante disso, mantêm-se ativos durante a *devida investigação penal* os princípios da legalidade, da retroatividade benéfica, da culpabilidade, da imunidade à autoacusação, da vedação das provas ilícitas, dentre outros, perfeitamente compatíveis com a atividade do Estado na busca do crime e de seu autor.

Analisando-se o quadro dos princípios penais e processuais penais em face da investigação criminal, há vários pontos a analisar.

O princípio da legalidade é absoluto, em qualquer plano, deve ser fielmente respeitado. Se *não há crime sem prévia lei anterior*, por certo, desde a fase investigatória deve-se ter em vista a busca da tipicidade; fatos atípicos correm ao largo do interesse punitivo estatal, razão pela qual a legalidade se aplica tanto ao inquérito quanto ao processo.

O mesmo se diga da anterioridade, pois é preciso haver tipo penal incriminador *antes* da prática da conduta, o que precisa ser observado tanto pelo delegado quanto pelo juiz.

A retroatividade benéfica é capaz de eliminar a investigação criminal ou o processo, nos casos em que houver *abolitio criminis*; pode, ainda, produzir efeitos diversos, quando modificar a lei penal, trazendo benefícios ao acusado (exemplo disso foi a edição da Lei 9.099/95, trazendo a definição de infração de menor potencial ofensivo, o que alterou o curso de investigações em andamento e mesmo de processos).

O princípio da humanidade, vedando penas cruéis, é primordialmente dirigido ao legislador, para que não constitua sanções imoderadas quando da criação de novas figuras típicas incriminadoras.

A responsabilidade pessoal, determinando que a pena não passará da pessoa do delinquente, estabelece, por via reflexa, o princípio processual da intranscendência, ou seja, a ação penal deve ser movida apenas contra o autor do crime. Ora, a partir disso, pode-se sustentar, com perfeita validade, não deva a investigação criminal voltar-se contra quem, por evidente, não é o autor da infração penal. Torna-se, assim, cabível o controle jurisdicional do indiciamento, caso seja conduzido de forma abusiva pela autoridade policial.

A individualização da pena, como regra, repercute no processo, mas a parte concernente à individualização legislativa fixa suas raízes também no contexto da investigação criminal, pois, conforme a pena estabelecida em abstrato, lavra-se mero termo circunstanciado (infração de menor potencial ofensivo) ou instaura-se inquérito policial.

A intervenção mínima é princípio dirigido, basicamente, ao legislador para que não criminalize, sem justo motivo, condutas socialmente inofensivas. De outra parte, reflete no Judiciário, durante o processo-crime, no contexto do crime de bagatela, que produz a atipicidade do fato. Porém, não se pode perder de vista a possibilidade de ser o princípio da insignificância considerado pela autoridade policial no momento de lavrar (ou não) um auto de prisão em flagrante e até mesmo de instaurar um inquérito. Ilustrando, não se pode nem mesmo dar início à persecução penal diante de algo nitidamente irrisório, como a subtração de um alfinete.

Quanto à taxatividade, que demanda a detalhada definição do tipo penal incriminador, mais se dirige ao juiz que à autoridade policial, visto deter uma aprofundada análise de mérito. Porém, quando um tipo penal é mal formado, pode levar à inviabilidade de apuração na fase policial, motivo pelo qual apresenta reflexo indireto nesse estágio.

A proporcionalidade destina-se, basicamente, ao legislador, para que construa tipos penais adequados aos fatos criminosos a punir, em particular no que se refere à sanção cominada. Entretanto, há o lado processual do princípio, dizendo respeito à decretação de medidas restritivas aos direitos individuais, tais como liberdade, intimidade, privacidade etc. Nesse sentido, cabe à autoridade policial atentar para a real necessidade de representar ao juízo pela decretação de alguma medida cerceadora, buscando avaliar a proporcionalidade entre o crime objeto de apuração e a violação a ser concretizada.

No campo da vedação à dupla punição pelo mesmo fato, por óbvio, se alguém já foi punido por determinada conduta, não cabe nem ao juiz receber denúncia ou queixa, nem ao delegado instaurar inquérito a respeito.

O princípio da culpabilidade é relevante para qualquer atividade persecutória estatal, abrangendo inquérito e processo. Aliás, a primeira autoridade a lidar com a avaliação de ter o agente agido com dolo ou culpa é a policial. Indiciar por homicídio doloso ou culposo? Eis uma questão primordial, no momento de um flagrante (especialmente, hoje, com os casos de crimes de trânsito), a ser solvida pelo delegado, no estrito cumprimento da devida investigação policial. Ademais, se, durante o inquérito, ficar evidente não ter o agente atuado com dolo ou culpa, deve-se conduzir o feito para o arquivamento (ao menos é o que constará do relatório ao juiz).

O princípio processual da presunção de inocência é muito mais forte em relação ao processo criminal, pois, quando do julgamento, em caso de dúvida, deve-se decidir em favor do réu (*in dubio pro reo*). Por outro lado, estabelece-se que o ônus da prova pertence à acusação. Durante a investigação policial, o princípio perde intensidade, pois se deve averiguar todos os suspeitos do crime, independentemente do seu estado de inocência. A sua atuação, na fase do inquérito, volta-se à imunidade à autoacusação, garantindo o direito ao silêncio a qualquer investigado. Ninguém é obrigado a produzir prova contra si mesmo, seja em juízo, seja durante investigação criminal.

A ampla defesa também é mitigada na fase policial, pois cuida-se de procedimento inquisitivo, voltado à captação de provas para a formação do convencimento do órgão acusatório – e não do juiz. Algumas provas pré-constituídas, como as periciais, são colhidas, mas, nesse caso, podem ser refeitas em juízo, com o apoio de assistentes técnicos. Quando se tratar de particular prova pericial, impossível de refazimento na fase judicial, cremos ser elementar a garantia ao indiciado de acompanhá-la, inclusive com assistente de sua confiança. Como desdobramento da ampla defesa, embora atenuada, pode o advogado do indiciado acompanhar o inquérito, jamais se podendo decretar o sigilo quanto à sua figura. Não se pode, portanto, afirmar que a defesa somente tem início em juízo; em verdade, ela tem início tão logo alguém seja formalmente apontado pelo Estado como autor do delito (indiciamento). Mas, a ampla defesa atinge seu grau máximo em juízo, não significando inexistência durante a investigação.

A plenitude de defesa é princípio atrelado ao Tribunal do Júri, razão pela qual não produz efeitos diretos na investigação policial.

O contraditório, como regra, não está presente na fase investigatória; o defensor pode acompanhar os atos, mas não lhe é permitido intervir, contrariando a prova produzida. De certa forma, no entanto, pode-se *impugnar* certos atos investigatórios, quando abusivos, mesmo que se faça pela ação própria de *habeas corpus* ou mandado de segurança. Não deixa de ser um modo de exercitar o contraditório.

O juiz natural e imparcial deve ser cultivado sempre, em qualquer fase da persecução penal. Na fase investigatória, o magistrado acompanha o seu andamento, autoriza a prorrogação de prazo para a conclusão do inquérito e pode determinar medidas restritivas da liberdade, quando necessário. Para essa atividade, por certo, demanda-se um juiz *imparcial*, próprio do Estado Democrático de Direito; inconcebível seria uma atuação parcial para avaliar medidas tão graves, tais como a prisão preventiva, a quebra de sigilo fiscal ou bancário, a invasão de domicílio etc. Por isso, defendemos deva haver um juiz *natural*, previamente designado por lei para acompanhar o inquérito; magistrados nomeados ao acaso, sem apego a regras pré-fixadas, constituem grave lesão a princípio constitucional. Na fase judicial, é natural deva atuar o juiz natural e imparcial.

A publicidade é restrita no âmbito do inquérito policial, pela sua própria natureza inquisitiva. Não é dado ao público conhecer, passo a passo, a investigação criminal; afinal, trata-se de procedimento administrativo para formar a convicção do órgão acusatório, onde não se avalia o mérito da imputação estatal. Entretanto, é inexato dizer que o inquérito é absolutamente sigiloso. Na realidade, ele cede aos reclamos do advogado, cuja prerrogativa legal lhe permite acesso aos autos. Mesmo quando decretado o sigilo pelo juiz, o defensor constituído pelo indiciado pode consultar e acompanhar o inquérito. No cenário do processo, a publicidade torna-se a regra, pois é desejável serem os atos processuais de conhecimento geral da sociedade.

A vedação à produção de provas ilícitas é princípio aplicável a qualquer fase persecutória. Durante a investigação, não se pode produzir nenhum tipo de prova ilícita, sob pena de ser desconsiderada pelo juiz, quando do momento de avaliar se recebe ou não a peça acusatória. Aliás, conforme for, dependendo da gravidade (ex.: tortura para extrair confissão), o magistrado deve determinar o seu imediato desentranhamento e providências de ordem criminal contra os autores.

A economia processual diz respeito ao processo, basicamente. Porém, não se deve olvidar que, na esfera criminal, constituindo o inquérito, como regra, o alicerce para o oferecimento da denúncia ou queixa, é fundamental que a investigação não se estenda em demasia. Se assim ocorrer, de nada adiantará um processo célere, pois as provas se perdem, a prescrição pode concretizar-se e tanto a sociedade sofre com a impunidade de eventual culpado quanto o indiciado padece aguardando a decisão final.

Os princípios relativos ao Tribunal do Júri são particulares ao processo. Algum reflexo pode ter a fixação da competência para o julgamento dos crimes dolosos contra a vida, quando, em determinado local, existir órgão policial específico para atender tais casos. Nessa situação, a autoridade policial deve ater-se à peculiaridade de um inquérito voltado à colheita de provas para o júri, visto que, em grande parte, alguns elementos são relevantes, como, por exemplo, a reconstituição do crime, algo que impressiona os jurados.

O duplo grau de jurisdição concerne ao processo, exceto se projetarmos a impetração de *habeas corpus* ou mandado de segurança, durante a investigação, com possibilidade de atingir outros graus de jurisdição.

O promotor natural e imparcial, segundo nos parece, é princípio a ser aproveitado, também, pela fase investigatória, pois a acusação zelosa e independente é o objetivo do Estado Democrático de Direito.

Finalmente, a vedação ao duplo processo pelo mesmo fato reflete na proibição de dupla investigação com base na mesma situação.

Nota-se, portanto, diante do exposto, como desdobramento natural da fiel observância dos princípios penais e processuais penais, ser indispensável cuidar da *devida investigação penal*, a consagrar o devido processo legal.

2.4 O devido processo legal na jurisprudência

2.4.1 Exteriorização penal

2.4.1.1 Correlação com a intervenção mínima

- STJ: "(...) 3. O devido processo legal não pode servir como óbice à aplicação dos princípios que norteiam o direito penal, *ultima ratio*, que deve se ocupar do combate aos comportamentos humanos indesejáveis que gerem relevante lesão ou perigo de lesão ao bem jurídico tutelado. 4. O princípio da insignificância, característica do princípio da intervenção mínima, tem incidência na tipicidade material do delito que, quando ausente a lesão ao bem jurídico tutelado, impõe a própria atipicidade da conduta. 5. A aplicação do princípio da insignificância, por importar em atipicidade, não impõe, obrigatoriamente, a instrução processual, podendo ser declarada, com o fim de absolvição, em qualquer fase do processo. 6. A tentativa de subtrair 1 bicicleta avaliada em R$ 80,00 (oitenta reais), embora se amolde à definição jurídica do crime de furto tentado, não ultrapassa o exame da tipicidade material, mostrando-se desproporcional a imposição de pena privativa de liberdade, uma vez que a ofensividade da conduta se mostrou mínima; não houve nenhuma periculosidade social da ação; a reprovabilidade do comportamento foi de grau reduzidíssimo e a lesão ao bem jurídico se revelou inexpressiva" (REsp 1114157-RS, 5.ª T., rel. Arnaldo Esteves Lima, 18.02.2010, v.u.).

70 | PRINCÍPIOS CONSTITUCIONAIS PENAIS E PROCESSUAIS PENAIS – NUCCI

2.4.1.2 Correlação com a responsabilidade pessoal

- TJPE: "O confisco de bens deve por a salvo o direito de propriedade do terceiro de boa fé, além de observar o devido processo legal. A pena não pode passar a pessoa do condenado, indo atingir seus familiares, ainda mais quando inteiramente alheios à prática delituosa" (RC 120.212-8-PE, S.C., rel. Ozael Veloso, 22.09.2005, v.u.).

2.5.2 Exteriorização processual penal

2.5.2.1 Correlação com a ampla defesa

- STJ: "Contraria o devido processo legal a decisão que revoga o sursis processual pela inobservância das condições impostas, sem dar ao acusado a oportunidade de se justificar sobre o descumprimento. Precedentes do Superior Tribunal de Justiça" (RHC 24939-BA, 5.ª T., rel. Laurita Vaz, 06.04.2010, v.u.).

- STJ: "O devido processo legal, amparado pelos princípios da ampla defesa e do contraditório, é corolário do Estado Democrático de Direito e da dignidade da pessoa humana, pois permite o legítimo exercício da persecução penal e eventualmente a imposição de uma justa pena em face do decreto condenatório proferido. 2. Compete aos operadores do direito, no exercício das atribuições e/ou competência conferida, o dever de consagrar em cada ato processual os princípios basilares que permitem a conclusão justa e legítima de um processo, ainda que para condenar o réu. 3. A recente reforma processual estabeleceu no atual art. 396-A, § 2.º, do CPP, em atenção ao princípio da ampla defesa, que 'não apresentada a resposta no prazo legal, ou se o acusado, citado, não constituir defensor, o juiz nomeará defensor para oferecê-la, concedendo-lhe vista dos autos por 10 (dez) dias'. 4. Em interpretação sistêmica dos dispositivos do estatuto processual penal e princípios que regem o devido processo penal, aplica-se na fase recursal a mesma regra que permite ao réu o direito de amplamente se defender, com a nomeação de defensor dativo" (HC 94.020-AP, 5.ª T., rel. Arnaldo Esteves Lima, 04.02.2010, v.u.).

- TRF-4.ª R.: "Nos termos do artigo 222-A do Código de Processo Penal, a parte requerente deverá demonstrar a imprescindibilidade da inquirição das testemunhas que residem fora do país. Hipótese em que, para tal fim, determinou o juízo à defesa a apresentação dos respectivos quesitos a serem arguidos antes da oitiva das testemunhas de acusação. Tal proceder provoca indevida e injustificada inversão na produção da prova, pois possibilitará ao Ministério Público Federal visualizar a linha de defesa que se pretende desenvolver, permitindo que possa influenciar na inquirição das testemunhas por ele indicadas, afetando o princípio do devido processo legal e desbalanceando a igualdade das partes" (HC 2009.04.00.034981-4-RS, 8.ª T., rel. Luiz Fernando Wowk Penteado, 04.11.2009, v.u.).

- TJRS: "Execução penal. Falta grave. Defesa do apenado no procedimento administrativo disciplinar (PAD) a cargo de profissional que não é advogado, nem defensor público. Nulidade do PAD. Violação da ampla defesa, do contraditório e do devido processo legal. Inaplicabilidade da Súmula Vinculante 5 do STF. Precedente da Corte Maior. Falta grave afastada. Agravo provido. Unânime" (Agr 70035405598-RS, 5.ª C.C., rel. Luís Gonzaga da Silva Moura, 28.04.2010, v.u.).

- TJBA: "Assim, na esteira do opinativo ministerial, anula-se a sentença, conclui-se que o devido processo legal foi violado, vez que realizado o exame pericial e comprovado a inimputabilidade da Acusada deveria a instrução se realizar com o curador nomeado e prosseguido o processo com a realização da instrução processual" (Reexame Necessário 37.716-5/2008-BA, 2.ª C.C., rel. Janete Fadul de Oliveira, 15.01.2009, v.u.).

- TJGO: "A dispensa de testemunha, arrolada pela defesa, ante a impossibilidade de localização, não afronta o devido processo legal, mormente quando o réu não diligenciou visando localizar a falta" (ACR 36429-9/213-GO, 2.ª C., rel. Ney Teles de Paula, 29.09.2009, v.u.).

2.5.2.2 Correlação com a duração razoável do processo

- STJ: "De acordo com a Carta Magna, "ninguém será privado da liberdade ou de seus bens sem o devido processo legal" (art. 5.º, LIV). Além disso, "ninguém será preso senão em flagrante delito ou por ordem escrita e fundamentada de autoridade judiciária competente, salvo nos casos de transgressão militar ou crime propriamente militar, definidos em lei" (art. 5.º, LXI). 3. Na hipótese, o largo tempo decorrido desde a decretação da prisão (4 anos e 10 meses), sem que o paciente tenha sido submetido ao Tribunal do Júri, implica violação ao devido processo legal, já que ele só pode ser considerado 'devido' quando observados os princípios constitucionais da duração razoável do processo e da dignidade da pessoa humana" (HC 117.466-SP, 5.ª T., rel. Arnaldo Esteves Lima, 23.03.2010, v.u.).

- TJBA: "O paciente, dada a sua condição de réu na ação penal em curso no Juízo Impetrado, tem direito ao devido processo legal (CF, art. 5.º, LIV) e, se entendermos que o processo só é legal e devido na medida em que há o respeito, pelo Estado, das normas por ele estabelecidas para nortear o procedimento penal, forçosamente há que se concluir que há uma demora injustificada na conclusão da instrução do feito em questão. Se o legislador constituinte impôs ao Julgador do Estado, o dever de concluir o processo dentro de um prazo razoável e factível, e aquele injustificadamente o descumpre, evidentemente que o processo instaurado se desenvolverá com marcante irregularidade, porquanto seja a prestação jurisdicional atrasada a antítese da justiça, sendo que, em qualquer caso, fere-se de morte o direito do réu de se ver devida e legalmente processado. Constitucionalmente, é correto afirmar-se que:o mínimo que o Estado deve proporcionar a quem está sendo por ele processado é o direito ao devido processo legal, posto que, somente com respeito absoluto às regras processuais é que se pode vislumbrar o verdadeiro estado democrático de direito. O excesso prazal, repito, macula o processo e, em nome do princípio do *due process law,* obriga,a soltura do réu preso, ainda que presentes os requisitos da prisão cautelar" (HC 55489-3/2007-BA, 2.ª C.C., rel. Almir Pereira de Jesus, 10.01.2008, v.u.).

2.5.2.3 Correlação com o contraditório

- TRF-1.ª R.: "Não havendo comprovação de que as impetrantes foram intimadas da sentença, não há falar em decadência. As impetrantes não podem arcar com os efeitos da sentença, visto que não integraram a lide e não foram intimadas de sua decisão, configurando, assim, violação ao princípio constitucional insculpido no inciso LIV do art. 5.º da Constituição Federal, de que 'ninguém será privado da liberdade ou de seus bens sem o devido processo legal'" (MS 2009.01.00.039671-0-RO, 2.ª S., rel. Cândido Ribeiro, 11.11.2009, v.u.).

- TRF-3.ª R.: "A oitiva do Ministério Público Federal após a resposta prévia em virtude das preliminares suscitadas pela defesa, dentre elas a competência do Juízo Federal da Subseção Judiciária de Curitiba e a extinção da punibilidade, esta capaz de ensejar a absolvição sumária, não consubstancia inversão processual. 3. Se a defesa levanta questão que não havia sido suscitada anteriormente, a parte adversa deve ter oportunidade para manifestação: o contraditório e o devido processo legal não são garantias apenas do acusado, mas também da acusação, a teor do artigo 409 do Código de Processo Penal, aplicável por analogia ao procedimento comum" (HC 40452-SP, 2.ª T., rel. Henrique Herkenhoff, 04.05.2010, v.u.).

- TRF-4.ª R.: "Não há falar em nulidade do processo quando, apesar de devidamente intimada, a parte deixa de designar defensor de sua escolha, sendo convocada a Defensoria Pública da União a oficiar na ação. A atuação da Defensoria, nesse caso, não representa uma limitação à defesa do acusado, mas, ao contrário, circunstância apta a assegurar o devido processo legal, pois, ainda que por culpa exclusiva do descaso do imputado com o andamento do feito, sua não intervenção conduziria à instrução desprovida de contraditório, hipótese vedada pela Constituição" (ACR 2006.71.00.022731-1-RS, 8.ª T., rel. Paulo Afonso Brum Vaz, 18.11.2009, v.u.).

2.5.2.4 Correlação com as provas ilícitas

• TJSP: "Firmada, portanto, esta premissa, não há possibilidade de se emprestar valor a esta prova. Recorda-se, a propósito, a decisão da Quinta Câmara Criminal, em voto proferido pelo Desembargador Dante Busana, que, em caso análogo ao presente, afirmou a impossibilidade de aceitar o devido processo legal sem que fosse seguida, ainda que na fase extrajudicial, a observância estrita às regras legais – JTJ – Volume 184/312. Neste julgamento, o Desembargador Relator invoca decisão ocorrida no Egrégio Tribunal de Alçada Criminal, em voto proferido pelo Juiz, hoje Desembargador Sérgio Pitombo: 'a entrada em casa alheia, ou varejamento, e busca pessoal, ou revista, devem submeter-se às formalidades legais, para guardarem validade. Impossível aceitar-se o devido processo legal penal sem o pontual procedimento, ainda que na primeira fase da *persecutio criminis* (art. 5.º, LIV, da Constituição da República)'. Revisão criminal 265.716-8 – Tanabi – j. 18.10.1995, Boletim da AASP, n. 1.929/402" (ACR 990.09.008152-0-SP, 2.ª C.D.C., rel. Almeida Sampaio, 17.08.2009, v.u.).

2.5.2.5 Correlação com a prevalência do interesse do réu

• TJSP: "O conjunto probatório não demonstrou, seguramente, a autoria, tampouco a materialidade do delito, já que nada fora encontrado em poder do acusado. A instrução mostra-se precária, não tendo sido ouvida nenhuma testemunha presencial, embora o local dos fatos seja, sabidamente, de grande circulação de pessoas. O devido processo legal penal exige prova legítima e robusta para embasar a condenação criminal, sob pena do arbítrio se sobrepor ao Direito. Se na fase de conhecimento não ficou, seguramente, demonstradas a autoria e materialidade, aplica-se o princípio 'in dubio pro reo'. E, instalada dúvida séria, a solução deve, mesmo, ser favorável ao réu" (ACR 990.08.150440-5-SP, 16.ª C.D.C., rel. Leonel Costa, 07.07.2009, v.u.).

2.5.2.6 Correlação com a presunção de inocência

• TJRS: "É inconstitucional utilizar a prisão provisória como pena antecipada para satisfazer o clamor público ou para lograr credibilidade às instituições, bem como pela alegação da garantia à ordem pública baseada apenas na gravidade do delito, porquanto viola o sistema constitucional de direitos fundamentais estruturado nas cláusulas do devido processo legal, presunção de inocência e proporcionalidade. Jurisprudência iterativa do Supremo Tribunal Federal" (HC 70035687532, 3.ª C.C., rel. Odone Sanguiné, 06.05.2010, v.u.).

2.5.2.7 Correlação com o duplo grau de jurisdição

• TJRS: "Magistrado *a quo* que não observou os princípios do devido processo legal e do duplo grau de jurisdição, revendo decisão anterior proferida por magistrado diverso de mesma hierarquia, inviabilizando o prosseguimento da instrução criminal. Inviável a absolvição sumária do acusado pelo juízo *a quo* na atual fase processual" (ACR 70033461302-RS, 3.ª C.C., rel. Odone Sanguiné, 06.05.2010, v.u.).

• TJGO: "Interposto adequada e tempestivamente recurso em face de decisão intermediária de pronúncia, a omissão do juízo 'a quo' em promover seu regular processamento, subtraindo do segundo grau de jurisdição o respectivo juízo de admissibilidade, evidencia nulidade absoluta a ferir o devido processo legal e seu corolário da ampla defesa, o que se reconhece de ofício, a fim de decretar a nulidade dos atos posteriores instrumentalizados nos autos, o julgamento pelo Tribunal do Júri, inclusive, e determinar sua processualização" (Acr 35908-8/213-GO, 2.ª C.C., rel. Carlos Alberto Franca, 07.07.2009, v.u.).

2.5.2.8 Habeas corpus *e avaliação de provas*

• STJ: "A estreita via do *habeas corpus* não se presta, como instrumento processual, para incursões em aspectos que demandam dilação probatória e valoração do conjunto de provas produzidas, o que só poderá ser feito após o encerramento da instrução criminal, sob pena de violação ao princípio do devido processo legal" (HC 155195-RO, 5.ª T., rel. Arnaldo Esteves Lima, 23.03.2010, v.u.).

• STJ: "O trancamento de ação penal em sede de *habeas corpus* reveste-se sempre de excepcionalidade, somente admitido nos casos de absoluta evidência de que, nem mesmo em tese, o fato imputado ao paciente constitui crime. Isso porque a estreita via eleita não se presta como instrumento processual para exame da procedência ou improcedência da acusação, com incursões em aspectos que demandam dilação probatória e valoração do conjunto de provas produzidas, o que só poderá ser feito após o encerramento da instrução criminal, sob pena de violação ao princípio do devido processo legal" (HC 26.739-RJ, 5.ª T., rel. Arnaldo Esteves Lima, 03.12.2009, v.u.).

2.5.2.9 *Videoconferência antes da Lei 11.900/2009*

• STJ: "I – Na linha da jurisprudência desta Corte, antes do advento da Lei 11.900/2009, o interrogatório judicial realizado por meio de videoconferência constituía causa de nulidade absoluta processual, uma vez que violava o princípio do devido processo legal e seus consectários, assegurados constitucionalmente no termos dispostos no art. 5.º, LV, da Carta Magna (Precedentes). II – "Inicialmente, aduziu-se que a defesa pode ser exercitada na conjugação da defesa técnica e da autodefesa, esta, consubstanciada nos direitos de audiência e de presença/participação, sobretudo no ato do interrogatório, o qual deve ser tratado como meio de defesa. Nesse sentido, asseverou-se que o princípio do devido processo legal (CF, art. 5.º, LV) pressupõe a regularidade do procedimento, a qual nasce da observância das leis processuais penais. Assim, nos termos do Código de Processo Penal, a regra é a realização de audiências, sessões e atos processuais na sede do juízo ou no tribunal onde atua o órgão jurisdicional (CPP, art. 792), não estando a videoconferência prevista no ordenamento. E, suposto a houvesse, a decisão de fazê-la deveria ser motivada, com demonstração de sua excepcional necessidade no caso concreto, o que não ocorrera na espécie. Ressaltou-se, ademais, que o projeto de lei que possibilitava o interrogatório por meio de tal sistema (PL 5.073/2001) fora rejeitado e que, de acordo com a lei vigente (CPP, art. 185), o acusado, ainda que preso, deve comparecer perante a autoridade judiciária para ser interrogado. Entendeu-se, no ponto, que em termos de garantia individual, o virtual não valeria como se real ou atual fosse, haja vista que a expressão 'perante' não contemplaria a possibilidade de que esse ato seja realizado on-line. Afastaram-se, ademais, as invocações de celeridade, redução dos custos e segurança referidas pelos favoráveis à adoção desse sistema. Considerou-se, pois, que o interrogatório por meio de teleconferência viola a publicidade dos atos processuais e que o prejuízo advindo de sua ocorrência seria intuitivo, embora de demonstração impossível. Concluiu-se que a inteireza do processo penal exige defesa efetiva, por força da Constituição que a garante em plenitude, e que, quando impedido o regular exercício da autodefesa, em virtude da adoção de procedimento sequer previsto em lei, restringir-se-ia a defesa penal (STF – HC 88.914/SP, Rel. Min. Cezar Peluso, 14.8.2007 – *Informativo 476*). *Habeas Corpus* concedido" (HC 142.171-SP, 5.ª T., rel. Felix Fischer, 09.02.2010, v.u.).

2.5.2.10 Nulidade do processo e avaliação do prejuízo para o réu

• STJ: "O devido processo legal não comporta atalhos por implicar, em regra, ofensa ao princípio da ampla defesa e do contraditório. Entretanto, não é crível aplicar-se o direito posto sem a devida análise do caso concreto. 4. Em consagração ao direito fundamental da duração razoável do processo, previsto no art. 5.º, LXXVIII, da CF, à instrumentalidade do processo, positivado no art. 563 do CPP, e à efetividade da tutela jurisdicional, é imprescindível que o magistrado competente proceda à análise daqueles atos que de fato resultaram prejudiciais à defesa do recorrido, mantendo-se os demais. 5. Recurso provido para declarar válidos os atos instrutórios que não causaram prejuízo à defesa do recorrido" (REsp 859320-MG, 5.ª T., rel. Arnaldo Esteves Lima, 04.12.2009, v.u.).

• TRF-3.ª R.: "Alegação de violação ao devido processo legal. (...) É perfeitamente regular a utilização de algemas durante audiência, fundamentada expressamente na periculosidade do paciente. 2. Ainda que assim não fosse, o reconhecimento de qualquer nulidade exige, além da arguição oportuna, a demonstração de efetivo prejuízo sofrido pelo acusado, nos termos do artigo 563 do Código de Processo Penal e da Súmula 523 do Supremo Tribunal Federal" (HC 35705-SP, 2.ª T., rel. Henrique Herkenhoff, 20.04.2010, v.u.).

2.5.2.11 Julgamento antecipado da lide

• TRF-1.ª R.: "Ao julgar antecipadamente a lide, absolvendo os acusados, feriu o Juízo monocrático de maneira direta os princípios do devido processo legal e contraditório, impedindo a regular instrução processual nos termos ditados pelo CPP, o que enseja a decretação da nulidade do feito" (ACR 1998.37.01.000222-1-MA, 4.ª T., rel. Mário Cesar Ribeiro, 24.11.2009, v.u.).

2.5.2.12 Possibilidade de decretação da prisão cautelar

• TRF-1.ª R.: "1. Não há falar-se em constrangimento ilegal, quando a duração da prisão preventiva resulta de circunstâncias próprias ao trâmite da causa, todas elas justificadas. 2. A decisão que ordenou o ato de constrição da liberdade do réu encontra-se devidamente fundamentada, não havendo qualquer pecha de irregularidade capaz de alcançá-la. 3. Presentes indícios suficientes de autoria e materialidade da prática delituosa que deu ensejo à investigação efetuada pela Polícia Federal, culminando na prisão preventiva do paciente. 4. A regra é a adoção do princípio da presunção de inocência, de forma a garantir que 'ninguém será privado da liberdade ou de seus bens sem o devido processo legal' (art. 5.º, LIV, CF/88). No entanto, de forma excepcional, a 'prisão preventiva poderá ser decretada como garantia da ordem pública, da ordem econômica, por conveniência da instrução criminal, ou para assegurar a aplicação da lei penal, quando houver prova da existência do crime e indício suficiente de autoria' (art. 312, CP). 5. Segundo consta dos autos, mesmo após apreensões de embarcações e mercadorias pela Polícia Federal, houve continuação da prática delituosa por parte da quadrilha [associação criminosa] que ora se investiga, da qual o paciente é considerado integrante. Encontram-se evidenciadas as circunstâncias capazes de recomendar a decretação e a manutenção da segregação cautelar, uma vez que existentes os requisitos para tanto necessários, sobretudo a garantia da ordem pública e a conveniência da instrução processual, restando assim excluída a possibilidade de concessão de fiança" (HC 2009.01.00.052059-4-PA, 4.ª T., rel. Hilton Queiroz, 06.10.2009, v.u.).

2.5.2.13 Observância dos prazos

- TRF-3.ª R.: "O Superior Tribunal de Justiça já se pronunciou no sentido de que 'A apelação deve ser interposta no prazo de 5 (cinco) dias contados da data da última intimação do defensor ou do acusado (art. 593 do CPP)', sendo que, uma vez manejado o recurso fora do Prazo legal, tem-se o apelo por intempestivo, pois 'A observância dos prazos recursais estabelecidos pelo CPP não consubstancia formalismo rigoroso, mas a garantia do devido processo legal . Desse modo, a negligência quanto aos prazos em referência, mostra conformidade com o *decisum* proferido e torna preclusa sua reforma ou nulidade': REsp 1110865-RS, Rel. Min. Felix Fischer, 5.ª T., j. 23.06.2009, *DJe* 17.08.2009" (HC 38.051-SP, 5.ª T., rel. Ramza Tartuce, 11.01.2010, v.u.).

2.5.2.14 Oferta de suspensão condicional do processo pelo Ministério Público

- TRF-3.ª R.: "Presentes, em tese, os requisitos objetivos e subjetivos para a concessão do benefício previsto no art. 89 da Lei 9.099/95, cumpria ao magistrado, não arredar a aplicação da suspensão do processo na sentença, e sim proceder à oitiva do representante do Ministério Público Federal, titular da ação penal (*dominus litis*), para que este, no exercício de sua discricionariedade regrada, se manifestasse acerca do cabimento ou não do sursis processual. 4. O magistrado de primeiro grau afrontou o devido processo legal e usurpou competência constitucionalmente assegurada ao Ministério Público, nos termos do art. 129, I, da Constituição Federal, pois ao titular do *ius persequendi* pertence com exclusividade a opção pela oferta ou não de suspensão condicional do feito, quando a lei – como no caso dos autos – mitiga a obrigatoriedade da ação penal ." (ACR 26543-SP, 5.ª T., rel. Helio Nogueira, 26.10.2009, v.u.).

2.5.2.15 Perícia não pode ser substituída por testemunhas

- TRF-4.ª R.: "Embora o paciente tenha sustentado a necessidade dos arquivos em áudio na audiência de oitiva de testemunhas por carta precatória, no intuito de comprovar que não seria dele a voz constante nas interceptações telefônicas, fato é que se trata de prova técnica, para a qual os testigos não estão habilitados, o que afasta qualquer prejuízo concreto aos postulados do devido processo legal, contraditório e ampla defesa, a ponto de autorizar a nulidade da audiência de instrução" (HC 2009.04.00.020500-2-RS, 7.ª T., rel. Tadaaqui Hirose, 23.09.2009, v.u.).

2.5.2.16 Correlação com publicidade do processo, ampla defesa e contraditório em relação ao sigilo imposto por Provimento do TJSP

- STJ: "Da leitura do Provimento 32/2000 do Tribunal de Justiça do Estado de São Paulo, observa-se que ele não tolhe as garantias do devido processo legal, da ampla defesa, do contraditório, da publicidade dos atos processuais e da legalidade, tampouco impõe o segredo do processo, uma vez que há expressa previsão de acesso de ambas as partes, acusação e defesa, aos dados sigilosos das pessoas coagidas ou submetidas à ameaça" (HC 202021 – SP, 5.ª T., rel. Jorge Mussi, 18.10.2011, v.u.).

2.5.2.17 Correlação com o direito à liberdade provisória

- STF: "O Plenário do Supremo Tribunal Federal, no HC 104.339/SP (Min. Gilmar Mendes, *DJe* de 06.12.2012), em evolução jurisprudencial, declarou a inconstitucionalidade da vedação à liberdade provisória prevista no art. 44, *caput*, da Lei 11.343/2006. Entendeu-se que (a) a mera inafiançabilidade do delito (CF, art. 5º, XLIII) não impede a concessão da liberdade provisória; (b) sua vedação apriorística é incompatível com os princípios constitucionais da presunção de inocência e do devido processo legal, bem assim com o mandamento constitucional que exige a fundamentação para todo e qualquer tipo de prisão" (HC 114092 – SC, 2.ª T., rel. Teori Zavascki, 12.03.2013, v.u.).

2.5.2.18 *Expressão do direito de defesa*

• STF: "O direito do réu à observância, pelo Estado, da garantia pertinente ao 'due process of law', além de traduzir expressão concreta do direito de defesa, também encontra suporte legitimador em convenções internacionais que proclamam a essencialidade dessa franquia processual, que compõe o próprio estatuto constitucional do direito de defesa, enquanto complexo de princípios e de normas que amparam qualquer acusado em sede de persecução criminal" (HC 111.567 AgR, 2.ª T., rel. Celso de Mello, 05.08.2014, v.u.).

III

DIREITOS E GARANTIAS HUMANAS FUNDAMENTAIS

1. DIREITOS HUMANOS FUNDAMENTAIS

Direitos humanos fundamentais não constituem um singelo lema, nem o tema de uma aula, muito menos o título de uma disciplina; não figuram como emblema ou símbolo de uma nação ou de uma bandeira; não querem dizer algo transcendental ou metafísico.

Constituem, em verdade, os mais absolutos, intocáveis e invioláveis direitos inerentes ao ser humano, vivente em sociedade democrática e pluralista, harmônica e solidária, regrada e disciplinada, voltada ao bem comum e à constituição e pujança do Estado Democrático de Direito.

"Toda sociedade em que a garantia dos direitos não é assegurada, e a separação dos poderes determinada, não possui, em absoluto, Constituição".[1] Na Constituição Federal brasileira, de 1988, sob o gênero *Direitos e Garantias Fundamentais*, compondo o Título II, inserem-se os *direitos individuais* (Capítulo I), os *direitos sociais* (Capítulo II), os *direitos relativos à nacionalidade* (Capítulo III), os *direitos políticos* (Capítulo IV) e os *direitos concernentes ao pluralismo político-partidário* (Capítulo V). Pretende-se cuidar somente dos

---

1. Declaração dos Direitos do Homem e do Cidadão, de 6 de agosto de 1789, art. 16.

direitos individuais, podendo-se, certamente, denominá-los *direitos humanos fundamentais.*

Fundamental é o básico, o essencial, o alicerce de algo. Os direitos individuais, considerando-se o ser humano frente ao Estado e à sociedade, são absolutamente indispensáveis, pois constituem escudos protetores contra abusos, excessos e medidas autoritárias ou padronizadoras.

Há direitos fundamentais formais e materiais. Os formais são os previstos na Constituição Federal.[2] Os materiais são os inerentes à pessoa humana, em razão de sua simples existência, conste ou não de algum texto legal, como o direito à vida. Todos são igualmente merecedores de respeito. A importância em diferenciá-los concentra-se na crucial relevância dos direitos materiais, vale dizer, toda Constituição, que se pretenda autenticamente democrática e moderna, necessita consagrá-los. Os formais, por seu turno, dizem respeito à realidade política quando da elaboração da Carta Magna, não constituindo, necessariamente, direito *essencial* à pessoa humana.[3] Porém, sejam formais ou materiais, os direitos enumerados no Texto Maior precisam ser fielmente respeitados.

Outro foco de busca por direitos humanos fundamentais materiais encontra-se no art. 5.º, § 2.º, da Constituição Federal: "Os direitos e garantias expressos nesta Constituição não excluem outros decorrentes do regime e dos princípios por ela adotados, ou dos tratados internacionais em que a República Federativa do Brasil seja parte". A cláusula aberta tem por fim captar outros direitos efetivamente essenciais que, por descuido ou falta de informação suficiente, à época da Constituinte, deixaram de constar, expressamente, no Texto Maior.[4]

Nas palavras de Pontes de Miranda, os direitos fundamentais em sentido material são os *verdadeiramente* fundamentais ou *supraestatais*, aqueles que procedem do direito das gentes, o direito humano no mais alto grau.[5] São

---

2. "Toda posição jurídica subjetiva das pessoas enquanto consagrada na *Lei Fundamental*" (JORGE MIRANDA, *Manual de direito constitucional*, t. IV, p. 7).

3. Exemplo disso é o preceituado pelo art. 5.º, LVIII: "o civilmente identificado não será submetido a identificação criminal, salvo nas hipóteses previstas em lei". Cuida-se de direito individual formal, vale dizer, deve ser respeitado, por opção constituinte, mas não espelha a essência da pessoa humana e não precisaria constar do texto constitucional.

4. Ilustrando, em processo penal, considera-se direito fundamental o duplo grau de jurisdição, pois inerente ao princípio da ampla defesa, com os recursos a ela ligados, além de ser preceito extraído de documentos internacionais de direitos humanos. Não se encontra, entretanto, no rol previsto pelo art. 5.º da Constituição Federal.

5. *Comentários à Constituição de 1946*, p. 243.

exemplos o direito à vida, à igualdade jurídica, à liberdade física, de pensamento, de crença e culto, de manifestação, à inviolabilidade de domicílio, ao sigilo da correspondência, à liberdade de reunião e de associação, à livre opção de trabalho, à propriedade, à integridade física, à intimidade, à vida privada, dentre outros.

Além disso, na lição de Gilmar Ferreira Mendes, os direitos fundamentais "são, a um só tempo, direitos subjetivos e elementos fundamentais da ordem constitucional objetiva. Enquanto direitos subjetivos, os direitos fundamentais outorgam aos titulares a possibilidade de impor os seus interesses em face dos órgãos obrigados. Na sua dimensão como elemento fundamental da ordem constitucional objetiva, os direitos fundamentais – tanto aqueles que não asseguram, primariamente, um direito subjetivo quanto aqueloutros, concebidos como garantias individuais – formam a base do ordenamento jurídico de um Estado de Direito democrático".[6]

Comungamos do entendimento de que há diferença entre direitos e garantias humanas fundamentais. Estas, em realidade, buscam assegurar a fruição dos direitos, como se verá no próximo tópico.

2. GARANTIAS HUMANAS FUNDAMENTAIS

As garantias humanas fundamentais não deixam de ser direitos, pois a sua efetivação depende de previsão no ordenamento jurídico.[7] São criações do Estado Democrático de Direito para fazer valer os direitos humanos fundamentais. Na ótica de JORGE MIRANDA, "os direitos representam só por si certos bens, as garantias destinam-se a assegurar a fruição desses bens; os direitos são principais, as garantias são acessórias e, muitas delas, adjetivas (ainda que possam ser objeto de um regime constitucional substantivo); os direitos permitem a realização das pessoas e inserem-se direta e imediatamente, por isso, nas respectivas esferas jurídicas, as garantias só nelas se projetam pelo nexo que possuem com os direitos; na acepção jusracionalista inicial, os direitos *declaram-se*, as garantias *estabelecem-se*".[8]

---

6. *Direitos fundamentais e controle de constitucionalidade*, p. 2.
7. "Rigorosamente, as clássicas garantias são também direitos, embora muitas vezes se salientasse nelas o *caráter instrumental* de proteção dos direitos. As garantias traduziam-se quer no direito dos cidadãos a exigir dos poderes públicos a proteção dos seus direitos, quer no reconhecimento de meios processuais adequados a essa finalidade (ex: direito de acesso aos tribunais para defesa dos direitos, princípios do *nullum crimen sine lege* e *nulla poena sine crimen*, direito de *habeas corpus*, princípio do *no bis in idem*)" (CANOTILHO, *Direito constitucional*, p. 520).
8. *Manual de direito constitucional*, t. 4, p. 89.

Os direitos emergem da simples existência humana, devendo ser acolhidos e respeitados pelo Estado, tais como o direito à vida, à integridade física, à liberdade de ir e vir. As garantias são fixadas pelo Estado em sua relação com o indivíduo, de modo a assegurar a instrumentalidade e o valor dos direitos. Portanto, para que se possa tolher o direito à liberdade de ir e vir, deve-se respeitar o devido processo legal, *garantindo-se* a ampla defesa e o contraditório.

Nada impede que uma garantia fundamental constitua *garantia* de outra e assim por diante. Tem-se a efetividade da ampla defesa desde que se assegure o contraditório.[9] Ambas as garantias compõem o devido processo legal, que, em análise conglobante, regula o gozo da liberdade de ir e vir, podendo restringi-la em caso de aplicação de determinadas penas.

Lembremos, ainda, do remédio constitucional do *habeas corpus*, outra garantia humana fundamental, basicamente instrumental, com vistas a assegurar os princípios processuais essenciais, particularmente o direito de locomoção, combatendo-se, junto ao Poder Judiciário, abusos e excessos do poder estatal.

Os direitos são declaratórios; as garantias são assecuratórias. Ambas coexistem e interagem, não constituindo compartimentos estanques no contexto das proteções individuais. Em tese, todos têm direito à liberdade, salvo a privação legal imposta pela pena, advinda do direito ao devido processo legal, exercitando-se o direito à ampla defesa e ao contraditório e valendo-se do direito ao *habeas corpus*. Entretanto, fazendo valer a diferença, observa-se que, na essência, há o direito à liberdade (meramente declaratório), assegurado pelo devido processo legal, que é firmado pela ampla defesa, por sua vez abonada pelo contraditório, que pode ser afiançado pelo uso do *habeas corpus*.[10]

3. SUPERIORIDADE DOS DIREITOS E GARANTAIS FUNDAMENTAIS E HARMONIA DAS NORMAS CONSTITUCIONAIS

Os três Poderes da República – Executivo, Legislativo e Judiciário – devem atuar, conjuntamente, cada qual no seu mister, dentro da separação constitucional das atribuições e competências, para fazer valer, acima de tudo, o disposto pela Constituição Federal. Não cabe, exclusivamente, ao

---

9. "É preciso garantir a ampla defesa e só o princípio do contraditório pode fazê-lo" (ALVES PALMA, durante os debates ocorridos na Assembleia Nacional Constituinte de 1946, *apud* JOSÉ DUARTE, *A Constituição brasileira de 1946*, p. 71).

10. Por isso, JOSÉ AFONSO DA SILVA denomina as garantias de *direitos-instrumentais*, já que destinados a tutelar um *direito principal* (*Curso de direito constitucional positivo*, p. 365).

Poder Judiciário a aplicação, no caso concreto, das normas constitucionais. O governante está atrelado ao Texto Maior para administrar; o legislador, para criar normas; o magistrado, para julgar.

No Estado Democrático de Direito, torna-se conforto para o indivíduo a certeza de que haverá a hegemônica irradiação da Constituição Federal, imantando todo o sistema ordinário, assim considerado o conjunto de normas infraconstitucionais.

Nesse cenário, aguarda-se, em particular, do Judiciário, quando emergirem os conflitos sociais naturais, a justa aplicação da lei ao caso concreto, porém, sobrelevando o Texto Maior, agindo com coragem e vanguarda. De nada adianta, mormente em matéria penal e processual penal, apregoar a existência de tantos direitos e garantias humanas fundamentais se, na prática, eles forem afastados por qualquer lei ordinária ou por decisões administrativas ou judiciais.

A supremacia constitucional em relação à legislação infraconstitucional demanda realidade, motivo pelo qual o próprio Legislativo não está autorizado a desconsiderá-la. Por vezes, entretanto, não é o que se encontra. Ao contrário, em nome de outros interesses, ainda que possam parecer legítimos e justos, criam-se leis lesivas aos preceitos constitucionais. Ilustrando, em nome da celeridade processual, razoável aspiração da sociedade brasileira, editam-se normas ofensivas à ampla defesa e ao contraditório. A Lei 11.719/2008, conferindo nova redação ao art. 265 do Código de Processo Penal, indicou, no § 1.º, que "a audiência poderá ser adiada se, por motivo justificado, o defensor não puder comparecer". No § 2.º, completou: "incumbe ao defensor provar o impedimento até a abertura da audiência. Não o fazendo, o juiz não determinará o adiamento de ato algum do processo, devendo nomear defensor substituto, ainda que provisoriamente ou só para o efeito do ato".

Não se atentou, na redação dos referidos parágrafos, para a efetividade da ampla defesa. Se o defensor não comparecer à audiência (hoje, deve ser única, onde se colhe toda a prova testemunhal e, na sequência, realizam-se os debates e julgamento), sem ter a possibilidade de comunicar o justo impedimento até a abertura dos trabalhos, o magistrado, segundo a lei, atropelaria o direito do réu de obter uma defesa técnica real e eficaz, nomeando-lhe defensor substituto, não familiarizado com a causa, para acompanhar toda a instrução e, ao final, *debater* com a acusação. A partir disso, o juiz poderia julgar o feito. Formalmente, teria havido defesa; na prática, um arremedo de defesa. Ademais, se o impedimento do advogado fosse justificável, ainda que demonstrado posteriormente, não se poderia manter os atos processuais, que precisariam ser refeitos. Assim ocorrendo, ter-se-ia perdido a celeridade processual e arranhado a nítida garantia de ampla defesa. No mais, mesmo que o impedimento fosse injustificável, o réu não poderia sofrer as consequências de eventual atitude relapsa do seu defensor. Deve ter, sempre, a oportunidade de indicar outro de sua confiança, não se podendo nomear qualquer um para o patrocínio da defesa, unicamente para se assegurar a realização da audiência.

Sob tal visão, o magistrado necessita pautar-se pelo texto constitucional e jamais pela letra da lei ordinária, dando ensejo à prevalência dos direitos e garantias fundamentais em detrimento de interesses outros, ainda que previstos, expressamente, no Código de Processo Penal.

Quanto à harmonia das normas constitucionais, no cenário dos direitos e garantias humanas fundamentais, cremos em sua plena viabilidade. Não deve haver direito ou garantia fundamental prevalente, em caráter absoluto, quando confrontado com outro direito ou garantia fundamental. Não fosse assim, haver-se-ia de eleger um critério, que, no fundo, jamais iria atender os autênticos reclamos da sociedade. Todos têm direito à segurança (art. 5.º, *caput*, CF); todos têm direito de ser considerados inocentes, até sentença condenatória definitiva (art. 5.º, LVII, CF). Como garantir a segurança, em situação de risco à ordem pública, se o estado de inocência fosse absolutamente considerado? Afinal, inocentes não podem ser levados ao cárcere. Porém, na harmonização dos preceitos constitucionais, inexiste hegemonia de um sobre o outro. Considera-se a prisão cautelar uma exceção, concebendo-se a liberdade como regra. Disso advém a eventual decretação da prisão preventiva, que não implica em considerar o acusado culpado, mas de resguardar a segurança pública por atitudes provocadas por sua própria conduta.

Prevalecesse a segurança e poder-se-ia exigir a prisão de todos quantos fossem acusados de crimes graves, pois, em tese, estaria a sociedade ameaçada. Prevalecesse a presunção de inocência e não haveria sentido para sustentar qualquer restrição de direito antes da decisão final.

Entretanto, parece-nos válido admitir que os direitos e garantias fundamentais possam prevalecer sobre outra norma constitucional *axiologicamente* inferior, por não se constituir *cláusula pétrea*, logo, não fazer parte da estrutura básica do Estado Democrático de Direito. Na lição de Luís Roberto Barroso, "a grande premissa sobre a qual se alicerça o raciocínio desenvolvido é a de que inexiste hierarquia normativa entre as normas constitucionais, sem qualquer distinção entre normais materiais ou formais ou entre normas-princípio e normas-regra. Isso porque, em direito, hierarquia traduz a ideia de que uma norma colhe o seu fundamento de validade em outra, que lhe é superior. (...) Não obstante isso, é inegável o destaque de algumas normas, quer por expressa eleição do constituinte, quer pela lógica do sistema. No direito constitucional positivo brasileiro, foram expressamente prestigiadas as normas que cuidam das matérias integrantes do núcleo imodificável da Constituição, que reúne as chamadas *cláusulas pétreas*. Consoante o elenco do § 4.º, do art. 60, não podem ser afetadas por emendas que tendam a abolir os valores que abrigam, as normas que cuidam: a) da forma federativa do Estado; b) do voto direto, secreto, universal e periódico; c) da separação dos Poderes; d) dos direitos e garantias individuais. Estes últimos fazem parte do princípio democrático. Porque assim é, deve-se reconhecer a existência, no Texto Constitucional, de uma hierarquia *axiológica*, resultado da ordenação dos valores constitucionais, a ser utilizada sempre que se constatarem tensões que envolvam duas regras entre si, uma regra e um princípio ou dois princípios".[11]

Cuidemos do potencial confronto entre a liberdade de imprensa e o direito à intimidade e à vida privada. É certo que a "manifestação do pensamento, a criação, a expressão e a informação, sob qualquer forma, processo ou veículo não sofrerão qualquer restrição, observado o disposto nesta Constituição" (art. 220, *caput*, CF). As leis não poderão conter dispositivos que possam constituir embaraços à *plena liberdade de informação jornalística*, em qualquer veículo de comunicação, observado o direito à intimidade e à vida privada (art. 220, § 1.º, CF). Por outro lado, o art. 5.º, X, CF, preceitua serem "invioláveis a intimidade, a vida privada, a honra e a imagem das pessoas (...)". Qual a justa medida da liberdade de imprensa, interpretando--se o aparente conflito de normas constitucionais? Parece-nos deva imperar a harmonia entre os preceitos. Tratando-se de vida privada e intimidade do ser humano, como os interesses ligados à sexualidade, à união familiar, ao desempenho de atividades de lazer, aos gostos particulares, não se pode divulgar, negativamente, por qualquer meio de comunicação, visto ser limitado, nesse prisma, a liberdade de imprensa. De outra sorte, quando a atividade de um funcionário público implicar em atos de corrupção, colocando em risco o patrimônio público e a moralidade administrativa, não se pode erguer a barreira da intimidade ou vida privada. Não são assuntos vinculados estreitamente ao direito de personalidade, pois o cargo é público e o interesse final vincula-se ao patrimônio público.

Portanto, ainda que o art. 220, § 1.º, da Constituição Federal, não tivesse feito a observação de respeito ao disposto no art. 5.º, X, parece-nos devesse ser implícita tal vedação, visto que a intimidade e a vida privada são direitos humanos fundamentais, enquanto a liberdade de imprensa não o é.

Em suma, os direitos e garantias fundamentais constituem autênticos princípios norteadores dos sistemas legislativo e jurisdicional, razão pela qual a sua supremacia deve imantar toda a legislação infraconstitucional.

---

11. *Interpretação e aplicação da Constituição*, p. 187.

IV

PRINCÍPIOS CONSTITUCIONAIS PENAIS E ENFOQUES PROCESSUAIS PENAIS

1. PRINCÍPIOS EXPLÍCITOS

1.1 Concernentes à atuação do Estado

1.1.1 *Princípio da legalidade ou da reserva legal e princípios correlatos da estrita legalidade da prisão cautelar, da obrigatoriedade da ação penal e da oficialidade*

1.1.1.1 *Conceito e alcance*

O Estado Democrático de Direito jamais poderia consolidar-se, em matéria penal, sem a expressa previsão e aplicação do princípio da legalidade, consistente no seguinte preceito: *não há crime sem lei anterior que o defina, nem pena sem prévia cominação legal* (art. 5.º, XXXX, CF).[1] Observa-se, ainda,

---

1. "Ninguém poderá ser condenado por atos ou omissões que, no momento em que foram cometidos, não constituam delito, de acordo com o direito aplicável. (1) Tampouco poder-se-á impor pena mais grave que a aplicável no momento da ocorrência do delito. Se depois de perpetrado o delito, a lei estipular a imposição de pena mais leve, o delinquente deverá dela beneficiar-se" (art. 9.º, Convenção Americana sobre Direitos Humanos).

estarem inseridos no mesmo dispositivo outros dois importantes princípios penais: a anterioridade e a taxatividade. O primeiro deles é explícito, pois está indicado nos vocábulos *anterior* e *prévia*. O segundo advém da expressão *que o defina*, embora sua fiel amplitude seja decorrência da doutrina e, consequentemente, da interpretação.

A legalidade em sentido estrito ou penal guarda identidade com a reserva legal, vale dizer, somente se pode considerar *crime* determinada conduta, caso exista previsão em *lei*. O mesmo se pode dizer para a existência da pena. O termo *lei*, nessa hipótese, é *reservado* ao sentido estrito, ou seja, norma emanada do Poder Legislativo, dentro da sua esfera de competência.[2] No caso penal, cuida-se de atribuição do Congresso Nacional, como regra.[3]

A matéria penal (definição de crime e cominação de pena) é *reserva* de *lei*, não se podendo acolher qualquer outra fonte normativa para tanto, pois seria inconstitucional. Portanto, decretos, portarias, leis municipais, resoluções, provimentos, regimentos, dentre outros, estão completamente alheios aos campos penal e processual penal.

Remonta à Magna Carta de 1215, editada na Inglaterra, a raiz histórica, verdadeiramente conhecida, do princípio da legalidade: "nenhum homem pode ser preso ou privado de sua propriedade a não ser pelo julgamento de seus pares ou pela lei da terra". Contrapõe-se a liberdade individual, garantida pelos costumes da sociedade, diante da vontade do soberano, por vezes despótica e arbitrária. Nasce o direito humano fundamental de somente haver punição quando o Estado joga às claras, criando figuras delituosas *antes* de qualquer fato lesivo ocorrer, conferindo segurança a todos os membros da sociedade. Ademais, a sanção penal também não será desmedida e inédita, visto igualmente respeitar o conteúdo prévio da lei.

A legalidade faz o Estado Absoluto ceder e deixar-se conduzir pela vontade do povo, por meio de seus representantes, para a criação de delitos e penas. A tripartição dos Poderes da República coroa esse molde para o Estado, permitindo que o Legislativo faça nascer a lei penal, enquanto o Judiciário a aplica, na prática, sob a força do Executivo, que garante a polícia e o aparato estatal repressivo, sempre que necessário.

A anterior expressão, constante da primeira versão da Magna Carta, baseada na lei da terra, ou seja, os costumes (*the law of the land*), foi substituída

---

2. A força da tradição referendou a utilização do termo *crime*, mas é evidente tratar-se da infração penal, vale dizer, onde se lê *crime*, leia-se, igualmente, contravenção penal.

3. Art. 22, I, CF: "Compete privativamente à União legislador sobre: I – direito civil, comercial, penal, processual, eleitoral, agrário, marítimo, aeronáutico, espacial e do trabalho".

anos depois, em outra redação da Magna Carta, para o devido processo legal (*due process of law*). Na essência, nada se altera, ao contrário, a expressão amplia seus limites e ganha empenho e intensidade, podendo abranger tanto o direito penal, quanto o processo penal. O devido processo legal envolve a legalidade, do mesmo modo que é capaz de abarcar inúmeros outros princípios para o escorreito desempenho do poder punitivo do Estado.

A construção do princípio latino, hoje universalmente conhecido, constituído pelo *nullum crimen, nulla poena sine praevia lege*, deveu-se a FEUERBACH.[4] Consagrada, espalhou-se por vários textos legais e constitucionais. O seu sentido é captado no cenário da tipicidade, fazendo com que o operador do Direito busque adequar o fato concreto ao modelo legal abstrato, previsto no tipo penal incriminador. Portanto, pode-se sustentar que "A" cometeu um crime de homicídio contra "B", porque "A" *matou alguém*, exatamente a conduta prevista pelo art. 121, *caput*, do Código Penal. Está sujeito a uma pena de reclusão, de seis a vinte anos, outra previsão constante do mesmo dispositivo legal.

A perfeita adequação do fato da vida real ao modelo abstrato de conduta criminosa é a tipicidade, instrumento de viabilização do princípio da legalidade.

Há de se destacar a existência do princípio da legalidade em sentido amplo, não mais voltado, exclusivamente, à área penal: *ninguém está obrigado a fazer ou deixar de fazer alguma coisa senão em virtude de lei* (art. 5.º, II, CF). Genericamente, portanto, qualquer pessoa deve pautar-se, nas suas variadas relações, nas normas vigentes, podendo cuidar-se de uma lei ordinária, de uma norma constitucional, de uma Medida Provisória, de um decreto ou de um regimento de tribunal. São todas *leis em sentido amplo*.

1.1.1.2 *Legalidade formal e eficácia do princípio*

Prevalece no sistema jurídico-penal o conceito de legalidade formal, vinculado que se encontra ao de crime, no sentido formal. Interessa-nos a superioridade do princípio de que *somente* há crime se houver *lei anterior* definindo-o como tal. Desse modo, por mais grave que possa ser determinada conduta, trazendo resultados catastróficos à sociedade, o mais relevante, para que exista a possibilidade de punição na órbita penal, é a sua expressa previsão em algum tipo penal incriminador. Afinal, *crime* é a conduta descrita em tipo penal incriminador; ausente a descrição, inexistente o delito.

---

4. Cf. CEREZO MIR, *Curso de derecho penal español – parte generale*, v. 1, p. 163; ASÚA, *Lecciones de derecho penal*, p. 14 e 57.

Em oposição inaceitável ao caráter garantidor do nosso sistema penal, encontra-se a legalidade material, ligada ao conceito material de crime. Nesse sentido, delito é a conduta lesiva a interesse juridicamente protegido, desde que a sociedade entenda merecer pena. Logo, ainda que não se encontre expressamente prevista em algum tipo penal incriminador, poderia o magistrado, valendo-se de outros mecanismos, tal como analogia, considerar existente o crime, em nome do desejo social de ver punido o agente.

Firmado o conceito de legalidade que nos interessa, torna-se fundamental lidar com a sua eficiência, quando se atinge a fase de aplicação prática. Há mecanismos criados pelos operadores do Direito, e até mesmo pelo legislador, que são capazes de colocar em sério risco de esvaziamento o princípio da legalidade. Referimo-nos às fórmulas de criação dos tipos incriminadores e à integração e interpretação dos tipos já vigentes.

Quanto ao momento criativo, pode o legislador optar por fórmulas de descrição típica fechadas ou abertas. As fechadas são as que contêm somente elementos descritivos do tipo, passíveis de verificação sensorial, consistentes em juízos de realidade. *Matar alguém* (art. 121, *caput*, CP) é um tipo integralmente fechado. Inexiste qualquer valoração subjetiva na interpretação dos elementos *matar* (eliminar a vida) e *alguém* (ser humano). Por outro lado, a elaboração de tipos abertos, passíveis de verificação subjetiva, consistentes em juízos de valor, traz os elementos normativos e subjetivos. Os normativos são os dependentes de valoração cultural (conceito de *ato obsceno*, art. 233, CP) ou jurídica (conceito de fatura, duplicata ou nota de venda, art. 172, CP). Os subjetivos dizem respeito à vontade específica do agente (para ocultar desonra própria, art. 134, CP). De toda forma, os normativos e subjetivos necessitam da valoração e particular modo de interpretação do operador do Direito. Haverá, sempre, variações nas análises desses elementos, pois cada ser humano irá colocar seus próprios valores em jogo, sua experiência de vida e seu contexto social, no momento de interpretar o sentido da terminologia típica. A aplicação do tipo penal ao caso concreto dependerá, basicamente, do sentido encontrado para esses termos.

Certamente, inexiste cenário propício para abolir os elementos normativos e subjetivos dos tipos penais incriminadores, transformando todos eles em tipos fechados. A riqueza do vernáculo, associada à fartura de fatos concretos diferenciados, demandam a maleabilidade mínima do tipo incriminador, sob pena de se perder, por completo, a eficiente atuação do Direito Penal. De outra parte, a excessiva inserção de elementos normativos, em particular, pode acarretar a incompreensão do tipo incriminador, a ponto de gerar insegurança quanto à sua aplicação ao caso concreto. Essa insegurança terminará por acarretar duas prováveis consequências: a) impunidade, quando o Judiciário se abstém de aplicar o tipo excessivamente aberto; b) desrespeito à garantia da legalidade, quando o Judiciário resolve aplicar a toda e qualquer situação o tipo excessivamente aberto.

Não são poucas as vezes em que de um erro se passa a outro, quando o legislador pretende fazer valer a legalidade na íntegra, mas se perde na alteração dos termos componentes do tipo penal. Consistia tipo excessivamente aberto o anterior art. 149 do Código Penal: "reduzir alguém a condição análoga à de escravo". A Lei 10.803/2003, pretendendo corrigir a distorção, pois campeava a impunidade, justamente por insegurança quanto ao seu alcance, pôs-se a *fechar* o tipo, incluindo várias descrições de atitudes componentes da primeira expressão (condição análoga à de escravo). E o fez, porém, em excesso. Considera-se posição análoga à de escravo: a) submeter alguém a trabalhos forçados; b) submeter alguém a jornada exaustiva; c) sujeitar alguém a condições degradantes de trabalho; d) restringir alguém, por qualquer meio, em sua liberdade de locomoção, quando calcada em dívida contraída com o empregador ou preposto; e) cercear o uso de qualquer meio de transporte por parte do trabalhador, com o fim de retê-lo no local de trabalho; f) manter vigilância ostensiva no local de trabalho; g) apoderar-se de documentos ou objetos pessoais do trabalhador com fim de retê-lo no local do trabalho. Naturalmente, interpretando-se as referidas condutas como sendo alternativas, tem-se algum exagero ao equiparar à posição de escravo o trabalhador submetido a jornada exaustiva de trabalho. Esse simples fato não é apto a gerar a equiparação pretendida. O escravo era submetido a maus tratos, com privação da liberdade, situações mais sérias que a exaustiva jornada de trabalho. Por outro lado, analisando todas as descrições como cumulativas, por óbvio, chega-se à conclusão de se tratar de tipo penal inaplicável na prática. Por isso, torna-se fundamental associar a primeira expressão ("reduzir alguém a condição análoga à de escravo") com alguma outra ("submetendo-o a trabalhos forçados"). Assim sendo, teríamos a ideia de uma pessoa maltratada e sem liberdade de locomoção, submetida a trabalhos forçados.

O relevo maior, na fiel observância da legalidade, consiste em preservar a sua meta de garantia individual contra abusos estatais, seja na esfera legislativa (redação do tipo penal incriminador), seja na judiciária (aplicação de tipos penais extremamente abertos ao caso concreto).

1.1.1.3 *Fontes do direito penal e do processo penal*

A) **Fontes materiais**

A fonte criadora do Direito Penal e do Processo Penal, dentre a tripartição dos Poderes da República, é a União, por meio do Congresso Nacional (art. 22, I, CF). Trata-se de competência privativa, com exceção prevista no parágrafo único do referido art. 22: "Lei complementar poderá autorizar os Estados a legislar sobre questões específicas das matérias relacionadas neste artigo".

Na esfera processual penal, a União, por meio do Executivo (Presidente da República), pode celebrar tratados e convenções internacionais, dando margem à direta produção de normas processuais penais, como ocorre com a Convenção Americana dos Direitos Humanos, referendada pelo Congresso Nacional.

Vale destacar, também, o maior alcance do processo penal, em relação à sua fonte material, visto ser possível ao Estado-membro e ao Distrito Federal legislar concorrentemente com a União sobre direito penitenciário, custas dos serviços forenses, criação, funcionamento e processo do juizado de pequenas causas e procedimentos em matéria processual (art. 24, I, IX, X, XI, CF). Além disso, a autorização dada pela Constituição Federal para que os Estados editem suas próprias leis de organização judiciária (art. 125, § 1.º, CF) contribui para o surgimento de figuras processuais penais de alcance limitado a determinada região. Um Estado-membro pode admitir determinado tipo de recurso, como a correição parcial, desconhecido em outro. É possível vincular uma certa espécie de crime ao crivo de determinada Vara especializada num Estado, enquanto outro considera a mesma matéria de competência geral.

Em cenário processual penal, ganha relevo, ainda, o disposto pelos Regimentos Internos dos Tribunais. Determinados recursos, alguns ritos e procedimentos, prazos específicos e outras matérias correlatas são particularmente tratados nos Regimentos. Logo, não cabe apenas à lei federal (no caso, o Código de Processo Penal) disciplinar todo o trâmite processual nas cortes.

Por derradeiro, após a Emenda Constitucional 45/2004 (art. 103-A, CF), autorizou-se o Supremo Tribunal Federal a editar súmulas vinculantes, com *força de lei*. O Pretório Excelso passa a figurar como fonte material, em situações abrangendo penal e processo penal.[5]

A indevida centralização do Estado, na figura da União, tem impedido qualquer investida legislativa, em matéria penal ou processual penal, pelos Estados-membros, na exata medida em que inexiste lei complementar autorizadora. Com isso, cada alteração legislativa opera efeitos por todo o território nacional, quando, na essência, poderia envolver apenas um ou dois Estados da Federação, conforme o interesse regional.

É certo que, por vezes, o Estado-membro, sem autorização federal, lança-se à tarefa de criar leis penais ou processuais penais indevidamente. Ilustrando, no Estado de São Paulo, editou-se lei para disciplinar o uso

---

5. Rege a súmula vinculante a Lei 11.417/2006.

CAP. IV • PRINCÍPIOS CONSTITUCIONAIS PENAIS E ENFOQUES PROCESSUAIS PENAIS | 95

de videoconferência para interrogatório de réus presos. Entretanto, com razão, o Supremo Tribunal Federal considerou-a inconstitucional, tendo em vista cuidar-se de processo penal, cuja competência privativa para disciplinar cabe à União (art. 22, I, CF). Nesse caso, obteve-se do Pretório Excelso uma decisão contrária à intenção legislativa estadual, invasora da competência federal.

Deve-se salientar, no entanto, que o *Regime Disciplinar Diferenciado*, introduzido pela Lei 10.792/2003, já vigorava, no Estado de São Paulo, embora sob diversa nomenclatura, por Resolução da Secretaria da Administração Penitenciária. Esta hipótese, lamentavelmente, sofreu o desgaste da ilegalidade, visto tratar-se de modo particular de execução do regime fechado, logo, matéria penal. A ofensa ao princípio da legalidade foi evidente, sem contar com a intervenção do Judiciário, para fazer cessar a sua utilização, antes do advento da lei federal, que o regulamentou.

A lacuna gerada pelo Poder Legislativo federal, não editando lei complementar, com o fito de autorizar os Estados-membros a legislar em matéria penal ou processual penal, conduz a outros desvios, por vezes gerado pela própria jurisprudência. Houve época em que o crescente uso do telefone celular, nos presídios, provocou graves distúrbios à ordem pública, culminando com uma rebelião de grandes proporções, em maio de 2006, nas penitenciárias brasileiras, particularmente no Estado de S. Paulo. A partir desse evento, alguns julgados passaram a considerar *falta grave* o encontro de celular em poder do preso, possibilitando, inclusive, a regressão de regime e a cessação de benefícios. Tal medida era ofensiva ao princípio da legalidade, porque inexistia qualquer previsão, nesse prisma, na Lei de Execução Penal.[6] Para sanar a irregularidade, criou-se o inciso VII ao art. 50 da Lei 7.210/84: "Comente falta grave o condenado à pena privativa de liberdade que: (...) VII – tiver em sua posse, utilizar ou fornecer aparelho telefônico, de rádio ou similar, que permita a comunicação com outros presos ou com o ambiente externo". Não bastasse, porém seguindo-se a legalidade, dois novos tipos penais incriminadores foram criados, ambos para coibir o uso de celulares em presídios.[7]

---

6. Nesse prisma, conferir MARCELO AMARAL COLPAERT MARCOCHI, Posse de celular em presídio – Lei 11.466/2007, p. 61.

7. *Prevaricação*. "Art. 319-A. Deixar o Diretor de Penitenciária e/ou agente público, de cumprir seu dever de vedar ao preso o acesso a aparelho telefônico, de rádio ou similar, que permita a comunicação com outros presos ou com o ambiente externo: Pena: detenção, de 3 (três) meses a 1 (um) ano". *Favorecimento real*. "Art. 349-A. Ingressar, promover, intermediar, auxiliar ou facilitar a entrada de aparelho telefônico de comunicação móvel, de rádio ou similar, sem autorização legal, em estabelecimento prisional. Pena: detenção, de 3 (três) meses a 1 (um) ano".

Por outro lado, há situações em que o Estado-membro, valendo-se de sua competência residual, nos casos de direito penitenciário, edita lei complementadora da principal, ou seja, da Lei de Execução Penal (Lei 7.210/84). Como exemplo, pode-se citar a edição da Lei 12.906/2008, disciplinando o monitoramento eletrônico de presos. Ocorre que, ansiando resolver todos os percalços advindos de novel legislação, transborda o legislador estadual de sua competência, invadindo, mais uma vez, o campo federal. A ilustração concentra-se no art. 7.º da mencionada lei, considerando falta grave determinadas condutas, possibilitando, pois, reflexos na revogação de benefícios penais, como o livramento condicional. Ora, a previsão de *falta grave* é direito de execução penal, ramo autônomo, com lastro nos direitos penal e processual penal, longe de representar matéria de direito penitenciário.[8]

Sob o prisma da organização judiciária, pretendendo seguir a competência residual do Estado-membro, pode-se invadir seara processual penal constitucional, tal como ocorre com a garantia do juiz natural. Não nos parece correta a criação de *departamentos* ou *organismos* competentes para cuidar de inquéritos policiais, com possibilidade de decretação de medidas restritivas de direitos (prisão temporária, prisão preventiva, quebra de sigilo, mandado de busca etc.), sem que se possa ter a segurança de um juiz fixo, portanto, natural. A busca pela celeridade esvazia um princípio fundamental para o processo penal, justamente aquele que viabiliza a certeza de que a justiça não será controlada por qualquer interesse político, ainda que *interna corporis*. O magistrado competente para decretar medidas restritivas à liberdade individual não pode ser dependente de nenhum órgão administrativo superior. A delicada tarefa de restringir direitos fundamentais (liberdade, intimidade, propriedade etc.) deve concernir ao juiz dotado de todas as garantias constitucionais, em particular, a inamovibilidade. Não sendo assim, qualquer decisão provocadora de desagrado a terceiros poderá redundar em remoção do juiz de sua posição, substituindo-o por outro, mais flexível.

Observa-se, no panorama brasileiro, a concentração de poder no âmbito da União, em matéria penal e processual penal, praticamente eliminando a competência legislativa estadual, pela simples omissão em editar lei complementar autorizadora. Por outro lado, os Estados-membros, inconformados, diante da realidade clamando por soluções, mormente no tocante à execução penal, insistem em editar leis, resoluções, decretos ou atos usurpadores da competência federal, lidando com direito penal, processual penal e execução penal. Desse conjunto

---

8. Direito penitenciário é ramo voltado à esfera administrativa da execução penal, que significa um procedimento complexo, com aspectos jurisdicionais e administrativos concomitantemente. Não tem o condão de criar direitos e deveres para os condenados.

de normas ofensivas à legalidade penal, logo, inconstitucionais, algumas são mantidas por absoluta necessidade – como ocorreu com a inclusão de presos perigosos em regime *fechadíssimo*, sem amparo em lei –, enquanto outras nem mesmo são levadas em conta, em face da inoperância prática. Algumas, ainda, refletem negativamente no direito do réu ou condenado, cabendo aos tribunais corrigir as distorções, sempre à luz da legalidade.

B) Fontes formais

A fontes formais constituem a forma de expressão do direito penal ou processual penal. Como regra, na seara penal, a fonte imediata (direta) é a lei em sentido estrito (norma emanada do Poder Legislativo). No cenário processual penal, podem-se acrescentar, além da lei em sentido estrito, os dispositivos advindos de tratados e convenções internacionais, normas estaduais e provenientes de regimentos, súmulas vinculantes, além dos costumes e dos princípios gerais de direito.

Há maior flexibilidade de expressão para o direito processual penal, não atrelado constitucionalmente ao princípio da legalidade ou reserva legal (não há crime sem lei anterior, nem pena sem prévia lei), podendo-se fundar até mesmo na tradição dos usos e costumes forenses.[9]

A analogia, vedada em direito penal, como regra, é admissível em processo penal, como se verá em tópico destacado.

Em penal, os costumes e princípios gerais do direito funcionam, apenas, como instrumentos auxiliadores da interpretação da norma em sentido material. São as fontes mediatas (indiretas). Conforme o caso, em tipos abertos, existentes os elementos normativos, torna-se essencial valer-se o intérprete dos costumes vigentes à época, a fim de dar real sentido à norma penal.

Tornando ao molde principal – a lei em sentido estrito –, é preciso lembrar que a atividade legislativa compreende a elaboração de emendas à Constituição, leis complementares, leis ordinárias, leis delegadas, medidas provisórias, decretos legislativos e resoluções (art. 59, CF).

A fonte material primária e usual, para a edição de leis penais e processuais penais, é a lei ordinária, cuja iniciativa cabe a qualquer membro do Congresso Nacional, ao Presidente da República e aos cidadãos. Os Tribunais Superiores e o Ministério Público somente detêm iniciativa em matéria de leis de seu peculiar interesse, o que não abrange direito penal ou processo penal (art. 96, II, CF).

---

9. A sobriedade no vestuário em audiências e tribunais, o uso de vestes talares, o tratamento destinado a operadores do Direito, o linguajar específico, dentre outros, são exemplos dos costumes forenses.

Quanto à iniciativa popular, cabe respeitar o disposto no art. 61, § 2.º, da Constituição Federal: "a iniciativa popular pode ser exercida pela apresentação à Câmara dos Deputados de projeto de lei subscrito por, no mínimo, um por cento do eleitorado nacional, distribuído pelo menos por cinco Estados, com não menos de três décimos por cento dos eleitores de cada um deles".

As normas em formato de emenda à Constituição e de leis complementares podem cuidar de matéria penal e processual penal. Naturalmente, por contarem com processo legislativo mais elaborado, demandando maior *quorum*, intensa discussão e expressiva voz dentre os parlamentares, nada impede a edição de normas penais ou processuais penais.

Certamente, o ideal é preservar o cenário das emendas e das leis complementares para as matérias de fundo constitucional pleno, representando a forma de ser do Estado Democrático de Direito. Logo, seria inadequado, por exemplo, valer-se de uma emenda à Constituição para criar um tipo penal incriminador qualquer. Impróprio, sim; porém, inconstitucional, não.[10] O mesmo se diga da lei complementar, que, entretanto, já fornece exemplo de tipo penal incriminador, previsto no art. 10 da LC 105/2001.[11]

A única restrição, de nível constitucional, para a elaboração de emendas encontra-se no art. 60, § 4.º, da CF: "não será objeto de deliberação a proposta de emenda tendente a abolir: I – a forma federativa de Estado; II – o voto direto, secreto, universal e periódico; III – a separação dos Poderes; IV – os direitos e garantias individuais". Mesmo assim, registre-se ser a vedação limitada à abolição de direitos e garantias individuais, mas não diz respeito à inclusão de outros direitos ou garantias, nem mesmo à criação de tipos penais, visto serem estes apenas normas consequentes do princípio da legalidade, este, sim, uma autêntica garantia.

Ademais, não se pode olvidar que a Constituição Federal cuida de temas penais e processuais penais, de forma direta, como, ilustrando, ao prever a imprescritibilidade e inafiançabilidade para o delito de racismo (art. 5.º, XLII). Outros dispositivos tratam de assuntos penais e processuais penais, justamente no cenário do artigo 5.º.

---

10. Há posição em sentido contrário, mantendo fora do ambiente penal as emendas e leis complementares, por cuidarem de matéria constitucional exclusiva, conforme CERNICCHIARO (*Direito penal na constituição*, p. 46-47).

11. "A quebra de sigilo, fora das hipóteses autorizadas nesta Lei Complementar, constitui crime e sujeita os responsáveis à pena de reclusão, de 1 (um) a 4 (quatro) anos, e multa, aplicando-se, no que couber, o Código Penal, sem prejuízo de outras sanções cabíveis. Parágrafo único. Incorre nas mesmas penas quem omitir, retardar injustificadamente ou prestar falsamente as informações requeridas nos termos desta Lei Complementar".

As leis delegadas estão fora do âmbito penal e processual penal, porque advêm da elaboração do Presidente da República, embora possa haver autorização do Congresso Nacional (art. 68, *caput*, CF). Foge-se ao contorno da lei em sentido estrito, alcançando ato emanado do Executivo. Além disso, há proibição para a delegação em matéria de direitos individuais (art. 68, § 1.º, II, CF), motivo pelo qual o estabelecimento de normas penais ou processuais penais, frutos do poder-dever punitivo estatal, devem ficar alheias à atribuição presidencial.

Quanto às medidas provisórias, a partir da Emenda Constitucional 32/2001, não mais se pode editá-las em assuntos penais e processuais penais (art. 62, § 1.º, I, *b*, CF). Aliás, antes mesmo da alteração constitucional, defendia-se a inviabilidade do trato de ambas as matérias por medida provisória, tendo em vista o nascedouro incidir sobre o Executivo, na figura do Presidente da República. Não se pode cuidar de qualquer norma restritiva de direito individual sem a ativa e direta participação do Legislativo.

Excluem-se, por óbvio, diante da matéria de peculiar interesse do próprio Poder Legislativo e por não se referirem à vontade direta do povo, os decretos legislativos e as resoluções.

1.1.1.4 Alguns instrumentos de criação do tipo penal: enfoques do tipo aberto, do tipo remissivo e da norma penal em branco

O tipo aberto, como já visto, apresenta-se composto por elementos normativos ou subjetivos. Considerando-se a necessária flexibilidade de certas figuras típicas, de modo a garantir a sua correta aplicação, não se pode desprezar a utilização desses fatores, desde que se opere com cautela.

A criação do tipo penal previsto no art. 228 do Código Penal envolveu, ao menos, dois elementos normativos de valoração cultural: prostituição e exploração sexual. Inexiste, quanto a eles, qualquer definição absoluta, visto não se tratarem de condutas meramente descritivas. Há um juízo de valor ínsito a cada um dos termos. Prostituir-se, para alguns, significa o ato sexual praticado mediante a percepção de qualquer vantagem; para outros, demanda-se seja a vantagem de caráter econômico; para terceiros, exige-se a habitualidade, ou seja, não basta um só ato, mas a frequência nessa vida. Em suma, sem a pretensão de ingressar na discussão, parece-nos que somente a jurisprudência poderá definir o que vem a ser prostituição para o fim de tutela da dignidade sexual das pessoas. O termo usado foi aberto, mas não teria como *fechá-lo*, buscando descrever uma atividade milenar, por todos conhecida, embora com diferentes pontos de vista.

Por outro lado, a expressão *exploração sexual*, nascida apenas com o advento da Lei 12.015/2009, é aberta e provocará, certamente, inúmeros debates para a sua valoração. Pode significar desde pornografia até tráfico de pessoas. Há uma gama imensa de atos capazes de evidenciar, em tese, a exploração sexual. Nesse caso, parece-nos indevida a sua utilização, pois *aberta demais*, gerando incabível insegurança.

Antes de editar um tipo penal incriminador, deveria o legislador certificar--se, valendo-se de operadores do Direito capacitados na área, de ser inteligível, completo e taxativo. Não é o que acontece. Tipos penais são lançados como inéditos, trazendo consigo intensas fórmulas casuísticas de interpretação. Tal contexto, como veremos mais detalhadamente no capítulo referente ao princípio da taxatividade, deve ser banido do mundo penal, ainda que precise da intervenção do Judiciário, proclamando a inconstitucionalidade do tipo incriminador por lesão ao princípio da legalidade.

O tipo remissivo é uma forma de construção do modelo incriminador baseada em referência a outro tipo ou norma, onde há pormenorizada descrição da conduta objetivada. Como exemplo, pode-se indicar o art. 304 do Código Penal: "fazer uso de qualquer dos papéis falsificados ou alterados, a que se referem os arts. 297 a 302: Pena – a cominada à falsificação ou à alteração". Observe-se que, para evitar a repetição dos conteúdos de seis artigos do Código Penal, fez-se a eles remissão. Ademais, a própria pena do art. 304 é variável, pois respeita exatamente a sanção cominada para a espécie de falsificação operada. As partes descritivas e sancionadora do art. 304 são remissivas. Ilustrando, quem use documento público falsificado materialmente, ficará sujeito a uma pena de reclusão, de dois a seis anos, e multa (art. 297 c.c. art. 304); quem use documento particular falsificado materialmente, está sujeito a uma pena de reclusão, de um a cinco anos, e multa (art. 298 c.c. art. 304).

Essa modalidade de construção pode dar-se, ainda, sob a forma mista, vale dizer, com remissão ao próprio texto legal onde se encontre e necessitando de complemento externo. Cuidar-se-ia de uma norma penal em branco remissiva. É o caso do art. 14, *caput*, da Lei 9.434/97: "remover tecidos, órgãos ou partes do corpo de pessoa ou cadáver, em desacordo com as disposições desta Lei: Pena, reclusão, de 2 (dois) a 6 (seis) anos, e multa, de 100 (cem) a 360 (trezentos e sessenta) dias-multa". O dispositivo em análise, para ser integralmente conhecido e entendido, necessita ser conjugado com outros artigos previstos no mesmo corpo legislativo, ou seja, na Lei 9.434/97, além de demandar outros complementos, como Resolução do Conselho Federal de Medicina e Decreto Presidencial, ambos detalhando os procedimentos para os transplantes em geral.

O tipo penal remissivo não ofende a legalidade, visto que seus complementos são facilmente encontrados em outras normas previstas no mesmo corpo legislativo onde se encontra.

A norma penal em branco representa construção mais complexa, pois o tipo penal faz referência a termos ou expressões, cuja descrição e conteúdo

CAP. IV • PRINCÍPIOS CONSTITUCIONAIS PENAIS E ENFOQUES PROCESSUAIS PENAIS | 101

somente se tornam claros mediante a consulta a normas constantes de outros corpos legislativos ou administrativos. Diz-se ser verdadeiramente em branco a norma penal (norma penal em branco própria) cujo complemento se busca em norma de hierarquia inferior, vale dizer, decretos, portarias, resoluções etc. Denomina-se impropriamente em branco a norma penal (norma penal em branco imprópria) cujo complemento é extraído de norma de igual status, como, por exemplo, outra lei federal, tal qual a editada para criar o tipo incriminador.

As normas em branco próprias tem sua razão de ser no lastro da flexibilidade e da autoatualização, conforme o passar do tempo. Na Lei de Drogas (Lei 11.343/2006), prevê-se, expressamente, no art. 1.º, parágrafo único: "para fins desta Lei, consideram-se como drogas as substâncias ou os produtos capazes de causar dependência, assim especificados em lei ou relacionados em listas atualizadas periodicamente pelo Poder Executivo da União". E, em continuidade, estabelece o art. 66: "para fins do disposto no parágrafo único do art. 1.º desta Lei, até que seja atualizada a terminologia da lista mencionada no preceito, denominam-se drogas substâncias entorpecentes, psicotrópicas, precursoras e ouras sob controle especial, da Portaria SVS/MS 344, de 12 de maio de 1998". Portanto, configura-se o tráfico ilícito de drogas (art. 33, Lei 11.343/2006), quando o agente pratica qualquer dos verbos ali enumerados em relação a drogas, leia-se, a qualquer dos produtos ou elementos constantes da relação elaborada pela ANVISA (Agência Nacional de Vigilância Sanitária). Alterando-se o contexto, torna-se viável acrescentar novas drogas a tal lista ou dela retirar as que não mais sejam consideradas danosas à saúde pública.

As normas em branco impróprias também possuem um particular papel de respeito a outras áreas do direito. Portanto, "contrair casamento, conhecendo a existência de impedimento que lhe cause a nulidade absoluta – Pena – detenção, de 3 (três) meses a 1 (um) ano" (art. 237, CP), depende da compreensão do contexto dos impedimentos matrimoniais, encontrado no Código Civil (art. 1.521, I a VII, c.c. art. 1548, II). Não caberia ao Direito Penal determinar quais são os impedimentos matrimoniais, do mesmo modo em que não teria sentido buscar a descrição de todos eles no tipo incriminador. Afinal, qualquer mudança na lei civil, caso houvesse a pormenorizada descrição no Código Penal, afetaria de imediato a lei penal. Lidado com a norma penal em branco, as eventuais alterações no Código Civil provocam reflexos no Código Penal, mas suas normas incriminadoras permanecem válidas.

Parece-nos razoável a existência das normas penais em branco. Lembremos que o *branco* da norma, dependente de complemento, pode ser integralmente preenchido por meio de consulta a outra norma vigente, em textos de conhecimento público. Ademais, a norma em branco pode ser muito mais segura do que tipos penais excessivamente abertos. A expressão *ato obsceno*, prevista no art. 233 do Código Penal, exige maior preocupação, quanto ao

102 | PRINCÍPIOS CONSTITUCIONAIS PENAIS E PROCESSUAIS PENAIS – NUCCI

seu alcance, do que o termo *drogas*, estampado nos tipos incriminadores da Lei 11.343/2006. A consulta à lista de drogas proibidas fornece maior segurança do que a interpretação que se pode fazer, advinda de fatores puramente culturais, da expressão *ato obsceno*.

1.1.1.5 Alguns instrumentos de integração e interpretação da norma penal: enfoques da analogia, da interpretação analógica e da interpretação extensiva

Integrar o sistema significa completá-lo ou preenchê-lo, de modo a se tornar coerente e satisfatório. No campo jurídico, o sistema normativo pretende ser uno, perfeito e inteiro, capaz de solucionar todo e qualquer conflito emergente. Por vezes, tal situação não se concretiza, surgindo uma lacuna, diante de caso concreto para o qual inexiste norma regente específica. Nada mais correto do que preencher a referida lacuna com o uso da analogia, valendo-se de norma correlata, aplicável a situação similar. Com isso, integra-se o sistema e todo e qualquer caso concreto poderá ser resolvido dentro das fronteiras legais.

Em matéria penal, porque se encontra presente o princípio da legalidade, prevendo a existência de crime nos exatos termos da lei, assim como a existência de pena nos mesmos parâmetros, torna-se complexa a utilização da analogia. Afinal, no universo penal, a regência é conduzida pela lei em sentido estrito, não se podendo utilizar elementos correspondentes, mas não iguais.

É certo que princípios não são absolutos e devem harmonizar-se com outros. Eis o fundamento pelo qual se pode admitir o uso da analogia em favor do réu (*in bonam partem*), mas não se deve aceitar a analogia em prejuízo do acusado (*in malam partem*). Por que se poderia tolerar uma forma de ranhura na legalidade, mas não outra? Há integração de princípios e metas constitucionais para a resposta a tal indagação. Em primeiro plano, ressalte-se a finalidade de existência dos direitos e garantias fundamentais, qual seja a de proteger o indivíduo contra os eventuais abusos e excessos do Estado. Logo, a razão de ser da legalidade – aliás, desde a sua expressa evidência na Magna Carta, de 1215 – é a constituição de um escudo protetor contra a prepotência do *soberano* (ou simplesmente, Estado, na modernidade). Em segundo lugar, em processo penal, cultua-se a prevalência do interesse do réu, estampada nos princípios da presunção de inocência e da inviabilidade de exigência da autoacusação. Ora, considerando-se a *legalidade* uma proteção individual, além de se buscar, sempre, a prevalência do interesse do réu, a lacuna, quando existente em matéria penal, deve ser resolvida com o propósito de beneficiar o acusado – jamais para prejudicá-lo.[12]

---

12. STJ: "Não se afigura correto o entendimento segundo o qual o Código Penal Militar restringe a prescrição à fase processual, porquanto inexiste em seu contexto

CAP. IV • PRINCÍPIOS CONSTITUCIONAIS PENAIS E ENFOQUES PROCESSUAIS PENAIS | **103**

Portanto, revendo o disposto no art. 128, II, do Código Penal, observa-se a possibilidade legal para o aborto, desde que a mulher tenha sido estuprada (art. 213, CP). Entretanto, imagine-se a ocorrência do aborto, pois a mulher foi vítima de violação sexual mediante fraude (art. 215, CP). Poder-se-ia utilizar a analogia *in bonam partem*, autorizando o aborto, tendo em vista que a gravidez decorreu, igualmente, de crime contra a dignidade sexual.

Entretanto, focando-se o disposto pelo art. 216-A do Código Penal, vê-se a possibilidade de ocorrência do assédio sexual, quando o agente se valer de sua condição de superior hierárquico ou ascendência inerentes ao exercício do emprego, cargo ou função. A relação entre autor e vítima, no crime de assédio sexual, deve ser laboral. Não se pode utilizar a analogia *in malam partem* para incluir, por exemplo, a relação existente entre docente e aluno, visto não se tratar de ligação hierárquica ou de ascendência entre ambos.

Se, por seu lado, integração tem por finalidade completar o que está faltando, a interpretação foge a esse universo. *Interpretar* significa captar o real sentido de algo, clareando o que se afigura nebuloso, porém presente. No processo de interpretação, não se permite *criar* elementos ou *completar* lacunas. Admite-se, no entanto, extrair de determinado termo ou expressão o seu real significado, mesmo que, para tanto, seja necessário ampliar o seu conteúdo.

A figura típica incriminadora, envolvendo os termos *cônjuge* e *filho*, demanda interpretação estrita, não se podendo alegar que, a pretexto da presente possibilidade de união estável, admita-se, por analogia, a figura do *companheiro* ou do *enteado*. Destarte, no delito de abandono material (art. 244, CP), não se pode estender a punição para o companheiro que deixe de prover a subsistência da companheira.

Por outro lado, surge a necessidade de interpretação extensiva, com o fito de ampliar, por uma questão de lógica, o conteúdo de determinados

---

norma específica. O princípio da legalidade penal exorta o intérprete a considerar que tudo aquilo que não é proibido é permitido, que tecnicamente é conhecido pelo brocardo *nullum crimen nulla poena sine lege*, e que qualquer ato restringente à não realização do direito de punir deve, de igual modo, ter a prévia disposição legal, e não o contrário. Por outro lado, mesmo que houvesse a indicação negativa expressa, estaria ela revogada pelo texto constitucional, uma vez que a garantia da prescrição para a persecução penal, antes ou depois da ação, é indistinta e impessoal, porquanto todo ser humano, independentemente da raça, da cor, da profissão etc., tem-na em seu patrimônio pessoal, salvo os casos excepcionais. Pelo contexto dos autos, ultrapassado o biênio prescricional entre a consumação do fato e o recebimento da denúncia, há de ser reconhecida a extinção punitiva. " (HC 27779-RS, 5.ª T., rel. José Arnaldo da Fonseca, 19.02.2004, v.u.).

termos, constantes em alguns tipos penais incriminadores. O art. 308 da Lei 9.503/97 menciona ser crime "participar, na direção de veículo automotor, em via pública, de corrida, disputa ou competição automobilística não autorizada...". Embora se saiba que a competição automobilística refere-se a uma corrida entre vários participantes conduzindo automóveis, leia-se, veículos de quatro rodas, não se pode deixar de captar e *ampliar* o sentido da expressão parra abranger, igualmente, a competição *motociclística*, envolvendo motos.

Nesse quadro, surge, ainda, a interpretação analógica, consistente no método de extrair o conteúdo de determinada norma, valendo-se de exemplos previamente enumerados por outras normas, enfim, pelo próprio legislador. Há várias formas de se indicar, na lei penal, a viabilidade da interpretação analógica. A saber: a) sistema da alternância expressa; b) sistema da alternância implícita; c) sistema da autonomia correlata.

A alternância expressa indica, claramente, na norma penal, a indispensabilidade da interpretação analógica: "expor a perigo a vida, a integridade física ou o patrimônio de outrem, mediante explosão, arremesso ou simples colocação de engenho de dinamite ou de *substância de efeitos análogos*" (crime de explosão, art. 251, CP, grifo nosso). Ou ainda: "não excluem a responsabilidade penal: (...) II – a embriaguez, voluntária ou culposa, pelo álcool ou *substância de efeitos análogos* (art. 28, CP, grifo nosso). Dado o exemplo (álcool), indica-se a abertura para inclusão de outras drogas similares (tranquilizante ou ansiolítico etc.).

A alternância implícita faz o intérprete deduzir a necessidade de uso da extração do conteúdo real da norma por meio da analogia. "Se o homicídio é cometido: (...) I – mediante paga ou promessa de recompensa, ou *por outro motivo torpe*; (...) III – com emprego de veneno, fogo, explosivo, asfixia, tortura *ou outro meio insidioso ou cruel, ou de que possa resultar perigo comum*; IV – à traição, de emboscada, ou mediante dissimulação *ou outro recurso que dificulte ou torne impossível a defesa do ofendido*" (art. 121, § 2.º, I, III e IV, CP, grifos nossos). Ou ainda: "São circunstâncias que sempre agravam a pena, quando não constituem ou qualificam o crime: II, *j*) em ocasião de incêndio, naufrágio, inundação *ou qualquer calamidade pública, ou de desgraça particular do ofendido*" (art. 61, II, *j*, CP, grifo nosso). Tomando-se o último exemplo, percebe-se que a indicação de ilustrações anteriores limita e, ao mesmo tempo, indica qual o caminho a ser seguido pelo intérprete na ampliação, quando for preciso, da norma penal, ainda que significa efeitos punitivos mais severos ao réu. Dados os exemplos (incêndio, naufrágio e inundação), deve-se extrair outra calamidade pública (catástrofe envolvendo grande número de pessoas) ou desgraça particular (infortúnio individualizado) dos anteriores. Assim, considerando-se o advento de ventania, nevasca, erupção de vulcão, chuva de granizo, situações análogas a incêndio, naufrágio e inundação, pode-se considerar como calamidade pública, se atingir várias pessoas, ou desgraça particular, caso atinja um pequeno número de pessoas. Entretanto, não é possível elevar a pena do agente do furto, porque subtraiu bens da residência de uma pessoa recém-separada, sofrida e desgostosa, vivendo uma situação de *desgraça particular*. Afinal, a indicação de *desgraça* foge do âmbito sentimental para ganhar força no universo de eventos maiores, advindos da natureza ou de grandes erros humanos.

A autonomia correlata insere a interpretação analógica em destaque, como se fosse uma norma autônoma, desvinculada da alternância ("ou") sequencial. Observe-se a construção do art. 260, CP: "Impedir ou perturbar serviço de estrada de ferro: I – destruindo, danificando ou desarranjando, total ou parcialmente, linha férrea, material rodante ou de tração, obra de arte ou instalação; II – colocando obstáculo na linha; III – transmitindo falso aviso acerca do movimento dos veículos ou interrompendo ou embaraçando o funcionamento de telégrafo, telefone ou radiotelegrafia; IV – *praticando outro ato de que possa resultar desastre*" (grifamos). O inciso IV é integralmente dedicado à forma de interpretação analógica, sem qualquer menção expressa e sem constar a imediata ligação a frase anterior pela conjunção *ou*. Dados os exemplos constantes dos incisos I, II e III, outra ação poderá desencadear o perigo de desastre, tal como, nos dias de hoje, provocar o colapso do sistema computadorizado de controle de entrada e saída dos trens. Nos idos de 1940, conhecia-se somente telégrafo, telefone e radiotelégrafo. Hoje, quase tudo é movido por computação, logo, valemo-nos da interpretação analógica para manter atualizada a lei penal, quanto à sua aplicação.

1.1.1.6 Alguns instrumentos de integração e interpretação da norma processual penal: enfoques da analogia, da interpretação analógica e da interpretação extensiva

O campo do processo penal é mais flexível em relação ao uso da analogia, como processo de integração da norma, bem como à utilização da interpretação analógica e da interpretação extensiva. Tal medida se dá em virtude da específica previsão da legalidade estrita ao direito penal: não há *crime* sem prévia lei, nem *pena* sem lei anterior.

O art. 3.º do Código de Processo Penal deixa clara a possibilidade de admissão dessas formas de integração e interpretação de suas normas. Por isso, em caso de lacuna, pode-se valer do processo civil, para suprir a omissão e conferir segurança e modernidade ao caso concreto.

As formas de interpretação analógica e extensiva, como já definido em tópico anterior, são admissíveis em direito penal. Portanto, com mais razão, são perfeitamente acolhidas no cenário processual penal.

1.1.1.7 Medida de segurança: aspectos cautelares e executórios

A medida de segurança é uma espécie de sanção penal, porém com caráter e finalidade diversos da pena. Enquanto esta sanção cuida dos aspectos de retribuição e prevenção ao crime, aquela se volta, basicamente, à prevenção. Sob outro prisma, a pena configura aspectos da prevenção ligados à reeducação e ressocialização do condenado, enquanto a medida de segurança tem por finalidade a cura do sentenciado.

No sistema penal brasileiro, ambas são medidas restritivas da liberdade aplicadas por magistrados na esfera criminal. Dessa forma, embora a Constituição Federal, no art. 5.º, XXXIX, refira-se tão somente ao *crime* e à *pena*, deve-se promover a necessária leitura decorrente de interpretação extensiva. Assim, onde se lê *crime*, leia-se, igualmente, *injusto penal* (fato típico e antijurídico); onde se lê *pena*, leia-se *medida de segurança*.

A pena é a sanção proveniente da confirmação da existência do crime e de seu autor, com rigor punitivo e finalidade ressocializadora. A medida de segurança, por seu turno, emerge do *fato* criminoso (e não do delito, por ausência de culpabilidade), com rigor fiscalizador e finalidade curativa.

Sem dúvida, tratando-se de inimputável (doente mental ou retardado), cabe ao Estado tutelá-lo, até mesmo protegê-lo de suas próprias ações negativas, exercendo, no que for preciso, a força necessária, nos limites legais. Porém, ainda que se possa sustentar o objetivo positivo de cura, não deixa de ser medida restritiva de liberdade, aplicada por juiz criminal, no particular universo do devido processo legal.

A legalidade se impõe à medida de segurança nos exatos moldes que envolve a pena, visto serem ambas espécies de sanção penal.

Sob o aspecto processual, após a Reforma Penal de 1984, substituindo todos os artigos que tratam de execução penal, no Código de Processo Penal, pela Lei 7.210/84 (Lei de Execução Penal), não mais se prevê a possibilidade de decretação de medida de segurança provisória. Portanto, quando o réu fosse considerado doente mental, durante a investigação ou processo, quando o caso, presentes alguma das hipóteses do art. 312 do CPP, devia-se decretar a sua prisão preventiva, mandando-se recolhê-lo em lugar adequado às suas condições de saúde. Após a edição da Lei 12.403/2011, criou-se a medida cautelar de internação provisória (art. 319, CPP), substituindo-se a decretação da preventiva por essa nova alternativa.

A legalidade das medidas cautelares restritivas da liberdade determina o fiel seguimento àquelas previstas no Código de Processo Penal e na legislação especial, sem qualquer utilização de instrumentos revogados, nem amparo em normas ultrapassadas.

CAP. IV • PRINCÍPIOS CONSTITUCIONAIS PENAIS E ENFOQUES PROCESSUAIS PENAIS | **107**

A prisão cautelar, nos moldes existentes, para acusados sãos ou enfermos, é satisfatória para os fins a que se destina, vale dizer, recolher o réu, enquanto absolutamente indispensável ao trâmite processual. A única diferença deve cingir-se ao local onde o são e o doente devem ser segregados; tal missão, entretanto, cabe ao Executivo, encarregado, legalmente, de guardar as pessoas presas, no Brasil.

1.1.1.8 A função do costume nos âmbitos penal e processual penal

O costume é uma prática generalizada e constante da sociedade, servindo para expressar uma época ou um modismo. Em vários ambientes, instaura-se o costume, gerando a tradição (costume reiterado e consolidado), com força suficiente para se impor como se lei fosse.

Não serve o costume para permitir o nascimento de lei penal, mas pode produzir normas de caráter processual penal, conforme o caso. Assim, da mesma forma, não tem o condão de provocar a revogação de norma penal, mas possibilita o afastamento ou a inaplicabilidade de norma processual penal.

De toda forma, o costume é importante ferramenta de trabalho no cenário da interpretação, permitindo clarificar termos imprecisos ou gerar lógicas razoáveis para o sistema legal.

Parece-nos essencial focar o costume como fonte criadora ou revogadora de normas penais e processuais penais, voltando-se à sensibilidade do legislador, para captar tais anseios, transformando-os em leis. Não há que se considerar afastado do universo penal uma determinada infração, simplesmente pelo fato de não mais contar com o rigor repressivo estatal. Erro há em não se punir o que é, em tese, previsto como crime; porém, erro maior é manter em lei algo que já não gera interesse algum pela sociedade.

O princípio penal da intervenção mínima é o apontador desses limites, permitindo que o costume atue como reparador da ânsia legislativa crescente e, em lugar de editar novas figuras delitivas, promover o esvaziamento do Direito Penal brasileiro.

No geral, como mecanismo apropriado para interpretar atitudes humanas, geradoras de conflitos sociais, o costume torna-se adequado e útil. Ilustrando, se alguém aguarda na fila para ser atendido em determinado lugar, enquanto outrem tenta *furar* a ordem de chegada e preferência, havendo emprego de força para retirar o penetra do local, cuida-se de exercício regular de direito (excludente de ilicitude, art. 23, III, CP). O costume calcado na formação da fila confere o direito de se manter na preferência por ordem de chegada, logo, quem atuar contra o direito pratica o ilícito, fazendo valer a força contrária, esta, sim, lastreada pelo puro exercício de direito reconhecido pelo ordenamento jurídico.

No cenário processual penal, a vestimenta das advogadas era objeto de foco há não muito tempo. Para ingresso e permanência em salas de audiência e julgamento deveriam estar trajadas com vestido ou saia. A *irregularidade* no vestuário permitiria ao magistrado recusar-se a atendê-las, podendo gerar ausência de despacho, com prejuízo à parte. Além disso, para realizar audiência, a mesma formalidade era exigível. Fruto do costume, até mesmo em concursos públicos, certas candidatas já foram impedidas de participar da prova porque não se trajavam de *acordo com a tradição forense*. Correto ou incorreto, tal modo de visão era costumeiro e respeitado por operadores do Direito. A modernidade trouxe à tona novos valores e o costume forense alterou-se, relegando a segundo plano esse rígido controle do vestuário, particularmente do feminino.

O costume jamais deixará de ocupar lugar relevante no contexto da interpretação e da geração de normas secundárias de atuação e comportamento. Em matéria penal, contudo, jamais ocupará o lugar dos tipos incriminadores, nem terá o condão de revogá-los, afinal, prevalecerá, sempre, a legalidade penal estrita.

1.1.1.9 Estrita legalidade da prisão cautelar

O princípio da legalidade em sentido amplo ("ninguém está obrigado a fazer ou deixar de fazer alguma coisa senão em virtude de lei", art. 5.º, II, CF), associado à legalidade em sentido estrito, ou em prisma penal ("não há crime sem lei anterior que o defina, nem pena sem prévia cominação legal", art. 5.º, XXXIX, CF), espelham a garantia de que, no âmbito criminal, a punição de alguém está vinculada à prática de infração penal, previamente detalhada em lei, assim como a imposição da pena. Não se olvide, entretanto, a preocupação do constituinte com a estrita legalidade da prisão cautelar, muitas vezes constitutiva do início da persecução penal, formalizada com a prisão em flagrante. A detenção do indivíduo, presumidamente inocente, até que se consolide decisão condenatória definitiva, precisa delinear-se em parâmetros rígidos, de modo a não configurar punição antecipada indevida. Há de se buscar justa causa para a cautela consolidada na prisão, pois se está cerceamento bem jurídico fundamental, a liberdade.

Por isso, a Constituição Federal destinou várias normas a regular a prisão cautelar e os mecanismos formais para a sua implementação, bem como os instrumentos para o seu controle. São dispositivos constitucionais específicos, cuidando da legalidade da prisão cautelar, inseridos no art. 5.º: "LXI – ninguém será preso senão em flagrante delito ou por ordem escrita e fundamentada de autoridade judiciária competente, salvo nos casos de transgressão militar ou crime propriamente militar, definidos em lei"; "LXII

CAP. IV • PRINCÍPIOS CONSTITUCIONAIS PENAIS E ENFOQUES PROCESSUAIS PENAIS | 109

– a prisão de qualquer pessoa e o local onde se encontre serão comunicados imediatamente ao juiz competente e à família do preso ou à pessoa por ele indicada"; "LXIII – o preso será informado de seus direitos, entre os quais o de permanecer calado, sendo-lhe assegurada a assistência da família e de advogado"; "LXIV – o preso tem direito à identificação dos responsáveis por sua prisão ou por seu interrogatório policial"; "LXV – a prisão ilegal será imediatamente relaxada pela autoridade judiciária"; "LXVI – ninguém será levado à prisão ou nela mantido, quando a lei admitir a liberdade provisória, com ou sem fiança"; "LXVIII – conceder-se-á "habeas-corpus" sempre que alguém sofrer ou se achar ameaçado de sofrer violência ou coação em sua liberdade de locomoção, por ilegalidade ou abuso de poder".

A prisão oriunda da pena, definitivamente consolidada, advém de ordem judicial, consubstanciada na forma de título judicial, a ser executado devidamente, no foro competente. Porém, preocupação maior se ergue, quando o foco é voltado à prisão cautelar, tendo em vista a possibilidade de ser implementada por qualquer pessoa do povo, desde que haja o flagrante delito (art. 301, CPP). Assim, além de qualquer do povo, as autoridades policiais e seus agentes devem prender o suspeito, quando em flagrante, independentemente de ordem judicial. A autorização advém diretamente da Constituição Federal, como se vê do disposto no art. 5.º, LXI. O cuidado para a tutela dessa restrição à liberdade individual eleva-se, devendo haver, na sequência, a formalização da prisão, lavrando-se o necessário auto.

Preserva-se o indivíduo, como garantia à sua natural intenção de se defender, da obrigação de fornecer dados contrários ao seu interesse, motivo pelo qual é assegurado o direito ao silêncio. A família e o advogado são os maiores interessados em acompanhar a formalização da prisão, zelando pela sua legalidade; por isso, serão comunicados (art. 5.º, LXII). No mesmo prisma, fiscalizando os atos, transmite-se o conhecimento da detenção ao juiz competente. Nada por acaso, visto ser *dever* do magistrado analisar a prisão efetivada e, quando o caso, considerá-la ilegal, relaxando o flagrante e emitindo alvará de soltura (art. 5.º, LXV). Visualizada a ilegalidade, haverá de tomar as providências devidas para apurar eventual crime cometido contra o detido.

Por outro lado, considerando legal a prisão, o juiz deve verificar a possibilidade de concessão da liberdade provisória, outra imposição constitucional (art. 5.º, LXVI), independentemente de pedido formulado pela defesa ou pelo próprio detido. A não concessão do benefício somente se dará caso estejam presentes os requisitos para a decretação da prisão cautelar (art. 312, CPP), ocasião em que o magistrado deve converter o flagrante em preventiva. Não mais se aceita a singela previsão legal de inviabilidade da liberdade provisória, sem justificativa alguma.

O preso sempre deverá ter conhecimento da identidade das pessoas envolvidas em sua detenção, seja na prática, seja na sua formalização, por via da lavratura do auto de prisão em flagrante (art. 5.º, LXIV). A medida tem por finalidade assegurar a responsabilidade penal e administrativa de quem abusou da autoridade ou cometeu indevida privação da liberdade alheia.

A prisão cautelar, portanto, obedece a rígido procedimento e merece rigoroso controle, motivos pelos quais se encaixa, com perfeição, no princípio da legalidade, sob o prisma processual penal.

1.1.1.10 Obrigatoriedade da ação penal

O princípio da obrigatoriedade da ação penal, na realidade, representa um subprincípio, ou uma regra constitucional, advinda da legalidade.[13] Praticada a infração penal, nasce para o Estado o direito de punir. Conforme preceito legal, impõe-se a instauração da investigação policial, como regra, de ofício (art. 5.º, I, CPP). Eventualmente, necessita-se da representação da vítima ou de requisição do Ministro da Justiça (art. 24, CPP). Realizadas as diligências indispensáveis, formado o inquérito policial, destinam-se os autos à avaliação do Ministério Público, que terá apenas as seguintes hipóteses legais de procedimento: a) oferece denúncia; b) requer novas diligências para sanar falhas ou lacunas; c) requer a extinção da punibilidade do indiciado; d) requer o arquivamento. Neste último caso, zelando pela obrigatoriedade da ação penal, pode o juiz remeter o feito, seguindo o disposto no art. 28 do CPP, à Chefia do Ministério Público para reavaliação do caso. Insistindo no arquivamento, está o juiz conduzido a acatar; não aquiescendo, designa-se outro membro do Ministério Público para ingressar com a demanda.

De toda forma, a *legalidade* impõe a *obrigatoriedade* da ação penal. Havendo elementos suficientes, comprovando a materialidade e a autoria de crime de ação pública incondicionada, *deve* o Ministério Público atuar. Não se está no campo da discricionariedade, como ocorreria caso o princípio da oportunidade estivesse vigorando. Note-se, inclusive, que o pedido de arquivamento do inquérito ou outras peças de informações deve ser *fundamentado*, bem como lastreado em insuficiência probatória no tocante à materialidade ou à autoria. Não é cabível a solicitação de arquivamento por critérios políticos ou institucionais, leia-se, por mero juízo de oportunidade.

Em tese, havendo um pedido de arquivamento, com base diversa da legal, ainda que acolhido pelo juiz, há margem para investigação do Conselho Nacional do Ministério Público, visto ter ocorrido atuação ilegal de órgão que deveria zelar, fielmente, pela aplicação da lei.

---

13. No mesmo prisma, considerando o princípio da obrigatoriedade da ação penal um corolário do princípio da legalidade, estão as posições de DEMERCIAN e MALULY, *Curso de processo penal*, p. 2.

CAP. IV • PRINCÍPIOS CONSTITUCIONAIS PENAIS E ENFOQUES PROCESSUAIS PENAIS | **111**

Ajuizada a ação penal, não é possível haver desistência (art. 42, CPP), reiterando-se o caráter obrigatório da demanda e, consequentemente, a sua indisponibilidade.

O ideal, por trás da obrigatoriedade, é a fidelidade ao interesse público quanto à ocorrência de determinados crimes, lesivos a importantes bens jurídicos tutelados. Portanto, eleito bem jurídico de primeira grandeza, como a vida, materializado um homicídio (art. 121, CP), incide a ação penal pública incondicionada, significando haver interesse estatal necessário para apurar o caso, punindo, por meio do devido processo legal, o agente. Quando a delito é de ação pública condicionada à representação da vítima ou à requisição ministerial, está-se diante de bens jurídicos de relevância parcial, significando uma atuação estatal limitada pelo *querer* da parte lesada. Finalmente, em matéria de crime de ação privada, vigora o princípio da oportunidade, transferindo-se a iniciativa da demanda diretamente à vítima, sem qualquer intromissão estatal.

Em suma, a natureza obrigatória da ação penal advém da mais pura aplicação do princípio da legalidade em processo penal.

1.1.1.11 Oficialidade

O denominado princípio da oficialidade também não passa de um subprincípio, basicamente uma regra constitucional, demonstrativa do monopólio de atuação estatal no âmbito penal.

O Estado Democrático de Direito, preservando a dignidade humana, chamou inteiramente a si a tarefa punitiva, quando advém da prática da infração penal. Evita-se, com isso, a vingança privada e a realização de justiça pelas próprias mãos, conferindo-se ares de autêntica civilidade à sociedade.

Portanto, há órgãos especialmente constituídos para investigar, processar e fazer valer a sanção penal, todos *oficiais*, daí advindo o princípio da oficialidade. À polícia civil, também denominada de polícia judiciária, cabe, primordialmente, a missão investigatória, colhendo os elementos suficientes para alicerçar eventual ação penal. Ao Ministério Público confere-se a titularidade da ação penal pública, significando atuação segura e presente, assim que detiver provas necessárias para a justa causa da demanda penal. O Poder Judiciário, estruturado em Varas e Cortes Criminais, tem a incumbência de promover o andamento processual, dando ensejo à observância do devido processo legal, até chegar ao veredicto, proclamando a sentença. Caso seja condenatória, esgotados os recursos, passa-se à fase da execução da pena, igualmente sob a tutela do órgão judiciário competente.

A oficialidade, pois, garante a isenção e a imparcialidade na apuração e punição de agentes criminosos, conferindo status *oficial* a qualquer medida

112 | PRINCÍPIOS CONSTITUCIONAIS PENAIS E PROCESSUAIS PENAIS – Nucci

coercitiva aos direitos individuais. É, pois, corolário legítimo da legalidade em processo penal.

Outro elemento de particular importância diz respeito à produção de provas, em especial, as periciais. Devem ser, como regra, realizadas por órgãos *oficiais*, efetivada por um perito. Quando não for possível a oficialidade do laudo, o magistrado pode nomear estranhos aos quadros estatais, mas devem ser dois os peritos, nos termos do art. 159 do CPP.

A oficialidade no transcurso do processo, focando-se na produção de provas, demanda a inquirição de vítimas e testemunhas *em juízo*, designando-se audiência para tanto. Não são aceitos os "depoimentos de cartório", produzidos em órgãos não oficiais para esse mister. Aliás, nem mesmo como documentos podem ser inseridos, validamente, nos autos, tendo em vista a flagrante tergiversação na sua produção. Determina a lei a colheita da prova testemunhal diante do juiz, razão pela qual a sua redução por escrito, perante outra pessoa, *v.g.* o notário, assume o caráter de ilicitude, logo, é imprestável.

A produção de provas, no sistema legislativo brasileiro, deve respeitar o princípio da oficialidade, corolário natural da legalidade.

1.1.1.12   A legalidade na jurisprudência

A) Aspectos penais

a.1)   Combinação de leis: impossibilidade

- STF: "É legítimo o aumento da pena base com fundamento na elevada quantidade de entorpecente encontrada em poder da paciente. 2. Não é permitida, nem mesmo para beneficiar o réu, a combinação de dispositivos de leis diversas, criando uma terceira norma não estabelecida pelo legislador, sob pena de violação aos princípios da legalidade, da anterioridade da lei penal (art. 1.º do Código Penal) e da separação de poderes" (HC 96844-MS, 2.ª T., rel. Joaquim Barbosa, 04.12.2009, v.u.).
- STJ: "Pretendida combinação entre os dispositivos do Decreto-lei 7.661/1945 e da Lei 11.101/2005 para fins de reconhecimento da prescrição da pretensão punitiva estatal. Impossibilidade. Necessidade de adoção da íntegra de um dos diplomas legais. Crimes cometidos na vigência da nova lei de falência. Prescrição não ocorrida entre a data da decretação da falência e o recebimento da denúncia. Extinção da punibilidade não caracterizada. Desprovimento do reclamo. 1. Esta Corte Superior de Justiça já pacificou o entendimento de que não é possível unir as disposições benéficas da antiga Lei de Falências com as da Lei 11.101/2005 para o cálculo da prescrição, devendo-se adotar, na íntegra, uma das normas legais em questão, a depender da data em

CAP. IV • PRINCÍPIOS CONSTITUCIONAIS PENAIS E ENFOQUES PROCESSUAIS PENAIS | **113**

que o crime falimentar foi praticado. Precedentes" (RHC 31.811/ES, 5.ª T., rel. Jorge Mussi, 11.03.2014, v.u.).

• STJ: "A Terceira Seção do Superior Tribunal de Justiça, no julgamento do EREsp 1.094.499/MG, firmou o entendimento no sentido da impossibilidade da combinação das leis no tempo, permitindo-se a aplicação da nova regra trazida pela Lei n. 11.343/2006, ao crime cometido na vigência da Lei n. 6.368/1976. Assim, se o cálculo da redução prevista no art. 33, § 4.º, efetuado sobre a pena cominada ao delito do art. 33 da Lei n. 11.343/2006, for mais benigno ao condenado, então a aplicação da lei nova deverá ser retroativa em sua totalidade" (REsp 1.112.348/MG, 5.ª T., rel. Marco Aurélio Bellizze, j. 25.02.2014, *DJe* 07.03.2014).

a.2) Contagem de tempo para livramento condicional e fuga

• STF: "O requisito temporal do livramento condicional é aferido a partir da quantidade de pena já efetivamente cumprida. Quantidade, essa, que não sofre nenhuma alteração com eventual prática de falta grave, pelo singelo mas robusto fundamento de que a ninguém é dado desconsiderar tempo de pena já cumprido. Pois o fato é que pena cumprida é pena extinta. É claro que, no caso de fuga (como é a situação destes autos), o lapso temporal em que o paciente esteve foragido não será computado como tempo de castigo cumprido. Óbvio! Todavia, a fuga não 'zera' ou faz desaparecer a pena até então cumprida. 5. Ofende o princípio da legalidade a decisão que fixa a data da fuga do paciente como nova data-base para o cálculo do requisito temporal do livramento condicional" (HC 94163-RS, 1.ª T., rel. Carlos Britto, 02.12.2008, v.u.).

• TJSP: "A falta grave não interrompe o prazo para obtenção de livramento condicional, por não constituir requisito objetivo contemplado pelo art. 83, do Código Penal e causando ofensa ao princípio da legalidade" (HC 0227985-77.2011.8.26.0000 – SP, 6.ª C. D. C., rel. Machado de Andrade, 10.11.2011).

a.3) Inviabilidade da analogia in malam partem

• STF: "Ademais, na esfera penal não se admite a aplicação da analogia para suprir lacunas, de modo a se criar penalidade não mencionada na lei (analogia *in malam partem*), sob pena de violação ao princípio constitucional da estrita legalidade" (HC 97261-RS, 2.ª T., rel. Joaquim Barbosa, 12.04.2011, v.u.).

• STF: "Deve-se adotar o fundamento constitucional do princípio da legalidade na esfera penal. Por mais reprovável que seja a lamentável prática da 'cola eletrônica', a persecução penal não pode ser legitimamente instaurada sem o atendimento mínimo dos direitos e garantias constitucionais vigentes em nosso Estado Democrático de Direito" (Inq 1145-PB, T.P., rel. Maurício Corrêa, 19.12.2006, m.v.).

- STJ: "1. A analogia, a qual consiste em aplicar a uma hipótese não prevista em lei disposição legal relativa a um caso semelhante, é terminantemente proibida em direito penal, o qual deve estrita observância ao princípio da legalidade. Se o legislador não previu dada conduta como criminosa, é porque esta se mostra irrelevante na esfera penal, não podendo, portanto, ser abrangida por meio da analogia. 2. A conduta do professor que impede aluno portador de deficiência física de assistir aula na sala em que leciona não se subsume ao tipo penal do artigo 8.º, inciso I, da Lei 7.853/89, que incrimina a conduta de 'recusar, suspender, procrastinar, cancelar ou fazer cessar, sem justa causa, a inscrição de aluno em estabelecimento de ensino de qualquer curso ou grau, público ou privado, por motivos derivados da deficiência que porta'. 3. Recurso especial a que se dá provimento, para restabelecer a decisão de 1.º grau, que rejeitou a denúncia, ante o reconhecimento da atipicidade da conduta" (REsp 1.022.478/RN 2008/0009971-9, 6.ª T., rel. Maria Thereza de Assis Moura, *DJ* 04.10.2011).

- STJ: "A causa especial de aumento do art. 40, III, da mesma Lei somente tem aplicação quando o tráfico ocorra em uma das situações específicas previstas, não admitindo analogia, pois trata-se de norma penal incriminadora, informada pela legalidade estrita" (HC 135889 – MG, 6.ª T., rel. Maria Thereza de Assis Moura, 17.03.2011, v.u.).

- TJPR: "Fuga de pessoa presa ou submetida a medida de segurança (art. 351, §§ 1.º e 2.º, do CP). Pleito de absolvição por atipicidade da conduta. Alegação de decisão contrária à lei penal. Acolhimento. Requerente que promoveu a fuga de adolescentes infratores apreendidos em razão da aplicação de medida socioeducativa. Impossibilidade de interpretação extensiva da norma para prejudicar o réu. Analogia *in malam partem*, vedada no direito penal pátrio. Aplicação do princípio da legalidade. Absolvição, com fulcro no art. 386, inc. III, do CPP. Pleito revisional procedente. 1. O Supremo Tribunal Federal já entendeu que 'na esfera penal não se admite a aplicação da analogia para suprir lacunas, de modo a se criar penalidade não mencionada na lei (analogia *in malam partem*), sob pena de violação ao princípio constitucional da estrita legalidade. Precedentes. Ordem concedida' (Segunda Turma, Relator(a): Min. Joaquim Barbosa, HC 97261, Julgado em 12/04/2011)" (RC 9.389.991/PR, 2.ª C., rel. José Mauricio Pinto de Almeida, *DJ* 07.02.2013).

- TJSP: "Impossibilidade, em razão dos contornos do princípio da legalidade no direito penal, de interpretação extensiva ou analogia 'in

CAP. IV • PRINCÍPIOS CONSTITUCIONAIS PENAIS E ENFOQUES PROCESSUAIS PENAIS | **115**

malam partem' para incluir objeto material não contido expressamente no tipo penal" (RSE 0002380-57.2010.8.26.0224 – SP, 8.ª C.D.C., rel. Amado de Faria, 20.10.2011).

a.4) Prescrição no contexto do crime militar

• STJ: "Não se afigura correto o entendimento segundo o qual o Código Penal Militar restringe a prescrição à fase processual, porquanto inexiste em seu contexto norma específica O princípio da legalidade penal exorta o intérprete a considerar que tudo aquilo que não é proibido é permitido, que tecnicamente é conhecido pelo brocardo *nullum crimen nulla poena sine lege*, e que qualquer ato restringente à não realização do direito de punir deve, de igual modo, ter a prévia disposição legal, e não o contrário. Por outro lado, mesmo que houvesse a indicação negativa expressa, estaria ela revogada pelo texto constitucional, uma vez que a garantia da prescrição para a persecução penal, antes ou depois da ação, é indistinta e impessoal, porquanto todo ser humano, independentemente da raça, da cor, da profissão etc., tem-na em seu patrimônio pessoal, salvo os casos excepcionais. Pelo contexto dos autos, ultrapassado o biênio prescricional entre a consumação do fato e o recebimento da denúncia, há de ser reconhecida a extinção punitiva" (HC 27779-RS, 5.ª T., rel. José Arnaldo da Fonseca, 19.02.2004, v.u.).

a.5) Isenção da pena de multa

• STJ: "A apelante teve sua pena-base fixada no mínimo legal cominado ao delito que praticou (02 anos de reclusão), e a majoração resultante da continuidade delitiva foi aplicada de forma proporcional ao tipo de crime e número de infrações praticadas no período, não havendo que se falar em excesso. 6. A presença da atenuante prevista no art. 65, 'd', do CP, ou de qualquer outra circunstância não pode ser utilizada para isentar o réu da pena de multa imposta no tipo penal, salvo nas exceções legalmente previstas, sob pena de violação ao princípio da legalidade." (ACR 2005.34.00.021691-4-DF, 4.ª T., rel. Klaus Kuschel, 02.12.2008, v.u.).

• TRF-3.ª R.: " O preceito secundário do tipo penal em questão prevê a cominação cumulativa da pena privativa de liberdade e da multa, sendo a imposição desta última, portanto, de caráter obrigatório. Não existe em nosso ordenamento jurídico positivo disposição legal que permita ao juiz 'isentar' os réus da pena de multa em razão da alegada penúria dos mesmos. Trata-se, portanto, de pedido juridicamente impossível, cujo acolhimento implicaria em ofensa ao princípio da legalidade. Da mesma forma, não há que se cogitar em redução da sanção pecuniária, uma vez que o número de dias-multa foi corretamente fixado através do emprego da mesma metodologia utilizada para a cominação da pena corporal, e no que concerne ao valor unitário do dia-multa, a magistrada sentenciante sopesou a capacidade econômica do réu, presumindo-a precária, tanto que o fixou no mínimo previsto em lei" (ACR 31528-SP, 1.ª T., rel. Johonsom di Salvo, 11.05.2010, v.u.).

- TRF-4.ª R.: "O afastamento da pena de multa cumulativamente cominada implica violação ao princípio da legalidade, podendo o Magistrado somente reduzir o valor unitário dos dias-multa ao mínimo legal e facultar o parcelamento da mesma na Execução Penal. 'Na fixação da pena de multa o juiz deve atender, principalmente, à situação econômica do réu.' (artigo 60, *caput*, do Código Penal)" (ACR 2007.71.13.000774-1-RS, 8.ª T., rel. Luiz Fernando Wowk Penteado, 24.03.2010, v.u.).

- TJRS: "Incabível a isenção da pena de multa. Trata-se de pena cumulativa à privativa de liberdade, prevista expressamente no preceito secundário do tipo legal do artigo 33 da Lei 11.343/2006. A sua isenção ou não aplicação neste momento processual fere o princípio da legalidade" (Ap. 70043547652 – RS, 1.ª C.C., rel. Marco Antônio Ribeiro de Oliveira, 16.11.2001).

- TJRS: "A pena de multa, cumulativamente cominada ao delito, não pode deixar de ser aplicada pelo juiz da sentença, em face do princípio da legalidade, ainda que o réu seja pobre, mesmo porque pobreza não é causa de imunidade penal" (AC 70034048280-RS, 8.ª C.C., rel. Danúbio Edon Franco, 31.03.2010).

- TJBA: "Impossibilidade de acolher pretensão de isenção da multa, sob pena de violação do princípio da legalidade. nem mesmo as alegações de dificuldade financeira e de sua condição humilde autorizam a isenção" (AP 35508-0.2009-BA, 1.ª C.C., rel. Eserval Rocha, 12.01.2010).

- TJDFT: "A multa é uma sanção de caráter penal, de aplicação cogente, e a possibilidade de sua isenção viola o princípio constitucional da legalidade. todavia, no caso de insolvência absoluta do réu, a pena pecuniária pode não ser executada até que a sua situação econômica permita a execução. de qualquer forma, tal possibilidade fica a cargo do juiz da execução" (ACR 2009 03 1 002948-8 APR-DF, 2.ª T.C., rel. Roberval Casemiro Belinati, 18.02.2010, v.u.).

a.6) Audiência admonitória e interrupção da prescrição

- TRF-3.ª R.: "Conforme corretamente apontou o representante do 'parquet' nesta Corte: '(...) As hipóteses de interrupção da prescrição estão taxativamente previstas nos incisos do art. 117 do CP, onde não

CAP. IV • PRINCÍPIOS CONSTITUCIONAIS PENAIS E ENFOQUES PROCESSUAIS PENAIS | 117

se inclui a audiência admonitória. Sendo assim, não se pode atribuir à essa audiência a natureza de causa interruptiva da prescrição por patente violação a principio da legalidade. Ademais, o Superior Tribunal de Justiça entende que a audiência admonitória interrompe a prescrição somente quando se refere á concessão do sursis, não tendo o mesmo efeito quando realizada para a fixação das regras para o cumprimento das penas restritivas de direitos (...)'" (HC 35216-SP, 5.ª T., rel. Helio Nogueira, 16.03.2009, v.u.).

a.7) Aplicação das agravantes e atenuantes dentro dos limites legais

- TJRJ: "Cuida-se de recurso defensivo, no qual pleiteia a Defesa, em suas razões recursais a aplicação da atenuante da confissão espontânea, ainda que a pena-base tenha sido fixada no mínimo legal, por entender que caberia sua aplicação, uma vez que a pena final restou arbitrada acima do mínimo legal. Aduz a Defesa que apesar de o d. Magistrado ter reconhecido a atenuante da confissão espontânea na sentença monocrática, não teria aplicado a fração redutora correspondente, em razão de ter fixado a pena-base em seu mínimo legal. É pacífico o entendimento de que as circunstâncias atenuantes não podem conduzir a pena-base aquém do mínimo legal, sob pena de afronta ao princípio da legalidade, porquanto tais circunstâncias influem sobre o resultado a que se chega na primeira fase, cujos limites, mínimo e máximo, não podem ser ultrapassados. Apenas na terceira fase, quando incidem as causas de diminuição e de aumento, é que tais limites podem ser transpostos (precedentes do STJ e STF)" (APL 00254300520128190203/ RJ 8.ª C., rel. Elizabete Alves de Aguiar, *DJ* 29.01.2014).

- TRF-2.ª R.: "A expressão *sempre atenuam a pena–*, contida no art. 65 do CP, que dispõe sobre as circunstâncias atenuantes, deve ser interpretada de forma teleológica e não meramente literal, aplicando--se, obrigatoriamente, às hipóteses em que a pena tenha sido fixada em patamar acima do mínimo legal. Este entendimento respeita o princípio da legalidade e da independência entre os poderes – onde cabe ao legislador estabelecer os limites mínimo e máximo de pena abstratamente previstos, competindo ao Juiz apenas quantificar a pena a ser aplicada no caso concreto dentro destes parâmetros –, bem como corresponde à 'mens legis', posto que a função das atenuantes é justamente conduzir a pena na direção de seu patamar mínimo, sendo que se o magistrado já a fixou obedecendo a este quantum mínimo de censura, a atenuante não deve ser aplicada, eis que este resultado já foi alcançado" (ACR 8500 – 2009.51.01.814147-0 – RJ, 2.ª T.E., rel. Liliane Roriz, 15.03.2011, v.u.).

118 PRINCÍPIOS CONSTITUCIONAIS PENAIS E PROCESSUAIS PENAIS – NUCCI

- TRF-2.ª R.: "O reconhecimento de uma atenuante genérica, ao contrário das causas de diminuição, não tem o condão de reduzir a pena aquém do mínimo legal; o que não configura ofensa à garantia constitucional da individualização da pena, e tampouco da legalidade penal" (ACR 7992-2009.51.01.490226-7 – RJ, 2.ª T.E., rel. André Fontes, 14.12.2010, v.u.).

- TRF-3.ª R.: "O preceito secundário da norma penal já traz o balizamento, em abstrato, da pena mínima e máxima a ser aplicada, e deve ser respeitado pelo julgador, sob pena de violação ao principio da legalidade . As circunstâncias agravantes (art. 61 do Código Penal) e atenuantes (arts. 65 e 66 do Código Penal) não integram o tipo penal e, desta forma, não servem nem para majorar a pena acima do máximo legal nem para fixá-la abaixo do limite mínimo legal previsto" (ACR 33091-SP, 5.ª T., rel. Helio Nogueira, 20.10.2008, v.u.).

- TJMG: "De acordo com entendimento condensado nas Súmulas 231 do STJ e 42 do TJMG, ainda que milite em favor do apenado circunstância atenuante, tendo a pena-base sido fixada no patamar mínimo legal, não há como reduzi-la aquém do mínimo, por violar o princípio da legalidade" (ACR 1.0079.07.378764-4/0001-MG, 3.ª C.C., rel. Antônio Armando dos Anjos, 29.09.2009, v.u.).

- TJBA: "Incidência da atenuante não pode conduzir à redução da pena abaixo do limite mínimo cominado ao tipo penal. posição assentada no Superior Tribunal de Justiça. Princípio da legalidade" (AP 36375-8/2009-BA, 1.ª C.C., rel. Cássio José Barbosa Miranda, 16.11.2009).

- TJDFT: "A fixação da pena abaixo do mínimo legal, na segunda fase de sua aplicação, viola o princípio da legalidade e ofende o parâmetro mínimo fixado pelo legislador como resposta adequada do estado à reprovabilidade da conduta tipificada como crime" (ACR 2006.10.1.007496-9 APR-DF, 2.ª T.C., rel. Sérgio Rocha, 26.11.2009, v.u.).

a.8) Insignificância e meio ambiente

- TRF-4.ª R.: "O princípio da legalidade (art. 5.º, XXXIX, CF/88) assegura a qualquer cidadão saber previamente qual conduta sua pode ser alvo da repressão estatal, evitando arbitrariedades por parte dos intérpretes e aplicadores da lei. Certas condutas – caracterizadas pela contínua mutação – impedem que a respectiva norma incriminadora contenha descrição exaustiva de todos os elementos, a exemplo do que ocorre com os crimes contra a economia popular (Lei 1.521/51) e contra o meio ambiente (Lei 9.605/98). As normas penais em branco, tipos penais incompletos que dependem de outras normas para serem aplicadas, permitem a manutenção de um preceito básico, cuja adaptação

CAP. IV • PRINCÍPIOS CONSTITUCIONAIS PENAIS E ENFOQUES PROCESSUAIS PENAIS | 119

a novas realidades se dá com a modificação da norma complementar, sujeita a procedimento elaborativo mais simplificado em comparação ao processo legislativo tradicional. Somente a expressiva ofensa ao bem jurídico relevante adentra na esfera penal e, mesmo assim, quando outros ramos do Direito não forem adequados para a proteção do bem jurídico. O direito penal, por sua natureza fragmentária, só vai até onde seja necessário para a proteção do bem jurídico, de modo que não há falar em adequação típica diante de lesão irrelevante. A inexistência de qualquer espécime recolhido pelo réu não coloca em risco o equilíbrio ecológico, revelando-se insignificante no âmbito jurídico-penal. O maior perigo à biodiversidade nas regiões costeiras não provém das comunidades tradicionais, mas das grandes embarcações de pesca que desrespeitam zonas limítrofes de preservação. A aplicação do instituto da insignificância, em casos similares ao presente, não deixa desprotegidos os bens tutelados pela norma jurídica, pois a apreensão do equipamento de pesca resulta efetivo prejuízo ao acusado, de modo a coibir condutas idênticas e até mesmo a sua reiteração" (ACR 2007.72.01.004540-6-SC, 8.ª T., rel. Maria de Fátima Freitas Labarrére, 26.08.2009, m.v.).

a.9) Falta grave e contagem de tempo para benefício na execução penal

Sim:

• STF: "A prática de falta grave acarreta a interrupção da contagem do prazo para a progressão do regime de cumprimento de pena. Inobstante a ausência de previsão legal expressa nesse sentido, não há que se falar em violação do princípio da legalidade. Isso porque a interrupção do prazo decorre de uma interpretação sistemática das regras legais existentes (Precedentes: HC 97.135/SP, rel. Min. Ellen Gracie, 2.ª T., *DJ* 24.05.2011; HC 106.685/SP, rel. Min. Ricardo Lewandowski, 1.ª T., *DJ* 15.03.2011; RHC 106.481/MS, rel. Min. Cármen Lúcia, 1.ª T., *DJ* 03.03.2011; HC 104.743/SP, rel. Min. Ayres Britto, 2.ª T., *DJ* 29.11.2010; HC 102.353/SP, rel. Min. Joaquim Barbosa, 2.ª T., *DJ* 04.11.2010; HC 103.941/SP, rel. Ministro Dias Toffoli, *DJ* 23.11.2010)." (HC 102.365 – SP, 1.ª T., rel. Luiz Fux, 14.06.2011, v.u.).

• STF: "A recontagem e o novo termo inicial da contagem do prazo para a concessão de benefícios, tal como na progressão de regime, decorrem de interpretação sistemática das regras legais existentes, não havendo violação ao princípio da legalidade" (HC 97.135 – SP, 2.ª T., rel. Min. Ellen Gracie, 12.04.2011, v.u.).

• STJ: "Não fere o princípio da legalidade a interrupção do lapso temporal para a concessão de progressão de regime, em razão do cometimento de falta disciplinar de natureza grave, conforme orientação da Terceira Seção desta Corte (EResp 1.133.804/RS, EResp 1.176.486/SP e *habeas corpus* 222.697/SP). Ressalva da Relatora. Irrepreensível, portanto, o aresto que não conheceu do *habeas corpus*." (HC 244108 – SP, 6ª. T., rel. Maria Thereza de Assis Moura, 18/12/2012, v.u.).

- STJ: "'A prática de falta grave acarreta a interrupção da contagem do prazo para a progressão do regime de cumprimento de pena. Inobstante a ausência de previsão legal expressa nesse sentido, não há que se falar em violação do princípio da legalidade. Isso porque a interrupção do prazo decorre de uma interpretação sistemática das regras legais existentes' (STF, HC 102.365/SP, 1.ª T., rel. Min. Luiz Fux, *DJe* 01.08.2011)" (HC 215071 – RJ, 5.ªT., rel. Min. Laurita Vaz, 08.11.2011, v.u.).

Não:

- STJ: "O cometimento de falta grave no curso da execução penal não implica a interrupção do lapso para a concessão de benefícios, incluindo a progressão de regime, sob pena de violação do princípio da legalidade. Precedentes da Sexta Turma" (RHC 30527 – MS, 6.ª T., rel. Sebastião Reis Junior, 08.11.2011,v.u.).

- TJSP: "Prática de falta grave não interrompe o lapso temporal para aquisição de benefícios. Sanção não prevista em lei. Ofensa ao princípio da legalidade estrita. Tal falta deve ser sopesada quando da verificação do mérito do sentenciado. Súmula 441 do STJ" (AgrExPenal – 0093900-57.2011.8.26.0000 – SP, 1.ª C.D.C., rel. Péricles Piza, 24.10.2011).

- TJSP: "Por isso, à vista do princípio da legalidade penal, no seu corolário da taxatividade da norma penal, e à falta de disposição legal manifesta, não se pode admitir que a prática de infração disciplinar grave cause interrupção na contagem do prazo à obtenção de benefício. Este raciocínio só não é cabível em relação à remição, por força da disposição existente, muito embora sua constitucionalidade também já tenha sido alvo de diversas objeções. 6. É mais adequado, portanto, que a prática de infrações disciplinares venha a ser ponderada na aferição dos requisitos subjetivos, e não como impeditivo à progressão, dentro da categoria das exigências objetivas" (HC 990.256536-2-SP, 1.ª C.D.C., rel. Márcio Bártoli, 22.03.2010, v.u.).

a.10) Norma penal em branco

a.10.1)   Estatuto do Desarmamento

- TJRJ: "A edição de norma penal em branco não viola os princípios da separação de poderes e da legalidade, eis que é perfeita e legalmente possível que uma norma descreva o núcleo essencial da conduta incri-

CAP. IV • PRINCÍPIOS CONSTITUCIONAIS PENAIS E ENFOQUES PROCESSUAIS PENAIS | **121**

minada, deixando para outra a tarefa de complementar o seu conteúdo e especificar o âmbito de sua aplicação ou abrangência, pouco importando que esta, a norma complementar, tenha origem na mesma fonte formal (vale dizer, em lei) ou que provenha de fonte formal diversa (ou seja, de decreto, portaria, etc.); no caso, o Estatuto do Desarmamento descreve, objetiva e claramente, as diversas condutas que são tipificadoras de ilícitos penais, enquanto que o Regulamento para a Fiscalização de Produtos Controlados (R-105) classifica os vários artefatos como armas de uso permitido, restrito ou proibido, complementando e delimitando o âmbito de aplicação daquele" (AP 0196562-96.2008.8.19.0001-RJ, 1.ª C.C., rel. Moacir Pessoa de Araujo, 10.02.2010).

a.10.2)   Violação de direito autoral

• TJGO: "Não procede a suscitada inconstitucionalidade do art. 184, § 2.º, do Código Penal, por violação ao princípio da legalidade, por tratar-se de norma penal em branco, que encontra sua complementação na Lei 9.610/98, onde se acham definidas as espécies de direito autoral protegido" (ACR 37078-7/213-GO, 1.ª C.C., rel. Huygens Bandeira de Melo, 29.10.2009, v.u.).

a.11)   Correlação com individualização da pena

• STJ: "A questão referente à dosimetria da pena, em princípio, não é passível de apreciação em habeas corpus, porquanto vincula-se à valoração de circunstâncias objeto de análise nas instâncias ordinárias. Contudo, excepcionalidades, como a manifesta ausência de razoabilidade de critério para a fixação da pena, tornam possível a correção da reprimenda por meio do remédio heroico, porquanto, nessas circunstâncias, a questão projeta-se para a própria legalidade da decisão" (HC 153557 – AM, 5.ª T., rel. Adilson Vieira Macabu, 05.04.2011, v.u.).

• TJRJ: "Aplicação da pena ao caso concreto não se encontra orientada apenas pelo princípio da legalidade. Ao contrário, neste momento de aplicação do direito ao fato histórico, cabe ao intérprete da lei adequar a pena a este; significa que o órgão julgador deve promover a individualização da pena (art. 5.º, XLVI, da CF) a partir de situações de fato apuradas, referentes à gravidade do fato e à culpabilidade do agente" (AP 0002282-53.2007.8.19.0004-RJ, 5.ª C.C., rel. Geraldo Prado, 25.11.2009).

a.12)   Concessão de benefício de execução penal não previsto em lei

• TJRJ: "Visita periódica ao lar. Recurso interposto contra o deferimento do benefício. Ao contrário do que diz o impetrante, não se trata de faculdade do juiz. Preenchido os requisitos objetivos e subjetivos, deve ser concedido. Pedido com impossibilidade por absoluta falta de previsão legal. Afronta ao princípio da legalidade" (AgExe 0046724-48.2009.8.19.0000-RJ, 7.ª C.C., rel. Sidney Rosa da Silva, 20.10.2009).

a.13) Aplicação de cesta básica

• TJMG: "A imposição de pena de limitação de finais de semana, em comarcas que não dispõem de prisão albergue, compromete, senão inviabiliza, a execução da pena substitutiva, porquanto dificulta a fiscalização do cumprimento, em flagrante prejuízo ao seu caráter pedagógico. A imposição do pagamento de cesta-básica atenta o princípio da legalidade e, na fixação de pena pecuniária, há que se ater à condição econômica do sentenciado e aos limites legais" (ACR 1.0433.06.177192-2/0001-MG, 5.ª C.C., rel. Hélcio Valentim, 02.09.2008, v.u.).

a.14) Inviabilidade de aplicação de pena restritiva de direitos na suspensão condicional do processo

• TJMG: "A prestação pecuniária constitui sanção penal autônoma e substitutiva, e como tal não pode ser imposta como condição para suspensão do processo; porquanto o acusado aceite o benefício do art. 89, e também o cumprimento de determinadas condições, o faz sem admissão de culpa. Verificado o direito da paciente à proposta de suspensão do processo, configura violação ao devido processo legal o descumprimento do art. 89 da Lei 9.099/95. Conceder a ordem para declarar nulos os atos processuais posteriormente ao oferecimento do benefício pelo 'Parquet', inclusive, determinando-se a realização de nova audiência para formulação da proposta. (...) Embora reine uma discricionariedade na imposição destas condições, o certo é que a aplicação indiscriminada de sanções previstas no diploma penal, como condição do sursis processual, é ofensiva ao princípio da legalidade. Outrossim, a *mens legis* do art. 89 foi despenalizadora, porque a essência do instituto consiste em impor uma medida mais benéfica ao acusado do que a aplicação de uma pena, ainda que restritiva de direito. Pela razão exposta alhures, portanto, impossibilita-se a aplicação da prestação imposta na decisão hostilizada" (HC 1.0000.08.470121-8/000-MG, 3.ª C.C., rel. Paulo Cézar Dias, 11.03.2008, v.u.).

a.15) Limitação ao uso de analogia, mesmo in bonam partem

• TJRS: "No âmbito do Direito Penal, em que vige de forma soberana o princípio da legalidade ou da reserva legal, consagrado no art. 5.º,

CAP. IV • PRINCÍPIOS CONSTITUCIONAIS PENAIS E ENFOQUES PROCESSUAIS PENAIS | **123**

XXXIX da CF/88 e no art. 1.º do CP, a aplicação da analogia somente é admissível in bonam parte e, ainda assim, quando se evidenciar uma lacuna acidental da lei. Existindo na norma penal vigente dispositivo legal definindo o *quantum* de pena a ser aplicado ao crime de furto qualificado pelo concurso de agentes (art. 155, § 4.º, IV do CP), inviável a aplicação analógica do aumento previsto no art. 157, § 2.º do CP, sob pena de ofensa ao princípio da legalidade" (ACR 70028776359-RS, 8.ª C.C., rel. Fabianne Breton Baisch, 31.03.2010).

a.16) Condenação em multa sem previsão legal

• TJDFT: "Não há previsão de pena pecuniária para o crime de quadrilha [associação criminosa], razão pela qual referida cominação deve ser extirpada da condenação, em respeito ao princípio da legalidade." (ACR 2009.01.1.018772-3 APR-DF, 1.ª T.C., rel. Edson Alfredo Smaniotto, 07.01.2010, v.u.).

a.17) Inserção no regime aberto ou prisão domiciliar por carência do aparelho estatal

• TJRS: "Embora o regime aberto não preveja na sua forma de execução as condições da prisão domiciliar, estas podem ser adotadas pelo juízo da execução em casos excepcionais e fundamentadamente quando o estabelecimento prisional não apresentar as condições estruturais exigidas na lei, houver superlotação e não for oportunizado ao reeducando tratamento penal individualizado. Evita-se, assim, transferir ao condenado os perversos efeitos do descaso e da ineficiência do poder público diante do insolúvel problema do encarceramento. No caso em apreço, não há vagas em estabelecimento prisional compatível com o cumprimento da pena no regime aberto, restando caracterizado o constrangimento ilegal a submissão do preso à condições não autorizadas pela legislação em vigor. Direito de cumprimento da pena no regime adequado, em condições de ressocialização. Ausentes estas premissas, caracterizada a violação dos princípios da legalidade e da individualização da pena." (Ag.70045565934 – Ag.70045565934 – RS, 3.ª C.C., rel. Francesco Conti, 24.11.2011, m.v.).

• TJPR: "Regime semiaberto fixado na sentença para o cumprimento da pena. Manutenção do paciente em regime mais gravoso em razão da pouca pena cumprida , bem como gravidade e forma como o delito foi cometido. Ofensa ao princípio da Legalidade. Constrangimento ilegal configurado. Cumprimento no regime aberto, em condições a serem estabelecidas pelo juízo sentenciante, até a sua efetiva implantação na Colônia Penal Agrícola." (HC 0635068-3-PR, 5.ª C.C., rel. Rogério Etzel, 14.01.2010, v.u.).

- TJGO: "Não se pode impor regime mais gravoso ao condenado que, após cumprir 1/6 (um sexto) da sanção que lhe foi fixada, preenchidos os requisitos objetivos e subjetivos do art. 112, da Lei 7.210/84, obteve progressão para o regime aberto, sob pena de afronta ao principio da legalidade. Ante a inexistência de casa de albergado ou estabelecimento adequado, admite-se a concessão da prisão domiciliar ao reeducando que obteve a progressão para o regime aberto." (AGR 395-3/352-GO, 1.ª C.C., rel. Itaney Francisco Campos, 18.06.2009, v.u.).

a.18) Falta grave e componentes de celular

- STJ: "Não há que se falar em ofensa ao princípio da legalidade a atribuição de falta disciplinar de natureza grave por posse de componentes de aparelho telefônico celular, por não ferir a mens legis. Precedentes." (HC 188072 – SP, 6.ª T., rel. Maria Thereza de Assis Moura, 31.05.2011, v.u.).

a.19) Não apreensão da arma de fogo e ausência de prova da materialidade

- STJ: "Na hipótese dos autos, não havendo apreensão da arma de fogo que o paciente supostamente portava no dia da prática delitiva – objeto material do crime em apreço –, não se vislumbra que estejam presentes todos os elementos componentes da descrição típica do art. 14 da Lei 10.826/2003, tampouco comprovada a materialidade do delito de porte ilegal de arma de fogo de uso permitido, não sendo permitida a presunção de que se tratava de um artefato dotado destas características, em respeito ao princípio da estrita legalidade que vige no Direito Penal pátrio" (HC 186.*871* – RJ, 5.ª T., rel. Jorge Mussi, 19.05.2011, v.u.).

a.20) Indulto e estritos termos do decreto

- STJ: "Fere o princípio da legalidade indeferir o pedido de comutação da pena invocando requisitos não previstos no decreto presidencial. Os pressupostos para a concessão do benefício são da competência privativa do Presidente da República" (HC 252922 – SP, 6.ª T., rel., Maria Thereza de Assis Moura, 04.04.2013, v.u.).
- STJ: "Fere o princípio da legalidade fundamentar a vedação da comutação da pena em requisitos não previstos no decreto presidencial, visto que os pressupostos para a concessão do benefício são da competência

CAP. IV • PRINCÍPIOS CONSTITUCIONAIS PENAIS E ENFOQUES PROCESSUAIS PENAIS | **125**

privativa do Presidente da República" (HC 121.802 – RJ, 6.ª T., rel. Maria Thereza de Assis Moura, 17.03.2011, v.u.).

• TJSP: "Alegação de indispensabilidade do exame criminológico para o deferimento do benefício. Inadmissibilidade. Ausência de fatos concretos a determinar a realização da referida perícia, cuja obrigatoriedade não vem prevista no Decreto em questão e também foi afastada do art. 112 da LEP por força da nova Lei 10.792/2003. Exigência que viola o princípio da legalidade" (AgrExPenal 0099862-61.2011.8.26.000 – SP, 1.ª C.D.C., rel. Marco Nahum, 10.10.2011).

a.21) Inadequação de pena restritiva de direito para cumprimento de regime aberto

• TJSP: "Conversão da pena restritiva de direitos em privativa de liberdade Imposição de prestação de serviços à comunidade como condição especial para aceitação do regime aberto. Impossibilidade. Pena autônoma. Violação do princípio da legalidade. *Bis in idem* – Agravo desprovido" (AgrExPenal 0139174-44.2011.8.26.0000 – SP, 10.ª C.D.C., rel. Rachid Vaz de Almeida, 20.10.2011).

a.22) Início do prazo da prescrição da pretensão executória

• STJ: "Nos termos do que dispõe expressamente o art. 112, inciso I, do Código Penal, conquanto seja necessária a sentença condenatória definitiva, o termo inicial da contagem do prazo da prescrição da pretensão executória é a data do trânsito em julgado para a acusação. Precedentes do STJ e do STF. Não se mostra possível utilizar dispositivo da Constituição Federal de 1988 para tentar respaldar interpretação totalmente desfavorável ao réu contra expressa disposição legal, sob pena de ofensa à própria norma constitucional, notadamente ao princípio da legalidade, sendo certo que somente por alteração legislativa seria possível modificar o termo inicial da prescrição da pretensão executória" (HC 264706 – RJ, 5.ª T., rel. Marco Aurélio Bellizze, 14.05.2013, v.u.).

a.23) Inviabilidade da interpretação extensiva

• TJSP: "Decisão que homologou o cálculo, equiparando o crime de associação para o tráfico a crime hediondo. Cassação. Necessidade. Interpretação extensiva em desfavor do réu. Ofensa aos princípios da legalidade estrita e anterioridade. Ordem concedida para cassar a decisão que homologou o cálculo e determinar elaboração de uma nova liquidação de pena, considerando a associação para o tráfico como delito comum" (HC 0010689-21.2014.8.26.0000, 10.ª C., rel. Rachid Vaz de Almeida, 09.06.2014, v.u).

B) Aspectos processuais penais

b.1) *Obrigatoriedade da ação penal*

b.1.1) Possibilidade de exclusão de suspeito no oferecimento da denúncia ou inclusão posterior)

- STJ: "Embora seja a ação penal pública regida pelos princípios da obrigatoriedade e da indisponibilidade, pode o Promotor, de forma arrazoada, pedir o arquivamento do inquérito policial ou das peças de informação, restando ao Juiz, caso assim não concorde, utilizar-se do disposto no art. 28, do Código de Processo Penal. 4. No caso em questão, como ainda não havia sido iniciada a ação penal, já que ainda não recebida a denúncia pelo Juiz, nada impedia o órgão acusador de excluir da denúncia, depois de melhor exame, quem era objeto de suspeita inicial, não havendo, assim, que se falar em violação aos princípios da obrigatoriedade e da indisponibilidade" (HC 47536-BA, 5.ª T., rel. Laurita Vaz, 19.10.2006, v.u.).

- TJMG: "Para a caracterização do delito capitulado no art. 35 da Lei Antidrogas, é necessário comprovar que duas ou mais pessoas se associaram para praticar qualquer das condutas descritas nos artigos 33 ou 34 da mesma lei. Entretanto, nada impede que a denúncia seja oferecida apenas quanto a um dos envolvidos, desde que não se possa identificar a pessoa com a qual o denunciado teria se associado. Deste modo, inexiste ofensa ao princípio da obrigatoriedade da ação penal" (APR 10396110039882001/MG, 5.ª C., rel. Júlio César Lorens, *DJ* 09.04.2013).

b.1.2) Inviabilidade do arquivamento implícito e possibilidade de aditamento a qualquer tempo

- STJ: "Improcede a alegação de arquivamento implícito do inquérito em relação ao paciente, visto que o artigo 569 do Código de Processo Penal admite o aditamento da denúncia para suprir, antes da sentença, suas omissões, de modo, por certo, a tornar efetivos os princípios da obrigatoriedade da ação penal pública e da busca da verdade real" (HC 46409-DF, 6.ª T., rel. Paulo Gallotti, 29.06.2006, v.u.).

- TJPE: "Pelo Princípio da Obrigatoriedade da Ação Penal Pública o Ministério Público é obrigado a denunciar e a aditar, tendo em vista que a formação da culpa mais próxima da realidade só pode ser alcançada através da realização da dialética processual a obtida através da regular instrução criminal" (HC 8147420068171320/PE 0011109-46.2012.8.17.0000, 4.ª C., rel. Marco Antonio Cabral Maggi, *DJ* 14.08.2012).

CAP. IV • PRINCÍPIOS CONSTITUCIONAIS PENAIS E ENFOQUES PROCESSUAIS PENAIS | **127**

b.1.3)   Controle limitado do arquivamento pelo Judiciário

- STJ: "Deveras, a jurisprudência do E. STF é uníssona no sentido de que o monopólio da ação penal pública, incondicionada ou condicionada, pertence ao Ministério Público. Trata-se de função institucional que lhe foi deferida, com exclusividade, pela Constituição Federal de 1988. É incontrastável o poder jurídico-processual do Chefe do Ministério Publico que requer, na condição de *dominus litis*, o arquivamento judicial de qualquer inquérito ou peça de informação. Inexistindo, a critério do Procurador-Geral elementos que justifiquem o oferecimento de denúncia, não pode o Tribunal, ante a declarada ausência de formação da 'opinio delicti', contrariar o pedido de arquivamento deduzido pelo Chefe do Ministério Público. Precedentes do Supremo Tribunal Federal' (Inq 510-DF, Rel. Min. Celso de Mello *DJ* 19.04.91)" (QO no Inq 345-DF, C.E., rel. Luiz Fux, 19.06.2006, v.u.).

- TJES: "Outrossim, inexiste mácula ao princípio da obrigatoriedade da ação penal (CPP, art. 28), eis que, o pedido de arquivamento formulado pelo Ministério Público contém a anuência do Procurador-Geral de Justiça, dignatário máximo da instituição na esfera estadual. Notadamente, quando a competência para processar criminalmente o investigado (magistrado), admitida a ação penal, é deste e. Tribunal de Justiça (CE, art. 109, I, *a*)" (Inq. 100070023377, Tribunal Pleno, rel. Carlos Roberto Mignone, j. 07.07.2011, DJ 26.07.2011).

- TJSP: "Não se olvide, ainda, que o juiz, ao apreciar pedido de arquivamento de inquérito policial e de termo circunstanciado, prima, precipuamente, pela devida observância do princípio da obrigatoriedade da ação penal pública, na medida em que, a rigor, não possui atribuição para concluir pela viabilidade, ou não, do prosseguimento das investigações, muito menos para se pronunciar quanto à conveniência e oportunidade da propositura da ação penal pública. Antes, o magistrado, no desempenho de atividade tipicamente administrativa, e não judicial, se cinge a realizar um juízo quanto à legalidade da solução pretendida pelo Ministério Público e quanto à aventada ausência de justa causa para a ação penal." (HC 990.09.226648-9-SP, 5.ª C.D.C., rel. Juvenal Duarte, 04.03.2010, v.u.).

- TJSP: "'Estando a denúncia regularmente formalizada, e havendo 'fumus boni iuris' para a instauração da *persecutio criminis*', não pode o Magistrado de 1.º grau rejeitar a inicial acusatória, com base no elemento subjetivo que, a seu ver, teria informado a conduta do acusado. A invocação da inutilidade da movimentação da máquina judiciária ante a insignificância do fato em despacho que rejeita a denúncia, equivale a uma antecipação da decisão de mérito, e não encontra fundamentação em nosso sistema processual, que resguarda os princípios da oficialidade, indisponibilidade e obrigatoriedade da ação penal pública incondicionada. Eventual aplicação do princípio da insignificância deverá ser sopesada após o desenrolar da instrução criminal, sob o manto do contraditório e da ampla defesa' (TRF – ReCrim 96.03.067638-1-SP – 1.ª T. – j . 03.12.1996 – Rel. Juiz Theotonio Costa – *DJU* 28.01.1997)" (RSE 990.08.013414-0-SP, 14.ª C.D.C., rel. Wilson Barreira, 05.11.2008, v.u.).

- TJDF: "Incumbe ao Ministério Público o poder-dever de solicitar, antes de tudo, o arquivamento nos casos do art. 28 do Código de Processo Penal, que se aplica às infrações de menor potencial ofensivo em sua inteireza. Não cabe ao juiz fazê-lo de ofício, sob pena de suprimir a função institucional do Ministério Público, de promover, privativamente, a ação penal pública, que lhe foi conferida constitucionalmente. Pertence ao Ministério Público a *opinio delicti* e, se for o caso, requerer o arquivamento do processo, podendo o juiz até não considerar procedente, de plano, o pedido de arquivamento feito pelo órgão ministerial, porém, não pode determinar de ofício o seu arquivamento, sob pena de desobediência aos princípios constitucionais que regem o processo penal, da oficialidade, da indisponibilidade, da legalidade e do devido processo legal" (ACR APJ9198-DF, 1.ª T.R., rel. Arnoldo Camanho de Assis, 16.04.2009, v.u.).

b.1.4)   Termo de ajustamento de conduta

- TRF-1.ª R.: "O termo de ajustamento de conduta não afasta os princípios da obrigatoriedade e da indisponibilidade da ação penal" (HC 2008.01.00.046311-0-MT, 4.ª T., rel. Hilton Queiroz, 03.11.2008, v.u.).

b.1.5)   Suspensão condicional do processo e titularidade do Ministério Público

- TRF-3.ª R.: "A medida despenalizadora prevista no art. 89, da Lei 9.099/95 foi criada para mitigar o princípio da obrigatoriedade da ação penal pública para fins de política criminal, que tem no Ministério Público seu exclusivo titular. III – É defeso ao juiz substituí-lo nessa função, porque no sistema acusatório, adotado pelo processo penal, as funções de julgar, acusar e defender não se confundem" (MS 258075-MS, 1.ª S., rel. Henrique Herkenhoff, 06.03.2008, v.u.).

b.1.6)   Insuficiência de provas para a denúncia

- TRF-3.ª R.: "Vigora no processo penal brasileiro o princípio da obrigatoriedade da ação penal pública , segundo o qual o Ministério

CAP. IV • PRINCÍPIOS CONSTITUCIONAIS PENAIS E ENFOQUES PROCESSUAIS PENAIS | 129

Público não detém arbítrio ou discricionariedade para a propositura da ação quando presentes os elementos que indiquem a prática de um crime por determinada pessoa, sendo obrigatório o seu ajuizamento, e portanto, no caso da aludida 'Operação Tigre', é de se concluir que não foram colhidos elementos incriminadores suficientes em relação a elas" (HC 27626-SP, 1.ª T., rel. Márcio Mesquita, 17.07.2007, v.u.).

b.1.7) Suficiência de provas para a denúncia

• TJRJ: "A denúncia descreve fatos certos e determinados, estando o episódio imputado ao paciente embasado em prova produzida em investigação, havendo lastro probatório suficiente para justificar o recebimento da denúncia, que se encontra apta a ensejar os efeitos jurídicos concretos decorrentes da acusação, estando o Ministério Público vinculado ao principio da obrigatoriedade da ação penal pública incondicionada" (HC 0042807-55.2008.8.19.000-RJ, 8.ª C.C., rel. Maria Raimunda T. Azevedo, 30.01.2008).

b.1.8) Crime plurissubjetivo, coautoria e ação penal

• TJSP: "Inegável que conhecida a identidade dos autores de crime plurissubjetivo, como é o delito de associação para o tráfico, deveriam ser denunciados todos os agentes. Todavia, o fato de J. R. sequer ter sido denunciado pela associação, apesar de ferir o princípio da obrigatoriedade da ação penal pública, não gera consequências ao peticionário. Inexiste na ação penal pública a sanção processual expressa (artigo 49 do Código de Processo Penal) prevista para a ação penal privada, na qual a ofensa ao princípio da indivisibilidade pode acarreta a extinção da punibilidade a todos os agentes. Observe-se que a *ratio* da referida sanção não permite sua extensão por analogia aos casos de ação penal pública condicionada. A finalidade da sanção processual é limitar as possibilidades de exercício do *ius accusationis*, excepcionalmente, transferido ao particular, para evitar uma situação de 'vingança particular'. No caso das ações penais públicas, o exercício do *ius accusationis* é exercido pelo seu titular exclusivo do *ius persequendi* e *ius puniendi*, o Estado; de forma que não se pode falar em 'vingança particular'. Acrescente-se que, enquanto o *ius puniendi* não for extinto, pode o Ministério Público iniciar a persecução penal contra José Roberto" (RevCr 993.07.100466-9-SP, 1.º.G.D.C., rel. Teodomiro Mendez, 21.12.2009, v.u.).

• TJMG: "Cumpre salientar que não há disposição expressa na lei quanto à aplicação do princípio da indivisibilidade à ação pública, mas tão somente em relação à ação privada. Todavia, embora não se exija

130 | PRINCÍPIOS CONSTITUCIONAIS PENAIS E PROCESSUAIS PENAIS – NUCCI

expressamente que a ação deva abranger todos os autores do crime, o princípio da obrigatoriedade da ação penal pública leva a esse efeito. Contudo, é entendimento majoritário da doutrina é que o Ministério Público pode optar por processar apenas um dos agentes, com o intuito de coletar mais elementos de convicção, para processar posteriormente os demais envolvidos" (ACR 1.0686.08.219260-6/0001-MG, 4.ª C.C., rel. Doorgal Andrada, 28.04.2010, v.u.).

b.1.9) Uso do art. 384 do CPP

• TJRJ: "Configura *munus* ministerial aditar a peça vestibular quando verificada a sua necessidade (artigo 384 do CPP). Aplicação do princípio da obrigatoriedade da ação penal. O delito mereceu descrição pormenorizada com o fim de assegurar a busca da verdade real e o exercício da ampla defesa. Não caracterização do fenômeno da preclusão – recorrido se defende dos fatos narrados na denúncia" (RSE 00676423420138190000/RJ 4.ª C., rel. José Roberto Lagranha Távora, *DJ* 03.06.2014).

• TJRJ: "Por exigência da norma consagrada no art. 384 do Código de Processo Penal, só pode haver aditamento objetivo ou subjetivo à denúncia, se elementos informativos a que se refere surgirem na instrução processual, o que significa dizer que, se preexistentes à denúncia e não tiverem sido nela incluídos, ocorreu arquivamento quanto a eles, afinal de contas 'o não denunciar é o mesmo que arquivar' (TORNAGHI, *Instituições de Processo Penal*, 2. ed., 1977, Saraiva, p. 340-346). Portanto, nesta situação, o festejado princípio da obrigatoriedade da ação penal pública de iniciativa pública é abrandado pelo disposto no art. 384 do Código de Processo Penal e, em decorrência do princípio do *favor rei*, não há espaço para a possibilidade de revisão em prol da sociedade. No caso concreto, como o Ministério Público, apesar de os elementos constantes do inquérito expressarem a justa causa quanto às qualificadoras, ofereceu denúncia imputando ao recorrido um homicídio simples e como o juiz, no particular, também se omitiu, a consequência inocultável foi uma declaração judicial em benefício do denunciado, a qual, por força do princípio do favor rei, não admite revisão prejudicial, nem que surjam, durante o processo, provas das mesmas qualificadoras" (RES 000138-81.1990.8.19.0205-RJ, 5.ª C.C., rel. Nildson Araujo da Cruz, 25.11.2009, v.u.).

b.1.10) Aditamento da denúncia a qualquer tempo antes da sentença

• TJRJ: "O princípio da obrigatoriedade da ação penal pública autoriza que o Ministério Público adite a denúncia espontaneamente, ou me-

CAP. IV • PRINCÍPIOS CONSTITUCIONAIS PENAIS E ENFOQUES PROCESSUAIS PENAIS | **131**

diante provocação do juiz em casos excepcionais (CPP, artigos 384, parágrafo único e 408, § 5.º) se surgirem fatos novos, ou sujeitos, que, embora coautores ou partícipes, não figuraram na denúncia nem havia informações sobre esse concurso no inquérito policial" (RSE 0017139-41.2006.8.19.0004-RJ, 3.ª C.C., rel. Ricardo Bustamante, 30.10.2007).

b.1.11) Prazo para a formação da culpa em caso de réu preso e pronúncia

• STF: "Para verificar o excesso de prazo da prisão provisória, deve--se considerar o intervalo de tempo entre a ordem da qual resultou a custódia e a formação de culpa. A sentença de pronúncia, ante o princípio da legalidade a nortear o Direito Penal, não possui eficácia interruptiva quanto ao citado excesso." (HC 101751 – SP, 1.ª T., rel. Marco Aurélio, 07.06.2011, v.u.).

b.1.12) Abrandamento da obrigatoriedade

• TJRS: "No âmbito dos Juizados Especiais, cujo objetivo maior é a pacificação social, deve ser mitigada a aplicação do princípio da obrigatoriedade da ação penal, prevalecendo a vontade da vítima de colocar fim ao conflito" (Recurso Crime 71004738118, Turma Recursal Criminal, Turmas Recursais, rel. Cristina Pereira Gonzales, j. 31.03.2014).

b.2) *Oficialidade*

b.2.1) Correlação com obrigatoriedade

• TRF-2.ª R.: "O interrogatório do indiciado em inquérito policial não configura, em linha de princípio, qualquer desrespeito à sua dignidade, sendo que a ninguém é dado furtar-se à atuação policial, especialmente quando há indícios do cometimento da infração penal, hipótese em que a autoridade, pelo princípio da oficialidade, está obrigada a apurar e investigar o fato em tese delituoso" (HC 4660-RJ, 2.ª T.E., rel. Marcelo Pereira da Silva, 24.10.2006, m.v.).

• TRF-3.ª R.: "A denúncia anônima gera para a autoridade policial o encargo de investigar os fatos delatados (art. 5.º, I, do CPP), sendo até caso de prevaricação a conduta da autoridade que despreza uma *delatio* com aparência de veracidade. Nesse sentido é a lição de ROGÉRIO LAURIA TUCCI, 'Persecução Penal, prisão e liberdade', Saraiva, 1980, p. 35. Não há como dizer que o suposto intento do Ministério Público em apurar apenas um ou alguns fatos delituosos, impede a polícia de investigar outros eventuais crimes de ação penal pública. É dever de ofício a instauração da persecução policial à vista de indícios da mesma, sendo essa a inteligência do princípio da oficialidade" (RES 583-SP, 1.ª T., rel. Johonsom di Salvo, 27.04.2010, v.u.).

- TJPR: "A simples conclusão do inquérito policial militar, no sentido de entender pela inexistência de crime militar e/ou infração administrativa, ainda que corroborada pelo comandante da Organização Policial Militar não vincula o Ministério Público, que tem o poder--dever (princípio da obrigatoriedade) de oferecer a denúncia quando existentes indícios de materialidade e autoria delitiva. Incidência do princípio da oficialidade no caso concreto" (HC 22999-PR, 1.ª C.C., rel. Oto Luiz Sponholz, 17.04.2008, v.u.).

b.2.2)   Realização de perícia

- TJGO: "nos crimes contra a liberdade sexual, quase sempre praticadas as escondidas, a palavra da vitima assume relevante importância, resultando em que a sua não oitiva, quer na fase inquisitorial quer na fase jurisdicionalizada da prova, retira da imputação a consistência exigida para que haja condenação. 2. Laudo psicológico, sem oficialidade, sem data, não tem força para suprir a palavra da vitima" (ACR 29747-6/213-GO, 1.ª C.C., rel. Huygens Bandeira de Melo, 28.12.2006, v.u.).

b.2.3)   Oferecimento da denúncia e inviabilidade de retratação da vítima

- TJDF: "Na ação penal pública condicionada, oferecida a denúncia, é defeso à vítima retrata-se da representação formulada. Em razão do princípio da oficialidade ou obrigatoriedade, não pode o ministério público desistir da ação penal proposta" (HC 2009.00.2.007445-8-DF, 2.ª T.C., rel. Luis Gustavo B. de Oliveira, 09.07.2009, v.u.).

b.3)   Criação de Varas Especializadas pelo Judiciário

- STF: "Especializar varas e atribuir competência por natureza de feitos não é matéria alcançada pela reserva da lei em sentido estrito, apenas pelo princípio da legalidade afirmado no art. 5.º, II da Constituição do Brasil, vale dizer pela reserva da norma. No enunciado do preceito – ninguém será obrigado a fazer ou deixar de fazer alguma coisa senão em virtude de lei – há visível distinção entre as seguintes situações: [i] vinculação às definições da lei e [ii] vinculação às definições decorrentes – isto é, fixadas em virtude dela – de lei. No primeiro caso estamos diante da reserva da lei; no segundo, em face da reserva da norma [norma que pode ser tanto legal quanto regulamentar ou regimental]. Na segunda situação, ainda quando as definições em pauta se operem em atos normativos não da espécie legislativa – mas decorrentes de previsão implícita ou

CAP. IV • PRINCÍPIOS CONSTITUCIONAIS PENAIS E ENFOQUES PROCESSUAIS PENAIS | **133**

explícita em lei – o princípio estará sendo acatado. 6. No caso concreto, o princípio da legalidade expressa reserva de lei em termos relativos [= reserva da norma]; não impede a atribuição, explícita ou implícita, ao Executivo e ao Judiciário, para, no exercício da função normativa, definir obrigação de fazer ou não fazer que se imponha aos particulares e os vincule. 7. Se há matérias que não podem ser reguladas senão pela lei – v.g.: não haverá crime ou pena, nem tributo, nem exigência de órgão público para o exercício de atividade econômica sem lei, aqui entendida como tipo específico de ato legislativo, que os estabeleça – das excluídas a essa exigência podem tratar, sobre elas dispondo, o Poder Executivo e o Judiciário, em regulamentos e regimentos. Quanto à definição do que está incluído nas matérias de reserva de lei, há de ser colhida no texto constitucional; quanto a essas matérias não cabem regulamentos e regimentos. Inconcebível a admissão de que o texto constitucional contivesse disposição despicienda – verba *cum effectu sunt accipienda*. Legalidade da Resolução do TJ/RN." (HC 91.509-RN, 2.ª T., rel. Eros Grau, 27.10.2009, v.u.).

b.4) Lei Maria da Penha

b.4.1) Limitação à aplicação das restrições a crimes diversos

• TJDFT: "O poder geral de cautela no processo penal não é ilimitado, mormente quando envolve a restrição de direitos e garantias fundamentais, como o direito de liberdade que só pode ser restringido se respeitados critérios como o da legalidade, da razoabilidade e da proporcionalidade. (...) *In casu*, a aplicação das medidas protetivas fora das hipóteses da Lei Maria da Penha feriu o princípio da legalidade, restando configurada a coação ilegal na decisão hostilizada o poder geral de cautela no processo penal não é ilimitado, mormente quando envolve a restrição de direitos e garantias fundamentais, como o direito de liberdade que só pode ser restringido se respeitados critérios como o da legalidade, da razoabilidade e da proporcionalidade" (HC 2009.00.2.012279-3 HBC-DF, 2.ª T.C., rel. Roberval Casemiro Belinati, 24.09.2009, v.u.)

b.4.2) Respeito à isonomia

• TJPR: "Ora, quando uma mulher é agredida, quer física ou psicologicamente, a sua dignidade, entendida aqui como qualidade intrínseca da pessoa humana, é vilipendiada, espezinhada e aviltada, quedando, portanto, tal conduta na contramão de todos os conteúdos axiológicos propostos pela nossa Carta Magna, que prega a efetivação daquela e não o seu menoscabo. A conclusão de que homens e mulheres são desiguais – nas hipóteses de violência familiar – não é fruto de imaginação ou mero protecionismo infundado do legislador. Ao revés, é baseado em lamentáveis estatísticas da realidade brasileira, que demonstram dados alarmantes sobre a situação. Assim, a Lei 11.340/2006, ao afastar a aplicação da Lei 9.099/95, nas hipóteses de violência doméstica, não ofendeu o princípio constitucional da igualdade, pois a isonomia prevista no art. 5.º, *caput*, da Constituição Federal, é a igualdade substancial, que exige tratamento dos iguais de forma igual e os desiguais de forma desigual, na proporção de suas desigualdades. Também a Lei Maria da Penha não ofende ao princípio da legalidade penal, pois, como não se consegue preencher todas as lacunas ou dispor sobre todos os fatos, muitas das normas apresentam-se através de conceitos abertos ou indeterminados, fazendo com que aquelas palavras acima mencionadas apresentam o seu caráter interpretativo necessário. É o alcance a ser buscado. Diante deste ato interpretativo necessário, o destinatário do comando jurídico deve captar com toda a força a sua essência, onde, segundo Raimundo Bezerra Falcão, o importante é a relação da linguagem (aqui tratada como norma) com o intérprete, pois é aquela quem fala, afastando-se do legislador de origem. A norma, em si, cria o ambiente de interação jurídica, mas precisa, além do emissor, aquele a quem de destina. Se as palavras não encerram na sua plenitude a extensão hermeticamente fechada do seu conteúdo, permitindo-se dubiedade ou vagueza dentro do alcance, os conceitos indeterminados precisam de toda a interpretação possível para serem alcançados, uma vez que a lei se refere a tais conceitos como uma esfera de realidade jurídica, cujos limites norteadores não se mostram tão claros" (HC 449.479-1-PR, 1.ª C.C., rel. Luiz Osório Moraes Panza, 15.01.2009, v.u.).

b.4.3)   Aplicação da Lei 9.099/95 para contravenção penal

- TJSE: "A redação do art. 41 da Lei 11.340/2006 (Art. 41: 'Aos crimes praticados com violência doméstica e familiar contra a mulher, independentemente da pena prevista, não se aplica a Lei 9.099, de 26 de setembro de 1995'), afasta a aplicação da Lei 9.099/95 apenas aos 'crimes'. Ampliar a interpretação do aludido dispositivo, para incluir também as contravenções penais é infligir o princípio da estrita legalidade e adotar uma *analogia in malem partem*" (ACR 0311/2009-SE, 11.ª V.C., rel. Netônio Bezerra Machado, 23.11.2009, m.v.).

b.4.4)   Renúncia à representação e denúncia por maus-tratos

- TJRS: "Na hipótese em que a vítima e sua representante legal, em diversas oportunidades, inclusive na audiência preliminar perante a magistrada (art. 16, da Lei n. 11.340/2006) manifestaram renúncia ao direito de representação pelo crime de lesões corporais leves no âmbito

CAP. IV • PRINCÍPIOS CONSTITUCIONAIS PENAIS E ENFOQUES PROCESSUAIS PENAIS | 135

da violência doméstica, o oferecimento de denúncia pelo crime de maus tratos viola o princípio da legalidade da persecução penal" (Ap. 70037614377 – RS, 3.ª C.C., rel. Odone Sanguiné, 24.02.2010, v.u.).

b.5) Júri

b.5.1) Qualificadoras do homicídio não podem ser usadas como agravantes

• TJPR: "As qualificadoras do tipo penal de homicídio não podem ser utilizadas como agravantes, mesmo tendo a acusação requerido a quesitação nesta forma, sob pena de restar configurada ofensa ao princípio da legalidade, máxime quando elas não se encontram descritas na denúncia, não foram reconhecidas pela pronúncia ou articuladas no libelo. No entanto, se quesitadas e acolhidas pelo Conselho de Sentença, devem ser extirpadas da dosimetria da pena, com manutenção do julgamento popular, visto que tal atribuição é de competência do Juiz-Presidente do Tribunal do Júri" (ACR 0429550-5-PR, 1.ª C.C., rel. Oto Luiz Sponholz, 12.06.2008, v.u.).

b.6) Condições para a liberdade provisória

• TJPE: "A imposição de obrigação não prevista nos arts. 327 e 328 do CPP, como condição para a manutenção da liberdade provisória, afronta o princípio da legalidade, de forma que se impõe a concessão da ordem requerida no presente *habeas corpus* preventivo, a fim de resguardar a liberdade do paciente contra prisão em razão de descumprimento da condição indevidamente imposta." (HC 176510-8-PE, 4.ª C.C., rel. Marco Antonio Cabral Maggi, 18.11.2008, v.u.).

b.7) Reflexo no sistema acusatório

• TJRS: "Ainda que se esteja em plena caminhada à adoção do sistema acusatório no direito processual penal brasileiro, não se pode dizer afastada, ainda, a sua inquisitorialidade, não se olvidando a estrita obediência ao Princípio da Legalidade de matriz constitucional. A tanto é bastante verificar na lei processual vigente as várias possibilidades de iniciativa probatória entregues ao juiz, de onde podemos definir, então, o atual sistema como acusatório misto." (Ap. 70043558899 – RS, 7.ª C.C., rel. José Conrado Kurtz de Souza, 10.11.2011, m.v.).

b.8) Suspensão condicional do processo e penas restritivas de direitos

• TJRS: "Ocorre que a jurisprudência desta Corte já se manifestou no sentido de que a imposição de prestação social alternativa, como condição para a suspensão condicional do processo, não ofende ao princípio da legalidade, encontrando amparo no § 2.º do artigo 89 da Lei 9.099/95. Precedentes: RSE 70025114083, 2.ª Câm. Crim., rel.: Jaime Piterman, j. 16.10.2008 e RSE 70026489260, 8.ª Câm. Crim., rel. Fabianne Breton Baisch, j. 29.10.2008" (HC 70039981469 – RS, 2.ª C.C., rel. José Antônio Cidade Pitrez, 09.12.2010).

1.1.2 Princípio da anterioridade da lei penal

1.1.2.1 Conceito e aplicação prática

Garantir-se a *anterioridade* da lei penal significa a exigência de que a legalidade se faça presente *antes* do cometimento do crime, pois, do contrário, seria completamente inútil.[14]

Não há delito sem *anterior* lei que o defina (art. 5.º, XXXIX, CF), ou seja, para que os destinatários da norma penal saibam, de antemão, quais são os ilícitos mais graves, passíveis de aplicação da pena, podendo optar entre cometê-lo ou não, bem como tendo plena ciência das consequências de seu ato, demanda-se a bem definida exposição do fato delituoso em caráter público e prévio.

No mesmo contexto, está presente a anterioridade da lei penal em relação à pena. Inexiste pena sem *prévia* cominação legal (art. 5.º, XXXIX, CF). Desse modo, atrelada à figura típica incriminadora, descritiva do fato proibido, encontra-se a medida da punição, em formato de pena privativa de liberdade, restritiva de direitos ou pecuniária.

Cultiva-se a garantia de que não serão *criadas* sanções penais especiais, após o cometimento de um delito, especificamente voltadas a determinado condenado. Do mesmo modo em que busca o juiz natural para julgar a causa, fazendo-o de modo imparcial, quer-se a atuação do Estado-legislador em idênticos parâmetros. As penas originam-se da política criminal estatal, cujo exercício se dá no Poder Legislativo, editando as leis penais, contendo as devidas sanções, sempre *antes* da prática criminosa.

Na prática, a anterioridade da lei penal incriminadora assegura a eficácia e a utilidade do princípio da legalidade.

---

14. O mesmo se diga quanto ao princípio do juiz natural, que é o magistrado existente *antes* da prática do crime, evitando-se o juízo ou tribunal de exceção.

CAP. IV • PRINCÍPIOS CONSTITUCIONAIS PENAIS E ENFOQUES PROCESSUAIS PENAIS | 137

1.1.2.2 Correlação com a retroatividade da lei penal benéfica

O princípio da anterioridade da lei penal volta-se, essencialmente, à lei incriminadora, ou seja, aquela que prevê, como delito, determinada conduta, fixando a pena aplicável.

Quando se trata de lei penal benéfica, sob qualquer prisma, a anterioridade cede espaço à retroatividade da lei, segundo expressa previsão constitucional (art. 5.º, XL, CF). Leis benéficas, noutros termos, podem ser editadas após o cometimento da infração penal, pois têm aplicabilidade imediata, retrocedendo no tempo para beneficiar o acusado.

Nada mais que justo, visto serem *garantias* ao indivíduo, contra a força do Estado, tanto a legalidade, quanto a anterioridade. O mesmo se diga da retroatividade da lei benéfica.

Nesse quadro, vê-se o entrelaçamento dos princípios constitucionais: a *anterior* previsão de crime, em formato de *lei*, afiança ao destinatário da norma a distinção entre o que é relevante e o que não é, no universo penal; entretanto, todas as mudanças positivas, sob o ponto de vista individual, alcançam indiciados, réus e condenados, com o objetivo de abonar a *justa aplicação da lei*, sempre atualizada, conforme as necessidades concretas.

1.1.2.3 A anterioridade na jurisprudência

A) Estrita aplicação

a.1) Inviabilidade da combinação de leis[15]

- STF: "Não é permitida, nem mesmo para beneficiar o réu, a combinação de dispositivos de leis diversas, criando uma terceira norma não estabelecida pelo legislador, sob pena de violação aos princípios da legalidade, da anterioridade da lei penal (art. 1.º do Código Penal) e da separação de poderes" (HC 96.844 – MS, 2.ª T., rel. Joaquim Barbosa, 04.12.2009, v.u.).

a.2) Novatio legis e respeito à anterioridade

- TFF-5: "Analisando os autos, vê-se que as condutas praticadas se deram entre 20/01/1999 e 04/05/2000. Ora, o tipo previsto no art. 313-A foi integrado ao Código Penal pela Lei n.º 9.983/2000, promulgada em 14/07/2000 e publicada em 17/07/2000, com uma *vacatio legis* de 90

---

15. Consultar, ainda, o capítulo referente à retroatividade da lei benéfica, onde mais detalhadamente se desenvolve a questão relativa à combinação de leis penais.

dias. Ou seja, as condutas de inserir dados falsos, alterar ou excluir indevidamente dados corretos nos sistemas informatizados ou bancos de dados da Administração Pública para obter vantagem ilícita para si ou para outrem, apenas se tornou crime após a prática dos atos narrados à inicial, não podendo sobre eles incidir, em função do princípio da anterioridade da lei penal e da legalidade (art. 5.º, XXXIX da CF/88 e art. 1.º do CP). 3. É possível a aplicação da *emendatio libelli* – permitida pelo art. 383 do CPP – em segundo grau, mas desde que nos limites do art. 617 do CPP, que proíbe a *reformatio in pejus*. Precedentes. Perfeita adequação ao tipo do art. 171 do CP, o qual é mais benéfico para os acusados" (TRF-5, Ap. 200581000030587, 1.ª T., rel. Francisco Cavalcanti, j. 26.06.2014, v.u.).

- TRF-1.ª R.: "O conjunto fático e probatório é suficiente para demonstrar a efetiva participação da ora apelante no crime de corrupção passiva descrito no art. 317 do CP. Em obediência ao princípio da anterioridade, não há possibilidade de aplicação da Lei 10.763/2003 a fatos ocorridos em 2002, portanto, anteriores à sua vigência. Pena privativa de liberdade reformada" (Ap. 2006.36.00.012410-1, 3.ª T., rel. Cândido Ribeiro, 18.12.2013, v.u.).

a.3) Progressão de regime e concurso de crimes

- TJRJ: "Crime de tráfico de drogas cometido anteriormente à Lei 8.072/90. Prática de novo crime de tráfico, agora na vigência da lei dos crimes hediondos. Não configuração da reincidência específica em crime de natureza hedionda. Princípio da anterioridade da lei penal. Possibilidade, em tese, de obtenção do livramento condicional, após cumprimento de 2/3 da pena da segunda condenação. 1. O condenado que cometer falta grave e estiver em regime fechado, sem possibilidade de regredir para regime mais severo, hipótese em tela, ficará sujeito ao efeito secundário de regressão, qual seja, à interrupção do tempo para fins de progressão de regime, conforme interpretação dos artigos 112 e 118 da Lei de Execuções Penais. 2. Pretende o agravante que o agravado não mais possa se beneficiar do livramento condicional com o cumprimento de 1/6 da pena, eis que seria reincidente específico em delitos da mesma natureza, embora tenha somente o 2.º delito sido cometido sob a égide da Lei 8.072/90, na qual foram enumerados os crimes hediondos e assemelhados, dentre eles, o tráfico ilícito de entorpecentes. Aplicação do princípio da anterioridade da lei penal. 3. Verifica-se que, para efeito de cálculo para aquisição do benefício do livramento condicional, tem-se que a encampação do entendimento exposto em razões recursais resultaria, inexoravelmente, em ilegalidade, na medida em que o 1.º delito foi cometido anteriormente à Lei 8.072/90, que enumerou os crimes hediondos e assemelhados, dentre eles o tráfico ilícito de entorpecentes. Assim, a condenação no crime de tráfico (2.º delito) sob a égide deste diploma legal não faz do agravado reincidente específico em crimes dessa natureza, conforme referido no art. 83, V, do CP, embora ostente ele condição de reincidente específico, sem a qualificação da hediondez, face ao princípio da anterioridade da lei penal" (Ag 0008231-26.2014.8.19.0000, 8.ª C., rel. Claudio Tavares de Oliveira Junior, 26.03.2014, v.u.).

1.1.3 Princípio da retroatividade da lei penal benéfica

1.1.3.1 Conceito e relevância

Preceitua a Constituição Federal que "a lei penal não retroagirá, salvo para beneficiar o réu" (art. 5.º, XL). Há, portanto, duas formas de se conceituar o princípio penal nesse contexto: a) privilegiando o aspecto positivo da norma constitucional em relação ao indivíduo-réu; b) enfatizando o aspecto positivo da norma constitucional em relação à sociedade. Neste último parâmetro, dever-se-ia conceituar o princípio como *irretroatividade das leis penais*, entendendo-se, naturalmente, tratarem-se das normas penais prejudiciais ao interesse individual. Como regra, estar-se-ia fazendo referência à norma penal incriminadora ou impositiva de mais severa sanção penal.

Optamos pela primeira figuração do princípio, adotando o seu caráter excepcional, como forma de lhe conferir destaque e realce, justamente no cenário onde será aplicado efetivamente. A irretroatividade das leis, como regra, é um objetivo do Estado em todas as áreas, como medida de garantir o direito adquirido, a coisa julgada e o ato jurídico perfeito (art. 5.º, XXXVI, CF). No campo penal, sob prisma diverso, somente não se admitirá a retroatividade das leis maléficas ao indivíduo, quando acusado ou sentenciado. Portanto, o mais relevante é assegurar o caráter *retroativo* das normas penais *favoráveis*.

A retroatividade da lei significa a possibilidade de conferir efeitos presentes a fatos ocorridos no passado, modificando, se preciso for, situações jurídicas já consolidadas, sob a égide de lei diversa. Essa retroação da norma, provocadora de inovações no cenário penal, somente pode ocorrer quando auxiliar, proteger e melhorar a situação do réu ou sentenciado.

Seu alcance é capaz de desconstituir a coisa julgada, permitindo o surgimento de inéditas decisões judiciais, recompondo o quadro anterior, sob ótica diferente, inspirada em nova política criminal estatal.

O princípio constitucional da lei penal benéfica encontra guarida no art. 2.º, parágrafo único, do Código Penal: "A lei posterior, que de qualquer modo favorecer o agente, aplica-se aos fatos anteriores, ainda que decididos por sentença condenatória transitada em julgado". Como fruto desse parágrafo, aplica-se o disposto no art. 2.º, *caput*: "Ninguém pode ser punido por fato que lei posterior deixa de considerar crime, cessando em virtude dela a execução e os efeitos penais da sentença condenatória". Observa-se ser o *caput* do art. 2.º uma consequência do disposto pelo parágrafo único, afinal, a lei abolicionista, extirpando do universo penal determinada figura criminosa, retrocede no tempo para *apagar* rastros negativos porventura existentes em relação a qualquer pessoa. Cuida-se de nítida retroatividade da lei penal benéfica.

Em suma, o parágrafo único contém a regra (leis favoráveis retrocedem no tempo e beneficiam o agente), enquanto o *caput* encerra uma das modalidades de retroação (a *abolitio criminis* retrocede no tempo para favorecer o agente).

1.1.3.2 Extratividade da lei penal benéfica

As leis penais, como várias outras normas, produzem efeitos em relação aos fatos praticados durante a sua vigência.[16] Entretanto, por exceção assegurada pela Constituição Federal, as normas penais benéficas têm a possibilidade de produzir efeitos extrativos, ou seja, elas são capazes de atrair os efeitos de sua época de vigência a outro tempo, quando norma diversa e, por vezes, incompatível vigorava.

A extração de consequências positivas possui um terreno delimitado pela data em que o fato criminoso for cometido até alcançar o momento de cessação do interesse punitivo estatal, por fatores variados (extinção da punibilidade pelo cumprimento da pena ou outra causa, absolvição, arquivamento de inquérito etc.).

Não haveria qualquer sentido em se sugar efeitos de lei completamente dissociada, no tempo, do fato delituoso. Fugiria à lógica sistêmica aplicar uma lei editada hoje a um caso ocorrido há décadas, cuja sanção penal aplicou-se à época e foi devidamente cumprida. O indivíduo, outrora condenado, já não mais ostenta essa situação, ressocializou-se e nada mais deve ao Estado. Do mesmo modo, o Estado não mais o assinala como infrator e inexiste interesse--dever-poder punitivo. Perdeu-se no passado a infração penal, como também sepultou-se o resgate do erro praticado.

Igualmente, inexistiria lógica em aplicar uma lei revogada há muito tempo a um fato cometido hoje, quando existe norma diversa delimitando a situação. Note-se que a norma já desapareceu do mundo jurídico, muito antes de se poder apontar, em relação à conduta do agente, qualquer interesse

---

16. *Tempus regit actum*, ou seja, aplica-se ao fato a lei vigente à sua época de realização.

punitivo estatal. Afinal, o poder-dever de punir nasce com o cometimento do crime; antes, não existe. Eis a razão pela qual o ponto de partida para a extração de efeitos de leis penais benéficas inicia-se com a data do fato, bem como cessa no exato instante em que o empenho punitivo se encerra.

Essa *movimentação* na linha do tempo envolve diversos atos operacionais do Estado, a começar da investigação, passando pelo ajuizamento da ação penal, com a consequente instrução, até atingir a sentença condenatória; surge a fase recursal, o trânsito em julgado da decisão e o período destinado à execução da pena; completa-se quando extinta se encontra a punibilidade. Durante todo o espaço de tempo, que medeia o fato e o desinteresse estatal, deve-se buscar a *mais adequada* lei penal para aplicar ao caso concreto, considerando-a, por óbvio, a que, efetivamente, representar benefício ao indivíduo (indiciado, réu ou sentenciado).

O princípio da retroatividade benéfica, nos moldes inseridos no art. 5.º, XL, da Constituição Federal, tomou por foco a data do fato criminoso, quando se origina o interesse punitivo estatal. A partir desse momento, leva-se em consideração a lei vigente à sua época (*tempus regit actum*), como também as posteriores modificações favoráveis ao réu, até a finalização do interesse do Estado. Permanecendo-se jungido ao referido ponto de partida (data do fato), o fenômeno de mobilidade da lei penal benéfica encontra respaldo apenas na eventual retroatividade de norma posteriormente editada, porém mais favorável.

Entretanto, sabe-se, por certo, que outros atos processuais são importantes, como ocorre com a prolação da sentença, a observar a lei vigente ao seu tempo. Desse modo, levando-se em conta o instante da decisão judicial, determinadas leis já revogadas, porém vigentes à época da prática do fato criminoso, podem ser aplicadas para o caso concreto, desde que sejam as mais benéficas.

Esses são os dois enfoques possíveis para a mobilidade da lei penal no tempo, frutos da sua potencial extratividade, conforme veremos nos tópicos abaixo.

Por outro lado, é preciso delimitar o alcance da retroatividade benéfica, evitando-se deformações em sua aplicação. Qualquer lei benéfica, posterior ao fato delituoso, será proveitosa ao réu, desde que ainda não tenha cessado por completo o interesse punitivo estatal.

São as seguintes hipóteses: a) indiciado, em fase de investigação, havendo *abolitio criminis* quanto à figura na qual foi inserido, deve-se deter o inquérito, extinguindo-se a punibilidade, com base no art. 107, III, do Código Penal. O juiz competente para tanto é o que acompanha o trâmite do inquérito; b) investigado, mas não indiciado, ocorrendo a mesma hipótese de abolição da figura criminosa, apenas arquiva-se o inquérito. Não há necessidade de se extinguir a punibilidade, pois inexiste qualquer suspeito oficialmente eleito pelo Estado; c) indiciado ou investigado, havendo uma lei penal mais favorável, pode-se levar em conta a eventual diminuição de pena em abstrato para influir no cômputo do prazo prescricional (art. 109, CP). Se a prescrição em abstrato consumar-se, diante da nova lei, extingue-se a punibilidade ou simplesmente se arquiva o inquérito, conforme o caso; d) réu, durante trâmite processual, ocorrendo *abolitio criminis*, terá em seu favor o reconhecimento da extinção da punibilidade (art. 107, III, CP); e) réu, durante trâmite processual, havendo lei penal favorável, a influência pode dar-se, de imediato, no cômputo da prescrição em abstrato. Não sendo o caso, prossegue-se rumo à sentença para que, nesta fase, seja utilizada a lei mais benéfica; f) réu, após sentença condenatória, em fase de recurso, advindo abolição do crime, deve--se extinguir a punibilidade. Cabe ao próprio Tribunal fazê-lo (conforme o Regimento, pode ser decisão monocrática do relator ou do Presidente da Corte); g) réu, após sentença condenatória, em fase de recurso, originando--se lei penal favorável. O próprio Tribunal, ao julgar o recurso do réu, pode aplicar o benefício, recompondo a decisão condenatória noutros limites; caso exista apenas recurso da acusação, o Tribunal pode conceder *habeas corpus* de ofício para retificar a decisão condenatória nos termos da lei penal inovadora; h) condenado, após o trânsito em julgado, com o advento de *abolitio criminis*, deve cessar, imediatamente, a execução da pena. Cabe ao juiz da execução extinguir a punibilidade (art. 107, III, CP); i) condenado, após o trânsito em julgado, advindo lei penal favorável, cabe ao juiz da execução penal remodelar a decisão condenatória, adaptando-a à novel norma.[17]

Havendo *abolitio criminis*, após o término da execução penal, pode-se extrair um único efeito: eliminar o registro criminal constante da folha de antecedentes. Afinal, mesmo após o cumprimento da pena, para fins criminais e de concurso público, a anotação remanesceria, o que não mais se dará em situação de eliminação da figura típica delituosa.

Inexiste qualquer possibilidade de indenização por parte do Estado, baseado no fato de que o crime deixou de existir e, anteriormente, alguns cumpriram pena por conta disso. Essa punição, à época em que se deu, era legítima e legal. Se, porventura, a sociedade modificou seu entendimento, espelhando em nova lei abolicionista, tanto melhor; porém, com os olhos voltados ao futuro e não mais se podendo questionar situações completamente consolidadas sob a ótica de legislação antecedente.

---

17. Súmula 611 do STF: "Transitada em julgado a sentença condenatória, compete ao juízo das execuções a aplicação da lei mais benigna". No mesmo sentido: art. 13 da Lei de Introdução ao Código de Processo Penal e art. 66, I, da Lei de Execução Penal.

CAP. IV · PRINCÍPIOS CONSTITUCIONAIS PENAIS E ENFOQUES PROCESSUAIS PENAIS | **143**

Por derradeiro, deve-se ressaltar que a anistia – por ligar-se ao *esquecimento* de fatos delituosos – opera com a mesma força da *abolitio criminis*. Se alguém já tiver cumprido pena, a única consequência será a retirada do registro de sua folha de antecedentes.

1.1.3.2.1 Ultratividade da lei

Ultratividade significa a possibilidade de uma lei produzir efeitos, em direção a época além de sua normal vigência. Noutras palavras, a norma penal benéfica, vigente ao tempo do cometimento do fato delituoso, quando substituída por outra, mais severa, deverá ser a mais adequada opção do julgador, por ocasião da sentença. Portanto, ainda que em vigor, no momento da decisão, uma lei penal rigorosa, confrontando-se com aquela existente na data do fato, deve-se aplicar a mais benévola. Considerando-se ser a norma vigente à época do crime, mesmo se tratando de lei revogada, torna-se ultrativa e capaz de produzir seus efeitos no instante da decisão.

É preciso considerar o ponto de vista da sentença condenatória para se colher e visualizar o fenômeno da *ultratividade* da lei penal benéfica. Desse modo, focando-se o momento da decisão judicial, pode o magistrado ignorar lei vigente, adotando lei penal mais benéfica revogada, desde que esta tenha experimentado vigência na época do delito. Produz-se o *renascimento* da norma penal favorável, somente para que o réu seja beneficiado na sentença condenatória.

1.1.3.2.2 Retroatividade da lei

Retroatividade quer dizer produzir efeitos para o passado, possibilitando que uma norma, ora vigente, torne-se aplicável a fato ocorrido anteriormente. O ideal seria que, no exato dia de prática do delito, houvesse a punição, com o objetivo de se consagrar a plena correspondência entre *crime* e *pena*. Assim, dado o fato delituoso, obter-se-ia, de imediato, a sanção merecida. A instantaneidade, em tese, coroaria a ideia de equilíbrio entre o erro e a medida corretiva. Sabe-se, por certo, de sua inviabilidade prática, mormente pelo fato de existirem garantias processuais.

Portanto, visando-se à concretização do devido processo legal, para que se possa extrair condenação justa, existe um razoável período entre a data do fato e a da sentença. É possível que, durante o referido lapso temporal, modificações legislativas se deem. Imagine-se que em prisma desfavorável ao réu. Evitando-se os males da demora, surgida uma lei benéfica ao tempo da sentença, deve esta norma retroagir ao tempo da infração, produzindo-se os seus efeitos, como se já estivesse vigendo àquela época pretérita.

1.1.3.2.3 Lei penal intermediária

A existência de uma norma penal benéfica, editada no meio-termo do trâmite processual, portanto, entre a data do fato criminoso e a data da sentença condenatória, sem que, no entanto, atinja qualquer desses dois momentos, é a chamada *lei penal intermediária*.

Determinada lei vige à época do fato. Enquanto transcorre a investigação e, depois, a colheita de provas em juízo, surge nova lei, muito mais favorável ao réu. Entretanto, decide o Legislativo tornar mais rigorosa a sanção, editando uma terceira lei, agora vigendo à época da sentença. Naturalmente, seguindo o exato sentido da garantia constitucional da retroatividade da lei penal benéfica, o julgador aplicará a lei penal intermediária, fazendo-a *retroagir* à data do delito. Ou, se preferirmos visualizar a mobilidade da lei, sob o prisma da sentença, o juiz tornará a lei intermediária ultrativa, com o fim de aplicá-la no tempo da decisão condenatória.

1.1.3.3 *Lei penal abolicionista e o princípio da continuidade normativa típica*

A correta aplicação do princípio da intervenção mínima é capaz de provocar a abolição de várias figuras típicas incriminadoras, consideradas vetustas ou excessivas. Surge a participação do legislador, editando leis penais abolicionistas, ou seja, eliminadoras de outras, que são leis penais prevendo crimes e penas.

A renovação do ordenamento jurídico penal carece de revisões modernas, justamente para abolir os tipos penais incriminadores descompassados com a realidade e com o avanço da própria teoria jurídico-penal.

A revogação de uma lei penal pode ensejar a falsa impressão de ter ocorrido a *abolitio criminis*. Confiram-se exemplos. A Lei 11.106/2005 eliminou a vetusta figura do crime de sedução (art. 217, CP), parecendo fazer o mesmo com o rapto violento (art. 219, CP). Afinal, observando ambos os artigos no Código Penal, vê-se duas lacunas, com a nota de que foram revogados pela referida lei.

Entretanto, por vezes, o legislador aprimora a redação do tipo penal, redistribuindo-o para outro capítulo, onde se encontre mais adequadamente posicionado. Foi o que ocorreu com o rapto violento, inserido no contexto do sequestro e cárcere privado, na seguinte forma: "Privar alguém de sua liberdade, mediante sequestro ou cárcere privado: Pena – reclusão, de 1 (um) a 3 (três) anos. § 1.º A pena é de reclusão, de 2 (dois) a 5 (cinco) anos: (...) V – se o crime é praticado com fins libidinosos". Trata-se, apenas, de continuidade normativa típica, pois a nova lei manteve a conduta criminosa, abrangendo diversas redação ao tipo incriminador.

CAP. IV • PRINCÍPIOS CONSTITUCIONAIS PENAIS E ENFOQUES PROCESSUAIS PENAIS | **145**

No tocante ao delito de sedução (art. 217, CP), houve autêntica abolição. Portanto, qualquer pessoa condenada pela prática desse crime, experimentaria os efeitos positivos da retroatividade benéfica. No entanto, em relação ao crime de rapto violento, mantém-se a figura sob nova veste. A única modificação deu-se no contexto da pena, que, entretanto, tornou-se mais grave.[18] Desse modo, a nova lei, transformando o rapto em sequestro com fim libidinoso pode ser considerada lei penal mais severa, sem produzir efeitos para o passado.

Outro fenômeno de revisão de tipicidade incriminadora, promovendo apenas aparente abolição de crime, ocorreu com a edição da Lei 12.015/2009. Revogou-se o art. 214 do Código Penal (atentado violento ao pudor), porém todo o seu conteúdo foi inserido na figura do estupro, prevista no art. 213. Ora, quem fora condenado por atentado violento ao pudor não poderá contar com a *abolitio criminis*, em verdade, inexistente.[19]

1.1.3.4 Aspectos polêmicos da retroatividade benéfica

1.1.3.4.1 Interpretação benéfica de lei penal

A interpretação da lei penal não é equivalente à edição de nova lei penal. Por isso, em tese, quando os tribunais passam a conferir a determinada norma penal uma interpretação mais favorável ao réu, não se pode tomar como base para, automaticamente, promover a revisão de todas as decisões anteriores.

Porém, há que se destacar a relevância do julgamento, conferindo nova interpretação à lei penal, quando proveniente do Supremo Tribunal Federal, em especial, do Plenário. Se houver a consideração de que certa lei penal, em nova interpretação, diante de outra composição do colegiado, é inconstitucional, produzindo-se efeitos em favor do acusado ou condenado, por óbvio, deve-se aplicar o julgado do STF em caráter retroativo.

---

18. O rapto violento previa reclusão, de 2 a 4 anos.
19. Pode-se, no entanto, promover a remodelação da pena, em casos particulares. Se o sujeito foi condenado, anteriormente, pela prática de estupro e atentado violento ao pudor, *no mesmo contexto, contra idêntica vítima*, recebendo a pena mínima de 12 anos de reclusão (6 por estupro + 6 por atentado), em concurso material, pode reclamar a revisão, no juízo da execução penal. Afinal, a partir da Lei 12.015/2009, ambas as figuras foram unificadas como delito de estupro. Desse modo, é incabível falar em concurso material nessa situação. Há polêmica na jurisprudência, ora aceitando o tipo penal único, ora acolhendo a tese do tipo misto cumulativo. Preferimos a primeira hipótese, razão pela qual sustentamos ser incabível o concurso material, conforme supra exposto.

Não haveria lógica em permanecer aplicando norma penal desfavorável ao réu, quando declarada inconstitucional exatamente pela Corte competente para tanto, no Brasil. Os tribunais inferiores e os magistrados de primeiro grau devem seguir a decisão do Pretório Excelso, tomada em Plenário, visto que, contra ela, não se poderão, na prática, insurgir. Ainda que inexista a edição de súmula vinculante, cuida-se de decisão declaratória de inconstitucionalidade, passível de fixar os exatos limites de determinada lei penal. Não se pode olvidar que, pelo instrumento do *habeas corpus*, qualquer questão criminal pode chegar ao conhecimento do Supremo Tribunal Federal. Logo, de nada adianta insistir em prolatar decisões contrárias ao julgado da mais alta Corte, pois serão todas reformadas. O conhecimento do sistema jurídico--penal e jurídico-processual precisa ser implementado pelos juízes inferiores, sob pena de se configurar nítido constrangimento ilegal.

Ilustrando, o STF, em decisão proferida pelo Plenário, em fevereiro de 2006, considerou inconstitucional o art. 2.º, § 1.º, da Lei 8.072/90, que vedava a progressão em casos de condenação por crimes hediondos e similares. Assim ocorrendo, cabe a alteração da interpretação dessa lei penal, em ótica mais favorável ao réu ou condenado, de imediato, promovendo a sua retroatividade a todos os casos ainda em execução. Portanto, se alguém tivesse obtido a negativa da progressão do fechado para o semiaberto, por ter cometido delito hediondo, com o advento da novel interpretação do Supremo Tribunal Federal, poderia pleitear novo exame da mesma situação, com a justificativa da retroatividade da interpretação benéfica.[20]

1.1.3.4.2 Lei penal corretiva ou interpretativa

A lei penal corretiva ou interpretativa pode ser editada, com o fim exclusivo de aclarar o sentido de determinado termo controverso ou obscuro de lei penal incriminadora. A meta da denominada lei retificadora é permitir a aplicação da norma penal de maneira mais objetiva, sem causar enormes descompassos entre as decisões judiciais.

Atualmente, cuida-se, em verdade, de questão acadêmica, visto ser rara a possibilidade de edição de lei corretiva. Não que não houvesse necessidade. Lamentavelmente, no estágio presente de desequilíbrio do sistema penal, longe de assegurar a uniformidade do ordenamento, encontra-se o Legislativo em

---

20. Nessa hipótese, na sequência da interpretação dada pelo STF, editou-se a Lei 11.464/2007, permitindo-se a progressão. Entretanto, modificou-se o prazo para obtenção do benefício, passando de 1/6 para 2/5 (primário) e 3/5 (reincidente). Sobre a combinação entre a interpretação favorável e o aumento do prazo, consultar item próprio (combinação de leis).

CAP. IV • PRINCÍPIOS CONSTITUCIONAIS PENAIS E ENFOQUES PROCESSUAIS PENAIS | **147**

procedimento oposto, provocando o surgimento de leis penais inócuas ou confusas, poluindo o cenário e provocando a atuação acelerada do intérprete. Mais adequada seria a produção legislativa coerente e harmônica, particularmente sintonizada com os princípios constitucionais penais e processuais penais.

Entretanto, vale-se o legislador de outros instrumentos para a edição de leis penais sucessivas. À falta de clareza do texto, por vezes, fruto de nítido descaso e celeridade casuística, utiliza-se a norma penal em branco e a tipicidade aberta. Quanto ao primeiro instrumento, reserva o legislador para complemento, posteriormente editado, a integração da norma penal incriminadora, criada em *branco*. Quanto ao segundo, o legislador promove a inclusão de terminologia aberta, a pretexto de exigir interpretação conforme os costumes atuais da sociedade, quando, na realidade, termina por provocar a incidência de um indevido e grandioso quadro de desinteligência.

Ilustrando, demandaria a produção de lei penal corretiva ou interpretativa a nova denominação de lugar proibido para fins de crimes contra a dignidade sexual: estabelecimento em que ocorra *exploração sexual* (art. 229, CP). A Lei 12.015/2009 introduziu terminologia inédita no Código Penal, em vários tipos incriminadores, valendo-se da referida expressão. Havia definido o que deveria ser considerada *exploração sexual*, porém, por variadas razões, o Poder Executivo vetou o art. 234-C, que continha o conceito. Não se trata de simples elemento normativo do tipo, cuja interpretação é extraída, com facilidade, do cotidiano e da experiência comum. Inexiste ponto em comum para se chegar ao alcance de inédita conceituação, motivo a gerar desarmonia dentre órgãos do Estado, encarregados de aplicar a lei penal.

Por isso, seria o momento propício para corrigir o veto ao art. 234-C, editando-se lei específica para conceituar o que vem a ser *exploração sexual*. Se assim fosse feito, como se deveria analisar a nova lei? Seria retroativa, sempre, juntando-se aos tipos incriminadores que preveem tais termos, ou somente poderia retroagir, caso o alcance da nova lei fosse benéfico ao réu? Há duas posições, em doutrina: a) defende-se a retroatividade integral e inequívoca da lei corretiva ou interpretativa, ainda que prejudique o acusado, visto ser norma de complementação, com sentido de *interpretação* de termos já constantes do tipo incriminador; b) sustenta-se a viabilidade de retroatividade somente se houver benefício ao acusado, pois, mesmo se tratando de norma de complementação, de algum modo pode refletir na situação jurídico-penal de alguém.

Pensamos ser correta a segunda posição, admitindo-se a retroatividade da lei penal corretiva ou interpretativa, somente se for assegurada a sua benevolência à situação concreta do réu. Diante disso, somente para argumentar, caso haja uma lei explicitando o conteúdo de *exploração sexual*, numa ótica nitidamente restritiva, adota-se tal posição, permitindo-se a retroação. Do contrário, qualquer norma interpretativa, tendente a ampliar o conteúdo desses termos, deverá operar seus efeitos para o futuro, sem possibilidade de retroagir.

Não importa a sua denominação – no caso, lei penal *corretiva* ou *interpretativa* –, pois se está diante de *norma penal*. E esta, nos exatos termos do art. 5.º, XL, da CF, somente pode retroagir para beneficiar o réu.

1.1.3.4.3 Lei penal publicada com erro

Leis podem ser publicadas com erros. Tais equívocos podem ser produzidos de variadas formas, inclusive com má-fé. Não se trata de situação inédita no sistema legislativo brasileiro a existência de algum *redator fantasma*, pronto a intervir no processo de criação da norma, encaminhando para o Diário Oficial um texto diverso do que foi efetivamente aprovado pelos Poderes do Estado.

No cenário penal, é preciso apurar o grau do erro e a sua origem autêntica. A lei incriminadora, conforme expressamente previsto pelo princípio da legalidade ou da reserva legal, deve ser fruto da vontade soberana do povo, advinda do Congresso Nacional. Logo, trata-se de lei em sentido estrito.

Se a lei for adulterada, afora do ambiente legislativo, sem o seu conhecimento ou aceitação, não se presta a transmitir qualquer efeito concreto no âmbito penal. Não há lei penal, seja para incriminar, seja para afastar a punição. A legalidade dá-se em sentido duplo: não há crime sem lei; não há descriminação sem lei.

Porém, caso a lei seja corrompida dentro do Poder Legislativo, ainda que não tenha sido fruto da aprovação autêntica dos parlamentares, seguindo para sanção e posterior publicação, tem validade. Caso seja benéfica, precisa ser imediatamente aplicada com efeito retroativo. Equívocos dessa ordem, em nível interno, devem ser corrigidos pelo próprio Poder Legislativo, por meio de outra lei. Entretanto, ainda que se edite novel norma, retificando a anterior, não se pode mais afastar as consequências benévolas da anterior lei editada, cuja vigência provocou a sua aplicação retroativa.

1.1.3.4.3.1 Complemento de norma em branco publicado com erro

O mesmo se diga em relação ao complemento de norma penal em branco, editado e publicado com erro. O complemento do tipo penal incriminador é elemento indispensável para compor a figura penal, constituindo base do princípio da legalidade.

Nas situações em que o complemento constitui a própria essência da norma penal, como se dá no campo da Lei 11.343/2006, qualquer alteração

CAP. IV • PRINCÍPIOS CONSTITUCIONAIS PENAIS E ENFOQUES PROCESSUAIS PENAIS | **149**

na relação de drogas, publicada pela Agência Nacional de Vigilância Sanitária, eliminando, por exemplo, da lista algum tipo de entorpecente, provoca imediata consequência. Há uma autêntica *abolitio criminis*, merecendo retroagir, de imediato, envolvendo todos os casos pretéritos, em andamento ou julgados.[21]

No entanto, se o complemento for publicado com erro, advindo de fraude ou falsificação, não há de produzir efeito. Noutros termos, caso o complemento da norma em branco não for produzido pelo órgão competente, deixa de ter composição legítima, inexistindo aplicabilidade retroativa, ainda que benéfica.

1.1.3.4.4 Lei penal em *vacatio legis*

A vacância da lei significa o tempo necessário, estabelecido, geralmente, pelo texto da novel norma, para que todos se familiarizem com os inéditos preceitos e as alterações comportamentais exigíveis em breve tempo. Presume--se que, publicada uma lei, todos dela tenham conhecimento. Porém, quando o corpo de normas é extenso ou complexo, torna-se essencial conferir um período razoável para a disseminação das novas ideias nele inseridas.

Por isso, seguindo-se preceito constitucional (art. 59, parágrafo único, CF[22]), estabelece o art. 8.º da Lei Complementar 95/98 que "a vigência da lei será indicada de forma expressa e de modo a contemplar *prazo razoável para que dela se tenha amplo conhecimento*, reservada a cláusula 'entra em vigor na data de sua publicação' para as leis de pequena repercussão. § 1.º A contagem do prazo para *entrada em vigor* das leis que estabeleçam período de vacância far-se-á com a inclusão da data da publicação e do último dia do prazo, entrando em vigor no dia subsequente à sua consumação integral.

---

21. No Brasil, já houve época em que se extirpou da relação de drogas o cloreto de etila, princípio ativo do *lança-perfume*. Não importa o tempo em que isso se deu (se um dia ou um ano). Em nosso entendimento, houve *abolitio criminis*, diante da eliminação do complemento da norma em branco, cuja essência é atributo do próprio tipo incriminador. Portanto, todos os que estavam sendo (ou foram) processados por tráfico ou uso de lança-perfume deveriam ter sido favorecidos pela extinção da punibilidade. O equívoco porventura ocorrido nos trâmites internos desse complemento, no órgão do Poder Executivo, não interessa ao campo jurídico--penal. Editada e publicada a norma complementar, sua validade e integridade não podem ser questionadas. Diversamente ocorreria se algum funcionário, apenas para ilustrar, da imprensa oficial, tivesse deturpado e alterado a lista, fazendo-a publicar com erro. Nesse caso, não tendo sido originária da agência competente para firmar a lista de drogas, nenhuma valia teria. Consultar, ainda, a nota 34 ao art. 3.º, do nosso *Código Penal comentado*.

22. "Lei complementar disporá sobre a elaboração, redação, alteração e consolidação das leis".

§ 2.º As leis que estabeleçam período de vacância deverão utilizar a cláusula 'esta lei entra em vigor após decorridos (o número de) dias de sua publicação oficial'" (grifamos).

Entrar em vigor espelha a possibilidade de se exigir o cumprimento da lei, bem como impor sanções pelo seu desatendimento. Enquanto a norma se encontra em período de vacância, não produz efeito algum, pois é o período de conhecimento de seus termos; não se demanda seguimento ao seu conteúdo.

Assim sendo, a norma penal, quando em *vacatio legis*, encontra-se *dormente*, aguardando a ciência de todos em relação ao que encerra, não sendo capaz de prejudicar.

Defendíamos que a lei penal benéfica somente poderia retroagir para favorecer o réu no exato momento em que entra em vigor. Antes disso, cuidar-se-ia de norma silente, de conteúdo conhecido, mas de aplicabilidade nula.

Houve, no Brasil, a viabilidade de revogação de uma lei em período de vacância, tal como ocorreu com o Código Penal editado em 1969, que nunca chegou a vigorar, logo, jamais produziu efeitos jurídicos.

Víamos risco de se conferir *vigência antecipada* à lei penal, simplesmente por ser considerada benéfica, pois poderia conturbar o sistema normativo, permitindo, inclusive, debate doutrinário e jurisprudencial acerca do que é benevolente – e entra em vigor – e do que não pode ser assim considerado – permanecendo em vacância.

Atualmente, mudamos de ideia, após reflexões surgidas em face da edição da Lei 12.403/2011, que modificou vários artigos do Código de Processo Penal, no cenário da prisão e da liberdade. Essa lei permitiu a instituição de medidas cautelares alternativas à prisão provisória. Por que não aplicá-la, já que nitidamente benéfica, desde logo, mesmo em período de *vacatio*? Por que não substituir a prisão preventiva de um réu, quando desnecessária, pela medida cautelar alternativa? Para responder a tais indagações, podemos utilizar dois critérios: formalista ou axiológico. Sob o ponto de vista formalista, *todos são iguais perante a lei* e o período de *vacatio* deve ser respeitado, fielmente, em qualquer situação, mesmo cuidando-se de lei benéfica. Sob a ótica axiológica, os valores ligados à dignidade da pessoa humana devem prevalecer sob aspectos formais do sistema legislativo, voltados, primordialmente, a conferir segurança à sociedade. Constituindo o período de *vacatio legis* um tempo de preparação de todos para o conhecimento do conteúdo da norma dormente, por certo, volta-se à preservação e proteção dos direitos individuais, vale dizer, não se instituiria uma sanção mais grave ou uma nova figura delitiva sem dar espaço à comunidade para tomar ciência disso.

Entretanto, tratando-se de lei penal ou processual penal benéfica, inexiste prejuízo algum para a sociedade se for imediatamente posta em prática.

CAP. IV • PRINCÍPIOS CONSTITUCIONAIS PENAIS E ENFOQUES PROCESSUAIS PENAIS | **151**

Diante disso, respondendo às questões formuladas anteriormente, pode-se aplicar a medida cautelar alternativa desde logo, impedindo-se a prisão provisória desnecessária. Imagine-se que a lei benéfica seja revogada ainda no período de *vacatio*: torna o magistrado a analisar o caso concreto, agora à luz da legislação vigente, desconsiderada a novel lei. Pode decretar a prisão cautelar, vez que a medida cautelar alternativa deixou de existir, ou manter o indiciado/réu em liberdade.

Na esfera penal, se houver *abolitio criminis*, no contexto de um conjunto de várias normas, não seria justo – e até mesmo digno – manter um sujeito preso, quando seu delito não mais assim será considerado dentro de alguns dias. Deve ser colocado imediatamente em liberdade ou deixar de ter o seu direito de ir e vir restringido de algum modo. Por certo, pode-se argumentar que, em caso de revogação da lei, em período de *vacatio*, ocorreria situação bizarra, pois o condenado não mais retornaria ao cárcere, já que extinta estaria a sua punibilidade. Verdade. Entretanto, qual a fonte do desencontro e da contradição, senão o próprio Estado? Afinal, a lei foi editada pelo Congresso Nacional e sancionada pelo Poder Executivo, ingressando em período de vacância apenas para conhecimento geral. O mesmo cenário bizarro poderia surgir se houvesse *abolitio criminis*, que entrasse em vigor de imediato, para, depois de algum tempo, ser reeditada a norma incriminadora. Quem foi beneficiado não tornaria ao cárcere, nem ao cumprimento de pena.

Há quem argumente que a lei em vacância não deixa de ser lei posterior, razão pela qual, se favorável, precisa ser aplicada ao réu.[23] Aplica-se, com esmerado rigor, o princípio constitucional da retroatividade benéfica, que simplesmente se refere a *lei penal*, sem qualquer restrição ou condição. Ademais, a *vacatio legis* é instituída por lei infraconstitucional, não podendo afastar a aplicação do princípio constitucional da retroatividade benéfica.

O art. 59, parágrafo único, da Constituição Federal, preceitua que lei complementar disporá sobre a elaboração, redação, alteração e consolidação das leis, mas não menciona, expressamente, a sua vigência. Pode-se, então, deduzir, *em favor do réu*, a possibilidade de se aplicar, em plenitude, a retroatividade benéfica durante o período de vacância.

Afora os casos de *abolitio criminis*, vários outros benefícios podem ser editados por lei penal ou processual penal e merecem imediata aplicação, enquanto a sociedade toma conhecimento do novo ordenamento. Assim o determina a dignidade da pessoa humana, que paira acima de qualquer formalismo legal.

---

23. Paulo José da Costa Jr., *Comentários ao Código Penal*, p. 6.

1.1.3.4.5 Lei penal inconstitucional

Cada magistrado pode exercer um controle de constitucionalidade no caso concreto, não sendo obrigado a aplicar uma norma – benéfica ou prejudicial ao réu – desde que a considere inconstitucional. Para tanto, sentindo-se negativamente afetado, o acusado pode recorrer, bem como ajuizar *habeas corpus*.

No mais, caso o Supremo Tribunal Federal considere inconstitucional determinada norma, por meio de ação direta de inconstitucionalidade, o efeito da decisão será vinculante e geral (art. 102, § 2.º, CF). Se a referida norma for benéfica ao acusado, ora considerada inconstitucional, deve operar seus efeitos *ex nunc* (a partir da decisão do STF), sem retroação, a fim de não atingir aqueles já beneficiados anteriormente, quando a norma vigorava e fora aplicada pelo Judiciário. Afinal, as situações penais consolidadas precisam ser respeitadas, pois a meta maior do Direito Penal é a punição justa, dentro de parâmetros estreitos e seguros. Não haveria cabimento em, considerando-se inconstitucional determinada norma penal favorável ao réu, promover o retrocesso em vários processos criminais, mormente quando se tratar da fase de execução penal.[24]

A declaração de inconstitucionalidade de norma penal prejudicial ao réu, pelo STF, certamente equivale à interpretação benéfica de lei penal, devendo retroagir para alcançar acusados ou condenados que se amoldem à nova situação.

1.1.3.4.6 Combinação de leis penais

Combinar leis significa promover a sua reunião, constituindo um corpo único e ordenado. Na realidade, o ajuntamento de duas ou mais leis penais, seja qual for o propósito, faz nascer uma terceira norma, não prevista, nem aprovada pelo Poder Legislativo. Estaria o Judiciário *legislando*, ao promover a criação de lei, mediante o recolhimento de partes de outras.

Por isso, não somos partidários do entendimento permissivo em relação à combinação de leis penais, quando a meta for o benefício ao réu. Certamente, não desconhecemos o teor do art. 2.º, parágrafo único, do Código Penal, ao mencionar que "a lei posterior que *de qualquer modo* favorecer o agente"

---

24. Exemplo disso seria a concessão de progressão de regime (fechado ao semiaberto), baseado em determinada lei, considerada, posteriormente inconstitucional pelo STF. Seria contraproducente e ilógico promover o retrocesso, retirando da semiliberdade o sentenciado, fazendo-o retornar ao fechado, por conta de *erro legislativo*. A progressão e o espírito de reeducação e ressocialização estão acima das formalidades legais.

CAP. IV • PRINCÍPIOS CONSTITUCIONAIS PENAIS E ENFOQUES PROCESSUAIS PENAIS | 153

poderá retroagir (grifamos). A expressão "de qualquer modo" tornou-se a justificativa para que partes de uma lei, compostos com trechos de outra, fizesse nascer uma diversa norma, inédita, sem qualquer participação legislativa.

Ocorre que, a abrangência da terminologia "de qualquer modo" tem o objetivo de garantir a aplicabilidade de qualquer conteúdo de norma penal favorável, vale dizer, podendo envolver todos os aspectos penais possíveis: nova redação de tipo penal, diminuição de pena, eliminação de causas de aumento ou de agravantes, extirpação de qualificadora, concessão de privilégio, criação de atenuação ou causa de diminuição de pena, novo enfoque para o concurso de crimes, critérios inéditos para a progressão de regime, dentre inúmeros outros temas.

Note-se que, na visão legislativa, o *caput* do art. 2.º do Código Penal produz a regra básica da lei penal no tempo: "ninguém pode ser punido por fato que lei posterior deixa de considerar crime". Trata-se da *abolitio criminis*. Natural, pois, que, ao redigir o parágrafo único, tenha pretendido envolver as demais situações favoráveis ao réu, consistentes em *novatio legis in mellius*. A alteração benéfica da lei penal, de qualquer modo diverso da abolição do crime, também deve ser utilizada pelo juiz, a fim de dar cumprimento ao preceito constitucional (art. 5.º, XL, CF).

Não nos representa seguro o acolhimento de composição de pedaços de leis, como se o *qualquer modo*, em verdade, significasse *de qualquer jeito* ou *vale tudo* em matéria de concessão de favores ao réu.

A doutrina e os tribunais são divididos nesse tema, alguns admitindo a combinação para, se preciso for, recolher partes de leis diferentes, aplicando-se ao caso concreto, enquanto outros vedam a combinação e pretendem optar por uma das leis mais favoráveis ao réu.[25]

Sob o prisma da inviabilidade da combinação de leis penais, há que se optar entre duas ou mais normas aplicáveis ao caso concreto, buscando-se a que seja mais benéfica ao réu. Em hipótese alguma, consideramos acertada a transmissão da escolha ao defensor do acusado ou sentenciado, justificando-se ser o *porta-voz* do destinatário da norma. Ora, o direito à liberdade é indisponível, logo, em matéria penal, cabe ao julgador dizer qual é o caminho mais favorável ao réu, ainda que contrarie a opinião da defesa. Para isso, existe o recurso e o *habeas corpus*. Feito o questionamento pela via cabível, de todo modo quem decidirá em última análise será o Poder Judiciário.

Há duas maneiras de se optar pela lei mais favorável: considerando-a em tese ou levando-se em conta a realidade. Esta última representa-nos a melhor alternativa. Por vezes, uma análise da lei, feita em abstrato, conduz

---

25. Consultar o tópico de jurisprudência neste capítulo.

o juiz a elegê-la como a mais favorável norma ao réu; porém, realizada uma verificação detalhada, buscando o caso concreto, pode levar o magistrado a caminho diverso, escolhendo outra como a mais benéfica.[26]

Aproveitando o caso concreto, gerado pela aplicação das Leis 6.368/76 e 11.343/2006 (Leis de Drogas), o STF e o STJ terminaram por acolher exatamente a posição por nós sustentada. Nessa ótica, foi editada a Súmula 510 do STJ: "É cabível a aplicação retroativa da Lei n. 11.343/2006, desde que o resultado da incidência das suas disposições, na íntegra, seja mais favorável ao réu do que o advindo da aplicação da Lei n. 6.368/1976, sendo vedada a combinação de leis".

1.1.3.4.6.1 Combinação de interpretação favorável e lei penal

A interpretação favorável a uma lei penal, quando tomada pelo Supremo Tribunal Federal, em sua composição plena, deve dirigir as demais decisões de tribunais inferiores. Nessa situação, por vezes, a interpretação favorável de um dispositivo entra em confronto com outra parte da lei ou com nova lei penal. Tratando-se de interpretação de lei *versus* lei penal, pode-se combiná--las para extrair o caminho mais benéfico ao réu. Não se cria uma terceira lei, pois não se está juntando partes de normas.

Ilustrando, como já mencionado, o STF considerou inconstitucional o disposto pelo art. 2.º, § 1.º, da Lei 8.072/90, vedando a progressão de regime aos condenados por crimes hediondos e equiparados. A decisão foi proferida em Plenário, no mês de fevereiro de 2006.[27] Em 28 de março de 2007, editou--se a Lei 11.464/2007, alterando a redação do referido § 1.º, passando-se a autorizar a progressão. Entretanto, a mesma lei modificou o § 2.º, instituindo períodos mais dilatados para que o sentenciado possa obter a progressão de regime: 2/5 para primários; 3/5 para reincidentes, quando, nos casos comuns, o período é de 1/6.

Qual seria a melhor lei para aplicar ao réu, no curso de 2007? A Lei 8.072/90, *antes* do advento da Lei 11.464/2007, não possibilitava a progres-

---

26. Observe-se o confronto entre norma e realidade, mormente no Brasil: o recolhimento de alguém por um dia no regime fechado, levando-se em conta a péssima situação carcerária atual pode ser pior do que o cumprimento de um ano em regime aberto, considerando-se a prisão domiciliar (prisão albergue domiciliar). Um dia num presídio superlotado pode acarretar maior dano a alguém do que um ano, recolhendo-se todos os dias, à noite, em sua própria casa. Em tese, porém, um dia de pena é muitíssimo mais favorável do que um ano. Se não se levar em conta o regime e, mais, a realidade brasileira, jamais se poderá ter um quadro autêntico em relação à lei mais favorável.

27. HC 82.959/SP.

CAP. IV • PRINCÍPIOS CONSTITUCIONAIS PENAIS E ENFOQUES PROCESSUAIS PENAIS | 155

são, mas o prazo para tanto era de 1/6 nos casos gerais; a Lei 8.072/90, *após* a edição da Lei 11.464/2007, autoriza a progressão, mas o prazo passa a ser mais severo.

Nessa situação, para optar pela melhor lei, deve-se combinar a interpretação favorável do STF com a antiga disposição, antes da Lei 11.464/2007, vale dizer, a todos os fatos criminosos ocorridos antes de 28 de março de 2007, mesmo representativos de delitos hediondos ou equiparados, deve-se utilizar a Lei 8.072/90, em sua redação original, sem o advento da Lei 11.464/2007, compondo-se com a interpretação favorável do STF. Noutros termos, é benéfico ao réu o seguinte: considera-se o art. 2.º, § 1.º, da Lei 8.072/90 (original), inconstitucional (decisão do Plenário do STF); considera-se o prazo de 1/6 para a progressão de regime, válido para todos os casos, sem qualquer diferenciação. Portanto, o juiz pode aplicar a progressão de regime ao condenado por delito hediondo, valendo-se de 1/6.[28]

Os que praticarem crimes hediondos ou equiparados a partir de 28 de março de 2007, uma vez condenados, iniciarão a pena no regime fechado, já sob a égide da nova redação do art. 2.º, § 1.º, da Lei 8.072/90, porém somente poderão progredir ao alcançar 2/5 ou 3/5 da pena, conforme o caso.

1.1.3.4.7 Crime permanente e crime continuado

Denomina-se *permanente* o delito cuja consumação se protrai no tempo, não se podendo apontar um momento decisivo e preciso para a lesão ao bem jurídico tutelado. Aliás, constitui característica natural do crime permanente a realização da conduta prevista no tipo penal, atingindo-se o bem jurídico de maneira incessante. Ilustrando, a privação da liberdade da vítima se dá em momento determinado, porém, enquanto detida em cativeiro, continua a ter o bem jurídico violado. Cuida-se da permanência. Sob tal prisma, qualquer norma penal desfavorável, surgida durante o período da consumação, deve ser imediatamente aplicada ao agente. Não se pode invocar a proteção do art. 5.º, XL, da Constituição Federal, pretendendo-se a retroação ou ultratividade de lei favorável pela simples razão de que o crime, *enquanto se consumava*, experimentou o advento de norma penal nova prejudicial.

A lei *posterior* à consumação, se benéfica, retrocede no tempo para favorecer o agente. No entanto, a lei editada *durante* a consumação é exatamente a lei da data do fato (*tempus regit actum*), sem qualquer favorecimento ou prejudicialidade ponderável.

---

28. Na mesma ótica, Marcelo Momo, Progressão de regime nos crimes hediondos, p. 139.

PRINCÍPIOS CONSTITUCIONAIS PENAIS E PROCESSUAIS PENAIS – Nucci

Considera-se *continuado* o delito desencadeado em dois ou mais episódios criminosos de mesma espécie, interligados por circunstâncias de tempo, lugar, modo de execução e outras similares, formando um conjunto único, de onde se conclui serem os crimes sucessivos mera continuação do primeiro. Cuida-se de uma ficção jurídica, idealizada para beneficiar o réu. Em lugar de se concluir pela prática de duas ou mais infrações penais, aplicando-se a regra do concurso material (soma das penas), elege-se a pena da mais grave delas (se iguais, qualquer delas), aumentando-se de 1/6 a 2/3, como regra.[29]

Noutros termos, o crime continuado é um *todo* indissolúvel, onde vários crimes se transformam em um único, assim considerado para a aplicação favorável da pena. Por isso, seu desenvolvimento prático é similar ao delito permanente: enquanto não cessar a lesão ao bem jurídico, pela prática do último crime da cadeia sucessiva e continuada, pode-se deduzir estar em franca consumação. Por tal motivo, advindo lei penal desfavorável, enquanto não terminada a continuidade delitiva, será imediatamente aplicada, sem qualquer recurso ao fenômeno da extratividade benéfica.

Encontra aplicação integral a esse contexto o disposto na Súmula 711 do STF: "A lei penal mais grave aplica-se ao crime continuado ou ao crime permanente, se a sua vigência é anterior à cessação da continuidade ou da permanência".

1.1.3.5 Competência para aplicação

Conforme exposto no item 1.1.3.2 supra, cabe ao juiz que primeiro tomar conhecimento do processo, após o advento da lei penal favorável, aplicá-la ao caso concreto. No mais, quando o feito já se encontrar julgado definitivamente, estando o condenado em cumprimento da pena, cumpre ao juiz da execução penal aplicar toda lei penal benéfica surgida durante essa fase (art. 66, I, LEP; Súmula 611, STF).

Nem sempre é simples a aplicação da lei penal favorável, implicando, muitas vezes, no refazimento integral da decisão condenatória. Quando a pena é alterada ou ocorre a supressão ou diminuição de causas legais ou judiciais de fixação da sanção penal, cabe ao magistrado rever a sentença anterior, possibilitando o surgimento de pena mais branda. Cuida-se, na verdade, de autêntica *revisão criminal*, desconstituindo-se o julgado anterior e substituindo-o pelo novo, que será submetido aos diversos graus de jurisdição possíveis.

Tal medida será tomada por magistrado competente, nos termos legais, motivo pelo qual não se pode afirmar ter ocorrido qualquer subversão

---

29. Consultar o art. 71 do Código Penal.

CAP. IV • PRINCÍPIOS CONSTITUCIONAIS PENAIS E ENFOQUES PROCESSUAIS PENAIS | **157**

hierárquica de julgados. Imagine-se que a anterior decisão foi confirmada por acórdão do Tribunal, substituindo a sentença de primeiro grau. Havendo modificação legislativa, deverá o juiz da execução penal rever a decisão transitada em julgado, mesmo que se trate de acórdão. Não se dá qualquer sublevação na exata proporção do cumprimento de dispositivo constitucional, associado a preceitos legais, todos expressos.

A aplicação da lei penal favorável decorre de mandamento constitucional (art. 5.º, XL, CF), associado ao disposto pelo art. 2.º, do Código Penal, cuja competência é firmada pela Lei de Execução Penal (art. 66, I). Logo, a desconstituição da decisão, com trânsito em julgado, opera-se por força de lei e não por decisão judicial. Ao magistrado competente, encarregado da execução penal, cabe amoldar a nova lei à anterior situação fática do condenado. Sua tarefa é concretizar a novel norma, deparando-se com decisão pretérita desconstituída por empenho legal.

Por isso, justamente, torna-se imperiosa a movimentação de ofício, quando publicada uma nova lei penal, para readaptar as decisões definitivas, em execução, à novel realidade. Não depende o juiz de provocação da parte interessada, nem mesmo do Ministério Público. Deve atuar de pronto, tendo em vista que o simples advento de lei penal favorável tem o condão de desmantelar o julgado lastreado em legislação anterior, deslegitimando a continuidade da execução, caso inexista decisão substitutiva. Não o fazendo, significaria perpetuar a execução da pena sem título válido ou com título viciado, constituindo constrangimento ilegal, passível de reparação por *habeas corpus*. Caso o condenado cumpra a pena, sem ter havido a devida revisão, tem ao seu dispor a possibilidade de ajuizamento de ação de reparação de danos, por ter havido nítido erro judiciário.

1.1.3.6 *Leis processuais penais materiais*

As leis processuais penais, como regra, respeitam o disposto pelo art. 2.º, do Código de Processo Penal: "A lei processual penal aplicar-se-á desde logo, sem prejuízo da validade dos atos realizados sob a vigência da lei anterior". Desse modo, por óbvio, elas não são retroativas, ainda que possam beneficiar o réu. E, no mesmo prisma, são aplicáveis de imediato, envolvendo as situações futuras, ocorrentes no processo, mesmo que sejam prejudiciais ao acusado.

Normas processuais não estão abrangidas pelo princípio da retroatividade da lei penal benéfica. A garantia constitucional, prevista no art. 5.º, XL, da CF, destina-se, exclusivamente, ao contexto de direito material.

Existem, no entanto, as denominadas *normas processuais penais materiais*, que são normas processuais, mas com reflexo direto no contexto penal.

Noutras palavras, a aplicação de determinada norma processual pode afetar, de maneira certeira, o direito de punir do Estado ou alterar o status de liberdade do indivíduo. Nessas hipóteses, não se pode considerá-las meras e singelas normas tutoras de processo, visto representarem virtuais textos de direito penal, embutidos em cenário processual.

Qualquer norma processual penal, que, aplicada, permita o desencadeamento da extinção da punibilidade do agente, instituto de direito penal, conforme se vê do art. 107 do Código Penal, é *material*. Isto significa que se submete ao rigor do princípio da retroatividade da lei penal benéfica, algo natural e lógico, diante de sua ligação direta com o interesse punitivo estatal.

Alterando-se prazo prescricional, para menor, a novel lei é benéfica ao réu, devendo retroagir para envolver fatos delituosos praticados antes de sua vigência, desde que ainda presente o interesse punitivo do Estado. Ora, em idêntico contexto, alterando-se prazo decadencial, para menor, torna-se indispensável aplicar tal lei retroativamente, abrangendo fatos criminosos ocorridos antes de sua vigência, desde que ainda presente o interesse punitivo estatal. Ambas as diminuições de prazo – prescrição e decadência – podem operacionalizar a extinção da punibilidade, nos precisos termos do art. 107, IV, do Código Penal. Sabe-se, no entanto, que *prescrição*[30] é matéria penal, enquanto *decadência*[31] é matéria processual penal.

Nota-se estar a extinção da punibilidade estreitamente vinculada tanto à prescrição, quanto à decadência. Por tal motivo, modificada a norma processual penal material, relativa à decadência, quando benéfica, deve retroagir à data do fato criminoso.

Outro aspecto importante é a norma processual ligada à liberdade individual. Permite-se a prisão do suspeito da prática de crime hediondo por 30 dias, prorrogáveis por outros 30, nos termos legais (art. 2.º, § 4.º, Lei 8.072/90). Cuida-se de prisão processual, pois aplicada antes da formação da culpa e do trânsito em julgado de decisão condenatória. Porém, afeta o direito de ir e vir do indivíduo, justamente o precioso bem jurídico passível de restrição pela aplicação da lei penal. Nesse contexto, se for alterada a lei, encurtando-se o prazo dessa modalidade de prisão para 10 dias, sem prorrogação, entrará imediatamente em vigor e retrocederá para abranger todos

---

30. Extingue-se o interesse punitivo do Estado em face do decurso do tempo fixado em lei. Liga-se ao direito de punir, monopólio estatal e razão de ser do Direito Penal.

31. Extingue-se o interesse de agir do ofendido, pois não exercido no prazo legal. Liga-se à ação penal, instrumento para fazer valer, futuramente, se for o caso, o direito punitivo estatal.

CAP. IV • PRINCÍPIOS CONSTITUCIONAIS PENAIS E ENFOQUES PROCESSUAIS PENAIS | **159**

os casos em que pessoas estejam presas, sob a ótica da anterior lei, prevendo 30 (+30 em prorrogação).

Fora desses casos, não há possibilidade técnica de se ampliar o princípio da retroatividade da lei penal benéfica ao campo processual, sob pena de se subverter valores e invalidar qualquer proposta de modernização da lei processual penal.

Várias normas processuais ligam-se a direitos e garantias individuais, como ampla defesa e contraditório, mas nem por isso elas se tornam materiais, vinculadas a Direito Penal. São apenas normas de processo. Nesse prisma, se uma lei extingue um recurso favorável ao réu,[32] aplica-se de imediato e para o futuro, nos termos do art. 2.º, do CPP, vale dizer, todos aqueles que ainda não se valeram do referido recurso, por não ter atingido fase favorável a isso, no processo, perdem a oportunidade de, no futuro, utilizá-lo. Simplesmente, porque desapareceu da instrumentalização processual penal. Aqueles que já se valeram do recurso e estão aguardando o novo julgamento ou a revisão de um julgado, continuarão a aguardar, pois a lei se aplica ao futuro, respeitado o status atingido até então.

Vale destacar, também, o contexto das normas processuais penais, cuja aplicação prática, desencadeia decisão absolutória configuradora da atipicidade, licitude ou não culpabilidade da conduta, o que resulta na consideração judicial de inexistência de crime. Tais normas, embora sejam consideradas de processo, conectam-se a direito material, visto estampar para o réu, em sua folha de antecedentes, uma nova realidade, vale dizer, agiu de maneira lícita. Ilustrando, a inserção de novas hipóteses no art. 415 do CPP, permitindo a absolvição sumária, tem conteúdo material, pois permite a afirmação judicial de absolvição, em lugar de impronúncia, como se dava anteriormente. Logo, os novos incisos do art. 415 (incisos I, II e III) devem retroagir para envolver fatos ocorridos antes da Lei 11.689/2008. Noutros termos, o agente que foi impronunciado, com base no antigo art. 409 do CPP, presente qualquer das inéditas hipóteses do atual art. 415 do CPP, poderá requerer a revisão do seu julgado para que seja absolvido, em lugar de meramente impronunciado. O requerimento pode ser feito diretamente ao juiz da execução penal, considerando-se ser a norma processual penal de fundo material, logo, nos termos do art. 66, I, da LEP, a competência é de primeiro grau.[33]

---

32. É o caso do protesto por novo júri, afastado pela Lei 11.690/2008. Quem dele ainda não se utilizou, porque não atingida a fase de condenação em plenário do júri, editada a lei nova, não mais poderá fazê-lo, visto ter desaparecido do cenário jurídico-processual.

33. Verificar acórdão do STF nesse prisma, inserido no tópico relativo à jurisprudência.

1.1.3.7 Lei penal excepcional ou temporária

Dispõe o art. 3.º do Código Penal que "a lei excepcional ou temporária, embora decorrido o período de sua duração ou cessadas as circunstâncias que a determinaram, aplica-se ao fato praticado durante a sua vigência". Ambas são leis intermitentes, feitas para durar curto período. A excepcional abrange tempo equivalente a um espaço onde vigora uma situação anormal qualquer (ex.: durante calamidade pública). A temporária possui período certo de duração em seu próprio texto (ex.: esta lei vigorará por seis meses).

Sustentávamos que tais leis estavam imunes ao princípio da retroatividade benéfica, pois o *tempo* integraria a sua tipicidade incriminadora, razão pela qual produziria o efeito de eternizá-las. Noutros termos, se a Lei X alterasse a pena do roubo, para maior, durante um certo período apenas, quando perdesse a vigência, segundo o disposto pelo art. 3.º do Código Penal, continuaria aplicável aos casos ocorridos sob a sua égide. Previu-se tal dispositivo para conferir *efetividade* e *força* a tais normas intermitentes, do contrário, ninguém as respeitaria, pois já se saberia que, quando perdessem a vigência, a nova lei, prevendo pena menor ao roubo, retrocederia e de nada teria adiantado a existência da lei temporária.

O estudo sistematizado dos princípios constitucionais, cada vez mais, convence-nos do equívoco dessa postura. Em primeiro lugar, o princípio da retroatividade penal benéfica é expresso na Constituição Federal (art. 5.º, XL), sem qualquer tipo de restrição ou condição. Logo, necessita de aplicação integral, sem que se possa invocar lei ordinária para barrá-lo.

Em segundo, a argumentação de que o tempo integra o tipo penal incriminador, eternizando a norma, em verdade, é puramente formal. Tem por finalidade fazer valer o art. 3.º do Código Penal. Analisando-se a situação em prisma axiológico, impossível não considerar vazio tal fundamento. O referido art. 3.º não especifica ser o período de tempo integrante do tipo penal; cuida-se de criação doutrinária. E mesmo que se pudesse deduzir tal *incorporação*, quando a lei intermitente perde a vigência, em seu lugar, por certo, surge norma mais favorável ao réu, merecendo sobreposição no tocante à anterior.

Em terceiro, inserindo-se o tema sob o prisma da dignidade humana, não há como sustentar tenha o Estado o direito de editar leis de curta duração, buscando punir mais severamente alguns indivíduos, por exíguo tempo, para depois retroceder, abolindo o crime ou amenizando a pena. Não se deve tratar o Direito Penal como joguete político para a correção de casos concretos temporários ou passageiros. A intervenção mínima demanda a instituição de lei penal incriminadora somente em *ultima ratio*, quando nada mais resta ao Estado senão criminalizar determinada conduta. Por isso, leis intermitentes não se coadunam com o texto constitucional de 1988, reputando-se não recepcionado o art. 3.º do Código Penal.

CAP. IV • PRINCÍPIOS CONSTITUCIONAIS PENAIS E ENFOQUES PROCESSUAIS PENAIS | **161**

1.1.3.8 A retroatividade da lei penal benéfica na jurisprudência

1.1.3.8.1 Retroatividade benéfica na aplicação da pena

a) Continuidade delitiva

• STF: "Retroatividade da lei penal mais benéfica. Art. 5.º, XL, da Constituição Federal. HC concedido. Concessão de ordem de ofício para fins de progressão de regime. A edição da Lei 12.015/2009 torna possível o reconhecimento da continuidade delitiva dos antigos delitos de estupro e atentado violento ao pudor, quando praticados nas mesmas circunstâncias de tempo, modo e local e contra a mesma vítima" (HC 86.110-SP, 2.ª T., rel. Cezar Peluso, 02.03.2010, v.u.).

b) Eliminação de majorante

• STF: "Retroatividade da lei penal mais benéfica ao réu. Exclusão da majorante. Ordem concedida de ofício para esse fim. A Lei 11.343/2006 revogou a majorante da associação eventual para a prática do crime de tráfico de entorpecentes, prevista na Lei 6.368/76" (HC 83.708-SP, 2.ª T., rel. Cezar Peluso, 02.02.2010, v.u.).

• STJ: "Diante da *abolitio criminis* trazida pela nova lei, impõe-se retirar da condenação a causa especial de aumento do art. 18, III, da Lei 6.368/76, em observância à retroatividade da lei penal mais benéfica." (HC 93.593-SP, 5.ª T., rel. Laurita Vaz, 15.12.20009, v.u.).

• TRF-3.ª R.: "A causa especial de aumento pela associação eventual de agentes para a prática dos crimes da Lei de Tóxicos, anteriormente prevista no art. 18, III (parte inicial), da Lei 6.368/76, não foi mencionada na nova legislação, caracterizando a 'abolitio criminis', que torna insubsistente a majoração, em observância à retroatividade da lei penal mais benéfica" (ACR 30.327-MS, 2.ª T., rel. Henrique Herkenhoff, 27.08.2008, v.u.).

• TRF-4.ª R.: "A nova Lei de Tráfico (11.343/06) suprimiu a causa de aumento específica consistente no concurso eventual de agentes para a prática do comércio ilícito de entorpecentes. Ademais, reduziu o patamar mínimo de aumento em razão das majorantes, de um terço para um sexto. Logo, deve ser aplicada no caso concreto, em observância ao princípio da retroatividade da lei penal mais benéfica (art. 5.º, XL, da Magna Carta e art. 2.º, parágrafo único do Código Penal)' (TRF-4.ª R., EINACR, 2003.71.00.040788-9, 4.ª Seção, rel. Élcio Pinheiro de Castro, *DJ* 10.01.2006)" (ACR 2006.71.00.007713-1-RS, 8.ª T., rel. Luiz Fernando Wowk Penteado, 08.07.2009, v.u.).

162 | PRINCÍPIOS CONSTITUCIONAIS PENAIS E PROCESSUAIS PENAIS – Nucci

c) Novo tipo penal, com destaque para o estupro como crime único

- STJ: "7. Um único reparo deve ser realizado *ex officio*. Ressalvado meu entendimento pessoal, após o julgamento do *habeas corpus* n.º 205.873/RS, a Quinta Turma desta Corte Superior de Justiça, por maioria de votos, reconheceu a ocorrência de crime único quando o agente, num mesmo contexto fático, pratica conjunção carnal e ato libidinoso diverso, devendo-se aplicar essa orientação aos delitos cometidos antes da Lei n.º 12.015/2009, em observância ao princípio da retroatividade da lei penal mais benéfica. Sendo assim, com relação à vítima J., é descabida a aplicação do concurso material entre os delitos de estupro e de atentado violento ao pudor, devendo restringir-se a condenação à pena de um dos delitos, aumentada nos termos do acórdão impugnado. 8. Ordem de *habeas corpus* não conhecida. Ordem parcialmente concedida de ofício, para reconhecer a existência de crime único nos estupros e atentados violentos ao pudor praticados contra a vítima J., com aplicação da continuidade delitiva em razão do extenso período dos abusos e do concurso material relativamente ao crimes perpetrados contra vítima G., ficando a pena definitivamente estabelecida em 17 anos e 06 meses de reclusão, mantido o acórdão impugnado em seus demais termos" (HC 201.589/RJ, 5.ª T., rel. Laurita Vaz, 26.08.2014, v.u.).

- STJ: "I – A Lei n. 12.015/2009 promoveu a fusão, em um único delito, dos crimes de estupro e atentado violento ao pudor, outrora tipificados nos arts. 213 e 214 do Código Penal, respectivamente. II – Pela nova disciplina normativa, os crimes de estupro e atentado violento ao pudor são, agora, do mesmo gênero e da mesma espécie, razão pela qual, quando praticados no mesmo contexto e contra a mesma vítima, devem ser reconhecidos como crime único. III – A Referida alteração aplica-se, inclusive, a fatos praticados anteriormente à sua vigência, em atenção ao princípio da retroatividade da lei mais benéfica ao réu" (AgRg no REsp 1.262.650/RS, 5.ª T., rel. Regina Helena Costa, 05.08.2014, v.u.).

- STJ: "3. Com o advento da Lei n. 11.343/2006, não houve a descriminalização do crime previsto no artigo 12, § 2.º, III, da Lei n. 6.368/1976, porquanto, embora não repetidas literalmente em um único dispositivo, as condutas anteriormente tipificadas no referido dispositivo subsistem desdobradas em outros artigos da nova legislação. Precedentes. 4. Não há diferença ontológica entre as expressões centrais de contribuir de qualquer forma (Lei n. 6.368/1976) e colaborar como informante (contida no artigo 37 da Lei n. 11.343/2006). Isso porque o 'fogueteiro' é, sem dúvidas, um informante. 5. Tendo em vista que

CAP. IV • PRINCÍPIOS CONSTITUCIONAIS PENAIS E ENFOQUES PROCESSUAIS PENAIS | **163**

a conduta do informante (artigo 37) é apenada com reclusão de 2 a 6 anos de reclusão, e pagamento de 300 a 700 dias-multa, tem-se que, por ser *lex mitior* (lei penal mais benéfica), a dosimetria da pena do paciente deve ser realizada com base no artigo 37, e não com base na pena abstratamente cominada no artigo 12 da Lei n. 6.368/1976, mais gravosa. 6. Ordem não conhecida. *Habeas corpus* concedido, de ofício, para determinar que o Juízo das Execuções Criminais proceda à nova dosimetria da pena do paciente, tendo como parâmetro o *quantum* cominado no preceito secundário do artigo 37 da Lei n. 11.343/2006, por força do disposto no artigo 5.º, XL, da Constituição Federal" (HC 156.656/RJ, 6.ª T., rel. Rogerio Schietti Cruz, 06.05.2014, v.u.).

• STJ: "Por força da aplicação do princípio da retroatividade da lei penal mais favorável, as modificações tidas como favoráveis hão de alcançar os delitos cometidos antes da Lei n. 12.015/09" (HC 196791 – MS, 6.ª T., rel. Og Fernandes, 21.05.2013, v.u.).

• STJ: "Em atendimento ao princípio retroatividade da lei penal mais benéfica, para os crimes de estupro e atentado violento ao pudor cometidos contra menores de 14 anos antes da vigência da Lei 12.015/09, fica afastada a majorante do art. 9.º da Lei 8.072/90, em face da revogação do art. 224 do Código Penal promovida pela novel legislação; devendo ser aplicada a reprimenda do crime de "estupro de vulnerável" veiculada no art. 217-A do Código Penal. Precedentes." (REsp 1198477 – PR, 5ª.T., rel. Laurita Vaz, 13.11.2012, v.u.).

• TRF-1.ª R.: "O enquadramento da conduta dos apelados no tipo penal do art. 168-A do CP se dá por força da aplicação do princípio da retroatividade da lei penal mais benéfica, uma vez que o tipo criado pela Lei 9.983/2000 mostra-se mais favorável ao réu do que o art. 5.º da Lei 7.492/86, ao qual se remetia o artigo pelo qual foram denunciados." (ACR 1998.41.00.002150-RO, 4.ª T., rel. Mário Cezar Ribeiro, 15.12.2009, v.u.).

1.1.3.8.2 Combinação de leis

a) Aceitação[34]

• STJ: "A Sexta Turma desta Corte Superior de Justiça, em caso análogo ao dos presentes autos, reafirmou o entendimento no sentido de ser possível a combinação do art. 33, § 4.º, da Lei 11.343/2006 com o art.

---

34. Essa posição foi superada pela firme jurisprudência em sentido contrário do STF e do STJ.

12 da Lei 6.368/76" (AgRg no HC 119.429-SP, 6.ª T., rel. Celso Limongi, 02.03.2010, v.u.).[35]

- STJ: "A Sexta Turma deste Superior Tribunal de Justiça consolidou o entendimento segundo o qual as disposições benignas contidas na Lei 11.343/2006, incluindo o disposto no seu art. 33, § 4.º, aplicam-se aos crimes cometidos na vigência da Lei 6.368/76, em razão do princípio da retroatividade da lei penal mais benéfica" (HC 132.415-SP, 6.ª T., rel. Og Fernandes, 01.12.2009, v.u.).

- STJ: "É imperativa a aplicação retroativa da causa de diminuição de pena contida no § 4.º do art. 33 da Lei 11.343/2006 feita sob a pena cominada na Lei 6.368/76, em obediência aos comandos constitucional e legal existentes nesse sentido. Precedentes. 2. Não constitui uma terceira lei a conjugação da Lei 6368/76 com o § 4.º da Lei 11.343/2006, não havendo óbice a essa solução, por se tratar de dispositivo benéfico ao réu e dentro do princípio que assegura a retroatividade da norma penal, constituindo-se solução transitória a ser aplicada ao caso concreto" (HC 107.451-RS, 6.ª T., rel. Jane Silva, 12.08.2008, m.v.).

- TRF-1.ª R.: "No caso de sucessão de leis penais é possível a combinação de leis, compondo a pena-base da lei anterior com as causas de aumento e diminuição da lei nova, quando mais favorável ao réu. Precedentes do eg. Superior Tribunal de Justiça. 3. Para ter direito à causa de diminuição da pena do § 4.º do art. 33 da Lei 11.343/2006 é necessário o preenchimento dos requisitos descritos no referido artigo, quais sejam: ser primário o agente, ter bons antecedentes, não se dedicar às atividades criminosas, nem integrar organização criminosa. Esse exame requer verificação de circunstâncias fáticas, o que não é possível em sede de *habeas corpus*, devendo ocorrer tal exame por ocasião do julgamento do recurso de Apelação do ora paciente" (HC 2008.01.00.030445-0-AM, 4.ª T., rel. Ítalo Fioravante Sabo Mendes, 08.09.2008, v.u.).

- TFR-3.ª R.: "A posição doutrinária adotada é a da combinação de leis, a fim de delas extrair a norma mais favorável ao réu. As normas a respeito da sucessão de leis penais no tempo não restringem de qualquer forma a retroatividade da mais benéfica ao réu. Inexiste regra superior

---

35. Cuida-se da opção pela faixa de aplicação da pena prevista na anterior Lei 6.368/76, cujo mínimo dava-se em 3 anos, com as causas de diminuição da nova Lei 11.343/2006, prevendo redução de 1/6 a 2/3. É a combinação de duas leis, fazendo nascer uma terceira: a lei *combinada* tem pena mínima de 3 anos, com causas de diminuição de 1/6 a 2/3. Note-se que tal lei não foi criada pelo legislador em momento algum, mas pode tornar-se realidade pela força interpretativa do Poder Judiciário.

CAP. IV • PRINCÍPIOS CONSTITUCIONAIS PENAIS E ENFOQUES PROCESSUAIS PENAIS | 165

à Constituição que impeça a combinação de leis. Também deve ser afastado o argumento de que a combinação de leis penais redunda na criação de uma terceira lei, o que estaria a ferir a separação dos poderes. Se assim fosse toda vez que o magistrado interpretasse a lei para dela extrair o comando a ser aplicado ao caso concreto estaria criando uma lei não prevista pelo legislador. O que ocorre na combinação é que o julgador, diante da existência de duas normas conflitantes, ambas criadas pelo Legislativo, verifica qual delas é em parte mais benéfica ao réu, e na parte benéfica, retroage" (ACR 24297 – SP, 5.ª T., rel. Andre Nabarrete, 18.06.2007, v.u.).

- TJMG: "É perfeitamente admissível a conjugação de partes favoráveis de leis, visando a atender, com a intensidade constitucional exigida, os princípios do *tempus regit actum* e da retroatividade da lei penal benéfica, não havendo ofensa ao princípio constitucional da separação dos poderes, bem como inexistindo atuação judicial como legislador positivo" (AC 1.0461.06.035620-5/001-MG, 5.ª C.C., rel. Pedro Vergara, 22.04.2008.).

b)   Não aceitação

- STF: "O Pleno do Supremo Tribunal Federal pôs uma pá de cal sobre o tema ao pacificar o entendimento de que não é possível a combinação de leis, ressalvada a aplicação integral da lei mais favorável (RE-RG 600.817, j. em 07/11/2013)" (HC 110.516 AgR-ED, 1.ª T., rel. Luiz Fux, 03.12.2013, v.u.).

- STJ: "A Terceira Seção do Superior Tribunal de Justiça, no julgamento do EREsp 1.094.499/MG, firmou o entendimento no sentido da impossibilidade da combinação das leis no tempo, permitindo-se a aplicação da nova regra trazida pela Lei n. 11.343/2006, ao crime cometido na vigência da Lei n.º 6.368/1976. Assim, se o cálculo da redução prevista no art. 33, § 4.º, efetuado sobre a pena cominada ao delito do art. 33 da Lei n. 11.343/2006, for mais benigno ao condenado, então a aplicação da lei nova deverá ser retroativa em sua totalidade" (REsp 1.112.348/ MG, 5.ª T., rel. Marco Aurélio Bellizze, j. 25.02.2014, *DJe* 07.03.2014).

- STJ: "No que diz respeito à causa de diminuição de pena do § 4.º do art. 33 da Lei 11.343/2006, não é possível a combinação de leis para a aplicação desse benefício sobre a pena do art. 12 da Lei 6.368/1976. Deve-se verificar qual a situação mais vantajosa ao condenado: se a aplicação da pena mais baixa (3 anos) do art. 12 da Lei 6.368/1976 ou a pena maior (5 anos) do art. 33 da Lei 11.343/2006 com a incidência da referida minorante. Essa análise deve ser feita pelo Juízo da Execução. Nesse sentido: HC 104.409/MS, Rel. Ministro Rogerio Schietti Cruz,

Sexta Turma, *DJe* 10/12/2013" (HC 232.850/TO, 6.ª T., rel. Marilza Maynard (desembargadora convocada do TJSE), j. 20.02.2014, *DJe* 07.03.2014).

- STJ: "Quando do julgamento do HC n. 94.188/MS, esta Sexta Turma acompanhou o entendimento firmado pela Terceira Seção, nos autos dos EREsp n. 1.094.499/MG (*DJe* 18/8/2010), de relatoria do Ministro Felix Fischer, no sentido da possibilidade de aplicação da Lei n. 11.343/2006, em sua integralidade, a fatos ocorridos na vigência da Lei n. 6.368/1976, haja vista que, dependendo do caso concreto, o novo regramento, com a possibilidade de aplicação da minorante trazida pelo § 4.º do artigo 33, pode ser mais benéfico ao acusado. Ordem não conhecida. *Habeas corpus* concedido, de ofício, para determinar a remessa dos autos ao Juízo das Execuções, que deverá realizar as duas dosimetrias, uma de acordo com a Lei n. 6.368/1976 e outra conforme a Lei n. 11.343/2006, guardando observância ao princípio da alternatividade, para aplicar a pena mais branda ao paciente" (HC 104.409/ MS, 6.ª T., rel. Rogerio Schietti Cruz, j. 21.11.2013, *DJe* 10.12.2013).

- STJ: "1. O Superior Tribunal de Justiça, no julgamento dos Embargos de Divergência n.º 1.094.499/MG, assentou não ser possível aplicar a causa redutora da pena trazida na Lei n.º 11.343/2006 sobre a pena fixada com base na Lei n.º 6.368/1976, porquanto inviável a combinação de leis. Nesse sentido, editou-se recentemente o verbete sumular n.º 501/STJ. Portanto, patente que o acórdão recorrido encontra-se em consonância com a jurisprudência deste Tribunal Superior, o que atrai a incidência do enunciado n.º 83 da Súmula desta Corte. 2. Agravo regimental a que se nega provimento" (AgRg no REsp 1.359.253/MG, 5.ª T., rel. Marco Aurélio Bellizze, j. 12.11.2013, *DJe* 20.11.2013).

- TJAL: "No que tange à combinação das leis penais no tempo, esta se revela inviável, sob pena de se criar uma terceira legislação no que tange aos crimes envolvendo entorpecentes, o que seria incompatível com a vontade do legislador, devendo ser aplicada a lei mais benéfica ao acusado(a). Súmula n.º 501 do STJ. Precedentes do STF e STJ" (APL 0003450102006802001, Câmara Criminal, rel. Fernando Tourinho de Omena Souza, *DJ* 18.06.2014).

- TRF-1.ª R.: "O egrégio STJ proclamou o entendimento, no que toca ao § 4.º do art. 33 da Lei 11.343/2006, no sentido de que "(...) a Constituição Federal reconhece, no art. 5.º, XL, como garantia fundamental, o princípio da retroatividade da lei penal mais benéfica. Desse modo, o advento de lei penal mais favorável ao acusado impõe sua imediata aplicação, mesmo após o trânsito em julgado da condenação. Todavia, a verificação da *lex mitior,* no confronto de leis, é feita in concreto, visto

CAP. IV • PRINCÍPIOS CONSTITUCIONAIS PENAIS E ENFOQUES PROCESSUAIS PENAIS | **167**

que a norma aparentemente mais benéfica, num determinado caso, pode não ser. Assim, pode haver, conforme a situação, retroatividade da regra nova ou ultra-atividade da norma antiga" (STJ, HC 124.986-SP, rel. Min. Felix Fischer, 5.ª T., v.u., *DJe* 03.08.2009)." (ACR 2006.39.00.002539-0-PA, 3.ª T., rel. Assusete Magalhães, 20.10.2009, v.u.).[36]

- TFR-2.ª R.: "A norma representada pelo art. 33 somente constituirá uma ordenação racional se aplicada em sua inteireza, isto é, se forem de forma conjunta e harmônica aplicados todos os seus dispositivos. Em outras palavras, o § 4.º não pode ser aplicado isoladamente, na medida em que constitui apenas parte de uma norma na qual está inserido, exigindo uma interpretação sistemática, dentro da linha que pretendeu o legislador com o aumento da pena mínima, qual seja, facultar sua redução, apenas e tão somente, para os crimes cometidos sob a égide da Lei 11.343/2006". (...) "A retroatividade da *lex mitior* se condiciona, portanto, ao princípio constitucional da isonomia, pois que, do contrário, o que se terá é um tratamento desigual entre iguais. Ocorre que essa regra básica sofre restrições relativas ao princípio da legalidade, segundo o qual cabe ao legislador legislar e ao magistrado interpretar a lei. Isso se dá porque o juiz, ao fazer a combinação da 'parte boa' de cada uma das leis em conflito, conjugando artigos, parágrafos e incisos, ou parte deles, ou orações, frases e palavras, termina por atuar como legislador positivo, criando quantas leis novas forem as combinações efetivadas, com imensa e desmedida discricionariedade, desprovida de critérios legais pré-fixados" (HC 2007.02.01.014510-4-RJ, 2.ª T., rel. Liliane Roriz, 04.12.2007, v.u.).

- TRF-3.ª R.: "Tendo em vista que a conclusão pela 'novatio legis in mellius' depende do exame da integralidade da nova lei, uma vez que não é possível combinarem-se dispositivos favoráveis a ré previstos em cada uma das leis em cotejo. Assim, a pena mínima cominada ao tipo pela Lei 6.368/76, ainda que acrescida da majorante do Art. 18, III, na fração de 1/3, conforme fixado pela sentença, implica em sanção menor do que a pena prevista pela nova lei, cujo mínimo supera, em muito (5 anos), o da lei revogada" (ACR 28088 – SP, 5.ª T., rel. Eliana Marcelo, 01.12.2008, v.u.).

- TRF-3.ª R.: "A aplicação combinada de leis (Leis 6.368/76, 10.409/02 e 11.343/2006) é vedada pelo ordenamento, de modo que o aspecto

---

36. Abstraída a possibilidade de aplicação da combinação de leis penais, deve-se optar pela mais favorável no caso concreto, não se valendo de elementos puramente abstratos para tanto.

favorável de uma delas é aquele que exsurge da ótica da totalidade dos dispositivos, cuja análise depende do caso concreto. Na hipótese em apreço, a ultratividade da lei anterior é mais gravosa à recorrente" (ACR 29.809-SP, 5.ª T., rel. Eliana Marcelo, 23.06.2008, v.u.).

- TJRS: "Aplicar o art. 33, § 4.º, da Lei 11.343/2006 aos crimes cometidos sob a égide da Lei 6.368/76, implica a combinação de leis penais no tempo, prática rechaçada pelo STF. Em que pese a Constituição Federal reconhecer, no art. 5.º, XL, como garantia fundamental, o princípio da retroatividade da lei penal mais benéfica, entendo que a verificação da *lex mitior* implica a incidência da lei penal mais benéfica como um todo, devendo o julgador fazer a ponderação no caso concreto, evitando uma bricolagem legislativa" (AC 70023939481-RS, 2.ª C.C., rel. Mario Rocha Lopes Filho, 26.01.2010, v.u.).

- TJRS: "Todavia, inviável, como quer a defesa, a combinação de leis penais, aplicando somente a parte de cada lei que favorece o condenado. Assim, se a pena foi fixada de acordo com a Lei 6.368/76, mostra-se inviável a aplicação da redutora prevista no art. 33, § 4.º, da Lei 11.343/2006" (AC 70017917014-RS, 1.ª C.C., rel. Marco Antônio Ribeiro de Oliveira, 15.08.2007).

c)   Inviabilidade de análise pela via do habeas corpus

- TRF-3.ª R.: "Os princípios do 'tempus regit actum'(ultra-atividade da lei penal benigna) e da retroatividade da lei penal benigna devem ser encarados como faces de uma mesma moeda. Deve sempre prevalecer aquela norma que se revele mais benéfica ao 'status libertatis' do réu, retroagindo ou ultra-agindo, conforme o caso. Na hipótese não se pode, 'a priori', apontar esta ou aquela norma como sendo a dotada de maior benignidade. É no caso concreto, com os olhos postos sobre a situação jurídica do réu, que o magistrado deve optar pela ultra-atividade ou pela retroatividade da norma penal mais benigna. E esse exame vertical do caso concreto – que permite a definição da norma penal mais benigna – não pode ser realizado, evidentemente, nesta via excepcional. Não nesse caso de conflito aparente de normas, em específico. Saber qual das normas (Leis 6.368/76 e 11.343/2006) é a mais favorável ao paciente exige, essencialmente, a realização de um exercício mental sobre qual resultaria em uma dosimetria da pena mais branda. E é sabido que não se pode fazer isso na via estreita de um pedido de 'habeas corpus', não com a segurança necessária. É por ocasião do julgamento da apelação interposta pelo paciente que esta Egrégia Corte terá a oportunidade de se pronunciar, de forma segura e categórica, sobre a norma penal mais favorável ao réu." (HC 29.526-SP, 5.ª T., rel. Ramza Tratuce, 03.12.2007, v.u.).

CAP. IV • PRINCÍPIOS CONSTITUCIONAIS PENAIS E ENFOQUES PROCESSUAIS PENAIS | **169**

1.1.3.8.3 Retroatividade benéfica do complemento de norma em branco

a) Possibilidade

- STF: "A edição, por autoridade competente e de acordo com as disposições regimentais, da Resolução ANVISA n. 104, de 07.12.2000, retirou o cloreto de etila da lista de substâncias psicotrópicas de uso proscrito durante a sua vigência, tornando atípicos o uso e tráfico da substância até a nova edição da Resolução, e extinguindo a punibilidade dos fatos ocorridos antes da primeira portaria, nos termos do art. 5.º, XL, da Constituição Federal" (HC 94.397-BA, 2.ª T., rel. Cezar Peluso, 09.03.2010, v.u.).

1.1.3.8.4 Irretroatividade prejudicial

a) Indulto e crime hediondo

- STF: "Homicídio qualificado praticado anteriormente à vigência da Lei 8.930/94, que o inseriu no rol dos crimes hediondos da Lei 8.072/90. Concessão de indulto com fundamento no Decreto 4.495/2002. Cassação, em agravo à execução, sob o fundamento de haver disposição expressa, no decreto, vedando o benefício aos condenados por crimes hediondos. Violação do princípio da irretroatividade da lei, cuja exceção é a retroatividade da lei penal benéfica" (HC 99.727-RJ, 2.ª T., rel. Eros Grau, 01.12.2009, v.u.).

b) Novos prazos de progressão e crime hediondo

- STJ: "Os novos prazos para progressão de regime não se aplicam aos crimes cometidos antes da edição da Lei 11.464/2007, porque não se admite a retroatividade da lei penal, salvo para beneficiar o réu (art. 5.º, XL da Constituição da República)" (HC 100.277-RJ, 6.ª T., rel. Celso Limongi, 20.10.2009, v.u.).

- TJRJ: "Destarte, a imediata aplicação do aumento do prazo para a obtenção da progressão aos condenados por delitos hediondos configura ofensa ao princípio da legalidade, previsto no art. 5.º, XXXIX, da Constituição Federal e no art. 1.º do Código Penal. A inovação prejudicial não pode retroagir, devendo ser aplicada somente aos crimes cometidos após a vigência da nova lei, e assim, tendo o crime ocorrido anteriormente à vigência da Lei 11.464/2007, a fração exigida para obtenção do benefício deve ser a de 1/6, consoante disposto no art. 112 da Lei de Execuções Penais" (Agr Exe 0055084-69.2009.8.19.0000-RJ, 7.ª C.C., rel. Maurílio Passos Braga, 29.09.2009).

170 | PRINCÍPIOS CONSTITUCIONAIS PENAIS E PROCESSUAIS PENAIS – Nucci

c) *Nova regra extintiva de parte da prescrição retroativa*

- STF: "O Tribunal, por maioria, julgou procedente, em parte, ação penal promovida pelo Ministério Público do Estado do Paraná para condenar Deputado Federal pela prática dos crimes tipificados no art. 1.º, IV e V, do Decreto-lei 201/67 ('Art. 1.º São crimes de responsabilidade dos Prefeitos Municipais, sujeitos ao julgamento do Poder Judiciário, independentemente do pronunciamento da Câmara dos Vereadores: (...) IV – empregar subvenções, auxílios, empréstimos ou recursos de qualquer natureza, em desacordo com os planos ou programas a que se destinam; V – ordenar ou efetuar despesas não autorizadas por lei, ou realizá-las em desacordo com as normas financeiras pertinentes;'), às penas de 3 meses de detenção para cada tipo penal, *e declarou extinta a pretensão punitiva do Estado, pela consumação da prescrição penal, com base no art. 109, VI, c/c o art. 110, § 1.º, e o art. 119, todos do CP, na redação anterior à Lei 12.234/2010.* Entendeu-se que o acusado, no exercício do mandato de Prefeito Municipal de Curitiba/PR, teria dolosamente determinado, sem a prévia inclusão no orçamento público e em afronta à ordem de precedência cronológica, o pagamento de precatório resultante de ação de desapropriação, mediante a utilização de recursos do empréstimo do Banco Interamericano de Desenvolvimento – BID destinados ao implemento do projeto de transporte urbano da capital paranaense. Quanto ao delito previsto no inciso IV do art. 1.º do Decreto-lei 201/67, ficou vencido o Min. Marco Aurélio, revisor, que julgava a ação improcedente" (AP 503-PR, rel. Celso de Mello, 20.05.2010, grifos nossos).

1.1.3.8.5 Norma processual penal material benéfica

a) *Retroatividade*

- STF: "Inconstitucionalidade do art. 411 do Código de Processo Penal. Dispositivo revogado pela Lei 11.689/2008. Perda superveniente do interesse recursal. Recurso prejudicado. O pedido da recorrente está prejudicado ante a revogação do art. 411, do Código de Processo Penal, pela Lei 11.689/2008, que introduziu, no art. 415, novas regras para a absolvição sumária nos processos da competência do Tribunal do Júri. 2. Ação Penal. Tribunal do Júri. Absolvição sumária imprópria. Revogação do art. 411, do Código de Processo Penal, pela Lei 11.689/2008. Retroatividade da lei mais benéfica. Concessão de *habeas corpus* de ofício. As novas regras, mais benignas, aplicam-se retroativamente. Ordem concedida para que o juízo de 1.º grau examine, à luz da nova redação, se estão presentes os requisitos para a absolvição sumária,

CAP. IV • PRINCÍPIOS CONSTITUCIONAIS PENAIS E ENFOQUES PROCESSUAIS PENAIS | **171**

oportunizada prévia manifestação da defesa" (RE 602.561-SP, 2.ª T., rel. Cezar Peluso, 27.10.2009, v.u.).

b) Irretroatividade

- "Mesmo após o advento da Constituição Federal de 1988 (artigo 5.º, LXIII), que alçou à garantia constitucional o direito de o acusado permanecer calado, somente há falar em anulação do interrogatório, colhido nos termos do art. 186 do CPP, em sua antiga redação, quando demonstrado o efetivo prejuízo à parte. Precedentes do egrégio STJ. As regras de direito processual são regidas pelo princípio 'tempus regit actum'. Assim, não se tratando de matéria de direito substancial, não se aplica o princípio da retroatividade da lei penal mais benéfica" (HC 2007.04.00.027401-5-RS, 8.ª T., rel. Paulo Afonso Brum Vaz, 12.09.2007, v.u.).

1.1.3.8.6 Extratividade fora do período data do fato/término do interesse punitivo estatal

a) Inadmissibilidade

- TRF-4.ª R.: "Tratando-se de crime de tráfico de drogas cometido na vigência da Lei 11.343/2006, incabível a fixação da pena à luz dos parâmetros insertos no art. 12 da Lei 6.368/76, não havendo se falar em ultratividade da lei revogada" (ACR 2007.70.02.008767-3, 7.ª T., rel. Victor Luiz dos Santos Laus, 03.11.2009, v.u.).

- TRF-4.ª R.: "Não há falar em ultratividade da Lei 9.249/95 para fins de regulação dos efeitos de parcelamento de débito fiscal na hipótese do artigo 168-A do Código Penal quando, à época da obtenção do parcelamento, já vigia legislação diversa sobre o tema (Lei 9.964/00), ainda que mais gravosa." (HC 2008.04.00.016545-0, 7.ª T., rel. Marcos Roberto Araújo dos Santos, 03.06.2008, v.u.).

1.1.3.8.7 Ultratividade benéfica

- STJ: "As infrações penal são regidas pelas leis vigentes à época em que os fatos foram praticados, admitindo-se, porém, a retroatividade da norma, apenas nos casos em que for mais benéfica ao réu. 'In casu', o roubo qualificado pelas lesões corporais graves – art. 157, § 3.º, 1.ª parte – foi praticado no dia 10.05.1995, ou seja, antes da entrada em vigor da Lei 9.426/1996, que alterou a pena mínima cominada àquele delito, passando de 05 (cinco) para 07 (sete) anos de reclusão. Proferida sentença condenatória no dia 30.09.2002, olvidaram-se as instâncias ordinárias desse detalhe significativo, que reflete no cômputo do prazo necessário à concessão de futuros benefícios prisionais" (HC 208114 – BA, 5.ª T., rel. Gilson Dipp, 08.11.2011, v.u.).

- TJBA: "Tráfico ilícito de entorpecentes. Art. 12, caput, da Lei 6.368/76. Prova testemunhal. Conjunto probatório desfavorável ao acusado. Substituição da pena corporal pela restritiva de direito. Admissibilidade, desde que preenchidos os requisitos objetivos e subjetivos exigidos para a benesse. Inaplicabilidade da Lei 11.343/2006, proibitiva da aplicação do benefício, pois mais gravosa ao réu. Aplicação do princípio da ultratividade da lei penal" (AC 68338-9/2007-BA, 2.ª C.C., rel. Carlos Alberto Dultra Cintra, 07.08.2008, v.u.).

1.1.3.8.8 Retroatividade da remição benéfica

- STF: "Em face da alteração legislativa introduzida pela Lei 12.433/2011, que modificou a redação do art. 127 da LEP, esta Suprema Corte tem admitido a retroatividade da norma mais benéfica para limitar, nos casos de falta grave, a perda dos dias remidos em até 1/3 (um terço). Precedentes. 4. Caberá ao Juízo da Execução Penal proceder à análise da limitação da perda dos dias remidos, nos termos da Súmula n.º 611/STF ('Transitada em julgado a sentença condenatória, compete ao juízo das execuções a aplicação de lei mais benigna'). 5. *Habeas corpus* extinto sem resolução de mérito, mas com concessão de ofício para determinar que o Juízo da execução criminal proceda à aplicação retroativa da Lei 12.433/2011, observada a limitação da perda dos dias remidos em até 1/3 (um terço)" (HC 118.797, 1.ª T., rel. Rosa Weber, 04.02.2014, v.u.).

- STF: "Falta grave. Perda dos dias remidos e outras medidas legais. Superveniência da Lei nº 12.433/11, a qual conferiu nova redação ao art. 127 da Lei de Execução Penal, limitando ao patamar máximo de 1/3 (um terço) a revogação do tempo a ser remido. *Novatio legis in mellius* que, em razão do princípio da retroatividade da lei penal menos gravosa, alcança a situação pretérita do paciente, beneficiando-o. Ordem concedida para esse fim. 1. A nova redação conferida pela Lei 12.433/2011 ao art. 127 da Lei de Execução Penal limita ao patamar máximo de 1/3 (um terço) a revogação do tempo a ser remido. 2. No caso, o reconhecimento da prática de falta grave pelo paciente implicou a perda dos dias a serem remidos de sua pena, o que, à luz do novo ordenamento jurídico, não mais é permitido. 3. Por se tratar de *novatio legis in mellius*, nada impede que, em razão do princípio da retroatividade da lei penal menos gravosa, ela alcance a situação

CAP. IV · PRINCÍPIOS CONSTITUCIONAIS PENAIS E ENFOQUES PROCESSUAIS PENAIS | **173**

pretérita do paciente, beneficiando-o. 4. Habeas corpus concedido para esse fim" (HC 114149 – MS, 1.ª T., rel. Dias Toffoli, 13.11.2012, v.u.).

- STF: "A nova redação conferida pela Lei 12.433/2011 ao art. 127 da Lei de Execução Penal, limita ao patamar máximo de 1/3 (um terço) a revogação do tempo a ser remido. 7. Por se tratar de uma 'novatio legis in mellius', nada impede que ela retroaja para beneficiar o paciente no caso concreto. Princípio da retroatividade da lei penal menos gravosa" (RHC 109.847-DF, 1.ª T., rel. Dias Toffoli, 02.11.2011, v.u.).

- STJ: "Não é mais possível a perda total dos dias remidos, em razão da entrada em vigor da Lei n.º 12.433/11, que alterou a redação do art. 127 da Lei de Execução Penal, a qual deve ser aplicada retroativamente, por se tratar de lei penal mais benéfica. (...) Ordem concedida de ofício para determinar que o Juízo da Execução aplique retroativamente a Lei n.º 12.433/2011, no que tange à perda dos dias remidos" (HC 279.459/ SP, 6.ª T., rel. Maria Thereza de Assis Moura, 02.10.2014, v.u.).

- STJ: "7. A partir da vigência da Lei n.º 12.433, de 29 de junho de 2011, que alterou a redação ao art. 127 da Lei de Execuções Penais, a penalidade consistente na perda de dias remidos pelo cometimento de falta grave passa a ter nova disciplina, não mais incidindo sobre a totalidade do tempo remido, mas apenas até o limite de 1/3 (um terço) desse montante, cabendo ao Juízo das Execuções, com certa margem de discricionariedade, aferir o *quantum*, levando em conta 'a natureza, os motivos, as circunstâncias e as consequências do fato, bem como a pessoa do faltoso e seu tempo de prisão', consoante o disposto no art. 57 da Lei de Execuções Penais. 8. Por se tratar de norma penal mais benéfica, deve a nova regra incidir retroativamente, em obediência ao art. 5.º, inciso XL, da Constituição da República. Precedentes. 9. (...) Ordem de *habeas corpus* parcialmente concedida, de ofício, para restringir a interrupção do prazo tão somente para fins de progressão de regime, considerando como data-base para a contagem do novo período aquisitivo o dia do cometimento da falta grave" (HC 292.703/ SP, 5.ª T., rel. Laurita Vaz, 19.08.2014, v.u.).

1.1.3.8.9 Competência para aplicar a lei nova favorável

- STJ: "O art. 66, I, da Lei 7.210/1984 e a Súmula 611 do Supremo Tribunal Federal estabelecem ser do Juiz das Execuções a competência para apreciar o pedido de retroatividade da lei penal mais benéfica, tendo o Tribunal *a quo* proferido decisão em perfeita sintonia com a legislação vigente à época do julgamento" (AgRg no HC 254523 – PE, 5ª.T., rel. Marco Aurélio Bellizze, 23.10.2012, v.u.).

1.1.3.8.10 Retroatividade de norma extrapenal gerando insignificância

• STF: "Nos termos da jurisprudência deste Tribunal, o princípio da insignificância deve ser aplicado ao delito de descaminho quando o valor sonegado for inferior ao estabelecido no art. 20 da Lei 10.522/2002, atualizado pelas Portarias 75/2012 e 130/2012 do Ministério da Fazenda, que, por se tratarem de normas mais benéficas ao réu, devem ser imediatamente aplicadas, consoante o disposto no art. 5.º, XL, da Carta Magna. Ordem concedida para restabelecer a sentença de primeiro grau, que reconheceu a incidência do princípio da insignificância e absolveu sumariamente os ora pacientes, com fundamento no art. 397, III, do Código de Processo Penal" (HC 123.032, 2.ª T., rel. Ricardo Lewandowski, 05.08.2014, v.u.).

1.1.4 Princípio da humanidade

Perder a capacidade de indignação, a sensibilidade para o justo e a possibilidade de reclamar podem ser caminhos estreitos e diretos para o embrutecimento do ser humano, tornando-o indiferente a si mesmo, seus atos e as consequências de cada um deles, consolidando uma pedra inóspita em lugar da brandura do coração.

Não é à toa que o termo *humano* quer dizer, dentre outros, bondoso, afável e civilizado. A humanização da sociedade indica o rumo correto em direção à civilidade, fazendo ressaltar, em comunidade, os valores inerentes ao respeito e à fraternidade.

Por isso, o princípio da humanidade significa, acima de tudo, atributo ímpar da natureza humana, consistindo em privilegiar a benevolência e a complacência, como formas de moldar o cidadão, desde o berço até a morte. Viver, civilizadamente, implica em colocar à frente os bons sentimentos, indicando às futuras gerações que o mal se combate com o bem, transmitindo o exemplo correto e proporcionando o arrependimento e a reeducação interior. Ninguém, no universo da natureza humana, é infalível; erros existem de todos os naipes, dentre eles as infrações penais. Contra estas, com certeza, pode e deve insurgir-se a sociedade, por seus poderes regularmente constituídos, mas, tendo por limite e por fronteira, a humanização de seus atos e de suas punições.

Condutas reputadas bárbaras e cruéis, contra bens jurídicos de inconteste valor, precisam ser combatidas e detidas, porém, sem que haja vingança, entendida esta como a exata retribuição, na mesma intensidade e com idêntica forma, à infração cometida.

A desforra diante do mal praticado encontra-se no subconsciente de todo ser humano, merecendo, no entanto, a lapidação e o controle do lado consciente, fundado na benevolência, sentimento único, possibilitando a sensível diferença entre a natureza humana e racional e a natureza animal e irracional. Ademais, até mesmo animais não se vingam, senão protegem seu território, sua cria ou a si mesmos do ataque predador de outros seres. O ser humano, portanto, valendo-se de sua inteligência e de seus sentimentos racionalmente detectáveis, necessita conferir o bom exemplo de que justiça se faz com sabedoria e sensatez, sem se igualar, em hipótese alguma, àqueles que desafiam as normas e ferem os interesses de terceiros.

Retribuir o mal do crime com uma maldosa pena deixa de constituir virtude para assumir o papel de vilania, equiparando o Estado à figura do agressor, situação que o deslegitima a atuar em nome do Direito e da Justiça. Se os maus sentimentos ainda são constantes nos seres humanos, dada a sua natural imperfeição, não se pode cultivá-los e incentivá-los a integrar o campo das leis, onde idealmente o justo prevalece e a benemerência é a sua razão de ser. Não se constrói um sistema normativo voltado ao lastimável estado de espírito inferior, permeado de sentimentos comezinhos e negativos; ao contrário, as leis devem espelhar a riqueza da meta a ser buscada, lastreada na perfeição do lado humano positivo, como forma de incentivo à civilidade, em convivência fraterna.

Respeita-se, por óbvio, eventual sentimento inferior de vingança e rancor subsistente na vítima do crime ou em seus familiares ou amigos. Entretanto, o Estado, por seus agentes constituídos, deve atuar com imparcialidade, aplicando as leis de maneira justa e equilibrada, com o fim de demonstrar a sua superioridade no universo da aplicação de sanções às infrações cometidas.

Não há outra razão a justificar a vedação de penas cruéis, claramente, estampada na Constituição Federal. O princípio da humanidade desenha-se, com firmeza, no art. 5.º, XLVII: "não haverá penas: a) de morte, salvo em caso de guerra declarada, nos termos do art. 84, XIX; b) de caráter perpétuo; c) de trabalhos forçados; d) de banimento; e) cruéis". Equívoco houve na redação do referido inciso, pois o gênero (penais cruéis) foi inserido como espécie. Em realidade, veda-se, no Brasil, toda pena cruel, dentre elas a pena de morte, de caráter perpétuo, de trabalhos forçados e de banimento. Acrescente-se, por meio da porta de entrada conferida pelo gênero *crueldade*, as penas de castigos corporais e humilhações públicas.

Impulsionando a civilidade e pretendendo consolidar uma atuação imparcial e superior do Estado, considera-se crime grave a prática da tortura (art. 5.º, XLIII, CF), registrando-se que tal delito dá-se, em grande parte, no contexto da ação investigatória estatal. Objeta-se a produção de provas ilícitas (art. 5.º, LVI, CF) e pretende-se punir qualquer discriminação atentatória dos direitos e garantias fundamentais (art. 5.º, XLI, CF).

A pena deverá ser cumprida em estabelecimento adequado, distinguindo-se a natureza do delito, a idade e o sexo do apenado (art. 5.º, XLVIII, CF), bem como se assegurando aos presos o respeito à integridade física e moral (art. 5.º, XLIX, CF). As presidiárias terão direito de amamentar seus filhos (art. 5.º, L, CF).

Humaniza-se, constitucionalmente, o Direito Penal sancionador e o Processo Penal ético.

1.1.4.1 A concretude do princípio da humanidade

Cuidar do tema *humanidade* pode simbolizar uma busca por parâmetros ideais, desvinculados da realidade, em particular, pela dificuldade de materialização da benevolência do sistema penal diante do infrator. Por vezes, está-se diante de um paradoxo, donde se extrai que a pena, pela sua própria natureza, é uma restrição à liberdade, logo, um mal. Em decorrência disso, a aplicação da sanção penal constitui um ato de força contraposto ao mal gerado pelo crime. Seria, na aparência, uma vindita oficializada.

Tal sugestivo paradoxo deve ser resolvido pela meta humanizada do sistema penal, tal como se dá no processo educacional de qualquer criança ou adolescente. No extenso caminho rumo ao amadurecimento, pretendendo-se consolidar os bons sentimentos e os elevados valores, impõe-se a restrição à plena liberdade de ação dos infantes e jovens, seja por meio dos pais ou tutores, seja por intermédio da escola. Nesse processo, encontram-se as sanções disciplinares, cuja finalidade é a preservação da autoridade de quem conduz o curso educacional. O objetivo de pais e de professores, que certamente amam seus filhos e respeitam seus alunos, é o bem, como regra. Outra não pode ser a missão do Estado, buscando, pela via da pena, proporcionar a reeducação e a ressocialização do infrator, conforme a extensão da reprimenda aplicada.

Não somente crianças e jovens são educados, pois adultos, em variados setores, necessitam ser igualmente educados, se nunca o foram, ou reeducados, quando ignorarem o aprendizado da sociedade civilizada. Nada existe de despótico em proporcionar a reeducação ou o aprendizado de regras básicas de convivência, justamente para que se atinja paz e equilíbrio na vida em comunidade. Somente a vida selvagem propicia a ausência de regras para garantir a isonomia entre os seres, valendo a lei (nada civilizada) do mais forte.

Em suma, não basta apregoar a humanidade; é essencial fazê-la valer. Para tanto, a vedação às penas cruéis precisa tornar-se realidade, no Brasil. Essas sanções podem inexistir em tese, mas, na prática, são encontradas amiúde. Fechar os olhos a tal situação é o mesmo que ignorar o princípio constitucional em questão, expressamente previsto dentre os direitos e garantias fundamentais.

CAP. IV • PRINCÍPIOS CONSTITUCIONAIS PENAIS E ENFOQUES PROCESSUAIS PENAIS | **177**

No cenário das penas privativas de liberdade, impõe-se o regime fechado para delitos graves, moldado por várias regras mínimas a serem observadas, com o objetivo de assegurar a humanização de seu cumprimento. Portanto, torna-se óbvio e evidente que celas, em presídios, não podem ultrapassar a sua capacidade máxima, transformando-se em *depósitos de seres humanos*, em lugar de regime fechado, destinado à ressocialização de alguém.[37] Não se reeduca sem respeito às próprias leis vigentes. Se o Estado, por seus agentes, fere a norma, como se pode esperar que o preso assimile as regras reputadas civilizadas para a convivência em sociedade? Em qualquer processo educacional (reeducacional) a presença efetiva do exemplo é fundamental. O educador perde o respeito, e até mesmo a legitimidade, ao tentar impor ideias, contra as quais seus próprios atos estão a servir de testemunho. Não se pretende, com tal afirmação, sustentar a infalibilidade do educador, seja ele pai ou mãe, seja professor. Porém, no contexto abstrato do Estado, exige-se, sim, a perfeição, pois essa é a razão de existência da norma, no universo abstrato do sistema.

Noutros termos, o educador – ser humano – pode falhar, mas o Estado – ente abstrato – não tem essa possibilidade. Logo, inexiste justificativa para que o regime fechado seja constituído de *depósitos* e não de celas. O aglomerado insalubre de presos demonstra a crueldade real do sistema, devendo-se cumprir o disposto na Constituição Federal, vale dizer, cabe ao Judiciário obstar essa situação, contornando pelos meios possíveis e razoáveis a violação à lei e à Constituição Federal.[38]

A pena cruel não se molda pelo abstrato, mas, fundamentalmente, pela realidade. Somente para argumentar, considera-se, por certo, cruel a imposição de castigo físico, como a pena de chibatadas, ao mesmo tempo em que se admite como razoável a pena privativa de liberdade. Entretanto, no plano real, pode ser mais brando o recebimento de algumas chibatadas do que a passagem de alguns dias por celas imundas, infectas e superlotadas.

---

37. "Se é certo, como diz o jargão, que lugar de bandido é na cadeia, menos certo não é que prisões não se confundem com depósitos de gente. Celas concedidas para abrigar dez encarcerados, mas onde recolhidos cem, não são prisões, mas desumanos depósitos de gente" (DIRCEU DE MELLO, Violência no mundo de hoje, p. 883).

38. Ademais, até mesmo a prisão comum, nos termos estritos da lei, não deixa de possuir um caráter degradante e pesaroso, o que LEONARDO MASSUD bem acentua: "não parece ser possível sustentar que mesmo a mais asséptica e espaçosa das prisões deixe de degradar os indivíduos e suas potencialidades. Ainda assim, sabe-se que a pouca inventividade do homem, a sua falta de ousadia e a impossibilidade prática de mudança abrupta nesse campo não permitem o imediato abandono dessa forma de punição" (*Da pena e sua fixação*, p. 87). Noutros termos, permanecemos jungidos à pena privativa de liberdade como um *mal necessário*, que, no entanto, merece ser corretamente instituído e devidamente aplicado.

Essa contradição não poderia jamais existir, mas, lamentavelmente, constitui fruto da realidade brasileira.

Não bastassem as celas superlotadas, surgem alternativas ainda mais indignas e desumanas para contornar o problema carcerário. Fosse fruto da imaginação, apenas para ilustrar o contexto de um texto de defesa dos direitos humanos, já seria chocante. Foi-se além disso, criando-se a prisão de seres humanos em contêineres. Inexiste salubridade mínima, pois nem mesmo a higiene básica pode ser assegurada. Apreciar o princípio da humanidade, fiel serviçal da dignidade da pessoa humana, apenas em tese, é hipocrisia indevida. Cultuar a humanidade implica em tomar medidas eficazes, quando da alçada de competência do órgão estatal, para garanti-la. Diante disso, extrai-se do voto do relator, o seguinte texto, cuidando da prisão em contêiner: "É caso de extrema ilegitimidade; é caso de manifesta ilegalidade. Sobretudo, de manifesta ilegalidade. Como nos descreveu o relatório, estou aqui lhes falando, Srs. Ministros, da prisão à qual, são palavras dos impetrantes, falta efetiva fundamentação, e da prisão, são também palavras das últimas informações a nós prestadas, que está sendo cumprida num contêiner. Observem, Senhores, num contêiner. Num contêiner! Isso é impróprio e odioso, ou não é caso de extrema ilegalidade? É cruel, disso dúvida não tenho eu: entre nós, entre nós e entre tantos e tantos povos cultos, não se admitem, entre outras penas, penas cruéis (Constituição, art. 5.º, XLVII, *e*). (...) Isso é humilhante e intolerável! Pois se tal já resultou em reclamação, reclamo eu também. Reclamo e protesto veementemente, porquanto em container se acondiciona carga, se acondicionam mercadorias, etc.; lá certamente não se devem acondicionar homens e mulheres. Eis o significado de contêiner segundo os dicionaristas: 'recipiente de metal ou madeira, ger. de grandes dimensões, destinado ao acondicionamento e transporte de carga em navios, trens etc.', 'cofre de carga', 'grande caixa (...) para acondicionamento da carga geral a transportar'. Decerto somos todos iguais perante a lei, e a nossa lei maior já se inicia, e bem se inicia, arrolando entre os fundamentos, isto é, entre os fundamentos da nossa República, o da dignidade da pessoa humana. (...) Se assim é – e, de fato, é assim mesmo –, então a prisão em causa é inadequada e desonrante. Não só a prisão que, aqui e agora, está sob nossos olhos, as demais em condições assemelhadas também são obviamente reprováveis. Trata-se, em suma, de prisão desumana, que abertamente se opõe a textos constitucionais, igualmente a textos infraconstitucionais, sem falar dos tratados e convenções internacionais sobre direitos humanos (Constituição, art. 5.º, § 3.º). Basta o seguinte (mais um texto): 'é assegurado aos presos o respeito à integridade física e moral' (Constituição, art. 5.º, XLIX). É desprezível e chocante! Não é que a prisão ou as prisões desse tipo sejam ilegais, são manifestamente ilegais. Ilegais e ilegítimas. Ultrapassamos o momento da fundamentação dos direitos humanos; é tempo de protegê-los, mas 'para protegê-los, não basta

CAP. IV • PRINCÍPIOS CONSTITUCIONAIS PENAIS E ENFOQUES PROCESSUAIS PENAIS | **179**

proclamá-los'. Numa sociedade igualitária, livre e fraterna, não se pode combater a violência do crime com a violência da prisão. Quem a isso deixaria de dar ouvidos? Ouvindo-o a quem? A Dante? 'Renunciai as esperanças, vós que entrais'" (STJ, HC 142.513-ES, 6.ª T., rel. Nilson Naves, 23.03.2010, v.u.).

A concretude do princípio da humanidade depende da clara conscientização dos Poderes do Estado, mais particularmente do Judiciário. Registre-se, ainda, a possibilidade de se atingir outras penas consideradas cruéis no cenário real – e não apenas no trato abstrato da matéria. O presídio superlotado, onde reine a insalubridade, a violência sexual, as doenças infectocontagiosas, a carência de assistência médica e de alimentação adequada, dentre outros males, pode levar o preso à morte. Assim ocorrendo, estar-se-ia diante da pena de morte, aplicada na prática, mas rejeitada em teoria.

Esquecer-se do preso, sem zelo pelo tempo de recolhimento, sobretudo quando nem mesmo o processo-crime é terminado, perpetuando-se uma reles prisão cautelar, constitui nítida ofensa à humanidade. Está-se *criando*, na prática, a pena de caráter perpétuo.

Os trabalhos forçados podem advir da caótica situação de presídios, onde o detento é *obrigado* a trabalhar para o funcionamento mínimo do estabelecimento. Se o Estado proíbe o labor forçado, considerando-o somente uma das formas ideais para o cumprimento da pena,[39] não pode constranger o preso a cuidar de si mesmo, sob pena de perecimento.

Ainda no contexto da crueldade, o desleixo no controle da população carcerária pode levar o crime organizado a assumir, na prática, o destino do presídio, com isso instalando regime rigoroso e injusto. A submissão de outros detentos a normas desumanas e incivilizadas é outra forma de consolidação da existência de penas cruéis, em pleno desenvolvimento, no Brasil.

1.1.4.2 A humanidade na jurisprudência

1.1.4.2.1 Progressão de regime

• STJ: "O Plenário do Supremo Tribunal Federal, no julgamento do HC 82.959/SP, declarou inconstitucional o óbice contido na Lei 8.072/90,

---

39. "O trabalho do condenado, como dever social e condição de dignidade humana, terá finalidade educativa e produtiva" (art. 28, *caput*, Lei de Execução Penal). Considera-se o trabalho obrigatório (art. 31 c. c. art. 39, V, LEP) como meta de reeducação e maneira de manter o sentenciado em produtiva ocupação. Há, logicamente, diferença entre *forçado* (constrange-se com medidas punitivas severas) e *obrigatório* (constitui um dever, cujo exercício demonstra regeneração e aptidão para receber benefícios).

que veda a progressão de regime prisional aos condenados pela prática dos crimes hediondos ou equiparados, tendo em vista os princípios constitucionais da individualização, da isonomia e da humanidade das penas, sendo que, com a publicação da Lei 11.464/2007, restou afastado do ordenamento jurídico o regime integralmente fechado antes imposto aos condenados por crimes hediondos, assegurando-lhes a progressividade do regime prisional de cumprimento de pena" (HC 77.591-MS, 5.ª T., rel. Laurita Vaz, 03.04.2008, v.u.).

1.1.4.2.2 Cumprimento da pena privativa de liberdade em presídio federal

- STJ: "1. Segundo a Lei n.º 11.671/08, a inclusão do preso em presídio federal de segurança máxima será excepcional. Também excepcional é a renovação do prazo de permanência, consoante preceitua o § 1.º do art. 10. 2. O condenado foi transferido para o sistema prisional federal em 30/11/2007 e lá se encontra até hoje aguardando a solução de possível recambiamento. São, portanto, mais de três anos submetido às condições típicas das unidades penitenciárias de segurança máxima, com rigoroso regime de isolamento diário e distanciamento da família. Condições essas que, segundo a própria lei, determinam o caráter excepcional da prorrogação do prazo. 3. Se é verdade que a segurança pública deve ser resguardada, não menos importante é que a nossa Carta Política erige como direito fundamental o Princípio da Humanidade das Penas, consectário de um dos fundamentos da República: a dignidade da pessoa humana. 4. A medida de inserção do apenado, a essa altura, no Presídio Federal, não anda em consonância com a proporcionalidade em sentido estrito. Isso porque, realizada a ponderação dos valores, da segurança pública, de um lado, e, de outro, o direito individual à humanidade das penas – este agregado ao caráter excepcional do cumprimento em regime penitenciário federal –, tem-se que o primeiro cede lugar ao segundo, uma vez que, no caso concreto, o condenado já ultrapassa três anos de permanência no rigoroso regime de segurança máxima. 5. Conflito conhecido para declarar competente o Juízo da Vara Federal e Juizado Especial Federal Criminal Adjunto de Lajeado, Seção Judiciária do Rio Grande do Sul, o suscitante, para a execução da pena de Roberto Tenório Bezerra, o qual deverá ser recambiado do Presídio Federal de Campo Grande/MS" (CC 113.271/RS, 3.ª Seção, rel. Og Fernandes, j. 13.04.2011, *DJe* 21.03.2012).
- STJ: "É constitucional a resolução que permite o cumprimento, em estabelecimento federal, sob competência do Juízo de Execução

CAP. IV • PRINCÍPIOS CONSTITUCIONAIS PENAIS E ENFOQUES PROCESSUAIS PENAIS | 181

Criminal da Justiça Federal, de pena imposta por decisão da Justiça Estadual. As penas privativas de liberdade devem ser executadas com respeito à integridade física e moral do preso, proibidas as penas cruéis. Constatada a observância aos preceitos reguladores do cumprimento da pena, contidos na Constituição da República e na Lei de Execução Penal, torna-se descabida a alegação de ilegalidade. O direito ao cumprimento da pena em local próximo ao seio familiar, de modo a facilitar a ressocialização do condenado não é absoluto, podendo ser ultrapassado por decisão do Juízo da Execução, sobretudo se fundamentado no resguardo da segurança pública" (HC 77.835-PR, 5.ª T., rel. Jane Silva, 20.09.2007, v.u.).

1.1.4.2.3 Viabilidade da prisão domiciliar

- TJGO: "Em não havendo na Comarca estabelecimento adequado para o cumprimento da pena no regime aberto, torna-se viável a concessão, em caráter excepcional, da prisão domiciliar ao condenado, em respeito aos princípios da dignidade humana e da humanidade das penas." (Ag 369388-42.2010.8.09.0097 – GO, 1.ª C.C., rel. Elizabeth Maria da Silva, 22.03.2011, v.u.).

- TJRJ: "Malgrado inexistência de estabelecimento prisional no município de Magé, é legítima, diante da excepcionalidade do caso em comento, a concessão de prisão domiciliar ao reeducando, porquanto não pode o mesmo suportar os prejuízos da ineficiência do Estado nem cumprir sua pena em regime mais gravoso, sob pena de ofensa aos princípios da legalidade, individualização e humanidade da pena, corolários da dignidade humana insculpida no art. 1.º, III, da Carta Federal. Esse, aliais, tem sido o entendimento espelhado nos precedentes desta Colenda Corte e da Corte Superior do país" (Ag 0045776-38.2011.8.19.0000 – RJ, 7.ª C.C., rel. Maria Angélica Guedes, 04.10.2011).

- TJRJ: "Nosso estado do Rio de Janeiro atualmente possui poucas unidades compatíveis com o regime aberto, estas situadas em apenas alguns municípios, não fornecendo o estado subsídio para passagem de ônibus e sendo inviável física e financeiramente sua ida e vinda diária à casa de albergado, salientando-se que sua não apresentação seria classificada como evasão, o que poderia acarretar inclusive regressão de regime. O condenado não pode ser prejudicado pela displicência estatal. O princípio da dignidade da pessoa humana assume primazia no sopesamento com a legalidade, até porque, trata-se de uma solução excepcional. Não basta a simples interpretação restritiva da norma penal, é necessário que o julgador deve se manter atento ao princípio da humanidade das penas, buscando reduzir minimamente sua natureza cruel e, evitando transferir ao condenado os perversos efeitos do descaso e ineficiência do poder público diante do insolúvel problema do encarceramento. A distância entre o local do estabelecimento prisional e a cidade em que o agravado reside, sua precária situação econômica, bem como o fato de que o mesmo só possui a presente condenação, são razões que excepcionalmente autorizam a concessão da prisão domiciliar" (Ag 0024351-52.2011.8.19.0000 – RJ, 7.ª C.C., rel. Siro Darlan de Oliveira, 09.08.2011).

- TJRS: "Apenada idosa, portadora de hipertensão arterial, já em condições de progredir ao regime aberto e gozando de serviço externo. Recolhimento em cela lotada, em que precárias as condições de controle e monitoramento da moléstia que padece. Observância aos princípios da dignidade humana e da humanidade no tratamento penal. Possibilidade de prisão domiciliar. Ordem concedida" (HC 70032260002-RS, 5.ª C.C., rel. Luiz Gonzaga da Silva Moura, 07.10.2009, v.u.).

- TJRS: "Prisão domiciliar: cabimento diante das precárias situações da casa prisional e da ausência de casa do albergado. Não há violação ao disposto na LEP: trata-se de dar efetividade aos direitos expressos na própria legislação e, em especial, na gama de direitos assegurados pela Constituição da República – humanidade das penas, dignidade da pessoa humana etc." (Agravo 70024208407-RS, 5.ª C.C., rel. Amilton Bueno de Carvalho, 18.06.2008, v.u.).

- TJRS: "Se, de regra, não se defere prisão domiciliar a apenado do regime semiaberto, o mesmo já não se põe diante de situações especialíssimas, sobre as quais não teria como descer o legislador infraconstitucional, nas quais a aplicação fria da lei implicaria desconsideração de princípios superiores, como o da humanidade no tratamento penal e dignidade da pessoa humana. Hipótese de apenado em estado físico terminal (metástases neoplásicas), atestado por laudo médico próprio, para o que indicado acompanhamento próximo e permanente por familiares, como forma de lhe proporcionar condições para mais suave desfecho para sua existência. Ordem concedida, com confirmação de liminar" (HC 70023792021-RS, 7.ª C.C., rel. Marcelo Bandeira Pereira, 17.04.2008, v.u.).

1.1.4.2.4 Extensão da medida de segurança

- STJ: "Em se tratando de medida de segurança, o entendimento do eg. Superior Tribunal de Justiça, por sua 6.ª Turma, tem sido o de que, em atenção aos princípios da humanidade e da proporcionali-

CAP. IV • PRINCÍPIOS CONSTITUCIONAIS PENAIS E ENFOQUES PROCESSUAIS PENAIS | **183**

dade, as medidas de segurança não devem ultrapassar o máximo da pena prevista em abstrato para a prática de determinado delito (HC 200901458955, rel. Min. Og Fernandes)" (TRF2, Agravo em Execução 2008.50.01.002405-6, 2.ª T., rel. Messod Azulay Neto, j. 03.07.2012, *DJ* 13.07.2012).

1.1.4.2.5 Progressão de regime para estrangeiro

• TJSP: "Progressão ao regime semiaberto deferida à sentenciada estrangeira. Admissibilidade. Conforme respeitável jurisprudência dos Tribunais Superiores, viola a humanidade da pena e a dignidade do preso excluir o estrangeiro do sistema progressivo (art. 112, LEP) e de benefícios em execução penal. Há direito de cumprir pena conforme a lei brasileira, que não veda a progressão sequer aos crimes hediondos, o que é reconhecido ao estrangeiro enquanto titular de direitos fundamentais, a exemplo da já citada humanidade das penas e de sua individualização. Análise da progressão pautada pelos requisitos do art. 112 da LEP, preenchidos pela agravada, que inclusive já usufruiu de saída temporária sem intercorrências. Inexistência, ademais, de decreto de expulsão. Agravo ministerial não provido" (Agravo em Execução 0026480-30.2014.8.26.0000, 2.ª C., rel. Diniz Fernando, j. 03.11.2014, *DJ* 11.11.2014).

1.2 Concernentes ao indivíduo

1.2.1 *Princípio da personalidade ou da responsabilidade pessoal e princípio consequencial da intranscendência*

1.2.1.1 *Conceito e amplitude*

A personalidade de uma pessoa é o espelho fiel de sua individualidade, atributo que a torna singular, única e exclusiva em sua comunidade. Preservar a pessoalidade é dever do Estado Democrático de Direito, furtando--se à padronização de condutas e imposições, mormente no campo penal. Ademais, ainda que advenha condenação, com base em crime praticado, a individualização da pena – outro princípio constitucional – assegura a justa e personalista aplicação da pena.

Dentre os fins democráticos da República Federativa do Brasil encontra-se a preservação da dignidade da pessoa humana, que possui, dentre seus lastros, o foco da liberdade individual, com vistas a abonar a busca incessante pela paz de espírito e felicidade interior. Seres humanos não se sentem realizados quando tratados, pelo Estado, com desdém e de forma estandardizada. Não é à toa que se tem por meta afiançar a liberdade de pensamento, crença, culto, ir e vir, reunir-se, além de sustentar a inviolabilidade de espaços privativos e exclusivos de construção da pessoalidade humana, como a intimidade, a vida privada, o domicílio, o sigilo das comunicações, dentre outros.

Por outro lado, o aberto combate à discriminação, ao racismo e às desigualdades sociais tem por finalidade a construção de uma sociedade livre, justa e solidária (art. 3.º, I, CF), calcada, certamente, em respeito harmônico e pleno à liberdade individual. Considerando-se a existência do ser humano como ente único, pode-se cuidar da erradicação das desigualdades e da luta contra fatores discriminatórios. Fossem todos tratados em padrões genéricos, sem a preservação do espaço privado, descaberia tanto cuidado com o preconceito, fundado em elementos passíveis de indicar, justamente, a individualidade humana: raça, sexo, cor, idade e outros atributos (art. 3.º, IV, CF).

A personalidade demanda garantias variadas, uma das quais se calca na responsabilidade penal pessoal. Do mesmo modo em que se busca preservar o patrimônio, por exemplo, de quem, honestamente, o ajuntou, trata-se de punir quem o subtrai indevidamente. Assegurar o patrimônio, como um dos direitos individuais, tem duplo aspecto: permite-se a sua formação lícita; pune-se a sua subtração ilícita.

A medida exata e justa da punição somente pode concentrar-se na pessoa do autor do ilícito, sem se expandir para outros indivíduos, por mais próximos que sejam ou estejam do criminoso. A pessoalidade do abono ao direito individual é contraposta à justeza da punição do infrator. Por isso, "nenhuma pena passará da pessoa do condenado, podendo a obrigação de reparar o dano e a decretação do perdimento de bens ser, nos termos da lei, estendidas aos sucessores e contra eles executadas, até o limite do valor do patrimônio transferido" (art. 5.º, XLV, CF).

1.2.1.2 A medida penal do princípio

Na órbita penal, a sanção converge para um único ponto: a pessoa do condenado. As penas aplicadas devem respeitar, na absoluta precisão do termo, a individualidade humana. Portanto, ao autor do crime destina-se a medida repressiva e preventiva do Estado, fundando-se em fatores variados. Preserva--se a família e todos os demais, que possuam algum vínculo com o acusado.

É natural supor, entretanto, dentro do lógico entrelaçamento de contatos humanos em sociedade, a prejudicialidade da aplicação da pena em relação a terceiros. Por tal razão, deve-se subdividir a consequência da sanção penal em prejudicialidade direta e indireta.

De maneira *direta*, o estabelecimento da pena gera restrições lesivas à liberdade individual ao condenado. O cumprimento de pena privativa de liberdade, restritiva de direitos ou pecuniária termina por implicar em afetação de direitos individuais, tais como a liberdade de ir e vir ou da livre disposição do patrimônio.

De maneira *indireta*, a fixação da pena pode produzir lesões a pessoas diversas do sentenciado, mas que com ele convivem ou dele dependem. Os familiares podem ser privados, por algum tempo, do sustento habitual, caso o condenado seja o provedor do lar; o patrão pode ver-se despojado de seu empregado, ocasionando-lhe perdas de qualquer forma; os pais podem ser tolhidos do convívio com o filho, dando origem a sofrimentos morais ou mesmo patrimoniais; os alunos podem sofrer a perda do professor etc. No universo rico e complexo das relações humanas, a condenação criminal apresenta a possibilidade de desencadear prejuízos de toda ordem. Porém, não é esta a medida da responsabilidade pessoal no campo penal. O princípio tem por fim exclusivo assegurar que a punição *direta* do Estado em relação ao indivíduo não se espraie, atingindo terceiros, não participantes do delito.

No mais, a nocividade relativa e indireta da pena, no contexto social, é um mal necessário, impossível de ser evitado, dada a natureza do crime e sua dimensão presente e incontornável.

Essa visão personalista da aplicação da pena contribui para elidir um dos argumentos contrários à responsabilidade penal da pessoa jurídica. No cenário dos crimes ambientais, quando criminalmente punida a pessoa jurídica, com as penas a ela compatíveis, de forma *direta*, apenas esta é prejudicada. Os sócios, não participantes *diretos* da prática criminal, logo, não processados criminalmente, não são afetados. Continuam com suas liberdades individuais absolutamente preservadas. Se, porventura, punida a empresa, os lucros diminuem e, por via de consequência, os rendimentos dos sócios igualmente, trata-se de prejudicialidade indireta. O mesmo fator se dá com a família do preso, quando este é o provedor principal da casa. Nem por isto, a responsabilidade pessoal deixou de ser fielmente observada.

Por outro lado, o respeito à personalidade da pena será vilipendiado, caso se decida cobrar a pena de multa, aplicada ao condenado, de seus herdeiros. A polêmica surgiu, a partir da modificação do art. 51 do Código Penal, pela Lei 9.268/96, passando à seguinte redação: "Transitada em julgado a sentença condenatória, a multa será considerada dívida de valor, aplicando-se-lhe as normas da legislação relativa à dívida ativa da Fazenda Pública, inclusive no que concerne às causas interruptivas e suspensivas da prescrição".

É certo ter-se encaminhado a jurisprudência do Superior Tribunal de Justiça pela competência das Varas Cíveis, em lugar das Criminais, para a cobrança desse valor, mesmo que decorrente de condenação penal. Entretanto, não se pode justificar a transformação da pena em restrição patrimonial de caráter civil, possibilitando, em tese, a busca de satisfação, a despeito da morte do devedor.

Há dois argumentos para tanto: a) a referida Lei 9.268/96 buscou evitar a conversão da pena pecuniária em prisão, como autorizada a anterior redação do art. 51, dando margem a abusos e a injustificadas conversões em detenção. Logo, passou a considerar a multa como dívida de valor, aplicando-se as regras de execução dos débitos fazendários; com isso, evitar-se-ia, de vez, qualquer tentativa de conversão da multa não paga em prisão. *Considerar* como dívida civil não significa *transformar* em dívida civil. Firmar a competência do cível para a execução *como se fosse* dívida fazendária não quer dizer alterar a *natureza jurídica* da sanção. Originária de condenação penal, produzida pelo devido processo legal, em virtude de *crime* cometido, destina-se às medidas repressivas e preventivas do Estado. É intolerável alterar-se o nascedouro da sanção, advinda da prática do delito, somente pelo fato de se ter buscado outra forma de execução; b) cuidando-se de real alteração, somente para argumentar, trazida pela Lei 9.268/96, permitindo a "conversão" da pena, de origem criminal, em sanção civil, meramente reparatória, com possibilidade de buscar a sua satisfação em relação à herança do morto, está-se diante de nítida inconstitucionalidade. A lei ordinária não tem o condão de alterar preceito constitucional. Se a responsabilidade penal é *pessoal*, por óbvio não pode, jamais, atingir inocentes, não participantes do crime. A multa aplicada por juiz criminal advém da prática delituosa; assim, em lugar de pena pecuniária, poderia ser privativa de liberdade. Ora, morto o condenado, cessa, de imediato, o interesse punitivo estatal, pois a pena não passará da pessoa do delinquente. Pouco importa se é constituída por multa, por prisão ou qualquer outra forma de restrição à liberdade individual. A permissão eventualmente concedida à cobrança da multa dos herdeiros do condenado falecido pode abrir as portas para a idêntica exigência de outras penas, tal como ocorre com a prestação pecuniária (art. 45, § 1.º, CP). Fixada em pecúnia, porém fruto do cometimento do delito, além de resultar da conversão de pena privativa de liberdade em restritiva de direitos, poderia ela, também, ser cobrada dos herdeiros, no limite da herança, caso morto o sentenciado. Outra ilogicidade e inconstitucionalidade. Enfim, pouco importa o conteúdo do art. 51 do Código Penal, pois o simples fato é que se trata de sanção penal; assim sendo, nunca poderá passar da pessoa do condenado; morto este, cessa a sua punibilidade e ninguém mais poderá arcar com esse peso.

1.2.1.3 *A medida extrapenal do princípio*

O crime constitui ato ilícito, com reflexos em outros ambientes extrapenais. Do delito pode advir danos materiais e morais, além da eventual

CAP. IV • PRINCÍPIOS CONSTITUCIONAIS PENAIS E ENFOQUES PROCESSUAIS PENAIS | **187**

multiplicação de condutas proibidas. Por isso, o princípio da responsabilidade pessoal ou da personalidade não tem por finalidade conceder imunidade geral e absoluta ao delinquente.

A obrigação civil de reparar o dano originário da prática da infração penal está fora do cenário penal; considerando-se dívida civil, nos moldes de qualquer outra, pode estender-se aos herdeiros, nos limites do patrimônio transferido pelo sentenciado falecido.

Aliás, a reforma processual penal, introduzida pela Lei 11.719/2008, permitiu o ajuizamento da ação civil *ex delicto* ao mesmo tempo que a ação penal e perante idêntico juízo criminal. Apresentada a denúncia ou queixa-crime, visando-se à condenação e imposição de pena, admite-se possa a vítima do delito inserir pedido condenatório, de natureza civil, nos autos. Ao final, respeitado o devido processo legal, podendo o réu manifestar-se tanto em relação à imputação criminal quanto ao pedido civil de reparação do dano, o magistrado tem a possibilidade de emitir decisão condenatória de dupla finalidade: impor a sanção penal e determinar a reparação do dano. Findo o processo-crime, em fase de execução, imagine-se ocorrer a morte do sentenciado. A execução da pena criminal esvai-se por completo, extinguindo-se a punibilidade. Entretanto, a reparação do dano poderá ser cobrada dos herdeiros, se herança houver para sustentá-la. Nesta hipótese está-se cuidando de dupla condenação (criminal e civil) e não de uma única (criminal), embora convertida em pecúnia, por razões de política criminal do Estado.

Além disso, a responsabilidade civil pode ser objetiva, não correspondendo à responsabilidade penal, que é sempre subjetiva. Se alguém sofrer violência policial, independentemente de se identificar o agente, para fim de processo-crime, por abuso de autoridade, cabe ação civil indenizatória contra o Estado.

O mesmo se diga em relação aos efeitos da condenação, no tocante ao confisco dos bens ilicitamente auferidos pelo condenado. Perde-se, em favor da União, ressalvado o direito da vítima ou do terceiro de boa-fé, "os instrumentos do crime, desde que constituam em coisas cujo fabrico, alienação, uso, porte ou detenção constitua fato ilícito" e "o produto do crime ou de qualquer bem ou valor que constitua proveito auferido pelo agente com a prática do fato criminoso" (art. 91, I e II, CP).

Corretos são os referidos dispositivos, obedecendo a uma lógica do sistema normativo penal, consistente em se vedar o uso, por qualquer forma, de coisas proibidas, tais como armas de fogo, drogas, moedas falsas, explosivos etc. Portanto, se a mera posse de arma de fogo vedada por lei consiste crime, torna-se natural a perda, em favor do Estado, dos instrumentos do delito, quando caracterizados exatamente pelo objeto ilícito.

Sob outro aspecto, em perfeita harmonia com outras normas gerais de Direito, veda-se o enriquecimento ilícito ou sem causa justa, motivo pelo qual seria completamente despropositado permitir-se o lucro ou o ganho decorrente de atividade delituosa. Tal fundamento lastreia a perda em favor do Estado do produto do crime (tudo o que resultar diretamente da infração penal) ou de qualquer proveito auferido pela prática do delito (tudo o que resultar indiretamente da infração penal).

As medidas cautelares processuais penais compõem os instrumentos dos órgãos estatais – e também da vítima – para resguardar a futura possibilidade de confisco dos instrumentos do crime, do produto ou do proveito do delito e, ainda, de patrimônio lícito do agente, desde que voltado à reparação do dano.

Vale-se o Estado da apreensão de bens móveis e do sequestro de bens móveis e imóveis (arts. 125 a 127 do CPP) para tomar do acusado ou de terceiro as coisas visadas para confisco.

1.2.1.4 Correlação entre responsabilidade pessoal e culpabilidade

A correspondência entre os princípios da responsabilidade pessoal e da culpabilidade concentra-se no seguinte foco: a punição penal deve voltar-se ao agente do crime, com exclusividade, pois somente ele atua com dolo ou culpa.

Desse modo, há perfeita lógica entre a garantia de que a pena não passará da pessoa do delinquente e a inviabilidade de se acolher como crime a conduta despida de dolo ou culpa. Tomando-se como ilustração o problema relativo à apresentação de denúncia genérica, verifica-se a impossibilidade de se promover a ação penal de maneira generalizada, contra vários pretensos coautores ou partícipes, *presumindo-se* dolo ou culpa, pois, se assim ocorrer, estar-se-á punindo pessoas a título de responsabilidade penal objetiva. E a pena passará da pessoa do criminoso, visto que somente há crime se houver dolo ou culpa.

Por outro lado, admite-se a denúncia genérica, quando se consegue comprovar a atuação dolosa ou culposa de várias pessoas, ainda que não se tenha elementos suficientes para demonstrar, com detalhes, a particular conduta de cada uma delas.

Noutras palavras, havendo prova suficiente do dolo ou da culpa, no cenário de concurso de pessoas, pode-se apresentar peça acusatória genérica, pois a pena não passará da pessoa do delinquente, afinal, todos os imputados podem ser criminosos, alguns atuando como coautores, outros, como partícipes. A medida da pena faz parte do contexto da individualização, outro dos princípios penais a ser respeitado, mas diverso da responsabilidade penal pessoal.

CAP. IV • PRINCÍPIOS CONSTITUCIONAIS PENAIS E ENFOQUES PROCESSUAIS PENAIS | 189

1.2.1.5 Correção entre responsabilidade pessoal e intranscendência

O princípio da intranscendência, no processo penal, assegura que a ação somente seja proposta contra quem tiver atuado, efetivamente, como autor (ou partícipe) do crime. Cuida-se de decorrência e fiel observância do princípio penal de que a punição não ultrapasse a pessoa do delinquente.

Logo, ilustrando, denunciar o pai, porque o filho cometeu um roubo, ainda que afirmando omissão, torna-se excessivo e abusivo, pois a pena deve atingir somente o autor da infração penal. O genitor do acusado, mesmo que seja considerado garantidor da segurança do filho menor (art. 13, § 2.º, *a*, CP), não é garantidor da segurança pública. Portanto, se praticado o fato delituoso, deve constar da peça acusatória unicamente a pessoa que, no futuro, poderá receber, com justiça, a pena. No caso, o autor do roubo; jamais pessoa a ele próxima por laços de sangue ou afinidade.

1.2.1.6 A responsabilidade pessoal na jurisprudência

1.2.1.6.1 Exigência

a) Denúncia genérica

- STF: "Inépcia da denúncia. A denúncia deve projetar todos os elementos – essenciais e acidentais – da figura típica ao caso concreto. No caso concreto, a denúncia não passa por esse teste. Transcrição de interceptações, sem narrativa clara da conduta tida por típica. Falta de explicitação dos limites de responsabilidade de cada réu. Ausência de descrição do fim especial requerido pelo tipo penal – obter voto. 6. Denúncia rejeitada por inepta" (Inq. 3.752/DF, 2.ª T., rel. Gilmar Mendes, 26.08.2014, v.u.).

- STF: "Inteligência do art. 5.º, incs. XLV e XLVI, da CF. Aplicação do art. 41 do CPP. Precedentes. É inepta a denúncia que remete a individualização e delimitação das condutas a relatório formulado por Comissão de Inquérito do Banco Central, se este afasta, expressamente, a responsabilidade do acusado" (HC 95.507, 2.ª T., rel. Cezar Peluso, 09.03.2010, v.u.).

b) Correlação com culpabilidade

- STJ: "A ilusão fiscal, concernente ao crime de descaminho, deve ser apurada em relação a cada um dos adquirentes das mercadorias internalizadas conjuntamente dentro de dado veículo. Caso contrário, tem-se por violado o princípio da culpabilidade, determinante da responsabilidade pessoal de cada um dos agentes do delito." (HC 121.264 – RS, 6.ª T., rel. Maria Thereza de Assis Moura, 16.04.2009, m.v.).

1.2.1.6.2 Não configuração

a) Possibilidade do confisco

- TFR-3.ª R.: "Nos termos do art. 91 e art. 119 do CPP, os instrumentos do crime que consistam em coisas cujo fabrico, alienação, uso, porte ou detenção constitua fato ilícito, e o produto ou proveito do crime serão confiscados em favor da União, com a sentença penal condenatória." (ACR 22.867, 5.ª T., rel. Baptista Pereira, 15.06.2009, v.u.).
- TFR-3.ª R.: "Não podem as coisas a que se refere o art. 91 do CP, mesmo depois de transitar em julgado a sentença, ser restituídas, haja vista que se encontram sujeitas à pena de perdimento em favor da União, salvo se pertencerem ao lesado ou a terceiro de boa-fé, o que não é a hipótese dos autos." (ACR 344.773, 5.ª T., rel. Baptista Pereira, 22.06.2009, v.u.).
- TFR-3.ª R.: "Restou inequívoco o nexo de instrumentalidade entre o tráfico internacional de drogas e a efetiva utilização, direta e intencional, do veículo como instrumento do crime, atendido o critério que determina o perdimento do bem em favor da União. Inteligência dos arts. 243, parágrafo único, da CF, art. 34, da Lei 6.368/76, art. 91, II, *b*, do CP e arts. 46 e 48, § 5.º da Lei 10.409/02." (ACR 31806, 2.ª T., rel. Henrique Herkenhoff, 16.09.2008, v.u.).
- TFR-3.ª R.: ". O decreto da perda dos instrumentos do crime e qualquer bem ou valor que constitua proveito do crime é efeito da condenação, nos termos do Estatuto Penal, artigo 91, inciso II, alínea 'b'." (ACR 17652, 5.ª T., rel. Suzana Camargo, 01.09.2008. v.u.).
- TFR-3.ª R.: "Não há que se falar em nulidade da sentença sob a alegação de indevido decreto de perdimento de bens. A perda decorreu de expressa previsão legal e como efeito da condenação dos réus pela prática dos crimes de lavagem de capitais e tráfico internacional de drogas, nos termos dos artigos 34, da Lei 6368/76 e 91, II, "b", do CP" (ACR 28122, 2.ª T., rel. Henrique Herkenhoff, 27.08.2008, v.u.).
- TFR-3.ª R.: "Impossibilidade de restituição do bem apreendido quando adquirido com os proventos de crime ou utilizado na prática de delitos (CPP, art. 119, e CP, art. 91, II, *a* e *b*)." (ACR 28145, 5.ª T., rel. André Nekatschalow, 10.12.2007, v.u.).

b) Na esfera cível

- TRF-3.ª R.: "1. *In casu*, a denunciada Silvia Aparecida da Silva Rocha ajuizou ação de reparação por danos morais em face da União, em face

CAP. IV • PRINCÍPIOS CONSTITUCIONAIS PENAIS E ENFOQUES PROCESSUAIS PENAIS | 191

da suposta ocorrência de abuso de autoridade decorrente de atuação da autoridade policial em seu escritório imobiliário. 2. Consigne-se que, na hipótese, tratava-se de ação de cunho estritamente indenizatório, de natureza cível, em virtude de hipotético dano causado pela ação da polícia, não havendo a necessária indicação da repercussão na esfera penal de tal ação. 3. Por outro lado, não há, no caso, indicação de responsabilidade pessoal de um determinado agente. 4. Deste modo, seja por se tratar de ação de cunho especificamente cível, relativa a pedido de indenização por responsabilidade objetiva do Estado, seja por não haver imputação de atividade criminosa a ninguém, especificamente, não restou configurado o delito previsto no artigo 339, do Código Penal. 5. Recurso a que se nega provimento" (RSE 3.844/MS 0003844-79.2013.4.03.0000, 5.ª T., rel. Antonio Cedenho, 16.06.2014, v.u.).

1.2.1.6.3 Concurso de pessoas

• TJGO: "Diante da ausência de provas da participação do réu/apelante nas ações criminosas desenvolvidas pelos demais corréus, torna-se inviável estender a condenação, sob pena de violação ao princípio da personalidade" (Ap. 389349-31.2008.8.09.0002 – GO, 1.ª C.C., rel. Avelirdes Almeida Pinheiro de Lemos, 11.10.2012, v.u.).

1.2.1.6.4 Responsabilidade civil independente

• TRF-3.ª R.: "1. *In casu*, a denunciada Silvia Aparecida da Silva Rocha ajuizou ação de reparação por danos morais em face da União, em face da suposta ocorrência de abuso de autoridade decorrente de atuação da autoridade policial em seu escritório imobiliário. 2. Consigne-se que, na hipótese, tratava-se de ação de cunho estritamente indenizatório, de natureza cível, em virtude de hipotético dano causado pela ação da polícia, não havendo a necessária indicação da repercussão na esfera penal de tal ação. 3. Por outro lado, não há, no caso, indicação de responsabilidade pessoal de um determinado agente. 4. Deste modo, seja por se tratar de ação de cunho especificamente cível, relativa a pedido de indenização por responsabilidade objetiva do Estado, seja por não haver imputação de atividade criminosa a ninguém, especificamente, não restou configurado o delito previsto no artigo 339, do Código Penal" (RSE 3.844/MS 0003844-79.2013.4.03.0000, 5.ª T., rel. Antonio Cedenho, *DJ* 16.06.2014).

1.2.1.6.5 Intranscendência

• STJ: "1. A tentativa de apossamento de objetos que permitam ao apenado a comunicação intra e extramuros deve ser punida com a sanção correspondente à falta disciplinar grave consumada, nos termos do artigo 49, parágrafo único, da Lei n.º 7.210/84. 2. Porém, se a tentativa de introduzir aparelho celular dentro do presídio não foi praticada pelo condenado, não pode ele sofrer sanção pela falta grave prevista no art. 50, VII, da LEP. 3. O princípio constitucional da intranscendência impede que a responsabilidade penal ultrapasse a esfera pessoal do agente. 4. Ordem concedida a ordem, parcialmente, de ofício, para desconstituir a homologação da falta disciplinar de natureza grave em razão de sua atipicidade" (HC 241.228/SP, 5.ª T., rel. Moura Ribeiro, 20.03.2014, v.u.).

1.2.1.6.6 Execução penal

a) Punição generalizada

- STJ: "3. A execução penal, tal como ocorre com outros ramos, rege-se não só por regras, mas, também por princípios, que se imbricam, direta ou reflexamente, com princípios constitucionais ou inerentes ao processo penal de conhecimento. 4. Corolário do princípio da culpabilidade, o princípio da personalidade, de matiz constitucional (art. 5.º, XLV, da CF) e que também é conhecido, entre outros nomes, como princípio da intranscendência penal, assume relevo tanto para o processo de conhecimento, quanto para o processo de execução penal. 5. Por esse princípio, fruto de conquista histórica que remonta ao iluminismo, compreende-se que a pena não pode passar da pessoa do autor ou partícipe do crime. 6. O raciocínio que se desenvolveu com o princípio da pessoalidade, no que tange ao cometimento de um delito, deve ser estendido, também, para os casos em que se apura a prática de falta disciplinar no âmbito da execução penal, a despeito da conduta do condenado não se constituir, necessariamente, em um injusto penal. Isso em decorrência das implicações – que podem ser graves – que sofrerá o condenado com a constatação de que determinado fato, que lhe é eventualmente imputado, constitui falta disciplinar. 7. Ainda que sejam fortes as suspeitas de que algum condenado tenha solicitado a terceiros que se lhe enviasse, via correios, aparelho celular ou algum de seus acessórios, tal ilação, por si, desamparada de qualquer outro elemento concreto que indique essa solicitação, não se mostra suficiente para que seja imputada falta disciplinar ao paciente, em razão, sobretudo, da intranscendência penal, cuja aplicação é perfeitamente aceitável em sede de execução penal. 8. *Habeas corpus* não conhecido. Ordem concedida, de ofício, para restabelecer a decisão do Juiz das Execuções Criminais e Corregedoria da Comarca de Marília/SP" (HC 291.774/SP, 6.ª T., rel. Rogerio Schietti Cruz, 10.06.2014, v.u).

CAP. IV • PRINCÍPIOS CONSTITUCIONAIS PENAIS E ENFOQUES PROCESSUAIS PENAIS | 193

1.2.1.6.7 Confusão indevida entre pessoa jurídica e sócio

• STJ: "1. A responsabilidade penal da pessoa jurídica é adstrita às hipóteses previstas na Constituição da República, o que não é o caso dos autos (crimes contra as licitações). 2. A pessoa jurídica tem existência distinta das pessoas de seus sócios, não se podendo presumir que entre elas exista solidariedade. 3. O Princípio da Pessoalidade estabelece que a pena não pode passar da pessoa do condenado (art. 5.º, XLV, da CF). 4. Condenado apenas um dos sócios da pessoa jurídica, pelo cometimento de fraude a licitação, a determinação de não pagamento, pelo ente público, à empresa contratada constitui inadmissível ampliação dos limites da lide. 5. Recurso ordinário provido" (RMS 25.848/RJ, 5.ª T., rel. Moura Ribeiro, 17.12.2013, v.u.).

1.2.2 *Princípio da individualização da pena e princípio correlato da individualização das medidas cautelares processuais penais*

1.2.2.1 *Conceito e importância*

Individualizar significa particularizar uma situação ou tornar alguém individual; quer dizer distinguir uma coisa de outra, a fim de poder compreender, exatamente, o conteúdo, o alcance e a extensão do objeto analisado.[40]

A *pena* é a sanção penal destinada ao condenado, infrator da lei penal, cuja finalidade é multifacetada, implicando em retribuição e prevenção pela prática do crime.

A junção desses termos, constituindo a *individualização da pena*, é essencial para garantir a justa fixação da sanção penal, evitando-se a intolerável padronização e o desgaste da uniformização de seres humanos, como se todos fossem iguais uns aos outros, em atitudes e vivências. Logicamente, todos são iguais *perante a lei*, mas não perante uns e outros. Cada qual mantém a sua individualidade, desde o nascimento até a morte. Esse contorno íntimo deve ser observado pelo magistrado no momento de aplicação da pena.[41]

---

40. Consultar, ainda, para mais detalhes o nosso *Individualização da pena*.

41. "Nem todos os delinquentes culpados do mesmo fato comprometem a sociedade no mesmo grau. Ela tem mais a recear do reincidente, do malfeitor habitual, do que daquele que comete um crime pela primeira vez; as conspirações e os agrupamentos de malfeitores em bandos, ameaçam-na mais perigosamente do que o indivíduo isolado; a malícia, a ameaça e a premeditação causam-lhe maiores perturbações do que o arrebatamento ou a negligência" (JHERING, *A evolução do direito*, p. 385).

194 | PRINCÍPIOS CONSTITUCIONAIS PENAIS E PROCESSUAIS PENAIS – Nucci

O mandamento é constitucional: "a lei regulará a individualização da pena (...)" (art. 5.º, XLVI, CF). Em primeiro lugar, deve-se registrar a imperativa colocação no sentido de que a pena deve ser individualizada – e jamais, por óbvio, padronizada. Em segundo, nota-se ter o constituinte transmitido ao legislador infraconstitucional a tarefa de detalhar o modo pelo qual se fará a necessária individualização.

Noutros termos, torna-se inviável – e seria inconstitucional – que a lei ordinária, a pretexto de individualizar a pena, na ótica legislativa, retire do magistrado qualquer margem razoável de ação. Existe exemplo em nossa legislação, hoje afastado. A prática de latrocínio (art. 157, § 3.º, CP) resultava na aplicação da pena mínima de 20 anos de reclusão. Caso a vítima tivesse menos de 14 anos, aplicava-se o disposto no art. 9.º da Lei 8.072/90, aumentando-se da metade. E, nesse mesmo dispositivo, mencionava-se não poder a pena ultrapassar 30 anos. Ora, se o mínimo é 20, inserindo-se metade, outros 10, atinge-se 30, como pena mínima. E se não há possibilidade de se superar 30 anos, este também é o patamar máximo. A pena única possível é de 30 anos. Tal medida está longe de representar *individualização* da pena; ao contrário, padronizou-se, pois todo condenado por latrocínio, nessa situação, partirá de 30 e chegará a 30, ou seja, não sairá do lugar. O art. 9.º, da Lei 8.072/90, no entanto, foi afastado pela Lei 12.015/2009, que revogou o art. 224, uma referência utilizada pelo mencionado art. 9.º para elevar a pena em metade.

A meta legislativa, ao elaborar o sistema penal, no contexto da aplicação da pena, é garantir instrumentos eficazes para a individualização da pena, permitindo que cada réu possa receber a justa punição pela infração penal cometida.

É fundamental lembrar que a pena não significa, única e tão somente, a escolha do *quantum* a ser aplicado (ex.: entre 6 e 20 anos de reclusão, opta-se por 8). Inclui-se no processo de fixação, a eleição do regime de cumprimento da pena (fechado, semiaberto ou aberto). Além do regime, torna-se preciso abordar as eventuais aplicações de benefícios legais, como, por exemplo, a substituição das penas privativas de liberdade por restritivas de direitos ou multa. Considera-se, por certo, a possibilidade de aplicar a suspensão condicional da pena.

Até o momento, consegue-se visualizar, com clareza, dois momentos para a individualização da pena: o legislativo e o judiciário. O primeiro constrói o tipo penal e escolhe o mínimo e o máximo, em abstrato, previstos para o delito. Opta pelos regimes cabíveis e por eventuais benefícios. O segundo aplica, concretamente, os instrumentos para transformar a pena abstrata em material e adequada, com justiça, ao sentenciado.

Há, entretanto, outra fase relevante, que não pode passar despercebida: a execução penal. Afinal, a pena estabelecida na sentença condenatória, com

CAP. IV • PRINCÍPIOS CONSTITUCIONAIS PENAIS E ENFOQUES PROCESSUAIS PENAIS | **195**

trânsito em julgado, é flexível, conforme o progresso auferido pelo condenado ao longo do cumprimento. Do regime fechado, pode passar ao semiaberto e, deste, para o aberto. Com o instituto da remição (desconto da pena pelos dias trabalhados), o montante aplicada tende a diminuir. Permite-se o livramento condicional, além do indulto e da graça. Enfim, a pena pode apresentar variações durante o seu cumprimento.

Eis a razão pela qual não pode o legislador estabelecer, em lei, parâmetros fixos e padronizadores, em relação ao montante, ao regime ou aos benefícios possíveis. Cada condenado deve passar pelo seu próprio processo de individualização judicial (na sentença condenatória) e de individualização executória (durante o cumprimento da pena).

A Lei 8.072/90 cometeu uma inconstitucionalidade, estabelecendo o regime fechado *integral* para autores de crimes hediondos e equiparados. Ora, vedou-se a progressão e, com isso, o processo natural de individualização executória. Em 2006, o Supremo Tribunal Federal proclamou inconstitucional essa medida, justamente por lesar o princípio da individualização da pena. No ano seguinte, houve lei, que alterou a proibição e passou a tolerar a progressão para todos os presos, embora com prazos mais rigorosos para os condenados por delitos hediondos e equiparados.

A individualização da pena torna o Estado arejado e atencioso, pretendendo visualizar todos os membros da sociedade como indivíduos, com características, interesses e necessidades particulares. Pessoas não podem padecer da padronização, pois são racionais e emocionalmente superiores. Essa é a tarefa primordial do Judiciário na senda criminal.

1.2.2.2 A concretização da pena: quantum, regime e benefícios

Concretizar a pena é atividade judicial, moldada em três estágios. Inicia-se pelo estágio primário, envolvendo a escolha inicial do montante da pena. No primeiro estágio, há a incidência do sistema trifásico, exposto pelo art. 68 do Código Penal: fixa-se a pena-base (art. 59, CP – circunstâncias judiciais); após, lança-se mão das agravantes e atenuantes (arts. 61 a 66, CP – circunstâncias legais); na sequência, aplicam-se as causas de aumento e diminuição da pena (encontradas na Parte Geral e na Parte Especial).

O segundo estágio (secundário) abrange a eleição do regime aplicável, tratando-se de pena privativa de liberdade: fechado, semiaberto e aberto. Leva-se em consideração, para tanto, o art. 59 do Código Penal, porém com foco voltado ao regime e não mais ao *quantum* da pena.

A escolha do regime inicial de cumprimento da pena não é aleatória, nem automática; merece reflexão por parte do julgador. O art. 33, § 2.º, fornece algumas diretrizes: a) condenação a pena superior a 8 anos deve ter o regime fechado inicial; b) condenação superior a 4 até 8 anos pode começar no fechado ou no semiaberto; c) condenação até 4 anos pode comportar qualquer dos três regimes (fechado, semiaberto ou aberto). Buscou-se fixar sempre o regime inicial fechado para o reincidente, mas a Súmula 269 do STJ amenizou tal quadro, permitindo a opção pelo semiaberto, mesmo em caso de reincidência, para penas de até 4 anos, quando favoráveis os requisitos do art. 59.

Como regra, se o julgador opta pela fixação da pena no mínimo legal, porque todos os elementos do art. 59 do Código Penal são favoráveis, deve-se escolher, igualmente, o regime mais brando possível. Esta não é uma regra absoluta, comportando exceções. Afinal, são situações distintas: *quantum* e regime. Como ocorre com o tráfico de drogas, o regime inicial deve ser o fechado, legalmente imposto, embora o magistrado possa conceder pena alternativa (segundo atual orientação do STF). Não há contradição. Quer-se sinalizar da seguinte forma: se o condenado cumprir corretamente a pena restritiva de direitos, não há necessidade de se impor regime carcerário; porém, recusando-se a cumpri-la, o regime para o traficante é o fechado. O crime é grave, mas, pelo montante da pena, pode comportar a pena alternativa, *se* – e somente se – for devidamente cumprida. Não sendo, encaminha-se o sentenciado a um regime severo. Ademais, a jurisprudência majoritária sempre aceitou a concessão do *sursis* a crime hediondo, quando o montante da pena comportasse (ex.: tentativa de estupro, com pena de 2 anos), muito embora o regime inicial fosse o fechado. Acrescente-se que o *regime* é estabelecido no segundo estágio, enquanto o benefício (pena alternativa ou *sursis*), no terceiro, como se verá a seguir.

Uma incoerência, entretanto, deve ser destacada: a fixação do regime semiaberto ou aberto, na sentença condenatória, não comporta, ao mesmo tempo, a vedação ao direito de recorrer em liberdade. Se o réu *mereceu* regime adverso do fechado, torna-se inviável mantê-lo preso até o trânsito em julgado.

Outra contradição, que precisa ser evitada, é a fixação do regime semiaberto, como inicial para o cumprimento da pena, mas, por falta de vaga, recolhe-se o sentenciado no fechado. Se não há vaga, o correto é mantê-lo em liberdade até que se possa encaminhá-lo ao regime correto (ver a jurisprudência no tópico abaixo).

O terceiro estágio (terciário) envolve a aplicação de benefícios, como a substituição da pena privativa de liberdade por restritiva de direitos (art. 44, CP), bem como a aplicação de suspensão condicional da pena (art. 77, CP).

Cada um dos estágios e de suas fases internas necessita ser, convenientemente, motivado, sob pena de afrontar o princípio da individualização da pena, gerando nulidade insanável, como se verá no próximo tópico.

CAP. IV • PRINCÍPIOS CONSTITUCIONAIS PENAIS E ENFOQUES PROCESSUAIS PENAIS | 197

1.2.2.3 A motivação da aplicação da pena

Motivar a decisão significa fornecer, expressamente, as razões pelas quais determinada solução foi adotada ou certa deliberação foi tomada. O fundamento da sentença condenatória constitui a base sobre a qual o magistrado aufere legitimidade, perante a sociedade, para exercer sua função jurisdicional. Aplicar a sanção penal depende de raciocínio, ponderação, bom senso, prudência e sensibilidade, todos os fatores conectados à lei, segundo o princípio da legalidade.

Não por menos, preceitua o art. 93, IX, da Constituição Federal, que serão fundamentadas todas as decisões do Poder Judiciário, sob pena de nulidade. A investidura do juiz depende de aprovação em concurso público ou de nomeação do Presidente da República, ou seja, inexiste participação direta da população. Os magistrados não são eleitos pelo povo, de modo que exercem o poder do Estado em virtude da própria estrutura constitucional criada pela Assembleia Nacional Constituinte, resultando na Constituição de 1988. Entretanto, o mandamento do próprio constituinte, visando, com isso, à conferência de legitimidade ao quase exclusivo monopólio de distribuição de justiça, concentra-se na *motivação* das decisões.

Expressos os motivos pelos quais determinada solução é adotada, a sentença formaliza-se, no mundo jurídico, como resultado de um raciocínio lógico, diante das provas apresentadas, dentro da sensatez e da imparcial análise dos argumentos levantados pelas partes. Condenando-se ou absolvendo-se o acusado, está-se frente ao exercício prático do julgamento humano, que pode ser falível, porém jamais deve ser corrupto ou parcial.

A lei baliza as fronteiras nas quais o juiz pode e deve trabalhar seu raciocínio jurídico, cujo resultado se espelha na decisão tomada, desde que devidamente fundamentada.

A sentença deve conter o relatório, a fundamentação e o dispositivo. No campo penal, quando há referência à motivação, vários magistrados equivocam-se ao concentrar seus esforços para justificar apenas a condenação, vale dizer, a procedência da ação. Faceta extremamente importante da decisão condenatória liga-se à fundamentação da pena, afinal, neste ponto encontra-se o destino do acusado, na prática.

Uma condenação bem fundamentada, porém com aplicação da pena desprovida dos mínimos lastros explicativos da sanção concretizada, é falha e omissa, gerando nulidade insanável. Em qualquer prisma, a concretização da pena necessita de motivação, seja para estabelecer-se no patamar mínimo, seja para encampar montantes mais elevados.

Individualizar motivadamente a sanção penal merecida para cada réu, em concreto, constitui dever do magistrado e direito das partes. Sob tal prisma, envolve-se em inconstitucionalidade a tese segundo a qual a pena, quando aplicada no mínimo legal, dispensa fundamentação. Por quê? Qual dispositivo constitucional lastreia essa posição? Em nosso ponto de vista, inexiste qualquer amparo legal para tanto. A sociedade precisa ser convenientemente informada pelo Judiciário em relação à opção pelo mínimo previsto em lei, afinal, há sempre uma faixa dentro da qual o magistrado pode trabalhar seu bom senso. Não se torna crível que, desse cenário, extraia-se uma presunção de benevolência ou de favorecimento ao acusado.

O prejuízo gerado pela jurisprudência favorável à ausência de motivação, desde que a sanção seja mínima, fomenta a discricionariedade e até mesmo o abuso na aplicação da pena. Acostumando-se a não fornecer explicação lógica às suas decisões, tende o julgador, ao fixar a pena acima do mínimo, igualar-se em postura, deixando de motivar. Ademais, se seus julgados são bem aceitos, sob determinado enfoque não motivado, parece razoável acreditar-se em seu idêntico *bom senso* quando resolver aplicar qualquer punição excessiva.

A fixação da pena obedece a estágios e fases, devendo cada parcela ser devidamente *motivada*. A opção pela pena-base, como primeiro passo, depende da mais ampla capacidade de avaliação da prova existente nos autos, demandando do julgador paciência e equilíbrio. Para tanto, a fase de instrução precisa ser convenientemente desenvolvida, coletando-se dados razoáveis e suficientes para a formação do quadro relativo aos elementos individuais, ligados à pessoa do réu (personalidade, conduta social etc.).

Nesse contexto, cabe ao órgão acusatório contribuir com o Judiciário, indicando as provas a serem produzidas, justamente para constituir base assaz numerosa, indicativa de eleição de pena-base acima do mínimo legal. Em sentido oposto, trabalha a defesa em proposta de provas favoráveis à demonstração de fatores pessoais delimitadores da pena no cerco mínimo. Ao juiz resta o dever de sanar falhas e omissões, colhendo os dados necessários à formação do seu livre convencimento em relação à pessoa do réu, alicerce sobre o qual construirá a pena justa.

Todas as demais fases demandam fundamentação. Essa via-crúcis da aplicação da pena, penoso momento para o julgador, visto ser o coroamento da decisão condenatória, justifica-se integralmente, para que a punição não se dê com base em prepotência e puro arbítrio. Atos motivados são mais bem acolhidos pelos seus destinatários, mormente quando encerram ordens e mandamentos, muitos deles cerceadores da liberdade individual.

Portanto, a motivação da decisão judicial, no cenário penal, compõe o exercício de força estatal, com o contorno da brandura da explicação.

1.2.2.4 *Individualização das medidas cautelares processuais penais*

O princípio constitucional da individualização concentra-se, por certo, na pena; entretanto, cada vez mais o Direito Penal aproxima-se do Processo Penal, provocando a aproximação dos princípios de ambas as áreas das ciências criminais.

Tal medida evidenciou-se, em clareza, após a edição da Lei 12.403/2011, espelhando-se na nova redação do art. 282 do Código de Processo Penal. *In verbis*: "As medidas cautelares previstas neste Título deverão ser aplicadas observando-se a: I – necessidade para aplicação da lei penal, para a investigação ou a instrução criminal e, nos casos expressamente previstos, para evitar a prática de infrações penais; II – adequação da medida à gravidade do crime, circunstâncias do fato e condições pessoais do indiciado ou acusado".

Há fatores nitidamente ligados à aplicação da pena, como exposto pelo art. 59 do Código Penal. A medida cautelar deve ser escolhida, dentre as existentes (art. 319, CPP), conforme a *gravidade do crime*, cujo paralelo se dá com os *motivos, circunstâncias e consequências do crime* (art. 59, CP); *circunstâncias do fato*, em correspondência aos mesmos itens do art. 59, CP (motivos, circunstâncias e consequências do crime); *condições pessoais do indiciado ou acusado*, cujo espelho se dá no tocante aos *antecedentes*, à *conduta social* e *personalidade do agente* (art. 59, CP).

Pela primeira vez, em lei processual penal, estabelece-se, de modo cristalino, o cenário propício à individualização das medidas cautelares, para que não haja a padronização da sua aplicação, gerando a estandardização de indiciados e réus.

Há nove medidas cautelares, alternativas à prisão provisória, conforme dispõe o art. 319 do Código de Processo Penal. Assim, além de dever o magistrado avaliar *se* cabe a aplicação da medida cautelar, conforme critérios de necessidade (art. 282, I, CPP), precisa eleger a mais *adequada* ao indiciado ou réu, no caso concreto.

Criando-se o hábito de individualizar a medida cautelar alternativa, poderá o juiz, nas demais situações de cautelaridade (prisão, sequestro, busca e apreensão etc.), agir da mesma forma, individualizando a restrição de direito, a ponto de se tornar medida justa e indispensável.

Por isso, mais uma vez, reiteramos o nosso entendimento de que o mandado de busca e apreensão genérico, autorizando a polícia a invadir *qualquer residência* de uma favela ou bairro pobre, buscando *qualquer elemento de crime*, torna-se um abuso, que fere a dignidade da pessoa humana.

Em suma, *individualizar* medidas cautelares processuais penais é compatível com a individualização da pena, devendo ser princípio igualmente cultivado na órbita processual penal.

1.2.2.5 *A individualização executória*

Como já mencionado no item 1.2.2.1 supra, a individualização executória da pena é tão importante quanto a individualização judicial, pois o magistrado tem a oportunidade de avaliar o condenado, proporcionando-lhe o cumprimento progressivo da pena, conforme a sua melhora comportamental, um dos objetivos básicos da sanção penal.

Não se pode olvidar, entretanto, os graves desvios sofridos pela execução penal no Brasil, pois o sistema penitenciário não segue os parâmetros legais, acarretando uma enorme disparidade entre o que se prevê no Código Penal e na Lei de Execução Penal e o vivenciado no cotidiano dos presídios.

Alguns pontos merecem especial destaque. Um deles é a falta de vagas no regime semiaberto, em alguns Estado da Federação, particularmente em São Paulo. Cria-se, com isso, um autêntico funil, implicando o deferimento da progressão do regime fechado ao semiaberto, enquanto, na realidade, o preso permanece no fechado, aguardando a abertura de vaga.

Tal situação é abusiva e ilegal, pois o Estado não poderia, jamais, deixar de prover vagas suficientes ao sistema penitenciário, afinal, lida-se com direitos humanos fundamentais.

Para contornar tal situação, vários tribunais optam por conceder ordens de habeas corpus para inserir o preso no regime aberto, enquanto aguarda vaga no semiaberto. Pressupõe-se que, aberta a referida vaga, o sentenciado sofra uma autêntica regressão.

Analisando-se esse cenário, pelo prisma da individualização executória e levando-se em conta o cumprimento progressivo da pena, não se poderia promover essas idas e vindas do condenado. Ele sai do regime fechado diretamente para o aberto, que, na prática, em vários Estados, representa prisão albergue domiciliar, para, depois, retornar ao semiaberto. Imagine-se que, ingressando no aberto, arranje ocupação lícita, reorganize sua vida, inclusive familiar e não cometa nenhuma falta. Qual a razão para retroceder ao regime semiaberto? O único culpado da inexistência da vaga, provocadora da progressão por salto (fechado ao aberto) é o Estado, de modo que não se deve prejudicar o condenado pela situação por ele não criada.

Diante disso, em minha atuação no Tribunal de Justiça de São Paulo, temos defendido que o condenado, no caso de falta de vaga no semiaberto, seja transferido do fechado ao aberto e somente retroceda ao semiaberto (quando surgir a tal vaga) se o juiz da execução penal entender cabível. Noutros termos, o magistrado deve analisar a situação concreta do sentenciado; se estiver cumprindo corretamente a pena no aberto, não promoverá a sua inserção no semiaberto, visto representar verdadeira regressão, sem ter havido qualquer falta para tanto (ver jurisprudência no próximo item).

Outro ponto relevante é a concessão de indulto coletivo, pelo Poder Executivo, fixando, dentre as condições, que o preso não tenha falta grave registrada em seu prontuário nos últimos doze meses, contados da edição do decreto. Cuida-se de prerrogativa constitucional do Presidente da República

CAP. IV · PRINCÍPIOS CONSTITUCIONAIS PENAIS E ENFOQUES PROCESSUAIS PENAIS | **201**

(art. 84, XII, CF), independentemente de aval do Judiciário. A este Poder cabe, apenas, verificar os requisitos e condições estampados no decreto concessivo do benefício e determinar o seu cumprimento.

Entretanto, ferindo-se a individualização executória, sob o prisma da interferência do Poder Executivo, em privilegiar determinados sentenciados, considerados aptos ao perdão parcial ou integral, alguns magistrados insistem em indeferir a concessão do indulto, alegando falta de "merecimento" do preso ou "penas demasiadamente longas", dentre outros motivos insubsistentes.

Inexiste, como regra, nos decretos de indulto coletivo qualquer requisito de ordem subjetiva, dando margem à apreciação discricionária do Judiciário, para conceder ou não a benesse. Portanto, o máximo de subjetividade existente é a verificação do cometimento de falta grave no período determinado pelo decreto. Nada mais.

É preciso lembrar que a indulgência presidencial (aprecie-se ou não) integra o âmbito da execução penal, no cenário da individualização, motivo pelo qual não pode ser ignorada ou contornada pelo juiz (ver jurisprudência no próximo item).

1.2.2.6 A detração e o regime inicial de cumprimento da pena

A detração é um benefício, instituído pelo art. 42 do Código Penal, permitindo que o tempo de prisão provisória, no Brasil ou no exterior (ou de internação), possa ser computado na pena privativa de liberdade ou na medida de segurança. Portanto, em tese, sob o prisma formal, nada tem a ver com a fixação do regime inicial de cumprimento da pena. Noutros termos, se o réu ficou preso por 1 ano e recebeu 5 anos de pena privativa de liberdade, o regime inicial somente poderia ser o semiaberto ou o fechado, mas não o aberto, tendo em vista tratar-se de penalidade superior a 4 anos (art. 33, § 2.º, *b*, CP). Por certo, na execução penal, o sentenciado cumprirá apenas 4 anos, descontado 1 ano de prisão provisória.

Essa posição sempre foi a dominante na doutrina e na jurisprudência. Entretanto, é preciso considerar o advento da execução provisória da pena, que permitiu a progressão de regime, enquanto se aguarda o trânsito em julgado da decisão condenatória. Ora, se o tempo de prisão provisória já está sendo computado para tal finalidade, por que não poderia o juiz dele servir-se para escolher o regime inicial? Eis o exemplo: o acusado fica preso provisoriamente por 2 anos. Condenado por furto, recebe a pena de 5. Sabe--se que ele não poderá cumprir 5, mas somente 3. Tem-se por certo, ainda, a lentidão injusta do Judiciário para julgar o caso definitivamente, motivo pelo qual inserir o réu no regime semiaberto não representa nada mais do que formalismo, pois, assim que proclamada a sentença, ele já pode pedir a transferência ao aberto (antes mesmo do trânsito em julgado). Certo disso, o juiz sentenciante pode justificar na sua decisão tal situação concreta e visível, estabelecendo, desde logo, o regime inicial aberto, evitando-se, com isso, desgaste inútil para a execução provisória da pena.

Ademais, o regime inicial, nos dias de hoje, em muitos locais, representa mero simbolismo, pois, na realidade, o Estado não o coloca em prática. O condenado ao fechado fica em sistema caótico, incompatível com a previsão legal; o destinado ao semiaberto termina aguardando sua vaga no fechado, como se nada houvesse; o sentenciado ao aberto vai direto para casa, em prisão domiciliar, por patente falta de Casa do Albergado. Em face desse quadro comum, no Brasil, é preciso introduzir a detração em seu cenário real – e não fictício – pois a prisão provisória terminou sendo *antecipação de pena*, em decorrência da mórbida lentidão da máquina judiciária.

Se detração é abatimento de pena, nada mais justo que se desconte diretamente na *conta* do regime inicial de cumprimento. Em nome da dignidade da pessoa humana e em contraposição à inércia estatal.

1.2.2.7 A individualização da pena na jurisprudência

1.2.2.7.1 Fundamentação da dosimetria

a) *A motivação permite o estabelecimento da pena acima do mínimo legal*

STF: "1. A dosimetria da pena exige do julgador uma cuidadosa ponderação dos efeitos ético-sociais da sanção e das garantias constitucionais, especialmente a garantia da individualização do castigo. 2. Em matéria penal, a necessidade de fundamentação das decisões judiciais, penhor de *status* civilizatório dos povos, tem na fixação da pena um dos seus momentos culminantes. 3. Não há ilegalidade ou abuso de poder se, no trajeto da aplicação da pena, o julgador explicita, coerentemente, os motivos de sua decisão. O inconformismo do recorrente com a análise das circunstâncias do crime não é suficiente para indicar a evidente falta de motivação ou de congruência dos fundamentos da pena afinal fixada. 4. O quadro empírico da causa impede o imediato estabelecimento da pena-base em 4 (quatro) anos (mínimo legal). Inexistência de afronta às garantias constitucionais da individualização da pena e da fundamentação das decisões judiciais (inciso XLVI do art. 5.º e inciso IX do art. 93 da Constituição Federal de 1988). 5. Recurso ordinário em *habeas corpus* a que se nega provimento" (RHC 97958-RJ, 1.ª T., rel. Ayres Brito, 02.02.2010, v.u.).

STJ: "A individualização da pena, princípio haurido diretamente da Constituição Federal, constitui uma das mais importantes balizas do Direito

CAP. IV • PRINCÍPIOS CONSTITUCIONAIS PENAIS E ENFOQUES PROCESSUAIS PENAIS | **203**

Sancionador e está prevista, também, no artigo 59 do Código Penal, o qual fixa os critérios norteadores da quantidade e da qualidade da sanção estatal a ser aplicada em cada caso concreto. Na hipótese em exame, a pena-base do crime de roubo foi fixada em 6 anos de reclusão, em decorrência da 'forte violência na prática dos delitos', tendo em vista que 'agrediu, cortou, humilhou e ameaçou com violência desmedida, o que indica alto grau de covardia e personalidade antissocial'. Em relação ao segundo crime, ressaltou-se que 'na casa da outra vítima o réu agiu com o mesmo grau de violência e sadismo'. Conquanto não haja o juiz sentenciante particularizado quais circunstâncias foram tomadas, na primeira fase da dosimetria da reprimenda, destacou que o réu perpetrou o crime com violência exacerbada, pois agrediu a vítima de maneira adjetivada de sádica, consubstanciada em ameaças, cortes e humilhações. Tais elementos, que não integram a estrutura do tipo penal, justificam o aumento de pena, na primeira fase da dosimetria, pois revelam especial reprovabilidade da conduta a justificar uma sanção mais rigorosa" (HC 289.392/SP, 6.ª T., rel. Rogerio Schietti Cruz, 07.10.2014, v.u.).

b) *A motivação inexistente ou insuficiente não permite a elevação da pena*

- STF: "A fixação da pena de 30 (trinta) anos de reclusão sem a demonstração de coerência lógico-jurídica entre a fundamentação e o dispositivo da sentença viola os princípios constitucionais da exigência de fundamentação das decisões judiciais e da individualização da pena, insculpidos nos arts. 93, IX, e 5.º, XLVI, da Constituição Federal" (HC 111735 – MG, 1.ª T., rel. Luiz Fux, 11.12.2012, m.v.).

- STF: "A exigência constitucional da individualização da pena implica a necessidade de explicitação dos fatos que justificam a exasperação da sanção penal." (HC 93857-RS, 2.ª T., rel. Cezar Peluso, 25.08.2009, v.u.).

c) *A análise dos benefícios penais integra o processo de individualização da pena*

- STF: "A falta de fundamentação no tocante à denegação do benefício previsto no art. 44 do Código Penal ofende o princípio da individualização da pena." (HC 94.990-MG, 1.ª T., rel. Ricardo Lewandowski, 02.12.2008, v.u.).

d) *O regime de cumprimento da pena é parte integrante da individualização*

- STF: "o Superior Tribunal de Justiça redimensionou a pena imposta ao paciente, quedando silente quanto ao regime inicial para o cumprimento da pena. Ofensa às garantias da individualização da pena e da motivação das decisões judiciais. 3. Ordem parcialmente concedida para que o STJ examine a questão do regime prisional." (HC 96,384-BA, 1.ª T., rel. Carlos Britto, 02.12.2008, v.u.).

- STJ: "Ademais, em respeito aos ditames de individualização da pena e aos critérios de proporcionalidade e razoabilidade, não deve ser tratado de modo idêntico agente que se utiliza de arma branca ou imprópria para a prática do delito de roubo e aquele que faz uso, por exemplo, de revólver, pistola ou fuzil com a mesma finalidade, sendo certo que a diferença entre as condutas deverá ser feita, justamente, no estabelecimento do regime prisional." (HC 208367 – SP, 5.ª T., rel. Marco Aurélio Bellizze, 18.10.2011, v.u.).

e) Relevância da dosimetria da pena

- STF: "O princípio constitucional da individualização da pena (art. 5.º, XLVI, da CR) exige que o Magistrado confira ao delito sanção condizente aos seus contornos objetivos e subjetivos, evitando se dispense a casos diferentes o mesmo tratamento penal" (HC 107501 – GO, 1.ª T., rel. Cármen Lúcia, 03.05.2011, v.u.).

- STF: "O processo de individualização da pena é um caminhar no rumo da personalização da resposta punitiva do Estado, desenvolvendo-se em três momentos individuados e complementares: o legislativo, o judicial e o executivo. Logo, a lei comum não tem a força de subtrair do juiz sentenciante o poder-dever de impor ao delinquente a sanção criminal que a ele, juiz, afigurar-se como expressão de um concreto balanceamento ou de uma empírica ponderação de circunstâncias objetivas com protagonizações subjetivas do fato-tipo. Implicando essa ponderação em concreto uma válida opção judiciária pela prevalência do razoável sobre o racional; ditada pelo permanente esforço do julgador para conciliar segurança jurídica e justiça material." (HC 105047 – RS, 2.ª T., rel. Ayres Britto, 12.04.2011, v.u.).

- STF: "A análise das circunstâncias objetivas e subjetivas que envolvem o delito está sempre a exigir do aplicador da pena o mais detido exame do contexto dos autos. A dosimetria da pena exige do julgador uma cuidadosa ponderação dos efeitos ético-sociais da sanção penal e das garantias constitucionais, especialmente a garantia da individualização da pena." (HC 88.422-RS, 1.ª T., rel. Carlos Britto, 20.03.2007, m.v.).

- STJ: "A dosimetria é uma operação lógica, formalmente estruturada, de acordo com o princípio da individualização da pena. Tal procedimento envolve profundo exame das condicionantes fáticas, sendo, em regra, vedado revê-lo em sede de *habeas corpus* (STF: HC 97.677/PR,

CAP. IV • PRINCÍPIOS CONSTITUCIONAIS PENAIS E ENFOQUES PROCESSUAIS PENAIS | **205**

1.ª Turma, rel. Min. Cármen Lúcia, 29.9.2009 – Informativo 561, 7 de outubro de 2009). Na espécie, as instâncias de origem exasperaram a pena-base, tendo em vista a valoração negativa da personalidade do paciente, bem como a utilização de uma das qualificadoras. Constitui fundamentação adequada para o acréscimo da pena-base, considerar uma das qualificadoras na primeira fase da dosimetria. Todavia, não há como persistir o acréscimo referente à consideração desfavorável da personalidade do paciente, uma vez que feitos em cursos não podem ser utilizados para elevar a pena-base (Súmula 444 do STJ), sendo imprescindível o decote do incremento sancionatório. (...) Ordem concedida, de ofício, a fim de reduzir a pena do paciente para 13 (treze) anos e 6 (seis) meses de reclusão" (HC 301.917/SP, 6.ª T., rel. Maria Thereza de Assis Moura, 06.11.2014, v.u.).

• STJ: "O Magistrado, no momento da individualização da pena, deve analisar o fato em si, para extrair do seu conjunto as nuances necessárias à consideração de cada um dos aspectos destacados no art. 59 do Código Penal e, no caso específico do crime de tráfico ilícito de entorpecentes, é preciso, ainda, atentar para o art. 42 da Lei 11.343/2006, segundo o qual o juiz, na fixação das penas, considerará, com preponderância sobre o previsto no art. 59 do Código Penal, a natureza e a quantidade da substância ou do produto, a personalidade e a conduta social do agente" (HC 238.219/PB, 5.ª T., rel. Walter de Almeida Guilherme, 23.10.2014, v.u.).

• STJ: "No processo de individualização da pena, cabe ao Julgador analisar as determinações contidas no art. 59 do CPB, fundamentadamente, de modo a demonstrar qual a reprimenda adequada e suficiente para o cumprimento das finalidades retributiva e preventiva da sanção penal" (HC 147.147-SP, 5.ª T., rel. Napoleão Nunes Maia Filho, 09.02.2010, v.u.).

• STJ: "O princípio da individualização das penas impõe a consideração distinta das circunstâncias judiciais, na primeira fase, das agravantes e atenuantes, na segunda fase, e das causas de aumento e de diminuição de pena, na terceira fase, para cada réu, de forma que o resultado mais ou menos gravoso dependerá exclusivamente das condições de cada um, justificando, destarte, a diferença do *quantum final*" (HC 146.992-SP, 5.ª T, rel. Arnaldo Esteves Lima, 04.02.2010, v.u.).

f) Viabilidade, em tese, de aplicação da pena máxima

• STJ: "Ainda que se possa admitir um certo arbítrio do juiz ao aplicar a pena ao caso concreto, a fixação da sanção no grau máximo legalmente permitido exige fundamentação ampla, sob pena de permitir-se o estabelecimento em todos os casos de idêntica pena – a máxima –

violando-se duplamente o princípio da individualização da pena" (HC 131.336-SP, 5.ª T., rel. Jorge Mussi, 09.02.2010, v.u.).

g) Escolha do regime de cumprimento da pena

• STF: "A jurisprudência do STF consolidou o entendimento segundo o qual a hediondez ou a gravidade abstrata do delito não obriga, por si só, o regime prisional mais gravoso, pois o juízo, em atenção aos princípios constitucionais da individualização da pena e da obrigatoriedade de fundamentação das decisões judiciais, deve motivar o regime imposto observando a singularidade do caso concreto. 6. Aplicação das Súmulas 440, 718 e 719. 7. Ordem concedida para fixar o regime semiaberto para início do cumprimento da pena" (HC 123.432, 2.ª T., rel. Gilmar Mendes, 30.09.2014, v.u.).

h) Análise das circunstâncias judiciais em conjunto para corréus

• STJ: "1. A jurisprudência desta Corte Superior pacificou o entendimento no sentido de que não há qualquer ilegalidade na avaliação conjunta das circunstâncias judiciais que sejam comuns a todos ou a um grupo de condenados, desde que a análise seja feita de forma fundamentada e com base nas semelhanças existentes, a fim de que se proceda ao correto exame quanto às circunstâncias particulares. 2. Na hipótese, não se depreende qualquer mácula aos princípios da individualização da pena e da motivação das decisões judiciais, tendo em vista que o Tribunal de origem ao analisar a culpabilidade dos agentes – ainda que se trate de circunstância de caráter subjetivo –, utilizou-se de argumentos objetivos para sopesá-la negativamente. 3. Agravo Regimental improvido" (AgRg no HC 208.626/SP, 5.ª T., rel. Jorge Mussi, 18.09.2014, v.u.).

1.2.2.7.2 Não ofensa ao princípio da individualização da pena

a) A perda dos dias remidos

• STF: "O Pleno do Supremo Tribunal Federal reafirmou recentemente, no julgamento do RE 452.994, que o cometimento de falta grave resulta na perda dos dias remidos pelo trabalho, sem que isso implique ofensa aos princípios da isonomia, da individualização da pena e da dignidade da pessoa humana" (RHC 92605-PR, 2.ª T., rel. Eros Grau, 22.04.2008, v.u).

• STF: "O estatuto de regência da remição penal não ofende a coisa julgada, não atinge o direito adquirido, não afeta o ato jurídico perfeito

CAP. IV • PRINCÍPIOS CONSTITUCIONAIS PENAIS E ENFOQUES PROCESSUAIS PENAIS | **207**

nem fere o princípio da individualização da pena, pois a exigência de satisfatório comportamento prisional do interno – a revelar a participação ativa do próprio condenado na obra de sua reeducação – constitui pressuposto essencial e ineliminável da manutenção desse benefício legal" (AI 587755-RS, 2.ª T., rel. Celso de Mello, 12.12.2006, v.u.).

b)   A agravante da reincidência

• STJ: "Consoante orientação pacífica das Cortes Superiores, a agravante genérica, prevista no art. 61, I, do Código Penal, não afronta a Constituição Federal. Ao contrário, sua incidência reforça os princípios da isonomia e da individualização da pena, visto que objetiva apenas repreender com maior severidade o acusado que volta a delinquir, sendo esta a situação do primeiro recorrido" (REsp 1079202-RS, 6.ª T., rel. Og Fernandes, 16.03.2010, v.u.).

1.2.2.7.3   Contexto processual

a)   Nulidade parcial da sentença quando não motivada a individualização

• STF: "Os vícios resultantes da individualização da pena acarretam apenas a nulidade parcial da sentença, não afetando o juízo condenatório" (HC 93.234-SP, 2.ª T., rel. Eros Grau, 11.03.2008, v.u.).

b)   Habeas corpus e dosimetria da pena

• STJ: "A dosimetria é uma operação lógica, formalmente estruturada, de acordo com o princípio da individualização da pena. Tal procedimento envolve profundo exame das condicionantes fáticas, sendo, em regra, vedado revê-lo em sede de *habeas corpus* (STF, HC 97677/PR, 1.ª Turma, rel. Min. Cármen Lúcia, 29.9.2009 – Informativo 561, 7 de outubro de 2009). Assim, a dosimetria somente pode ser aferida em sede de *habeas corpus* quando há ilegalidade patente, o que não se verifica na espécie, uma vez que a pena-base foi exasperada em razão da existência de elementos concretos relativos à conduta social, fato que revela um plus de reprovabilidade na conduta do paciente" (HC 167453 – RJ, 6.ª T., rel. Maria Thereza de Assis Moura, 06.06.2013, v.u.).

1.2.2.7.4   Individualização executória

a)   Exame criminológico

• STJ: "Consoante a jurisprudência deste Tribunal, embora a nova redação do artigo 112 da Lei 7.210/84 não mais exija, de plano, a realização de exame criminológico, cabe ao magistrado verificar o atendimento dos requisitos subjetivos à luz do caso concreto, podendo, por isso, determinar a realização da perícia, se entender necessário, ou mesmo negar o benefício, desde que o faça fundamentadamente, quando as peculiaridades da causa assim o recomendarem, em observância ao princípio da individualização da pena, previsto no art. 5.º, inciso XLVI, da Constituição Federal. Aplicação da Súmula 439 do Superior Tribunal de Justiça" (HC 244655 – SP, 5ª.T., rel. Laurita Vaz, 04.10.2012, v.u.).

- STJ: "O art. 112 da Lei de Execução Penal, com sua nova redação, dada pela Lei 10.792/2003, dispõe ser necessário, para a concessão da progressão de regime, apenas o preenchimento cumulativo dos requisitos objetivo – tiver cumprido ao menos 1/6 (um sexto) da pena no regime anterior - e subjetivo - ostentar bom comportamento carcerário, comprovado pelo diretor do estabelecimento –, sem tratar da necessidade do exame criminológico. Contudo, o exame criminológico pode ser perfeitamente exigido ou mesmo negado o benefício quando as peculiaridades da causa assim o recomendarem, atendendo-se ao princípio da individualização da pena, previsto no art. 5.º, inciso XLVI, da Constituição Federal, tal como ocorre na espécie, em que o Paciente restou condenado por crimes graves de roubo majorados e voltou a delinquir quando do cumprimento de pena." (HC 220715 – SP, 5.ª T., rel. Laurita Vaz, 06.09.2012, v.u.).

- STJ: "Em observância ao princípio da individualização da pena, a gravidade do(s) delito(s) praticado(s) pelo apenado deve ser levada em consideração pelo juiz na análise do requisito subjetivo para fins de progressão de regime, constituindo motivação suficiente para a realização de exame criminológico. Precedentes" (AgRg no HC 249221 – SP, 5.ª T., rel. Marilza Maynard, 04.06.2013, v.u.).

- STJ: "O art. 112 da Lei de Execução Penal, com sua nova redação, dada pela Lei 10.792/2003, dispõe ser necessário, para a concessão da progressão de regime, apenas o preenchimento cumulativo dos requisitos objetivo – tiver cumprido ao menos 1/6 (um sexto) da pena no regime anterior – e subjetivo – ostentar bom comportamento carcerário, comprovado pelo diretor do estabelecimento –, sem tratar da necessidade do exame criminológico.2. Contudo, a realização do referido exame pode perfeitamente ser solicitada, quando as peculiaridades da causa assim o recomendarem, atendendo-se ao princípio da individualização da pena, previsto no art. 5.º, inciso XLVI, da Constituição Federal. Aplicação da Súmula 439 do Superior Tribunal de Justiça" (HC 191014 – SP, 5.ª T., rel. Laurita Vaz, 22.11.2011, v.u.).

- STJ: "cabe ao magistrado verificar o atendimento dos requisitos subjetivos à luz do caso concreto, podendo, por isso, determinar a realização

CAP. IV • PRINCÍPIOS CONSTITUCIONAIS PENAIS E ENFOQUES PROCESSUAIS PENAIS | **209**

de exame criminológico, se entender necessário, e negar o benefício, desde que o faça fundamentadamente, quando as peculiaridades da causa assim o recomendarem, atendendo-se, assim, ao princípio da individualização da pena, prevista no art. 5.º, XLVI, da Constituição Federal" (HC 151.724-SP, 5.ª T., rel. Laurita Vaz, 16.03.2010, v.u.).

1.2.2.7.5 Regime inicial semiaberto e inclusão do réu no fechado por falta de vaga

• TJSP: "Diante da ausência de vagas no regime semiaberto – estabelecido em sentença para o início do cumprimento da reprimenda – o paciente foi encarcerado na Cadeia Pública de São Manuel, permanecendo desnecessariamente sob o regime fechado até a concessão de liminar nos presentes autos. Forçoso reconhecer o descompasso entre cumprimento inadequado do mandado e a permanência do paciente solto durante o decorrer da instrução. Sendo o regime mais brando imposto pelo magistrado *a quo* para início de cumprimento de pena, torna-se patente contrassenso imprimir maior gravame, pois absolutamente desnecessário, se prestando somente a conferir dispensável degeneração decorrente de sua permanência em ambiente insalubre, promíscuo e precário. (...) Concederam a ordem, confirmando a medida liminar em favor de J. R. O., mantendo-o em liberdade até a disponibilização de vaga no regime semiaberto. v.u., de conformidade com o voto do Relator, que integra este acórdão (HC 990.10.299434-1, 16.ª C., rel. Souza Nucci, 05.10.2010, v.u.).

• TJSP: "Paciente que foi preso em flagrante em 07.10.2010 e, por r. sentença proferida em 11.05.11, condenado a cumprir pena em regime inicial semiaberto, é mantido preso, indeferido o apelo em liberdade – Excesso da execução – Constrangimento ilegal verificado – Precedentes do STF, STJ e desta C. Câmara de Direito Criminal. (...) Concederam a ordem, para que o paciente aguarde em prisão albergue domiciliar a vaga no estabelecimento penal de regime semiaberto, com relação à condenação proferida no Processo 1712/2010, da 19.ª Vara Criminal da capital" (HC 0206504 – 58.2011.8.26.0000, 16.ª C., rel. Newton Neves, 27.09.2011, v.u.).

1.2.2.7.6 Deferimento da progressão do fechado ao semiaberto e falta de vaga

• TJSP: "Forçoso reconhecer o descompasso entre o direito de progressão alcançado pelo paciente e sua permanência no regime fechado até a abertura de vaga, porquanto, além de suportar as consequências da pena, ainda arca com a má administração e aparelhagem estatal. (...) Concederam a ordem em favor do paciente, determinando aguarde em regime aberto a disponibilização de vaga no regime semiaberto, oportunidade na qual deverá o magistrado a quo avaliar a necessidade da remoção, porquanto, do contrário, deverá permanecer sob o regime aberto até o término do cumprimento da pena. v.u." (HC 0090335-85.2011.8.26.0000, 16.ª C., rel. Souza Nucci, 30.11.2011, v.u.).

• TJSP: "Paciente que teve deferida a progressão ao regime semiaberto –Ausência de vaga – Culpa do Estado – Reconhecimento de constrangimento ilegal – Concessão da ordem, para determinar seja o paciente imediatamente transferido para o regime aberto, até que surja a vaga esperada em estabelecimento adequado ao correspondente do que lhe foi concedido, qual seja, o semiaberto" (HC 990.10.526942-7, 16.ª C., rel. Borges Pereira, 30.08.2011, v.u.).

1.2.2.7.7 Concessão de indulto e rigoroso cumprimento dos termos do decreto

• STJ: "Fere o princípio da legalidade fundamentar a vedação da comutação da pena em requisitos não previstos no decreto presidencial, porquanto os pressupostos para a concessão do benefício são da competência privativa do presidente da República" (HC 198271 – SP, 6.ª T., rel. Sebastião Reis Júnior, 06.10.2011,v.u.).

• STJ: "Ofende o princípio da legalidade a decisão que nega o indulto porque cometido novo delito depois da data estipulada, uma vez que acaba por criar requisito não previsto" (HC 190963 – RJ, 5.ª T., rel. Napoleão Nunes Maia Filho, 14.06.2011, v.u.).

• TJSP: "Não há no texto legal qualquer menção à realização de exame criminológico, tampouco análise dos crimes cometidos ou do prontuário do condenado, inexistindo, portanto, tais restrições de cunho subjetivo à concessão do indulto. Além do requisito objetivo (fração de cumprimento da reprimenda), o Decreto Presidencial elenca como requisito objetivo a ausência de faltas graves nos últimos doze meses anteriores à sua edição, os quais, uma vez preenchidos, sujeitam a concessão do benefício. Pensar o contrário representaria afronta ao preceituado pelo princípio da legalidade, dada a eleição de encargo obstativo inexistente em texto legal" (Agravo em Execução Penal 0089070-48.2011.8.26.0000, 16.ª C., rel. Souza Nucci, 23.08.2011, v.u.).

• TJSP: "Execução Penal. Pleito para obtenção do benefício da comutação de penas. Decreto Presidencial 6.294/07. Sentenciado reincidente. Cumprimento de mais de 1/3 da pena. Boa conduta carcerária nos 12 meses anteriores ao Decreto. Ausência de falta disciplinar nesse pe-

CAP. IV • PRINCÍPIOS CONSTITUCIONAIS PENAIS E ENFOQUES PROCESSUAIS PENAIS | **211**

ríodo. Benefício concedido. Irrelevância, para a comutação, da prática de infração penal posterior ao período probatório. Fato que sucede a publicação não impede a comutação, por ausência de previsão expressa. Princípio da legalidade. Impossibilidade de o juiz da VEC criar requisito não previsto no Decreto. Ordem concedida" (HC 0517056-43.2010.8.26.0000, 16.ª C., rel. Almeida Toledo, 01.02.2011, v.u.).

1.2.2.7.8 Cálculo das causas de aumento do roubo: qualidade e não quantidade

- STJ: "Em se tratando de roubo com a presença de mais de uma causa de aumento, a majoração da pena acima do mínimo legal (um terço) requer devida fundamentação, com referência a circunstâncias concretas que justifiquem um acréscimo mais expressivo, não sendo suficiente a simples menção ao número de causas de aumento de pena presentes no caso em análise – Súmula 443 do STJ. No caso em análise, tanto o juiz de primeiro grau como a Corte de origem utilizaram apenas o critério matemático para fins de exasperação da reprimenda, na terceira fase, em patamar superior ao mínimo legalmente previsto; evidenciada, pois, divergência com a jurisprudência deste Tribunal Superior. (...) *Habeas corpus* concedido, de ofício, para reduzir a 1/3 o aumento de pena na terceira etapa da dosimetria e fixar a reprimenda definitiva em 18 anos, 11 meses e 6 dias de reclusão, mais 45 dias-multa" (HC 289.392/SP, 6.ª T., rel. Rogerio Schietti Cruz, 07.10.2014, v.u.).

- TRF-3.ª R.: "Na fixação da pena do crime de roubo qualificado, ainda que dupla a causa de aumento de pena, a majoração deve ser qualitativa, visto ser própria do direito penal da culpa e atende aos imperativos da individualização da pena, conforme determinação constitucional, não quantitativa, que expressa responsabilidade penal objetiva." (ACR 35260 – SP, 1.ª T., rel. Adenir Silva, 31.05.2011, v.u.).

1.2.2.7.9 Individualização de corréus

- STF: "Em se tratando de corréus, o exame das circunstâncias judiciais ocorre ante o princípio constitucional da individualização da pena, descabendo simples repetição de palavras e fundamentos" (HC 104864 – RJ, 1.ª T., rel. Cármen Lúcia, 17.05.2011).

- STJ: "É perfeitamente admissível a análise conjunta das circunstâncias judiciais do art. 59, do Código Penal, quando similares as situações entre os Corréus, não ocorrendo nulidade na sentença por falta de individualização da pena. Precedentes desta Corte" (HC 123760 – SP, 5.ª T., rel. Laurita Vaz, 17.11.2011, v.u.).

212 | PRINCÍPIOS CONSTITUCIONAIS PENAIS E PROCESSUAIS PENAIS – NUCCI

1.2.2.7.10 Importância do critério trifásico

• STJ: "Não pode o julgador, de forma desordenada e em fases aleatórias, sem respeito ao critério trifásico, majorar a pena-base fundando-se nos elementos constitutivos do crime, em suas qualificadoras ou, ainda, em referências vagas, genéricas, desprovidas de fundamentação objetiva para justificar a exasperação, como na hipótese" (HC 164197 – PE, 5.ª T., rel. Laurita Vaz, 22.11.2011, v.u.).

1.2.2.7.11 Inconstitucionalidade de lei em face do regime inicial fechado

• STF: "A fixação objetiva do regime inicial fechado para cumprimento da pena privativa de liberdade contraria o que decidido por este Supremo Tribunal, ao declarar incidentalmente a inconstitucionalidade do § 1.º do art. 2.º da Lei n.º 8.072/90. 4. Concessão da ordem de ofício" (HC 121.435, 2.ª T., rel. Cármen Lúcia, 24.06.2014, v.u.).

• STF: "O Plenário deste Supremo Tribunal Federal, sob a óptica do princípio constitucional da individualização da pena, previsto no art. 5.º, inciso XLVI, da Carta da República, ao julgar o HC 111.840/ES, de minha relatoria, declarou *incidenter tantum* a inconstitucionalidade do § 1.º do art. 2.º da Lei 8.072/1990, com a redação dada pela Lei 11.464/2007, o qual impõe que as penas pelos crimes descritos na cabeça do artigo serão cumpridas inicialmente em regime fechado" (AI 779444 AgR-ED – PR, 1.ª T., rel. Dias Toffoli, 30.10.2012, v.u.).

• STF: "O Plenário do Supremo Tribunal Federal assentou a inconstitucionalidade do art. 2º, §1º, da Lei nº 8.072/90, que, ao impor o regime inicialmente fechado para cumprimento de pena por crime considerado hediondo, violou a garantia fundamental da individualização da pena (CRFB, art. 5.º, XLVI). Precedente do STF: HC 111.840, rel. Min. Dias Toffoli, julgado em 27 de junho de 2012" (HC 111351 – MG, 1.ª T., rel. Luiz Fux, 28.05.2013, v.u.).

• STF: "Tráfico de drogas. Lei 11.343/2006, art. 44, *caput*, e art. 33, § 4.º. Vedação à substituição da pena. Inconstitucionalidade (HC 97.256RS, Plenário, Min. Ayres Britto, *DJE* 16.12.2010). Ofensa ao Princípio da Individualização da Pena. Fixação de regime inicial fechado com fundamento apenas na vedação abstrata prevista na lei 8.072/90. Impossibilidade. Precedentes" (HC 111036 – DF, 2.ª T., rel. Teori Zavascki, 23.04.2013, v.u.).

• STJ: "Esta Corte, alinhada com o entendimento do Supremo Tribunal Federal, tem afastado a obrigatoriedade do regime inicial fechado aos

CAP. IV • PRINCÍPIOS CONSTITUCIONAIS PENAIS E ENFOQUES PROCESSUAIS PENAIS | **213**

condenados por crime hediondo ou equiparado, em observância ao princípio da individualização da pena. Portanto, para a fixação do regime inicial de cumprimento de pena no tocante a tais delitos, devem ser normalmente seguidos os critérios previstos nos arts. 33 e 59, ambos do Código Penal" (HC 252883 – SP, 6.ª T., rel. Og Fernandes, 28.05.2013, v.u.).

1.2.2.7.12 Progressão para estrangeiro

• STJ: "A proibição de progressão de regime para estrangeiro expulso constitui generalidade que vai de encontro ao princípio da individualização da pena, ademais, deve ser resguardado o princípio da igualdade, garantido pelo artigo 5.º, *caput*, da Constituição Federal, tanto aos brasileiros como aos estrangeiros residentes no País. Precedentes" (HC 163871 – SP, 6ª.T., rel. Alderita Ramos de Oliveira, 16.05.2013, v.u.).

1.2.2.7.13 Limite mínimo e coexistência de atenuantes

• STJ: "Nos termos da jurisprudência pacífica do Supremo Tribunal Federal o comando do Enunciado 231 do STJ ("[a] incidência da circunstância atenuante não pode conduzir à redução da pena abaixo do mínimo legal") é constitucional, não importando em ofensa aos princípios da individualização da pena ou ao sistema trifásico." (HC 167591 – SP, 5.ª T., rel. Laurita Vaz, 04.09.2012, v.u.).

1.2.2.7.14 Vedação ao *bis in idem*

• STF: "I – O Superior Tribunal de Justiça concedeu *habeas corpus* de ofício para reduzir a pena-base imposta ao ora recorrente para 5 (cinco) anos e 3 (três) meses de reclusão – 3 meses acima do mínimo permitido –, por entender que na primeira fase da dosimetria deveriam ser valoradas em desfavor do réu apenas a natureza e a quantidade do entorpecente apreendido. Na sequência, manteve a fração de 1/3 (um terço) na redução prevista no art. 33, § 4.º, da Lei 11.343/2006, utilizando-se dos mesmos fundamentos, em flagrante *bis in idem*. II – Embora o STJ tenha considerado favoráveis ao paciente todas as demais circunstâncias judiciais do art. 59 do Código Penal, a natureza e a quantidade da droga apreendida foram fatores preponderantes para o estabelecimento da pena-base 3 (três) meses acima do mínimo legal, nos termos do art. 42 da Lei 11.343/2006, não havendo, portanto, constrangimento ilegal a ser sanado neste ponto. III – Quando da interposição deste recurso ordinário, o quadro fático existente já era outro, com o regime prisional imposto ao sentenciado decorrente da falta disciplinar de natureza grave e da unificação das penas que lhe foram impostas, razão pela qual o pedido de fixação do regime inicial aberto não merece ser acolhido. IV – Do mesmo modo, não há falar em concessão de *habeas corpus* de ofício para determinar a substituição do restante da pena privativa de liberdade por sanção restritiva de direitos, uma vez que incompatível com o cumprimento da pena superveniente em regime fechado. V – Recurso ordinário provido em parte para determinar ao juízo processante que proceda à nova dosimetria da pena, respeitadas as diretrizes firmadas pelo Plenário desta Corte, ou seja, considerando a natureza e a quantidade do entorpecente apreendido em poder do paciente em apenas uma das fases da individualização da reprimenda, bem como a duração da sanção fixada (4 anos e 1 mês de reclusão), sob pena de *reformatio in pejus*" (RHC 122.175, 2.ª T., rel. Ricardo Lewandowski, 20.05.2014, v.u.).

1.2.2.7.15 Supressão de instância

- STJ: "A nulidade da sentença no ponto relativo à fixação do regime inicial mais gravoso para o cumprimento da pena, por exclusivo fundamento de vedação abstrata, obriga à complementação na origem, sob pena de supressão de instância, para que seja realizada a individualização da pena no regime prisional" (EDcl no HC 296.789/SP, 6.ª T., rel. Nefi Cordeiro, 21.10.2014, v.u.).

2. PRINCÍPIOS IMPLÍCITOS

2.1 Concernentes à atuação do Estado

2.1.1 *Princípio da intervenção mínima – princípios paralelos e corolários: subsidiariedade, fragmentariedade e ofensividade*

Intervir significa tomar parte em algo, colocando-se entre duas ou mais partes. Tratando-se da figura do Estado, a intromissão dá-se no contexto de conflitos ou litígios entre pessoas físicas ou jurídicas, necessitando-se da autoridade das leis para que seja composta a disputa de interesses.

Em matéria penal, há lide, que se pode compreender como uma contenda, envolvendo interesses díspares, no cenário do cometimento do crime. Quando o agente comete a infração penal, de algum modo lesa interesse jurídico tutelado, gerando o contraposto interesse de que haja punição.

CAP. IV • PRINCÍPIOS CONSTITUCIONAIS PENAIS E ENFOQUES PROCESSUAIS PENAIS | **215**

Assumindo o Estado o monopólio de distribuição de justiça e composição de conflitos, torna-se natural que intervenha para garantir a justa aplicação da lei. Noutros termos, a parte lesada abdica de qualquer interesse punitivo direto, desatrelando-se da vingança privada e confiando na mediação estatal para demonstrar ao agente desafiador qual o rumo ideal para o respeito das leis. Mantém-se, com isso, a estabilidade democrática da sociedade civilizada.

Não se confunda, por óbvio, o monopólio punitivo estatal com a iniciativa da ação penal, cuja finalidade é, ao final, fazer valer a força de punição advinda do Direito Penal. Portanto, advenha a denúncia (promovida pelo Ministério Público) ou a queixa-crime (ajuizada pelo ofendido, por seu advogado), instaura-se o devido processo penal para que se possa atingir a razoável composição do conflito de interesses. Mediatamente, a vítima sente-se atendida, ratificando sua confiança no sistema legal, quando o Estado aplica a lei penal, dentro de critérios previamente estabelecidos, para evidenciar a correção necessária a quem desrespeitou as normas vigentes.

A ausência de pretensão resistida ou de composição de interesses contrapostos, em matéria penal, não nos é convincente. Pretender a existência de um Direito Penal transcendente à realidade, que paire sobre os conflitos sociais em ações suprapartes, de maneira a patentear a inexistência de lide, foge ao cotidiano e à proposta de apaziguamento monopolista criminal. As lesões cometidas, consubstanciadas em delitos, produzem o contraposto interesse à reparação, seja este advindo de um indivíduo ou de uma coletividade. Essa restauração pode dar-se no campo civil, com o pagamento de quantias espelháveis em unidades monetárias ou mediante a entrega de coisas. Entretanto, na esfera penal, várias são as vezes em que a reparação há de ser operada no cenário exclusivamente punitivo. Esse interesse punitivo indireto emerge da natureza humana, não se materializando necessariamente no formato de *vingança*, mas de igualdade de condições, vale dizer, o respeito à lei e ao direito alheio precisa ser cultuado, ainda que preciso seja a aplicação de sanções convincentes para tanto.

Concretizada a infração penal, nasce, concomitante, o direito-poder punitivo estatal, associado ao interesse punitivo indireto da vítima ou da sociedade. Busca-se a preservação da dignidade da pessoa humana, por meio do respeito à lei penal, contexto no qual se deve proteger os mais relevantes bens jurídicos. Como justa oposição, o infrator, por mais que se considere errado, não aceita de bom grado a punição; por vezes, nem mesmo assume a autoria da infração. Cuida-se do natural direito de defesa, consubstanciado na repulsa imediata aos erros e defeitos humanos. Não se forma a sociedade de seres angelicais e perfeitos; ao contrário, lidera a imperfeição e os desvios de toda ordem, demandando-se, pois, o fiel respeito ao direito alheio, sob pena de imperar a desordem e a selvageria.

Do quadro tecido, deduz-se ser o crime uma realidade inafastável, bem como a existência de conflito de interesses no cenário penal uma natural decorrência da autoridade punitiva estatal em confronto com a resistência individual do agressor.

A intervenção do Estado é desejável, na medida em que se acate a liberdade individual como bem supremo, preservando-se a dignidade da pessoa humana na exata demanda do Estado Democrático de Direito.[42]

Eis a razão pela qual se deve buscar a denominada *intervenção mínima* no campo penal, visto ser a esfera de poder máximo, viabilizando-se as mais enérgicas formas de sanções coercitivas à pessoa.

Fosse o Direito Penal a primeira opção do legislador para a composição de conflitos e mediação de interesses contrapostos e estar-se-ia vulgarizando a força estatal, privilegiando o império da brutalidade, pois a todos os erros seriam impostas reprimendas máximas. Assim não se dá no dia-a-dia em cenário algum, visto existir a proporcionalidade e a razoabilidade, como mecanismos justos de quantificação da demanda punitiva em face de desvios de toda ordem. Logo, não se poderia acolher, especialmente no contexto penal, o abuso e o exagero para a imposição do respeito à lei.

A liberdade individual, estampada sob variadas formas (ir, vir e ficar; pensar e manifestar-se; crer e cultuar; associar-se; viver de maneira privada; zelar pela intimidade; possuir e usufruir de bens; unir-se em família etc.), é o paradigma da sociedade democrática, regrada por leis. Destarte, as infrações às normas postas merecem ser coibidas por inúmeros instrumentos jurídicos extrapenais, antes que se possa lançar mão da *ultima ratio* (última hipótese), identificada no Direito Penal.

O eficiente equilíbrio entre *liberdade* e *punição penal*, modelado pela razoabilidade e pela proporcionalidade, constitui o demonstrativo eficaz de que se cultua e respeita o Estado Democrático de Direito, nos parâmetros delineados pelo art. 1.º da Constituição Federal.

Por tal motivo, pode-se sustentar possuir o Direito Penal o caráter *subsidiário* em relação aos demais ramos do ordenamento jurídico. Ocorrida a vulneração legal, busca-se o amparo do Direito Administrativo, impondo-se

---

42. "Desta forma, a utilização legítima do direito penal, no modelo de Estado em vigor, só se faz possível diante de condutas que atentem contra a dignidade humana ou contra os bens e valores que permitam sua existência material. Comportamentos que não afetem esta dignidade não oferecem perigo à funcionalidade do sistema Democrático de Direito, não ofendem as expectativas de uma convivência plural e, portanto, não devem ser objeto de repressão penal" (BOTTINI, *Crimes de perigo abstrato e princípio da precaução*, p. 174).

CAP. IV • PRINCÍPIOS CONSTITUCIONAIS PENAIS E ENFOQUES PROCESSUAIS PENAIS | 217

uma multa; quando não, socorre-se do Direito Civil, galgando-se o direito à reparação do dano; ainda, procura-se o Direito Trabalhista, corrigindo-se a falta. E assim sucessivamente. Esgotadas as medidas punitivas extrapenais, permanecendo a reiteração do ato lesivo, capaz de gerar rupturas indesejáveis na paz social, lança-se mão do tipo penal incriminador, viabilizando-se a intervenção estatal penal.[43]

No mesmo encadeamento de ideias, pode-se acolher o princípio da fragmentariedade como corolário natural da intervenção mínima. O Direito Penal não passa de um *fragmento* do ordenamento jurídico. Um *pedaço* do todo, apto às funções mais relevantes de interferência na liberdade individual.

Às condutas infratoras mais graves reserva-se a lei penal, enaltecendo-se o fragmento punitivo máximo do conjunto normativo. Desrespeitar o sentido e a base de sustentação da intervenção mínima somente fomenta o descrédito no Direito Penal, na exata medida em que as autoridades e agentes estatais não aplicam, na prática, as medidas punitivas criminais contra lesões ínfimas, mesmo que previstas, em tese, no ordenamento, como infrações penais.

Do mesmo modo, à própria sociedade repugna a aplicação de qualquer sanção exagerada contra infração considerada de menor potencial ofensivo. Tanto é realidade que surgiram, nos últimos anos, vários instrumentos despenalizadores, visando ao combate de penas desproporcionais e abusivas. Nesse cenário, emergiu a Lei 9.099/95, instituindo o Juizado Especial Criminal e garantindo-se a possibilidade de transação, com o contorno à viabilidade de punição por meio da pena privativa de liberdade, bem como tornando plausível a suspensão condicional do processo, dando a volta por cima do processo penal obrigatório, que culminava com a aplicação de sanção por vezes desnecessária. Em decorrência da meta de intervenção mínima, a Lei 9.714/98 inseriu, no Código Penal, o incremento das penas alternativas, que possibilitam a substituição das penas privativas de liberdade pelas restritivas de direitos ou pecuniárias. Na legislação especial, o exemplo emerge da Lei 11.343/2006 (Lei de Drogas), encartando como sanções penais ao usuário de entorpecentes penas restritivas de direitos ou multa, mas afastando, completamente, a aplicação de pena privativa de liberdade (art. 28).

---

43. "A sociedade recorre à lei quando reconhece que tem precisão do seu auxílio. Esta consideração geral guia-a também quando se trata do estabelecimento de lei penal. A aplicação de uma pena não poderia justificar-se enquanto o direito pode realizar-se por outros meios; a sociedade seria a primeira a sofrer com isso. (...) O direito criminal começa onde os interesses da sociedade reclamam o estabelecimento de uma pena; e esta torna-se indispensável quando a boa fé e a probidade nas transações já não podem ser salvaguardadas por outro modo" (JHERING, *A evolução do direito*, p. 379-380).

Muito embora o Poder Legislativo ainda não tenha despertado, na medida almejada, para o princípio penal da intervenção mínima, o Poder Judiciário tem dado mostra de avanço e modernidade, cultuando o referido princípio e fazendo-o valer na prática.

Dentre as causas de exclusão da tipicidade, surgem duas das mais relevantes, ainda que tácitas no ordenamento jurídico: a insignificância e a adequação social.

Antes de adentrar nos temas propostos, convém destacar a importância do princípio da ofensividade, outro corolário natural da intervenção mínima. Se o Estado funcionar em preservação da liberdade individual, agindo somente nos casos irremediáveis por outros ramos do direito, torna-se certa a sua atuação focada nos bens jurídicos de inconteste saliência. Ora, se a tutela penal se concentra nos mais proeminentes bens, nada mais justo que, havendo conduta transgressora, em tese, da lei penal, possa ela descortinar algum abalo mínimo razoável contra tais bens. Noutros termos, somente pode dar-se a aplicação da lei penal, caso a conduta infratora se volte, *com eficiência*, contra bem jurídico tutelado. Por isso, arranhaduras insignificantes não são capazes de fazer germinar lesão apta a promover a atuação penal.

O raciocínio encartado no princípio da ofensividade (ou lesividade) evidencia a mesma lógica estampada no princípio da intervenção mínima: o Estado Democrático de Direito deve interferir em conflitos sociais, quando de natureza penal, como última hipótese, reservando à sua atuação as agressões aos mais relevantes bens jurídicos tutelados, além de exigir eficiência nessas infrações.

A ineficácia da lesão, ainda que voltada a importante bem jurídico, equivale à agressão a bem jurídico irrelevante aos olhos penais. Diante disso, mínimas ofensas são impotentes para gerar crimes e ofensas a bens irrelevantes também são incapazes de produzir infrações penais.

2.1.1.1 Princípio da insignificância

Insignificante pode representar algo de valor diminuto ou desprezível, bem como algo de nenhum valor. Qualquer dos dois sentidos extraídos do vocábulo é apto a fornecer o quadro ideal dos delitos considerados insignificantes, portanto, os *quase crimes*. Nem mesmo a tentativa da infração penal pode ser chamada de *quase crime*, visto constituir ela um autêntico delito, embora com pena diminuída. De outro lado, o conhecido *quase crime*, em Direito Penal, é o crime impossível, vale dizer, a não punição da tentativa quando, por ineficácia absoluta do meio ou por absoluta impropriedade do objeto, torna-se impossível a consumação do delito (art. 17, CP). Esse é um paralelo aceitável para o crime de bagatela ou insignificante, pois se está diante

CAP. IV • PRINCÍPIOS CONSTITUCIONAIS PENAIS E ENFOQUES PROCESSUAIS PENAIS | **219**

de nítida hipótese de *carência de tipo*, na sugestão de Aníbal Bruno (*Sobre o tipo no direito penal*, p. 56).

O reconhecimento da inexistência de infração penal, quando detectada a insignificância da ofensa ao bem jurídico tutelado tem sido constante nos tribunais brasileiros, ainda que inexista expressa previsão legal a respeito. Aliás, tal situação merece aplauso, significando o surgimento de um questionamento razoável, em nível de interpretação, do Direito Penal. As leis não se alteram facilmente e, em menor escala, o Código Penal, datado de 1940. Portanto, nada mais sólido e justo que a atualização das modernas concepções doutrinárias se faça por intermédio das cortes, no seu cotidiano de aplicação da lei penal ao caso concreto.

O Estado Democrático de Direito demanda a intervenção mínima, que, por seu turno, exige *mínima ofensividade* ao bem tutelado, legitimando a atuação do braço punitivo estatal. A bagatela expõe duas facetas do sistema normativo: a desatualização das leis e o descompasso entre teoria e prática. Ilustrando, prevê-se como infração penal, demandando ação penal pública incondicionada, o furto (art. 155, CP). O bem jurídico tutelado é o patrimônio. A desatualização do Código Penal é inconteste, visto ser um bem de natural disposição, passível de renúncia e doação, motivo pelo qual jamais se poderia sustentar o cabimento de ação pública *incondicionada*, obrigando a atuação do Ministério Público, ainda que desacreditada pela vítima. O descompasso emerge na exata medida em que os casos concretos identificam investidas contra o patrimônio alheio, merecedoras de eventual reparação na esfera civil, mas sem fornecer qualquer toque de legitimação para a interferência do Direito Penal.

Diante a realidade, a doutrina apontou o caminho a seguir, contornando a sacra visão paternalista do Direito Penal brasileiro, para atingir a efetividade da democrática intervenção mínima e, consequentemente, a retirada da tutela estatal criminal dos delitos considerados insignificantes.

Entretanto, inexistentes regras legais expressas, voltam-se os operadores do Direito a debater quais seriam os requisitos mínimos indispensáveis para focalizar a questão relativa ao princípio da insignificância.

Das várias propostas, podem ser indicadas as seguintes:

1. Consideração do valor do bem jurídico em termos concretos.

O bem jurídico tutelado há de ser considerado sob o ponto de vista da vítima e não *somente* do agressor ou da sociedade em geral. Em especial, no contexto dos delitos patrimoniais, coisas inúteis ou de reduzido valor para alguns, constituem relevantes bens para outros. Exemplificando, o furto de uma telha, que cubra um barraco, pode significar representativo valor ao ofendido. Logo, procurando-se o Estado para fazer valer a sua força punitiva, caso se desconsidere como tal o ato praticado, indicando não constituir furto, visto que diminuto o valor do bem em foco, ter-se-ia a indevida elitização do Direito Penal, desprotegendo os menos favorecidos para iluminar, unicamente, o patrimônio dos afortunados. O patrimônio, em contexto restrito, constitui o conjunto dos bens materiais de uma pessoa, simbolizando seu universo de vida, suas conquistas, além de ser o fruto de seu trabalho honesto. Portanto, o patrimônio do trabalhador humilde é inferior ao do seu empregador opulento, a despeito de ambos merecerem idêntica tutela jurídica penal. Desigual seria a concepção de Estado Democrático de Direito, caso se defendesse que o patrimônio menor ficasse sob proteção civil, enquanto o patrimônio maior pudesse contar com a proteção civil e penal.

Por outro lado, não se deve perder de vista a relativização do valor do bem jurídico em qualquer nível, vale dizer, as coisas de valor diminuto podem ser assim consideradas, conforme o caso concreto, em qualquer plano e para qualquer pessoa. O furto de um palito de fósforo não há de atingir o patrimônio da pessoa, em diferentes níveis econômico-sociais. Constitui, como regra, bagatela.[44]

Sob outro prisma, idiossincrasias à parte, não se pode pretender tutelar, penalmente, coisa de valor puramente sentimental, ao menos no contexto do patrimônio. Danos ou subtrações de bens sem qualquer valor econômico chegam a constituir, na realidade, danos morais, jamais materiais. O Direito Penal não há de incluir sob seu cenário tais situações. Ilustrando, o furto de um chaveiro-brinde, de ínfimo valor econômico, será sempre a subtração de coisa de bagatela, mesmo que, para a vítima, seja considerada coisa de estimação.

---

44. DANIELLE MARTINS CARDOSO segue além, sustentando a possibilidade de considerar bagatela também o delito de roubo, conforme a hipótese: "Após breve estudo do delito de roubo, dos bens jurídicos tutelados, quando das sanções do artigo, do princípio da insignificância e sua aplicação pelo ordenamento jurídico pátrio, bem como sua compossibilidade com praticamente todos os delitos, quando a conduta nem sequer tangencia o bem ou o interesse objeto de tutela, entendemos aberto o caminho para a efetivação da principiologia constitucional, expressa pelos princípios previstos na Carta de 1988, sobremaneira legalidade, individualização, proporcionalidade, culpabilidade, direito penal mínimo. De nada adianta o discurso acadêmico se, na prática, não existe coragem suficiente para a efetivação de valores humanistas reclamados desde o século passado" (Roubo e insignificância penal, p. 182). Somos levados a concordar com essa posição, desde que se analise cada caso concreto de per si. De fato, nem todo roubo pode ser considerado penalmente relevante, pois há aqueles em que ocorre desprezível ameaça com entrega de bem de ínfimo valor. Nada impede a aplicação do princípio da insignificância nesse cenário; a tão somente presença da grave ameaça ou da violência, não pode ser empecilho padronizado para a avaliação da situação concreta, verificando a necessidade da intervenção do Direito Penal.

CAP. IV • PRINCÍPIOS CONSTITUCIONAIS PENAIS E ENFOQUES PROCESSUAIS PENAIS | **221**

Convém mencionar outro fator a ser levado em consideração na avaliação da insignificância, concernindo à posição do Estado em deslocar para fora do contexto civil a cobrança de determinadas dívidas fiscais. Ilustrando, preceitua o art. 20 da Lei 10.522/2002 que não serão executadas as dívidas inferiores a R$ 10.000,00. Ora, se a União abre mão de receber valores inferiores ao referido montante, torna-se injustificável acionar o Estado-juiz, na esfera penal, para eventual aplicação de sanções muito mais severas. A ilogicidade é nítida e afasta qualquer legitimação punitiva estatal.

Em suma, quando valores não forem considerados significantes para qualquer espécie de cobrança, mormente na área fiscal, devem ser visualizados como insignificantes pelo Direito Penal.[45]

2. Consideração da lesão ao bem jurídico em visão global.

O enfoque de determinada lesão, quando concebida apenas a unidade, pode levar à conclusão equivocada de se tratar de infração irrelevante. Porém, aberta a análise do caso concreto, pode-se perceber que a unidade não é e nunca foi o intuito do agressor, mas, em verdade, a sua meta é o agrupamento de lesões unitárias, com o fito de atingir expressivo valor. Imagine-se o funcionário de determinada loja, determinado a subtrair um motor de relevante valor. Entretanto, para encobrir sua ação, divide-a em várias subtrações, que, unitariamente consideradas, seriam insignificantes. Ora, o conjunto desmente a visão particularizada do real caso concreto. Nenhuma bagatela houve, focando-se a essência da conduta criminosa e seu autêntico contexto lesivo.

Outro dado fundamental, objeto de análise para a constatação da insignificância, diz respeito à pessoa do autor e ao modo como desenvolveu sua conduta aparentemente lesiva. Os atributos de personalidade, antecedentes, conduta social, associados à particular execução, suas circunstâncias e consequências, são fatores essenciais para vincular ao grau de potencial lesivo ao bem jurídico, visto em visão total.

A reforma penal de 1984 inseriu, na Parte Geral, o art. 16, titulado *arrependimento posterior*,[46] criando causa de diminuição da pena, compatível

---

45. Nesse aspecto, refaço meu anterior entendimento, ao considerar apenas *pequeno valor*, mas não insignificante, o montante de R$ 10.000,00 para a aplicação do princípio da bagatela, quando se tratar de crime de apropriação indébita previdenciária (nota 48 ao art. 168-A, *Código Penal comentado*). De fato, como exposto no texto principal, a insignificância torna-se reconhecida pelo próprio Estado-legislador, de modo a ser, simplesmente, aplicada pelo Estado-juiz.

46. "Nos crimes cometidos sem violência ou grave ameaça à pessoa, reparado o dano ou restituída a coisa, até o recebimento da denúncia ou da queixa, por ato voluntário do agente, a pena será reduzida de 1 (um) a 2/3 (dois terços)".

com a avaliação da culpabilidade do agente. Portanto, aquele que devolver a coisa subtraída, após a consumação do delito patrimonial não violento, de maneira voluntária, antes do ajuizamento da ação penal, sofre juízo de censura reduzido, compatibilizando-se a pena a tal realidade.

A concepção do próprio legislador, em relação ao agente arrependido, dando mostras de natural regeneração, atende à moderna meta da pena, que, dentre outras, cultiva a finalidade de ressocialização e reeducação do agressor. Ora, o agente pode arrepender-se de ferir bem jurídico de *menor expressão* e até mesmo atuar para reparar a vítima, tão logo seja possível. Associando--se os dois elementos (inexpressividade do bem + mostra de personalidade positiva), pode-se constatar a infração penal de bagatela.

Levando-se o debate acerca da quantificação do valor do bem jurídico lesado em confronto com a punição penal, como forma de se fixar a existência do delito de bagatela, para o contexto das finalidades da pena, torna-se indispensável avaliar, também, as facetas repressiva e preventiva da sanção penal. Considerando-se a visão multifacetada da pena, aceitando o seu caráter repressivo e, igualmente, a meta preventiva, nos seus mais variados aspectos (geral positiva e negativa; individual positiva e negativa), é fundamental haver proporcionalidade entre o valor do bem aparentemente lesado e a sanção penal eventualmente merecida.

A sensibilidade da magistratura brasileira tem atingido níveis ideais, ao praticar cortes justos e avançados, em matéria punitiva, evitando-se apenar o agente de pequenas agressões, mais pelo contraste entre a conduta lesiva e a finalidade da pena do que, propriamente, pelo resultado do crime.

De nada resolve materializar uma pena privativa de liberdade de um ano de reclusão, associada à multa, a um autor de furto simples, quando se trata de pessoa primária, sem antecedentes e nenhum relevo negativo em sua conduta social, tratando-se de coisa sem *expressivo* valor. A desproporção salta aos olhos e a finalidade ressocializadora da pena desfaz-se por completo, em particular, pelo fato de, no Brasil, qualquer possibilidade de lançamento de alguém ao cárcere pode representar sério risco de vida ou de grave lesão à integridade física ou à sua saúde.

Assim, a visão global do efeito lesivo do bem jurídico afetado desencadeia a sensível ponderação em respeito à proporcionalidade entre fato e punição.

3. Consideração particular aos bens jurídicos imateriais de expressivo valor social.

A tutela penal não se estende apenas aos bens jurídicos materiais, tais como o patrimônio, a integridade física, a vida, dentre outros. Alcança, ainda, e cada vez mais, os bens imateriais, porém de relevante valor à sociedade, tais como a moralidade administrativa, a honra, o meio ambiente, a saúde pública, a paz social, dentre outros.

CAP. IV • PRINCÍPIOS CONSTITUCIONAIS PENAIS E ENFOQUES PROCESSUAIS PENAIS | **223**

Eis a razão de não se poder desprezar "ínfimos" atos de corrupção, quando clara é a intenção delinquente. Destinar R$ 10,00 a um servidor público para não ser multado é a mesma corrupção que lhe entregar R$ 10.000,00, com o mesmo objetivo. O montante em jogo é o que menos conta em relação à moralidade administrativa. Por outro lado, não se deve desconsiderar, por completo, a viabilidade da bagatela, caso se leve em conta os pequenos mimos entregues, de maneira uniforme, a vários servidores públicos, em ocasião de natal ou outra comemoração. Nessa situação, na realidade, não se vislumbra lesão ao bem tutelado em virtude da própria ação de risco ínfimo. Note-se que a moralidade administrativa permanece intocada, quando se entrega uma caneta-brinde, de alguns centavos, a todos os funcionários de determinada repartição. O ponto de toque é a consideração particularizada do bem imaterial protegido em face da conduta desenvolvida pelo agente. Como já tivemos oportunidade de ressaltar em nosso *Código Penal comentado*, na nota 101 ao art. 317, inexiste corrupção passiva caso o presente seja ocasional, sem correspondência entre o mesmo e o ato de ofício, além de significar algo desinteressado, fruto do costume e da cortesia.

2.1.1.2 *A insignificância na jurisprudência*

2.1.1.2.1 Aplicabilidade

a) Intervenção mínima e fragmentariedade

- STF: "Furto tentado. Lesão patrimonial de valor insignificante. Incidência do princípio da insignificância. Atipicidade da conduta. Ordem concedida. Constatada a irrelevância penal do ato tido por delituoso, principalmente em decorrência da inexpressividade da lesão patrimonial e do reduzido grau de reprovabilidade do comportamento, é de se reconhecer a atipicidade da conduta praticada ante a aplicação do princípio da insignificância. Ausência, na hipótese, de justa causa para a ação penal. Incidência dos princípios da subsidiariedade, da fragmentariedade, da necessidade e da intervenção mínima que regem o Direito Penal. Inexistência de lesão ao bem jurídico penalmente tutelado. Ordem concedida para determinar o trancamento da ação penal de origem, por efeito do reconhecimento da atipicidade da conduta" (HC 114.060/MG, 2.ª T., rel. Cármen Lúcia, j. 25.09.2012, *DJ* 26.02.2013).
- STF: "*Habeas corpus*. Furto tentado. Lesão patrimonial de valor insignificante. Incidência do princípio da insignificância. Atipicidade da conduta. Ordem concedida. Constatada a irrelevância penal do ato tido por delituoso, principalmente em decorrência da inexpressividade da lesão patrimonial e do reduzido grau de reprovabilidade

do comportamento, é de se reconhecer a atipicidade da conduta praticada ante a aplicação do princípio da insignificância. Ausência, na hipótese, de justa causa para a ação penal. Incidência dos princípios da subsidiariedade, da fragmentariedade, da necessidade e da intervenção mínima que regem o Direito Penal. Inexistência de lesão ao bem jurídico penalmente tutelado" (HC 114060 – MG, 2.ª T., rel. Joaquim Barbosa, 25.09.2012, m.v).

- STF: "O princípio da insignificância reduz o âmbito de proibição aparente da tipicidade legal e, por consequência, torna atípico o fato na seara penal, apesar de haver lesão a bem juridicamente tutelado pela norma penal. 3. Para a incidência do princípio da insignificância, devem ser relevados o valor do objeto do crime e os aspectos objetivos do fato, tais como a mínima ofensividade da conduta do agente, a ausência de periculosidade social da ação, o reduzido grau de reprovabilidade do comportamento e a inexpressividade da lesão jurídica causada." (HC 108946-RS, 1.ª T., rel. Cármem Lúcia, 22.11.2011, v.u.).

- STF: "O princípio da insignificância – que deve ser analisado em conexão com os postulados da fragmentariedade e da intervenção mínima do Estado em matéria penal – tem o sentido de excluir ou de afastar a própria tipicidade penal, examinada na perspectiva de seu caráter material" (HC 101.074-SP, 2.ª T., rel. Celso de Mello, 06.04.2010, v.u.).

- STF: "O sistema jurídico há de considerar a relevantíssima circunstância de que a privação da liberdade e a restrição de direitos do indivíduo somente se justificam quando estritamente necessárias à própria proteção das pessoas, da sociedade e de outros bens jurídicos que lhes sejam essenciais, notadamente naqueles casos em que os valores penalmente tutelados se exponham a dano, efetivo ou potencial, impregnado de significativa lesividade. – O direito penal não se deve ocupar de condutas que produzam resultado, cujo desvalor – por não importar em lesão significativa a bens jurídicos relevantes – não represente, por isso mesmo, prejuízo importante, seja ao titular do bem jurídico tutelado, seja à integridade da própria ordem social. O princípio da insignificância qualifica-se como fator de descaracterização material da tipicidade penal. O princípio da insignificância – que deve ser analisado em conexão com os postulados da fragmentariedade e da intervenção mínima do Estado em matéria penal – tem o sentido de excluir ou de afastar a própria tipicidade penal, examinada esta na perspectiva de seu caráter material. Doutrina. Precedentes. Tal postulado – que considera necessária, na aferição do relevo material da tipicidade penal, a presença de certos vetores, tais como (a) a mínima ofensividade da conduta do agente, (b) a nenhuma periculosidade social da ação,

CAP. IV • PRINCÍPIOS CONSTITUCIONAIS PENAIS E ENFOQUES PROCESSUAIS PENAIS | **225**

(c) o reduzidíssimo grau de reprovabilidade do comportamento e (d) a inexpressividade da lesão jurídica provocada – apoiou-se, em seu processo de formulação teórica, no reconhecimento de que o caráter subsidiário do sistema penal reclama e impõe, em função dos próprios objetivos por ele visados, a intervenção mínima do Poder Público. O fato insignificante, porque destituído de tipicidade penal, importa em absolvição criminal do réu. A aplicação do princípio da insignificância, por excluir a própria tipicidade material da conduta atribuída ao agente, importa, necessariamente, na absolvição penal do réu (CPP, art. 386, III), eis que o fato insignificante, por ser atípico, não se reveste de relevo jurídico-penal. Precedentes" (HC 98.152 – MG, 2.ª T., rel. Celso de Mello, 19.05.2009, v.u.).

- STF: "A tentativa de subtração de mercadorias cujos valores são inexpressivos não justifica a persecução penal. O Direito Penal, considerada a intervenção mínima do Estado, não deve ser acionado para reprimir condutas que não causem lesões significativas aos bens juridicamente tutelados." (HC 96057 – RS, 2.ª T., rel. Ellen Gracie, 17.03.2009, v.m.).

- STF: "A subtração de aparelho celular cujo valor é inexpressivo não justifica a persecução penal. O Direito Penal, considerada a intervenção mínima do Estado, não deve ser acionado para reprimir condutas que não causem lesões significativas aos bens juridicamente tutelados." (HC 96496 – MT, 2.ª T., rel. Eros Grau, 10/02/2009, v.u.).

- STF: "É inadmissível que a conduta seja irrelevante para a Administração Fazendária e não para o direito penal. O Estado, vinculado pelo princípio de sua intervenção mínima em direito penal, somente deve ocupar-se das condutas que impliquem grave violação ao bem juridicamente tutelado." (HC 95.749-PR, 2.ª T., rel. Eros Grau, 23.09.2008, v.u.).

- STJ: "1. A Terceira Seção desta Corte, apreciando Recurso Especial Repetitivo (REsp 1.112.748/TO, Rel. Ministro Felix Fischer, *DJe* 13/10/2009), firmou entendimento acerca da aplicação do princípio da insignificância no crime de descaminho quando o valor do débito tributário não ultrapassar o valor de R$ 10.000,00 (dez mil reais). 2. Adoção, naquele julgado paradigma, do posicionamento firmado pelo Supremo Tribunal Federal, no sentido de aplicar as Portarias n.º 75 e n.º 130/2012 do Ministério da Fazenda, que atualizaram o valor para cobrança judicial de débitos tributários para vinte mil reais, 'para uma otimização do sistema, evitando-se que uma série de recursos e/ou *habeas corpus* sejam dirigidos à Suprema Corte'. Ressalvada a posição pessoal do Relator. 3. Caso em que o prejuízo suportado pelo Fisco Federal é inferior ao patamar da norma infralegal (vinte mil reais), o que atrai a aplicação do princípio da insignificância. 4. Recurso desprovido" (REsp 1.475.522/SP, 5.ª T., rel. Gurgel de Faria, j. 11.11.2014, *DJe* 19.11.2014).

- STJ: "A aplicação do princípio da insignificância (ou a admissão da ocorrência de um crime de bagatela) reflete o entendimento de que o Direito Penal deve intervir somente nos casos em que a conduta ocasionar lesão jurídica de certa gravidade, permitindo a afirmação da atipicidade material nos casos de perturbações jurídicas mínimas ou leves, consideradas também em razão do grau de afetação da ordem social que ocasionem" (AgRg no REsp 1320020 – RS, 5.ª T., rel. Jorge Mussi, 16.04.2013, m.v.).

- STJ: "O princípio da insignificância surge como instrumento de interpretação restritiva do tipo penal que, de acordo com a dogmática moderna, não deve ser considerado apenas em seu aspecto formal, de subsunção do fato à norma, mas, primordialmente, em seu conteúdo material, de cunho valorativo, no sentido da sua efetiva lesividade ao bem jurídico tutelado pela norma penal, consagrando os postulados da fragmentariedade e da intervenção mínima. A tentativa de furto de cinco ovos de páscoa, no valor de R$ 70,00, embora se amolde à definição jurídica do crime de furto, não ultrapassa o exame da tipicidade material, mostrando-se desproporcional a imposição de pena privativa de liberdade, uma vez que a ofensividade da conduta foi mínima, tendo sido os bens restituídos à vítima. (...) *Habeas corpus* concedido de ofício para extinguir a ação penal, em razão do reconhecimento do princípio da insignificância" (REsp 117.1091 – MG, 5.ª T., rel. Arnaldo Esteves Lima, 16.03.2010, v.u.).

- STJ: "O princípio da insignificância surge como instrumento de interpretação restritiva do tipo penal que, de acordo com a dogmática moderna, não deve ser considerado apenas em seu aspecto formal, de subsunção do fato à norma, mas, primordialmente, em seu conteúdo material, de cunho valorativo, no sentido da sua efetiva lesividade ao bem jurídico tutelado pela norma penal, consagrando os postulados da fragmentariedade e da intervenção mínima. Indiscutível a sua relevância, na medida em que exclui da incidência da norma penal aquelas condutas cujo desvalor da ação e/ou do resultado (dependendo do tipo de injusto a ser considerado) impliquem uma ínfima afetação ao bem jurídico. 3. A tentativa de subtração de objetos no valor de R$ 5,89, embora se amolde à definição jurídica do crime de furto, não ultrapassa o exame da tipicidade material, mostrando-se desproporcional a imposição de sanção penal, uma vez que a ofensividade da conduta se mostrou mínima; não houve nenhuma periculosidade social da ação; a reprovabilidade do comportamento foi de grau reduzidíssimo

CAP. IV • PRINCÍPIOS CONSTITUCIONAIS PENAIS E ENFOQUES PROCESSUAIS PENAIS | **227**

e a lesão ao bem jurídico se revelou inexpressiva. 4. Recurso especial conhecido e provido para determinar a extinção da ação penal instaurada contra a recorrente, invalidando, por consequência, a condenação penal contra ela imposta." (REsp 110.7150 – MG, 5.ª T., rel. Arnaldo Esteves Lima, 04.02.2010, v.u.).

• TJPE: "I – A realização da passeata – que gerou o T.C.O. – na realidade configurou o descumprimento de uma decisão tomada na esfera da Justiça Eleitoral e nessa seara deveria ter sido resolvida com as devidas medidas judiciais específicas cabíveis, fossem elas de natureza administrativa, eleitoral ou penal-eleitoral contra os descumpridores da determinação do Juízo Eleitoral, ou seja, os dirigentes dos partidos e/ou integrantes da Coligação, e não ter processado algumas pessoas como incursas na contravenção do art. 42 da Lei de Contravenções Penais. II – Outrossim, a tipificação do fato que enseja perturbação ao trabalho ou sossego alheios destina-se a tutelar a paz pública, ou seja, resguardar a tranquilidade do tecido social de forma a viabilizar a convivência pacífica dos cidadãos, reprimindo a conduta que atenta contra o comportamento esperado do homem médio que vive e convive sob as regras que conferem sustentação ao estado democrático de direito, exorbitando seus efeitos da sua esfera pessoal e, desbordando dos direitos que lhe são inerentes, afetam os direitos dos demais protagonistas da vida em sociedade. III – Se os fatos, ainda que ocorrentes, não foram aptos a macular a paz social, não tendo afetado a coletividade representada pela pluralidade de pessoas integrantes da mesma comunidade em que se verificaram, não se emolduram na tipificação legal, nem guardam conformação com o almejado pelo legislador ao enquadrar fatos passíveis de macularem a tranquilidade e a paz pública como contravenção penal. IV – Restou evidenciada a total desnecessidade do uso do Direito Penal para resolver uma questão que não configura uma Contravenção e sim a desobediência por parte de uma Coligação Partidária de algo que foi convencionado e homologado pela Justiça Eleitoral e que, portanto, deveria ter sido resolvido por essa justiça especializada aplicando aos dirigentes partidários que descumpriram tal decisão as sanções apropriadas. V – O próprio Boletim de Ocorrência mencionou expressamente que a passeata contrariou posição da Justiça Eleitoral, de tal sorte que o Ministério Público local ou a magistrada deveria ter dado ao fato em questão as providências dentro do Direito Eleitoral e não tratado como uma contravenção. VI – O Direito Penal se orienta pelo Princípio da Intervenção Mínima ou Princípio da Excepcionalidade, como preceitua Roxin. Disso decorre que, se os outros ramos do Direito (Civil, Administrativo etc.) são suficientes a resguardar determinado bem jurídico não há porque haver a intervenção do Direito Penal, daí sua intervenção deve ser a mínima possível. VII – Ordem Concedida para determinar o trancamento da ação. Decisão unânime" (HC 2.940.418/PE, 2.ª C., rel. Antônio Carlos Alves da Silva, j. 20.03.2013, *DJ* 08.04.2013).

- TJRS: "Caso dos autos em que o foco material da questão está direcionado mais para a área do direito de família do que para o direito penal. É bem verdade que a nova legislação que introduziu o artigo 217-A em nosso Código Penal veio a agravar a conduta de quem, em linhas gerais, pratica ato de natureza sexual com menor de 14 anos. O legislador buscou afastar a brecha legislativa que oferecia interpretação 'dúbia' (?) que se instalava com a expressão presunção a que se referia o antigo artigo 224 do CP, ou, mais precisamente, se a presunção seria absoluta ou relativa, optando, com a reforma, por fórmula mais rígida, qual seja a de que o consenso do menor não é válido – *tamquam non esset* – em qualquer hipótese, isto é, a presunção é absoluta. Ocorre, porém, que o direito penal não tem caráter absoluto e deve sempre ser visto em sua conformidade constitucional, sob os auspícios dos princípios do estado democrático de direito, da dignidade da pessoa humana e da intervenção mínima (*ultima ratio*). De toda sorte, se por um lado houve agravamento pelo legislador de condutas como a que está sob análise, de outro o legislador positivou o entendimento, já de longo presente na doutrina e jurisprudência, de que a tutela sobre os crimes sexuais não se insere na órbita de uma mutável e abstrata moralidade pública, sob a fórmula 'crimes contra os costumes', mas, diversamente, na da autodeterminação sexual, que está diretamente relacionada à dignidade da pessoa humana. O direito à autodeterminação sexual, em sentido penal, deve ser entendido como um direito de defesa do indivíduo. Compreende, na verdade, a liberdade contra a 'determinação' que venha de fora (exterior) sobre o âmbito (pessoal) sexual da vítima em potencial. Na espécie vertente é incontornável que o réu e a vítima passaram a ter relacionamento afetivo e sexual espontâneo ainda quando ambos eram menores de idade, culminando a relação até mesmo em vida marital, com a concordância (mais ou menos explícita) dos pais da jovem. Se os genitores eventualmente tiveram (e ainda têm) problemas com a adolescente, não é o direito penal que viria agora a resolvê-los, mas, ao contrário, contribuir para agravá-los, conquanto, depreende-se da probatória, entre o réu e a vítima existe forte ligação afetiva, isso sem se considerar que, desde a data dos fatos narrados na denúncia, até o presente momento, transcorreu considerável período de tempo. Sob esse prisma, fazem-se incidentes, no caso, os princípios da intervenção mínima (*ultima ratio*) e paralelamente o da fragmentariedade do direito penal. Em conclusão, não há falar

CAP. IV • PRINCÍPIOS CONSTITUCIONAIS PENAIS E ENFOQUES PROCESSUAIS PENAIS | **229**

em vícios lógicos ou jurídicos na decisão que corretamente absolveu o réu" (Apelação Crime 70053259057, 7.ª C., rel. José Conrado Kurtz de Souza, j. 16.05.2013).

b) Diminuto valor do bem

- STF: "A aplicação do princípio da insignificância de modo a tornar a ação atípica exige a satisfação, de forma concomitante, de certos requisitos, quais sejam, conduta minimamente ofensiva, a ausência de periculosidade social da ação, reduzido grau de reprovabilidade do comportamento e lesão jurídica inexpressiva. II – Embora o valor estimado dos bens que foram objeto da tentativa de furto (R$ 50,00) possa ser considerado de pequena expressão, outros vetores devem ser considerados com vistas ao reconhecimento da insignificância da ação." (HC 109231 – RS, 2.ª T., rel. Ricardo Lewandowski, 04.10.2011, v.u.).

- STF: "1. A incidência do princípio da insignificância depende da presença de quatro requisitos, a serem demonstrados no caso concreto: a) mínima ofensividade da conduta do paciente; b) ausência de periculosidade social da ação; c) reduzidíssimo grau de reprovabilidade do comportamento; d) inexpressividade da lesão jurídica provocada. 2. A via estreita do *habeas corpus* não admite um profundo revolvimento de provas nem o sopesamento das mesmas. A aplicação do princípio da insignificância só será permitida se os autos revelarem claramente a presença dos requisitos mencionados. 3. No caso, a receptação de um *walk man*, avaliado em R$ 94,00, e o posterior comparecimento do paciente perante à autoridade policial para devolver o bem ao seu dono, preenchem todos os requisitos do crime de bagatela, razão pela qual a conduta deve ser considerada materialmente atípica" (HC 91.920–RS, 2.ª T., rel. Joaquim Barbosa, 09.02.2010, v.u.).

- STF: "1. A aplicação do princípio da insignificância há de ser criteriosa e casuística. 2. Princípio que se presta a beneficiar as classes subalternas, conduzindo à atipicidade da conduta de quem comete delito movido por razões análogas às que toma São Tomás de Aquino, na Suma Teológica, para justificar a oculta *compensatio*. A conduta do paciente não excede esse modelo. 3. O paciente tentou subtrair de um estabelecimento comercial mercadorias de valores inexpressivos. O direito penal não deve se ocupar de condutas que não causem lesão significativa a bens jurídicos relevantes ou prejuízos importantes ao titular do bem tutelado, bem assim à integridade da ordem social. Ordem deferida" (HC 97.189 – RS, 2.ª T., rel. Ellen Gracie, 09.06.2009, m.v.).

- STF: "Delito de furto. Subtração de aparelho de som de veículo. Tentativa. Coisa estimada em cento e trinta reais. *Res furtiva* de valor insignificante. Inexistência de fuga, reação, arrombamento ou prejuízo material. Periculosidade não considerável do agente. Circunstâncias relevantes. Crime de bagatela. Caracterização. Aplicação do princípio da insignificância. Atipicidade reconhecida. Absolvição decretada. HC concedido para esse fim. Precedentes. Verificada a objetiva insignificância jurídica do ato tido por delituoso, à luz das suas circunstâncias, deve o réu, em recurso ou *habeas corpus*, ser absolvido por atipicidade do comportamento, quando tenha sido condenado" (HC 92.988 – RS, 2.ª T., rel. Cezar Peluso, 02.06.2009, v.u).

- STF: "Delito de furto. Subtração de roda sobressalente com pneu de automóvel estimados em R$ 160,00 (cento e sessenta reais). *Res furtiva* de valor insignificante. Crime de bagatela. Aplicação do princípio da insignificância. Irrelevância de considerações de ordem subjetiva. Atipicidade reconhecida. Absolvição. HC concedido para esse fim. Precedentes. Verificada a objetiva insignificância jurídica do ato tido por delituoso, é de ser afastada a condenação do agente, por atipicidade do comportamento" (HC 93393 – RS, 2.ª T., rel. Cezar Peluso, 14.09.2009, v.u.).

- STJ: "1. Não obstante a compreensão até então vigente nesta Corte, a Quinta Turma deste Sodalício, com a intenção de uniformizar a jurisprudência quanto ao tema, passou a adotar a orientação, firmada pela Corte Suprema, que admite o reconhecimento da atipicidade material da conduta sempre que o valor dos tributos sonegados não ultrapassar a vinte mil reais, parâmetro previsto na Portaria n. 75/2012 do Ministério da Fazenda. 2. Tendo a Corte *a quo* registrado que o valor sonegado somou R$ 11.295,48, não há como se afastar a aplicação do princípio da insignificância à hipótese dos autos. 3. O acórdão recorrido não fez qualquer referência à existência de outros registros que pudessem indicar a contumácia delitiva impeditiva do reconhecimento da atipicidade material" (AgRg no AgRg no REsp 1.447.254/SP, 5.ª T., rel. Jorge Mussi, j. 04.11.2014, *DJe* 11.11.2014).

- STJ: "1. A aplicação do princípio da insignificância reflete o entendimento de que o Direito Penal deve intervir somente nos casos em que a conduta ocasionar lesão jurídica de certa gravidade, devendo ser reconhecida a atipicidade material de perturbações jurídicas mínimas ou leves, estas consideradas não só no seu sentido econômico, mas também em função do grau de afetação da ordem social que ocasionem. 2. Segundo a jurisprudência do Supremo Tribunal Federal, o princípio da insignificância tem como vetores a mínima ofensividade da conduta, a nenhuma periculosidade social da ação, o reduzido grau de reprovabilidade do comportamento e a inexpressividade da

CAP. IV • PRINCÍPIOS CONSTITUCIONAIS PENAIS E ENFOQUES PROCESSUAIS PENAIS | **231**

lesão jurídica provocada. 3. Inviável reconhecer presente a tipicidade material, que consiste na relevância penal da conduta e do resultado típicos em face da significância da lesão produzida no bem jurídico tutelado pelo Estado, já que o objeto da tentativa de furto – 5 kg de carne, 890 g de queijo Regina e 908 g de queijo Bom Pastor, avaliados em R$ 116,00 (cento e dezesseis reais) –, se apresenta realmente ínfimo, mostrando-se despiciendo o prosseguimento da ação penal. 4. *In casu*, não há falar em reincidência ou maus antecedentes, tendo em vista que a anotação constante da folha de antecedentes criminais do paciente refere-se a sentença de absolvição, de forma que se mostra inviável utilizá-la como fator impeditivo da aplicação do mencionado brocardo. 5. Agravo regimental improvido" (AgRg no HC 223.444/RJ, 5.ª T., rel. Jorge Mussi, j. 04.11.2014, *DJe* 12.11.2014).

- STJ: "A aplicabilidade do princípio da insignificância no delito de furto, para afastar a tipicidade penal, é cabível quando se evidencia que o bem jurídico tutelado sofreu mínima lesão e a conduta do agente expressa pequena reprovabilidade e irrelevante periculosidade social" (AgRg no REsp 1347770 – MG, 5ª.T., rel. Marilza Maynard, 04/06/2013, v.u.).

- STJ: "A aplicação do princípio da insignificância exclui a tipicidade da conduta, tendo em vista que, para que haja a incidência da norma incriminadora, não basta a mera adequação do fato empírico ao tipo penal (tipicidade formal), mas sim que esse fato se contraponha, em substância, ao bem ou ao interesse juridicamente protegido (tipicidade material), hipótese de absolvição prevista no art. 386, inciso III, do Código de Processo Penal. No caso, não há como deixar de reconhecer a mínima ofensividade do comportamento do réu que subtraiu um pacote de cuecas, no valor de R$ 25,00 (vinte e cinco reais), da rede de lojas "Casas Pernambucanas", sendo a *res furtiva* devidamente restituída à vítima, impondo-se, assim, a sua absolvição em razão da atipicidade da conduta" (AgRg no REsp 1365154 – MG, 5.ª T., rel. Marco Aurélio Bellizze, 28.05.2013, v.u.).

- STJ: "A aplicabilidade do princípio da insignificância deve ser avaliada com cautela, observando-se as peculiaridades do caso concreto, de forma a aferir o potencial grau de reprovabilidade da conduta e verificar a necessidade, ou não, da utilização do Direito Penal como resposta à conduta do agente, sob pena de restar estimulada a prática reiterada de furtos de pequeno valor. 2. Em princípio, o valor dos bens subtraídos pelo paciente não é considerado insignificante quando verificado que representava 42% do salário mínimo vigente à época do fato." (HC 187961 – RS, 6.ª T., rel. Sebastião Reis Júnior, 03.11.2011, v.u.).

- STJ: "No caso, além de os bens subtraídos serem de pequeno valor (musse para cabelo e bicicleta usada), não ficou evidenciado o desvalor da conduta do réu, pois, ao ser abordado devolveu, sem nenhuma resistência, os bens que estavam em seu poder." (AgRg no REsp – RS, 6.ª T., rel. Nilson Naves, 24.03.2009, v.u.).

• STJ: "É insignificante, dúvida não há, a lesão ao patrimônio de um mercado decorrente da subtração de um frango resfriado e de 700 gramas de linguiça. A insignificância, é claro, mexe com a tipicidade, donde a conclusão de que fatos dessa natureza evidentemente não constituem crime" (HC 120.566/SP, 6.ª T., rel. Nilson Naves, 06.08.2009, v.u.).

• TRF-3.ª R.: "1. O princípio da insignificância, informado pelos postulados da fragmentariedade e da intervenção mínima do Direito Penal, afasta a criminalização da conduta que, embora formalmente e subjetivamente típica, revela-se socialmente adequada (conduta insignificante) ou se mostra incapaz de produzir lesão relevante ao bem jurídico tutelado (resultado insignificante). 2. A jurisprudência desta egrégia Corte sedimentou entendimento quanto à adoção, como critério objetivo para a incidência do princípio da bagatela, do valor de R$ 20.000,00 (vinte mil reais), estipulado pela Portaria n.º 75, de 22 de março de 2012, do Ministério da Fazenda, como o limite mínimo para o ajuizamento de execuções fiscais. Precedentes. 4. Apelação provida. Absolvição, com fundamento no art. 386, III, do CPP" (TRF3, Ap. 0008886-66.2009.4.03.6106, 2.ª T., rel. Cotrim Guimarães, j. 10.12.2013).

c)   Foco exclusivo no valor do bem

• STF: "Para a incidência do princípio da insignificância só devem ser considerados aspectos objetivos da infração praticada. Reconhecer a existência de bagatela no fato praticado significa dizer que o fato não tem relevância para o Direito Penal. Circunstâncias de ordem subjetiva, como a existência de registro de antecedentes criminais, não podem obstar ao julgador a aplicação do instituto" (RE 514.531-RS, 2.ª T., rel. Joaquim Barbosa, 21.10.2008, v.u.).

• STF: "A inexpressividade financeira dos objetos que se tentou furtar salta aos olhos. A revelar a extrema carência material do ora paciente. Risco de um desfalque praticamente nulo no patrimônio da suposta vítima, que, por isso mesmo, nenhum sentimento de impunidade experimentará com o reconhecimento da atipicidade da conduta do agente. Análise objetiva que torna irrelevante a existência de registros criminais em curso contra o paciente. Precedentes: AI 559.904-QO, da relatoria do ministro Sepúlveda Pertence; e HC 88.393, da relatoria do ministro Cezar Peluso. 4. *Habeas corpus* deferido para determinar o trancamento da ação penal, com a adoção do princípio da insignificância penal" (HC 94.427 – RS, 1.ª T., rel. Carlos Britto, 14.10.2008, v.u.).

CAP. IV • PRINCÍPIOS CONSTITUCIONAIS PENAIS E ENFOQUES PROCESSUAIS PENAIS | **233**

• STF: "1. O princípio da insignificância tem como vetores a mínima ofensividade da conduta do agente, a nenhuma periculosidade social da ação, o reduzido grau de reprovabilidade do comportamento e a inexpressividade da lesão jurídica provocada (HC 84.412/SP). 2. No presente caso, considero que tais vetores se fazem simultaneamente presentes. Consoante o critério da tipicidade material (e não apenas formal), excluem-se os fatos e comportamentos reconhecidos como de bagatela, nos quais têm perfeita aplicação o princípio da insignificância. O critério da tipicidade material deverá levar em consideração a importância do bem jurídico possivelmente atingido no caso concreto. Assim, somente é possível cogitar de tipicidade penal quando forem reunidas a tipicidade formal (a adequação perfeita da conduta do agente com a descrição na norma penal), a tipicidade material (a presença de um critério material de seleção do bem a ser protegido) e a antinormatividade (a noção de contrariedade da conduta à norma penal, e não estimulada por ela). 3. A lesão se revelou tão insignificante que sequer houve instauração de algum procedimento fiscal. Realmente, foi mínima a ofensividade da conduta do agente, não houve periculosidade social da ação do paciente, além de ser reduzido o grau de reprovabilidade de seu comportamento e inexpressiva a lesão jurídica provocada. Trata-se de conduta atípica e, como tal, irrelevante na seara penal, razão pela qual a hipótese comporta a concessão, de ofício, da ordem para o fim de restabelecer a decisão que rejeitou a denúncia. 4. A configuração da conduta como insignificante não abarca considerações de ordem subjetiva, não podendo ser considerados aspectos subjetivos relacionados, pois, à pessoa do recorrente. 5. Recurso extraordinário improvido. Ordem de *habeas corpus*, de ofício, concedida" (RE 536486 – RS, 2.ª T., rel. Ellen Gracie, 26.08.2008, v.u.).

d) Política criminal

• STF: "O princípio da insignificância penal é doutrinariamente versado como vetor interpretativo do fato penalmente típico. Vetor interpretativo que exclui da abrangência do Direito Penal condutas provocadoras de ínfima lesão a bem jurídico alheio. Tal forma de interpretação visa, para além de uma desnecessária carcerização, ao descongestionamento de uma Justiça Penal que se deve ocupar apenas das infrações tão lesivas a bens jurídicos dessa ou daquela pessoa quanto aos interesses societários em geral" (HC 97220 – MG, 2.ª T., rel. Ayres Brito, 05.04.2011, v.u.).

• STF: "1. O postulado da insignificância é tratado como vetor interpretativo do tipo penal, que tem o objetivo de excluir da abrangência do Direito Criminal condutas provocadoras de ínfima lesão ao bem jurídico por ele tutelado. Tal forma de interpretação assume contornos de uma válida medida de política criminal, visando, para além de uma desnecessária carceirização, ao descongestionamento de uma Justiça Penal que deve se ocupar apenas das infrações tão lesivas a bens jurídicos dessa ou daquela pessoa quanto aos interesses societários em geral. 2. No caso, a relevância penal é de ser investigada a partir das coordenadas traçadas pela Lei 10.522/02 (lei objeto de conversão da Medida Provisória 2.176-79). Lei que, ao dispor sobre o 'Cadastro Informativo dos créditos não quitados de órgãos e entidades federais', estabeleceu os procedimentos a serem adotados pela Procuradoria--Geral da Fazenda Nacional, em matéria de débitos fiscais. 3. Não há sentido lógico permitir que alguém seja processado, criminalmente, pela falta de recolhimento de um tributo que nem sequer se tem a certeza de que será cobrado no âmbito administrativo-tributário. 4. Ordem concedida para restabelecer a sentença absolutória" (HC 94.058–RS, 1ª.T., rel. Carlos Britto, 18.08.2009, v.u.).

- STF: "O postulado da insignificância – que se qualifica como expressivo instrumento de política criminal – subordina-se, quanto à sua incidência, à presença, a ser constatada em cada situação ocorrente, de determinados vetores, que assim podem ser identificados: (a) a mínima ofensividade da conduta do agente, (b) a nenhuma periculosidade social da ação, (c) o reduzidíssimo grau de reprovabilidade do comportamento e (d) a inexpressividade da lesão jurídica provocada. Precedentes. Aplicabilidade do princípio da insignificância ao delito de descaminho. O direito penal não deve ocupar-se de condutas que produzam resultado, cujo desvalor – por não importar em lesão significativa a bens jurídicos relevantes – não represente, por isso mesmo, prejuízo importante, seja ao titular do bem jurídico tutelado, seja à integridade da própria ordem social. Aplicabilidade do postulado da insignificância ao delito de descaminho (CP, art. 334), considerado, para tanto, o inexpressivo valor do tributo sobre comércio exterior supostamente devido. Precedentes" (HC 97927 – RS, 2.ª T., rel. Celso de Mello, 02.06.2009, v.u.).

- STJ: "Trata-se, na realidade, de um princípio de política criminal, segundo o qual, para a incidência da norma incriminadora, não basta a mera adequação do fato ao tipo penal (tipicidade formal), impondo-se verificar, ainda, a relevância da conduta e do resultado para o Direito Penal, em face da significância da lesão produzida ao bem jurídico tutelado pelo Estado (tipicidade material)" (HC 182.060/MG, 5.ª T., rel. Gurgel de Faria, j. 11.11.2014, *DJe* 19.11.2014).

- STJ: "Consoante entendimento jurisprudencial, o 'princípio da insignificância – que deve ser analisado em conexão com os postulados da

CAP. IV • PRINCÍPIOS CONSTITUCIONAIS PENAIS E ENFOQUES PROCESSUAIS PENAIS | **235**

fragmentariedade e da intervenção mínima do Estado em matéria penal – tem o sentido de excluir ou de afastar a própria tipicidade penal, examinada na perspectiva de seu caráter material. (...) Tal postulado – que considera necessária, na aferição do relevo material da tipicidade penal, a presença de certos vetores, tais como (a) a mínima ofensividade da conduta do agente, (b) a nenhuma periculosidade social da ação, (c) o reduzidíssimo grau de reprovabilidade do comportamento e (d) a inexpressividade da lesão jurídica provocada – apoiou-se, em seu processo de formulação teórica, no reconhecimento de que o caráter subsidiário do sistema penal reclama e impõe, em função dos próprios objetivos por ele visados, a intervenção mínima do Poder Público' (HC n.º 84.412-0/SP, STF, Min. Celso de Mello, *DJU* 19.11.2004). Aos acusados foi imputado furto qualificado (art. 155, § 4.º, I e II do Código Penal), por terem adentrado no quintal da casa da vítima e subtraído duas sacolas contendo 4 (quatro) quilos de latas de alumínio para reciclagem, avaliadas em R$ 8,00, com valor total a não superar R$ 15,00, correspondente a menos de 2,5% do salário mínimo, não havendo falar em afetação do bem jurídico patrimônio. *Habeas corpus* não conhecido. Ordem concedida, de ofício, para, reconhecendo a atipicidade material, determinar o trancamento do processo penal" (HC 302.049/SP, 6.ª T., rel. Maria Thereza de Assis Moura, j. 04.11.2014, *DJe* 14.11.2014).

e)   Visão global da lesão provocada pelo agente

• STF: "I – Nos termos da jurisprudência deste Tribunal, o princípio da insignificância deve ser aplicado, no delito de descaminho, quando o valor sonegado for inferior ao estabelecido no art. 20 da Lei 10.522/02.[47] II – Na aplicação de tal princípio não é próprio considerar circunstâncias alheias às do delito em tela para negar-lhe vigência, ressalvada a hipótese

---

47. "Art. 20. Serão arquivados, sem baixa na distribuição, mediante requerimento do Procurador da Fazenda Nacional, os autos das execuções fiscais de débitos inscritos como Dívida Ativa da União pela Procuradoria-Geral da Fazenda Nacional ou por ela cobrados, de valor consolidado igual ou inferior a R$ 10.000,00 (dez mil reais)". Na realidade, em países como o Brasil, não se poderia considerar o montante de R$ 10.000,00 (ou valor maior que esse, atualizado por norma posterior) como insignificante, de modo a desautorizar a ação estatal persecutória penal. Porém, compreende-se o espírito imantado no Supremo Tribunal Federal, no sentido de visualizar a nítida contradição do Estado, ao firmar, em lei, o entendimento de que nenhuma providência, no âmbito civil, será tomada para dívidas da União inferiores ao referido valor. Ora, se na órbita civil torna-se desprezível a cobrança estatal, perde-se a legitimidade para invadir o contexto penal, cujas sanções são significativamente mais graves.

de comprovada reiteração delituosa. III – Na espécie, a existência de um procedimento criminal pelos mesmos fatos, já arquivado, não é suficiente para a caracterização da recidiva e tampouco para que se entenda que o acusado faça do descaminho o seu modo de vida. IV – Recurso provido, concedendo-se a ordem para trancar a ação penal" (RHC 96.545–SC, 1.ª T., rel. Ricardo Lewandowski, 16.06.2009, empate na votação).

- STJ: "Conforme decidido pela Suprema Corte, '[o] princípio da insignificância não foi estruturado para resguardar e legitimar constantes condutas desvirtuadas, mas para impedir que desvios de condutas ínfimos, isolados, sejam sancionados pelo direito penal, fazendo-se justiça no caso concreto. Comportamentos contrários à lei penal, mesmo que insignificantes, quando constantes, devido a sua reprovabilidade, perdem a característica de bagatela e devem se submeter ao direito penal' (STF, HC 102.088 – RS, 1.ª T., rel. Min. Cármen Lúcia, *DJe* 21.05.2010.) Precedentes." (RHC 36132 – SP, 5.ª T., rel. Laurita Vaz, 28.05.2013, v.u.).

f) Justiça criminal militar

- STF: "O Supremo Tribunal admite a aplicação do Princípio da Insignificância na instância castrense, desde que, reunidos os pressupostos comuns a todos os delitos, não sejam comprometidas a hierarquia e a disciplina exigidas dos integrantes das forças públicas e exista uma solução administrativo-disciplinar adequada para o ilícito. Precedentes" (HC 107638 – PE, 1.ª T., rel. Cármem Lúcia, 13.09.2011, v.u.).

- STF: "1. O princípio da insignificância é aplicável no âmbito da Justiça Militar de forma criteriosa e casuística. Precedentes. 2. Lesão corporal leve, consistente em único soco desferido pelo paciente contra outro militar, após injusta provocação deste. O direito penal não há de estar voltado à punição de condutas que não provoquem lesão significativa a bens jurídicos relevantes, prejuízos relevantes ao titular do bem tutelado ou, ainda, à integridade da ordem social. Ordem deferida" (HC 95.445 – DF, 2ª.T., rel. Eros Grau, 02.12.2008, v.u.).

- STF: "Não constitui crime militar trazer consigo quantidade ínfima de substância entorpecente (4,7 gramas de maconha), em atenção ao princípio da insignificância" (HC 91074 – SP, 2.ª T., rel. Joaquim Barbosa, 19.08.2009, v.u.).

g) Indiferença à reiteração dos fatos ou aos antecedentes do réu

- STJ: "Não é empecilho à aplicação do princípio da insignificância a existência de condições pessoais desfavoráveis, tais como maus ante-

CAP. IV • PRINCÍPIOS CONSTITUCIONAIS PENAIS E ENFOQUES PROCESSUAIS PENAIS | **237**

cedentes, reincidência ou ações penais em curso, a teor de pronunciamentos das duas Turmas integrantes da Terceira Seção" (HC 165.336/ RS, 6.ª T., rel. Maria Thereza de Assis Moura, 04.10.2011, v.u.).

• STJ: "A habitualidade na prática de furto de coisas de pequeno valor não impede a aplicação do princípio da insignificância. Está-se a julgar o fato cometido, não as pessoas em si. Sendo o fato insignificante para o Direito Penal, pouco importa se há ou não reiteração" (HC 120972 – MS, 6.ª T., rel. Nilson Naves, 29.09.2009, v.u.).

• STJ: "(...) hoje, fala-se, a propósito, do princípio da insignificância. Já foi escrito: 'Onde bastem os meios do direito civil ou do direito público, o direito penal deve retirar-se.' 3. É insignificante, dúvida não há, a lesão ao patrimônio de um supermercado decorrente da subtração de uma garrafa de vodka no valor de cinquenta e nove reais. 4. A prática reiterada de furto de coisas de pequeno valor não impede a aplicação do princípio da insignificância" (HC 141861 – RJ, 6.ª T., rel. Nilson Naves, 08.09.2009, v.u.).

• STJ: "A habitualidade na prática de furto de coisas de pequeno valor não impede a aplicação do princípio da insignificância. Está-se a julgar o fato cometido, não as pessoas em si. Sendo o fato insignificante para o Direito Penal, pouco importa se há ou não reiteração" (HC 130851 – RS, 6.ª T., rel. Haroldo Rodrigues, 13.08.2009, m.v.).

h)   Existência de diferença entre valor insignificante e pequeno valor

• STJ: "No caso do furto, não se pode confundir bem de pequeno valor com o de valor insignificante. Este, necessariamente, exclui o crime em face da ausência de ofensa ao bem jurídico tutelado, aplicando-se-lhe o princípio da insignificância; aquele, eventualmente, pode caracterizar o privilégio insculpido no § 2.º do art. 155 do Código Penal, já prevendo a Lei Penal a possibilidade de pena mais branda, compatível com a gravidade da conduta." (HC 137716 – SP, 5.ª T. rel. Laurita Vaz, 02.11.2011,v.u.).

i)   Conjunto de requisitos para reconhecer a insignificância

• STF: "A aplicação do princípio da insignificância, de modo a tornar a ação atípica, exige a satisfação, de forma concomitante, de certos requisitos, quais sejam, conduta minimamente ofensiva, ausência de periculosidade social da ação, reduzido grau de reprovabilidade do comportamento e lesão jurídica inexpressiva" (HC 115319 – MG, 2.ª T., rel. Ricardo Lewandowski, 04.06.2013, v.u.).

• STF: "O princípio da insignificância – que deve ser analisado em conexão com os postulados da fragmentariedade e da intervenção mínima do Estado em matéria penal – tem o sentido de excluir ou de afastar a própria tipicidade penal, examinada esta na perspectiva de seu caráter material. Doutrina. Precedentes. Tal postulado – que considera necessária, na aferição do relevo material da tipicidade penal, a presença de certos vetores, tais como (a) a mínima ofensividade da conduta do agente, (b) a nenhuma periculosidade social da ação, (c) o reduzidíssimo grau de reprovabilidade do comportamento e (d) a inexpressividade da lesão jurídica provocada – apoiou-se, em seu processo de formulação teórica, no reconhecimento de que o caráter subsidiário do sistema penal reclama e impõe, em função dos próprios objetivos por ele visados, a intervenção mínima do Poder Público" (HC 115.246/MG, 2.ª T., rel. Celso de Mello, j. 28.05.2013, *DJ* 25.06.2013).

- STF: "O princípio da insignificância não há de ter como parâmetro tão só o valor da *res furtiva*, devendo ser analisadas as circunstâncias do fato e o reflexo da conduta do agente no âmbito da sociedade, para decidir-se sobre seu efetivo enquadramento na hipótese de crime de bagatela" (HC 113264 – RS, 1.ª T., rel. Luiz Fux, 21.05.2013, v.u.).

- STF: "O princípio da insignificância reduz o âmbito de proibição aparente da tipicidade legal e, por consequência, torna atípico o fato na seara penal, apesar de haver lesão a bem juridicamente tutelado pela norma penal. Para a incidência do princípio da insignificância, 'devem ser relevados o valor do objeto do crime e os aspectos objetivos do fato, tais como a mínima ofensividade da conduta do agente, a ausência de periculosidade social da ação, o reduzido grau de reprovabilidade do comportamento e a inexpressividade da lesão jurídica causada" (HC 109.739, de minha relatoria, j. 13.12.2011)" (HC 114300 – RS, 2.ª T., rel. Cármen Lúcia, 14.05.2013, v.u.).

- STF: "A aplicação do princípio da insignificância deve ser precedida de criteriosa análise de cada caso, a fim de evitar que sua adoção indiscriminada constitua verdadeiro incentivo à prática de pequenos delitos patrimoniais. O princípio da insignificância incide quando presentes, cumulativamente, as seguintes condições objetivas: (a) mínima ofensividade da conduta do agente, (b) nenhuma periculosidade social da ação, (c) grau reduzido de reprovabilidade do comportamento, e (d) inexpressividade da lesão jurídica provocada" (HC 111749 – RS, 1.ª T., rel. Luiz Fux, 07.05.2013, v.u.).

- STJ: "O Supremo Tribunal Federal e o Superior Tribunal de Justiça estabeleceram os seguintes requisitos para a aplicação do princípio da insignificância como causa supralegal de exclusão da tipicidade: a) conduta minimamente ofensiva; b) ausência de periculosidade do agente; c) reduzido grau de reprovabilidade do comportamento; e d)

CAP. IV · PRINCÍPIOS CONSTITUCIONAIS PENAIS E ENFOQUES PROCESSUAIS PENAIS | 239

lesão jurídica inexpressiva, os quais devem estar presentes, concomitantemente, para a incidência do referido instituto" (HC 182.060/MG, 5.ª T., rel. Gurgel de Faria, j. 11.11.2014, *DJe* 19.11.2014).

2.1.1.2.2 Inaplicabilidade

a) Comportamento do agente e antecedentes

- STF: "1. A pertinência do princípio da insignificância deve ser avaliada considerando-se todos os aspectos relevantes da conduta imputada. 2. Para crimes de descaminho, considera-se, na avaliação da insignificância, o patamar previsto no art. 20 da Lei 10.522/2002, com a atualização das Portarias 75 e 130/2012 do Ministério da Fazenda. Precedentes. 3. Embora, na espécie, o descaminho tenha envolvido elisão de tributos federais em montante pouco superior a R$ 11.533,58 (onze mil, quinhentos e trinta e três reais e cinquenta e oito centavos) a existência de registros criminais pretéritos obsta, por si só, a aplicação do princípio da insignificância, consoante jurisprudência consolidada da Primeira Turma desta Suprema Corte (HC 109.739/SP, Rel. Min. Cármen Lúcia, *DJe* 14.02.2012; HC 110.951/RS, Rel. Min. Dias Toffoli, *DJe* 27.02.2012; HC 108.696/MS, Rel. Min. Dias Toffoli, *DJe* 20.10.2011; e HC 107.674/MG, Rel. Min. Cármen Lúcia, *DJe* 14.9.2011). Ressalva de entendimento pessoal da Ministra Relatora. 4. Ordem denegada" (HC 123.861, 1.ª T., rel. Rosa Weber, j. 07.10.2014).

- STF: "Não tem pertinência o princípio da insignificância se o crime de furto é praticado mediante ingresso sub-reptício na residência da vítima, com violação da privacidade e tranquilidade pessoal desta. A existência de registros criminais pretéritos obsta a aplicação do princípio da insignificância, consoante jurisprudência consolidada da Primeira Turma desta Suprema Corte (v.g.: HC 109.739/SP, rel. Min. Cármen Lúcia, *DJe* 14.02.2012; HC 110.951, rel. Min. Dias Toffoli, *DJe* 27.02.2012; HC 108.696 rel. Min. Dias Toffoli, *DJe* 20.10.2011; e HC 107.674, rel. Min. Cármen Lúcia, *DJe* 14.09.2011). Ressalva de entendimento pessoal da Ministra Relatora" (HC 114289 – RS, 1.ª T., rel. Rosa Weber, 21.05.2013, v.u.).

- STF: "Segundo precedentes do Supremo Tribunal Federal, o princípio da insignificância ou bagatela, nos crimes contra o patrimônio, não pode ser aplicado apenas e tão somente com base no valor da coisa subtraída, como pretende o impetrante. Devem ser considerados, também, outros requisitos, como (1) a mínima ofensividade da conduta do agente, (2) a nenhuma periculosidade social da ação, (3) o reduzidíssimo grau de reprovabilidade do comportamento e (4) a inexpressividade da lesão jurídica provocada (HC 98.152, rel. min. Celso de Mello, DJe-104 de 5.6.2009). No caso, com bem observou o Superior Tribunal de Justiça, o paciente "(...) invadiu, em plena luz do dia, o estabelecimento comercial da vítima, escalando uma cerca de aproximadamente 2,5 metros de altura, para subtrair uma janela de ferro colocada para venda (...), revelando o elevado grau de reprovabilidade social de seu comportamento (...)", o que torna inaplicável ao caso o princípio da insignificância." (HC 97.012 – RS, 2.ª.T., rel. Joaquim Barbosa, 09.02.2010, v.u.).

- STF: "1. A tipicidade penal não pode ser percebida como o trivial exercício de adequação do fato concreto à norma abstrata. Além da correspondência formal, para a configuração da tipicidade, é necessária uma análise materialmente valorativa das circunstâncias do caso concreto, no sentido de se verificar a ocorrência de alguma lesão grave, contundente e penalmente relevante do bem jurídico tutelado. 2. O princípio da insignificância reduz o âmbito de proibição aparente da tipicidade legal e, por consequência, torna atípico o fato na seara penal, apesar de haver lesão a bem juridicamente tutelado pela norma penal. 3. Para a incidência do princípio da insignificância, devem ser relevados o valor do objeto do crime e os aspectos objetivos do fato – tais como a mínima ofensividade da conduta do agente, a ausência de periculosidade social da ação, o reduzido grau de reprovabilidade do comportamento e a inexpressividade da lesão jurídica causada. 4. No caso dos autos, em que o delito foi praticado com a invasão do domicílio da vítima, não é de se desconhecer o alto grau de reprovabilidade do comportamento do Paciente. 5. A reincidência, apesar de tratar-se de critério subjetivo, remete a critério objetivo e deve ser excepcionada da regra para análise do princípio da insignificância, já que não está sujeita a interpretações doutrinárias e jurisprudenciais ou a análises discricionárias. O criminoso reincidente apresenta comportamento reprovável, e sua conduta deve ser considerada materialmente típica. 6. Ordem denegada" (HC 97.772 –RS, 1.ª T., rel. Cármen Lúcia, 03.11.2009, v.u.).

- STJ: "Na hipótese, não há que se falar em reduzido grau de reprovabilidade no comportamento do agente, já que não se pode considerar apenas o valor dos objetos furtados, mas também o fato de o paciente ser reincidente específico, ostentando várias condenações anteriores transitadas em julgado pela prática do crime de furto, conforme registrado pelas instâncias ordinárias" (HC 182.060/MG, 5.ª T., rel. Gurgel de Faria, j. 11.11.2014, *DJe* 19.11.2014).

- STJ: "Não é possível a aplicação do princípio da insignificância na hipótese de tentativa de furto, quando o réu for reincidente" (REsp 1354162 – MG, 5.ª T., rel. Campos Marques, 22.04.2013, v.u.).

CAP. IV • PRINCÍPIOS CONSTITUCIONAIS PENAIS E ENFOQUES PROCESSUAIS PENAIS | **241**

- STJ: "A reincidência e a habitualidade delitiva implicam uma maior reprovabilidade da conduta e afastam a incidência do princípio da insignificância, que, frise-se, não foi estruturado para resguardar e legitimar constantes condutas desvirtuadas, mas sim para impedir que desvios ínfimos e isolados sejam sancionados pelo direito penal" (AgRg no REsp 1333059 – MG, 5.ª T., rel. Marco Aurélio Bellizze, 06.11.2012, v.u.).

b)   Confronto com a sanção penal cominada

- STF: "I – A aplicação do princípio da insignificância de modo a tornar a conduta atípica depende de que esta seja a tal ponto irrelevante que não seja razoável a imposição da sanção. II – Mostra-se, todavia, cabível, na espécie, a aplicação do disposto no § 2.º do art. 155 do Código Penal, tal qual procedeu o magistrado de primeira instância. III – Ordem denegada" (HC 96003 – MS, 1.ª T., rel. Ricardo Lewandowski, 02.06.2009, v.u.).

c)   Foco concentrado no valor do bem lesado

- STF: "Não é insignificante crime de furto que tem por objeto bens de valores significativos, superiores ao salário-mínimo da época dos fatos. A pertinência do princípio da insignificância deve ter presente o resultado pretendido pelo agente, já que, do contrário, todo crime tentado seria insignificante pela ausência de lesão consumada ao bem jurídico protegido" (HC 113476 – RS, 1ª.T., rel. Rosa Weber, 27/11/2012, v.u.).
- STF: "Crime de furto. Coisas de valor considerável. Inaplicabilidade do princípio da insignificância. Fato típico. Restituição dos bens. Irrelevância para justificar a aplicação do princípio. Circunstância apenas atenuante. Condenação mantida. HC denegado. Não quadra aplicação do princípio da insignificância, quando, não obstante sua reparação, seja expressiva a lesão jurídica provocada" (HC 93021 – PE, 2.ª T., rel. Cezar Peluso, 31.03.2009, v.u.).
- STF: "1. A questão tratada no presente writ diz respeito à possibilidade de aplicação do princípio da insignificância ao crime de roubo. 2. Como é cediço, o crime de roubo visa proteger não só o patrimônio, mas, também, a integridade física e a liberdade do indivíduo. 3. Deste modo, ainda que a quantia subtraída tenha sido de pequena monta, não há como se aplicar o princípio da insignificância diante da evidente e significativa lesão à integridade física da vítima do roubo. 4. Ante o exposto, denego a ordem de *habeas corpus*" (HC 96.671– MG, 2.ª T. rel. Ellen Gracie, 31.03.2009, v.u.).
- STF: "inaplicável o princípio da insignificância ao delito de roubo (art. 157, CP), por se tratar de crime complexo, no qual o tipo penal tem

como elemento constitutivo o fato de que a subtração de coisa móvel alheia ocorra 'mediante grave ameaça ou violência à pessoa', a demonstrar que visa proteger não só o patrimônio, mas também a integridade pessoal" (HC 95174 – RJ, 2.ª T., rel. Eros Grau, 09.12.2008, v.u.).

- STJ: "Consoante entendimento jurisprudencial, o 'princípio da insignificância – que deve ser analisado em conexão com os postulados da fragmentariedade e da intervenção mínima do Estado em matéria penal – tem o sentido de excluir ou de afastar a própria tipicidade penal, examinada na perspectiva de seu caráter material. (...) Tal postulado – que considera necessária, na aferição do relevo material da tipicidade penal, a presença de certos vetores, tais como (a) a mínima ofensividade da conduta do agente, (b) a nenhuma periculosidade social da ação, (c) o reduzidíssimo grau de reprovabilidade do comportamento e (d) a inexpressividade da lesão jurídica provocada – apoiou-se, em seu processo de formulação teórica, no reconhecimento de que o caráter subsidiário do sistema penal reclama e impõe, em função dos próprios objetivos por ele visados, a intervenção mínima do Poder Público.' (HC n.º 84.412-0/SP, STF, Min. Celso de Mello, *DJU* 19.11.2004). Não é insignificante a conduta de tentar furtar um celular avaliado em R$ 350,00, montante que representava à época dos fatos quase 65% do salário mínimo então vigente, notadamente se a ação ilícita foi perpetrada pelo paciente em pleno cumprimento de outra pena, quando beneficiado com saída de natal. 4. Em tais circunstâncias, não há como reconhecer o caráter bagatelar do comportamento imputado, havendo afetação do bem jurídico" (HC 268.303/SP, 6.ª T., rel. Maria Thereza de Assis Moura, j. 06.11.2014, *DJe* 19.11.2014).

- STJ: "O princípio da insignificância, que está diretamente ligado aos postulados da fragmentariedade e intervenção mínima do Estado em matéria penal, tem sido acolhido pelo magistério doutrinário e jurisprudencial tanto desta Corte, quanto do colendo Supremo Tribunal Federal, como causa supralegal de exclusão de tipicidade. (...) No caso em apreço, o valor total do bem furtado (R$ 120,00) não se insere na concepção doutrinária e jurisprudencial de crime de bagatela, razão pela qual não incide na espécie o princípio da insignificância. Precedentes" (HC 138956 – MG, 5.ª T., rel. Napoleão Nunes Maia Filho, 23.02.2010, v.u.).

d) *Avaliação das condições da vítima*

- STJ: "Para que se aplique o princípio da insignificância é necessário que o fato não tenha não relevância social e, especificamente nos crimes contra o patrimônio, deve-se ainda apurar o valor de pequena monta

CAP. IV • PRINCÍPIOS CONSTITUCIONAIS PENAIS E ENFOQUES PROCESSUAIS PENAIS | **243**

e seu caráter ínfimo para a vítima. Na hipótese, a vítima, dono de trailer de lanche, teve surrupiada toda a renda auferida em um dia de trabalho. Ordem denegada" (HC 99476 – RJ, 6.ª T., rel. Maria Thereza de Assis Moura, 07.08.2008, m.v.).

e)   Visão global da lesão provocada e interesse tutelado

• STF: "A suposta operação de rádio clandestina em frequência capaz de interferir no regular funcionamento dos serviços de comunicação devidamente autorizados impede a aplicação do princípio da insignificância" (HC 124.270, 1.ª T., rel. Rosa Weber, j. 21.10.2014).

• STF: "O princípio da insignificância, cujo escopo é flexibilizar a interpretação da lei em casos excepcionais, para que se alcance o verdadeiro senso de justiça, não pode ser aplicado para abrigar conduta cuja lesividade transcende o âmbito individual e abala a esfera coletiva." (HC 107.041 – SC, 1.ª T., rel. Min. Dias Toffoli, 13.09.2011, v.u.).

• STJ: "O STF já consagrou o entendimento de que, para a aplicação do princípio da insignificância, devem estar presentes, de forma cumulada, os seguintes vetores: a) mínima ofensividade da conduta do agente; b) nenhuma periculosidade social da ação; c) reduzido grau de reprovabilidade do comportamento do agente; e d) inexpressividade da lesão jurídica provocada (HC 112.348/DF, Segunda Turma, Rel. Min. Joaquim Barbosa, *DJe* de 18.09.2012). A prática de furto qualificado pelo rompimento de obstáculo e escalada denota maior reprovabilidade da conduta e evidencia a efetiva periculosidade do agente, o que afasta o reconhecimento da atipicidade material da conduta pela aplicação do princípio da insignificância, não havendo se falar, portanto, em ilegalidade da decisão agravada" (AgRg no HC 237952 – MS, 5.ª T., rel. Marilza Maynard, 06.06.2013, v.u.).

• STJ: "É inaplicável o princípio da insignificância ao crime de contrabando, onde o bem juridicamente tutelado vai além do mero valor pecuniário do imposto elidido, alcançando também o interesse estatal de impedir a entrada e a comercialização de produtos proibidos em território nacional. Nessa linha, a introdução de cigarros em território nacional é sujeita à proibição relativa, sendo que a sua prática, fora dos moldes expressamente previstos em lei, constitui o delito de contrabando e não descaminho, inviabilizando a incidência do princípio da insignificância" (AgRg no AREsp 288014 – PR, 5.ª T., rel. Laurita Vaz, 28.05.2013, v.u.).

• STJ: "A jurisprudência de ambas as Turmas da 3.ª Seção do STJ orienta-se no sentido de que, em relação ao delito do art. 183 da Lei 9.472/1997, 'não há como reconhecer o reduzido grau de reprovabilidade ou a mínima ofensividade da conduta, de forma a ser possível a aplicação do princípio da insignificância. A instalação de estação clandestina de radiofrequência, sem autorização dos órgãos e entes com atribuições para tanto - o Ministério das Comunicações e a ANATEL –, já é, por si, suficiente a comprometer a regularidade e a operabilidade do sistema de telecomunicações, o que basta à movimentação do sistema repressivo penal' (STJ, AgRg no AREsp 108.176/BA, Rel. Ministro Marco Aurélio Bellizze, Quinta Turma, *DJe* 09.10.2012). Em igual sentido: STJ, AgRg no REsp 1.113.795/SP, rel. Ministra Maria Thereza de Assis Moura, sexta turma, *DJe* 13.08.2012. Incidência, *in casu*, da Súmula 83/STJ" (AgRg no AREsp 187075 – DF, 6.ª T., rel. Assusete Magalhães, 16.04.2013, v.u.).

- STJ: "Esta Corte firmou entendimento no sentido de que é inaplicável o princípio da insignificância ao crime de atividade clandestina de radiodifusão, sendo irrelevante o fato de os equipamentos radiotransmissores terem baixa potência ou pequeno alcance" (AgRg no AREsp 270919 – RO, 6.ª T., rel. Og Fernandes, 19.03.2013, v.u.).
- STJ: "1. A lei penal não deve ser invocada para atuar em hipóteses desprovidas de significação social, razão pela qual os princípios da insignificância e da intervenção mínima surgem para evitar situações dessa natureza, atuando como instrumentos de interpretação restrita do tipo penal. 2. No caso, não há como reconhecer o reduzido grau de reprovabilidade ou a mínima ofensividade da conduta, pois a quantidade de medicamentos apreendidos, a saber, 59 (cinquenta e nove) comprimidos de PRAMIL – vasodilatador utilizado no tratamento da disfunção erétil e que não possui registro na ANVISA, não podendo, portanto, ser comercializado no Brasil – e a clara destinação comercial, caracterizada pelo local da apreensão, afastam a aplicação do princípio da insignificância, pois indiscutível o risco à saúde pública decorrente da exposição, à venda, de medicamento proibido" (RHC 31352 – RS, 5.ª T., rel. Marco Aurélio Bellizze, 11.04.2013, v.u.).
- STJ: "Ainda que as cédulas falsificadas sejam de pequeno valor, não é possível aplicar o princípio da insignificância ao crime de moeda falsa, pois se trata de delito contra a fé pública, que envolve a credibilidade do Sistema Financeiro Nacional, o que descaracteriza a mínima ofensividade da conduta do agente de modo a excluir a tipicidade do fato. Precedentes do STF e do STJ" (HC 187077 – GO, 5.ª T., rel. Laurita Vaz, 07.02.2013, v.u.).
- STJ: "Como se sabe, o estelionato, em todas as suas modalidades, tem como bem juridicamente protegido o patrimônio alheio, sendo que, no caso de o crime ser praticado em detrimento de entidade de direito

CAP. IV • PRINCÍPIOS CONSTITUCIONAIS PENAIS E ENFOQUES PROCESSUAIS PENAIS | **245**

público, a pena é aumentada de um terço em razão de o prejuízo, nesses casos, ser maior, já que o comportamento do agente atinge, indiretamente, a sociedade de modo geral. Por essa razão, em se tratando de estelionato cometido contra entidade de direito público, tem-se entendido não ser possível a incidência do princípio da insignificância, independentemente dos valores obtidos indevidamente pelo acusado, diante do alto grau de reprovabilidade da conduta do agente, que atinge, como visto, a coletividade como um todo. Precedentes do STJ e do STF. A jurisprudência do Superior Tribunal de Justiça já afastou, em mais de uma ocasião, a aplicação do princípio da insignificância em crimes de estelionato praticado contra entidade de direito público, nos quais o prejuízo foi inferior ao ocorrido no presente caso. Precedentes" (HC 180771 – SP, 5.ª T., rel. Jorge Mussi, 16.10.2012, v.u.).

- STJ: "A jurisprudência desta Corte é firme no sentido da inaplicabilidade do princípio da insignificância ao delito de moeda falsa, uma vez que se trata de crime contra a fé pública" (REsp 125.1681 – MG, 5.ª T., rel. Min. Gilson Dipp, 22.11.2011, v.u.).

- STJ: "A despeito de o crédito devido no descaminho ser inferior ao mínimo legal para a cobrança fiscal, a teor do art. 20 da Lei n. 10.522/02, não se reconhece a insignificância penal, ante a existência de outros processos penais a indicarem, globalmente, expressiva violação ao bem jurídico." (HC 45153 – SC, 6.ª T., rel. Maria Thereza de Assis Moura, 30.10.2007, v.u.).

- TJDF: "1. Nos termos da jurisprudência deste Tribunal, a despeito de se tratar de infração de menor potencial ofensivo, a contravenção penal de vias de fato protege bem jurídico relevante para o Direito Penal – a incolumidade física, de modo que não há que se falar em ofensa aos princípios da intervenção mínima, da lesividade, da fragmentariedade e da subsidiariedade do Direito Penal, tampouco em sua não recepção pela Constituição Federal de 1988. 2. Mantém-se a condenação pelas contravenções penais de vias de fato, praticadas no âmbito doméstico e familiar, uma vez comprovado nos autos, pela prova oral colhida, que o apelante agrediu os ofendidos, sua ex-companheira, sua enteada e seu filho. 3. Reduz-se a pena-base quando a motivação lançada na r. sentença para considerar a culpabilidade e as circunstâncias do crime em desfavor do réu revelar-se inidônea para tanto. 4. Autoriza o reconhecimento da continuidade delitiva a prática de três contravenções penais de vias de fato, contra ofendidos diversos, quando cometidas em semelhantes condições de tempo, lugar e maneira de execução. 5. Apelação conhecida e parcialmente provida apenas para reduzir a pena aplicada ao apelante" (Ap. 0009616-64.2013.8.07.0004, 3.ª T., rel. João Batista Teixeira, j. 31.07.2014, *DJ* 06.08.2014).

PRINCÍPIOS CONSTITUCIONAIS PENAIS E PROCESSUAIS PENAIS – Nucci

- TJDF: "Contravenção. Uso de fardamento militar por civil em via pública. Princípios da fragmentariedade e da intervenção mínima. Inaplicabilidade. Reprovabilidade da conduta. Réu preso, em via pública, usando fardamento de policial militar com insígnias de major, não sendo integrante da corporação. Reprovabilidade da conduta que supera o grau mínimo, principalmente em tempos de acentuados índices de violência. A presença de uma pessoa fardada na via pública gera nos transeuntes uma falsa sensação de segurança, quando essa pessoa não é policial nem possui treinamento adequado para corresponder, numa situação real, à expectativa ilegitimamente criada. Isso sem cogitar das reais intenções do agente, que, fardado, poderia adentrar locais como quartéis e delegacias sem despertar suspeitas, abordar pessoas, realizar prisões, portar arma de fogo, enfim, praticar atos nem sempre permitidos ao cidadão civil. Ademais, ressalte-se que, além de trajar calça, camisa, coturno, insígnias e luvas que identificavam a patente de major, com o acusado foram encontrados algemas, gás e uma arma de brinquedo. Nesse quadro, insignificante mesmo foi a pena aplicada, 10 dias-multa, no valor unitário mínimo, sendo descabida a invocação dos princípios da fragmentariedade e da intervenção mínima, não havendo que se falar, nesse contexto, em intervenção estatal mínima. Apelo desprovido" (Ap. 0018385-80.2007.807.0001, 1.ª T., rel. Mario Machado, j. 14.08.2008, *DJ* 08.09.2008).

f) Ônus da prova da defesa quanto ao valor do bem

- STJ: "Inviável a aplicação do princípio da insignificância, causa excludente de tipicidade material, admitida pela doutrina e pela jurisprudência em observância aos postulados da fragmentariedade e da intervenção mínima do Direito Penal, quando não se comprovou o valor integral da res furtiva, ônus que cabia à defesa, não se podendo presumir que era de valor irrisório" (HC 124904 – MG, 5.ª T., rel. Jorge Mussi, 04.02.2010, v.u.).

g) Tráfico ilícito de drogas ou consumo pessoal

- STJ: "1. Independentemente da quantidade de drogas apreendidas, não se aplica o princípio da insignificância aos delitos de porte de substância entorpecente para consumo próprio e de tráfico de drogas, sob pena de se ter a própria revogação, *contra legem*, da norma penal incriminadora. Precedentes. 2. O objeto jurídico tutelado pela norma do artigo 28 da Lei n. 11.343/2006 é a saúde pública, e não apenas a do usuário, visto que sua conduta atinge não somente a sua esfera pessoal, mas toda a coletividade, diante da potencialidade ofensiva do delito

CAP. IV • PRINCÍPIOS CONSTITUCIONAIS PENAIS E ENFOQUES PROCESSUAIS PENAIS | **247**

de porte de entorpecentes. 3. Para a caracterização do delito descrito no artigo 28 da Lei n. 11.343/2006, não se faz necessária a ocorrência de efetiva lesão ao bem jurídico protegido, bastando a realização da conduta proibida para que se presuma o perigo ao bem tutelado. Isso porque, ao adquirir droga para seu consumo, o usuário realimenta o comércio nefasto, pondo em risco a saúde pública e sendo fator decisivo na difusão dos tóxicos. 4. A reduzida quantidade de drogas integra a própria essência do crime de porte de substância entorpecente para consumo próprio, visto que, do contrário, poder-se-ia estar diante da hipótese do delito de tráfico de drogas, previsto no artigo 33 da Lei n. 11.343/2006. 5. Recurso em *habeas corpus* não provido" (RHC 37.094/MG, 6.ª T., rel. Rogerio Schietti Cruz, j. 04.11.2014, *DJe* 17.11.2014).

• STJ: "A jurisprudência desta Corte é firme quanto à inaplicabilidade do princípio da insignificância ao tráfico de drogas" (HC 156.543 – RJ, 6.ª T., rel. Min. Og Fernandes, 25.10.2011, v.u.).

• STJ: "Não é possível a aplicação do princípio da insignificância no tráfico de entorpecentes, por se tratar de crime de perigo abstrato,que visa a proteger a saúde pública, sendo irrelevante a pequena quantidade de droga apreendida" (AgRg no HC 125332/MG, 5.ª T., rel. Min. Jorge Mussi, 20.10.2010, v.u.).

h) Reiteração de conduta criminosa

• STF: "O princípio da insignificância não pode ser acolhido para resguardar e legitimar constantes condutas desvirtuadas, mas para impedir que desvios de conduta ínfimos, isolados, sejam sancionados pelo direito penal, fazendo-se justiça no caso concreto. Comportamentos contrários à lei penal, mesmo que insignificantes, quando constantes, devido a sua reprovabilidade, perdem a característica da bagatela e devem se submeter ao direito penal" (HC 110841/PR, 2.ª T., rel. Cármen Lúcia, 27.11.2012, m.v.).

• STJ: "No que concerne à incidência do princípio da insignificância, importante registrar, num primeiro momento, ser certo que a lei penal não deve ser invocada para atuar em hipóteses desprovidas de significação social. Por essa razão, os princípios da insignificância e da intervenção mínima surgem para evitar situações dessa natureza, atuando como instrumentos de interpretação restrita do tipo penal. No presente caso, não verifico a presença dos referidos vetores, haja vista a multirreincidência do paciente, ostentando duas condenações com trânsito em julgado. Dessa forma, mostra-se inviável a aplicação do princípio da insignificância, pois as particularidades do caso concreto denotam a maior reprovabilidade da conduta, devendo, portanto, ser sopesadas para fins de aplicação ou não da referida benesse. Precedentes" (HC 294.712/SP, 5.ª T., rel. Walter de Almeida Guilherme (desembargador convocado do TJSP), j. 11.11.2014, *DJe* 19.11.2014).

- STJ: "De acordo com a jurisprudência do STJ, a reiteração delitiva impede o reconhecimento do princípio da insignificância, por ser imprescindível a análise do desvalor da culpabilidade do agente, sob pena de se aceitar, ou mesmo incentivar, a prática de pequenos delitos" (AgRg no REsp 1274396 – MG, 5.ª T., rel. Campos Marques, 04.06.2013, v.u.).

i) Análise conjunta de vários elementos

- STF: "1. A pertinência do princípio da insignificância deve ser avaliada, em casos de pequenos furtos, considerando não só o valor do bem subtraído, mas igualmente outros aspectos relevantes da conduta imputada. 2. Não tem pertinência o princípio da insignificância em crime de furto qualificado cometido mediante rompimento de obstáculo. Precedentes. 3. Ordem denegada" (HC 121.760, 1.ª T., rel. Rosa Weber, j. 14.10.2014).

- STJ: "Ademais, a prática de furto qualificado pelo rompimento de obstáculo e invasão de residência, como ocorreu na hipótese dos autos, evidencia a efetiva periculosidade do agente, o que afasta o reconhecimento da atipicidade material da conduta pela aplicação do princípio da insignificância" (HC 182.060/MG, 5.ª T., rel. Gurgel de Faria, j. 11.11.2014, *DJe* 19.11.2014).

- STJ: "O valor do bem jurídico tutelado não pode ser tido como parâmetro absoluto para aplicabilidade do princípio da insignificância, podendo as demais circunstâncias relacionadas com o fato, tais como as condições pessoais da vítima, o valor subjetivo do bem, as circunstâncias e o resultado do crime, serem utilizadas para se aferir a existência de lesividade ao bem jurídico tutelado. Precedentes do STJ" (AgRg no Aresp 233924 – DF, 6.ª T., rel. Sebastião Reis Júnior, 16.05.2013, v.u.).

j) Justiça Militar

- STF: "1. A pertinência do princípio da insignificância deve ser avaliada considerando não só o valor do dano decorrente do crime, mas igualmente outros aspectos relevantes da conduta imputada. 2. O elevado valor do bem furtado, avaliado acima do salário mínimo da época dos fatos, e a alta reprovabilidade da conduta do militar que se aproveita do ambiente da caserna para subtrair aparelho celular de um colega de farda inviabilizam, na hipótese, a aplicação do princípio da bagatela. Precedentes. 3. Aos militares cabe a guarda da lei e da ordem,

CAP. IV • PRINCÍPIOS CONSTITUCIONAIS PENAIS E ENFOQUES PROCESSUAIS PENAIS | **249**

competindo-lhes o papel de guardiões da estabilidade, a serviço do direito e da paz social, razão pela qual deles se espera conduta exemplar para o restante da sociedade, o que não se verificou na espécie. 4. Ordem denegada" (HC 123.393, 1.ª T., rel. Rosa Weber, j. 07.10.2014).

• STF: "Segundo a jurisprudência do Supremo Tribunal Federal, para se caracterizar hipótese de aplicação do denominado 'princípio da insignificância' e, assim, afastar a recriminação penal, é indispensável que a conduta do agente seja marcada por ofensividade mínima ao bem jurídico tutelado, reduzido grau de reprovabilidade, inexpressividade da lesão e nenhuma periculosidade social. 4. Nesse sentido, a aferição da insignificância como requisito negativo da tipicidade envolve um juízo de tipicidade conglobante, muito mais abrangente que a simples expressão do resultado da conduta. Importa investigar o desvalor da ação criminosa em seu sentido amplo, de modo a impedir que, a pretexto da insignificância apenas do resultado material, acabe desvirtuado o objetivo a que visou o legislador quando formulou a tipificação legal. Assim, há de se considerar que 'a insignificância só pode surgir à luz da finalidade geral que dá sentido à ordem normativa' (Zaffaroni), levando em conta também que o próprio legislador já considerou hipóteses de irrelevância penal, por ele erigidas, não para excluir a tipicidade, mas para mitigar a pena ou a persecução penal. 5. Num juízo de tipicidade conglobante, que envolve não apenas o resultado material da conduta, mas o seu significado social mais amplo, que certamente não se pode admitir a aplicação do princípio da insignificância em determinados crimes, não obstante o inexpressivo dano patrimonial que deles tenha decorrido, em delitos cuja prática se empregou violência ou ameaça de qualquer espécie, ou, como estelionato, ardil ou fraude. 6. No caso, o paciente teria falsificado as assinaturas do irmão, também militar do Exército e pretenso responsável econômico de sua genitora, e do Comandante do 16.º Batalhão Logístico, em documento que declarava o suposto direito ao atendimento odontológico. Nesse contexto, o estelionato, delito aqui imputado ao paciente, abrange não só a proteção do patrimônio material da Administração Militar, mas em igual medida tutela-se a confiança recíproca que deve presidir os relacionamentos no ambiente castrense. 7. Ordem denegada" (HC 122.418, 2.ª T., rel. Teori Zavascki, j. 16.09.2014).

• STF: "O princípio da insignificância não é aplicável no âmbito da Justiça Militar, sob pena de afronta à autoridade, hierarquia e disciplina, bens jurídicos cuja preservação é importante para o regular funcionamento das instituições militares. Precedente: HC 94.685, Pleno, rel. Min. Ellen Gracie, *DJe* 12.04.2011" (HC 108.512/BA, 1.ª T., rel. Min. Luiz Fux, 04.10.2011, v.u.).

2.1.1.3 Princípio da adequação social

A conduta socialmente ajustada ou amoldada encontra-se em perfeita harmonia com os objetivos e metas do Estado Democrático de Direito, calcado no respeito à liberdade individual, desde que em sintonia com os demais regramentos regentes da vida em comunidade.

Adequar-se em sociedade é justamente o que se espera de cada indivíduo, desde o nascimento. O desenvolvimento infanto-juvenil, rumo à maturidade, até atingir a plena capacidade civil e penal, aos dezoito anos, constitui trajetória comum a todos. Portanto, quer-se crer que a individualidade humana seja fielmente respeitada, na exata proporção em que não interfira na individualidade alheia, nem tampouco nos interesses comuns.

Inexiste razão para a intervenção do Direito Penal, quando se está diante de conduta socialmente adequada, vale dizer, amoldada aos preceitos gerais de Direito e, em particular, harmonizada com a realidade social da atualidade. Outra vez, anote-se a missão pacificadora do Estado, em matéria penal, sem interferir em demasia nos conflitos sociais e, muito menos, intervindo em situações onde sua presença é simplesmente ignorada ou desprezada pelos protagonistas.

Da mesma forma que se exige a abnegação estatal quanto aos crimes de bagatela, não se pode deixar de ressaltar igual medida de renúncia em relação às condutas ajustadas à realidade social atual.

Exatamente do mesmo modo em que se defende a moderna aplicação do Direito Penal, no que se refere à valoração particularizada dos bens jurídicos, a ponto de acolher a carência típica ao detectar infração penal ínfima, deve-se sustentar a indiferença do Estado penal-punitivo ao constatar condutas que, formalmente, amoldam-se ao tipo incriminador, porém, na essência, deles se afastam, pois preservados estão os bens jurídicos visados.

O socialmente adequado não diz respeito a uma análise plebiscitária das condutas aparentemente agressivas, motivo pelo qual não cabe um julgamento calcado na maioria, nem mesmo no sentimento do *homem médio*. Concerne ao magistrado detectar a postura da sociedade, consensual e, por vezes, indiferente, em relação a determinada conduta humana.

O cenário da adequação social patenteia-se no quadro de pacífica aceitação ou apática reação da sociedade quando em confronto com ações e resultados. Note-se a atual postura social no tocante à utilização de tatuagem, algo que, formalmente, pode representar uma lesão corporal definitiva e até mesmo grave, mas que conta com o beneplácito social, manifestado pela aceitação ou pela indiferença. Diversa reação é colhida, se posto em cheque o uso de drogas, por exemplo, emergindo vozes favoráveis e outras tantas contrárias, de forma a evidenciar a distante adequação social da conduta.

CAP. IV • PRINCÍPIOS CONSTITUCIONAIS PENAIS E ENFOQUES PROCESSUAIS PENAIS | **251**

2.1.1.4 A adequação social na jurisprudência criminal

2.1.1.4.1 Admissibilidade

a) Intervenção mínima

- STJ: "Antes, falou-se, a propósito, do princípio da adequação social; hoje, fala-se, a propósito, do princípio da insignificância. Já foi escrito: "Onde bastem os meios do direito civil ou do direito público, o direito penal deve retirar-se" (AgRg no REsp 2004/0104332-2 – SC, 6.ª T., rel. Nilson Naves, 20.10.2009, v.u.)

2.1.1.4.2 Inadmissibilidade

a) Conduta não considerada socialmente adequada

- STJ: "1. A Terceira Seção do Superior Tribunal de Justiça, quando do julgamento do Recurso Especial n.º 1.193.196/MG, representativo de controvérsia, firmou entendimento no sentido da inaplicabilidade do princípio da adequação social ao delito descrito no art. 184, § 2.º, do Código Penal. Desse modo a jurisprudência desta Corte firmou orientação no sentido de considerar típica, formal e materialmente, a conduta prevista no referido artigo, afastando, assim, a aplicação do princípio da insignificância e da adequação social. 2. Agravo regimental não provido" (AgRg no REsp 1.377.155/MS, 5.ª T., rel. Moura Ribeiro, j. 22.10.2013, *DJe* 28.10.2013, v.u.).
- STJ: "1. Da leitura do artigo 184 do Código Penal, não se pode afirmar que se trataria de preceito incriminador instituído pelo legislador com a inobservância aos princípios da intervenção mínima e da ultima ratio, já que na sociedade atual, com os avanços tecnológicos e a existência de inúmeros meios de reprodução, difusão e comercialização de obras intelectuais e fonogramas, mostra-se necessária a incidência do Direito Penal de modo a punir aqueles que o fazem com violação aos direitos do autor. 2. Igualmente, não se pode afirmar que a conduta daquele que comercializa CD'S e DVD'S 'piratas', reproduzidos ilegalmente, seria socialmente adequada. Conquanto o princípio da adequação social oriente o legislador na criação e revogação de normas penais, o certo é que ele não permite a revogação de tipos penais já existentes, o que só é possível mediante a edição de lei específica, nos termos do artigo 2.º da Lei de Introdução às normas do Direito Brasileiro. 3. Esta Corte Superior de Justiça tem reiteradamente decidido que a compra e venda de cd's e dvd's 'piratas', apesar de disseminada, não é socialmente adequada, sendo inclusive severamente combatida pelo Poder

Público, motivo pelo é formal e materialmente típica, entendimento que também é compartilhado pelo Supremo Tribunal Federal" (HC 233230 – MG, 5.ª T., rel. Jorge Mussi, 16.04.2013, v.u.).

- STJ: "O fato de estar disseminado o comércio de mercadorias falsificadas ou 'pirateadas' não torna a conduta socialmente aceitável, uma vez que fornecedores e consumidores têm consciência da ilicitude da atividade, a qual tem sido reiteradamente combatida pelos órgãos governamentais, inclusive com campanhas de esclarecimento veiculadas nos meios de comunicação. Outrossim, a exposição de 652 CDs DVDs falsificados demonstra a existência de efetiva lesão ao bem jurídico tutelado pela norma penal, afastando a possibilidade de aplicação do princípio da insignificância" (AgRg no REsp 1306420 – MS, 5.ª T., rel. Laurita Vaz, 21/05/2013, v.u.).

- STJ: "A jurisprudência desta Corte e do Supremo Tribunal Federal orienta-se no sentido de considerar típica, formal e materialmente, a conduta prevista no artigo 184, § 2.º, do Código Penal, afastando, assim, a aplicação do princípio da adequação social, de quem expõe à venda CD'S E DVD'S "piratas" (REsp 1.193.196/MG, Ministra Maria Thereza de Assis Moura, *DJe* 04.12.2012)" (AgRg no AREsp 60864 – RS, 6.ª T., rel. Sebastião Reis Júnior, 07.05.2013, v.u.).

- STJ: "Consoante entendimento firmado pela Terceira Seção desta Corte Superior de Justiça, no julgamento do Recurso Especial 1.193.196/MG, não se aplica o princípio da adequação social, ao crime de violação de direito autoral previsto no art. 184, § 2.º, do Código Penal. E não é insignificante a conduta de ter em depósito centenas DVDs e CDs falsificados de títulos diversos, pois além da violação do direito do autor, devem-se levar em consideração os prejuízos à indústria fonográfica brasileira, aos comerciantes legalmente instituídos e ao Fisco" (HC 233382 – SP, 6.ª T., rel. Og Fernandes, 07.03.2013, v.u.).

- STJ: "Ademais, o entendimento desta Quinta Turma é no sentido de que aplicação do referido princípio não está vinculada apenas ao valores econômico dos bens apreendidos, mas deve ser aferida, também, pelo grau de reprovabilidade da conduta, que, nesses casos, é alto, tendo em vista as consequências nefastas para as artes, a cultura e a economia do País, conforme amplamente divulgados pelos mais diversos meios de comunicação. (HC 113.702/RJ, 5.ª T., rel. Min. Arnaldo Esteves Lima, *DJe* 03.08.2009.)" (HC 169.974 – ES, 5.ª T., rel. Min. Laurita Vaz, 23.08.2011, v.u., cuidando da apreensão de mídia falsificada).

- STJ: "O paciente foi surpreendido por policiais comercializando, com violação de direito autoral, 55 DVD'S conhecidos vulgarmente como piratas; ficou constatado, conforme laudo pericial, que os dvd's são cópias não autorizadas para comercialização. Mostra-se inadmissível a tese de que a conduta do paciente é socialmente adequada, pois o fato de que parte da população adquire tais produtos não tem o condão de impedir a incidência, diante da conduta praticada, do tipo previsto no art. 184, § 2.º do CPB." (HC 143308 – DF, 5.ªT., rel. Napoleão Nunes Maia Filho, 19.11.2009, v.u.).

- STJ: "O paciente foi surpreendido por policiais estando na posse de 180 cd's de diversos títulos e intérpretes, conhecidos vulgarmente como cd's piratas; ficou constatado, conforme laudo pericial, que os cds são cópias não autorizadas para comercialização. 2. Mostra-se inadmissível a tese de que a conduta do paciente é socialmente adequada, pois o fato de que parte da população adquire tais produtos não tem o condão de impedir a incidência, diante da conduta praticada, o tipo previsto no art. 184, § 2.º do CPB." (HC 113938 – SP, 5.ªT., rel. Napoleão Nunes Maia Filho, 03.02.2009, v.u.).

- STJ: "O princípio da adequação social não pode ser usado como neutralizador, *in genere*, da norma inserta no art. 234 do Código Penal. Verificado, *in casu*, que a recorrente vendeu a duas crianças, revista com conteúdo pornográfico, não há se falar em atipicidade da conduta afastando-se, por conseguinte, o pretendido trancamento da ação penal. Recurso desprovido" (RHC 15093 – SP, 5.ª T., rel. Felix Fischer, 16.03.2006, v.u.).

- TJRS: "A exploração da atividade de loterias pelo poder público não descriminaliza a conduta. O fato de haver autorização para o Estado atuar no controle e exploração dos jogos de loteria, por si só não torna lícito o exercício de atividades semelhantes pelo particular, pois este não opera no interesse público e sim privado, visando à obtenção de lucro fácil. A exploração de jogos de azar não é conduta amplamente aceita pela sociedade, pois se sabe que jogos de azar propiciam o vício e usurpam os parcos rendimentos da população mais carente, a qual, normalmente, é que mais procura o jogo a fim de melhorar sua condição econômica" (Recurso Crime 71004564647, Turma Recursal Criminal, rel. Gisele Anne Vieira de Azambuja, j. 31.03.2014, v.u.).

- TJRJ: "1) O apelado expunha à venda, com intuito de lucro direto, fonogramas reproduzidos com violação de direito autoral. 2) O magistrado de piso absolveu o recorrido sumariamente com base na adequação social da conduta. 3) O princípio da adequação social serve de parâmetro para o legislador no momento de selecionar as condutas que haverão por ser criminalizadas, bem como para retirar do âmbito penal aquelas que considerar tipicamente irrelevantes. Ademais, cabe ressaltar que é inadmissível o costume *contra legem*, não podendo o magistrado incumbido do poder jurisdicional se imiscuir na atividade legiferante, substituindo o legislador e considerar revogada uma norma penal incriminadora em plena vigência. Recurso a que se dá provimento" (Ap. 0032262-39.2012.8.19.0014, 3.ª C., rel. Suimei Meira Cavalieri, j. 05.08.2014, *DJ* 25.08.2014, v.u.).

• TJRJ: "Inexiste, até o momento, revogação formal e expressa pelo legislador federal do art. 58 do DL 6.259/44, a atividade do jogo do bicho há que ser tida como contravenção penal, imputável a todos que com ela estiverem envolvidos, seja na condição de donos de bancas, intermediários ou apostadores. Princípio da adequação social, assim como o da Insignificância e o da Intervenção Mínima, deve ser aplicado com moderação, não bastando que a conduta seja tolerada socialmente, sendo necessário que a ofensa ao bem jurídico protegido seja ínfima. Nossos Tribunais Superiores vêm reiteradamente rejeitando a tese de atipicidade da conduta daquele que se envolve com o jogo do bicho, entendendo como inaplicável à espécie o Princípio da Adequação Social" (Ap. 0023993-68.2008.8.19.0202, 3.ª C., rel. Paulo Sergio Rangel do Nascimento, j. 22.05.2012, *DJ* 15.10.2012).

2.1.1.4.3 A polêmica do crime do art. 229 do Código Penal

a) Inadmissível a adequação social

• STF: "1. No crime de manter casa de prostituição, imputado aos Pacientes, os bens jurídicos protegidos são a moralidade sexual e os bons costumes, valores de elevada importância social a serem resguardados pelo Direito Penal, não havendo que se falar em aplicação do princípio da fragmentariedade. 2. Quanto à aplicação do princípio da adequação social, esse, por si só, não tem o condão de revogar tipos penais. Nos termos do art. 2.º da Lei de Introdução às Normas do Direito Brasileiro (com alteração da Lei n.º 12.376/2010), 'não se destinando à vigência temporária, a lei terá vigor até que outra a modifique ou revogue'. 3. Mesmo que a conduta imputada aos Pacientes fizesse parte dos costumes ou fosse socialmente aceita, isso não seria suficiente para revogar a lei penal em vigor. 4. *Habeas corpus* denegado" (HC 104.467, 1.ª T., rel. Cármen Lúcia, j. 08.02.2011, *DJe* 04.03.2011, v.u.).

• STJ: "1. O princípio da adequação social é um vetor geral de hermenêutica segundo o qual, dada a natureza subsidiária e fragmentária do direito penal, se o tipo é um modelo de conduta proibida, não se pode reputar como criminoso um comportamento socialmente aceito e tolerado pela sociedade, ainda que formalmente subsumido a um tipo incriminador. 2. A aplicação deste princípio no exame da tipicidade

CAP. IV • PRINCÍPIOS CONSTITUCIONAIS PENAIS E ENFOQUES PROCESSUAIS PENAIS | **255**

deve ser realizada em caráter excepcional, porquanto ao legislador cabe precipuamente eleger aquelas condutas que serão descriminalizadas. 3. A jurisprudência desta Corte Superior orienta-se no sentido de que eventual tolerância de parte da sociedade e de algumas autoridades públicas não implica a atipicidade material da conduta de manter casa de prostituição, delito que, mesmo após as recentes alterações legislativas promovidas pela Lei n. 12.015/2009, continuou a ser tipificada no artigo 229 do Código Penal. 4. De mais a mais, a manutenção de estabelecimento em que ocorra a exploração sexual de outrem vai de encontro ao princípio da dignidade da pessoa humana, sendo incabível a conclusão de que é um comportamento considerado correto por toda a sociedade. 5. Recurso especial provido para restabelecer a sentença condenatória, apenas em relação ao crime previsto no artigo 229 do Código Penal" (REsp 1.435.872/MG, 6.ª T., rel. Sebastião Reis Júnior, rel. p/ acórdão Rogerio Schietti Cruz, j. 03.06.2014, *DJe* 01.07.2014, m.v.). Do voto vencido do Ministro Sebastião Reis Júnior: "Primeiramente, é por todos sabido que a prostituição não constitui conduta típica no Direito Penal pátrio. Portanto, qual seria a razão do proprietário da casa de prostituição responder por um delito penal? Qual seria o modelo de conduta desvalorada socialmente? Assim sendo, não deve o magistrado promover antinomias contidas na legislação penal. (...) A meu ver, a proibição da chamada casa de prostituição não promove o controle ou prevenção da conduta supostamente reprovável, mas simplesmente remete a atividade proibida para a clandestinidade, onde não existe absolutamente nenhum controle oficial, razão pela qual a intervenção penal é, no particular, absolutamente inadequada e contraproducente, pois cria mais problemas do que resolve".

b) Admissível a adequação social

• TJMG: "Quanto ao tipo penal do art. 229, do CP, é cabível a aplicação do princípio da adequação social, pois há muito tempo a conduta de manter casa de prostituição não é mais censurada pela sociedade. – Não havendo provas cabais de que o réu tenha, de fato, submetido menor à prática de prostituição ou à exploração sexual, há que ser aplicado ao caso o princípio do 'in dubio pro reo', a fim de reverter a condenação" (Ap. 10024060487048001, 7.ª C., rel. Duarte de Paula, j. 13.08.2013, *DJ* 23.08.2013, v.u.).

2.1.1.5 A tipificação do perigo abstrato

A esfera de proteção delineada pelo Direito Penal envolve tanto a lesão quanto o perigo de lesão. A ideia central concentra-se na preservação dos bens jurídicos considerados relevantes para a sociedade, motivo pelo qual não se deve esperar a ocorrência de efetiva agressão, com possível perda do bem, para que se tome medida mais severa. Assim sendo, há figuras típicas voltadas à punição do agente provocador do perigo, entendido este como a possibilidade de dano.

Inúmeros tipos penais, contemplando os denominados crimes de perigo, visam à tutela de bens jurídicos importantes, como a vida, a integridade física, o patrimônio, dentre outros. Ilustrando, pune-se a exposição da vida ou da saúde de alguém a perigo direto e iminente (art. 132, CP), justamente com o fim de evitar a lesão ou a morte. Quer-se crer que a intervenção estatal no momento da geração do perigo pode desestimular o agente a prosseguir em sua postura arriscada, conformando-se em não realizar atos potencialmente danosos.

A tipificação de condutas perigosas não é tarefa fácil, podendo atingir limites inaceitáveis, colocando em risco o princípio da intervenção mínima. Divide-se, tradicionalmente, o perigo em dois enfoques: abstrato e concreto. Este último configura a conduta de risco capaz de gerar uma situação de perigo visível, sujeito à avaliação de terceiros, espelhando um fato naturalístico. O primeiro constrói-se sobre a conduta de risco incapaz de produzir uma situação de perigo exterior e nítido, inviabilizando a sua constatação por terceiros, sem atingir qualquer evento no mundo naturalístico.

Sem dúvida, os casos de perigo concreto são mais adequados ao campo penal, permitindo-se a prova em sentido contrário, ou seja, dado determinado fato e exposta a sua potencialidade lesiva, o réu pode questionar ambos os elementos: o fato + a potencialidade de causar dano. Quando o tipo invade a seara da abstração do perigo, torna-se mais dificultosa a prova defensiva, podendo-se exagerar na medida punitiva. Afinal, dado determinando fato, presume-se a sua potencialidade lesiva, razão pela qual o acusado somente pode questionar um dos elementos da imputação: o fato. Não se admite a alegação ou a prova de que aquele fato não tem potencial para gerar dano, no caso concreto.

O exemplo supra mencionado, relacionado ao art. 132 do Código Penal, ilustra o perigo concreto. Portanto, a imputação acusatória deve ser dúplice: qual foi a conduta realizada pelo réu + qual foi o resultado disso, em formato de potencial dano, à vida ou à saúde de alguém. Entretanto, possuir arma de fogo, sem autorização legal (art. 16, Lei 10.826/03), evidencia crime de perigo abstrato. A imputação da acusação é única: Fulano possui arma de fogo. Inexiste a exigência de demonstrar qual é o risco dessa conduta para a sociedade; presume-se ser perigosa a situação, pois a arma de fogo é considerada instrumento inadequado para utilização geral.

Certamente, o mais adequado seria a integral tipificação dos delitos de perigo sob o manto da concretude. Há maiores garantias e evidente segurança para o indivíduo contra eventuais abusos do Estado. Porém, torna-se inviável, no mundo moderno, escusar-se de criminalizar as condutas tidas e sabidas por perigosas. Note-se o quão desastrosa seria a proibição de posse de arma de fogo, caso o tipo penal demandasse a prova do risco envolvido. A intervenção repressora estatal estaria subordinada a elementos imponderáveis e cada qual poderia exibir, em juízo, a sua destreza, confiabilidade ou experiência no manejo da arma de fogo, invalidando o poder de polícia e prejudicando o controle de instrumento apto a gerar lesão fatal.

Diante disso, há de ser buscar uma fórmula para adequar a tipificação dos crimes de perigo abstrato, respeitando-se, fielmente, o princípio da intervenção mínima.[48] Não é toda e qualquer conduta que pode ser fonte geradora de perigo invisível; apenas aquelas intoleráveis, fruto da mais adequada e suficiente experiência nesse campo. Exemplificando, a arma de fogo e a droga ilícita são fatores salientes da produção de delitos diversos, desde lesão corporal até a morte. Logo, proibir a sua posse é medida de interesse geral, ainda que o perigo possa ser abstrato.

Sob outro prisma, tipificar, *v.g.*, a posse de arma branca (faca, espada, lança etc.)[49] constitui ofensa à intervenção mínima, ao menos se a pretensão for o cenário do perigo abstrato. Ora, nem todos os crimes de sangue advêm do mau uso desses instrumentos, ao contrário, a posse desses objetos é majoritariamente inofensiva. Por isso, não se pode extrair das regras de experiência que o simples porte de faca seja perigoso à vida ou à integridade alheia. O mínimo que se deve exigir nesse prisma é a apuração do perigo concreto.[50]

---

48. Em posição radicalmente contra o perigo abstrato, confira-se EMANUELLE BOULLOSA VIEIRA: "Os crimes de perigo abstrato estão em total descompasso com o moderno Direito Penal, que se fundamenta na culpabilidade. Antecipar a punição de condutas com o fim de prevenir perturbações e garantir a segurança é voltar aos tempos do simbolismo da lei penal e da intimidação dos cidadãos com o estigma da punição criminal" (Moeda falsa: um crime de perigo concreto ou abstrato?, p. 299).

49. Sustentamos a inaplicabilidade do art. 19 da Lei de Contravenções Penais (porte de arma), pois a arma de fogo possui legislação apropriada (Estatuto do Desarmamento) e as armas brancas, que não são de fogo, não possuem regramento algum. Entretanto, para os que defendem a mantença desse dispositivo, pode-se arguir a sua inconstitucionalidade, por ofensa à intervenção mínima, calcando-se, justamente, na inviabilidade de aplicação do perigo abstrato nessa hipótese. Consultar, ainda, a nota 44 ao art. 19 da referida Lei em nosso *Leis penais e processuais penais comentadas – Volume 1*.

50. Para BOTTINI, "a lesividade dos crimes de perigo abstrato deve estar presente tanto no plano legal, por meio de dispositivos claros e taxativos que permitam o reconhecimento dos interesses que visa resguardar, quanto no plano fático, ou seja, o juiz, ao aplicar a norma, deverá perquirir pela lesividade da conduta diante das

258 | PRINCÍPIOS CONSTITUCIONAIS PENAIS E PROCESSUAIS PENAIS – Nucci

Em conclusão, deve-se ter cautela na aplicação pura e simples do tipo penal, quando expuser perigo abstrato, pois pode afetar a intervenção mínima e a ofensividade, gerando prejuízo para o Estado Democrático de Direito.

2.1.2 Princípio da taxatividade

2.1.2.1 Conceito e importância

Taxativo significa limitativo, restrito, apertado ou estreito. Não é preciso muito para se compreender, em Direito Penal, a relevância do princípio da taxatividade, lógica e naturalmente, vinculado ao princípio da legalidade. Se inexiste crime sem prévia definição legal, nem pena sem anterior cominação em lei, torna-se essencial garantir a eficiência do preceito delimitador da responsabilidade penal, demandando-se do Poder Legislativo a correta redação dos tipos incriminadores.

O tipo penal incriminador é um modelo abstrato de conduta proibida, voltado ao esclarecimento de todos em relação aos fatos considerados delituosos. Para cumprir sua função de tornar compreensível a norma penal, deve-se cuidar de seu conteúdo, formado por vocábulos e sentenças, coordenadas e bem dispostas, de modo a assegurar a perfeita delimitação do universo da comunicação pretendida.

A taxatividade dos tipos penais tem a finalidade de aclarar o objetivo de cada figura criminosa, permitindo a exata captação do sentido dos modelos. Com isso, estabelece-se a relação de confiança entre o Estado e o indivíduo, tornando-se seguro o contorno entre o ilícito penal e o extrapenal.

2.1.2.2 Mecanismos legítimos para a construção dos tipos penais: elementos normativos, subjetivos específicos e norma em branco

Denomina-se *fechado* o tipo penal, que contém elementos objetivos, puramente descritivos, podendo ser captado e conhecido de pronto, sem necessidade de valoração subjetiva ou interpretação pessoal, transcendendo o limite simples dos vocábulos usados. No básico exemplo do delito de homicídio, encontra-se o verbo *matar* associado ao objeto *alguém*. Não há

---

circunstâncias concretas que envolvem sua prática. Esta verificação do potencial lesivo do comportamento se faz por um juízo de periculosidade da ação descrita no tipo como de perigo abstrato. Apenas a conduta que ostente periculosidade tem o condão de movimentar o direito penal de forma legítima. As ações ou omissões que não impliquem riscos, ao menos potenciais, de afetação ao bem jurídico, não podem interessar ao sistema repressor" (*Crimes de perigo abstrato e princípio da precaução*, p. 205).

CAP. IV • PRINCÍPIOS CONSTITUCIONAIS PENAIS E ENFOQUES PROCESSUAIS PENAIS | **259**

dúvidas em relação ao seu conteúdo, significando a eliminação da vida de uma pessoa humana.

Naturalmente, em sentido poético ou romântico, em clima fantasioso e inspirador, pode-se utilizar o verbo *matar* para representar intenso sofrimento, distante da eliminação da vida, como *morrer de fome* ou *morrer de amor*. Não se trata, entretanto, da função do Direito Penal, cuja finalidade é meramente descritiva, sem devaneios ou romantismos.

Certo de ser o tipo penal fechado uma construção segura, sabe-se, também, ser insuficiente para a multiplicidade de condutas e resultados lesivos a bens jurídicos, existentes no mundo real. Ademais, uma única conduta pode espelhar diferentes prismas e provocar diversos eventos. Por outro lado, esta mesma conduta pode realizar-se de incontáveis maneiras, variando as circunstâncias para torná-la mais grave ou mais branda.

A consequência lógica é a exigência de maior flexibilidade na redação dos tipos incriminadores, valendo-se o legislador de outros elementos objetivos, porém valorativos. A recepção de tais termos normativos faz nascer o denominado tipo *aberto*.

A ideia de *abertura* do tipo penal firma-se pela demanda natural de interpretação, captando os sentidos duplos, ocultos ou subentendidos de certos termos, além de permitir a ampliação de significados, bem como a adaptação de vocábulos a realidades diversas. Pode não ser o ideal, em matéria de segurança jurídica, mas é o necessário para evitar a infinita alteração legislativa, com o objetivo de alcançar todas as possibilidades fáticas abrangidas por determinado tipo penal incriminador.

Outro dado indispensável para a construção de certos tipos penais é a expressa menção ao elemento subjetivo específico. Afinal, determinadas figuras delituosas somente encontram real sentido, caso sejam voltadas a um objetivo exclusivo na mente do autor. Por isso, quando se trata do furto, a subtração da coisa móvel alheia deve ter a específica meta de ingressar no patrimônio do agente, de maneira definitiva, com ânimo de posse ("para si") ou no patrimônio de outra pessoa ("para outrem"). Do contrário, a subtração eventual e temporária pode configurar um empréstimo *forçado* de algo ("furto de uso"), que não é suficiente para caracterizar o delito, mas somente um ilícito extrapenal.

A utilização de tipo penal imperfeito, contendo claros a serem preenchidos por um complemento, advindo de outra espécie de norma, traz a lume a chamada *norma penal em branco*. O *branco* seria o espaço em claro, sem a imediata compreensão de seu sentido, a ser integralizado por um apêndice descritivo e, consequentemente, explicativo.

Sem dúvida, a norma em branco sugere uma aparente lesão ao princípio da taxatividade, embora, na maior parte das vezes, seja muito mais clara e segura do que variados tipos abertos. Afinal, o complemento é descritivo, encontrado com relativa facilidade e de acesso público. A análise da norma, como um todo, torna-se mais uniforme, pois independe de valoração subjetiva de diversos operadores do Direito. Tomando-se o tradicional exemplo das *drogas*, não cabe discutir o alcance desse termo, mas checar, na relação apropriada, divulgada pela Agência Nacional de Vigilância Sanitária, quais são os entorpecentes proibidos no Brasil.

2.1.2.3 Análise dos tipos abertos

2.1.2.3.1 Os elementos necessários

Na redação e composição dos tipos penais, mormente os incriminadores, é preciso ter técnica, experiência e conhecimento jurídico-penal. Portanto, a captação do sentimento da sociedade, em relação à criação de alguma figura criminosa, deve ser realizada pelos parlamentares, como fruto natural do exercício de seus mandatos. No entanto, a estruturação do projeto de lei para se tornar norma vigente necessita contar com apoio técnico suficiente, com vistas ao pleno respeito ao princípio da legalidade, em particular, seu princípio corolário, que é o da taxatividade.

Há termos inevitáveis para o uso em construções de tipos incriminadores, muitos deles abertos ou contendo elemento subjetivo específico. Noutros casos, o modo como é estruturado um capítulo ou título, termina por demonstrar a existência de elemento subjetivo implícito.

Em relação aos vocábulos apropriados, buscamos fornecer a classificação que se segue.

A) *Termos de interpretação valorativo-cultural*: são os que expressam situações de difícil descrição, na maior parte das vezes complexas, comportando várias maneiras de se realizar. Os termos de valoração cultural podem indicar aspectos da experiência humana cotidiana, assim como avaliações ligadas a outras ciências extrapenais. A construção do tipo do infanticídio demanda a descrição de um período complexo de sensações físico-psicológicas da parturiente, impossível de comportar uma narração integral, fase por fase. Por isso, utiliza-se o termo *puerperal*, indicativo de um período que se estende do início do parto até o retorno das condições normais da mulher, quando da pré-gravidez.[51]

---

51. Art. 123, CP: "Matar, sob a influência do estado *puerperal*, o próprio filho, durante o parto ou logo após: Pena, detenção, de 2 (dois) a 6 (seis) anos" (grifamos).

CAP. IV • PRINCÍPIOS CONSTITUCIONAIS PENAIS E ENFOQUES PROCESSUAIS PENAIS | **261**

Outro importante vocábulo, usado em inúmeros tipos incriminadores, diz respeito à *culpa*. Consistente em comportamento humano voluntário e consciente, voltado a uma finalidade qualquer, embora fruto da desatenção e da infração ao dever de cuidado objetivo, termina por causar um resultado danoso, previsível, mas evitável, merecedor de punição. Essa desatenção do agente pode ser fruto da imprudência, negligência ou imperícia (art. 18, II, CP). Torna-se bastante intrincada a tarefa de descrever, pormenorizadamente, o que venha a ser uma conduta imprudente, negligente ou imperita, quando se busque fazê-lo diretamente no tipo penal incriminador. Por isso, vale-se o legislador do termo genérico, como se dá, por exemplo, no homicídio culposo.[52]

B) *Termos de interpretação valorativo-jurídica*: são os que envolvem vocábulos ligados ao contexto jurídico, captados em áreas correlatas, como o processo penal, ou não. De qualquer forma, torna-se mais fácil utilizar um único termo para expressar uma situação jurídica complexa. É o que se dá quanto ao uso de *testemunha*, na previsão do art. 342, do Código Penal,[53] extraindo-se correlação com o Código de Processo Penal (arts. 202 e 203).[54]

O mesmo se aponte no tocante a termos específicos do direito empresarial, como *conhecimento de depósito* ou *warrant*, inseridos no art. 178 do Código Penal.[55]

C) *Elemento subjetivo específico*: cuida-se de especial intenção do agente, que ultrapassa as barreiras naturais do dolo, envolvendo metas compatíveis com determinado tipo penal incriminador. Registre-se que o elemento subjetivo genérico – denominado dolo ou culpa – precisa constar em qualquer crime, sob pena de não se considerá-lo como tal, nos termos do art. 18, do Código Penal. Entretanto, nem toda figura delituosa apresenta o formato de vontade específica, transcendendo o dolo. As que possuem, subdividem-se

---

52. Art. 121, § 3.º, CP: "Se o homicídio é *culposo*: Pena – detenção, de 1 (um) a 3 (três) anos".

53. "Fazer afirmação falsa, ou negar ou calar a verdade, como *testemunha* (...) em processo judicial, ou administrativo, inquérito policial, ou em juízo arbitral. Pena – reclusão, de 1 (um) a 3 (três) anos e multa" (grifamos).

54. Art. 202. "Toda pessoa pode ser testemunha"; art. 203. "A testemunha fará, sob palavra de honra, a promessa de dizer a verdade do que souber e lhe for perguntado (...)".

55. Art. 178. "Emitir *conhecimento de depósito* ou *warrant*, em desacordo com disposição legal. Pena – reclusão, de 1 (um) a 4 (quatro) anos" (grifamos). Note-se que, neste caso, além da utilização de termos abertos, invade-se o campo da norma penal em branco, necessitando-se dos limites de outra lei para se conhecer, efetivamente, a conduta criminosa.

em intenções abrangentes e restritas. As primeiras, quando expressas em determinado artigo, envolvem vários tipos incriminadores. As outras são inseridas em cada tipo incriminador particular.

Na forma abrangente, encontra-se o art. 1.º da Lei 7.716/89,[56] evidenciando o ânimo racista para as condutas criminosas previstas nos arts. 3.º a 14 e 20. Na modalidade restrita, mais comum, encontram-se vários tipos penais, tanto no Código Penal quanto na legislação especial. Algumas ilustrações: *para ocultar desonra própria* (art. 134, CP),[57] *para si ou para outrem* (art. 155, CP),[58] *com o fim de obter, para si ou para outrem, qualquer vantagem, como condição ou preço do resgate* (art. 159, CP),[59] *com o fim de induzir a erro o juiz ou o perito* (art. 347, CP),[60] *com o fim de levá-lo à falência ou de obter vantagem* (art. 170, Lei 11.101/2005),[61] *para o fim de praticar, reiteradamente ou não, qualquer dos crimes previstos nos arts. 33, caput e § 1.º, e 34 desta Lei* (art. 35, Lei 11.343/2006).[62]

D) *Elemento subjetivo específico implícito*: cuida-se da especial vontade do agente, transcendendo as fronteiras do dolo para atingir objetivos particulares,

---

56. "Serão punidos, na forma desta Lei, os crimes resultantes de discriminação ou preconceito de raça, cor, etnia, religião ou procedência nacional".

57. "Expor ou abandonar recém-nascido *para ocultar desonra própria*. Pena – detenção, de 6 (seis) meses a 2 (dois) anos" (grifo nosso).

58. "Subtrair, *para si ou para outrem*, coisa alheia móvel: Pena – reclusão, de 1 (um) a 4 (quatro) anos, e multa" (grifamos).

59. "Sequestrar pessoa *com o fim de obter, para si ou para outrem, qualquer vantagem, como condição ou preço do resgate*. Pena – reclusão, de 8 (oito) a 15 (quinze) anos" (grifos nossos). Este é um exemplo peculiar, pois há dupla finalidade, além de especificar a qualidade do objeto pretendido. O agente deve atuar *com o fim de obter* + *para si* ou *para outrem* + vantagem significativa de *condição ou preço do resgate*.

60. "Inovar artificiosamente, na pendência de processo civil ou administrativo, o estado de lugar, de coisa ou de pessoa, *com o fim de induzir a erro o juiz ou o perito*" (grifamos). Observe-se a perseverança do legislador na indicação da fraude ou do engodo neste tipo penal. Menciona-se o termo *artificiosamente*, que já corresponde a malícia, ardil ou engenho, além de se colocar a meta de induzimento em erro.

61. "Divulgar ou propalar, por qualquer meio, informação falsa sobre devedor em recuperação judicial, *com o fim de levá-lo à falência ou de obter vantagem*: Pena – reclusão, de 2 (dois) a 4 (quatro) anos, e multa".

62. "Associarem-se duas ou mais pessoas *para o fim de praticar, reiteradamente ou não, qualquer dos crimes previstos nos arts. 33, caput e § 1.º, e 34 desta Lei*. Pena – reclusão, de 3 (três) a 10 (dez) anos, e pagamento...". Nota-se a junção da finalidade específica e da remissão interna a tipo incriminador constante da mesma Lei. Cuida-se, desse modo, de um crime de associação criminosa especializada, voltando-se, apenas, a tráfico de drogas.

CAP. IV • PRINCÍPIOS CONSTITUCIONAIS PENAIS E ENFOQUES PROCESSUAIS PENAIS | 263

deduzidos do contexto geral do capítulo ou do título no qual estão imersos os tipos incriminadores, embora não sejam expressos em lei. A retirada da consideração específica da intenção pode acarretar enorme perda de conteúdo do tipo penal, incentivando formas inadequadas de punição, seja por ferir a intervenção mínima, seja por potencializar lesão à proporcionalidade e à razoabilidade. Por outro lado, há pontos de particular motivação, que são naturais à prática do delito, de modo que se tornam inerentes ao crime de todo modo.

No cenário dos delitos contra a honra, justificando uma justa intervenção mínima do Direito Penal, exige-se o específico ânimo de injuriar ou difamar, advindo do agente. Não basta a mera vontade de proferir uma injúria, que não passa de um xingamento qualquer, mas é indispensável coletar a existência da particular intenção de magoar, melindrar, humilhar e desgastar a imagem alheia. Não fosse assim, no cotidiano das relações sociais, diversas palavras de baixo calão, proferidas em variados cenários, tornar-se-iam palcos de crimes de injúria, quando, em verdade, não passam de desabafos ou atitudes deselegantes.

O mesmo se diga, para justificar a intervenção penal, dos crimes tributários: apropriação indébita previdenciária (art. 168-A, CP),[63] sonegação previdenciária (art. 337-A, CP),[64] supressão ou redução de tributo, contribuição ou acessório (arts. 1.º e 2.º, Lei 8.137/90).[65] Não cabe ao Estado instituir tipos incriminadores para *coagir* devedores a pagar tributos ou contribuições atrasadas. Para isso, existem os mecanismos civis de execução forçada. A ação penal deve ser reservada aos sonegadores, cuja particular intenção é *fraudar* o fisco, de maneira a não serem descobertos, tornando-se impunes e enriquecendo às custas do Estado. A mera exigência do dolo é insuficiente, ou seja, o simples não pagamento na data correta pode configurar a inadimplência, porém não pode servir para demonstrar o crime, sob pena de se fazer tábula rasa do princípio da proporcionalidade, além de se consagrar a máxima intervenção estatal do direito punitivo.

---

63. "Deixar de repassar à previdência social as contribuições recolhidas dos contribuintes, no prazo e forma legal ou convencional: Pena – reclusão, de 2 (dois) a 5 (cinco) anos, e multa".

64. "Suprimir ou reduzir contribuição social previdenciária e qualquer acessório, mediante as seguintes condutas: (...) Pena – reclusão, de 2 (dois) a 5 (cinco) anos, e multa".

65. Art. 1.º "Constitui crime contra a ordem tributária suprimir ou reduzir tributo, ou contribuição social e qualquer acessório, mediante as seguintes condutas: (...) Pena – reclusão, de 2 (dois) a 5 (cinco) anos, e multa". Art. 2.º. "Constitui crime da mesma natureza: (...) Pena – detenção, de 6 (seis) meses a 2 (dois) anos, e multa".

Quanto ao crime de estupro (art. 213, CP), vislumbra-se a particular intenção do agente de satisfação da lascívia (prazer sexual), ainda que não atinja a sua plenitude. Todo e qualquer *ato libidinoso* vincula-se, pela própria essência, ao prazer sexual e, consequentemente, à libido (instinto sexual). Por isso, atividades violentas ligadas ao campo da liberdade sexual *sempre* estão impregnadas de volúpia, embora possa tratar-se, no caso concreto, de um desejo macabro, estampado em sadismo ou outra forma de perversão. Nem mesmo os que dizem atuar com intuito vingativo, *estuprando* pessoa para impingir-lhe um mal, deixam de agir com libido, elemento constante em práticas sexuais de qualquer natureza.

2.1.2.3.2 Os excessos ofensivos à taxatividade

A formação dos tipos penais incriminadores, com o fim de fiel respeito ao princípio da legalidade, com reflexo da taxatividade, há de ser detalhada e consistente, com coerência e lógica, além de primar pela simplicidade no uso dos termos. Como já mencionado, a utilização de termos abertos constitui parte integrante da necessidade de exposição de ideias mais complexas, impossíveis de descrição pormenorizada. Entretanto, por variadas razões, o legislador abusa de sua prerrogativa de redigir leis, valendo-se de terminologia duvidosa, confusa ou de conteúdo excessivamente abrangente. Esse método deve ser evitado e, caso não se dê o controle merecido no âmbito do Poder Legislativo, demanda-se firme posição do Judiciário, impedindo-se a aplicação de tipos abusivamente abertos. Afinal, nas palavras de GILMAR FERREIRA MENDES, "quando se fazem imputações vagas ou denúncias infundadas, dando ensejo à persecução criminal injusta, está-se a violar, também, o princípio da dignidade da pessoa humana, que, entre nós, tem base positiva no art. 1.º, III, da Constituição".[66] As referidas *imputações vagas*, não por acaso, têm origem em tipos penais incriminadores abusivamente abertos, incompatíveis com a segurança jurídica determinada pelo princípio da legalidade. É o que se pretende demonstrar.

A) *Termos abertos em excesso*: são os que contêm elementos normativos de valoração cultural, cuja interpretação tende a acarretar insegurança jurídica. Inexiste parâmetro mínimo indispensável para conferir um padrão aceitável de aplicação prática. O prejuízo torna-se evidente e grave, quando se percebe que os agentes da autoridade possuem visões desencontradas e desarmônicas em relação aos termos abertos, propiciando *julgamentos* rasos, feitos em mera atividade repressiva estatal, sem critério ou limite. Aponte-se o *ato obsceno* (art.

---

66. A proteção da dignidade da pessoa humana no contexto do processo judicial, p. 130.

CAP. IV • PRINCÍPIOS CONSTITUCIONAIS PENAIS E ENFOQUES PROCESSUAIS PENAIS | **265**

233, CP)[67] como um dos mais preocupantes, pois a obscenidade está ligada à vergonha ou mal-estar causado por atitudes sexuais visíveis ou excessivas.[68] Entretanto, na atualidade, inexiste qualquer padrão moral médio, na sociedade brasileira, capaz de indicar, com a segurança exigível, o que venha a ser ofensa ao pudor nesse contexto. Em qualquer lugar, pode-se invocar intenção artística ou ânimo de brincar. Comerciais, publicidades e eventos contam com artistas ou modelos nus ou quase nus. Festas populares, como o carnaval, incentivam a nudez e a prática de atos voluptuosos em público. Resta a análise concreta e parcimoniosa de atos considerados *obscenos*, acarretando situações desencontradas e injustas: num determinado local, se uma pessoa tira a roupa porque ficou presa numa porta rotatória de entrada de um estabelecimento bancário, como forma de protesto, visando à demonstração de que não possui arma consigo, pode ser atuada por crime de ato obsceno; noutro lugar, um desfile de pessoas nuas em plena via pública, desde que ligado a um comercial, pode passar tranquilamente, sem qualquer intervenção policial.[69]

Outra indicação concentra-se na nova terminologia introduzida pela Lei 12.015/2009, que modificou os crimes contra a dignidade sexual. Criou-se a expressão *exploração sexual*,[70] sem que a lei tivesse definido, validamente, o que venha a ser considerado como tal. Tecemos variadas críticas à adoção

---

67. "Praticar *ato obsceno*, em lugar público, ou aberto ou exposto ao público: Pena – detenção, de 3 (três) meses a 1 (um) ano, ou multa" (grifo nosso).

68. No mesmo sentido, apontando ofensa ao princípio da taxatividade, encontra-se a lição de Luiz Flávio Gomes, *Comentários à Convenção Americana sobre Direitos Humanos*, p. 127.

69. Exemplo apresentado por Mariângela Gomes: "Nesse sentido, com base no art. 386, III, do Código de Processo Penal, o Tribunal de Justiça de Minas Gerais absolveu réu acusado da prática do delito consistente em 'violar direitos autorais', tendo em vista, exatamente, a impossibilidade de compreensão daquilo que é proibido a partir, exclusivamente, do texto legal. Segundo o acórdão 'em face do princípio da legalidade, é garantido a todo cidadão somente ser condenado criminalmente se houver lei prévia que permita a qualquer um do povo saber que determinada conduta é considerada crime no ordenamento jurídico pátrio. A expressão no art. 184 do CP – 'violar direitos autorais' - é extremamente vaga, razão pela qual não é exigível que um simples vendedor ambulante, dedicado ao comércio de CDs piratas, entenda a ilicitude da sua conduta." (*O princípio da legalidade e sua função de garantia no Direito Penal*, p. 15). Note-se, nesta situação, a composição entre a ausência de taxatividade com aspectos ligados à adequação social e à insignificância.

70. Ilustrando: Art. 229, CP. "Manter, por conta própria ou de terceiro, estabelecimento em que ocorra *exploração sexual*, haja, ou não, intuito de lucro ou mediação direta do proprietário ou gerente: Pena – reclusão, de 2 (dois) a 5 (cinco) anos, e multa" (grifamos).

desse elemento normativo, apontando todas as possibilidades de confusão e desarmonia na interpretação cabível.[71] Cuida-se de impropriedade na redação de tipo incriminador, gerando-se o risco de soluções diferenciadas, no extremo, para situações similares.

Na legislação especial, vê-se o disposto no art. 65 da Lei 8.078/90 (Código do Consumidor)[72] como exemplo de inadequação terminológica. A expressão *alto grau de periculosidade* é abusivamente aberta, não demonstrando qual o limite de interpretação, nem tampouco a extensão do referido perigo. Por isso, temos sugerido a realização de perícia, com o objetivo de reduzir a discricionariedade na avaliação da situação concreta.[73]

Confira-se, ainda, o art. 232 da Lei 8.069/90 (Estatuto da Criança e do Adolescente)[74] ao fazer referência aos termos *vexame* e *constrangimento*. Não se tem o menor parâmetro do que tais situações podem ser, na prática, tornando insegura a aplicação do tipo incriminador. Pode-se avaliar um constrangimento de variadas formas: desde uma simples admoestação até uma forma física de restrição à liberdade. Tal medida é incompatível com o princípio penal da taxatividade.

B) *Termos de encerramento abertos em excesso*: há finalizações de tipos penais incriminadores, que provocam a indevida extensão do núcleo, de modo a abranger situações incompatíveis com o propósito de existência da norma. Note-se, no art. 215 do Código Penal,[75] modificado pela Lei 12.015/2009, a inserção da frase *ou outro meio que impeça ou dificulte a livre manifestação de vontade da vítima* traz um encerramento claudicante, sugestivo de amplitude potencial incalculável. Variados instrumentos são capazes de provocar um mecanismo de impedimento ou dificuldade para a manifestação de vontade de uma pessoa. Ilustrando, um copo de cerveja pode gerar influência de álcool, passível de interferência na livre manifestação de vontade de alguém. Entre-

---

71. Consultar as notas 31 a 33 ao art. 229 do nosso *Código Penal comentado*. Ver, ainda, o livro *Crimes contra a dignidade sexual*.

72. "Executar serviço de *alto grau de periculosidade*, contrariando determinação de autoridade competente: Pena – detenção, de 6 (seis) meses a 2 (dois) anos, e multa" (grifamos).

73. Consulta a nota 34 ao art. 65 da Lei 8.078/90 em nosso *Leis penais e processuais penais comentadas – Volume 1*.

74. "Submeter criança ou adolescente sob sua autoridade, guarda ou vigilância a *vexame* ou *constrangimento*: Pena – detenção de 6 (seis) meses e 2 (dois) anos".

75. "Ter conjunção carnal ou praticar outro ato libidinoso com alguém, mediante fraude ou *outro meio que impeça ou dificulte a livre manifestação de vontade da vítima*: Pena – reclusão, de 2 (dois) a 6 (seis) anos" (grifo nosso).

CAP. IV • PRINCÍPIOS CONSTITUCIONAIS PENAIS E ENFOQUES PROCESSUAIS PENAIS | **267**

tanto, seria essa a meta de equivalência, diante do termo anterior (fraude), apta a configurar o crime de violação sexual mediante fraude? Não cremos e, além do mais, se assim fosse, seria ofensivo ao princípio da intervenção mínima. Por isso, a alteração legislativa do art. 215, na parte excessivamente aberta, conforme a aplicação dada, pode configurar inconstitucionalidade, lesando, dentre outros, o princípio da taxatividade.

O tipo penal do art. 68 da Lei 8.078/90[76] expõe, igualmente, finalização inadequada, de amplitude questionável. A expressão *forma prejudicial ou perigosa a sua saúde ou segurança* é excessivamente aberta, comportando inúmeras formas de fechamento, incompatíveis com a ideia de detalhamento do crime, para a perfeita compreensão do destinatário da norma. A publicidade de cigarro pode ser encaixada nesse tipo penal, do mesmo modo que a relativa ao consumo de cerveja ou outra bebida alcoólica. Entretanto, não se vê proibição a esta última forma de propaganda, enquanto não mais se assiste comerciais de cigarros. Ademais, seria mesmo o intuito legislativo punir o publicitário que promova determinado produto de comercialização lícita no País? Parece-nos configurar o abuso da tipicidade aberta, sem o correto esclarecimento do objetivo legislativo. Outra lesão ao princípio da taxatividade.

O encerramento constante do art. 95 da Lei 8.666/93[77] é outra demonstração de inadequação quanto à redação de tipos incriminadores, fomentando excessos incompatíveis com a intervenção mínima do Direito Penal. A utilização da expressão *oferecimento de vantagem de qualquer tipo* é completamente dissociada das anteriores formas de afastamento de licitante (violência, grave ameaça e fraude). Observa-se, aliás, a ilogicidade de se comparar métodos deveras constrangedores (violência ou grave ameaça) ou enganosos (fraude) com a singela referência a *vantagem de qualquer tipo*. A aplicação do referido tipo, na modalidade de encerramento, pode dar margem à inconstitucionalidade, com lesão evidente à taxatividade.

C) *Tipos integralmente abertos*: há construções típicas inadequadas em seu conjunto, merecendo a imediata declaração de inconstitucionalidade, por lesão irreversível ao princípio da taxatividade. É o que ocorre com o art. 3.º da Lei 4.898/65.[78] Não há descrição de nenhuma das condutas previstas no

---

76. "Fazer ou promover publicidade que sabe ou deveria saber ser capaz de induzir o consumidor a se comportar de *forma prejudicial ou perigosa a sua saúde ou segurança*: Pena – detenção, de 6 (seis) meses a 2 (dois) anos, e multa" (grifamos).

77. "Afastar ou procurar afastar licitante, por meio de violência, grave ameaça, fraude ou *oferecimento de vantagem de qualquer tipo*: Pena – detenção, de 2 (dois) a 4 (quatro) anos, e multa, além da pena correspondente à violência" (grifo nosso).

78. Art. 3.º. "Constitui abuso de autoridade qualquer atentado: a) à liberdade de locomoção; b) à inviolabilidade do domicílio; c) ao sigilo da correspondência; d) à

tipo incriminador. Todas elas se referem a meros *atentados*, o que significa, por si só, uma tentativa. Portanto, torna-se inconcebível punir alguém com base numa *tentativa de violação* de liberdade de locomoção, por exemplo, visto redundar em situação completamente aberta, sem limite ou parâmetro, fomentadora de insegurança jurídica visível.[79]

D) *Condutas excessivamente abertas*: há previsões de condutas descompassadas com o tipo penal, demonstrando inaceitável descaso na composição da figura criminosa. São ações ou omissões de amplitude questionável, tal como ocorre com o art. 32 da Lei 9.605/98,[80] em que se compara e iguala a conduta de *mutilar* (cortar partes do corpo) com *praticar ato de abuso* (cometer uma ação injusta) contra animal. Pode-se entender o intento legislativo de coibir ataques contra animais, em formato cruel, preservando-se a honestidade pública, porém, nada quer dizer, em modelo preciso, a prática de *ato de abuso*. A abrangência da expressão é tão vasta quanto inóspita para a taxatividade. Noutro prisma, na mesma Lei 9.605/98, cuida-se da conduta de *maltratar* (tratar mal, lesar, insultar), *por qualquer modo ou meio*, plantas de ornamentação (art. 49).[81] A incompatibilidade da abertura do tipo incriminador, em relação ao bem jurídico tutelado (proteção ao meio ambiente) evidencia a lesão à taxatividade, além de resultar em ofensas a outros princípios penais (intervenção mínima, proporcionalidade, legalidade).

A fórmula aberta, mormente para descrever condutas criminosas, deve ser evitada, pois dá margem à insegurança e proporciona uma gama contraproducente de interpretações dentre os operadores do Direito. Note-se o disposto no art. 7.º, I, da Lei 8.137/90,[82] quando se tende à singeleza descritiva:

---

liberdade de consciência e de crença; e) ao livre exercício do culto religioso; f) à liberdade de associação; g) aos direitos e garantias legais assegurados ao exercício do voto; h) ao direito de reunião; i) à incolumidade física do indivíduo; j) aos direitos e garantias legais assegurados ao exercício profissional".

79. No mesmo sentido, Cristiane Caetano Simões Ferreira e Ricardo Ferreira Dias, *Abuso de autoridade: das necessárias mudanças da lei*, p. 210-211.

80. "*Praticar ato de abuso*, maus-tratos, ferir ou mutilar animais silvestres, domésticos ou domesticados, nativos ou exóticos: Pena – detenção de 3 (três) meses a 1 (um) ano, e multa" (grifamos).

81. "Destruir, danificar, lesar ou *maltratar, por qualquer modo ou meio*, plantas de ornamentação de logradouros públicos ou em propriedade privada alheia: Pena – detenção de 3 (três) meses a 1 (um) ano, ou multa, ou ambas as penas cumulativamente".

82. "Constitui crime contra as relações de consumo: I - *favorecer ou preferir, sem justa causa, comprador ou freguês*, ressalvados os sistemas de entrega ao consumo por intermédio de distribuidores ou revendedores" (grifo nosso).

favorecer ou preferir, sem justa causa, comprador ou freguês. Tal conduta configuraria crime contra as relações de consumo. Como se pode favorecer um cliente em detrimento de outro? Um local de atendimento exclusivo a portadores de cartão preferencial do estabelecimento comercial teria *justa causa*? Quem irá regrar a *justa* e a *injusta* causa? O tratamento VIP a celebridades é *injusta* preferência? Enfim, tais questionamentos demonstram a insuficiência descritiva do tipo incriminador, ferindo-se a promessa de taxatividade, ínsita ao princípio da legalidade.

Uma das consagradas ilustrações de tipicidade excessivamente aberta encontra-se no art. 4.º, parágrafo único, da Lei 7.492/86,[83] cuidando da gestão temerária. Cremos inconstitucional o referido tipo, pois absolutamente nada quer dizer em matéria de precisão e detalhamento da conduta criminosa. Gerir é administrar; temerário é arriscado ou imprudente. Ora, não se pode punir um administrador de instituição financeira sem que se saiba, de antemão, o que significa, exatamente, a gestão de risco inaceitável para os padrões da sociedade. Do contrário, remete-se ao operador do Direito, cada qual com sua visão particular de administração, sem que tenha qualquer experiência na área, o que venha a ser *temerário*.

2.1.2.4 As falhas de construções dos tipos penais

2.1.2.4.1 Tautologia

A repetição de termos em descrições constantes de tipos incriminadores não se afigura, na realidade, necessária. Percebe-se a reiteração elucidativa e a exaurida. A primeira pode acarretar algum proveito, mencionando, em variadas palavras, o significado da conduta considerada delituosa. É o que se faz com o delito de difamação, pois *difamar* já possui o sentido de imputar algo desairoso a alguém. Porém, na ótica do art. 139 do Código Penal,[84] deixa-se claro tratar-se de um *fato* ofensivo à reputação. Quer-se clarificar o conteúdo para a mais adequada aplicação do tipo. O mesmo se diga quanto à dupla referência, formulada pelo art. 148,[85] no tocante a sequestro e cárcere privado. Em tese, bastaria mencionar a privação da liberdade, pois sequestro e cárcere privado são apenas formas de condutas similares.

---

83. "Se a gestão é temerária: Pena – reclusão, de 2 (dois) a 8 (oito) anos, e multa".

84. "Difamar alguém, imputando-se fato ofensivo à sua reputação: Pena – detenção, de 3 (três) meses a 1 (um) ano, e multa".

85. "Privar alguém de sua liberdade, mediante *sequestro ou cárcere privado*: Pena – reclusão, de 1 (um) a 3 (três) anos" (grifo nosso).

PRINCÍPIOS CONSTITUCIONAIS PENAIS E PROCESSUAIS PENAIS – **Nucci**

Há situações de empobrecimento de linguagem, sem qualquer justificativa para o uso. É o que se vê da construção do art. 30 da Lei 9.605/98: *exportar para o exterior*.[86] Nesse ponto, parece-nos inexistir razão de se manter a forma pleonástica.

2.1.2.4.2 Omissão descritiva

A omissão na descrição da conduta criminosa tende a gerar inaplicabilidade do tipo penal, visto faltar completude para a inteligência do intento legislativo. Não nos parece conveniente ou indicado transferir para o operador do Direito a busca pelo fechamento do tipo incriminador, sob pena de se gerar formas indiretas de analogia. Registre-se o desatino construtivo do art. 216-A, do Código Penal,[87] que possui o verbo *constranger* e o objeto *alguém*, além de trazer o intuito e a condição do autor, mas nenhuma referência faz ao *modo* em que se dá o mencionado constrangimento.

O tipo penal encontra-se truncado, pois não se especifica, como seria desejável, a maneira em que se concretiza o constrangimento: físico, moral, psicológico, todos juntos, alternados etc.

Fornecendo-se outro exemplo, a omissão descritiva envolve, também, o art. 67 da Lei 8.078/90,[88] deixando de detalhar em que consiste a publicidade enganosa ou abusiva. Afinal, o uso de termos vagos, que comportam inúmeras formas de composição, não atende ao princípio da taxatividade.

2.1.2.4.3 Excesso descritivo

O excesso na descrição de condutas alternativas, tendo por finalidade abranger todas as possibilidades envolvendo o caso tratado, pode desfigurar a necessariedade de intervenção mínima do Direito Penal. As condutas *equiparadas*, previstas no art. 29 da Lei 9.605/98,[89] são nitidamente despro-

---

86. "Exportar para o exterior peles e couros de anfíbios e répteis em bruto, sem a autorização da autoridade ambiental competente: Pena – reclusão, de 1 (um) a 3 (três) anos, e multa".

87. "Constranger alguém com o intuito de obter vantagem ou favorecimento sexual, prevalecendo-se o agente de sua condição de superior hierárquico ou ascendência inerentes ao exercício do emprego, cargo ou função: Pena – detenção, de 1(um) a 2 (dois) anos".

88. "Fazer ou promover publicidade que sabe ou deveria saber ser *enganosa ou abusiva*: Pena – detenção, de 3 (três) meses a 1 (um) e multa" (grifamos).

89. "Matar, perseguir, caçar, apanhar, utilizar espécimes da fauna silvestre, nativos ou em rota migratória, sem a devida permissão, licença ou autorização da autoridade

CAP. IV • PRINCÍPIOS CONSTITUCIONAIS PENAIS E ENFOQUES PROCESSUAIS PENAIS | **271**

porcionais: matar e perseguir; caçar e apanhar. O verbo de encerramento é vago: utilizar. O objeto é o espécime da fauna silvestre. Nesse contexto, soa-nos incabível equiparar a conduta de quem mata um jacaré de quem simplesmente o persegue para uma fotografia ou por brincadeira. Não se demanda elemento subjetivo específico, justamente por isso é inadequada a equiparação de condutas.

Insistindo-se nesse método, pode o legislador interferir em demasia no âmbito da proteção de bens jurídicos. Tornar condutas inofensivas como criminosas não contribui para o avanço do Direito Penal; ao contrário, gera perplexidade.[90]

2.1.2.4.4 Estrutura fechada em tipo aberto

Os tipos abertos contêm elementos normativos ou subjetivos específicos. Por vezes, a carência descritiva provoca a inaptidão para a aplicação prática. Foi o que ocorreu com o crime de redução a condição análoga à de escravo (art. 149, CP).[91] Inicialmente, o tipo penal possuía redação simples, mas ofensiva à taxatividade: "Reduzir alguém a condição análoga à de escravo". Tornava-se tarefa inglória buscar o fechamento do tipo, valendo-se de termos tão vagos, que provocavam vozes dissonantes na doutrina e na jurisprudência.

Pretendendo contornar essa equivocidade, a Lei 10.803/2003 modificou a redação, inserindo variadas formas para o cometimento do delito. Buscou-se *fechar* o tipo penal, mas a atuação estatal não foi eficiente. Inserindo-se várias condutas subjacentes à mantida expressão *reduzir alguém a condição análoga à de escravo* obriga-se o operador do Direito a levar em consideração esta condição para aplicar as demais. Noutros termos, sujeitar alguém a jornada exaustiva

---

competente, ou em desacordo com a obtida. Pena – detenção, de 6 (seis) meses a 1 (um) ano, e multa".

90. Já existe decisão judicial considerando bagatela apanhar espécime de mínima importância para o ecossistema. Consultar a nota 115 ao art. 29 do nosso *Leis penais e processuais penais comentadas*.

91. Art. 149. "Reduzir alguém a condição análoga à de escravo, quer submetendo-o a trabalhos forçados ou a jornada exaustiva, quer sujeitando-o a condições degradantes de trabalho, quer restringindo, por qualquer meio, sua locomoção em razão de dívida contraída com o empregador ou preposto: Pena - reclusão, de dois a oito anos, e multa, além da pena correspondente à violência. § 1.º Nas mesmas penas incorre quem: I - cerceia o uso de qualquer meio de transporte por parte do trabalhador, com o fim de retê-lo no local de trabalho; II - mantém vigilância ostensiva no local de trabalho ou se apodera de documentos ou objetos pessoais do trabalhador, com o fim de retê-lo no local de trabalho".

de trabalho não provoca a configuração do art. 149. É preciso associar-se essa jornada exaustiva a maus-tratos e privação da liberdade, pois tais medidas representam a posição análoga à de escravo. Se a intenção legislativa consistia em promover um tipo meramente descritivo, jamais poderia ter-se valido da inicial expressão, cujo conteúdo sempre foi valorativo e complexo.

Outro tipo penal possuidor de estrutura fechada, leia-se descritiva, porém fazendo referência a termos abertos, implicando em valoração, é o curandeirismo (art. 284, CP).[92] O legislador não criou um tipo integralmente aberto, como seria *exercer o curandeirismo*. Preferiu manter essa inicial conduta, associando-a a outras, mais descritivas, como, por exemplo, prescrever, ministrar ou aplicar, habitualmente, qualquer substância.

Não nos parece ideal essa fórmula, pois o tipo penal nem é aberto, nem tampouco é fechado. As descrições previstas nos incisos do art. 284 são insuficientes e não se permite compor o tipo unicamente com o exercício do curandeirismo, sob qualquer roupagem. O ideal seria titular o crime como *curandeirismo* e expor, claramente, quais são as condutas potencialmente lesivas à saúde pública.

2.1.2.4.5 Estrutura aberta em tipo fechado

Outra falha na construção de tipos penais consiste na inserção de estrutura aberta em tipo que possui, na essência, o formato fechado. O homicídio é o título dado ao art. 121 do Código Penal, cuja descrição é fechada: matar alguém.

Desse modo, constitui erro evitável a redação do art. 302 do Código de Trânsito Brasileiro: *praticar homicídio culposo na direção de veículo automotor*. Nada mais impreciso e desnecessário. O mesmo se diga do art. 303: *praticar lesão corporal culposa na direção de veículo automotor*.

Imagine-se, para argumentar, fosse revogado o Código Penal. A estrutura de ambos os tipos (302 e 303) perderia consistência, pois não mais se teria o tipo descritivo do que vem a ser homicídio e lesão corporal, por mais simples que tais condutas possam parecer.

2.1.2.4.6 Estrutura fechada excessivamente limitante

A ânsia legislativa pela descrição, construindo-se tipos penais fechados, pode caminhar para o excesso, terminando por gerar inaplicabilidade prática ou dúvidas indevidas.

---

92. Art. 284. "Exercer o curandeirismo: I - prescrevendo, ministrando ou aplicando, habitualmente, qualquer substância; II - usando gestos, palavras ou qualquer outro meio; III - fazendo diagnósticos: Pena – detenção, de seis meses a dois anos".

CAP. IV • PRINCÍPIOS CONSTITUCIONAIS PENAIS E ENFOQUES PROCESSUAIS PENAIS | **273**

A infeliz alteração provocada pela Lei 11.705/2008 conduziu o art. 306 da Lei 9.503/97[93] ao insucesso: conduzir veículo automotor, estando com concentração de álcool por litro de sangue igual ou superior a 6 (seis) decigramas (...). Pretendeu-se conferir objetividade ao tipo penal, eliminando-se dúvida quanto ao contexto anterior (dirigir sob influência do álcool), mas se finalizou a figura incriminadora com evidente ilogicidade sistêmica. Sabe-se que ninguém é obrigado a produzir prova contra si mesmo, como advém do direito ao silêncio, constitucionalmente consagrado. Entende-se, também, que a conferência precisa de concentração de álcool por litro de sangue origina--se de perícia. Diante disso, o fornecimento de material para a realização da perícia, que vise à comprovação da influência proibida do álcool, depende da colaboração do agente. Se este se recusar a contribuir, direito constitucional seu, nada se pode fazer e o tipo penal é integralmente inútil.[94-95]

---

93. A Lei 12.760/2012 alterou, para melhor, a redação do art. 306, que agora se encontra nos seguintes termos: "Conduzir veículo automotor com capacidade psicomotora alterada em razão da influência de álcool ou de outra substância psicoativa que determine dependência". O problema estrutural do tipo foi corrigido. Manteremos o exemplo dado, com a anterior redação do art. 306, por motivos acadêmicos.

94. Na ótica de Armando Toledo e Salvador José Barbosa Jr, "à vista do princípio da razoabilidade, a única solução possível é firmar o entendimento de que, mesmo após as modificações introduzidas no Código de Trânsito, o delito de embriaguez ao volante continua a exigir que, além da demonstração de certa taxa de alcoolemia no sangue do condutor, ele dirigia veículo sob a influência de álcool na via pública" (A nova tipificação do delito de embriaguez ao volante, p. 19). Não se pode discordar, tendo em vista o princípio da intervenção mínima, exigindo um mínimo de comprovada ofensividade ao bem jurídico tutelado (segurança viária), sob pena de se tipificar e punir condutas totalmente irrelevantes para a sociedade brasileira.

95. Atualmente, a redação do art. 306 foi modificada pela Lei 12.971/2014, nos seguintes termos: "Art. 306. Conduzir veículo automotor com capacidade psicomotora alterada em razão da influência de álcool ou de outra substância psicoativa que determine dependência: Penas - detenção, de seis meses a três anos, multa e suspensão ou proibição de se obter a permissão ou a habilitação para dirigir veículo automotor. § 1º As condutas previstas no *caput* serão constatadas por: I – concentração igual ou superior a 6 decigramas de álcool por litro de sangue ou igual ou superior a 0,3 miligrama de álcool por litro de ar alveolar; ou II – sinais que indiquem, na forma disciplinada pelo Contran, alteração da capacidade psicomotora. § 2º A verificação do disposto neste artigo poderá ser obtida mediante teste de alcoolemia ou toxicológico, exame clínico, perícia, vídeo, prova testemunhal ou outros meios de prova em direito admitidos, observado o direito à contraprova. § 3º Contran disporá sobre a equivalência entre os distintos testes de alcoolemia ou toxicológicos para efeito de caracterização do crime tipificado neste artigo". Mantemos o exemplo dado no texto para evidenciar o grave erro legislativo, dentre tantos, cometidos, que

Outro exemplo reside no art. 33, § 3.º, da Lei 11.343/2006. Pretendendo disciplinar com maior justiça e brandura o caso do traficante usuário, que transfere drogas a terceiros, o legislador inseriu diversos elementos no tipo, tornando-o estranho e de complexa aplicação: *oferecer droga, eventualmente e sem objetivo de lucro, a pessoa de seu relacionamento, para juntos a consumirem*. Ora, desnecessário, para o propósito de amenizar a punição ao traficante usuário, sem fim lucrativo, o consumo *em conjunto*, além de ser igualmente limitador a exigência de *relacionamento* entre quem fornece e quem recebe. Nem sempre a busca por modelo fechado produz um tipo penal razoável, podendo-se, em lugar disso, tender ao insucesso quanto à aplicação prática.

2.1.2.4.7 Inserção de elemento subjetivo genérico

A introdução do elemento subjetivo específico, conforme já mencionado, torna-se fundamental para a perfeita compreensão de várias figuras criminosas. Porém, inserir fatores vinculados ao elemento subjetivo genérico pode gerar contradição e inaplicabilidade em determinadas situações. Por isso, parece-nos desnecessária essa opção legislativa.

A) *Exposição do elemento genérico*: discute-se acerca do liame existente entre as expressões *sabe* e *deve saber*, quando insertas nos tipos penais incriminadores. Há quem sustente tratar-se o *sabe* de dolo direto, enquanto o *dever saber* seria vinculado à culpa. Em verdade, tal posição é inadmissível pela simples razão de ferir não somente a proporcionalidade, mas a própria taxatividade. Crimes dolosos são diferentes dos culposos e estes devem ser apenados de maneira proporcionalmente mais branda. Por outro lado, presume-se o dolo, quando o tipo incriminador não menciona o elemento subjetivo, mas a culpa deve ser sempre expressa. Diante disso, acatar a expressão *deve saber* como se fosse expressão da culpa significaria afetar a proporcionalidade, pois a mesma punição seria reservada a delitos dolosos e culposos. Sob outro aspecto, implicaria em ferir a legalidade, visto ter sido presumida, também, a culpa, algo que contraria a indicação formulada no art. 18, parágrafo único, do Código Penal.[96]

---

prejudicou inúmeros casos práticos de embriaguez ao volante, onde não se pôde fazer prova da conduta criminosa por defeito no tipo penal.

96. "Salvo os casos expressos em lei, ninguém pode ser punido por fato previsto como crime, senão quando o pratica dolosamente". E os casos expressamente previstos em lei são, como regra, os culposos. Por isso, a expressão *deve saber* não pode significar culpa, porque tal elemento subjetivo não pode ser presumido ou deduzido de figuras típicas, alegando-se estar implícito.

CAP. IV • PRINCÍPIOS CONSTITUCIONAIS PENAIS E ENFOQUES PROCESSUAIS PENAIS | 275

Ilustrando, o perigo de contágio venéreo (art. 130, CP),[97] valendo-se das expressões *sabe* e *deve saber* indica a possibilidade de realização com dolo direto ou dolo eventual, ainda que, em nosso entendimento, fosse desnecessário apontá-los.

Outros exemplos podem ser retirados da Lei 8.078/90, onde se percebe a colocação das expressões *sabe* e *deveria saber*, nos artigos 67 e 68.[98]

B) *Exposição contraditória do elemento genérico*: por vezes, ingressando--se em contexto confuso, opta o legislador por eleger a indicação de elemento subjetivo genérico, causando perplexidade. Tal medida ocorreu com o disposto pelos arts. 180, *caput*, e seu § 1.º. A receptação, na forma simples (*caput*), tem indicativo de elemento subjetivo calcado no dolo direto: *adquirir, receber, transportar, conduzir ou ocultar, em proveito próprio ou alheio, coisa que sabe ser produto de crime* (...). A pena é de reclusão, de 1 a 4 anos, e multa. Tratando-se da receptação qualificada (§ 1.º), optou-se pela fórmula referente ao *deve saber*, com pena variável de 3 a 8 anos, e multa. Ora, torna-se ilógico punir mais severamente o agente que atuou com dolo eventual e mais brandamente aquele que agiu com dolo direto.

A contradição gerou duas posições: a) em virtude da proporcionalidade, deve-se aplicar a pena da receptação simples também à receptação qualificada; b) em face da legalidade, deve-se aplicar a interpretação extensiva à expressão *deve saber*, vale dizer, onde se lê *deve saber* (dolo eventual), leia-se ainda *sabe* (dolo direto); afinal, se o crime pode ser punido a título de dolo eventual, naturalmente também vale a fórmula direta.

Optando-se por uma ou outra das duas correntes, o fato é que foi despicienda a utilização do elemento subjetivo genérico na elaboração do tipo penal incriminador.

2.1.2.4.8 Inserção de elemento subjetivo específico limitador

É preciso considerar que a introdução do elemento subjetivo específico deve guardar correlação indispensável com o delito descrito no tipo penal

---

97. "Expor alguém, por meio de relações sexuais ou qualquer ato libidinoso, a contágio de moléstia venérea, de que *sabe* ou *deve saber* que está contaminado: Pena – detenção de 3 (três) meses a 1 (um) ano, ou multa" (grifamos).

98. Art. 67. "Fazer ou promover publicidade que *sabe* ou *deveria saber* ser enganosa ou abusiva: Pena – detenção de 3 (três) meses a 1 (um) ano e multa"; art. 68. "Fazer ou promover publicidade que *sabe* ou *deveria saber* ser capaz de induzir o consumidor a se comportar de forma prejudicial ou perigosa a sua saúde ou segurança. Pena: detenção de 6 (seis) meses a 2 (dois) anos e multa".

incriminador. Do contrário, mencionar-se uma finalidade específica pode retirar eficiência do contexto aplicativo da figura delituosa. Tal situação ocorreu no cenário do crime de tortura.

Preceitua o art. 1.º, I, da Lei 9.455/97: "Constitui crime de tortura: I – constranger alguém com emprego de violência ou grave ameaça, causando-lhe sofrimento físico ou mental: a) *com o fim de* obter informação, declaração ou confissão da vítima ou de terceira pessoa; b) *para* provocar ação ou omissão de natureza criminosa; c) *em razão* de discriminação racial ou religiosa" (grifamos). A referência às finalidades específicas criou um indevido efeito limitador. Imagine-se o agente atuando por mero sadismo, sem os objetivos especiais relatados nas alíneas *a*, *b* e *c*. Não poderá ser processado e punido por tortura, por não se enquadrar no tipo penal do referido art. 1.º.

2.1.2.4.9 Título inadequado

Há títulos criados para tipos penais, que padecem de falta de criatividade, gerando até mesmo estranheza. No crime de bigamia (art. 235, CP),[99] prevê-se a contração de novo casamento já sendo casado, mas não há necessidade de que tal situação ocorra somente duas vezes, justificando a *bigamia*. A poligamia é punida, também, dependendo-se de interpretação extensiva, quanto à rubrica do artigo, para se extrair do termo *bigamia* apenas a indicação de que é criminosa a conduta de quem se casa mais de uma vez, não importando quantas.

Outro delito que mereceria titulação adequada é o previsto no art. 176 do Código Penal,[100] rubricado como *outras fraudes*. Tal expressão não significa nada e promove o empobrecimento da linguagem técnica, constante da legislação penal.

2.1.2.4.10 Título implícito

Sem qualquer justificativa plausível, podendo-se atribuir à lamentável tendência de empreender reformas pontuais no Código Penal, há criação de tipos penais novos sem a devida titulação. Foi o que ocorreu com os arts.

---

99. "Contrair alguém, sendo casado, novo casamento: Pena – reclusão, de 2 (dois) a 6 (seis) anos".

100. "Tomar refeição em restaurante, alojar-se em hotel ou utilizar-se de meio de transporte sem dispor de recursos para efetuar o pagamento: Pena – detenção, de 15 (quinze) dias a 2 (dois) meses, ou multa". Cuida-se de um mero estelionato privilegiado, podendo-se utilizar tal titulação, em lugar de *outras fraudes*.

CAP. IV • PRINCÍPIOS CONSTITUCIONAIS PENAIS E ENFOQUES PROCESSUAIS PENAIS | **277**

319-A[101] e 349-A,[102] tornando-se, por via de consequência, respectivamente, fórmulas alternativas de prevaricação e favorecimento real.

Há situações, entretanto, em que a omissão da rubrica chega a gerar confusão indevida. O crime previsto no art. 343 do Código Penal[103] equivale a autêntico *suborno* e não se liga, de maneira integral e adequada, ao título anterior, constante do art. 342 (falso testemunho ou falsa perícia).[104]

2.1.2.5 Normas penais explicativas

A indispensabilidade de descrição detalhada e adequada de condutas nos tipos penais incriminadores pode provocar a necessidade de normas penais explicativas. São as que integram e completam os tipos, na medida em que definem termos e situações aplicáveis aos casos concretos.

Tais normas podem ter conteúdo geral, abrangendo vários tipos penais constantes em capítulo ou título, como podem possuir alcance específico, envolvendo somente o tipo penal no qual está inserida.

Exemplo de norma explicativa geral é encontrado no art. 327 do Código Penal,[105] definindo funcionário público. O mesmo se dá no art. 337-D, conceituando funcionário público estrangeiro.[106]

---

101. "Deixar o Diretor de Penitenciária e/ou agente público, de cumprir seu dever de vedar ao preso o acesso a aparelho telefônico, de rádio ou similar, que permita a comunicação com outros presos ou com o ambiente externo: Pena: detenção, de 3 (três) meses a 1 (um) ano" (introdução feita pela Lei 11.466/07).

102. "Ingressar, promover, intermediar, auxiliar ou facilitar a entrada de aparelho telefônico de comunicação móvel, de rádio ou similar, sem autorização legal, em estabelecimento prisional. Pena: detenção, de 3 (três) meses a 1 (um) ano" (inclusão feita pela Lei 12.012.2009).

103. "Dar, oferecer ou prometer dinheiro ou qualquer outra vantagem a testemunha, perito, contador, tradutor ou intérprete, para fazer afirmação falsa, negar ou calar a verdade em depoimento, perícia, cálculos, tradução ou interpretação: Pena - reclusão, de três a quatro anos, e multa".

104. "Fazer afirmação falsa, ou negar ou calar a verdade como testemunha, perito, contador, tradutor ou intérprete em processo judicial, ou administrativo, inquérito policial, ou em juízo arbitral: Pena – reclusão, de um a três anos, e multa".

105. "Considera-se funcionário público, para os efeitos penais, quem, embora transitoriamente ou sem remuneração, exerce cargo, emprego ou função pública. § 1.º - Equipara-se a funcionário público quem exerce cargo, emprego ou função em entidade paraestatal, e quem trabalha para empresa prestadora de serviço contratada ou conveniada para a execução de atividade típica da Administração Pública".

106. "Considera-se funcionário público estrangeiro, para os efeitos penais, quem, ainda que transitoriamente ou sem remuneração, exerce cargo, emprego ou função pú-

Em legislação especial, pode-se citar o disposto pelo art. 241-E, da Lei 8.069/90,[107] explicitando o alcance da expressão *cena de sexo explícito ou pornográfica*, bem como o art. 36, da Lei 9.605/98,[108] buscando focar o termo *pesca*.

Ilustrações de normas penais explicativas específicas podem ser indicados no art. 150 do Código Penal, referindo-se ao que pode ser considerado *casa*[109] e ao que deve ser retirado desse contexto,[110] bem como no art. 273, § 1.º-A,[111] procurando ampliar a abrangência dos produtos terapêuticos ou medicinais, incluindo outros.

2.1.2.6 Tipos remissivos

A legislação penal, no contexto da construção de tipos, vale-se, muitas vezes, das remissões, facilitando o trabalho de redação das figuras criminosas, mas obrigando o destinatário da norma a buscar a integralização em leituras diversas.

A utilização de tipos remissivos não gera a produção de norma penal em branco, visto ser esta a norma dependente de um complemento *externo* à lei penal onde o tipo incriminador foi criado.

---

blica em entidades estatais ou em representações diplomáticas de país estrangeiro. Parágrafo único. Equipara-se a funcionário público estrangeiro quem exerce cargo, emprego ou função em empresas controladas, diretamente ou indiretamente, pelo Poder Público de país estrangeiro ou em organizações públicas internacionais".

107. "Para efeito dos crimes previstos nesta Lei, a expressão 'cena de sexo explícito ou pornográfica' compreende qualquer situação que envolva criança ou adolescente em atividades sexuais explícitas, reais ou simuladas, ou exibição dos órgãos genitais de uma criança ou adolescente para fins primordialmente sexuais".

108. "Para os efeitos desta Lei, considera-se pesca todo ato tendente a retirar, extrair, coletar, apanhar, apreender ou capturar espécimes dos grupos dos peixes, crustáceos, moluscos e vegetais hidróbios, suscetíveis ou não de aproveitamento econômico, ressalvadas as espécies ameaçadas de extinção, constantes nas listas oficiais da fauna e da flora".

109. Art. 150, § 4.º, CP. "A expressão 'casa' compreende: I – qualquer compartimento habitado; II – aposento ocupado de habitação coletiva; III – compartimento não aberto ao público, onde alguém exerce profissão ou atividade".

110. Art. 150, § 5.º, CP. "Não se compreendem na expressão 'casa': I – hospedaria, estalagem ou qualquer outra habitação coletiva, enquanto aberta, salvo a restrição do n.º II do parágrafo anterior; II – taverna, casa de jogo e outras do mesmo gênero".

111. "Incluem-se entre os produtos a que se refere este artigo os medicamentos, as matérias-primas, os insumos farmacêuticos, os cosméticos, os saneantes e os de uso em diagnóstico". Por vezes, a norma penal explicativa estende seus efeitos para fronteiras indevidas. Equiparar a falsificação de um cosmético a de um remédio, cuja pena é de reclusão, de 10 a 15 anos e multa, torna-se lesão visível ao princípio da proporcionalidade.

CAP. IV • PRINCÍPIOS CONSTITUCIONAIS PENAIS E ENFOQUES PROCESSUAIS PENAIS | **279**

No Código Penal, indica-se o exemplo do art. 304,[112] com remissão aos arts. 297 a 302. Em legislação especial, podem-se encontrar os seguintes: a) art. 307 da Lei 9.503/97,[113] indicando proibições estabelecidas pelo próprio Código de Trânsito; b) art. 244-A da Lei 8.069/90,[114] apontando qual a extensão dos termos *criança* e *adolescente*; c) art. 176 da Lei 11.101/2005,[115] delimitando as formas de inabilitação ou incapacidade, no âmbito da própria Lei de Falências e Recuperação Judicial; e) art. 14 da Lei 9.434/97,[116] demonstrando a inadequação da conduta criminosa se não for respeitado o conteúdo da própria Lei.

2.1.2.7 *Política criminal*

Baseando-se em política criminal, o legislador pode inserir, no tipo penal incriminador, elementos normativos pertinentes ao cenário da ilicitude. Noutros termos, quando se menciona que determinada conduta é delituosa se praticada *sem justa causa* ou *sem autorização*, por exemplo, está-se antecipando para o universo do tipo uma análise que seria feita, de toda maneira, no contexto da ilicitude.

Se o agente mata alguém, cometendo homicídio, como fato típico, resta a análise da ilicitude para se saber se não houve *justa causa*, como, ilustrando, a ocorrência de legítima defesa (art. 25, CP). Detectando-se a excludente de ilicitude, pode-se dizer ter havido fato típico, mas lícito. Não há crime.

---

112. "Fazer uso de qualquer dos papéis falsificados ou alterados, a que se referem os arts. 297 a 302: Pena – a cominada à falsificação ou à alteração".

113. "Violar a suspensão ou a proibição de se obter a permissão ou a habilitação para dirigir veículo automotor imposta *com fundamento neste Código*: Penas - detenção, de seis meses a um ano e multa, com nova imposição adicional de idêntico prazo de suspensão ou de proibição. Parágrafo único. Nas mesmas penas incorre o condenado que deixa de entregar, *no prazo estabelecido no § 1.º do art. 293*, a Permissão para Dirigir ou a Carteira de Habilitação" (grifamos).

114. "Submeter criança ou adolescente, como tais definidos no *caput* do art. 2.º desta Lei, à prostituição ou à exploração sexual: Pena - reclusão de quatro a dez anos, e multa". Art. 2.º. "Considera-se criança, para os efeitos desta Lei, a pessoa até doze anos de idade incompletos, e adolescente aquela entre doze e dezoito anos de idade".

115. "Exercer atividade para a qual foi inabilitado ou incapacitado por decisão judicial, *nos termos desta Lei*: Pena – reclusão, de 1 (um) a 4 (quatro) anos, e multa" (grifamos).

116. "Remover tecidos, órgãos ou partes do corpo de pessoa ou cadáver, *em desacordo com as disposições desta Lei*: Pena - reclusão, de dois a seis anos, e multa, de 100 a 360 dias-multa".

Entretanto, ao deslocar para o tipo a avaliação da *justa* ou *injusta* causa, quer-se resolver logo na tipicidade o conjunto dos atos do agente. A vantagem dessa antecipação pode ser visualizada, na prática, pela instauração de inquérito e posterior processo-crime.

Quando a análise da ilicitude se concentra fora do tipo penal, *v.g.* a legítima defesa, a tendência à efetivação do flagrante, ou mesmo do inquérito, é maior, relegando-se a fase posterior eventual arquivamento de inquérito ou rejeição da denúncia (ou mesmo absolvição sumária). Porém, cuidando-se de elemento da ilicitude inserto no tipo, torna-se mais cuidadosa a instauração de inquérito ou mesmo de processo criminal, visto ser nítido constrangimento ilegal fazê-lo, quando se está diante de fato *atípico*.

Exemplificando: a) divulgar segredo *sem justa causa* é fato típico (art. 153, CP);[117] apurando-se haver causa relevante, como o estado de necessidade, nem mesmo indiciamento do agente deve haver, pois se constata atipicidade da conduta; b) modificar sistema de informações em órgão público é fato típico (art. 313-B, CP);[118] entretanto, havendo ordem superior para isso, pode se configurar mero cumprimento do dever legal; neste caso, fato atípico; c) a omissão de socorro, em acidente de trânsito, constitui fato típico (art. 304, Lei 9.503/97),[119] desde que inexista justa causa; presente esta, torna-se atípica a situação, não comportando maior rigor para apurar o caso; d) a disputa de competição automobilística, em via pública, constitui fato típico (art. 308, Lei 9.503/97);[120] autorizada pela autoridade competente, torna-se irrelevante penal;

---

117. "Divulgar alguém, *sem justa causa*, conteúdo de documento particular ou de correspondência confidencial, de que é destinatário ou detentor, e cuja divulgação possa produzir dano a outrem: Pena – detenção, de um a seis meses, ou multa" (grifo nosso).

118. "Modificar ou alterar, o funcionário, sistema de informações ou programa de informática *sem autorização ou solicitação de autoridade competente*: Pena – detenção, de 3 (três) meses a 2 (dois) anos, e multa" (grifamos).

119. "Deixar o condutor do veículo, na ocasião do acidente, de prestar imediato socorro à vítima, ou, não podendo fazê-lo diretamente, *por justa causa*, deixar de solicitar auxílio da autoridade pública: Penas – detenção, de seis meses a um ano, ou multa, se o fato não constituir elemento de crime mais grave" (grifo nosso).

120. "Participar, na direção de veículo automotor, em via pública, de corrida, disputa ou competição automobilística *não autorizada pela autoridade competente*, desde que resulte dano potencial à incolumidade pública ou privada: Penas – detenção, de seis meses a dois anos, multa e suspensão ou proibição de se obter a permissão ou a habilitação para dirigir veículo automotor" (grifamos). No mês de março de 2010, na cidade de São Paulo, realizou-se corrida automobilística (fórmula Indy) em plena via pública, consistindo, entretanto, fato atípico, justamente em razão da autorização da autoridade competente.

CAP. IV • PRINCÍPIOS CONSTITUCIONAIS PENAIS E ENFOQUES PROCESSUAIS PENAIS | **281**

e) interceptar a comunicação telefônica alheia constitui intromissão no direito à intimidade e, em tese, fato típico (art. 10, Lei 9.296/96);[121] a autorização judicial, de acordo com os propósitos legais, no entanto, elimina o juízo de tipicidade, não dando ensejo à persecução estatal, nem sequer investigatória.

2.1.2.8 A taxatividade na jurisprudência[122]

A) Aceitação do tipo remissivo

a.1) Uso de documento falso

- TRF-4.ª R.: "A utilização de documento confeccionado com esteio em informação falsa caracteriza a conduta taxativa prevista no art. 304 do CP" (ENUL 2003.72.03.001588-8-SC, 4.ª S., rel. Luiz Fernando Wowk Penteado, 29.10.2008, m.v.).

B) Crítica à imprecisão legislativa

b.1) Inadequação da expressão não se dedique às atividades criminosas do art. 33, § 4.º, da Lei 11.343/2006. Aplicação do benefício da redução da pena

- TJSP: "A discricionariedade do órgão judicial ao aplicar a lei fica mitigada pelo princípio da taxatividade, o qual estabelece que as normas penais devem possuir o máximo de clareza e determinação possível. Essa exigência é dirigida ao legislador, eis que lhe é defeso elaborar normas incriminadoras de formas ambíguas, imprecisas, equivocadas e vagas, podendo abrir lacunas para diversos e casuísticos entendimentos" (AP 993071160717-SP, 1.ª C., rel. Claudia Lucia Fonseca Fanucchi, 29.05.2009, v.u.).

---

121. "Constitui crime realizar interceptação de comunicações telefônicas, de informática ou telemática, ou quebrar segredo da Justiça, *sem autorização judicial ou com objetivos não autorizados em lei.* Pena: reclusão, de dois a quatro anos, e multa" (grifo nosso).

122. Há flagrante carência de julgados, contendo expressa e concreta referência ao princípio da taxatividade, pois não é da tradição dos tribunais pátrios analisar esse contexto com a devida minúcia e profundidade. É fundamental alterar esse posicionamento, sinalizando, quando necessário, a ocorrência de falhas graves na construção de tipos penais incriminadores, de modo a provocar alteração de postura do Poder Legislativo. Tipos viciados não devem ser aplicados, porque inconstitucionais. Ferem o princípio da taxatividade, decorrência lógica da legalidade (art. 5.º, XXXIV, CF).

C) Utilização em execução penal

c.1) Revogação inadequada de livramento condicional

• TJRJ: "O paciente estava em gozo do livramento condicional quando praticou o delito de posse de arma de fogo, sendo condenado, o que provocou a revogação do benefício. Ocorre que, com o advento de novel legislação, foi reconhecida a extinção da punibilidade em relação à condenação pela posse da arma, mas o magistrado negou-se a restabelecer o livramento condicional sob o argumento de que, embora o fato não tenha constituído crime, o condenado não agiu de acordo com os bons costumes. Outro fosse o motivo ensejador do não restabelecimento do livramento, o decidido poderia até ser mantido, mas a afirmação de que o paciente não pode obtê-lo porque não agiu em acerto com os bons costumes não fornece alicerce para o indeferimento do pleito. A expressão 'comportar-se de acordo com os bons costumes' é porosa e não exprime qualquer tipo de comportamento concreto que seja adverso ao seio social, permitindo, de acordo com a bel interpretação de cada julgador, entendimentos diversos. O princípio da taxatividade das condutas impõe que, até mesmo quanto às causas de revogação do livramento condicional, haja expressa referência aos comportamentos que podem levar a tal decisão. Ordem conhecida e concedida para restabelecer o livramento condicional, ficando ao encargo da VEP a realização da audiência e expedição do alvará de soltura, no prazo de 5 (cinco) dias" (HC 0032128-93-2008.8.19.0000-RJ, 8.ª C.C., rel. Gilmar Augusto Teixeira, 28.01.2009, v.u.).

D) Elemento normativo do tipo

d.1) Aceitação da expressão organização criminosa

• TJDF: "A ausência de definição legal do que venha a ser organização criminosa, no crime previsto no art. 1.º, VII, da Lei 9.613/98, não ofende o princípio da legalidade, pois este é apenas um elemento normativo do tipo, cujo sentido deve ser atribuído pelo magistrado, de acordo com as regras de hermenêutica jurídica, no momento de analisar o caso concreto" (HC 2009.00.2.014936-4HBC-DF, 2.ª T.C., rel. Arnoldo Camanho de Assis, 12.11.2009, v.u.).

E) Norma penal em branco

• TJMG: "Não há que se falar em inconstitucionalidade do art. 184 § 2.º do Código Penal, pois, sendo citado artigo norma penal em branco, ele

CAP. IV • PRINCÍPIOS CONSTITUCIONAIS PENAIS E ENFOQUES PROCESSUAIS PENAIS | **283**

é complementado pela Lei 9.610/98, que define os direitos do autor e os que lhe são conexos" (APR 10027100206211001, 6.ª C., rel. Denise Pinho da Costa Val, *DJ* 03.12.2013).

- TJDF: "Não há que se falar em inconstitucionalidade de lei penal em branco, por ofensa aos princípios da taxatividade e da reserva legal, quando se obtém do tipo penal o conteúdo proibitivo da norma, permitindo-se ao agente consciência e vontade acerca dos elementos típicos e compreensão satisfatória dos contornos da proibição" (APR 20110410012528, 1.ª T., rel. Romão C. Oliveira, *DJ* 13.03.2014).

F) No campo das penas

- TJSP: "Sustenta que a substituição da pena privativa de liberdade por restritiva de direitos consistente na imposição de tratamento ambulatorial viola o princípio da taxatividade, porquanto aludida medida não faz parte do rol previsto no artigo 43 do Código Penal, bem como a paciente não foi submetida a avaliação que ateste sua necessidade. Considerando que as modalidades de penas restritivas de direitos são espécies de cumprimento de pena, não pode o magistrado criar novas formas não previstas em lei, em respeito ao princípio da reserva legal. Ordem concedida" (HC 20361895520148260000, 12.ª C., rel. Paulo Rossi, *DJ* 14.05.2014).

2.1.3 *Princípio da proporcionalidade*

2.1.3.1 *Conceito e dimensão*

A proporcionalidade indica a harmonia e boa regulação de um sistema, abrangendo, em Direito Penal, particularmente, o campo das penas.[123] A Constituição Federal sinaliza a preferência por determinadas sanções penais,

---

123. Em sentido amplo, na ótica de WILLIS SANTIAGO GUERRA FILHO, o *"princípio da proporcionalidade em sentido estrito* determina que se estabeleça uma correspondência entre o fim a ser alcançado por uma disposição normativa e o meio empregado, que seja *juridicamente* a melhor possível. Isso significa, acima de tudo, que não se fira o 'conteúdo essencial' (*wesensgehalt*) de direito fundamental, com o desrespeito intolerável da dignidade humana – consagrada explicitamente como fundamento de nosso Estado Democrático, logo após a cidadania, no primeiro artigo da Constituição de 1988 -, bem como que, mesmo em havendo desvantagens para, digamos, o interesse de pessoas, individual ou coletivamente consideradas, acarretadas pela disposição normativa em apreço, as vantagens que traz para interesses de outra

no mesmo contexto indicativo do princípio da individualização das penas, a saber: "a lei regulará a individualização da pena e adotará, entre outras, as seguintes: a) privação ou restrição da liberdade; b) perda de bens; c) multa; d) prestação social alternativa; suspensão ou interdição de direitos" (art. 5.º, XLVI).

Aponta-se, paralelamente, com perfeita identidade, devam as penas ser individualizadas, ao mesmo tempo em que necessitam ser proporcionalmente aplicadas, conforme a gravidade da infração penal cometida.[124] Por isso, há uma meta revelada em direção a dois objetivos: a) preservar a harmonia entre a cominação de penas e os modelos de condutas proibidas; b) fundamentar o equilíbrio entre a aplicação das penas e os concretos modos de realização do crime.

O primeiro objetivo deve ser seguido pelo legislador, quando cria um novo tipo incriminador ou quando pretende alterar a espécie, forma ou quantidade de sanção penal. O segundo, voltando-se ao juiz, indica-lhe a razoável proporção entre o peso da sanção e o dano provocado pela infração penal.

A dimensão da proporcionalidade atinge outros princípios penais, visto que se torna desarmônico e desequilibrado aplicar uma pena privativa de liberdade, por exemplo, a uma infração penal insignificante; melhor indicação se tem ao aplicar o princípio da intervenção mínima, reputando-a fato atípico, diante da exígua ofensividade. Do mesmo modo, conforme o grau de individualização da pena realizado, pode tornar-se proporcional e adequado aplicar uma pena superior ao mínimo, quando se está julgando delito grave e provocador de extensa lesão. A avaliação da culpabilidade – se houve dolo ou culpa – tende a construir, proporcionalmente, sanções mais leves ou mais severas. Respeitando-se a legalidade, tem-se por correta determinada sanção previamente cominada em lei, desde que se afigure proporcional ao crime para o qual foi destinada. Em suma, desumana seria a sanção penal, quando aplicada em nítida desproporção entre o fato e o dano gerado.

2.1.3.2 *Alterações legislativas e desproporcionalidade*

Ao longo dos anos, várias modificações legislativas, inseridas no Código Penal, implicaram na perda de harmonia entre crimes e penas, abrindo oportunidade para o desprestígio do princípio da proporcionalidade. Não

---

ordem superam aquelas desvantagens" (Dignidade humana, princípio da proporcionalidade e teoria dos direitos fundamentais, p. 310).

124. "A pena é tanto mais grave quanto mais precioso for o bem. A *tabela das penalidades é a medida do valor dos bens sociais*" (JHERING, *A evolução do direito*, p. 383).

CAP. IV • PRINCÍPIOS CONSTITUCIONAIS PENAIS E ENFOQUES PROCESSUAIS PENAIS | **285**

bastasse, a legislação especial também consagrou alterações destoantes do contexto uniforme do Direito Penal, ora tipificando condutas inócuas, ora aplicando severas sanções para condutas de menor alcance.

O advento da Lei 8.072/90 (Lei dos Crimes Hediondos) foi significativo passo para ferir a proporcionalidade. Inicialmente, elegeu-se como delito hediondo o envenenamento de água potável (art. 270, CP),[125] elevando a pena mínima de cinco para dez anos de reclusão. Depois, a Lei 8.930/94 retirou-a do rol dos crimes hediondos, mas se manteve a desarmônica pena mínima. Sem qualquer critério confiável, o legislador fez surgir um delito hediondo desnecessário; corrigiu essa atitude, retirando-o da lista do art. 1.º da Lei 8.072/90, mas não se preocupou em retificar a sanção abstratamente cominada.

Atualmente, o referido art. 270 do Código Penal padece de vício, ferindo o princípio da proporcionalidade, o que provoca a inconstitucional medida da pena. Caberá ao Judiciário, quando houver de reconhecer a prática desse delito, considerar inconstitucional a nova redação dada pela Lei 8.072/90, aplicando a sanção anterior, partindo de cinco anos de reclusão.

O mesmo se pode dizer da nova redação conferida ao art. 273 do Código Penal,[126] contendo a exagerada sanção de reclusão, de 10 a 15 anos, e multa, sendo capaz de atingir condutas variadas, ofensivas ao bem jurídico *saúde pública* de maneiras completamente diferentes. Neste caso, operou-se a elevação da pena mínima de um ano para a absurda sanção de dez anos, como patamar mínimo. Nada justifica a opção deliberada pela desproporcionalidade na cominação da sanção penal, merecendo particular atenção por parte do magistrado. A solução é considerar inconstitucional

---

125. "Envenenar água potável, de uso comum ou particular, ou substância alimentícia ou medicinal destinada a consumo: Pena - reclusão, de dez a quinze anos".

126. "Falsificar, corromper, adulterar ou alterar produto destinado a fins terapêuticos ou medicinais: Pena - reclusão, de 10 (dez) a 15 (quinze) anos, e multa. § 1.º Nas mesmas penas incorre quem importa, vende, expõe à venda, tem em depósito para vender ou, de qualquer forma, distribui ou entrega a consumo o produto falsificado, corrompido, adulterado ou alterado. § 1.º-A - Incluem-se entre os produtos a que se refere este artigo os medicamentos, as matérias-primas, os insumos farmacêuticos, os cosméticos, os saneantes e os de uso em diagnóstico. § 1.º-B Está sujeito às penas deste artigo quem pratica as ações previstas no § 1.º em relação a produtos em qualquer das seguintes condições: I - sem registro, quando exigível, no órgão de vigilância sanitária competente; II - em desacordo com a fórmula constante do registro previsto no inciso anterior; III – sem as características de identidade e qualidade admitidas para a sua comercialização; IV – com redução de seu valor terapêutico ou de sua atividade; V – de procedência ignorada; VI – adquiridos de estabelecimento sem licença da autoridade sanitária competente".

a Lei 9.677/98, que trouxe a referida elevação, aplicando-se os patamares anteriores à esdrúxula alteração.

Ainda a Lei 8.072/90, ao dobrar a pena mínima do crime de estupro (art. 213, CP), passando-a de três para seis anos de reclusão, provocou desarmonia no sistema, visto tê-la equiparado à sanção mínimo do crime de homicídio (art. 121, CP). Considerando-se grave o estupro, merecedor da pena mínima de seis anos, torna-se urgente alterar o mínimo previsto para o homicídio, pois, sem dúvida, os bens jurídicos em foco são díspares, constituindo o mais relevante a vida humana.

Na legislação especial, com foco à Lei 9.605/98, optou-se por conferir ao delito de maus-tratos a animais a pena de detenção, de *3 meses* a 1 ano, *e* multa (art. 30),[127] enquanto se pode observar que os maus-tratos a seres humanos, mormente os vulneráveis, possui a sanção de detenção, de *2 meses* a 1 ano, *ou* multa (art. 136, CP).[128]

Não fosse suficiente, optou-se por criar o tipo penal de maus-tratos a plantas ornamentais, cuja pena é de detenção, de 3 meses a 1 ano, ou multa, ou ambas cumulativamente (art. 49, Lei 9.605/98).[129] O ápice da lesão ao princípio da proporcionalidade abre-se na previsão constante do art. 49, parágrafo único,[130] onde se detecta a sanção de 1 a 6 meses, ou multa, para a forma culposa desse delito. Se o contraste entre maus-tratos a uma criança e os maus-tratos a um animal, cuja pena é mais elevada, pode provocar indignação, imagine-se o mesmo contraste com uma planta ornamental qualquer. Expor a perigo a vida de uma pessoa vulnerável é apenada de maneira mais branda do que maltratar uma samambaia.

Outro equívoco legislativo pode ser apontado na redação do art. 183 da Lei 9.472/97,[131] ao prever a cominação de multa em patamar único, sem

---

127. "Praticar ato de abuso, maus-tratos, ferir ou mutilar animais silvestres, domésticos ou domesticados, nativos ou exóticos: Pena – detenção, de três meses a um ano, e multa".

128. "Expor a perigo a vida ou a saúde de pessoa sob sua autoridade, guarda ou vigilância, para fim de educação, ensino, tratamento ou custódia, quer privando-a de alimentação ou cuidados indispensáveis, quer sujeitando-a a trabalho excessivo ou inadequado, quer abusando de meios de correção ou disciplina: Pena – detenção, de dois meses a um ano, ou multa".

129. "Destruir, danificar, lesar ou maltratar, por qualquer modo ou meio, plantas de ornamentação de logradouros públicos ou em propriedade privada alheia: Pena – detenção, de três meses a um ano, ou multa, ou ambas as penas cumulativamente".

130. "No crime culposo, a pena é de um a seis meses, ou multa".

131. "Desenvolver clandestinamente atividades de telecomunicação: Pena – detenção de dois a quatro anos, aumentada da metade se houver dano a terceiro, e multa de R$ 10.000,00 (dez mil reais)".

permitir a individualização da pena, nem mesmo a correta proporção entre diferentes condutas e seus autores.

É preciso ressaltar a lembrança de WILLIS SANTIAGO GUERRA FILHO: "um marco histórico para o surgimento desse tipo de formação política costuma-se apontar na *Magna Charta* inglesa, de 1215, na qual aparece com toda clareza manifestada a ideia acima referida, quando estabelece: 'o homem livre não deve ser punido por um delito menor, senão na medida desse delito, e por um grave delito ele deve ser punido de acordo com a gravidade do delito'. Essa espécie de contrato entre a Coroa e os senhores feudais é a origem do *Bill of Rights* , de 1689, onde então adquire força de lei os direitos frente à Coroa, estendidos agora aos súditos em seu conjunto".[132]

2.1.3.3 O princípio da proibição da proteção deficiente

Tal criação não foge ao âmbito do princípio da proporcionalidade, cujo fim é assegurar o equilíbrio entre o crime e a pena a ele cominada, bem como garantir que a gravidade de um fato mereça a devida consideração do Estado.

Didaticamente, pode-se considerá-lo presente para enaltecer a importância do respeito à proporcionalidade. Se o crime de furto simples não deve ser punido com pena de 20 a 30 anos de reclusão, por ferir diretamente a proporcionalidade, sob outro prisma, o homicídio jamais poderia ser apenado com simples multa. A deficiência de proteção estatal consagraria a desproporcionalidade.

O mesmo se aplica no processo penal, não tendo cabimento decretar prisão preventiva para apurar uma contravenção penal, nem tampouco deixar em liberdade, durante a investigação ou instrução, um assassino serial, multirreincidente.

Cuidando-se de mero espelho da proporcionalidade, não se pode utilizar a proibição da proteção deficiente para derrubar importantes conquistas penais e processuais penais dos últimos tempos. Por isso, esse princípio encontra barreiras em vários outros, como a legalidade, a culpabilidade, a intervenção mínima etc. A pretexto de se suprir eventual deficiência estatal, na tutela da segurança pública, torna-se inadmissível invocar a analogia *in malam partem* ou a retroatividade de lei prejudicial ao réu. Ademais, um erro ou omissão porventura existente não deve gerar outro pior, consistente na invasão à seara do abuso e da comoção pela *lei e ordem*.

---

132. Dignidade humana, princípio da proporcionalidade e teoria dos direitos fundamentais, p. 313.

2.1.3.4 A proporcionalidade na jurisprudência

2.1.3.4.1 Aplicação da pena

a) Suficiência para atender aos fins da pena e ao princípio da proporcionalidade

- STF: "Nenhum condenado tem direito público subjetivo à estipulação da pena-base em seu grau mínimo. Isso, contudo, não autoriza o magistrado sentenciante a proceder a uma especial exacerbação da pena-base, exceto se o fizer em ato decisório adequadamente motivado, que satisfaça, de modo pleno, a exigência de fundamentação substancial evidenciadora da necessária relação de proporcionalidade e de equilíbrio entre a pretensão estatal de máxima punição e o interesse individual de mínima expiação, tudo em ordem a inibir soluções arbitrárias ditadas pela só e exclusiva vontade do juiz. Doutrina. Precedentes. – A concretização da sanção penal, pelo Estado-Juiz, impõe que este, sempre, respeite o itinerário lógico-racional, necessariamente fundado em base empírica idônea, indicado pelos arts. 59 e 68 do Código Penal, sob pena de o magistrado – que não observar os parâmetros estipulados em tais preceitos legais – incidir em comportamento manifestamente arbitrário, e, por se colocar à margem da lei, apresentar-se totalmente desautorizado pelo modelo jurídico que rege, em nosso sistema de direito positivo, a aplicação legítima da resposta penal do Estado. – A condenação penal há de refletir a absoluta coerência lógico-jurídica que deve existir entre a motivação e a parte dispositiva da decisão, eis que a análise desses elementos – que necessariamente compõem a estrutura formal da sentença – permitirá concluir, em cada caso ocorrente, se a sua fundamentação ajusta-se, ou não, de maneira harmoniosa, à base empírica que lhe deu suporte. – A aplicação da pena, em face do sistema normativo brasileiro, não pode converter-se em instrumento de opressão judicial nem traduzir exercício arbitrário de poder, eis que o magistrado sentenciante, em seu processo decisório, está necessariamente vinculado aos fatores e aos critérios, que, em matéria de dosimetria penal, limitam-lhe a prerrogativa de definir a pena aplicável ao condenado. – Não se revela legítima, por isso mesmo, a operação judicial de dosimetria penal, quando o magistrado, na sentença, sem nela revelar a necessária base empírica eventualmente justificadora de suas conclusões, vem a definir, mediante fixação puramente arbitrária, a pena-base, exasperando-a de modo evidentemente excessivo, sem apoiar-se em fundamentação juridicamente idônea e que atenda à exigência imposta pelo art. 93, IX, da Constituição Federal" (RHC 122.469, 2.ª T., rel. Celso de Mello, 16.09.2014, por maioria).

CAP. IV • PRINCÍPIOS CONSTITUCIONAIS PENAIS E ENFOQUES PROCESSUAIS PENAIS | **289**

- STF: "O legislador infraconstitucional não quantificou as circunstâncias judiciais, deixando a critério do julgador a tarefa de encontrar números suficientes a desestimular o agente e a própria sociedade a patrocinarem condutas análogas e, simultaneamente, a garantir a proporcionalidade entre o fato praticado e a pena, pelo que adotou, no art. 59 do Código Penal, a Teoria Mista, Eclética ou Unificadora" (HC 107.626 – SP, 1.ª T., rel. Min. Cármen Lúcia, 27.09.2011, v.u.).

- STJ: "A dosimetria é matéria afeta à discricionariedade judicial, exercida pelas instâncias ordinárias, mais próximas dos fatos. Todavia, é possível às Cortes Superiores o controle dos critérios empregados, o que admite, em caso de evidente desproporcionalidade, a correção de eventuais discrepâncias nas frações de aumento ou diminuição adotadas pelas instâncias anteriores. Precedentes" (AgRg nos EDcl no AREsp 160.677/DF, 6.ª T., rel. Sebastião Reis Júnior, 21.10.2014, v.u.).

- STJ: "A fixação da pena-base acima do mínimo legal foi devidamente justificada, em razão da culpabilidade do réu que se relevou intensa, pois este se valeu de uma picareta para quebrar a parede de um estabelecimento comercial, no intuito de praticar o furto, bem como ser portador de maus antecedentes e reincidente múltiplo, o que justifica a exasperação na reprimenda inicial" (AgRg no HC 248.924/MG, 5.ª T., rel. Moura Ribeiro, 26.08.2014, v.u.).

- TRF-1.ª R.: "Na aplicação da pena o magistrado deve estar atento ao princípio da proporcionalidade, na medida em que o condenado deverá sofrer uma penalidade suficiente à reprovação e prevenção do crime." (ACR 2003.38.00.034105-1-MG, 3.ª T., rel. Jailza Maria Pinto Fraxe, 18.09.2007, v.u.).

- TRF-2.ª R.: "A substituição da pena privativa de liberdade por duas restritivas de direitos, sendo uma delas o pagamento mensal de um salário-mínimo pode se reputar inviável aos acusados, sendo que um é mecânico, um caldeireiro e um aposentado, situações que não demonstram boa condição financeira. Viola o princípio da proporcionalidade a pena substitutiva que pode consumir todo o sustento dos acusados." (ACR 1997.50.01.009971-9-RJ, 1.ª T., rel. Abel Gomes, 17.03.2010).

- TRF-2.ª R.: "A aplicação da pena é ato judicial com previsão legal e matriz constitucional, destinada à satisfação do princípio da culpabilidade, que lança raiz no princípio da dignidade da pessoa, razão pela qual não se pode conceber que o juiz não possa aquilatar e julgar sobre a proporcionalidade de um pedido condenatório do MP que, além disso, ainda aponte o quanto deseja que se atribua à culpabilidade do agente. A Lei processual penal também dispõe sobre o tema, a teor do disposto na inteligência do art. 385 do CPP. Ausência de violação do princípio acusatório. V – O art. 42 da Lei 11.343/2006 dá ao juiz a possibilidade de avaliar o caso como um todo, integrando elementos objetivos da conduta com elementos subjetivos do comportamento social do réu, para que não incorra na impropriedade de aplicar penas inócuas ou exacerbadas." (ACR 6556-RJ, 1.ª T.E., rel. Abel Gomes, 24.06.2009, v.u.).

b)   Avaliação das circunstâncias de aumento e regime do roubo

• STJ: "Assim, atende ao critério da proporcionalidade das penas, bem como ao efeito dissuasório, punir o autor do roubo que empunha arma de fogo com pena concretamente mais grave e/ou regime prisional mais rigoroso em relação aos que caberiam, *in thesis*, aos outros perpetradores de roubo que se valem de um canivete ou de uma faca como meio intimidatório da vítima. Precedentes do STF e do STJ. No caso vertente, além do emprego de arma de fogo, o regime inicial fechado também foi fundamentado diante das outras circunstâncias concretas do crime, pois o julgador destacou que a subtração atingiu patrimônios distintos e que foi praticada 'em concurso de três pessoas, dentre as quais uma foi informante, o que revela não se tratar de delito cometido de afogadilho, mas planejado minuciosamente." (STJ, HC 301.206/SP, 6.ª T., rel. Rogerio Schietti Cruz, 16.10.2014, v.u.).

• STJ: "No caso, a fixação da pena-base acima do mínimo legal pelo Tribunal de origem, no julgamento do apelo ministerial, ante o reconhecimento da existência de circunstância judicial desfavorável – violência real empregada contra a vítima – autoriza a imposição do regime fechado, nos moldes que preconiza o art. 33, § 3.º, do Código Penal. Ademais, em respeito aos ditames de individualização da pena e aos critérios de proporcionalidade e razoabilidade, não deve ser tratado de modo idêntico agente que se utiliza de arma branca ou imprópria para a prática do delito de roubo e aquele que faz uso, por exemplo, de revólver, pistola ou fuzil com a mesma finalidade. Se a locução 'emprego de arma' – causa especial de majoração da pena no crime de roubo – abrange tanto as armas impróprias (faca, chave de fenda, pedaço de pau, de vidro, emprego de animais, por exemplo), cujo porte não é proibido, quanto as armas de fogo – conduta que constitui crime autônomo e grave –, nada mais razoável e lógico que a censura penal incidente sobre roubos com armas impróprias e próprias tenha tratamento distinto, se não na quantidade de pena, pelo menos na qualidade da resposta penal. Portanto, se durante a fixação da pena a fração de exasperação é a mesma para o roubo praticado com arma branca e para o cometido com emprego de arma de fogo

CAP. IV • PRINCÍPIOS CONSTITUCIONAIS PENAIS E ENFOQUES PROCESSUAIS PENAIS | **291**

– aspecto quantitativo –, justamente no estabelecimento do regime prisional é que a diferenciação entre ambas as condutas deverá ser feita – aspecto qualitativo" (HC 297.425/SP, 5.ª T., rel. Marco Aurélio Bellizze, 19.08.2014, v.u.).

• TJRS: "O que se deve levar em conta não é a quantidade das majorantes, mas, sim, a qualidade e proporcionalidade da pena tendo em vista a conduta do agente." (AC 70030165203-RS, 5.ª C.C., rel. Genacéia da Silva Alberton, 07.10.2009).

c) Avaliação da qualificadora de concurso de pessoas no furto

• TJRS: "A plena incidência do art. 155, § 4.º, IV do CP não importa em violação aos princípios da isonomia e da proporcionalidade da pena, tendo em vista o tratamento diferenciado conferido pelo legislador ao concurso de agentes, elevando-o à condição de qualificadora no delito de furto e de majorante no roubo" (AC 70024729675-RS, 8.ª C.C., rel. Fabianne Breton Baisch, 28.07.2009).

d) Possibilidade de regime fechado inicial para delitos hediondos

• TRF-3.ª R.: "1. A sentença impôs ao paciente o cumprimento da pena privativa de liberdade em regime inicialmente fechado. Não foi imposto o regime integralmente fechado, cuja inconstitucionalidade já foi declarada e reconhecida pelo Supremo Tribunal Federal. Não cabe sustentar que se tratam de situações semelhantes, a exigir a mesma ordem de tratamento legislativo. 2. Em uma breve síntese, o que levou o Supremo Tribunal Federal a declarar, incidentalmente, a inconstitucionalidade da redação original do § 1.º do art. 2.º da Lei 8.072/90, foi o fato do dispositivo veicular norma que impedia a aferição do mérito do condenado no cumprimento da pena privativa de liberdade, nivelando de forma indevida aqueles reeducandos que demonstravam condições de, progressivamente, retornar ao convívio social, e aqueles que sequer se esforçavam para atender às normas disciplinares, nem tampouco mostravam condições que recomendassem a reinserção. Essa foi a linha de raciocínio que conduziu o Supremo Tribunal Federal a concluir que a norma em apreço violava o princípio da individualização da pena. Essa situação, claramente, não se repete na atual redação do art. 2.º, § 1.º, da Lei 8.072/90. 3. Os princípios da razoabilidade e proporcionalidade – que são inerentes a um Estado Democrático de Direito como o brasileiro – exigem que o Parlamento produza leis que obedeçam não apenas ao devido processo legal em sua acepção formal (resulte do trâmite legislativo previsto na Constituição Federal), mas também àquela material (que o produto interpretativo do texto seja dotado de conteúdo razoável e proporcional). E nessa tarefa o princípio constitucional da harmonização (ponderação de valores constitucionais) é ferramenta importante na aferição da correta exegese do texto legal. Examinando o art. 2.º, § 1.º, da Lei 8.072/90, não há ofensa a nenhum dos parâmetros acima revelados, de modo que é descabida a pretensão sustentada na inicial. Ao contrário. O artigo em questão revela-se em perfeita sintonia com o mandamento constitucional do art. 5.º, XLIII, da Constituição Federal, que impõe um regime mais severo aos autores de crimes hediondos e assemelhados. Não seria mesmo crível que alguém que prática um fato de tamanha relevância penal, identificado pelo próprio Poder Constituinte Originário como hediondo, pudesse receber o mesmo tratamento jurídico dispensado àqueles que cometem crimes de natureza ordinária. São situações jurídicas distintas, que por isso merecem tratamento jurídico diferenciado. O fator de discriminação encontra apoio constitucional, conforme se infere, por exemplo, do art. 5.º, XLIII, da Carta de Outubro. 4. A aplicação dos princípios da razoabilidade e proporcionalidade pelo Poder Judiciário deve ser marcada por prudente avaliação, cabendo aplicá-los para arredar a incidência de lei, apenas em situações extremas, sob pena de subversão do sistema de tripartição dos poderes, desenhado por MONTESQUIEU. No caso em apreço, a escolha política do Legislador em punir rigorosamente aqueles que desenvolvem condutas que se ajustam aos modelos de comportamento indicados na Lei de Crimes Hediondos, não se demonstra desproporcional, a ponto do Judiciário submeter tal opção a um contraste de legalidade ou constitucionalidade. 5. O fato de ser aplicável uma causa de diminuição da pena não desqualifica o fato criminoso praticado pelo paciente, que continua sendo o pernicioso tráfico de drogas (art. 33 da Lei Antidrogas), delito definido como hediondo, e, exatamente por isso, aplicável o art. 2.º, § 1.º, da Lei 8.072/90, que determina o regime fechado como sendo aquele inicial, para o cumprimento da pena privativa de liberdade. 6. Ordem denegada" (HC 35.076-SP, 5.ª T., rel. Helio Nogueira, 09.03.2009, v.u.).

e) *Valor proporcional às agravantes e atenuantes*[133]

• STJ: "Embora a lei não preveja percentuais mínimo e máximo de majoração da pena pela reincidência, a jurisprudência desta Corte tem se inclinado no sentido de que o *quantum* de redução pela circunstância

---

133. Captando-se a positiva ideia da proporcionalidade, não podem elas ser aplicadas em valores de aumento pífios, sob pena de lesão ao referido princípio da proporcionalidade.

CAP. IV • PRINCÍPIOS CONSTITUCIONAIS PENAIS E ENFOQUES PROCESSUAIS PENAIS | **293**

atenuante deve observar os princípios da proporcionalidade, razoabilidade, necessidade e suficiência à reprovação e prevenção ao crime, informadores do processo de aplicação da pena, não se podendo, por isso, ter como flagrantemente desproporcional a decisão que reduziu em 8 meses de reclusão a pena-base em razão do reconhecimento das atenuantes genéricas da confissão espontânea e da menoridade relativa" (HC 221761 – SP, 6.ª T., rel. Sebastião Reis Júnior, 04.06.2013, v.u.).

• STJ: "O *quantum* de acréscimo pela circunstância agravante deve observar os princípios da proporcionalidade, razoabilidade, necessidade e suficiência à reprovação e prevenção ao crime, informadores do processo de aplicação da pena, sendo necessário, ainda, para o aumento em fração superior à mínima prevista na lei, que o juiz sentenciante o faça de forma fundamentada" (HC 227688 – SP, 5.ª T., rel. Jorge Mussi, 26.02.2013, v.u.).

• STJ: "A compensação entre circunstâncias agravantes e atenuantes deve observar o princípio da proporcionalidade, para que não se faça letra morta do art. 67 do CP, tampouco se viole o princípio da individualização da reprimenda" (AgRg no HC 197302 – DF, 5.ª T., rel. Jorge Mussi, 25.09.2012, v.u.).

• STJ: "Por não ter o Código Penal estabelecido balizas para o agravamento e atenuação das penas, na segunda fase de sua aplicação, a doutrina tem entendido que esse aumento ou diminuição deve se dar em até 1/6 (um sexto), atendendo a critérios de proporcionalidade." (HC 160.645 – RJ, 6.ª T., rel. Og Fernandes, 25.10.2011, v.u.).

• STJ: "A diminuição da pena operada em razão de o paciente ser septuagenário na data da sentença não conduz, necessariamente, ao retorno da pena à cominação mínima, mas, como as demais atenuantes e agravantes, deve ser aplicada com a observância da razoabilidade e proporcionalidade." (HC 135.604 – RS, 6.ª T., rel. Sebastião Reis Júnior, 16.08.2011, v.u.).

• TRF-3.ª R.: "O Código Penal não prevê, percentuais mínimo e máximo para serem aplicados às atenuantes, deixando essa tarefa ao arbítrio do magistrado. Assim, a redução da pena deve ser pautada pelo princípio da proporcionalidade e da razoabilidade, bem como pelos limites de pena abstratamente cominados, pelo legislador, ao delito imputado ao réu. Diante da discricionariedade do julgador, não se revela 'contra legem' o emprego de um percentual maior de redução da pena, que, na hipótese dos autos, se mostra mais consentâneo e proporcional ao caso concreto, ainda que justificado pelo mesmo motivo utilizado pelo magistrado de primeiro grau, qual seja, a confissão espontânea. 5. A redução de 1/15 (um quinze avos) se revelou irrisória e desproporcional ao caso concreto. De ofício aplicado o percentual de 1/6 (um sexto) para a confissão espontânea." (ACR 31031 – 1.ª T., rel. Vesna Kolmar, 04.11.2008, v.u.).

f) Utilização de pena de crime correlato – art. 273, § 1.º-B, VI, e tráfico de drogas

• TRF-4.ª R.: "É regra de hermenêutica que a interpretação do dispositivo não pode levar ao absurdo. Por isso, deve ser sempre examinado qual o valor tutelado pela norma. Embora grave o delito, a importação de medicamento proibido não pode gerar pena desproporcional, no caso de não ter ocorrido maior dano à sociedade. Aplicação da pena prevista para o tráfico de entorpecentes cuja sanção mais se amolda ao crime cometido." (ACR 2006.70.02.010167-7-PR, 7.ª T., rel. Néfi Cordeiro, 19.06.2007, m.v.).

• TRF-4.ª R.: "'A pena do delito previsto no art. 273 do CP – com a redação que lhe deu a Lei 9.677, de 02 de julho de 1998 – reclusão, de 10 (dez) a 15 (quinze) anos, e multa deve, por excessivamente severa, ficar reservada para punir apenas aquelas condutas que exponham a sociedade e a economia popular a 'enormes danos' (exposição de motivos). Nos casos de fatos que, embora censuráveis, não assumam tamanha gravidade, deve-se recorrer, tanto quanto possível, ao emprego da analogia em favor do réu, recolhendo-se, no corpo do ordenamento jurídico, parâmetros razoáveis que autorizem a aplicação de reprimenda justa, sob pena de ofensa ao princípio da proporcionalidade. A criação de solução penal que descriminaliza, diminui a pena, ou de qualquer modo beneficia o acusado, não pode encontrar barreira para a sua eficácia no princípio da legalidade, porque isso seria uma ilógica solução de aplicar-se um princípio contra o fundamento que o sustenta" (FÁBIO BITTENCOURT DA ROSA. *Direito Penal, Parte Geral*. Rio de Janeiro: Impetus, 2003, p. 4). Hipótese em que ao réu foi aplicada a pena de 03 anos de reclusão, adotado, como parâmetro, o delito de tráfico ilícito de entorpecentes, o qual tem como bem jurídico tutelado também a saúde pública'. Precedente desta Corte." (ACR 2004.70.01.009626-3-PR, 8.ª T., rel. Élcio Pinheiro de Castro, 06.06.2007, v.u.).

g) Aplicação da pena prevista para a receptação qualificada

• STJ: "Não há ofensa aos princípios da proporcionalidade e da razoabilidade, pela majoração da pena de um delito praticado com dolo eventual (art. 180, § 1.º, do Código Penal) em detrimento de um crime praticado com dolo direto (art. 180, *caput*, do Código Penal), pois o legislador objetivou apenar mais gravemente aquele que sabe ou devia

CAP. IV • PRINCÍPIOS CONSTITUCIONAIS PENAIS E ENFOQUES PROCESSUAIS PENAIS | **295**

saber que o produto era de origem criminosa e, ainda sim, dele se utilizou para a atividade comercial ou industrial" (HC 186066 – SP, 5.ª T., rel. Laurita Vaz, 05.02.2013, v.u.).

- STJ: "A conduta do recorrido se ajusta à figura típica do art. 180, § 1.º, do Código Penal, motivo pelo qual a sanção pelo ilícito deve considerar os padrões de censurabilidade ali adotados, haja vista inexistir qualquer violação ao princípio da proporcionalidade, sobretudo, por se tratar de juízo valorativo realizado pelo Legislador, com intuito punir com mais rigor a receptação praticada em atividade comercial. Precedente: EResp 879.539 – SP, rel. Min. Jorge Mussi, 3.ª Sec." (REsp 1274234 – PR, 6.ª T., rel. Vasco Della Giustina, 25.10.2011, v.u.).

- TJRS: "A criação da figura típica qualificada, referentemente ao crime de receptação (Lei 9.426/96), criou 'intensa polêmica para interpretar e aplicar a receptação qualificada do § 1.º, quando colocada em confronto com o *caput* do art. 180'. É que, neste, o tipo penal exige a ocorrência de dolo direto ('que sabe ser produto de crime'), com pena inferior à prevista para a forma qualificada, que consagra o dolo eventual ('coisa que deve saber ser produto de crime'). Houve, na espécie, um lapso na redação da figura qualificada, não suficiente, no entanto, a provocar total desprezo à pena fixada no preceito secundário, que abraça um crime próprio, de maior gravidade, porquanto praticado por comerciantes ou industriais. 'O mais chama o menos, e não o contrário' (Nucci). 'A par da existência de possível imprecisão técnica do texto legal, não há como simplesmente desconsiderar o sancionamento do § 1.º do art. 180 do CP, naquelas hipóteses em que o agente pratica a ação, devendo saber que a coisa é produto de crime, aplicando a pena prevista no *caput* do mesmo dispositivo. Tal situação implicaria negativa de vigência à própria lei e a seu espírito, cuja exegese não pode ser outra que não a literal, dada a clareza do dispositivo, revelando a intenção do legislador de conferir tratamento mais rigoroso àqueles que fazem da receptação um meio para sua atividade comercial ou industrial, em face da maior gravidade do fato criminoso, denotando grau de censurabilidade da conduta muito mais elevado. Inexistência de violação ao princípio da proporcionalidade. Constitucionalidade do referido preceito legal afirmada. Precedentes' (TJRS)" (ACR 1.0701.05.133102-6/001-MG, 2.ª C., rel. Beatriz Pinheiro Caíres, 30.10.2008, v.u.).

h) Quantidade de penas restritivas de direitos em substituição à privativa de liberdade

- STF: "Decotar-se daquela sanção uma das penas restritivas de direito, como pretende a impetrante, importaria em verdadeira afronta ao texto legal, igualando-se, aí sim, em violação aos princípios razoabilidade e da proporcionalidade, a sanção imposta àqueles que tenham cometido infrações de menor gravidade e condenados a penas iguais ou inferiores a um (1) ano àquela imposta aos apenados com sanções privativas de liberdade superiores a um (1) ano e não superior a quatro (4)." (HC 101399-ES, 1.ª T., rel. Min. Dias Toffoli, 25.10.2011, v.u.).

i) Correlação entre pena privativa de liberdade e restritiva de direitos nos crimes de trânsito

• STJ: "A jurisprudência deste Tribunal Superior entende que a pena de suspensão de habilitação para dirigir veículo automotor deve guardar proporcionalidade com a pena privativa de liberdade imposta, levando-se em conta o fato típico, bem como as circunstâncias judiciais e legais relativas à fixação da pena." (HC 149739 – SP, 5.ª T., rel. Laurita Vaz, 08.11.2011, v.u.).

j) Princípio da proibição da proteção deficiente

• STJ: "No caso, não se revela socialmente recomendável o deferimento do benefício da substituição de pena, tendo em vista a quantidade e a diversidade de droga apreendida na residência do paciente, a saber, cocaína e crack" (e-fl. 20). Tal fato indica que a negativa do benefício da substituição de pena encontra guarida na norma do art. 44, III, do CP. Eventual conversão da pena corporal em medidas restritivas de direito consubstanciaria infringência ao princípio da proporcionalidade em sua face que veda a proteção deficiente a bens jurídicos constitucionalmente tutelados. No caso, a saúde pública." (HC 196690 – BA, 6.ª T., rel. Og Fernandes, 27.09.2011, v.u.).

k) Livre escolha do regime inicial de cumprimento da pena no tráfico de drogas

• STJ: "Reconhecida pelo Supremo Tribunal Federal, a partir do julgamento do HC 97.256/RS, a possibilidade de substituição da pena privativa de liberdade por restritiva de direitos, entendo ser razoável a adequação do regime prisional, de acordo com os parâmetros estabelecidos no Código Penal, a fim de que sejam observados os princípios da proporcionalidade, da razoabilidade e da individualização da pena" (AgRg no RESp 1357882 – SP, 5.ª T., rel. Marco Aurélio Bellizze, 28.05.2013, m.v.).

l) Crime de moeda falsa

• STF: "Devidamente comprovada a falsidade da cédula, bem como a autoria do delito de moeda falsa, resta caracterizado o crime do §

1.º do artigo 289 do Código Penal. (...) Não se há falar em aplicação do princípio da proporcionalidade, com a aplicação de pena abstrata prevista em delito diverso, eis que a situação em concreto indica grande lesividade da conduta" (AI 860.862 AgR, 1.ª T., rel. Luiz Fux, 07.10.2014, v.u.).

m) Correlação com o princípio da insignificância

• STF: "1. O princípio da insignificância incide quando presentes, cumulativamente, as seguintes condições objetivas: (a) mínima ofensividade da conduta do agente, (b) nenhuma periculosidade social da ação, (c) grau reduzido de reprovabilidade do comportamento, e (d) inexpressividade da lesão jurídica provocada. 2. A aplicação do princípio da insignificância deve, contudo, ser precedida de criteriosa análise de cada caso, a fim de se evitar que sua adoção indiscriminada constitua verdadeiro incentivo à prática de pequenos delitos patrimoniais. 3. O valor da *res furtiva* não pode ser o único parâmetro a ser avaliado, devendo ser analisadas as circunstâncias do fato para decidir-se sobre seu efetivo enquadramento na hipótese de crime de bagatela, bem assim o reflexo da conduta no âmbito da sociedade. 4. *In casu*, a) a paciente foi presa em flagrante e, ao final da instrução, foi condenada à pena de 4 (quatro) meses de reclusão pela suposta prática do delito previsto no art. 155, *caput*, c/c o art. 14, II, do Código Penal (tentativa de furto), pois, tentou subtrair 1 (um) pacote de fraldas, avaliado em R$ 45,00 (quarenta e cinco reais) de um estabelecimento comercial. b) A atipicidade da conduta está configurada pela aplicabilidade do princípio da bagatela e por estar caracterizado, *mutatis mutandis*, o furto famélico, diante da estado de necessidade presumido evidenciado pelas circunstâncias do caso. 5. O furto famélico subsiste com o princípio da insignificância, posto não integrarem binômio inseparável. É possível que o reincidente cometa o delito famélico que induz ao tratamento penal benéfico. 6. Os fatos, no Direito Penal, devem ser analisados sob o ângulo da efetividade e da proporcionalidade da Justiça Criminal. Na visão do saudoso Professor Heleno Cláudio Fragoso, alguns fatos devem escapar da esfera do Direito Penal e ser analisados no campo da assistência social, em suas palavras, preconizava que 'não queria um direito penal melhor, mas que queria algo melhor do que o Direito Penal." (HC 119.672, 1.ª T., rel. Luiz Fux, 06.05.2014, v.u.).

• STF: "A posse, por militar, de substância entorpecente, independentemente da quantidade e do tipo, em lugar sujeito à administração castrense (art. 290, *caput*, do Código Penal Militar), não autoriza a aplicação do princípio da insignificância. O art. 290, *caput*, do Código

Penal Militar não contraria o princípio da proporcionalidade e, em razão do critério da especialidade, não se aplica a Lei n. 11.343/2006. 4. *Habeas corpus* denegado" (HC 119.458, 2.ª T., rel. Cármen Lúcia, 25.03.2014, v.u.).

n) Critério para o redutor no tráfico ilícito de drogas

• STJ: "2. O legislador não definiu os critérios a serem adotados pelo magistrado para a escolha do percentual de redução da pena do art. 33, § 4.º, da Lei n. 11.343/06. Dessa forma, compete ao Juiz de primeiro grau, dentro do seu livre convencimento motivado, considerar as circunstâncias judiciais do art. 59 do Código Penal, e, especialmente, a natureza e a quantidade de droga, a teor do disposto no art. 42 da Lei n.º 11.343/06, para determinar o *quantum* de diminuição da reprimenda. 3. Na espécie, as instâncias ordinárias aplicaram a referida minorante no patamar de 1/6 (um sexto), em razão de terem sido apreendidas em poder do paciente 12 (doze) porções de cocaína, pesando aproximadamente 2,0g (duas gramas). 4. Em observância ao princípio da proporcionalidade, não se justifica a aplicação do aludido redutor em seu grau mínimo, visto que a quantidade de droga apreendida em poder do paciente não se apresenta exacerbada, a ponto de revelar maior reprovabilidade na ação delituosa. Contudo, tratando-se a cocaína de substância de elevada toxicidade e nocividade à saúde humana, impõe-se a diminuição da pena em metade (1/2), por mostrar-se suficiente à reprovação e prevenção ao crime" (HC 167.376/SP, 5.ª T., rel. Gurgel de Faria, 23.09.2014, v.u.).

o) Verificação das condições para a suspensão condicional do processo

• STJ: "1. Além das condições obrigatórias previstas nos incisos do § 1.º do artigo 89 da Lei n.º 9.099/1995, é facultada a imposição, pelo magistrado, de outras condições para a concessão da suspensão condicional do processo, desde que adequadas ao fato e à situação pessoal do acusado, em estrita observância aos princípios da adequação e da proporcionalidade. 2. A prestação de serviços à comunidade constitui legítima condição que pode ser proposta pelo Ministério Público e fixada pelo magistrado, nos termos do artigo 89, § 2.º, da Lei n.º 9.099/1995" (RHC 48.428/MG, 5.ª T., rel. Jorge Mussi, 12.08.2014, v.u.)

2.1.3.4.2 Pena pecuniária

a) Inadmissibilidade de pena de multa invariável

• TRF-1.ª R.: "A fixação da pena de multa em valor pré-fixado afronta, indiretamente, os preceitos jurídicos da proporcionalidade e da razoa-

CAP. IV • PRINCÍPIOS CONSTITUCIONAIS PENAIS E ENFOQUES PROCESSUAIS PENAIS | **299**

bilidade, visto que um réu primário e de bons antecedentes, sendo as demais circunstâncias do art. 59 do CP favoráveis, receberá a mesma pena de multa daquele que tem circunstâncias negativas, merecedor de uma pena de multa no seu grau máximo" (ACR 2005.34.00.025603-0-DF, 4.ª T., rel. Hilton Queiroz, 09.11.2009, v.u.).

b) Correspondência com a pena privativa de liberdade

• STJ: "Conquanto a fixação da pena de multa fique à discricionariedade do julgador, este deve se nortear dentro dos parâmetros estabelecidos no preceito secundário do tipo penal violado, atentando, sempre, para que a quantidade de dias-multa aplicada e o *quantum* de reprimenda corporal, quando previstos simultaneamente, sejam proporcionais" (HC 239.173/GO, 5.ª T., rel. Laurita Vaz, 12.08.2014, v.u.).

2.1.3.4.3 Correlação com o princípio da individualização da pena

a) Pena-base

• STF: "Se é certo, de um lado, que nenhum condenado tem direito público subjetivo à estipulação da pena base em seu grau mínimo, não é menos exato, de outro, que não se mostra lícito, ao magistrado sentenciante, proceder a uma especial exacerbação da pena base, exceto se o fizer em ato decisório adequadamente motivado, que satisfaça, de modo pleno, a exigência de fundamentação substancial evidenciadora da necessária relação de proporcionalidade e de equilíbrio entre a pretensão estatal de máxima punição e o interesse individual de mínima expiação, tudo em ordem a inibir soluções arbitrárias ditadas pela só e exclusiva vontade do juiz. Doutrina. Precedentes." (HC 105.677 – PE, 2.ª T., rel. Celso de Mello, 24.05.2011, v.u.).

• STJ: "Uma vez verificado que o Tribunal de Justiça de origem afastou a valoração negativa das circunstâncias judiciais da culpabilidade, dos antecedentes e da personalidade, deveria ter diminuído a pena-base nesse ponto, sob pena de ofensa ao princípio da proporcionalidade" (HC 252522 – MG, 6.ª T., rel. Sebastião Reis Júnior, 02.05.2013, v.u.).

• TRF-1.ª R.: "Para a fixação da pena-base, acima do mínimo legal, deve o julgador observar o princípio da proporcionalidade, encontrando-se exacerbada e desproporcional a sua fixação em sete vezes acima no mínimo legal quando consideradas, em desfavor do réu, apenas três circunstâncias judiciais. 5. Dosimetria da pena revista tão somente para reduzir a pena-base fixada na sentença, em observância ao princípio da proporcionalidade" (ACR 2006.30.00.000280-3-AC, 4.ª T., rel. Hilton Queiroz, 03.11.2009, v.u.).

300 | PRINCÍPIOS CONSTITUCIONAIS PENAIS E PROCESSUAIS PENAIS – Nucci

- TJSP: "As penas comportam reparo. A base foi majorada para 5 anos de reclusão e 12 dias-multa, fundado o E. Magistrado nos maus antecedentes do réu e nas consequências do crime, porque razoável o prejuízo suportado pelo comércio vítima. Respeitado, sempre, o posicionamento pessoal do Douto Magistrado, fundado, não se desconhece, em ponderáveis precedentes, penso que a base deve ser mantida no mínimo. O réu possui apenas processos em andamento, não havendo condenação. Considerar um processo em andamento como mau antecedente, por mais sedutores que sejam os argumentos favoráveis, é afrontar a presunção de inocência insculpida na Carta Magna, com a agravante de que a absolvição posterior nem sempre poderá ensejar a correção da sanção aplicada. E com maior razão quando há somente inquérito instaurado, ante a possibilidade dele jamais ser convertido em ação penal. A base, assim, é fixada no mínimo de 4 anos de reclusão e 10 dias-multa (valor unitário mínimo), cumprindo destacar que embora o prejuízo sofrido pelo estabelecimento tenha sido razoável, ele também não justifica a majoração da base. A majoração de 3/8 pelas duas causas de aumento deve ser mantida, porque atende à perfeita individualização da reprimenda, tudo em homenagem ao princípio da proporcionalidade da pena. E uma ação dolosa executada com dupla qualificadora deve merecer valoração mais severa, porque está a demonstrar maior grau de periculosidade do agente. A pena, assim, passa a ser de 5 (cinco) anos e 6 (seis) meses de reclusão e 13 (treze) dias-multa (valor unitário mínimo)" (ACR 990.09.146895-9-SP, 5.ª C.D.C., rel. Pinheiro Franco, 05.11.2009, v.u.).

b) Aplicação para o caso de reincidência

- STJ: "Consoante jurisprudência do STJ, 'restando comprovada a reincidência, a dosimetria da pena deve ocorrer de forma a observar os parâmetros legais de retribuição, prevenção e recuperação do delito, respeitando-se o ordenamento jurídico e a sua finalidade, bem como os princípios da proporcionalidade e razoabilidade, sendo o aumento pela reincidência considerado irrisório ofende-se o disposto no art. 61, inciso I, do Código Penal' (STJ, REsp 882.046/RS, Rel. Ministra Laurita Vaz, Quinta Turma, *DJe* 07.04.2008)" (AgRg no REsp 1021796 – RS, 6.ª T., rel. Assusete Magalhães, 19.03.2013, v.u.).

- STJ: "O *quantum* de aumento pelo reconhecimento da agravante da reincidência não está estipulado no Código Penal, devendo observar os princípios da proporcionalidade, razoabilidade, necessidade e suficiência à reprovação e prevenção do crime, informadores do processo de aplicação da pena" (HC 17734 – SP, 5.ª T., rel. Jorge Mussi, 11.12.2012, v.u.).

CAP. IV • PRINCÍPIOS CONSTITUCIONAIS PENAIS E ENFOQUES PROCESSUAIS PENAIS | 301

c)   Critério de aumento no caso de concurso formal

• STJ: "Correto o acréscimo da pena, decorrente do concurso formal, quando a instância ordinária utiliza como parâmetro o número de crimes e, em respeito ao princípio da proporcionalidade, aumenta a pena de 1/2 (metade), porque foram cometidos mais de dez delitos" (HC 238459 – SP, 5.ª T., rel. Laurita Vaz, 07.02.2013, v.u.).

2.1.3.4.4   Execução da pena

a)   Execução provisória

• TRF-2.ª R.: "Tendo a pena definitiva sido fixada em 3 anos, 6 meses e 20 dias de reclusão e encontrando-se o paciente preso desde 28.09.2007, num total de 17 meses, resta já ultrapassado mais de 1/3 da pena cumprida em regime mais gravoso do que o fixado para seu início, o que configura uma total incoerência com o sistema, ferindo os princípios da razoabilidade e da proporcionalidade (HC 6.178-RJ, 2.ª T., rel. Liliane Roriz, 17.02.2009, v.u.).

b)   Duração da medida de segurança

• STJ: "1. Paciente preso em flagrante no dia 20/10/2010, por crime de lesão corporal cometido contra sua tia, sendo o flagrante homologado e convertido em prisão preventiva. 2. Prolatada sentença de absolvição imprópria, submetendo o réu ao cumprimento de medida de segurança por prazo indeterminado, foi interposta apelação, parcialmente provida, apenas para limitar o tempo máximo de cumprimento da medida de segurança ao máximo de 30 anos, nos termos do art. 75 do Código Penal. 3. A Sexta Turma do Superior Tribunal de Justiça entende que o limite máximo da duração da medida de segurança é o mesmo da pena abstratamente cominada ao delito praticado, com base nos princípios da isonomia e da proporcionalidade. 4. *Habeas corpus* não conhecido. *Writ* concedido, de ofício, para, fixando o prazo máximo de 3 anos para a medida de segurança, declarar o término do seu cumprimento" (HC 269.377/AL, 6.ª T., rel. Rogerio Schietti Cruz, 02.10.2014, v.u.).

2.1.3.4.5   Prisão cautelar e medidas cautelares alternativas

a)   Liberdade como regra

• STJ: "A prisão processual deve ser configurada no caso de situações extremas, em meio a dados sopesados da análise concreta, porquanto o instrumento posto a cargo da jurisdição reclama, antes de tudo, o respeito à liberdade. *In casu*, existe manifesta ilegalidade pois foi imposta a custódia provisória, essencialmente, em razão do fato de o paciente possuir anotações pretéritas, sem respaldo em circunstâncias colhidas da situação concreta. Além do mais, conquanto o Juízo de 1.º grau mencionar que o paciente tentou aplicar o golpe por diversas vezes, vê-se da folha de antecedentes que inexiste a prática de outros estelionatos, datando o último delito contra o patrimônio de 1998 (furto). Destaque-se que no presente caso a imputação é de tentativa de estelionato. Tendo como ideia-força que a prisão é a *ultima ratio* e diante de imputação de delito com penas não elevadas (tentativa de estelionato), sem violência ou grave ameaça, o mais apropriado é revogar a segregação, com espeque no princípio da proporcionalidade, sendo plausível que o magistrado avalie se é cabível a aplicação de outra medida cautelar pessoal. (...) Ordem concedida, de ofício, a fim de que o paciente possa aguardar em liberdade o trânsito em julgado da ação penal, se por outro motivo não estiver preso, sem prejuízo de que o Juízo *a quo*, de maneira fundamentada, examine se é caso de aplicar uma das medidas cautelares implementadas pela Lei n.º 12.403/11, ressalvada, inclusive, a possibilidade de decretação de nova prisão, caso demonstrada sua necessidade" (HC 301.125/SP, 6.ª T., rel. Maria Thereza de Assis Moura, 14.10.2014, v.u.).

- STJ: "A prisão preventiva é medida odiosa, cabível apenas em casos de premente necessidade, em situações em que avulta proporcionalidade (homogeneidade) e adequação. Na espécie, foi apontado o risco de reiteração delitiva, dado que o recorrente é reincidente. Recurso ordinário desprovido" (RHC 50.078/MG, 6.ª T., rel. Maria Thereza de Assis Moura, 02.10.2014, v.u.).

- TRF-3.ª R.: "À luz do princípio da proporcionalidade, uma vez que a liberdade é a regra e a prisão a exceção, sendo afiançável o delito imputado ao paciente e inocorrendo hipótese de cabimento da prisão preventiva, é de se reconhecer que ele faz jus à liberdade provisória mediante fiança" (HC 35.293-SP, 2.ª T., rel. Cecília Mello, 07.04.2009, v.u.).

- TRF-3.ª R.: "Quando a pena for de detenção o juiz poderá decretar a prisão preventiva quando se tratar de réu vadio ou quando houver dúvidas sobre sua identidade, o que não é o caso dos autos. III – Não se trata de réu vadio, não existe dúvida acerca da sua identidade, não há nos autos informação sobre eventual condenação transitada em julgado por outro crime doloso, que ele tenha sofrido e o crime que lhe é imputado não envolve violência doméstica ou familiar contra a mulher. Há de se atentar ao princípio da proporcionalidade para que

CAP. IV • PRINCÍPIOS CONSTITUCIONAIS PENAIS E ENFOQUES PROCESSUAIS PENAIS | **303**

uma prisão provisória seja mais grave e mais intensa que a pena a ser aplicada na ação penal, ao final do processo." (HC 31.922-MS, 2.ª T., rel. Cecília Mello, 16.12.2008, v.u.).

b) *Prisão cautelar em descompasso com o regime de pena aplicado ou a ser imposto*

• STF: "A vedação ao direito de recorrer em liberdade revela-se incompatível com o regime inicialmente semiaberto fixado na sentença penal condenatória, a qual se tornou imutável para a acusação em razão do trânsito em julgado. 4. A situação traduz verdadeiro constrangimento ilegal, na medida em que se impõe ao paciente, cautelarmente, regime mais gravoso a sua liberdade do que aquele estabelecido no próprio título penal condenatório para o cumprimento inicial da reprimenda, em clara afronta, portanto, ao princípio da proporcionalidade" (HC 123.226, 1.ª T., rel. Dias Toffoli, 30.09.2014, v.u.).

• STJ: "De acordo com o princípio da homogeneidade, corolário do princípio da proporcionalidade, mostra-se ilegítima a prisão provisória quando a medida for mais gravosa que a própria sanção a ser possivelmente aplicada na hipótese de condenação, pois não se mostraria razoável manter-se alguém preso cautelarmente em "regime" muito mais rigoroso do que aquele que ao final eventualmente será imposto" (HC 182750 – SP, 5ª.T., rel. Jorge Mussi, 14.05.2013, v.u.).

c) *Medidas cautelares alternativas à prisão*

• STJ: "1. No caso vertente, mostram-se suficientes as razões invocadas na instância de origem, para embasar a medida cautelar ora impugnada, porquanto contextualizaram, em dados concretos dos autos, a necessidade cautelar de afastar os requerentes dos cargos públicos. 2. O juiz singular apontou concretamente a presença dos vetores contidos no art. 319, VI, do Código de Processo Penal, indicando motivação suficiente para justificar a suspensão dos requerentes 'do exercício da função pública de vereador do Município de Juazeiro do Norte até o final da investigação policial, como também da instrução criminal, em caso de recebimento de denúncia', visto que ressaltou 'o prejuízo que a permanência dos investigados junto às testemunhas e com acesso aos setores e arquivos pode acarretar ao bom andamento das investigações e da instrução criminal'. 3. Não obstante a correção da decisão que decretou a medida cautelar ora objurgada e apesar do denodo do *Parquet* estadual em juntar as informações necessárias para a formação da *opinio delicti*, a partir da qual é possível instrumentalizar a persecução criminal, forçoso concluir que as inúmeras diligências acabaram por atrasar por demais o oferecimento da denúncia, que se deu somente em 2/9/2014. Certo é que, dos 10 denunciados, apenas um não foi citado e quase todos os outros já apresentaram defesa escrita, ressaltando-se que, neste momento, o andamento processual indica que a data da audiência está em vias de ser designada. 4. O procedimento investigatório foi autuado em 3/9/2013 e a suspensão do exercício do cargo público foi decretada em 10/9/2013, o que evidencia – ante o fato de a exordial acusatória ter sido oferecida somente em 2/9/2014, quase 1 ano depois – o risco de se esvaziar um mandato parlamentar que, a rigor, não se imiscui, necessariamente, com a gestão da Câmara de Vereadores, alvo primordial da ação penal ajuizada pelo Ministério Público estadual. 5. A constatação da existência de uma providência igualmente eficaz para o fim colimado com a medida ora impugnada, porém com menor grau de lesividade à esfera de liberdade do indivíduo, bem como aos interesses de ordem política, decorrentes do mandato popular, evidencia a ideia de subsidiariedade processual penal, que permeia o princípio da proporcionalidade, em sua máxima parcial da necessidade: o juiz somente poderá decretar a medida mais radical quando não existirem outras medidas menos gravosas por meio das quais seja possível atingir os mesmos fins pretendidos pela medida mais gravosa. 6. Apesar da gravidade do crime e de bem evidenciada a necessidade de garantia da ordem pública, a fim de coibir a reitera-ção criminosa, a aplicação da suspensão da função pública, no caso, somente poderia continuar vigendo se outras medidas, menos gravosas, não se mostrassem aptas e suficientes a proteger o bem ameaçado pela atividade dos recorrentes. Assim, sob a influência do princípio da pro-porcionalidade e considerando o tempo decorrido desde a aplicação da medida cautelar alternativa ora impugnada (1 ano), bem como a natureza do mandato parlamentar (cujo tempo restante de mandato se esvai em 2016), é adequada a modificação da medida cautelar de suspensão do exercício da função pública de vereador, afastando-se dos recorrentes, porém – em nome dos mesmos interesses tutelados pela decisão de primeiro grau –, o exercício de qualquer função adminis-trativa, bem como a participação em atividades relacionadas ao fatos objeto da ação penal em curso. 7. Recurso provido para conceder a segurança, a fim de modificar a decisão exarada pelo Juízo de Direito da 1.ª Vara Criminal da Comarca de Juazeiro do Norte, nos Autos n. 42505-65.2013.8.06.0112/0, que decretou a suspensão dos requerentes do exercício da função pública de vereador do Município de Juazeiro do Norte, determinando, todavia, que se adstrinjam absolutamente às atividades típicas da atuação parlamentar, afastado o exercício de toda e qualquer função administrativa ou, ainda, a participação em

CAP. IV • PRINCÍPIOS CONSTITUCIONAIS PENAIS E ENFOQUES PROCESSUAIS PENAIS | 305

atividades relacionadas ao fatos objeto da ação penal em curso" (RMS 45.696/CE, 6.ª T., rel. Rogerio Schietti Cruz, 23.10.2014, v.u.).

• STJ: "1. A jurisprudência desta Corte Superior é remansosa no sentido de que a determinação de segregar o réu, antes de transitada em julgado a condenação, deve efetivar-se apenas se indicada, em dados concretos dos autos, a necessidade da cautela (*periculum libertatis*), à luz do disposto no art. 312 do CPP. 2. Na espécie, o juiz de primeiro grau indicou a presença dos vetores contidos no art. 312 do Código de Processo Penal, ao destacar, no édito prisional, a apreensão de 6 papelotes de cocaína e 10 de maconha com o recorrente, de apenas 18 anos de idade, durante um evento carnavalesco, afora 4 porções que foram encontradas na sua residência, além de faca de serra com resquício da droga e rolo de plástico para 'endolagem'. Também mencionou que o acusado confessou 'que estaria há quatro meses nessa empreitada criminosa'. 3. Apesar da gravidade do crime e de bem evidenciada a necessidade de garantia da ordem pública, na miríade de providências cautelares previstas nos arts. 319, 320 e 321, todos do CPP, a decretação da prisão preventiva será, como densificação do princípio da proibição de excesso, a medida extrema a ser adotada, somente para aquelas situações em que as alternativas legais à prisão não se mostrarem aptas e suficientes a proteger o bem ameaçado pela irrestrita e plena liberdade do indiciado ou acusado. 4. Assim, sob a influência do princípio da proporcionalidade e considerando: o prazo da prisão cautelar; a primariedade do paciente; a sua idade; as condições pessoais favoráveis que ostenta; a natureza das substâncias estupefacientes e a quantidade não vultosa da droga, é adequada a imposição de medidas cautelares diversas da prisão, para a mesma proteção da ordem pública (art. 319, II e V, do CPP). 5. Recurso a que se dá provimento para substituir a prisão preventiva do recorrente, com fulcro no art. 319, I, II e V, do CPP, pelo comparecimento periódico em juízo, no prazo e nas condições a serem fixadas pelo juiz de piso, para informar seu endereço e justificar atividades; pela proibição de frequentar bares, boates e locais de eventos e shows e pelo recolhimento domiciliar noturno e nos dias de folga, sem prejuízo de outras medidas que o prudente arbítrio do juiz natural da causa indicar cabíveis e adequadas" (RHC 51.443/RO, 6.ª T., rel. Rogerio Schietti Cruz, 02.10.2014, v.u.).

• STJ: "Após as alterações do Código de Processo Penal, introduzidas pela Lei n.º 12.403/2011, a adoção de qualquer providência acautelatória exige demonstração fundamentada da necessidade e da adequação da medida, respeitado, ainda, o princípio da proporcionalidade." (HC 203905 – DF, 5ª.T., rel. Laurita Vaz, 11/12/2012, v.u.).

306 | PRINCÍPIOS CONSTITUCIONAIS PENAIS E PROCESSUAIS PENAIS – Nucci

2.1.4 Princípio da vedação da dupla punição pelo mesmo fato

2.1.4.1 Conceito e aplicação prática

A proibição de dupla punição em virtude do mesmo fato criminoso é decorrência de dois princípios constitucionais: o princípio da legalidade em harmonia com o princípio da vedação do duplo processo pelo mesmo acontecimento. Este último encontra expressa previsão da Convenção Americana dos Direitos Humanos (art. 8.º, 4) e ingressa em nosso cenário constitucional pela abertura concedida pelo art. 5.º, § 2.º, da CF.[134] O primeiro é decorrência taxativa do art. 5.º, XXXIX, da Constituição Federal.

Quanto à legalidade, sabe-se não haver crime, nem pena, sem prévia definição e cominação legais. Para cada delito, prevê-se uma única possibilidade de aplicação de pena. Quando se avolumam os crimes, outras fórmulas são utilizadas para avaliar a pena cabível (concurso de delitos). Entretanto, inexiste autorização legal para a imposição de mais de uma penalidade para um determinado fato.

Sob outro aspecto, havendo a proibição de se instaurar processo criminal mais de uma vez, pelo mesmo fato, contra alguém, pouco importando a solução anterior – se condenatória ou absolutória – torna-se natural impedir-se a aplicação de dupla apenação por idêntica ocorrência. Se nem mesmo processo é viável instaurar-se, nem se cogite em dupla punição.

2.1.4.2 Correlação com a individualização da pena

O processo de aplicação da pena pode acarretar a ofensa ao princípio da vedação da dupla punição pelo mesmo fato, sem que o magistrado se aperceba. Considerando-se os vários estágios utilizados para estabelecer a pena justa, é fundamental a redobrada atenção para ponderar uma única vez cada circunstância envolvendo o delito.

Na fixação da pena-base, levando-se em consideração os requisitos estabelecidos pelo art. 59 do Código Penal, deve-se usar apenas aqueles que não constituírem, noutros termos, causas legais de aumento ou diminuição de pena. Ilustrando, caso o julgador detecte, em relação ao agente, uma personalidade covarde, pois agrediu e matou um indefeso idoso, antes de promover a elevação da pena-base, precisa atentar para o fato de ser essa

---

134. "Os direitos e garantias expressos nesta Constituição não excluem outros decorrentes do regime e dos princípios por ela adotados, ou dos tratados internacionais em que a República Federativa do Brasil seja parte". Cf., STF, RExt 466.343-SP, sobre a supralegalidade dos tratados sobre direitos humanos.

CAP. IV • PRINCÍPIOS CONSTITUCIONAIS PENAIS E ENFOQUES PROCESSUAIS PENAIS | **307**

circunstância, igualmente, agravante (art. 61, II, *h*, CP) e causa de aumento de pena (art. 121, § 4.º, parte final, CP). Se empreender a subida da pena, com base no fator *idade da vítima*, em tese, poderia fazê-lo por três vezes (personalidade + agravante + causa de aumento). Entretanto, na prática, estaria ferindo o princípio de que ninguém deve ser punido mais de uma vez *pelo mesmo fato*, entendido este como o fato principal (tipo básico) e todas as suas circunstâncias (tipo derivado e outros elementos previstos em lei).

Diante disso, respeitando-se o necessário princípio da individualização da pena, torna-se crucial atentar para a dupla punição, evitando-se o abuso indevido na reprimenda estatal.

2.1.4.3 Inconstitucionalidade do art. 8.º do Código Penal

O disposto pelo art. 8.º pode afetar o princípio da vedação da dupla punição pelo mesmo fato, na medida em que prevê o seguinte: "a pena cumprida no estrangeiro atenua a pena imposta no Brasil pelo mesmo crime, quando diversas, ou nela é computada, quando idênticas".

Ora, se o agente cometeu um delito no exterior, ainda que contra interesse da União, por exemplo, configurando caso de extraterritorialidade incondicionada (art. 7.º, I, *b*, CP), caso tenha sido devidamente punido em tribunal estrangeiro, cumprindo a pena, não pode ser novamente processado e punido no Brasil.

É inconstitucional a disposição constante do art. 8.º, pretendendo atenuar a pena ou descontar parte dela, em virtude de condenação no exterior, *pelo mesmo fato*. Punido no estrangeiro, falece interesse estatal no Brasil para qualquer medida penal.

2.1.4.4 A constitucionalidade da aplicação da reincidência

Reincidente é a pessoa que torna a praticar crime, depois de já ter sido condenado anteriormente em caráter definitivo (art. 63, CP). A reincidência não passa de uma recaída e, como tal, não significa *nova* punição pelo *mesmo fato*. Ao contrário, busca-se *valorar* esse aspecto para efeito de individualização da pena, do mesmo modo que se concede efeito positivo aos bons antecedentes e à primariedade.

O criminoso insistente, alheio à punição estatal como forma de reeducação, cético em relação às normas de vivência em sociedade, não deve ficar imune à análise de seu comportamento. Ademais, a lei penal incentiva o uso de elementos particulares do agente para a fixação da pena concreta, tais como personalidade, antecedentes e conduta social.

A avaliação da reincidência nada mais quer dizer que não o cumprimento fiel a preceito constitucional, lastreado na individualização da pena, evitando-se o injusto padrão punitivo. Ninguém deve ser apenado porque é reincidente, mas precisa ser mais severamente punido porque, nos próximos delitos, ignorou a anterior sanção e persiste no propósito desafiador das regras estatais. Tal medida indica a fixação de pena mais rigorosa, quando da prática de novo crime, após já ter sido anteriormente condenado.

Aliás, a reincidência não utiliza, como parâmetro, o *mesmo fato* para qualquer finalidade. Vale-se de *fato novo* por completo. A prática de outro delito significa *fato* primário original, nunca antes considerado pela Justiça Criminal. No momento de aplicação da pena, por este inédito delito, leva-se em contra outra circunstância, igualmente nova, consistente na reincidência, como padrão comportamental, construindo *fato circunstancial* inovador. Assim, dada nova infração penal e nova circunstância de caráter pessoal, fixa-se pena inédita, com medida justa ao padrão encontrado para aquele fato, em primeira mão avaliado pelo Judiciário.

2.1.4.5 Absorção do perigo pelo dano

A tutela do mesmo bem jurídico pode dar-se por meio de tipo penal prevendo *dano* ou pelo que pressupõe apenas o *perigo de dano*. São os crimes de dano e os de perigo. Estes têm a meta de punir o agente pela prática da conduta arriscada, possuindo nítido caráter subsidiário. Se houver o dano, necessariamente, há de se concretizar a absorção do perigo.

Não fosse assim, estar-se-ia consumando a dupla punição pelo mesmo fato, o que representa evidente inconstitucionalidade.[135] Note-se ser a posse de arma de fogo um crime de perigo abstrato. Porém, utilizada a arma ilegal para o cometimento do crime de homicídio, gerou-se o dano à vida, justamente o que a punição à posse da arma pretendia evitar. A imputação deve ser centrada, com exclusividade, no delito de dano (homicídio), que absorve o crime de perigo (posse de arma de fogo). Desse modo, a ação penal gira em torno do homicídio, desaparecida a infração penal de perigo, motivo pelo qual, caso absolvido o agente, não se pode retomar a imputação daquilo que se esvaiu, afinal, também não se admite o duplo processo pelo mesmo fato.

Por certo, há hipóteses em que o delito de perigo pode conviver com o de dano, mas por terem bens jurídicos diferenciados. O crime de associação criminosa (art. 288, CP) tem por finalidade preservar a paz pública. Se o agrupamento comete um roubo (art. 157, CP), feriu-se o patrimônio alheio.

---

135. Nesse prisma, BOTTINI, *Crimes de perigo abstrato e princípio da precaução*, p. 195.

CAP. IV • PRINCÍPIOS CONSTITUCIONAIS PENAIS E ENFOQUES PROCESSUAIS PENAIS | **309**

Portanto, é cabível a imputação dúplice (art. 288 + art. 157), sem que se possa levantar o *bis in idem*.

2.1.4.6 A dupla punição na jurisprudência

2.1.4.6.1 Extradição

a) Verificação do ne bis in idem

- STF: "4. As duas condenações foram proferidas pelo Tribunal de Apelação de Brescia com base em fatos distintos, inocorrendo *bis in idem*. 5. Eventual ocorrência de crime continuado entre as duas condenações é matéria estranha à jurisdição extradicional passiva, caracterizando juízo de mérito que deve ser enfrentado pela justiça italiana." (Ext 1038-IT, T.P., rel. Joaquim Barbosa, 17.05.2007, v.u.).

2.1.4.6.2 Reincidência

a) Impedimento da diminuição da pena prevista no art. 33, § 4.º, da Lei 11.343/2006

- STJ: "Não há o que se falar em *bis in idem* mas sim em cumprimento dos efeitos lógicos, legalmente previstos, decorrentes de um mesmo instituto jurídico – a reincidência – quando foi agravada a sanção do paciente na segunda etapa da dosimetria, dado o reconhecimento da agravante do art. 61 do CP, e deixou-se de fazer incidir a causa especial de diminuição da pena inserta no § 4.º do art. 33 da Lei 11.343/2006, em razão da não primariedade do paciente." (HC 118403-SP, 5.ª T., rel. Jorge Mussi, 19.05.2009, v.u.).

- STJ: "1. Constatando-se a ocorrência da reincidência, não há ilegalidade na não aplicação da causa especial de diminuição de pena prevista no § 4.º do art. 33 da Lei n.º 11.343/06, haja vista o não preenchimento de exigência determinada nesta regra, qual seja, ser o agente primário. 2. Não há que se falar em *bis in idem*, mas sim em cumprimento dos efeitos lógicos, legalmente previstos, decorrentes de um mesmo instituto jurídico – a reincidência – quando foi agravada a sanção do paciente na segunda etapa da dosimetria, dado o reconhecimento da agravante do art. 61 do CP, e não se fez incidir a causa especial de diminuição da pena inserta no § 4.º do art. 33 da Lei n.º 11.343/2006, em razão da não primariedade do paciente" (HC 222.993/SP, 5.ª T., rel. Jorge Mussi, 17.10.2013, v.u.).

b) *Aplicação como agravante genérica*

- STJ: "A jurisprudência do Supremo Tribunal Federal, seguida por esta Corte Superior de Justiça, é no sentido de que a agravante genérica da reincidência foi recepcionada pela Constituição Federal de 1988, sem que haja violação aos princípios da isonomia, da culpabilidade e do *ne bis in idem*" (HC 229218 – SP, 5.ª T., rel. Laurita Vaz, 11.06.2013, v.u.).

c) *Inadmissibilidade de coincidência com antecedente criminal*

- TRF-3.ª R.: "Configura dupla punição pelo mesmo fato (*bis in idem*) a consideração da mesma condenação como circunstância judicial desfavorável e como agravante de pena pela reincidência. Súmula 241 do STJ" (ACR 26211-MS, 2.ª T., rel. Henrique Herkenhoff, 04.03.2008, v.u.).

d) *Admissibilidade sem coincidência com antecedente criminal*

- STJ: "É assente neste Tribunal Superior o entendimento de que 'não configura *bis in idem* a utilização de condenações anteriores com trânsito em julgado, para caracterizar os maus antecedentes e a reincidência do paciente, desde que distintamente sejam utilizadas para exasperar a primeira e segunda fases da dosimetria'. (HC 235.813/SP, Rel. Min. Marco Aurélio Bellizze, Quinta Turma, *DJe* 26.09.2012). Incidência do Enunciado 83 da Súmula desta Corte" (AgRg no AREsp 206642 – DF, 6.ª T., rel. Maria Thereza de Assis Moura, 04.06.2013, v.u.).

- STJ: "Não há ofensa ao princípio do *ne bis in idem*, nem ao enunciado sumular 241 deste STJ, quando há a utilização de fatos diversos para a caracterização dos maus antecedentes e da reincidência" (HC 267543 – SP, 5.ª T., rel. Jorge Mussi, 21.05.2013, v.u.).

- STJ: "Possibilidade da utilização de duas ou mais condenações transitadas em julgado, sendo uma como maus antecedentes, influenciando na fixação da pena base, e as demais como reincidência, majorante na segunda fase da dosimetria, sem que se configure *bis in idem*" (AgRg no AREsp 307775 – DF, 6.ª T., rel. Og Fernandes, 07.05.2013, v.u.).

- TJSP: "De outra parte, não há falar-se em *bis in idem* no aumento da pena em primeira e segunda fases se o agente é, a um só tempo, pessoa de maus antecedentes e reincidente, desde que as exasperações estejam calcadas em certidões cartorárias diversas. É o que ocorre no caso em apreço, conforme se afere da r. sentença, sendo inadmissível cogitar-se de dupla punição pelo mesmo fato" (HC 990.09.337001-8-SP, 14.ª C., rel. Hermann Herschander, 04.03.2010, v.u.).

CAP. IV • PRINCÍPIOS CONSTITUCIONAIS PENAIS E ENFOQUES PROCESSUAIS PENAIS

2.1.4.6.3 Consideração do mesmo fato para diferentes fases da aplicação da pena

a)   No cenário do tráfico de drogas

Há *bis in idem:*

- STF: "Inocorre *bis in idem* nas hipóteses em que o juiz fixa a pena-base acima do mínimo legal, em face da grande quantidade de entorpecente e, ao mesmo tempo, aplica a minorante do § 4.º do art. 33 aquém de 2/3 com fundamento nessa mesma circunstância (quantidade da droga)" (HC 110005 – SP, 1.ª T., rel. Luiz Fux, 27.11.2012, v.u.).

- STF: "Esta Turma já sedimentou o entendimento no sentido de que a quantidade e a natureza da droga apreendida são circunstâncias que devem ser invocadas por ocasião da fixação da pena-base, não podendo ser novamente invocadas quando da escolha do fator de redução previsto no art. 33, § 4.º, da Lei de Drogas, sob pena de *bis in idem*. Precedentes" (HC 113210 – RS, 2.ª T., rel. Ricardo Lewandowski, 02.10.2012, v.u.).

- STF: "1. A quantidade de droga objeto do delito pode ser utilizada pelo magistrado na primeira ou na terceira fase de aplicação da pena, desde que incida apenas uma vez, a fim de evitar-se o bis in idem." (HC 108.120 – MG, 1.ª T., rel. Luiz Fux, 27.09.2011, v.u.).

- STJ: "1. Secundando o entendimento firmado no âmbito do Pretório Excelso, esta Corte tem entendido que 'a utilização de um mesmo argumento – referente à natureza e à quantidade de drogas – em duas fases do cálculo da pena caracteriza dupla punição pelo mesmo fato, devendo o juiz escolher em qual momento da dosimetria essa circunstância vai ser levada em conta, mas apenas em uma fase, a fim de evitar *bis in idem*'. (HC 283.306/SP, Rel. Min. Sebastião Reis Júnior, Sexta Turma, *DJe* 02/06/2014). 2. Esta Corte de Justiça tem jurisprudência uniforme no sentido de que a agravante do inciso IV do artigo 62 do Código Penal não tem incidência no crime de tráfico de drogas que, tratando--se de tipo misto alternativo, pode decorrer de conduta onerosa ou gratuita, qualquer delas inerente e bastante à configuração do delito. 3. Agravo regimental improvido" (AgRg no REsp 1.360.277/PR, 6.ª T., rel. Maria Thereza de Assis Moura, 26.08.2014, v.u.).

- STJ: "A utilização de um mesmo argumento – referente à natureza e à quantidade drogas – em duas fases do cálculo da pena caracteriza dupla punição pelo mesmo fato, devendo o juiz escolher em qual momento da dosimetria essa circunstância vai ser levada em conta, mas apenas em uma fase, a fim de evitar *bis in idem*, consoante recente entendimento firmado no Supremo Tribunal Federal" (HC 283.306/SP, 6.ª T., rel. Sebastião Reis Júnior, 13.05.2014, v.u.).

Não há *bis in idem:*

- STJ: "É possível ao julgador considerar uma circunstância negativa – no caso concreto a elevada quantidade de entorpecentes - em momentos distintos da fixação da pena, sem que isso configure violação ao princípio ne bis in idem." (HC 268931 – MS, 6.ª T., rel. Alderita Ramos de Oliveira, 11.06.2013, v.u.).

- STJ: "A diretriz imposta pelo art. 42 da Lei n.º 11.343/2006, a saber, preponderância da natureza e quantidade da droga, também deve ser observada na aplicação da causa de diminuição de pena prevista no art. 33, § 4.º, da Lei n.º 11.343/2006. Não se trata de violação ao princípio do *ne bis in idem*, mas apenas da utilização da mesma regra em finalidades e momentos distintos" (REsp 1.286.719/SC, 5.ª T., rel. Marco Aurélio Bellizze, 17.09.2013, v.u.).

- STJ: "Conforme entendimento sedimento desta Corte, não há falar em *bis in idem* na consideração da quantidade e natureza de droga para aplicação do redutor em fração aquém do seu máximo, mas sim na utilização da mesma regra em finalidades e momentos distintos. No primeiro momento do sistema trifásico, os parâmetros do art. 59 do Código Penal e do art. 42 da Lei 11.343/2006 devem ser utilizados para fundamentar a pena-base, enquanto que na última fase da dosimetria os mesmos critérios serão observados para fixar a porcentagem da redução a ser imposta, em razão da minorante do § 4º do art. 33 da Lei 11.343/2006" (AgRg no HC 210285 – SP, 5.ª T., 11.06.2013, v.u.).

- TRF-3.ª R.: "Não há que se falar em dupla valoração pelo mesmo fato quando a natureza e quantidade da droga forem utilizadas como circunstâncias judiciais preponderantes para exasperação pena-base, por sua evidente repercussão nas circunstâncias judiciais previstas no art. 59 do CP e, após, como critério para a redução de pena, na terceira fase de individualização, tendo em vista a diversidade de incidência. Enquanto a fixação da pena-base tem em mira o caráter retributivo da persecução criminal, a redução prevista no artigo 33, § 4.º da Lei 11.343/2006, pelos critérios adotados pelo legislador, revela sua preocupação de política carcerária, pretendendo evitar o encarceramento prolongado do criminoso quando suas condições pessoais permitirem concluir que não voltará a delinquir, sem qualquer consideração quanto à medida em que mereceu punição maior. No primeiro momento, tais fatos são considerados diretamente para arbitrar a pena que deve corresponder à conduta do agente. Em seguida, são indiretamente

CAP. IV • PRINCÍPIOS CONSTITUCIONAIS PENAIS E ENFOQUES PROCESSUAIS PENAIS | **313**

utilizados para determinar em que medidas as condições pessoais do agente permitem reintroduzi-lo mais brevemente à sociedade sem perigo de reincidência, embora em nenhum momento se considere que merecia pena menor. O condenado pode até sentir-se repetidamente 'punido' em razão das mesmas circunstâncias, mas, do ponto de vista do Estado – que é o que deve prevalecer – elas apenas foram sopesadas em momentos diversos para finalidades distintas. De toda sorte, a natureza e a quantidade do entorpecentes não são as únicas circunstâncias consideradas, havendo outras que, isoladamente, não permitem a redução além do mínimo legal." (ACR 31781-SP, 2.ª T., rel. Henrique Herkenhoff, 16.09.2008, v.u.).

b) Inviabilidade na configuração da violência doméstica

• TJMG: "O bem jurídico tutelado no art. 129, § 9.º, do CP transcende as agressões físicas, alcançando também o constrangimento mental e a tranquilidade moral dos violados, pelo que se entende típica também a lesão de menor monta. Por se tratar de circunstâncias que caracterizam o próprio tipo penal, não se aplicam as agravantes de crime perpetrado contra descendente e no âmbito das relações domésticas no caso da infração do art. 129, § 9.º, do CP, sob pena de dupla valoração dos mesmos aspectos, incorrendo em 'bis in idem'." (ACR 1.0145.09.507050-7/0001-MG, 1.ª C.C., rel. Ediwal José de Morais, 22.09.2009).

c) Reiteração criminosa e crime continuado

• STJ: "A reiteração da investida criminosa, em um mesmo dia, não pode ensejar a valoração negativa da culpabilidade, quando verificado que tal circunstância já foi devidamente sopesada na terceira etapa da aplicação da pena para fins de incidência da causa geral de aumento prevista no art. 71 do Código Penal (continuidade delitiva), sob pena de incorrer-se no inadmissível *bis in idem*" (HC 252522 – MG, 6.ª T., rel. Sebastião Reis Júnior, 02.05.2013, v.u.).

2.1.4.6.4 Regime de cumprimento da pena e pena restritiva de direitos

a) Inviabilidade de cumulação com regime aberto

• STJ: "A Terceira Seção do STJ, em 13.12.2010, nos autos do REsp 1.107.314/PR, representativo da controvérsia (art. 543-C do CPC [CPC de 1973]), firmou posicionamento segundo o qual não é cabível a fixação da prestação de serviços à comunidade como condição especial do regime aberto, nos termos do art. 115 da Lei 7.210/84, por configurar afronta ao princípio do ne bis in idem. Informativo 460, desta Corte" (HC 245589 – SP, 6.ª T., rel. Assusete Magalhães, 02.10.2012, v.u.).

- TJSP: "É de natureza autônoma a pena restritiva de direitos, tendo caráter substitutivo e alternativo. Sua cumulação com a pena privativa de liberdade é situação inadmissível, sob pena de configurar-se dupla punição pelo mesmo fato. Ademais, representaria séria afronta ao princípio constitucional da estrita legalidade, insculpido no art. 5.º, XIX, da Carta Magna." (AGR 90.09075857-0-SP, 14.ª C.D.C., rel. Walter da Silva, 04.03.2010, v.u.).

2.1.4.6.5 Conflito aparente de normas

a) Aplicação da especialidade

- TJMG: "É impossível a aplicação da regra do concurso formal entre o crime de estelionato e o de propaganda enganosa, desde que há, entre eles, identidade de elementares e, a prevalecer o concurso, haverá dupla punição pelo mesmo fato. O aparente conflito de normas entre o crime fraudulento comum (estelionato) e o crime fraudulento especificamente dirigido a atingir as relações de consumo – bem jurídico metaindividual que reclama especial proteção do ordenamento – resolve-se pelo critério da especialidade" (ACR 1.0024.01.089354-3/0001-MG, 5.ª C.C., rel. Hélcio Valentim, 19.02.2008).

2.1.4.6.6 Elementares do tipo e demais circunstâncias para aplicação da pena

a) Tipo autônomo e causa de aumento de pena

- TJRS: "Não representa dupla punição pelo mesmo fato a condenação pelo crime de porte de arma e a caracterização da majorante do crime de quadrilha [associação criminosa] armada, pois tipos penais distintos e autônomos, com objetivos jurídicos diversos" (ACR 70024298986-RS, 2.ª C.C., rel. Marlene Landvoigt, 27.10.2009, v.u.).

b) Elementar e circunstância judicial

- STF: "A circunstância judicial – mal causado pelo tóxico – valorada negativamente pelo juízo sentenciante é ínsita à conduta delituosa, incorporada ao próprio tipo penal, não podendo, pois, ser utilizada como elemento hábil a proporcionar a majoração da reprimenda, sob pena de indesejado bis in idem." (HC 114146 – SC, 2ª.T., rel. Ricardo Lewandowski, 16.10.2012, v.u.).

CAP. IV • PRINCÍPIOS CONSTITUCIONAIS PENAIS E ENFOQUES PROCESSUAIS PENAIS | **315**

c)   Elementar e causa de aumento da pena

• STJ: "De acordo com a jurisprudência desta Corte Superior de Justiça, 'em se tratando o crime de tráfico ilícito de substâncias entorpecentes de delito de ação múltipla, que possui como núcleos verbais as condutas de 'trazer consigo', 'guardar' ou 'transportar', fica afastada a alegação de *bis in idem* pelo uso da causa especial de aumento de pena da transnacionalidade (art. 40, I, da Lei de Drogas)" (HC 173.174/SP, 5.ª T., rel. Ministra Marilza Maynard – Desembargadora convocada do TJSE, *DJe* 19.04.2013)" (HC 206674 – SP, 5.ª T., rel. Laurita Vaz, 14.05.2013, v.u.).

2.1.4.6.7   Concurso entre roubo qualificado e quadrilha [associação criminosa] armada

• STF: "Esta Corte já firmou o entendimento de que a condenação simultânea pelos crimes de roubo qualificado com emprego de arma de fogo (art. 157, § 2.º, I, do CP) e de formação de quadrilha [associação criminosa] armada (art. 288, parágrafo único, do CP) não configura bis in idem, uma vez que não há nenhuma relação de dependência ou subordinação entre as referidas condutas delituosas e porque elas visam bens jurídicos diversos. Precedentes." (HC 113413 – SP, 2.ª T., rel. Ricardo Lewandowski, 16.10.2012, v.u.).

2.1.4.6.8   Circunstâncias judiciais na dosimetria da pena

• STJ: "A valoração negativa de duas circunstâncias judiciais – maus antecedentes e conduta social - com base em incidências penais diversas não configura afronta ao princípio *ne bis in idem*" (HC 141253 – SP, 6.ª T., rel. Maria Thereza de Assis Moura, 16.08.2012, v.u.).

2.1.4.6.9   Concurso entre delitos financeiros e lavagem de dinheiro

• STJ: "Inexiste *bis in idem* pela condenação do recorrente como incurso nos arts. 16 e 22 da Lei n. 7.492/1986, pois praticou ele as condutas tipificadas em cada um dos delitos, que são autônomas e distintas, não tendo origem no mesmo fato (dirigir instituição financeira e promover remessa ilegal de divisas ao exterior ou manter depósitos no exterior sem comunicação à repartição federal responsável). O agente que praticou o crime contra o sistema financeiro nacional (art. 22 da Lei n. 7.492/1996) pode também ser sujeito ativo do delito de lavagem de capitais (art. 1.º da Lei n. 9.613/1998), não constituindo este mero exaurimento impunível do primeiro crime e tampouco ficando caracterizado o *bis in idem* em decorrência da dupla punição. São condutas independentes, cada qual tipificada autonomamente, inexistindo, no ordenamento jurídico, qualquer previsão excluindo a responsabilidade do autor do crime antecedente pelo delito posterior" (STJ, REsp 1.222.580/PR, 6.ª T., rel. Sebastião Reis Júnior, 20.03.2014, v.u.).

2.1.4.6.10 Em confronto com a transação penal

• TJRS: "No processo que tramitou perante o Juizado Especial Criminal, o paciente aceitou a transação penal, de acordo com o art. 76, da Lei n.º 9.099/95, sobrevindo a declaração de extinção da punibilidade. A transação consiste em acordo que dispensa o devido processo legal e a discussão acerca da culpa, cujos efeitos impedem a formação de litígio na esfera criminal. Considerando novo processamento por fato apurado no mesmo expediente policial objeto de transação penal, há violação ao princípio da *ne bis in idem*, eis que os fatos são idênticos e o paciente comprovou o cumprimento do acordo pecuniário formalizado. A nulidade absoluta é passível de reconhecimento nesta sede, acarretando o trancamento da ação penal. Ainda que o benefício possa ter sido mal oferecido, o órgão acusador formulou a proposta e, diante do seu cumprimento pelo beneficiário, gerou os efeitos legais" (HC 70062368543, 4.ª C., rel. Rogerio Gesta Leal, j. 20.11.2014).

2.2 Concernente ao indivíduo

2.2.1 *Princípio da culpabilidade*

2.2.1.1 *Conceito e relevância*

Não há crime sem dolo e sem culpa (*nullum crimen sine culpa*). Nessa expressão, concentra-se importante princípio de Direito Penal, constituindo-se autêntica garantia do indivíduo no Estado Democrático de Direito.

A infração penal proporciona a aplicação da pena, a mais severa sanção imposta pelo Estado, passível de restrição à liberdade individual, devendo pautar-se pelo preenchimento dos seus aspectos objetivo e subjetivo. Não basta que o agente simplesmente realize um fato, mesmo quando decorrente de sua vontade consciente. Torna-se essencial buscar-se, no seu âmago, o elemento subjetivo, formado por manifestações psíquicas, emocionais, racionais, volitivas e sentimentais, em perfeito conjunto de inspirações exclusivas do ser humano. Cuida-se de uma expressão espiritual, demonstrativa de particular modo de ser e agir, constitutivo do *querer ativo*, apto a atingir determinado resultado.

CAP. IV • PRINCÍPIOS CONSTITUCIONAIS PENAIS E ENFOQUES PROCESSUAIS PENAIS | **317**

A mera realização de uma conduta, geradora de certo evento no campo naturalístico ou de resultado no cenário jurídico, é insuficiente para detectar o intuito humano de delinquir, vale dizer, de contrariar as regras impostas em sociedade, conforme o princípio da legalidade. Acidentes ocorrem, frutos do infortúnio, do qual ninguém está imune. Portanto, quando algum fato se consolidar em decorrência de caso fortuito, imprevisível ou acidental, mesmo que grave e infeliz, produto da vontade humana, mas desprovida do *querer ativo*, constitui irrelevante penal.

Ilustrando, a direção de veículo automotor é consequência de um risco tolerado pela sociedade, visto ser naturalmente perigosa a extensa rede viária de qualquer cidade. O motorista que, conduzindo prudentemente seu automóvel, sem qualquer previsibilidade quanto a eventual desastre, envolve-se em acidente, com vítima fatal, não pode ser penalmente responsabilizado. Esta não é a função fragmentária do Direito Penal. Não se destina esse ramo do ordenamento jurídico a punir qualquer tipo de erro ou de lesão, mas somente as que advierem de dolo ou culpa, ambos elementos subjetivos passíveis de incriminação.

A intervenção mínima assegura o Estado Democrático de Direito, restringindo-se ao mínimo possível a atuação punitiva estatal. Diante disso, exigir a presença da culpabilidade, entendida esta, na teoria do crime, como a existência de dolo ou culpa, constitui garantia humana fundamental. O lastro dessa garantia pode ser encontrado na dignidade da pessoa humana, princípio regente e norteador de toda a atividade estatal de respeito ao indivíduo e de valorização de sua autoestima e inserção em sociedade.

Punir sem qualquer finalidade torna-se despótico e infundado. A sanção penal, avaliada no seu espectro multifacetado, atende a retribuição e a prevenção ao crime. Voltando-se a qualquer desses aspectos, evidencia-se a indispensável exigência de dolo ou culpa para conferir razoável legitimidade à punição. De que adianta aplicar um castigo a quem nem mesmo teve a intenção de atingir o resultado? Nem de qualquer forma assumiu esse risco? E nem tampouco possuiu qualquer chance de antever o resultado? A resposta parece simples: absolutamente nada. Seria, em exemplo paralelo, punir um insano ou um animal pelo dano causado. É certo que, nessas situações, prevalece a irracionalidade (para o animal) e a impossibilidade de exercer validamente a vontade ou ter dela consciência (para o insano), porém, na essência, ambos não tem a menor condição de compreender o significado de eventual punição. Por outro lado, punir o ser humano, que dê causa a um resultado danoso qualquer, sem haver dolo ou culpa, constitui medida de força inútil, pois o castigo não será assimilado como justo, nem pelo acusado, nem mesmo pela sociedade.

A função retributiva da pena esvai-se. Focando-se o lado preventivo, outra sorte não tem a questão, pois a ausência de dolo ou culpa esgota qualquer chance de legitimar a atuação da lei penal ou de servir de intimidação geral. Pelo contrário, a punição calcada na responsabilidade penal sem dolo ou culpa representa prepotência estatal, intimidando pelo simples terror da força, sem a devida conscientização do justo. Os aspectos de prevenção específica, positiva ou negativa, também não encontram respaldo, caso inexistam dolo ou culpa. A meta reeducativa da pena pressupõe a existência, no desenvolvimento da ação criminosa, de uma vontade maculada pelo ânimo de descumprir regras impostas, desrespeitando as normas postas. Por isso, reeduca-se; ressocializa-se. Por derradeiro, segregar o indivíduo, que tenha cometido algo ilícito, sem qualquer intenção ou previsibilidade, é medida sem qualquer préstimo, pois ele não representa, na essência, perigo à sociedade.

Em suma, o modelo legal de conduta proibida, constante do tipo penal incriminador, para se tornar, efetivamente, crime, deve ser preenchido objetiva e subjetivamente. Em ilustração, *matar alguém* exige que determinado ser humano atue no sentido de tirar a vida de outro. Constatada a morte, em tese, tem-se um homicídio. Entretanto, é curial extrair-se do ato voluntário e consciente do agente o *querer ativo*, representado pela intenção de atingir o resultado ou pelo objetivo de compor resultado diverso, embora previsível o resultado *morte*.

2.2.1.2 Dolo e culpa: uma nova abordagem

Tradicional e legalmente, reputa-se o crime doloso, "quando o agente quis o resultado ou assumiu o risco de produzi-lo" e culposo, "quando o agente deu causa ao resultado por imprudência, negligência ou imperícia" (art. 18, CP).

Nessa linha, considera-se dolo direto, quando o agente quis o resultado, e dolo eventual, quando o agente assumiu o risco de produzi-lo. Noutra perspectiva, o denominado dolo direto representa um *querer ativo* retilíneo, sem desvio ou tergiversação, focando exatamente o resultado almejado. Se "A" quer matar "B", exerce todos os atos necessários para o incremento de seu íntimo objetivo, capacitando-se para atingir o resultado e assim fazendo. Objetiva e subjetivamente, cometeu um homicídio. Entretanto, o dolo eventual ou indireto produz um *querer ativo* inflexivo e sinuoso, focando determinando resultado, mas sendo capaz de visualizar outro (ou outros), aderente ao principal, como decorrência lógica do primeiro, ao qual chega a ignorar, embora ciente, ou mesmo a assimilar, em nítido desdém. Se "A" quer dirigir seu veículo em alta velocidade para chegar mais cedo ao seu local de trabalho, conforme as vias percorridas e a situação vivenciada, embora focando a aproximação ao seu destino, tem plena condição de captar os *flashs* de racionalidade e experiência de seu espírito, demonstrativos de resultado diverso, constituído de acidente com lesão a seres humanos. Esse resultado

CAP. IV • PRINCÍPIOS CONSTITUCIONAIS PENAIS E ENFOQUES PROCESSUAIS PENAIS | **319**

secundário é ignorado ou assumido como irrelevante (note-se que há clara vontade de fazê-lo, vale dizer, ânimo de ignorar ou desdenhar). O desprezo pela vida humana, quando concretizado por atos do agente, significa *vontade* de matar, simbolizada de maneira tortuosa, mas eficiente. Objetiva e subjetivamente, cometeu um homicídio.

A culpa em sentido estrito, como elemento subjetivo do crime, apresenta contorno semelhante ao dolo eventual. E quanto maior for a proximidade, tanto mais complexa é a missão do operador do Direito de separá-la, atribuindo--lhe a denominação de culpa consciente. A maior distância do querer ativo inflexivo em relação à ignorância ou assunção do risco de gerar o resultado fomenta a denominação de culpa inconsciente.

A riqueza do pensamento humano, quando transformado em atitudes, proporciona as mais variadas análises. No campo da culpa, observa-se o desenvolvimento de um comportamento voluntário e consciente, dirigido a determinado resultado, eleito como objetivo principal, embora exista o mesmo *querer ativo* inflexivo e sinuoso, capaz de gerar *flashs* de outro (ou outros) resultado, aderente ao primeiro, como sua consequência lógica, não desejado, mas possível. Diverge-se nesse momento do *querer ativo* humano doloso em duas propostas:

a) o resultado secundário desenha-se na mente do agente como mera possibilidade genérica, sem qualquer representação real ou antevisão concreta, de modo que é ignorado como se fosse fruto do acaso. Essa manifestação de indiferença é voluntária e consciente, diretamente voltada ao desatencioso e indevido comportamento do agente. De seu desleixo e leviandade em considerar relevante o alerta de sua mente, na forma de previsibilidade do fato secundário possível, nasce a sua culpa inconsciente. A inconsciência concentra-se única e tão somente no desligamento da ponderação a respeito do resultado secundário. Esse desligamento, no entanto, é fruto da incúria e é exatamente esse aspecto que permite a punição justa e razoável, constituindo a faceta do delito culposo;

b) o resultado secundário afirma-se na mente do agente como possibilidade específica, configurando representação real ou antevisão concreta de alguma situação desastrosa ou lesiva, injetando o querer ativo uma nódoa de indiferença, calcada, intensamente, em sua pretensão de contornar a realização daquilo que não intenciona concretizar. Noutros termos, há perfeita consciência de que existe um resultado secundário possível e provável, mas a indiferença quanto à sua efetivação decorre do desleixo em relação à sua capacidade de evitá-lo. Noutros termos, a denominada culpa *consciente* é uma tentativa de amenizar a punição daquele que, levianamente, conta consigo mesmo ou com a sorte, para evitar resultado secundário visualizado como possível, associado ao resultado primário, desejado e perseguido.

Na prática, entretanto, não nos parece deva ser mantida a diferença entre culpa consciente e dolo eventual, até pelo fato de a lei não a exigir. Fala-se em dolo e culpa no art. 18 do Código Penal, assim como o princípio da culpabilidade demanda um dos dois para a configuração do crime. No mais, coube à doutrina e à jurisprudência criar subconceitos relativos à culpa.

Lembremos que, cada vez mais, a jurisprudência sinaliza para a *impossibilidade* de obter, das provas dos autos, a exata comprovação do elemento subjetivo, quando diz respeito à análise do dolo eventual e da culpa consciente. Tal situação de descrédito em relação à segurança demandada pela *certeza* da condenação é natural, visto que o fator singular de apontamento num ou noutro caminho (dolo eventual ou culpa consciente) concentra-se na mente do agente. Naquele exato instante em que o desenho do resultado secundário surge no âmago do autor, como possível e provável, o que ele diria para si mesmo? *Pouco me importa se ocorrer* ou *espero sinceramente que não aconteça*? E como espera o magistrado obter provas convincentes e claras a esse respeito?

Dispensada a possibilidade de confissão, por meio da qual o agente esclareceria o *momento-chave*, assumindo que pouco se lhe dava o resultado secundário, configurando, então, o dolo eventual, é mais que óbvio consistir em puro jogo de ideias e manipulação de dados circunstanciais o alcance dessa certeza.

Manter-se nesse parâmetro de sugestionabilidade está distante de representar a justa solução para os casos em que se contorna o elemento subjetivo na seara da eventualidade do acontecimento secundário. Afinal, juízes mais brandos e liberais podem tender, invariavelmente, a concluir, em respeito aos bons sentimentos humanos, pela culpa consciente, enquanto outros, mais severos e rigorosos podem decidir, com frequência, pelo reconhecimento do dolo eventual, não confiando nos bons propósitos das pessoas. Ocorre que, no campo do Direito Penal, deve-se evitar, a qualquer custo, o advento da pura sorte.

Não se desconhece, naturalmente, a medida de destino e fatalidade nos julgamentos em geral, mas não se pode consagrar, de antemão, em tese, conceitos díspares sobre assuntos correlatos, que, na prática, mostram-se cada vez mais complexos e destoantes.

A prática do racha (competição de veículos em via pública, sem autorização) passou a figurar nos anais do dolo eventual, como se fosse conduta humana padronizada. A justificativa concentra-se na vasta campanha de conscientização gerada pela mídia há anos, de modo que, quem se aventura em racha, *obviamente* atuaria com nítido desprezo pela vida humana. Pode-se indagar, hoje, se tal afirmativa encontra respaldo integral na realidade ou abrange apenas alguns dos casos de racha. Afinal, é possível que alguém, irresponsável e leviano, ainda acredite, sinceramente, poder evitar o resultado secundário danoso ao praticar o racha. Assim sendo, seria hipótese de culpa

CAP. IV • PRINCÍPIOS CONSTITUCIONAIS PENAIS E ENFOQUES PROCESSUAIS PENAIS | 321

consciente, com pena muito inferior. Porém, a padronização do elemento subjetivo, calcado no dolo eventual, pela jurisprudência, acaba por retirar tal possibilidade.

Em suma, parece-nos mais adequada a revisão da lei penal para que se possa considerar, única e tão somente, o dolo (direto ou eventual) e a culpa (inconsciente), mas permitindo-se ao magistrado, quando detectar a possibilidade de ter agido o réu com a atualmente denominada culpa consciente, aplicar a pena destinada ao crime doloso, com atenuação. A culpa consciente seria absorvida pelo dolo, diante de sua proximidade teórica indiscutível e comprovação prática quase impossível.[136] O juiz, em caso de dúvida, não teria que optar, como ocorre nos dias de hoje, entre dolo ou culpa, com penas completamente diferentes. Poderia simplesmente reconhecer a prática de delito doloso (a assunção do risco em relação ao resultado secundário dar-se-ia por indiferença, desleixo ou desprezo), mas, em caso de dúvida (se desleixo ou desprezo), aplicaria a atenuação, fundando-se no princípio processual do *in dubio pro reo*.

Enquanto não se providenciar a modificação legislativa necessária, não podendo o juiz aplicar a pena do dolo (em caso de culpa consciente), com diminuição (não prevista em lei), deve-se permanecer na busca pelo reconhecimento da distinção entre dolo eventual e culpa consciente, lembrando-se, no entanto, da prevalência do interesse do réu – *in dubio pro reo*. Por outro lado, considerada a existência de culpa consciente, torna-se necessário que o magistrado, no processo de aplicação da pena, faça valer a correta individualização, conferindo pena mais elevada, acima do mínimo, para que não haja a injusta padronização com a culpa inconsciente.

2.2.1.3 *Responsabilidade penal objetiva, sua extensão na teoria do tipo e o enfoque da embriaguez voluntária ou culposa*

Diz-se *objetiva* a responsabilidade penal porque ausente o lado subjetivo, vale dizer, o dolo e a culpa. Portanto, o mero preenchimento do tipo penal,

---

136. Observe-se que a união, no mesmo contexto, do dolo eventual com a culpa consciente poderia sanar, ainda, problemas relativos à configuração da tentativa. Sabe-se ser inviável a admissão da tentativa em crimes culposos. Discute-se a possibilidade de acolhimento da tentativa no campo do dolo eventual (vide a nota 32-A ao art. 14 do nosso *Código Penal comentado*). Portanto, se houvesse a unificação dos conceitos, a tentativa tornar-se-ia admissível, sem tantos problemas, como os relativos ao "racha". Neste caso, inexistente lesão corporal, a jurisprudência tende a não considerar *tentativa de homicídio*, com dolo eventual, pois o seu reconhecimento pode desbancar para o indevido acolhimento de uma *tentativa de homicídio culposo* (culpa consciente). Verificar o item a.5 no tópico "A responsabilidade penal objetiva na jurisprudência".

independentemente da valoração do querer ativo do agente, seria suficiente para efetivar a punição.

Por óbvio, está-se diante de medida drástica, disposta a conturbar as bases do Estado Democrático de Direito, por invadir o campo do desprezo pela vontade humana, quando qualificada no seu mais precioso sentido: o âmago. Evidenciando a importância ímpar do *intuito genuíno* do sentimento humano, pode-se citar o cenário dos crimes contra a honra, onde há a conclusão geral da doutrina e da jurisprudência de que não basta o dolo, mas é preciso buscar o ânimo de injuriar, leia-se, magoar, ferir e rebaixar. Onde se encontra, na lei, o referido *animus injuriandi*? Inexiste. Por certo, captou-se, com perfeita justeza, na prática, qual o sentido das condutas agressivas e ofensivas dos seres humanos, uns contra os outros, até emergir a percepção de que muitas aparentes injúrias não passam de levianas brincadeiras ou indelicadas manifestações. Porém, no íntimo, os tais ultrajes não figuram no campo da maldade e da malícia, deixando de constituir real ferramenta de conspurcação da honra alheia.

Tratando-se de dolo, particularmente, deve-se garantir a sua abrangência, envolvendo o tipo básico e o derivado, assim como todas as circunstâncias da infração penal. A essência da figura incriminadora (tipo básico) é o primeiro passo para o preenchimento da tipicidade: *matar alguém* (art. 121, *caput*, CP). Além disso, para que se possa considerar qualificado o homicídio, demanda-se o envolvimento, pelo querer ativo do agente, de alguma circunstância descrita no § 2.º, *v.g.*, com emprego de meio cruel (inciso III). No mais, constatando-se eventual agravante, exige-se, também, a abrangência do dolo: em ocasião de desgraça particular do ofendido (art. 61, II, *l*, CP). Desse modo, no processo de reconhecimento do homicídio qualificado com agravante, o magistrado somente poderá elevar a pena, caso acolha a abrangência do dolo, ou seja, o querer ativo do agente está presente em todos esses enfoques. Imagine--se que o homicídio tenha ocorrido em situação de desgraça particular do ofendido, mas o agente não tenha conhecimento desse peculiar contratempo. Não poderá o juiz acolher a agravante, pois, se assim fizer, estará aceitando a responsabilidade penal objetiva (sem dolo e sem culpa), o que é indevido.

Quanto à embriaguez, o art. 28, II, do Código Penal, preceitua que não exclui a responsabilidade penal a embriaguez voluntária ou culposa, pelo álcool ou substância de efeitos análogos. Por outro lado, constitui causa de exclusão da culpabilidade, implicando em absolvição, caso se comprove seja a embriaguez completa, proveniente de caso fortuito ou força maior, retirando do agente, à época do fato, integralmente, a sua capacidade de entender o caráter ilícito da situação ou de determinar-se de acordo com tal entendimento (art. 28, § 1.º, CP). Havendo embriaguez incompleta, fruto do caso fortuito ou força maior, possibilita-se a diminuição da pena (art. 28, § 2.º, CP).

CAP. IV • PRINCÍPIOS CONSTITUCIONAIS PENAIS E ENFOQUES PROCESSUAIS PENAIS | **323**

O álcool é uma droga de comercialização e uso lícitos, não implicando em ação repressiva do Estado. Portanto, a embriaguez, como regra, é conduta penalmente irrelevante. Em raros casos, torna-se parte de figura típica incriminadora, tanto como crime,[137] quanto como contravenção penal.[138] Afora desse cenário, a embriaguez pode ser a causa para o cometimento de delitos diversos. Assim sendo, deve ser analisada sob três focos: a) embriaguez acidental = aplicação o art. 28, §§ 1.º ou 2.º, CP; b) embriaguez preordenada = aplica-se a teoria da *actio libera in causa*, punindo-se pelo crime cometido, com a agravante prevista no art. 61, II, *l*, CP); c) embriaguez voluntária ou culposa = aplica-se a responsabilidade penal objetiva.[139]

No campo da embriaguez preordenada é correta a aplicação da teoria da *actio libera in causa* (ação livre na origem), valendo dizer que, se o agente embriagou-se com a intenção de ganhar coragem para matar a vítima, pode-se perceber, com clareza, a presença do dolo já no momento de ingestão do álcool. Se, mais tarde, encontrando-se com o ofendido, já em estado de embriaguez completa, desferir-lhe tiros, o dolo do momento da bebedeira transfere-se para o instante do crime, baseando-se na lógica sucessiva de que a causa da causa também é causa do que foi causado. Se beber para matar contém o dolo, por óbvio, na sequência, matar bêbado também pode perfilhar o mesmo dolo. A livre ação na origem (dolosa) para beber, terminou por determinar a morte da vítima. Cuida-se, então, de responsabilidade penal subjetiva. O mesmo se diga da culpa. Caso o agente ingira a bebida alcoólica num bar, antes de conduzir seu veículo, mas sabendo que irá fazê-lo, a sua imprudência no momento de beber será transportada para o instante em que, provocando um acidente, ferir alguém.

A teoria da *actio libera in causa* apresenta nítida falha, quando é inserida no cenário da embriaguez voluntária ou culposa, salvo exceções. O sujeito que bebe com os amigos num bar qualquer, para se divertir, comemorando a

---

137. "Conduzir veículo automotor, na via pública, estando com concentração de álcool por litro de sangue igual ou superior a 6 (seis) decigramas, ou sob a influência de qualquer outra substância psicoativa que determine dependência: Penas – detenção, de 6 (seis) meses a 3 (três) anos, multa e suspensão ou proibição de se obter a permissão ou habilitação para dirigir veículo automotor" (art. 306, Código de Trânsito Brasileiro).

138. "Apresentar-se publicamente em estado de embriaguez, de modo que cause escândalo ou ponha em perigo a segurança própria ou alheia: Pena – prisão simples, de 15 (quinze) dias a 3 (três) meses ou multa. Parágrafo único. Se habitual a embriaguez, o contraventor é internado em casa de custódia e tratamento" (art. 62, Lei de Contravenções Penais).

139. Para alguns autores, também nesse caso, aplica-se a *actio libera in causa*. Porém, como pretendemos demonstrar no texto, tal medida é inviável quase sempre.

vitória de seu time, pode embriagar-se voluntariamente. Entretanto, enquanto bebe, nenhuma intenção criminosa lhe passa pela mente. Ademais, nem mesmo em dolo eventual se pode falar, pois haveria de existir um segundo resultado desenhado na mente do bebedor, associado à ingestão do álcool, como a morte de alguém, em relação ao qual ele desdenha. Essa situação é surreal e não configura o cotidiano. Pessoas bebem por beber, sem jamais imaginar que, embriagadas, possam cometer algum crime.

Desse modo, imagine-se que aquele torcedor, pessoa primária, sem antecedentes, trabalhador, pai de família e honesto, em estado de embriaguez completa, sofra uma provocação de terceiro. Inconsciente, sem condições de discernir entre o certo e o errado, algo que o álcool tem a capacidade de produzir, obnubilando a racionalidade e o controle emocional, o torcedor agride com uma faca, que achou sobre o balcão, o provocador, que morre. Inexiste dolo algum, no ato de beber, para ser transportado para o instante da agressão a faca. Termina-se, na realidade, aplicando-se a pena de crime doloso de homicídio, em face das circunstâncias, leia-se, porque, para quem está de fora, aquela cena *parece* uma agressão dolosa, com fins letais. Presume-se o dolo, mas não se consegue comprová-lo.

Acompanhando processos criminais, nas Varas do Júri, pode-se ter uma exata noção do quadro supra exposto. Vários são os réus, respondendo por homicídio consumado ou tentativa de homicídio, que nem mesmo se lembram, ao certo, do que aconteceu, porque estavam embriagados. E a maioria deles, com segurança, bebeu por beber, sem supor que, alcoolizado, iria participar de uma briga com resultado fatal. Aliás, do mesmo modo que há agressões de bêbados, ocorrem mortes de pessoas embriagadas.

A singela consagração da responsabilidade penal objetiva não pode ser pacificamente aceita. Torna-se necessário investir em soluções mais adequadas para o respeito ao princípio da culpabilidade, básico elemento no Estado Democrático de Direito.

Parece-nos fundamental exigir, nos casos de embriaguez voluntária ou culposa, para a responsabilização criminal do agente, um *mínimo* de previsibilidade. Afinal, ausente toda e qualquer possibilidade de prever o resultado, torna-se injusto punir o embriagado, inconsciente, sem condições de optar entre o certo e o errado. Aplicar-lhe pena será inútil, pois seu nível de reeducação deveria concentrar-se na eliminação do vício da bebida e não na retomada de valores de respeito à vida ou à integridade alheia.

Ilustrando, pode-se imaginar o vigia particular que, ao término do trabalho, vá para o bar, a fim de beber com amigos. Entretanto, cuida-se de pessoa agressiva, que, quando se embriaga, quase sempre termina inserido em confusão. Não é cabível que siga ao bar, carregando arma de fogo na cintura. O seu lado agressivo desperta quando bebe e a sua arma de fogo à disposição são fatores

CAP. IV • PRINCÍPIOS CONSTITUCIONAIS PENAIS E ENFOQUES PROCESSUAIS PENAIS | **325**

suficientes para lhe despertar a previsibilidade em relação a crimes contra a pessoa. Nessa situação, parece-nos cabível cuidar de hipótese de *actio libera in causa*, colocando o dolo eventual como presente no momento de beber.

Por outro lado, o trabalhador sai do emprego e segue à sua casa, onde se põe a beber, sozinho. Não tem histórico de agressão, em virtude de embriaguez. Subitamente, surge para visitá-lo um vizinho intrometido e provocador. Em estado de embriaguez completa, ouvindo algum desaforo em sua própria casa, pode agredir o vizinho, ferindo-o ou matando-o. A previsibilidade, nesse caso, era basicamente nula. A punição por crime de homicídio doloso é deveras severa, consagrando uma responsabilidade penal objetiva inadequada. Deve ser punido, quando muito, por homicídio culposo, diante da sua mera irresponsabilidade, fruto da imprudência, de se embriagar, perdendo a consciência.

Em suma, buscando-se contornar a pura e simples aplicação da responsabilidade penal objetiva, deve-se avaliar três hipóteses: a) beber já com dolo ou culpa, em relação a resultado futuro; ao atingir tal resultado, projeta-se o elemento subjetivo do crime para o momento da ação ou omissão (*actio libera in causa*); b) beber com a possibilidade de prever resultado danoso futuro, diante das suas condições pessoais e histórico antecedente com a embriaguez; advindo o resultado lesivo, aplica-se a previsibilidade mínima, podendo-se transpor, para o momento da ação, dolo eventual ou culpa consciente; c) beber sem a menor possibilidade de antever resultado danoso; porém, em estado de embriaguez completa, termina por provocar dano; a punição deve concentrar-se em crime culposo – se existir o tipo penal – para que se possa restringir a responsabilidade penal objetiva. Cuida-se, então, de focar a imprudência ao beber, sem a antevisão do resultado danoso, que deveria ter sido previsto, mas não foi.

Naturalmente, a terceira hipótese é a mais polêmica, pois, na prática, aquele que fere terceiro, em estado de embriaguez voluntária ou culposa, termina por responder pelo crime concretizado, na modalidade dolosa ou culposa, conforme a aparência de sua realização, sem qualquer indagação no tocante ao elemento subjetivo efetivo do delito. É justamente tal medida que precisa ser alterada. Não se busca evitar a punição por completo, mas também não se pode conferir plena aplicabilidade à responsabilidade penal objetiva, incompatível com o princípio da culpabilidade.[140]

---

140. No contexto da embriaguez, com aplicação, pura e simples, do disposto pelo art. 28, II, do Código Penal, há nítida carência de jurisprudência, abordando, com suficiência, o referido assunto. A razão é simples: casos de crimes cometidos por agentes completamente embriagados – especialmente, homicídios – são inúmeros; porém, juízes e tribunais nem mesmo discutem o grau de previsibilidade do autor nesse cenário; condena-se, quando for suficiente o quadro das provas, sem mais polêmica. É a consagração da responsabilidade penal objetiva.

2.2.1.4 Culpabilidade no campo da aplicação da pena

O princípio da culpabilidade liga-se, basicamente, à teoria do crime, concentrando-se no elemento subjetivo; por isso, delineia-se na expressão *não há crime sem dolo ou culpa*. Porém, a *culpabilidade* não se limita a esse cenário, visto constituir o liame entre o delito e a pena.

Diante disso, afora o seu aspecto *como princípio*, a culpabilidade exerce relevante papel para a configuração do crime, figurando como um juízo de reprovação social, incidente sobre o fato e seu autor, que deve ser imputável, atuar com consciência potencial de ilicitude, além de lhe ser possível atuar conforme o Direito (numa ótica finalista). Preenchidos os seus elementos (fato típico, ilícito e culpável), têm-se o delito e, por via de consequência, a viabilidade da condenação.

Na sequência, passa-se à fixação da pena, em que surge, mais uma vez, a noção de culpabilidade, conforme se visualiza no art. 59 do Código Penal. Significa, em sentido lato, despida dos elementos já analisados, somente um juízo de reprovação social (ou censura). Esse juízo se baseia em outros fatores, expostos no referido art. 59 (antecedentes, conduta social, personalidade, motivos, circunstâncias e consequências do delito e comportamento da vítima).

É fundamental não confundir o princípio da culpabilidade, como garantia contra a responsabilidade penal objetiva – não há crime sem dolo ou culpa –, com a culpabilidade, como elemento do crime e fundamento da pena.

2.2.1.5 Culpabilidade no processo penal

Cuida-se com particular zelo do princípio da culpabilidade em Direito Penal, exigindo-se a prova do elemento subjetivo do crime, vale dizer, a presença de dolo ou culpa para permitir a condenação do agente. Porém, torna-se essencial avaliar o grau de importância que o referido princípio acarreta no campo do processo penal, impedindo a generalização de acusações e a inversão do ônus da prova.

Não somente porque o réu é presumidamente inocente, mas também pelo fato de que dolo ou culpa não se presumem, ao contrário, prova-se com segurança, deve-se demandar a atuação positiva do Estado-acusação para se chegar à condenação.

Portanto, no cenário processual penal, é preciso muita cautela na generalização de condutas, como regra, espelhada na denúncia genérica, expondo a risco de condenação vários imputados, nem sempre com condutas individualizadas, mas que não podem ser inseridos na peça acusatória sem um mínimo de lastro probatório pré-constituído.

Noutros termos, por vezes, a denominada *denúncia genérica* é indispensável, tendo em vista não se saber, exatamente, o que cada um dos coautores ou partícipes fez para a consecução do delito. Desse modo, imputa-se a todos, genericamente, a prática de determinada infração penal, cumprindo-se o disposto no art. 29 do Código Penal (quem de qualquer modo concorre para o crime incide nas penas a ele cominadas). A imputação genérica não pode, entretanto, ser admitida, caso seja fruto da pura presunção, da leviandade ou da inversão do ônus da prova. Quando se insere na peça acusatória o nome de cinco réus, por exemplo, torna-se fundamental que, contra todos, existam provas suficientes de efetiva concorrência no crime. Embora não se saiba, com precisão, o que cada um desempenhou, há suporte probatório para que todos constem da denúncia ou queixa. Indevida é a imputação contra pessoas contra as quais inexistem provas mínimas, esperando-se que elas mesmas demonstrem a sua inocência, invertendo o ônus probatório.[141]

Dolo e culpa não podem resultar de mera presunção, pois isto significaria, na prática, a eleição pela responsabilidade penal objetiva, o que contraria, frontalmente, o princípio da culpabilidade. Desse quadro resulta a indispensabilidade de prova segura, em relação ao elemento subjetivo do crime, cujo ônus cabe ao órgão acusatório. A defesa pode (e deve) produzir contraprova, buscando eliminar qualquer intenção delituosa por parte do agente. E, ao final, deve-se consagrar, se preciso for, o princípio da prevalência do interesse do réu, absolvendo-se em caso de dúvida, quando não estiver provado em nível inconteste o dolo ou a culpa.

2.2.1.6 *A culpabilidade na jurisprudência*

2.2.1.6.1 A responsabilidade penal objetiva na jurisprudência

A) Inadmissibilidade

a.1) Denúncia genérica e inepta

- STF: "O simples fato de aparecer o denunciado, nominalmente, como responsável pelo convênio, sem demonstração de sua ciência de que

---

141. Quando em desempenho de minhas funções jurisdicionais no Tribunal do Júri de S. Paulo, verifiquei a indispensabilidade de alguns formatos de denúncia genérica, sob pena de se gerar indevida impunidade. Os casos em que vários coautores ingressavam em determinado local e produziam uma chacina, eliminando várias vítimas, demonstram a inviabilidade de se demandar a especificidade da conduta de cada um dos acusados. Não se consegue apurar, com precisão, o que cada um deles realizou (quem atirou em quem; quem vigiou o local; qual deles desferiu mais tiros que outro etc.), mas é lógico que se possa exigir contra todos eles as necessárias provas suficientes de envolvimento nos homicídios cometidos.

serviços outros complementares tenham sido contratados sem a devida observância do procedimento licitatório adequado, não conduz automaticamente à tipificação do ilícito que lhe é imputado, hipótese em que se estaria adentrando no campo da responsabilidade objetiva" (AP 527 – PR, T.P., rel. Min. Dias Toffoli, 16.12.2010, v.u.).

• STF: "A mera invocação da condição de diretor ou de administrador de instituição financeira, sem a correspondente e objetiva descrição de determinado comportamento típico que o vincule, concretamente, à prática criminosa, não constitui fator suficiente apto a legitimar a formulação de acusação estatal ou a autorizar a prolação de decreto judicial condenatório. A circunstância objetiva de alguém meramente exercer cargo de direção ou de administração em instituição financeira não se revela suficiente, só por si, para autorizar qualquer presunção de culpa (inexistente em nosso sistema jurídico-penal) e, menos ainda, para justificar, como efeito derivado dessa particular qualificação formal, a correspondente persecução criminal. Não existe, no ordenamento positivo brasileiro, ainda que se trate de práticas configuradoras de macrodelinquência ou caracterizadoras de delinquência econômica, a possibilidade constitucional de incidência da responsabilidade penal objetiva. Prevalece, sempre, em sede criminal, como princípio dominante do sistema normativo, o dogma da responsabilidade com culpa ('nullum crimen sine culpa'), absolutamente incompatível com a velha concepção medieval do 'versari in re illicita', banida do domínio do direito penal da culpa" (HC 84580 – SP, 2.ª T., rel. Celso de Mello, 25.08.2009, v.u.).

• STJ: "Cumpre ao acusador individualizar o comportamento típico, sob pena de enveredar pelos sombrios caminhos da responsabilidade penal objetiva, fazendo-se tábula rasa da garantia constitucional da ampla defesa." (HC 92450 – SP, 6.ª T., rel. Maria Thereza de Assis Moura, 04.03.2010, v.u.).

• STJ: "Segundo a iterativa jurisprudência desta Corte, sob pena de caracterização da responsabilidade penal objetiva, o simples fato de ser sócio ou gerente de empresa não basta para a instauração da persecução penal, sendo indispensável que a peça acusatória aponte o nexo de causalidade" (RHC 20404 – PR, 6.ª T., rel. Og Fernandes, 04.02.2010, v.u.).

a.2) *Defesa do consumidor e prestação de informações*

• STF: "Responsabilidade penal objetiva. Inadmissibilidade. Por eventual irregularidade na prestação de informações à autoridade judiciária sobre registros de consumidor, em banco de dados, deve

CAP. IV • PRINCÍPIOS CONSTITUCIONAIS PENAIS E ENFOQUES PROCESSUAIS PENAIS | **329**

ser responsabilizado, penalmente, o funcionário responsável, e não o presidente da instituição" (HC 84620 – RS, 2.ª T., rel. Ellen Gracie, 23.11.2004, v.u.).

a.3)   Indispensabilidade do elemento subjetivo específico na apropriação indébita previdenciária

• STJ: "a exclusão do dolo específico do crime de apropriação indébita previdenciária veicularia a inaceitável responsabilidade penal objetiva nesse ilícito penal ou impactaria a norma magna que proíbe a prisão por dívida" (HC 118462 – SP, 5.ª T., rel. Napoleão Nunes Maia Filho, 18.08.2009, v.u.).

a.4)   Inversão do ônus da prova quanto ao elemento subjetivo do crime

• TJRS: "A ausência de prova robusta no sentido de o réu ter ciência da origem criminosa do veículo encontrado na sua propriedade, determina a absolvição nos termos do artigo 386, VII, do CPP. Uma vez encontrados o bem dentro da propriedade do acusado, mostra-se absolutamente vedada a inversão o ônus da prova ao réu, sob pena de aplicação de responsabilidade penal objetiva. Ademais, o Direito Penal não se compadece com meras conjecturas e suposições, pois em favor do acusado milita a presunção constitucional de inocência" (AC 70025337429 – RS, 6.ª C.C., rel. Mario Rocha Lopes Filho, 18.12.2008, v.u.).

• TJRS: "O fato de o réu não possuir habilitação, embora evidentemente importante, não afasta a obrigação do Ministério Público de provar sua culpa na morte do ofendido, já que nosso ordenamento jurídico não admite qualquer hipótese de responsabilidade penal objetiva. E a prova autuada não demonstra, de forma segura, que seu comportamento tenha sido diferente daquele esperado de um condutor habilitado, nas mesmas circunstâncias" (AC 70012657987 – RS, 2.ª C.C., rel. Lúcia de Fátima Cerveira, 18.12.2007).

• TJRS: "1. A norma contida no parágrafo primeiro do artigo 244-A da L. 8.069/90 ('Incorrem nas mesmas penas o proprietário, o gerente ou o responsável pelo local em que se verifique a submissão de criança ou adolescente às práticas referidas no caput deste artigo') só é constitucional se lida no sentido de que respondem a processo penal, o gerente e o proprietário do estabelecimento onde ocorre a prostituição infantil, se e somente se submeteram diretamente a criança/adolescente ou se, não havendo submissão direta, tinham conhecimento de tal circunstância e mesmo assim se omitiram em tomar as devidas providências legais. O simples fato de ser proprietário ou gerente de estabelecimento não pode ensejar condenação criminal, sob pena de estar-se consagrando responsabilidade penal objetiva. 2. A condenação só pode emergir da convicção plena do julgador – sua base ética indeclinável. A prova controversa, insegura e que não afasta todas as dúvidas possíveis enseja um desate favorável ao acusado, em homenagem ao consagrado princípio *in dubio pro reo*" (AC 70016860942 – RS, 5.ª C.C., rel. Amilton Bueno de Carvalho, 01.11.2006, v.u.).

a.5) *Dolo eventual, culpa consciente e tentativa no cenário do* racha

• TJRS: "Todavia, com relação às cinco tentativas de homicídio, o pleito de despronúncia deve ser atendido, pois inviável acolher a tese de dolo eventual com relação às quatro pessoas que estavam no próprio automóvel do recorrente e também com relação à outra pessoa que estava no carro do codenunciado, que também participava do 'racha'. Ainda que a matéria seja divergente, mostra-se incompatível o dolo eventual com a tentativa quando inocorrente qualquer resultado lesivo. Isso porque no dolo eventual o agente não quer a ocorrência do resultado, apenas assume o risco do seu acontecimento. Porém, se não existe resultado qualquer, não se pode punir o agente. É uma questão lógica. Do contrário estaríamos trabalhando com responsabilidade penal objetiva. Desse modo, com relação aos quatro passageiros que estavam no carro do recorrente, e também no que se refere ao tripulante do automóvel conduzido pelo corréu, os quais não restaram com qualquer lesão, revela-se inocorrente o dolo eventual, o que gera a atipicidade da conduta do recorrente relativamente a eles, com o que deve haver consequente e respectiva despronúncia, estendendo-se os efeitos ao corréu não recorrente, nos termos do art. 580 do Código de Processo Penal" (RES 70024493199 – RS, 1.ª C.C., rel. Marco Antonio Ribeiro de Oliveira, 25.06.2008).

a.6) *Na execução penal*

• STJ: "É ilegal a aplicação de sanção de caráter coletivo, no âmbito da execução penal, diante de depredação de bem público quando, havendo vários detentos num ambiente, não for possível precisar de quem seria a responsabilidade pelo ilícito. O princípio da culpabilidade irradia-se pela execução penal, quando do reconhecimento da prática de falta grave, que, à evidência, culmina por impactar o *status libertatis* do condenado" (HC 292.869/SP, 6.ª T., rel. Maria Thereza de Assis Moura, 14.10.2014, v.u.).

B) Não configuração

b.1) Inexigibilidade de exame de provas aprofundado no recebimento da denúncia

- STJ: "A responsabilidade penal objetiva agride os cânones do Direito Penal democraticamente orientado. *In casu*, a denúncia faz referência a contrato social de empresa familiar, cuja gestão era empreendida por todos os sócios. Assim, não é possível inquinar-se de nula a incoativa, porquanto traz, mesmo que sucintamente, elementos mínimos a enlaçar os recorrentes com os fatos tidos por criminosos. O debate acerca da ausência de dolo, no seio *habeas corpus*, é inadequado, pois demanda incursão no seio da prova, análise vedada na augusta via do *writ*." (RHC 20109-MG, 6.ª T., rel. Maria Thereza de Assis Moura, 01.09.2009, m.v.).

2.2.1.6.2 Culpabilidade na aplicação da pena

- STJ: "Inexiste fundamentação idônea para considerar negativa a culpabilidade ao argumento de efetiva participação no comércio de tráfico de drogas. A culpabilidade em sentido estrito já foi avaliada em momento anterior, isto é, na análise da própria existência do delito. Inviável, ainda, a valoração negativa das consequências do delito sob a fundamentação de risco de dano à sociedade e afronta à lei. Os elementos relativos à potencial consciência da ilicitude ou exigibilidade de conduta diversa são pressupostos da culpabilidade em sentido estrito, não fazendo parte do rol das circunstâncias judiciais do art. 59 do Código Penal" (HC 238.219/PB, 5.ª T., rel. Walter de Almeida Guilherme, 23.10.2014, v.u.).
- STJ: "A plena consciência do crime não pode ser considerada como fundamento apto a elevar a pena-base acima do patamar mínimo, elemento inerente ao dolo, necessário à caracterização do próprio delito. A culpabilidade descrita no art. 59 do Código Penal refere-se ao grau de censurabilidade da conduta. Precedentes" (HC 209.838/GO, 5.ª T., rel. Laurita Vaz, 05.11.2013, v.u.).

V

PRINCÍPIOS CONSTITUCIONAIS PROCESSUAIS PENAIS E ENFOQUES PENAIS

1. PRINCÍPIOS EXPLÍCITOS

1.1 Concernentes ao indivíduo

1.1.1 *Princípio da presunção de inocência*

1.1.1.1 *Conceito e extensão*

No cenário penal, reputa-se inocente a pessoa não culpada, ou seja, não considerada autora de crime. Não se trata, por óbvio, de um conceito singelo de candura ou ingenuidade. O estado natural do ser humano, seguindo-se fielmente o princípio da dignidade da pessoa humana, base do Estado Democrático de Direito, é a inocência. Inocente se nasce, permanecendo-se nesse estágio por toda a vida, a menos que haja o cometimento de uma infração penal e, seguindo-se os parâmetros do devido processo legal, consiga o Estado provocar a ocorrência de uma definitiva condenação criminal.

Em virtude da condenação, com trânsito em julgado, instala-se a certeza da culpa, abandonando-se o estado de inocência, ao menos quanto ao delito em foco. Não se quer dizer seja a condenação eterno estigma social, nem tampouco o estágio de inocência se tenha perdido eternamente. A situação é particularizada e voltada um caso concreto: neste cenário, o condenado, em definitivo, é culpado. Noutros campos, em razão de fatos diversos, mantém--se o estado natural e original de *inocência*.

O sentenciado pela prática de inúmeras infrações penais, que deve cumprir várias penas, pode ser considerado culpado para todos esses casos, em decorrência de sentenças condenatórias com trânsito em julgado. Porém, nada lhe retira o estado natural de inocência, quando, porventura, for acusado da prática de outros delitos.

O estado de inocência é indisponível e irrenunciável, constituindo parte integrante da natureza humana, merecedor de absoluto respeito, em homenagem ao princípio constitucional regente da dignidade da pessoa humana.

Eis por que se *presume* a inocência, vale dizer, supõe-se, de antemão, que qualquer indiciado ou réu é não culpado. Está-se privilegiando seu estado natural. Noutros termos, a inocência é a regra; a culpa, a exceção. Portanto, a busca pelo estado excepcional do ser humano é ônus do Estado, jamais do indivíduo.

A presunção de inocência tem alvo certo e principal: o dever de provar a culpa é do órgão acusatório, pouco importando quem o constitui. Naturalmente, provoca efeitos secundários, não menos relevantes: a restrição a direitos individuais somente pode dar-se, contra o inocente, em situações excepcionais; nenhuma anotação criminal comprometedora, feita por órgão estatal, pode prejudicar o inocente; a intervenção penal estatal deve ser mínima, pois a inocência é o estado natural das pessoas.

Além disso, o princípio da presunção de inocência[1] atrai a aplicação de princípios correlatos e consequenciais. Se o indivíduo é naturalmente inocente, não lhe sendo atribuído qualquer ônus para a demonstração de sua culpa, logo, deduz-se, por questão de lógica, que ninguém é obrigado a se autoacusar. Consagra-se o direito ao silêncio, em caráter absoluto. Confirma-se que, em caso de dúvida razoável, há de se conferir prevalência ao estado original do ser humano: inocência.

A sua previsão encontra suporte no art. 5.º, LVII, da Constituição Federal: "ninguém será considerado culpado até o trânsito em julgado de sentença penal condenatória".

---

1. Nas palavras de Maurício Zanoide de Moraes, "a presunção de inocência é, portanto, um direito garantido a seu titular nos moldes 'prima facie' ou como 'mandamento de otimização', o que significa dizer que a norma será cumprida dentro da maior eficácia possível. Isso não significa dizer que os agentes (públicos ou privados) não tenham o dever de respeitar e promover aquele direito, mas apenas que isso deve acontecer na 'maior medida possível'. Possibilidade que se extrai das condições fático-jurídicas do caso concreto" (*Presunção de inocência no processo penal brasileiro: análise de sua estrutura normativa para a elaboração legislativa e para a decisão judicial*, p. 274).

1.1.1.2 Ônus da prova

A tendência doutrinária aponta a conceituação de *ônus* da prova como sendo um encargo de provar, vale dizer, um mero interesse da parte em demonstrar ao juiz a verdade dos fatos alegados. Não o fazendo, a única consequência seria o rechaço a argumento ou requerimento formulado.

Mais apuradamente refletindo, temos considerado o ônus da prova um autêntico *dever processual* de empreender prova do alegado, *sob pena* de perder a causa.[2] Por certo, o encargo ou fardo de provar qualquer alegação não acarreta, de modo visível e direto, uma sanção alheia ao processo. Desencadeia, em verdade, uma *perda interna*, situação não desejada pela parte proponente.

Noutros termos, ao propor ação penal, o órgão acusatório assume o *dever processual* de evidenciar ao magistrado a inversão do estado de inocência do réu, para que se declare a sua culpa, advindo, então, a pena cabível.

É fundamental considerar que a culpa, no cenário criminal, deriva da prova incontestável da prática de uma infração penal, considerando-se esta um fato típico, antijurídico e culpável. Desse modo, cabe ao órgão de acusação *provar* ao julgador ter o réu cometido um crime na sua inteireza, não bastando a simples alegação (e prova) do fato típico.

O delito de furto não se consubstancia, para efeito de inversão do estado de inocência, em mera subtração, para si, de coisa alheia móvel. Torna-se imperioso que tal subtração não tenha ocorrido sob o manto protetor de alguma excludente de ilicitude. Igualmente, não é possível considerá-la se ausentes estiverem as bases da culpabilidade. Eis por que o órgão acusador deve provar ao juiz ter havido o fato típico, sem o advento de qualquer causa excludente de ilicitude ou culpabilidade.

Por isso, caso o réu assuma a autoria do fato típico, mas invoque a ocorrência de excludente de ilicitude ou culpabilidade, permanece o ônus probatório da acusação em demonstrar ao magistrado a fragilidade da excludente e, portanto, a consistência da prática do crime.

Em processo civil, o ônus da prova incumbe "ao autor, quanto ao fato constitutivo do seu direito" e "ao réu, quanto à existência de fato impeditivo, modificativo ou extintivo do direito do autor" (art. 333, I e II, CPC/1973). Em processo penal, estabelece-se, singelamente, que "a prova da alegação incumbirá a quem a fizer (...)" (art. 156, CPP). A diversidade de posições espelha a diferente realidade processual, fruto do status natural do indivíduo. Preocupa-se a Constituição Federal em fixar, expressamente, o estado de inocência, pertinente ao cenário criminal. Porém, inexiste norma semelhante no universo civil. Essa é a razão de valores desiguais no âmbito do ônus da prova.

---

2. Passamos a expor esse argumento na obra *Provas no processo penal*.

No processo civil, o autor deve demonstrar ao juiz a verdade do alegado na inicial, algo que servirá de fundamento para a constituição do fato relativo ao direito pleiteado. O réu deve fazer prova impeditiva dessa constituição, ou optar pela demonstração de fato modificativo ou extintivo do direito do autor. Inexiste presunção em favor do réu, embora o *dever processual* seja do requerente.

No processo criminal, o órgão acusatório deve demonstrar ao magistrado a verdade do alegado na inicial, o que servirá de lastro para *alterar* o status constitucional de inocência do acusado. Este, por sua vez, detendo em seu favor a presunção de não culpabilidade, precisa apenas refutar o alegado e produzir contraprova para *facilitar* a improcedência da ação. Não lhe cabe inserir, nos autos, elementos *impeditivos*, de modo a vedar o pleito inicial. Afinal, inexiste disputa de igual dimensão, com perfeito equilíbrio, no processo penal. A linha de tensão entre as partes é fundada, de um lado, pela acusação, com maior encargo, visto lutar contra a presunção constitucional de inocência, enquanto, do outro, ocupado pela defesa, atua o réu, buscando manter seu status, em trabalho de convencimento ao Judiciário.

Sob o ponto de vista de respeito ao princípio constitucional da presunção de inocência, torna-se essencial cessar o infundado entendimento de que à acusação cabe provar o fato básico, entendendo-se como tal o fato típico; outras alegações, muitas delas defensivas, como as excludentes de ilicitude ou culpabilidade, seriam ônus do réu. O órgão acusatório precisa demonstrar, como alegação fruto da inicial, a ocorrência do *crime* e de sua *autoria*. Portanto, cabe-lhe imputar ao acusado a prática de um fato típico, antijurídico e culpável.

Observe-se que tal afirmativa não significa deva a acusação fazer prova *negativa* de fatos, como se possuísse o dever de evidenciar o fato típico, associado à inexistência de qualquer excludente. Trata-se, na realidade, de provar a prática do crime e, caso seja alegada alguma excludente, é ônus da acusação demonstrar ao juízo a sua inocorrência ou inconsistência. Afinal, gerada a dúvida razoável no espírito do julgador, ingressa o princípio da prevalência do interesse do réu, devendo haver a absolvição.

Nem se diga ser a tarefa complexa, impossível ou inglória. Demonstrada a prática do fato típico, presume-se, por óbvio, a ilicitude e a culpabilidade, até pelo fato de que o tipo incriminador contém norma proibitiva. Ilustrando, provado que "A" matou "B", emerge o homicídio, pois é ilícito e censurável, como regra, eliminar a vida de alguém. Invocada a prática do fato, com base em estado de necessidade, convém ao órgão acusatório apresentar argumentos e provas ao juiz de que se trata de infundada excludente. A defesa, por seu turno, fará o possível para demonstrar a veracidade da excludente. Nesse embate, a dúvida favorece o acusado.

CAP. V • PRINCÍPIOS CONSTITUCIONAIS PROCESSUAIS PENAIS E ENFOQUES PENAIS | **337**

O ônus da prova cria cenário propício para a consagração da presunção de inocência, em aplicação prática do dispositivo constitucional.

1.1.1.3 Excepcionalidade das medidas restritivas à liberdade e à intimidade

O estado de inocência pincela o quadro das liberdades individuais plenas, mas não tem o condão de impedir medidas restritivas estatais, voltadas à garantia da segurança pública. Aliás, constituindo a própria segurança, ao lado de outros, importante direito humano fundamental (art. 5.º, *caput*, CF), a imposição de eventuais cerceamentos à liberdade de uns para que possa prosperar a liberdade de vários outros consiste medida natural.

A inviolabilidade de direitos essenciais (vida, liberdade, patrimônio, integridade etc.) depende de enérgica ação do Estado, quando indispensável, podendo emitir comandos restritivos a terceiros, desde que outra medida não seja viável.

A presunção de inocência é a regra, mas não se trata de preceito absoluto. A prisão cautelar e as medidas invasoras à intimidade, como a quebra do sigilo (fiscal, bancário, telefônico) ou o ingresso em domicílio, podem ser decretadas, desde que sejam visualizadas como autênticas exceções.

Diante disso, no cenário da persecução penal, deve o Estado, por seus variados órgãos, investigar, colher provas, formar o inquérito e dar início à ação penal, sem qualquer restrição à liberdade do indivíduo, cujo status é de inocência. Na medida em que se tornar essencial, para garantir a escorreita captação da prova, impedindo-se o sucesso da insegurança, qualquer atuação repressiva, originada do Judiciário, possui lastro constitucional.

Entretanto, é inadmissível supor que a investigação ou a busca da prova, em qualquer estágio, tenha início por meio da restrição à liberdade individual. Registre-se uma vez mais: a liberdade é a regra; sua restrição, a exceção. De patente ilegalidade – e inconstitucionalidade – a decretação da quebra do sigilo para que se dê partida à investigação estatal. De nítido constrangimento indevido a decretação da prisão cautelar para, após, colherem-se dados para nutrir inquérito ou processo.

1.1.1.3.1 A denúncia anônima

Os serviços estatais, denominados *disque denúncia* (e similares), incentivam as pessoas a promoverem comunicações, sem se identificar, apontando crimes e seus eventuais autores. Outros órgãos policiais trabalham com o uso de informantes, desejosos de permanência no anonimato. Além disso, muitos *delatores* informais contribuem para o desvendar de infrações penais. Todas essas atividades são realidades no Brasil e mundo afora, impulsionando o trabalho estatal para a coerção ao crime, especialmente o organizado.

A *denúncia anônima* pode dar ensejo à abertura de uma investigação policial, sem dúvida, sem que se possa eleger, de pronto, suspeitos, transformando-os em indiciados, visto inexistir, contra eles, absolutamente nada consistente. A partir de certos dados, dentro da normalidade e do respeito às liberdades individuais, os órgãos estatais têm ampla possibilidade de colher provas, desde que não iniciem justamente pelas exceções. Ilustrando, ouve-se dizer que Fulano é traficante de drogas; logo, a primeira providência será promover a interceptação telefônica em sua residência. Eis o erro flagrante. A comunicação anônima, que não se transforma em prova testemunhal, não tem força alguma para determinar a quebra do sigilo, aviltando a intimidade. Afinal, trata-se de pessoa *presumidamente* inocente.

A decretação da prisão temporária, durante a fase da investigação, pode dar-se em casos excepcionais, quando já existam *provas mínimas suficientes* para servir de lastro ao cerceamento da liberdade individual. Situação inconstitucional é a decretação da prisão temporária para que, após a detenção, provas sejam colhidas, demonstrando materialidade e/ou autoria.

1.1.1.3.2 A prisão preventiva como fundamento cautelar único

Embora não se trate do cenário perfeito para a construção de requisitos justificadores da prisão cautelar ou processual, ergue-se a prisão preventiva (art. 312, CPP) como o parâmetro exclusivo para o cerceamento precoce da liberdade individual. A mais elaborada redação de seus requisitos seria o caminho ideal; porém, para o momento, deve-se buscar: prova da existência do crime (materialidade) + indício suficiente de autoria + terceiro elemento, a saber, garantia da ordem pública *ou* garantia da ordem econômica *ou* conveniência da instrução criminal *ou* assegurar a aplicação da lei penal.

Após a reforma processual de 2008 (Leis 11.689/2008, 11.690/2008 e 11.719/2008), consagrou-se a prisão preventiva como único padrão determinante da prisão cautelar, afastando-se qualquer análise específica acerca de antecedentes (bons ou maus) e primariedade/reincidência. Deve-se, ainda, desprezar a gravidade abstrata do crime ou sua pura e simples repercussão na mídia. Torna-se imperiosa a inserção constitucional do tema, deixando de aplicar preceitos ordinários limitadores da liberdade provisória, quando elaborados em formato-padrão, desprezando-se fatores concretos e individualizadores. Aliás, essa ideia consagrou-se, igualmente, com o advento da Lei 12.403/2011.

A prisão preventiva é uma necessidade; a liberdade provisória, quando ocorrer prisão em flagrante, uma regra. Compondo-se ambos os institutos, chega-se à conclusão de que, havendo flagrante, deve-se colocar o indiciado

CAP. V • PRINCÍPIOS CONSTITUCIONAIS PROCESSUAIS PENAIS E ENFOQUES PENAIS | 339

em liberdade provisória, *salvo* se estiverem presentes os requisitos da necessária prisão preventiva.

A pena-padrão é uma desgraça ao princípio constitucional da individualização da pena; a prisão-padrão, uma lástima ao princípio constitucional da presunção de inocência. Inexiste qualquer fundamento constitucional mínimo para a proibição, *sem motivo concreto*, da liberdade provisória. Proibi-la é exatamente o mesmo que consagrar, às inversas, a prisão preventiva obrigatória. Se a doutrina e a jurisprudência pregam, em coro, a inexistência da preventiva obrigatória, como se pode sustentar a liberdade provisória proibida, somente porque alguém, por azar, foi preso em flagrante?

O recurso é um direito do réu (como também do órgão acusatório), assegurando o duplo grau de jurisdição. O trânsito em julgado transforma a decisão condenatória em definitiva, consolida o *status* de culpado e autoriza a aplicação efetiva da pena. Logo, por uma questão lógica, não havendo motivo para a prisão preventiva, a simples condenação em primeiro grau não autoriza, em hipótese alguma, a decretação de prisão cautelar.[3] Afinal, *antes* do trânsito em julgado, permanece vigente o estado de inocência, vigorando a liberdade individual como regra.

Não há, nem haverá insegurança pública pelo fato de se respeitar, lealmente, princípio constitucional. Os instrumentos excepcionais existem e o Estado tem o poder de utilizá-los quando for indispensável. Não se pode, entretanto, fazer tábula rasa da inocência, em nome da fúria de alguns, quase envoltos pela triste concretização da *justiça pelas próprias mãos*, num autêntico *linchamento* dos direitos individuais, em nome de um inseguro e impalpável direito coletivo.

1.1.1.3.3 O *habeas corpus* e a dúvida quanto à necessidade da prisão cautelar

O estado de inocência não veda a prisão cautelar, como já se demonstrou, embora exija a comprovação dos requisitos mínimos, nos termos do art. 312 do Código de Processo Penal, que cuida da prisão preventiva.

---

3. Não se pode admitir o cumprimento antecipado da pena. Por isso, a prisão cautelar deve pautar-se por requisitos excepcionais. Na lição de GILMAR FERREIRA MENDES, "não se pode conceber como compatível com o princípio constitucional da presunção de inocência qualquer antecipação de cumprimento da pena que não esteja devidamente fundada em legítimas razões jurídicas e em fatos concretos individualizáveis com relação à pessoa do formalmente acusado. Aplicação de sanção antecipada não se compadece com a ausência de decisão condenatória transitada em julgado" (A proteção da dignidade da pessoa humana no contexto do processo judicial, p. 140).

Em qualquer estágio processual, para a decretação de medidas cautelares restritivas, perturbando os direitos fundamentais, em particular, a liberdade, é essencial consolidar-se a *certeza* de sua necessidade. Não se está cuidando da certeza de culpa, mas da convicção em relação à indispensabilidade da restrição da liberdade do acusado. Naturalmente, nesse processo, pode ocorrer a dúvida. Qual o mais adequado caminho a seguir? Sabe-se que, em caso de dúvida, deve-se receber a peça acusatória, propiciando o devido processo legal. Tem-se por certo, ainda, que, havendo dúvida, deve-se absolver o acusado. No curso do processo, entre o recebimento da denúncia ou queixa e a sentença, várias medidas restritivas podem ser autorizadas judicialmente. Cuidando--se de *restrição* a direitos fundamentais, não se pode aplicar o benefício da dúvida em prol da sociedade; necessita-se resguardar o interesse individual, visto que o estado natural é de inocência.

A violência representada por medidas restritivas à liberdade individual deve conter-se nos limites do indispensável, situação que não comporta dúvida. Ou há elementos suficientes para a decretação da prisão cautelar (bem como de quebras de sigilo ou invasões à privacidade) ou não existem. O meio-termo é, justamente, a dúvida. Neste caso, não se restringe a liberdade.

No cenário do *habeas corpus*, tratando-se de ação de impugnação, não se deve considerar o *autor* (impetrante) como o detentor do ônus da prova. Afinal, a dúvida sempre deve favorecê-lo, no campo das liberdades individuais. Assim sendo, em caso de dúvida, a ordem deve ser concedida.

Corretamente, aborda a questão GUSTAVO BADARÓ: "Nos casos em que o *habeas corpus* tem por escopo a tutela da liberdade de ir e vir, seja no caso de lesão, seja na hipótese de ameaça iminente, mormente diante da decretação de uma prisão preventiva ou temporária, a análise do ônus da prova deve ser feita à luz da proteção do direito fundamental da liberdade de locomoção, e não sob um enfoque exclusivamente processual. (...) Na dúvida sobre os requisitos legais [da preventiva] não se decreta a prisão. (...) Mesmo que o tribunal fique na dúvida sobre se a prisão é legal ou ilegal, deverá reafirmar a liberdade e conceder a ordem. Em suma, também no *habeas corpus* vigora a regra de que *in dubio pro libertate*".[4]

1.1.1.4 *Princípios consequenciais da prevalência do interesse do réu e da imunidade à autoacusação*

Inseríamos os dois princípios como autônomos, considerando-os constitucionais e implícitos, embora sempre tivéssemos apontado a sua vinculação com a presunção de inocência. Entretanto, meditando sobre a base de sus-

---

4. O ônus da prova no *habeas corpus*: *in dubio pro libertate*, p. 247-248.

tentação de ambos, não há como deixar de concluir pela sua origem e força calcados no estado de inocência do indivíduo.

A presunção de não culpabilidade faz emergir a prevalência do interesse do réu, assim como o seu direito de não promover a autoacusação.

1.1.1.4.1 Prevalência do interesse do réu

É tradicional a expressão *in dubio pro reo*, significando que, em caso de dúvida, decide-se, sempre, em favor do réu. Por que se deve agir desse modo? De onde se extrai tamanho favor legal? Por que o interesse prevalente de uma das partes? As respostas encontram apoio do estado de inocência natural do ser humano.

Não se trata de um *favor*, no sentido de consagrar uma graça, um agrado ou uma simples benevolência; trata-se de um dever legal para declarar primordial o estado de não culpabilidade. Não se liga, ainda, ao privilégio a uma das partes, desequilibrando-se a relação processual, mas cumpre visualizá-lo como um reconhecimento ao interesse da sociedade de que todos sejam inocentes, desde o nascimento, até a inversão desse status, dependente do devido processo legal.

A dúvida é um estado comum no espírito humano; a hesitação pode ser fruto da ponderação e da prudência. De toda forma, o estado natural do indivíduo, constitucionalmente de inocência, pode ser alterado em virtude da certeza da culpa, advinda das provas colhidas no processo. Inexistindo persuasão íntima razoável, por simples lógica, mantém o status vigente: inocência.

No geral, a mesma postura deve ser adotada. Entre decretar uma prisão cautelar e assegurar a liberdade individual, em caso de fundada dúvida, deve prevalecer o estado natural, fruto da inocência: liberdade. Idêntica atitude, quando se está hesitante entre invadir a intimidade alheia ou preservá-la. A prevalência do interesse do réu não pode servir de obstáculo à persecução penal do Estado, com vista à garantia da segurança pública; todas as medidas restritivas necessárias não eliminam o estado de inocência e muito menos o interesse prevalente do acusado, pois este somente emerge em caso de *dúvida*.

1.1.1.4.2 Imunidade à autoacusação e direito ao silêncio

Mais adequado do que o *direito ao silêncio* ou o *direito de não produzir prova contra si mesmo*, consagra o estado de inocência uma autêntica imunidade natural do ser humano: não se autoacusar.

A presunção de não culpabilidade, transferindo ao órgão acusatório o ônus da prova, permite a posição, no mínimo, neutra para quem é indiciado ou réu.

A imunidade constitucional prevalece sobre todos os preceitos ordinários, não podendo importar em prejuízo para o acusado, sob qualquer prisma. Por isso, descabida é a discussão, à luz da Constituição Federal de 1988, se há o direito de mentir, ou não, extraindo-se disso a nítida posição de que o direito de não se autoacusar implica, por óbvio, no direito de invocar todos os instrumentos lícitos para o desempenho da autodefesa. Dentre tais instrumentos, encontra-se o direito de mentir.[5] Se a mentira é moral ou imoral, ética ou antiética, tais debates são inoperantes e inócuos diante da imunidade maior, autorizada constitucionalmente, significando calar-se ou declarar o réu o que bem quiser. Ademais, somente para argumentar, é preciso destacar ser praticamente impossível conviver em sociedade se não houver a denominada *mentira comercial*, vale dizer, para evitar confrontos inúteis, a fraternidade impõe uma argumentação superficial, em vários ambientes, dependendo dos interlocutores.[6]

A legislação processual penal ainda não se adaptou, integralmente, ao texto constitucional de 1988, razão pela qual se deve privilegiar a imunidade à autoacusação em detrimento de leis ordinárias. Ilustrando, não há mais qualquer valia para parcela do art. 198 do CPP: "o silêncio do acusado não importará confissão, *mas poderá constituir elemento para a formação do convencimento do juiz*" (grifamos). Nenhuma consequência negativa se pode extrair do direito ao silêncio, justamente em virtude da imunidade do acusado. A formação do convencimento do magistrado deve concentrar-se em qualquer prova lícita, distanciando-se do direito de se calar.

Nenhuma valia possui, igualmente, o art. 305 do Dec.-lei 1.002/69 (Código de Processo Penal Militar): "Antes de iniciar o interrogatório, o juiz observará ao acusado que, embora não esteja obrigado a responder às perguntas que lhe forem formuladas, *o seu silêncio poderá ser interpretado em prejuízo da própria defesa*. Parágrafo único. Consignar-se-ão as perguntas que o acusado deixar de responder e as razões que invocar para não fazê-lo" (grifo nosso).

Além do silêncio não constituir instrumento contrário ao interesse do réu, inexiste supedâneo constitucional para consignar as perguntas que ele

---

5. Quer dizer *afirmar algo contrário à realidade, iludir, enganar*. Note-se que, caso seja o réu o verdadeiro autor do delito, mas desejando negar a imputação, não há outra saída, se for interrogado, senão *mentir*. Alegando-se não existir tal direito, torna-se impossível a realização da autodefesa.

6. A simples indagação "tudo bem?" no trabalho ou em outro ambiente social não leva à resposta sincera e verdadeira, em particular no prisma negativo. Soaria grosseira a resposta: "não, estou péssimo". A pergunta é formal, introdutória de uma conversa e nada representa em matéria moral ou ética. O mesmo se pode dizer de outras tantas indagações de conteúdo meramente superficial. Logo, exigir-se postura *sincera* de quem está se defendendo é contrariar a própria realidade.

deixar de responder, pois inerente à sua imunidade. Muito menos se deve colher os motivos que o levam a exercitar um direito. Cada um age como quiser, quando no contexto da legalidade.[7] O mesmo se diga da determinação de condução coercitiva para que o acusado compareça em juízo para ser interrogado. Ora, se não há qualquer dúvida quanto à sua identificação, inexiste motivo lógico para obrigá-lo a exercitar um direito. Seria violência gratuita a condução à força somente para que diga ao magistrado que não deseja se manifestar sobre a imputação.[8]

Estabelece o art. 5.º, LXIII, da Constituição Federal que "o preso será informado de seus direitos, entre os quais o de permanecer calado, sendo-lhe assegurada a assistência da família e de advogado". Menciona-se o *preso*, em lugar do termo *indiciado* ou *acusado*, pelo fato de ser o momento da detenção o mais delicado para a prestação de declaração prejudicial. Encontra-se a pessoa em posição emocionalmente enfraquecida, cercada da natural violência da prisão, possuindo pouco discernimento para se valer de instrumentos defensórios. Eis igualmente a razão pela qual se confere o direito à assistência da família e do advogado. Entretanto, o direito ao silêncio estende-se às fases posteriores da persecução penal, abrangendo a investigação e o processo, não somente pelo disposto no inciso LXIII do art. 5.º, mas, sobretudo, pela presunção de inocência.

Aliás, errônea interpretação vem sendo conferida ao mencionado dispositivo, visto que muitos sustentam a sua utilização somente no momento da lavratura do auto de prisão em flagrante. O instante da prisão, sob o prisma real, dá-se em local distante, como regra, da delegacia de polícia. Nestas dependências, *formaliza-se* a detenção, já efetivada. Portanto, o direito ao silêncio tem início no exato momento em que é dada a voz de prisão em flagrante pelo agente policial, por autoridade ou por qualquer pessoa do povo, visto ser esse o marco inicial da colheita substancial de provas contra o suspeito, ora detido. Caso não lhe seja assegurada a imunidade à autoacusação, qualquer declaração colhida estará maculada por vício de inconstitucionalidade. Deve cessar, por completo, o indevido procedimento de se permitir que o preso, diante de policiais, na via pública ou na viatura, seja instado a dar a sua versão acerca dos fatos que lhe são imputados, para, depois, invocar o direito ao silêncio na delegacia. A consequência da esdrúxula situação é a colheita dos

---

7. Essas perguntas eram feitas no passado, com o propósito de desestimular o acusado a permanecer calado. São incompatíveis com o atual status constitucional do direito de defesa.

8. No mesmo sentido, EUGÊNIO PACELLI DE OLIVEIRA, que considera revogada a primeira parte do art. 260 do CPP, em virtude do direito ao silêncio (*Curso de processo penal*, p. 30).

depoimentos dos policiais ou de terceiros, alegando terem ouvido a *confissão* do réu, como se esta pudesse ser coletada de maneira informal, sem qualquer procedimento legal. O direito ao silêncio esvai-se na exata medida em que a declaração do preso, seja para quem for, produzirá efeito negativo contra sua defesa no futuro.[9]

Registre-se, ainda, não constituir o direito ao silêncio nenhum favor do Estado ao indivíduo, mas única e tão somente o reconhecimento do natural instinto de preservação e proteção, inerente a qualquer pessoa, construindo-se sobre o alicerce da dignidade da pessoa humana.

1.1.1.4.3 Presunção de culpa no Direito Penal

A presunção de culpa consiste na antítese à presunção de inocência, descortinando-se, no âmbito do Direito Penal, em vários dispositivos, sob a forma explícita ou implícita. Há de se rechaçar, sem sombra de dúvida, os resquícios do Estado policialesco ou repressor, distante dos direitos e garantias humanas fundamentais.

Ilustrando-se, detecta-se a presunção de culpa em tipos penais, como ocorre com os arts. 24, 25 e 26 da Lei das Contravenções Penais: Art. 24. "Fabricar, ceder ou vender gazua ou instrumento empregado usualmente na prática de crime de furto: Pena – prisão simples, de seis meses a dois anos, e multa, de trezentos mil réis a três contos de réis". Art. 25. "Ter alguém em seu poder, depois de condenado, por crime de furto ou roubo, ou enquanto sujeito à liberdade vigiada ou quando conhecido como vadio ou mendigo, gazuas, chaves falsas ou alteradas ou instrumentos empregados usualmente na prática de crime de furto, desde que não prove destinação legítima: Pena – prisão simples, de dois meses a um ano, e multa de duzentos mil réis a dois contos de réis". Art. 26. "Abrir alguém, no exercício de profissão de serralheiro ou ofício análogo, a pedido ou por incumbência de pessoa de cuja legitimidade não se tenha certificado previamente, fechadura ou qualquer outro aparelho destinado à defesa de lugar ou objeto: Pena – prisão simples, de quinze dias a três meses, ou multa, de duzentos mil réis a um conto de réis".

---

9. No mesmo prisma, encontra-se a lição de Marta Saad: "O direito ao silêncio, é certo, deve ser garantido mesmo antes do interrogatório realizado na formalização do auto de prisão em flagrante, porque o indivíduo preso encontra-se, desde logo, na possibilidade de se autoincriminar, caso não seja informado de que nenhuma ilação desfavorável poderá ser retirada de seu silêncio. Assim, não somente no distrito policial, quando o auto de prisão é formalmente lavrado, mas desde o momento da captura, quando o sujeito é detido, o direito ao silêncio deve ser assegurado" (Direito ao silêncio na prisão em flagrante, p. 436).

CAP. V • PRINCÍPIOS CONSTITUCIONAIS PROCESSUAIS PENAIS E ENFOQUES PENAIS | 345

A mera fabricação de gazua jamais poderia ser tipificada como infração penal, por representar pura ilação estatal, desligada de fatos concretos, em relação à prática de crimes patrimoniais. O perigo decorrente dessa presunção de culpa, ínsita à figura típica, é inequívoco, pois abre precedente para qualquer outra atuação similar, como, *v.g.*, a ideia de que a fabricação de arma empregada usualmente para a prática de lesão ou homicídio também deveria ser tipificada como delito autônomo.[10] Em pior sentido, encontra-se a infração penal do art. 25, pretendendo considerar contravenção a simples posse de gazuas e similares, porque já houve condenação anterior por furto ou roubo, bem como pelo fato de ser vadio ou mendigo. Há duplo equívoco na redação desse tipo, consistente em presumir que o condenado por furto, pelo simples porte de um instrumento, já constitui, automaticamente, uma ameaça à sociedade, além de se inserir a inversão do ônus da prova, demonstrado pela expressão *desde que não prove destinação legítima*. Finalmente, o art. 26 é demonstrativo de presunção de cumplicidade em delito patrimonial, pretendendo incriminar o chaveiro ou profissional análogo pela abertura de fechadura, sem prestar a atenção naquilo que faz. Inverte-se, expressamente, o ônus probatório, mencionando-se *de cuja legitimidade não se tenha certificado previamente*. São três tipos de inviável aplicação, pois inconstitucionais, à luz da Constituição Federal de 1988.

Outro desgaste consistente em presunção de culpa enfrenta a responsabilidade penal objetiva, delineada, dentre outros, no art. 28, II, do Código Penal, ao cuidar da embriaguez voluntária ou culposa. Não se busca, com efetividade, a prova do dolo ou da culpa do agente, contentando-se o Estado com a mera prova do fato principal: se "A" matou "B", completamente embriagado, pouco importa se atuou com dolo ou culpa, pois sua culpa será presumida. Afinal, o princípio da culpabilidade não é aplicado (não há crime sem dolo ou culpa).[11]

A responsabilidade penal objetiva evidencia-se, ainda, no erro na execução (art. 73, CP). Menciona-se que "quando, *por acidente* ou erro no uso dos meios de execução, o agente, ao invés de atingir a pessoa que pretendia ofender, atinge pessoa diversa, responde como se tivesse praticado o crime contra aquela (...)" (grifo nosso). Ora, o singelo *acidente* (acontecimento incerto e imprevisto; infortúnio), quando punido penalmente, representa outra faceta da culpa presumida, visto abstrair a presença de dolo ou culpa.

---

10. Não se confunda com a figura criminosa da posse e porte de arma de fogo, cujo bem jurídico tutelado é a paz pública, fundado no perigo representado pela própria arma e não em face de delito predeterminado, a ser eventualmente cometido pelo agente.

11. Conferir as nossas observações no capítulo próprio, em relação à responsabilidade penal objetiva (Princípio da Culpabilidade).

Erros são cometidos não somente no texto penal, mas na aplicação da lei, formando-se julgados, que desatendem o princípio da presunção de inocência. Tal medida se dá, quando o magistrado promove o aumento de pena, ao utilizar o art. 59 do Código Penal, valendo-se da consideração de simples registros em folha de antecedentes do réu, inconsistentes para gerar a convicção de culpa. Noutros termos, não se pode levar em conta a existência anterior de um inquérito arquivado ou de um processo, com absolvição, para reputar existentes maus antecedentes e, nesse parâmetro, elevar a pena-base. Ora, se o inquérito foi arquivado ou houve absolvição, inexiste *antecedente criminal* válido, a menos que se presuma a culpa.

Ressalte-se, ainda, a configuração da *presunção de culpa indireta*, existente em interpretações e aplicações da norma penal desajustadas ao princípio do estado de inocência. Ilustrando, vê-se, no art. 59 do Código Penal, o elemento ligado à *conduta social*, legitimador para a avaliação do merecimento do agente em relação à fixação da pena-base. Deve-se visualizar o passado do réu, para efeito de consideração na eleição do *quantum* da sanção penal, quando se detectar *vínculo* comportamental com o crime cometido. Aplica-se a culpabilidade de fato e não singelamente a culpabilidade de autor. Portanto, se Fulano é ocioso e mata alguém, em decorrência de briga de trânsito, o elemento *ociosidade*, embora componha fator de personalidade negativa, não pode ser tomado em conta para elevar a pena-base, afinal, não existe vínculo entre o delito e a característica pessoal. Por outro lado, se Fulano é agressivo, já tendo surrado esposa e filhos, ao matar o vizinho por querela tola, pode-se considerar o fator negativo de personalidade para a elevação da pena-base, visto existir o vínculo com a infração penal. A falta de ligação entre o comportamento negativo e o crime praticado evidencia uma presunção de culpa indireta, caso o magistrado promova o aumento de pena em face disso.

Em suma, de maneira sutil ou ostensiva, visualiza-se a presunção de culpa no Direito Penal, devendo o Judiciário desbastar esse uso, quando da aplicação da lei ao caso concreto, impedindo-se a lesão ao princípio constitucional da presunção de inocência.

1.1.1.4.4 Inaplicabilidade após o trânsito em julgado

A garantia do estado de inocência, para cada situação concretamente julgada, possui um limite, fixado, como regra, no trânsito em julgado da decisão condenatória. Após esse marco, passa-se a considerar o réu *culpado* da prática do crime e não mais o favorece o benefício da dúvida, conforme a fase processual atingida.

Em execução penal, o propósito não é a busca da comprovação da culpa, pois esta já está estabelecida, em definitivo, por conta da condenação.

CAP. V • PRINCÍPIOS CONSTITUCIONAIS PROCESSUAIS PENAIS E ENFOQUES PENAIS | **347**

O objetivo passa a ser a ressocialização e a reeducação do sentenciado, sob o prisma preventivo individual. Logo, a passagem de um regime a outro (fechado ao semiaberto e semiaberto ao aberto), bem como a concessão de benefícios em geral (saída temporária, trabalho externo, livramento condicional etc.), dependem de avaliação criteriosa do magistrado. Quando se tratar de condenado por crime violento contra a pessoa, dependendo do caso, demanda-se a realização do exame criminológico, o que já se tornou pacífico na jurisprudência.[12] Portanto, realizada tal análise dos requisitos para amenizar o regime ou autorizar a liberdade, deve-se ter certeza de ser esta a mais adequada situação para o sentenciado. Em caso de dúvida razoável, o caminho indicado é a permanência, por mais um tempo, no regime onde se encontra; ou, tratando-se de liberdade, aguardar-se outra oportunidade para avaliar o desenvolvimento da execução da pena.

No mesmo prisma, quando o sentenciado ingressa com revisão criminal, procurando desfazer a coisa julgada, com a reavaliação de seu caso, quanto ao mérito, a presunção de culpa prevalece, visto estar condenado, com trânsito em julgado. A sua pretensão de atingir a coisa julgada precisa estar devidamente lastreada em provas novas, não bastando singelos argumentos inéditos. A revisão criminal não é um simples recurso de reexame de provas já conhecidas e valoradas por colegiado anterior.

A presunção de inocência desfez-se diante do trânsito em julgado da condenação, motivo pelo qual não se pode aplicar o princípio da prevalência do interesse do *réu*, que passa a ostentar a posição de *condenado* ou *sentenciado*, tanto na execução penal quanto no contexto da revisão criminal.

1.1.1.4.5 Prescrição antecipada ou virtual

Pode-se, em tese, sustentar ofensa ao princípio da presunção de inocência se, em virtude da consideração da prescrição antecipada ou virtual, extraia-se decisão de *conteúdo penal*, consistente na extinção da punibilidade. Aliás, sempre sustentamos a inviabilidade desta solução, tendo em vista o princípio da legalidade, afinal, não há norma alguma autorizando o reconhecimento da extinção da punibilidade.[13] Editou-se, nessa ótica, a Súmula 438 do STJ: "É inadmissível a extinção da punibilidade pela prescrição da pretensão punitiva com fundamento em pena hipotética, independentemente da existência ou sorte do processo penal".

---

12. Conferir o teor da Súmula 439 do STJ: "Admite-se o exame criminológico pelas peculiaridades do caso, desde que em decisão motivada".
13. Consultar a nota 39 ao art. 109 do nosso *Código Penal comentado*.

Por outro lado, no campo processual, independentemente de avanço em seara do direito material, longe da discussão acerca de culpa, pode-se evidenciar o desinteresse do Estado na propositura de ação penal. A avaliação de ter ocorrido, em tese, a prescrição virtual, levando-se em conta a eventual decisão condenatória e a pena cabível, diante das provas coletadas na investigação, pode provocar no titular da ação penal (Ministério Público, como regra) a falta de interesse de agir.[14] Não se está descumprindo a lei, nem há qualquer ofensa à presunção de inocência; ao contrário, consagra-se o estado de inocência, na medida exata em que o Estado-acusação recusa-se a ofertar ação penal contra o indiciado. Seria preciosismo injustificado a defesa de que, em face da formalista análise do princípio da obrigatoriedade da ação penal, devesse o órgão acusatório ingressar com a demanda, promover toda a instrução do feito, chamando o réu a se defender, contratando defensor, para, ao final, aplicar-se pena irrisória, com subsequente extinção da punibilidade. Por qual prisma se poderia insistir em ajuizar ação contra o réu, pois *seria melhor para ele*? Quantos indiciados iriam preferir o ajuizamento de ação, para *provar sua inocência* (algo que pode não acontecer), em lugar de ter o inquérito arquivado? Parece-nos surreal a posição de defesa da ação penal a qualquer custo, mesmo fadada ao insucesso, pela singela avaliação do processo de fixação da pena. Não se trata de substituição do magistrado pelo membro do Ministério Público; cuida-se de análise feita por operador do Direito, lastreada na mesma lei a ser utilizada pelo juiz, no futuro. As circunstâncias judiciais e legais de aumento de pena são exatamente as mesmas e o inquérito já pode evidenciar quais estão presentes e quais, ausentes. Subestimar a capacidade de avaliação do Ministério Público, a respeito desses fatores de aplicação da pena, não contribui em nada para o quadro de considerações imprescindíveis no tocante à justa causa para a ação penal.

Note-se que, a despeito da existência do art. 16 do Código Penal, expressamente, mencionando que a reparação integral do dano, nos delitos patrimoniais não violentos, permite a redução da pena de um a dois terços, o STF manteve a Súmula 554, que preceitua: "o pagamento de cheque emitido sem provisão de fundos, após o recebimento da denúncia, não obsta ao prosseguimento da ação penal". A contrário senso, o pagamento do cheque sem fundos, antes do recebimento da peça acusatória, impede a propositura da ação penal. Alega-se a falta de interesse de agir. Ora, se o estelionatário atuou com ânimo de fraude, emitiu o cheque sem fundos e, acautelando-se, antes de ofertada a denúncia, pagou a quantia devida, deveria beneficiar-se somente do disposto pelo art. 16, havendo ação penal e sentença condenatória. Não é o que ocorre, em virtude da aplicação da mencionada Súmula

---

14. Consultar a nota 31 ao art. 395 do nosso *Código de Processo Penal comentado*.

CAP. V • PRINCÍPIOS CONSTITUCIONAIS PROCESSUAIS PENAIS E ENFOQUES PENAIS | **349**

554. Diante disso, observa-se a prevalência da avaliação da justa causa para a ação penal, baseada no interesse de agir, sobre o expresso texto do art. 16 do Código Penal, criador de causa de diminuição de pena.

Em relação à falta de interesse de agir, deixando de propor ação penal, com base na prescrição virtual, deve-se salientar ser a palavra final do Ministério Público, nos casos de ação pública. O pedido de arquivamento do inquérito, no máximo, pode sustentar a remessa, com base no art. 28 do CPP, ao Chefe da Instituição. Entretanto, se houver insistência, nada pode fazer o Judiciário. Por outro lado, se o magistrado rejeitar a denúncia, afirmando desinteresse, com base na prescrição virtual, a decisão comporta recurso, podendo o Tribunal impor o recebimento. No entanto, é possível à Corte desacolher o recurso, para o simples fato de reconhecer a falta de interesse de agir. Por todos os prismas, não se está descumprindo o teor da Súmula 438 do Superior Tribunal de Justiça, que se fundou na decisão de extinção da punibilidade, esta, sim, inviável, pois sem amparo legal.

Por derradeiro, cumpre ressaltar que a edição da Lei 12.234/2010 coloca fim à discussão referente à possibilidade de reconhecimento da prescrição antecipada, gerando falta de interesse de agir. Veda-se o cômputo da prescrição da pena em concreto, quando se tratar de termo anterior à denúncia ou queixa.[15] Portanto, somente para crimes ocorridos *antes* de 5 de maio de 2010, data em que entrou em vigor a referida lei, pode-se aplicar as consequências da falta de interesse de agir no tocante a tal modalidade de prescrição.

1.1.1.4.6 A presunção de inocência na jurisprudência

1.1.1.4.6.1 Exteriorização penal

1.1.1.4.6.1.1 Aplicação da pena

a) Antecedentes[16]

- STF: "Viola o princípio da presunção de inocência a negativa em homologar diploma de curso de formação de vigilante, fundamentada em inquéritos ou ações penais sem trânsito em julgado" (RE 814.792/PE, 2.ª T., rel. Ricardo Lewandowski, *DJ* 24.06.2014).

---

15. Art. 110, § 1.º A prescrição, depois da sentença condenatória com trânsito em julgado para a acusação ou depois de improvido seu recurso, regula-se pela pena aplicada, não podendo, em nenhuma hipótese, ter por termo inicial data anterior à da denúncia ou queixa.

16. Conferir o teor da Súmula 444 do STJ: "É vedada a utilização de inquéritos policiais e ações penais em curso para agravar a pena-base".

- STJ: "A jurisprudência desta Corte entende que inquéritos policiais e ações penais em andamento não constituem maus antecedentes, má conduta social e nem personalidade desajustada, em obediência ao princípio da presunção de inocência. Incidência da Súmula 444/STJ" (HC 216517, 5.ª T., rel. Gilson Dipp, 22.11.2011, v.u.).

- STJ: "Esta Corte Superior tem entendido que, em respeito ao princípio da presunção de inocência, não podem ser considerados, para caracterização de maus antecedentes, má conduta social ou de personalidade negativa, inquéritos ainda não encerrados, ações penais que foram arquivadas ou trancadas, em que o acusado foi absolvido ou que ainda estejam em andamento" (HC 150598 – DF, 5.ª T., rel. Jorge Mussi, 23.03.2010, v.u.).

- STJ: "Fixar a pena-base acima do mínimo legal ante a existência de inquéritos e ações penais em curso contra a paciente constitui fundamentação inadequada, eis que viola a garantia da presunção de inocência. *In casu,* conforme depreende-se da folha de antecedentes, os fatos citados nos demais feitos foram anteriores ao ocorrido neste processo. Precedentes" (HC 114839 – MS, 6.ª T., rel. Maria Thereza de Assis Moura, 16.03.2010, v.u.).

- STJ: "Em respeito ao princípio da presunção de inocência, inquéritos e processos em andamento não podem ser considerados como maus antecedentes para exacerbação da pena-base (Precedentes do Pretório Excelso e do STJ)" (HC 143698-MS, 5.ª T., rel. Felix Fischer, 02.03.2010, v.u.).

- STJ: "Em atenção ao princípio da presunção da inocência, não podem ser considerados como maus antecedentes os processos instaurados em virtude de fatos posteriores ao delito objeto da ação penal, tanto para majoração da pena-base quanto para fixação do regime prisional mais gravoso" (HC 182.248/SP 2010/0150228-5, 5.ª T., rel. Gilson Dipp, *DJ* 02.12.2010).

- TRF-1.ª R.: "Inquéritos policiais e ações penais em curso não podem ser considerados como maus antecedentes, porquanto tal entendimento fere o princípio constitucional da presunção de inocência. Afastado tal óbice, imposto pela sentença, deve ser aplicada a causa de diminuição de pena, prevista no § 4.º do art. 33 da Lei 11.343/2006, com consequente redução da pena do acusado" (ACR 000227-44.2008.4.01.3201 – AM, 3.ª T., rel. Tourinho Neto, 19.01.2010, v.u.).

- TRF-3.ª R.: "De acordo com a jurisprudência dominante de nossas Cortes Superiores, envolvimentos com ações penais, como os noticiados nos autos – uma ação que resultou em extinção de punibilidade e outra, na qual foi concedida a suspensão condicional do processo –

CAP. V • PRINCÍPIOS CONSTITUCIONAIS PROCESSUAIS PENAIS E ENFOQUES PENAIS | 351

não podem ser considerados a fim de majorar a punição, sob pena de ofensa ao princípio da presunção de inocência e, consequentemente, de configuração de constrangimento ilegal. Precedentes do STJ e do STF" (ACR 26675-SP, 2.ª T., rel. Cotrim Guimarães, 02.03.2010, v.u.).

- TRF-4.ª R.: "Inquéritos policiais e ações penais em andamento não podem ser considerados para valorar negativamente a conduta social, em face do princípio da presunção de inocência" (ACR 2006.71.00.043497-3–RS, 7.ª T., rel. Sebastião Ogê Muniz,13.04.2010, m.v.).

- TJSP: "No que tange à dosimetria da pena, impõe-se parcial reforma da sentença. Por proêmio, na primeira fase, afasta-se o elevado acréscimo empreendido pelo digno magistrado correspondente à metade (1/2),dado os processos referidos a folhas 53/55 não consubstanciarem maus antecedentes. Com efeito, estes "são *apenas as condenações com trânsito em julgado que não são aptas a gerar reincidência*". Aliás, a admissão de conclusão em contrário implicaria violação ao princípio constitucional da não culpabilidade ou estado de inocência" (ACR 990.09.319308-6-SP, 8.ª C.D.C., rel. Encinas Manfre, 29.04.2010, v.u.).

b) Impossibilidade de presunção de culpa indireta

- STJ: "A conduta social da agente não pode ser considerada desfavorável apenas por estar grávida, possuir uma filha em abrigo tutelar, cujo pai se desconhece, ingerir bebida alcoólica e usar drogas ilícitas, eis que são peculiaridades dissociadas do aspecto patrimonial do delito ora em apreço; assim como considerações de cunho ético e moral devem ser excluídas da avaliação." (HC 114839-MS, 6.ª T., rel. Maria Thereza de Assis Moura, 16.03.2010, v.u.).[17]

c) Consideração como conduta social

- TJRJ: "Apesar de a Câmara ter posição firmada de que a existência de ação penal em andamento em desfavor do acusado, sem resultado definitivo, por força do princípio da presunção de inocência, não autoriza o incremento da pena base, tal entendimento não tem força absoluta. Penso que quando se tratar de vários processos por crimes de grave potencial ofensivo, aquela posição deva ser mitigada, autorizando o reconhecimento da má conduta social, o que se evidencia pelo constante envolvimento do acusado com o aparelho policial, o que não o recomenda bem, circunstância importante no calibre da pena base." (EIN 360/09-RJ, 1.ª C.C., rel. Marcus Balsilio, 10.02.2010, v.u.).

---

17. Conforme expusemos anteriormente, não se pode levar em conta o desajuste de conduta social, quando não for relacionado com a prática do crime.

1.1.1.4.6.1.2 Cumprimento antecipado da pena

- STJ: "A prisão cautelar é medida excepcional, devendo ser decretada apenas quando presentes os requisitos do art. 312 do Código de Processo Penal, em observância ao princípio constitucional da presunção de inocência ou da não culpabilidade, sob pena de antecipar a reprimenda a ser cumprida, na hipótese de eventual condenação" (RHC 51.684/MG, 5.ª T., rel. Gurgel de Faria, 04.11.2014, v.u.).

- TRF-2.ª R.: "O art. 5.º, LVII, da CF, consagrou o princípio da presunção da inocência, que impede o cumprimento da pena antes do trânsito em julgado da sentença condenatória, excetuadas as hipóteses em que presentes os pressupostos autorizadores para decretação da prisão cautelar. 2. As penas restritivas de direito, especificamente, só são executadas definitivamente, pois não há previsão legal para uma restrição de direitos cautelar. Deve ser observado o disposto no art. 147 da Lei de Execução Penal" (HC 2009.02.01.007118-0-RJ, 2.ª T.E., rel. Liliane Roriz, 02.06.2009, v.u.).

- TRF-3.ª R.: "A execução da pena deve ocorrer após o trânsito em julgado da sentença condenatória, sob pena de ofender-se o princípio da presunção de inocência. II – Nesse sentido, o Plenário do STF, recentemente, ao julgar o *Habeas Corpus* 84.078, decidiu, por maioria de votos, pela impossibilidade de execução provisória da pena, seja ela privativa de liberdade ou restritiva de direitos, ressalvando a prisão cautelar decretada com base no artigo 312 do CPP" (HC 39.103-SP, 2.ª T., rel. Cotrim Guimarães, 09.03.2010, v.u.).

- TRF-4.ª R.: "A sentença criminal condenatória não admite execução provisória, seja pela impossibilidade de reparação acaso ao final provido recurso da defesa, seja pelo princípio então ainda vigente de presunção de inocência, seja pela característica do processo penal de que a fase executória exige o trânsito em julgado. Precedentes. 4. A indevidamente antecipada execução penal não constitui-se em causa válida para a interrupção do curso da prescrição." (ACR 1998.04.01.050476-2-RS, 7.ª T., rel. Luiz Carlos Canalli, 09.03.2010, v.u.).

1.1.1.4.6.1.3 Progressão de regime

- STF: "1. A progressão do regime da pena imposta; in casu, fechado reclama o preenchimento dos requisitos elencados no artigo 112 da Lei de Execuções Penais (Lei n. 7.210/84); a saber: a) cumprimento de um sexto da pena (requisito objetivo); b) bom comportamento carcerário (requisito subjetivo). 2. Os requisitos da progressão de regime são

CAP. V • PRINCÍPIOS CONSTITUCIONAIS PROCESSUAIS PENAIS E ENFOQUES PENAIS | **353**

cumulativos, razão pela qual atestado o preenchimento do requisito objetivo reconhecido pelo Juiz da Execução, não se revela lícito negar a progressão de regime com fundamento apenas na 'situação processual indefinida' do réu porquanto a isso corresponde antecipar o juízo condenatório de ação penal em curso (Precedente: HC n. 79.497-RJ, Redator para o acórdão o Ministro Maurício Corrêa, *DJ* 29.09.2000). 3. O ordenamento jurídico pátrio veda a possibilidade de alguém ser considerado culpado com respaldo em simples presunções ou em meras suspeitas, consagrando o princípio da presunção da inocência, insculpido no artigo 5º, inciso, LVII, da CF, segundo o qual todo acusado é presumido inocente até que seja declarado culpado por sentença condenatória transitada em julgado. (...)Ordem parcialmente concedida a fim de determinar ao Juiz da Execução que verifique se o paciente preenche os requisitos necessários à progressão para o regime semiaberto, ficando afastado o óbice da existência de outra ação penal em curso." (HC 99.141 – SP, 1.ª T., rel. Luiz Fux, 29.03.2011, v.u.).

1.1.1.4.6.2 Exteriorização processual penal

1.1.1.4.6.2.1 Prisão cautelar

a) Excepcionalidade

• STF: "O princípio constitucional de não culpabilidade do réu, fundado no art. 5.º, LVII, da Carta Política, não traduz obstáculo jurídico à imediata decretação da prisão, meramente processual, do acusado, desde que impregnada esta dos atributos da cautelaridade. Precedentes" (HC 110529 – CE, 2.ª T., rel. Celso de Mello, 25.09.2012, v.u.).

• STF: "O Supremo Tribunal Federal, a partir do julgamento do HC 84.078/MG (HC 84.078/MG, Pleno, Rel. Min. Eros Grau, por maioria, j. 05.02.2009, Dje-035, de 25.02.2010), passou a entender que o princípio da presunção de inocência obsta a imposição de prisão antes do trânsito em julgado da condenação se inexistentes motivos cautelares a embasá-la. Embora não seja essa a praxe em outros países, inclusive berços históricos da presunção de inocência como os Estados Unidos e a França, o precedente deve ser prestigiado" (HC 112926 – MG, 1.ª T., rel. Rosa Weber, 05.02.2013, v.u.).

• STF: "A prerrogativa jurídica da liberdade – que possui extração constitucional (CF, art. 5.º, LXI e LXV) – não pode ser ofendida por interpretações doutrinárias ou jurisprudenciais, que, fundadas em preocupante discurso de conteúdo autoritário, culminam por consagrar, paradoxalmente, em detrimento de direitos e garantias fundamentais proclamados pela Constituição da República, a ideologia da lei e da ordem. Mesmo que se trate de pessoa acusada da suposta prática de crime indigitado como grave, e até que sobrevenha sentença penal condenatória irrecorrível, não se revela possível – por efeito de insuperável vedação constitucional (CF, art. 5.º, LVII) – presumir-lhe a culpabilidade. Ninguém pode ser tratado como culpado, qualquer que seja a natureza do ilícito penal cuja prática lhe tenha sido atribuída, sem que exista, a esse respeito, decisão judicial condenatória transitada em julgado. O princípio constitucional da presunção de inocência, em nosso sistema jurídico, consagra, além de outras relevantes consequências, uma regra de tratamento que impede o Poder Público de agir e de se comportar, em relação ao suspeito, ao indiciado, ao denunciado ou ao réu, como se estes já houvessem sido condenados, definitivamente, por sentença do Poder Judiciário. Precedentes" (HC 95.886-RJ, 2.ª T., rel. Celso de Mello, 27.10.2009, v.u.).

- STJ: "A jurisprudência deste Tribunal Superior tem proclamado que a prisão cautelar é medida de caráter excepcional, devendo ser imposta, ou mantida, apenas quando atendidas, mediante decisão judicial fundamentada (art. 93, IX, da Constituição Federal), as exigências do art. 312 do CPP. Isso porque a liberdade, antes de sentença condenatória definitiva, é a regra, e o enclausuramento provisório, a exceção, como têm insistido esta Corte e o Supremo Tribunal Federal em inúmeros julgados, por força do princípio da presunção de inocência, ou da não culpabilidade" (RHC 37334 – SP, 5.ª T., rel. Marilza Maynard, 11.06.2013, v.u.).

- STJ: "A liberdade, antes de sentença penal condenatória definitiva, é a regra, e o enclausuramento provisório, a exceção, como têm insistido esta Corte e o Supremo Tribunal Federal em inúmeros julgados, por força do princípio da presunção de inocência, ou da não culpabilidade" (HC 264460 – SP, 6.ª T., rel. Og Fernandes, 02.05.2013, v.u.).

- STJ: "A manutenção prolongada da prisão provisória, sem justificativas fáticas e processuais idôneas, retira-lhe o caráter transitório e lança a medida cautelar à borda da definitividade, em franca violação ao princípio da presunção de inocência" (HC 219155 – PE, 6.ª T., rel. Alderita Ramos de Oliveira, 04.12.2012, v.u.).

- STJ: "A prisão preventiva é medida excepcional e deve ser decretada apenas quando devidamente amparada pelos requisitos legais, em observância ao princípio constitucional da presunção de inocência ou da não culpabilidade, sob pena de antecipar a reprimenda a ser cumprida quando da condenação." (HC 213966-RJ, 5ª.T., rel. Gilson Dipp, 22/11/2011, v.u.).

CAP. V • PRINCÍPIOS CONSTITUCIONAIS PROCESSUAIS PENAIS E ENFOQUES PENAIS | **355**

- STJ: "Por força do princípio constitucional da presunção de inocência, as prisões de natureza cautelar – assim entendidas as que antecedem o trânsito em julgado da decisão condenatória – são medidas de índole excepcional, as quais somente podem ser decretadas (ou mantidas) caso venham acompanhadas de efetiva fundamentação." (HC 139.826-PE, 6.ª T., rel. Og Fernandes, 04.03.2010, v.u.).

- TJRJ: "Em consonância com o princípio constitucional da presunção de inocência, a prisão antes do trânsito em julgado da decisão condenatória é medida excepcional que somente se justifica quando se manifestar extremamente necessária, não podendo ser decretada com base em dados genéricos, exigindo fundamentação concreta. Na hipótese, tendo o fato em tese ocorrido há mais de 10 anos, não se justifica a medida excepcional com base na sua repercussão no meio social, até porque somente a prisão do paciente foi decretada, não sendo idêntica medida adotada em desfavor dos corréus. Prisão desfundamentada. Constrangimento ilegal reconhecido." (HC 0001790-68.2010.8.19.0000-RJ, 1.ª C.C., rel. Marcus Basilio, 25.02.2010, v.u.).

b) Inafiançabilidade e liberdade provisória

- STF: "A inafiançabilidade não pode e não deve – considerados os princípios da presunção de inocência, da dignidade da pessoa humana, da ampla defesa e do devido processo legal – constituir causa impeditiva da liberdade provisória" (HC 100745-SC, 2.ª T., rel. Eros Grau, 09.03.2010, v.u.).

c) Duração razoável do processo

- STF: "Os prazos processuais não são inflexíveis, devendo se amoldar às necessidades da vida. Há, porém, limites insuscetíveis de extrapolação, sob pena de violência aos princípios da presunção de inocência e da duração razoável do processo (art. 5.º, LVII e LXXVII, da Constituição Federal de 1988)" (HC 109714 – PE, 1.ª T., rel. Rosa Weber, 11.12.2012, v.u.).

- STF: "Prisão preventiva efetivada em 12 de dezembro de 2004 sem que até a presente data a instrução processual tenha chegado ao fim. Abstraído o tempo de fuga, que perdurou por um ano, não é razoável que a instrução criminal dure mais cinco anos. 2. A permanecer essa situação, o paciente cumprirá, antecipadamente, pena que eventualmente lhe venha a ser imposta, consubstanciando nítida violação do princípio da presunção de inocência" (HC 100529-RJ, 2.ª T., rel. Eros Grau, 17.11.2009, v.u.).

- STJ: "A jurisprudência deste Sodalício tem abrandado a orientação da Súmula n. 21/STJ, pois a manutenção prolongada da prisão provisória, sem justificativas fáticas e processuais idôneas, retira-lhe o caráter transitório e lança a medida cautelar à borda da definitividade, em franca violação ao princípio da presunção de inocência." (HC 144345 – SP, 6ª.T., rel. Vasco Della Giustina, 04.10.2010, v.u.).

d) Gravidade do crime não é justificativa

- STJ: "Por força do princípio constitucional da presunção de inocência, as prisões de natureza cautelar – assim entendidas as que antecedem o trânsito em julgado da decisão condenatória –, são medidas de índole excepcional, que somente podem ser decretadas (ou mantidas) caso venham acompanhadas de efetiva fundamentação. 4. Na hipótese, vê-se que a segregação está amparada na gravidade e hediondez do delito, elementos que, por si só, não são considerados idôneos, na linha da jurisprudência desta Casa" (HC 44.307-SP, 6.ª T., rel. Og Fernandes, 24.08.2009, v.u.).

- TRF-1.ª R.: "Gravidade em abstrato do crime não pode ser adotada como fundamento da prisão processual, pois a prisão pelo crime em si, e não para assegurar a realização do processo ou a garantia da utilidade de seus resultados, viola o princípio constitucional da presunção de inocência" (HC 2009.01.00.010723-9-AM, 3.ª T., rel. Tourinho Neto, 18.08.2009, v.u.).

- TJRJ: "Prisão preventiva decretada, de ofício, com fundamento na confissão espontânea do réu, na gravidade em tese do delito e na suspeita de insanidade mental do réu. Circunstâncias não previstas no artigo 312 do Código de Processo Penal. Acusado que respondeu à investigação criminal e ao processo penal durante mais de três anos, período em que compareceu a todos os atos a que foi intimado. Em tese crime praticado com violência presumida. Art. 93, IX, da Constituição da República que não se atende pela simples menção à gravidade em tese do delito. Ausência de fundamentação" (HC 0064006-02.2009.8.19.0000, 5.ª C.C., rel. Geraldo Prado, 04.02.2010).

e) Credibilidade das instituições não é justificativa

- TJPR: "Viola o princípio da legalidade e de presunção de inocência o decreto de prisão do condenado antes do trânsito em julgado da sentença, mediante negativa de efeitos de suspensividade ao recurso de apelação – a premissa de potencialização subjetiva de riscos em torno da credibilidade das instituições abaladas por uma suposta anarquia criminal não legitima o encarceramento quando proferida a

CAP. V • PRINCÍPIOS CONSTITUCIONAIS PROCESSUAIS PENAIS E ENFOQUES PENAIS | **357**

sentença condenatória mas antes do trânsito em julgado, maxime na situação em que a pessoa permaneceu solta durante toda a instrução do processo e obteve o direito de iniciar o cumprimento da pena em regime semiaberto – no contexto em que o acusado permaneceu em liberdade durante a instrução do processo, a presunção de intento de fuga pelo caráter abstrato que encerra não legitima o decreto de prisão na sentença" (HC 0581007-7-PR, 5.ª C.C., rel. Francisco Cardoso Oliveira, 25.06.2009, v.u.).

f) Possibilidade de recorrer preso provisoriamente

- STF: "A prisão decorrente de sentença condenatória meramente recorrível não transgride a presunção constitucional de inocência, desde que a privação da liberdade do sentenciado, satisfeitos os requisitos de cautelaridade que lhe são inerentes, encontre fundamento em situação evidenciadora da real necessidade de sua adoção" (RHC 111327 – MG, 2.ª T., rel. Cármen Lúcia, 12.03.2013, v.u.).

- STJ: "Não fere o princípio da presunção de inocência e do duplo grau de jurisdição a vedação do direito de recorrer em liberdade, se ocorrentes os pressupostos legalmente exigidos para a custódia do paciente na prisão" (HC 256535 – SP, 5.ª T., rel. Jorge Mussi, 11.06.2013, v.u.).

- STJ: "A manutenção da prisão preventiva na sentença condenatória, desde que feita de forma justificada, conforme manda o art. 387, § 1.º, do Código de Processo Penal, não fere o princípio da presunção de inocência" (HC 257929 – PE, 6.ª T., rel. Alderita Ramos de Oliveira, 21.05.2013, v.u.).

- STJ: "A despeito do princípio da presunção de inocência, não tem direito de recorrer em liberdade o acusado que permaneceu justificadamente preso durante toda a instrução criminal, em razão do entendimento de que "não há lógica em permitir que o réu, preso preventivamente durante toda a instrução criminal, aguarde em liberdade o trânsito em julgado da causa, se mantidos os motivos da segregação cautelar" (STF, HC 89.824/MS, 1.ª Turma, Rel. Min. Ayres Britto, *DJe* 28.08.2008)" (RHC 31999 – RJ, 5.ª T., rel. Laurita Vaz, 11.06.2013, v.u.).

- STJ: "O reconhecimento do duplo grau não afasta a legalidade da custódia cautelar, podendo ela subsistir, inclusive, independentemente de admitir-se o recurso. Inteligência do verbete n. 9, da Súmula de jurisprudência do Superior Tribunal de Justiça: a exigência contida no *decisum*, no sentido de manter-se o sentenciado preso para recorrer, não viola o princípio constitucional da presunção de inocência" (HC 188.884 – CE, 5.ª T., rel. Adilson Vieira Macabu, 22.03.2011, v.u.).

358 | PRINCÍPIOS CONSTITUCIONAIS PENAIS E PROCESSUAIS PENAIS – Nucci

• STJ: "Não fere o princípio da presunção de inocência e do duplo grau de jurisdição a vedação do direito de apelar em liberdade, se ocorrentes os pressupostos legalmente exigidos para a preservação do paciente na prisão, a exemplo da garantida da ordem pública, tendo em vista a gravidade concreta do crime, representada pela quantidade de droga apreendida" (HC 212986 – SP, 5.ª T., rel. Jorge Mussi, 27.09.2011, v.u.).

g) Periculosidade do agente

• STF: "A presunção de inocência, ou de não culpabilidade, é princípio cardeal do processo penal em um Estado Democrático de Direito. Teve longo desenvolvimento histórico, sendo considerada uma conquista da humanidade. Não impede, porém, em absoluto, a imposição de restrições ao direito do acusado antes do final processo, exigindo apenas que essas sejam necessárias e que não sejam prodigalizadas. Não constitui um véu inibidor da apreensão da realidade pelo juiz, ou mais especificamente do conhecimento dos fatos do processo e da valoração das provas, ainda que em cognição sumária e provisória. O mundo não pode ser colocado entre parênteses. O entendimento de que o fato criminoso em si não pode ser valorado para decretação ou manutenção da prisão cautelar não é consentâneo com o próprio instituto da prisão preventiva, já que a imposição desta tem por pressuposto a presença de prova da materialidade do crime e de indícios de autoria. Se as circunstâncias concretas da prática dos crimes, duplo homicídio relacionado a disputas do tráfico de drogas, revelam a periculosidade do agente, justificada está a decretação ou a manutenção da prisão cautelar para resguardar a ordem pública, desde que igualmente presentes boas provas da materialidade e da autoria" (HC 105122 – MG, 1.ª T., rel. Rosa Weber, 18.12.2012, v.u).

h) Antecedentes

• STJ: "De acordo com o entendimento sumulado do Superior Tribunal de Justiça – verbete 444 –, não podem ser considerados como circunstâncias judiciais desfavoráveis os inquéritos e as ações penais em andamento, por ferir o princípio da presunção de inocência" (HC 230457 – RS, 5ª.T., rel. Marco Aurélio Bellizze, 28.05.2013, v.u.).

i) Indispensabilidade do trânsito em julgado da decisão condenatória

• STJ: "Viola o princípio da presunção de inocência a expedição de mandado de prisão pelo simples esgotamento das vias ordinárias, pois o Supremo Tribunal Federal, em razão do disposto no inciso LVII do art. 5.º da Constituição da República, decidiu pela inconstitucionalida-

CAP. V • PRINCÍPIOS CONSTITUCIONAIS PROCESSUAIS PENAIS E ENFOQUES PENAIS | **359**

de da execução provisória da pena" (HC 253950 – SP, 5.ª T., rel. Jorge Mussi, 14.05.2013, v.u.).

- STJ: "Viola o princípio da presunção de inocência a expedição de mandado de prisão pelo simples esgotamento das vias ordinárias, porquanto o Supremo Tribunal Federal, em razão do disposto no inciso LVII do art. 5.º da Constituição Federal, decidiu pela inconstitucionalidade da execução provisória da pena" (AgRg no REsp 1206029 – MG, 6.ª T., rel. Sebastião Reis Júnior, 02.05.2013, v.u.).

- STJ: "É ilegítima a decisão do Tribunal *a quo* que, ao prover recurso da acusação para condenar a paciente pelo crime de tráfico ilícito de drogas, determina seu recolhimento à prisão sem indicar os pressupostos autorizadores da custódia cautelar. Não obstante os recursos extraordinários sejam destituídos de efeito suspensivo, a segregação antes do trânsito em julgado da condenação deve estar fundamentada nos termos do art. 312 do CPP, sob pena de afronta ao princípio da presunção de inocência. Precedentes" (HC 249434 – SP, 5.ª T., rel. Marilza Maynard, 21.03.2013, v.u.).

- STJ: "A jurisprudência deste Tribunal Superior é no sentido de que uma mera ocorrência policial, cujos fatos ficaram sem comprovação, não serve como fundamento para a valoração negativa de antecedentes, da conduta social ou da personalidade do candidato em concurso público, mesmo porque há a prevalência do Princípio da Presunção de Inocência" (EDcl no AgRg no REsp 1099909 – RS, 5.ª T., rel. Marco Aurélio Bellizze, 07.03.2013, v.u.).

- STJ: "Outrossim, 'ofende o princípio da não-culpabilidade a execução da pena privativa de liberdade antes do trânsito em julgado da sentença condenatória, ressalvada a hipótese de prisão cautelar do réu, desde que presentes os requisitos autorizadores previstos no art. 312 do CPP' (HC 84.078/MG, Tribunal Pleno, rel. Min. Eros Grau, *DJe* 26.02.2010)" (HC 244460 – PR, 5ª.T., rel. Laurita Vaz, 18.10.2012, v.u.).

j)   Provas pré-constituídas para a ação penal privada

- STJ: "Para o recebimento de queixa-crime é necessário que as alegações estejam minimamente embasadas em provas ou, ao menos, em indícios de efetiva ocorrência dos fatos. [...] Não basta que a queixa-crime se limite a narrar fatos e circunstâncias criminosas que são atribuídas pela querelante ao querelado, sob o risco de se admitir a instauração de ação penal temerária, em desrespeito às regras do indiciamento e ao princípio da presunção de inocência (Inq. n. 2.033, Ministro Nelson Jobim, *DJ* 17.12.2004)" (HC 211857 – BA, 6.ª T., rel. Sebastião Reis Júnior, 27.11.2012, v.u.).

360 | PRINCÍPIOS CONSTITUCIONAIS PENAIS E PROCESSUAIS PENAIS – Nucci

k) Regressão cautelar de regime de cumprimento de pena

- STJ: "Não ofende o princípio da presunção de inocência o retorno cautelar ao regime anterior imposto ao condenado, quando ocorre descumprimento das condições impostas na progressão do regime, sendo-lhe garantida a prévia oitiva apenas por ocasião da decisão definitiva a respeito da regressão. Precedentes." (HC 213273 – SP, 5ª.T., rel. Gilson Dipp, 26/06/2012, v.u.).

l) Necessidade de fundamentação

- STJ: "Em homenagem ao princípio da presunção de inocência, exige-se fundamentação explícita e concreta para toda a custódia cautelar, nos termos do art. 312 do Código de Processo Penal, mesmo após a sentença condenatória mantida em segundo grau e sem trânsito em julgado. Em que pese o Paciente ter permanecido encarcerado durante quase toda a instância ordinária, sua prisão foi mantida pelo acórdão impugnado para garantir a aplicação de lei penal, fundamento superado com a apresentação espontânea do réu, ainda na fase instrutória, e para assegurar a instrução criminal, que foi encerrada sem interferências, ocultação ou destruição de provas pelo denunciado. *Habeas corpus* parcialmente concedido para revogar a prisão preventiva decretada contra o Paciente, com aplicação de medidas cautelares diversas da prisão previstas nos incisos I, IV e V do art. 319 do Código de Processo Penal, conforme ressaltado no voto, sem prejuízo de novo decreto prisional por fatos supervenientes" (HC 250.804/PE 2012/0164147-0, 5.ª T., rel. Laurita Vaz, j. 15.10.2013, *DJe* 04.11.2013).

m) Condições pessoais favoráveis não obstam prisão cautelar

- TJMG: "O princípio constitucional da presunção de inocência (ou de não culpabilidade) não é incompatível com a prisão preventiva, desde que sua necessidade esteja devidamente fundamentada nos requisitos autorizadores da medida. – A presença de condições pessoais favoráveis, por si só, não é suficiente para inibir a custódia cautelar, máxime em havendo demonstrada necessidade de sua manutenção. – Ordem denegada" (HC 10000140332032000/MG, 7.ª C., rel. Paulo Calmon Nogueira da Gama, *DJ* 05.06.2014).

1.1.1.4.6.2.2 Direito ao silêncio

a) Vedação à autoacusação

- STJ: "Os arts. 5.º, LXIII, da CF e 186, e seu parágrafo único, do CPP, conferem ao acusado o direito ao silêncio ou à não autoincriminação,

CAP. V • PRINCÍPIOS CONSTITUCIONAIS PROCESSUAIS PENAIS E ENFOQUES PENAIS | 361

ao permitir que, por ocasião de seu interrogatório, cale acerca dos fatos criminosos que lhe são imputados, ou ainda, e via de consequência do princípio do sistema de garantias constitucionais, negue a autoria delitiva, sem que isso enseje apenação criminal ou mesmo valoração negativa dessas declarações pelo magistrado, que poderá, no máximo, desconsiderá-las quando do cotejo com os demais elementos probatórios colacionados, pois ao depor não está o réu obrigado a dizer a verdade. 5. Não há como valorar em desfavor do acusado, a título de má personalidade, o fato de, quando interrogado, ter negado a verdade acerca dos fatos criminosos, pois, diante do sistema de garantias constitucionais e processuais penais vigentes, e constatando-se ainda que não está obrigado legalmente a dizer a verdade, nada mais fez do que exercitar seu direito à não autoincriminação" (HC 103746-MS, 5.ª T., rel. Jorge Mussi, 26.05.2009, v.u.).

b) Inexistência de advertência como nulidade relativa

- STF: "Não há nulidade automática na tomada de declarações sem a advertência do direito ao silêncio, salvo quando demonstrada a ausência do caráter voluntário do ato. Ademais, a presença de defensor durante o interrogatório do investigado ou acusado corrobora a higidez do ato. Precedente citado" (AP 530, 1.ª T., rel. Roberto Barroso, 09.09.2014, por maioria).

- STJ: "1. A Constituição Federal, no seu art. 5.º, LXIII, dispõe que 'o preso será informado de seus direitos, entre os quais o de permanecer calado, sendo-lhe assegurada a assistência da família e de advogado'. O art. 186, parágrafo único, do Código de Processo Penal, por sua vez, complementa essa regra estabelecendo que o silêncio não importará em confissão e não poderá ser interpretado em prejuízo da defesa, devendo o acusado ser alertado dessa prerrogativa antes do interrogatório. 2. Entretanto, segundo a jurisprudência desta Corte Superior de Justiça, a ausência de informação acerca desse direito ao acusado gera apenas a nulidade relativa, devendo ser arguida em momento oportuno, a teor do disposto no art. 571 do CPP, o que não ocorreu no caso, pois o *writ* originário foi impetrado há mais de 5 (cinco) anos da realização do interrogatório e somente após o trânsito em julgado da condenação. 3. De outro lado, em obediência ao princípio *pas de nullité sans grief*, que vigora em nosso processo penal (art. 563 do Código de Ritos), não se declara nulidade de ato se dele não resulta prejuízo para qualquer das partes. 4. No caso, além de o recorrente não ter apontado o prejuízo advindo da não observância do art. 186 do CPP, observa-se que a condenação não resultou exclusivamente de sua confissão/declaração, tendo sido amparada no acervo probatório constante dos autos, notadamente no depoimento das testemunhas e no laudo pericial. 5. Recurso ordinário desprovido" (RHC 30.528/RS, 5.ª T., rel. Gurgel de Faria, 04.11.2014, v.u.).

- STJ: "Não há que se falar em nulidade do processo por falta de aviso ao réu do direito ao silêncio no ato do interrogatório judicial, se não se observa a comprovação do efetivo prejuízo para a defesa, ainda mais estando o réu acompanhado de seu advogado, que deteve-se em silêncio no momento da alegada omissão" (HC 66298-PE, 5.ª T., rel. Felix Fischer, 04.09.2007, v.u.).

c) *Inviabilidade para decretação da prisão preventiva*

- STF: "Prisão preventiva. Réu que não compareceu à delegacia de polícia para depoimento. Fato que lhe não autoriza a custódia cautelar decretada. Ofensa à garantia constitucional de não autoincriminação. Exercício do direito ao silêncio. Constrangimento ilegal caracterizado" (HC 89.503-RS, 2.ª T., rel. Cezar Peluso, 03.04.2007, v.u.).

d) *Existência implícita no sistema processual penal*

- STJ: "Nesse mesmo diapasão, o direito ao silêncio (*nemo tenetur se detegere*), ainda que não expresso na Carta Magna, desponta como garantia essencial da pessoa humana, assegurando ao acusado o direito de não produzir provas em seu desfavor" (HC 179.486 – GO, 5.ª T., rel. Jorge Mussi, 14.06.2011, v.u.).

e) *Desconsideração para a sentença condenatória*

- STJ: "Consoante bem ressaltou o Ministério Público Federal, o édito condenatório, ao contrário do alegado pelo Impetrante, não está fundado no silêncio do Paciente em juízo, mas no farto e variado conjunto fático-probatório da ação penal, que foi devidamente examinado pelo Juízo de origem, com observância da legislação e jurisprudência pátrias, de modo que não há qualquer nulidade a ser sanada na espécie" (HC 224.117/SP, 5.ª T., rel. Laurita Vaz, 12.08.2014, v.u.).

f) *Menção durante os debates no Plenário do Tribunal do Júri*

- STJ: "O texto da lei é claro ao proibir a menção ao silêncio do acusado 'em seu prejuízo' (art. 478, II, do Código de Processo Penal). Não se vislumbra prejuízo na simples menção ao silêncio do réu, sem a exploração do tema em Plenário, conforme consignado na ata de julgamento" (REsp 1.321.276/SP, 5.ª T., rel. Moura Ribeiro, 05.08.2014, v.u.).

CAP. V • PRINCÍPIOS CONSTITUCIONAIS PROCESSUAIS PENAIS E ENFOQUES PENAIS | **363**

- TJRS: "Imperioso reconhecer que, em plenário, a Assistência à Acusação afirmou 'que o réu não tem coragem de enfrentar os jurados e assumir o que fez e por isso ficou calado'. Certo, também, que tal afirmação não é apenas um relatório daquilo que consta no processo quanto às manifestações pessoais do réu, mas sim, verdadeira interpretação negativa do silêncio do réu. Por conseguinte, diante do teor da ata de julgamento, restou demonstrado, de forma incontroversa que, durante os debates, a Assistência à Acusação fez expressa referência ao silêncio do acusado em prejuízo à defesa, pois o objetivo da referência é claro, ou seja, incutir nos jurados o entendimento de que o acusado 'ficou calado' por ser culpado, ou dito de outro modo, o silêncio do réu representa sua confissão. E o objetivo da lei de vedar, sob pena de nulidade, qualquer referência ao silêncio do réu, tem como finalidade preservar incólume a garantia constitucional do réu ao silêncio – artigo 5.º, inciso LXIII, da Constituição Federal. Assim, a referência feita ao silêncio do réu, afronta o disposto no artigo 478, inciso II, da Lei Processual Penal, nulificando o julgamento. Nulidade reconhecida, restando prejudicadas as demais questões do recurso. Apelo provido" (Apelação Crime 70051820074, 2.ª C., rel. Osnilda Pisa, j. 29.07.2014).

g) Na fase extrajudicial

- TJRJ: "Não merece prosperar o pedido de declaração de nulidade da confissão realizada em sede policial, a uma, por ter sido o apelante apreendido na prática flagrancial do delito de furto, e a duas, por ter constado do Auto de Prisão em Flagrante os direitos garantidos constitucionalmente: de permanecer em silêncio e ser assistido por advogado, além de comunicar-se com a família. Igualmente, ao apelante foi fornecida nota de pleno e formal conhecimento da atribuição da prática do crime, incluindo-se, mais uma vez, o direito constitucional de ficar calado. Ademais, e utilizando-se da *ratio* do artigo 197 do Código de Processo Penal, conclui-se que a confissão, em sede policial, somada às provas inquestionáveis afastam o pleito defensivo" (Ap. 0000040-32.2014.8.19.0019, 5.ª C., rel. Denise Vaccari Machado Paes, 29.10.2014, v.u.).

1.1.1.4.6.2.3 Correlação com a prevalência do interesse do réu

- TRF-1.ª R.: "Quando a acusação não lograr provar, de forma inequívoca, a participação do réu no crime de estelionato previdenciário, merece aplicação o princípio do *in dubio pro reo*, que tem fundamentação no princípio constitucional da presunção de inocência, segundo o qual impõe-se a absolvição diante da insuficiência de provas" (ACR 2005.39.00.008367-8-PA, 3.ª T., rel. Tourinho Neto, 25.01.2010, v.u.).

- TRF-1.ª R.: "Considerando que não restou comprovada, com a necessária segurança, a autoria do delito em questão em relação ao corréu R. P. J., uma vez que as provas dos autos se apresentam para tanto inconsistentes, em homenagem aos princípios da presunção de inocência e *do in dubio pro reo*, verifica-se que o decreto absolutório é medida que se impõe" (ACR 0001428-60.1997.4.01.3200-AM, 4.ª T., rel. Ítalo Fioravanti Sabo Mendes, 25.01.2010, v.u.).

- TRF-1.ª R.: "Assim, considerando que *in casu* as provas dos autos não se apresentam, em relação ao elemento subjetivo do tipo penal em discussão, suficientemente seguras para ensejar a condenação do ora acusado, verifica-se que, em homenagem aos princípios da presunção de inocência e do *in dubio pro reo*, deve ser julgado improcedente o pedido constante da denúncia" (APN 2007.01.00.026328-7-TO, 2.ª S., rel. Ítalo Fioravanti Sabo Mendes, 09.12 2009, v.u.).

- TRF-2.ª R.: "Muito embora se possa presumir, *prima facie,* ser o réu-apelado o maior beneficiado com a apresentação das certidões negativas falsas, inexistem provas de que o mesmo tenha concorrido para o *falsum.* Tem-se apenas uma presunção relativa que não se presta a embasar um decreto condenatório, cedendo diante do princípio do *in dubio pro reo.* 2. Admitir a existência de uma presunção relativa em favor da acusação significa que o Ministério Público estaria dispensado do ônus da prova de um dos elementos do delito ou de sua autoria, cabendo ao acusado, em contrapartida, o ônus de demonstrar a inocorrência de tal elemento ou que não é seu autor, passando a regra a ser *in dubio contra reum,* com flagrante violação da regra constitucional da presunção de inocência. 3. A condenação não pode basear-se senão na certeza da culpabilidade. A credibilidade razoável, ainda que mínima, da inocência, sendo destrutiva da certeza da culpabilidade, deve, necessariamente, conduzir à absolvição" (ACR 1998.51.01.049349-0-RJ, 2.ª T.E., rel. Liliane Roriz, 16.05.2006, v.u.).

- TJSP: "A dúvida que permaneceu nos autos, quer quanto a autoria da tentativa de furto, quer quanto a real intenção do agente, dúvida essa que se vê evidenciada nos autos pelo debate suscitado, somente se interpreta em favor do réu, razão pela qual, em observância ao princípio constitucional da presunção de inocência, deve ser ele absolvido das imputações que lhe foram feitas" (ACR 990.09.116201-9-SP, 16.ª C.D.C., rel. Newton Neves, 04.05.2010, v.u.).

- TJSP: "Diante da insuficiência de provas da materialidade do crime e autoria delitiva do cometimento de tráfico de entorpecentes, impe-

CAP. V • PRINCÍPIOS CONSTITUCIONAIS PROCESSUAIS PENAIS E ENFOQUES PENAIS | **365**

riosa a aplicação do princípio *in dubio pro reo,* absolvendo o réu da imputação que lhe foi feita, nos termos do art. 386, VII, do Código de Processo Penal" (ACR 993.06.041900-5-SP, 4.ª C.D.C., rel. Willian Campos, 04.05.2010, v.u.).

- TJRS: "Conjunto probatório carreado nos autos se mostra frágil e insuficiente para derrubar a presunção de inocência e embasar um juízo condenatório. Caberia ao Ministério Público, como autor da ação penal, no desempenho de suas funções, comprovar o fato e a autoria do delito e, em seu mister, não logrou êxito. O Direito Penal não se compadece com meras suposições ou conjecturas e, na ausência de outros elementos de prova e demais indicativos de autoria, impera a absolvição, com fundamento no princípio do *in dubio pro reo*" (ACR 70034391862-RS, 6.ª C.C., rel. Mario Rocha Lopes Filho, 08.04.2010, v.u.).

1.1.1.4.6.2.4 Revisão criminal

a) Não prevalência do estado de inocência

- TRF-2.ª R.: "A sentença condenatória contrária à evidência dos autos é aquela que se encontra divorciada de todo o conjunto probatório, não se apoiando em nenhuma prova produzida no processo. 2. O âmbito de cabimento da revisão criminal limita-se à correção de erro judiciário porventura existente, não se destinando à reapreciação e nova valoração de provas, tampouco ao esclarecimento de dúvidas acerca da autoria delitiva. 3. Meras alegações de dúvidas acerca de autoria delitiva não correspondem à contrariedade da sentença às evidências dos autos e, para que possa gerar deferimento revisional, há de ser concreta e convincente, visto que, após o trânsito em julgado da condenação, inverte-se o princípio de presunção de inocência, presumindo-se que a coisa julgada cristalizou a verdade segundo o que foi apurado, passando a dúvida a militar 'pro societate'." (Revisão Criminal 2006.02.01.007392-7-RJ, 2.ª T.E., rel. Liliane Roriz, 23.08.2007, v.u.).

1.1.1.4.6.2.5 Arresto

a) Viabilidade de restrição cautelar à propriedade

- TRF-4.ª R.: "A medida cautelar penal de arresto não viola os princípios constitucionais da presunção da inocência e da propriedade. Aquele porque não constitui pena antecipada; este, porque apenas afeta momentaneamente o exercício de alguns dos direitos inerentes à propriedade, sem, no entanto, despojá-la do seu titular" (MS 2009.04.00.046405-6-PR, 8.ª T., rel. Paulo Afonso Brum Vaz, 03.03.2010, v.u.).

1.1.1.4.6.2.6 *Sursis* processual e novo processo

a)   Admissibilidade de revogação

- TRF-4.ª R.: "A jurisprudência é firme no sentido de que, em se tratando o *sursis* processual de um benefício conferido pela lei, é cogente a sua revogação em razão de o agraciado vir a ser processado pelo cometimento de outro crime durante o período de prova, ou seja, o recebimento de denúncia em desfavor do mesmo após a aceitação das condições na audiência admonitória, não violando, com isso, o princípio constitucional da presunção de inocência e sendo irrelevante se a conduta delitiva é pretérita ou ulterior e se já houve o trânsito em julgado do decreto condenatório, tampouco se sobreveio absolvição nessa nova demanda ou mesmo a sua suspensão. Ademais, ainda que decorrido integralmente o lapso probante, a extinção da punibilidade não é automática, devendo ser declarada pelo julgador somente se estiverem cumpridas as condições para tanto. Precedentes do STJ e deste Tribunal" (SER 2005.70.00.028812-3-PR, 8.ª T., rel. Victor Luiz dos Santos Laus, 16.12.2009, v.u.).

1.1.1.4.6.2.7 Prescrição antecipada

a)   Configuração da falta de interesse de agir

- TRF-4.ª R.: "Transcorrido considerável lapso temporal entre a data da conduta delituosa e a do recebimento da denúncia, o juízo poderá, por estimativa minuciosa, constatar que a pena eventualmente imposta ao réu, caso condenado, dará ensejo a extinção da punibilidade com base no art. 107, IV, do Código Penal, restando a demanda carente de interesse processual (art. 43,[18] III, do Código de Processo Penal), já que seu resultado será nulo, o que afasta, em decorrência, a sua justa causa. 2. Trata-se de hipótese em que se está reconhecendo a ausência de interesse de agir para o início da persecução penal em juízo e não decretando, a destempo, a extinção da punibilidade pela 'prescrição antecipada', com base na 'pena em perspectiva', pois se compreende a advertência que procede dos Tribunais Superiores, que tal decreto encerraria uma presunção de condenação e, consequentemente, de culpa, violando o princípio constitucional da presunção de inocência (art. 5.º, LVII, da CF)" (SER 2007.71.07.001876-4-RS, 8.ª T., rel. Luiz Fernando Wowk Penteado, 18.11.2009, m.v.).

---

18.   Revogado pela Lei 11.719/2008. Cf. atual art. 395 do CPP.

CAP. V • PRINCÍPIOS CONSTITUCIONAIS PROCESSUAIS PENAIS E ENFOQUES PENAIS | **367**

1.1.1.4.6.2.8 Uso de algemas

a) Lesão à presunção de inocência

• TJRJ: "Excepcionalidade do uso de algemas, que interfere não só na convicção íntima dos jurados, com a criação de uma imagem de culpa e periculosidade, mas ainda no juízo que o próprio réu faz a seu respeito, pois o coloca corporalmente em posição de inferioridade. Circunstâncias que, à míngua de justificação, o submetem a tratamento degradante, violada a integridade física e moral do apelante, bem como a presunção de inocência (art. 5.º, XLIX e LVII, da Constituição da República). Dignidade da pessoa humana. Necessidade de efetivo risco de fuga ou perigo à integridade física do acusado ou dos demais presentes para autorizar a utilização das algemas. Súmula Vinculante 11. Ausência de condições de segurança do fórum que caracteriza argumento genérico e não pode servir de fundamento isolado para o uso da algema. Os direitos fundamentais do acusado não podem suportar o ônus decorrente das deficiências do Estado. Precedente do Supremo Tribunal Federal. Nulidade da sessão de julgamento." (ACR 2008.050.07293-RJ, 5.ª C.C., rel. Geraldo Prado, 04.02.2010, m.v.).

1.1.1.4.6.2.9 Execução penal

a) Regressão em face de falta grave

• TJGO: "Não ofende o princípio da presunção de inocência o retorno ao regime inicial imposto ao condenado, quando ocorre o descumprimento das condições impostas na progressão do regime, entre elas a de não praticar novo crime doloso ou falta grave" (HC 38240-1.217-GO, 2.ª C.C., rel. Nelma Branco Ferreira Perilo, 04.05.2010, v.u.).

1.1.1.4.6.2.10 Ônus da prova e redutor da Lei de Drogas

• STF: "O princípio da presunção de inocência veda a possibilidade de alguém ser considerado culpado com respaldo em simples presunção ou em meras suspeitas, sendo ônus da acusação a comprovação de fatos utilizados para a exacerbação da reprimenda penal, no caso concreto, para se afastar a aplicação de causa especial de diminuição de pena constante do § 4.º do art. 33 da Lei de Drogas" (RHC 07.759 – RJ, 1.ª T., rel. Luiz Fux, 18.10.2011, v.u.).

1.1.2 Princípio da ampla defesa

1.1.2.1 Conceito e vastidão

A defesa constitui direito inerente à pessoa humana, conferindo-se dignidade, no contexto das relações sociais. Representa uma proteção, uma oposição ou uma justificação voltada à acusação da prática de um crime, quando se está no cenário penal. Emerge de forma automática, na maior parte das vezes, tendo em vista a natureza humana, calcada no sentimento de preservação e subsistência. Não se considera fato normal a assunção de culpa, mormente quando há a contraposição estatal impondo a pena.

A autoproteção implica na negativa do fato imputado, seja pela sua inexistência, seja pela fuga da autoria; a oposição significa a concessão de versão diversa da que consta nos termos acusatórios; a justificação promove a legitimação da prática realizada. Essas três formas de instrumentar a defesa precisa compor o ideário de qualquer magistrado, pois há comando constitucional assegurando a amplitude da manifestação do acusado.

A *ampla* possibilidade de se defender representa a mais copiosa, extensa e rica chance de preservar o estado de inocência, outro atributo natural do ser humano. Não se deve cercear a autoproteção, a oposição ou a justificação apresentada; ao contrário, exige-se a soltura das amarras formais, porventura existentes no processo, para que se cumpra, fielmente, a Constituição Federal.

Envolve todos os estágios procedimentais onde se colha prova definitiva acerca da culpa de alguém, preferindo-se acolhê-la em excesso, em lugar de restringi-la por cautela. A ampla defesa jamais pode ser constituída de ato formal, sem substância e eficiência, pois se cuida de interesse indisponível do indivíduo, merecendo integral contemplação estatal.

1.1.2.2 Autodefesa e defesa técnica

A ampla defesa subdivide-se em autodefesa e defesa técnica, ambas de igual importância e sempre pertinentes a qualquer instância. A autodefesa é promovida pelo próprio acusado, valendo-se de seus argumentos e raciocínio lógico, ainda que despidos de juridicidade. Infere-se o seu uso no primeiro e mais precoce momento em que se pode acusar alguém do cometimento da infração penal, vale dizer, quando preso em flagrante ou indiciado em investigação policial. Eis que surge, para amparar a ampla autodefesa, o direito ao silêncio, sob o prisma do estado de inocência. A seguir, emerge a defesa técnica, sustentada pelo advogado, cuja habilitação é supervisionada pelo Estado e dependente de elevado grau de conhecimento técnico.

Desnuda-se a ampla defesa, quando a proposta de aceitação da autodefesa é rechaçada pelo Judiciário; a pretensão de que a defesa técnica é a

CAP. V • PRINCÍPIOS CONSTITUCIONAIS PROCESSUAIS PENAIS E ENFOQUES PENAIS | **369**

mais adequada não condiz com a vastidão da oportunidade de preservação do estado de inocência. O maior interessado nisso é o próprio réu, de modo a justificar a sua intervenção direta e pessoal.

Por outro lado, a fiscalização da ampla defesa cabe ao magistrado, em primeiro plano, mas também ao órgão acusatório, ao menos quando estiver encarnado pelo Ministério Público, cuja função é a preservação da ordem constitucional e da lei.

Assim sendo, ajuizada a ação penal, cita-se o réu para que apresente a sua primeira defesa, como regra, por escrito, por meio de seu defensor técnico. Conforme o procedimento, pode-se adotar a realização primária do interrogatório, garantindo-se ao acusado a audiência prévia com seu defensor, para, na sequência, dar a sua versão dos fatos (negando, opondo-se ou justificando-se). Em qualquer hipótese, o magistrado, ao sentenciar, deve analisar a exposição feita pelo acusado, em seu interrogatório, quando não se valer do direito ao silêncio, além do enfoque dado às teses da defesa técnica. Ignorar a existência, nos autos, da autodefesa implica em rejeitar a *amplitude* da defesa.

No tocante à defesa técnica, constituindo o juiz o seu fiscal, como já mencionado, deve-se operacionalizá-la no mais absoluto interesse do réu, estando o defensor vinculado ao polo passivo e jamais à sua própria consciência. O advogado constituído pode rejeitar a causa, porém nunca aceitá-la para cuidar da defesa em função de seu ponto de vista acerca da culpa ou inocência. O defensor público tem a missão constitucional de representar o Estado na sua obrigação de garantir a quem necessite a mais adequada defesa possível; logo, inexiste a viabilidade para uma atuação descompromissada ou imparcial.[19]

1.1.2.3 Correlação com o estado de inocência

A normal situação do ser humano é a condição de inocente, até que se prove a culpa, valendo-se do devido processo legal, de onde sobressai a ampla defesa. Noutros termos, a quebra da presunção de inocência depende da atuação estatal (ação penal pública) ou da vítima (ação penal privada), no campo acusatório, assegurando-se, em contrapartida, a mais extensa instrumentação da defesa.

O rompimento do natural estado de não culpabilidade depende da eficiente atividade probatória do acusador, diante de juiz imparcial, permitindo-se, invariavelmente, o contraditório e o duplo grau de jurisdição.

---

19. Idêntico papel ocupa o defensor dativo.

1.1.2.4 Correlação com a duração razoável do processo e impunidade

A ampla defesa não pode representar, sob qualquer aspecto, um entrave ao andamento processual natural, para que se possa assegurar, igualmente, a economia processual, outra previsão constitucional expressa (art. 5.º, LXXVIII, CF). A meta de atingir uma duração razoável do processo, sob o prisma da celeridade, tem por finalidade, dentre outras, o combate à impunidade. Ademais, o trâmite célere garante, ainda, um menor período no qual fica exposto o réu, podendo sofrer medidas restritivas aos seus direitos.

Costuma-se confundir a ampla oportunidade de defesa com procrastinação indevida do feito, o que é uma inverdade. O que, realmente, ocorre é a lamentável consagração da lentidão do Judiciário, abarrotado de processos, com escoamento menor do que a entrada de novas demandas. Eis o fato ilustrativo do trâmite demorado e, possivelmente, uma das causas geradoras de impunidade, inclusive pelo advento da prescrição.

Não é a atuação do defensor, em busca da mais perfeita forma de proteção ao acusado, o obstáculo para a rápida aplicação da lei penal. Houvesse celeridade nas Varas e Tribunais, por mais frequentes que fossem os requerimentos da defesa, não haveria viabilidade para o entrave.

Sabe-se, por certo, ser a realidade diversa do ideal, ou seja, há lentidão e excesso de processos; por isso, vê-se com certa desconsideração a atuação efetiva da defesa. Não é essa a justa medida entre a ausência de celeridade e a presença da impunidade. Ao contrário, a ampla defesa é fator de estabilidade no cenário dos direitos e garantias individuais, servindo de contrapeso à força repressiva estatal, no campo do Direito Penal.

A duração razoável do processo configura interesse geral a ser perseguido, mas sem tolher a ampla defesa, pois há necessidade de perfeito equilíbrio entre os direitos e garantias humanas fundamentais.

1.1.2.5 Especificidades no processo penal

A rigorosa adoção da ampla defesa provoca a sobrepujança da garantia constitucional sobre a legislação ordinária. Portanto, dispositivos legais, que cerceiem a atuação defensiva, devem ser considerados inconstitucionais, ao menos quando se está colhendo provas em caráter definitivo. Do mesmo modo, a interpretação de normas duvidosas precisa contar com a observância da *amplitude* da defesa e não da acusação.

Tal medida não autoriza, nem legitima, a chicana processual e, muito menos, a formação do processo antiético. A ampla defesa é instrumento de proteção, jamais significando ferramenta de geração de impunidade.

CAP. V • PRINCÍPIOS CONSTITUCIONAIS PROCESSUAIS PENAIS E ENFOQUES PENAIS | 371

A fase de investigação policial é inquisitiva, não dependendo do contraditório, nem da ampla defesa, pela simples razão de se estar coletando provas para a formação da convicção do órgão acusatório. Inexiste legitimação para a interferência da defesa, ainda que já exista pessoa indiciada. Entretanto, cuidando-se de prova não repetível, como ocorre, basicamente, com as perícias, torna-se fundamental a participação do defensor, seja formulando quesitos,[20] seja acompanhando qualquer diligência empreendida pelo experto.[21]

Sob outro aspecto, o simples fato de ser a investigação policial de natureza avessa à participação da defesa não pode representar a sua condução por autoridade parcial, cuja atividade tenha por fim prejudicar determinada pessoa, concentrando as buscas unicamente no prisma acusatório. Assim sendo, é inconstitucional o disposto no art. 107 do CPP, que veda a oposição de suspeição no tocante às autoridades policiais.

Há prazos regendo o andamento processual, embora se saiba que, acima deles, encontra-se a amplitude de defesa. Quer-se dizer que a não apresentação de peça necessária, no prazo estabelecido em lei, não pode representar prejuízo para o réu. Aliás, por vezes, a própria norma já prevê a alternativa, como se vê da redação do art. 396-A, § 2.º, do CPP. Não apresentada a defesa prévia pelo defensor, haverá a nomeação de dativo para oferecê-la de toda sorte.

O mesmo se diga em relação aos prazos para apresentar alegações finais, quando não forem orais, bem como para as razões ou contrarrazões de recurso. Ultrapassado o período legal, sem a sua oferta, o magistrado providenciará dativo para ofertá-la. É a prevalência da ampla defesa sobre a lei ordinária.

Não se aplica tal obrigatoriedade para a interposição de recurso, visto ser este um instrumento de natureza eminentemente voluntária. O conformismo ou inconformismo diante de decisão judicial depende de cada réu e de seu defensor, não cabendo ao juiz ingressar nesse campo. Portanto, vencido o prazo para a oferta do recurso cabível, dá-se a preclusão.

A ideia de um rol de testemunhas com número certo abrange a maioria dos casos, embora se deva conceder a oportunidade, quando necessário, ao

---

20. A formulação de quesitos está assegurada pelo art. 159, § 3.º, do CPP, mas não está clara a sua observância desde a fase investigatória. Ora, se a prova pericial não será repetida, mas constituirá parte do universo a ser levado em conta pelo julgador, parece óbvia a viabilidade de quesitação desde logo.

21. Por exemplo, para a realização de laudo de local. A participação do advogado ou mesmo de assistente técnico indicado pela defesa não pode ser obstada, sob o pretexto de que o inquérito é inquisitivo. Note-se a superioridade da ampla defesa na constituição de prova *definitiva*, a ser usada pelo juiz, quanto ao mérito da causa.

PRINCÍPIOS CONSTITUCIONAIS PENAIS E PROCESSUAIS PENAIS – **Nucci**

defensor para arrolar mais pessoas do que a lei ordinária permite, em função da ampla possibilidade de defesa.

O tempo de manifestação oral regular, em alegações finais, é de 20 minutos, prorrogáveis por mais 10 (art. 411, § 4.º, CPP), devendo-se, no entanto, permitir a dilação, quando se tratar de pedido da defesa, devidamente justificado.

Outro ponto a merecer reflexão é a posição do Ministério Público, atuando em 2.º grau, visto ser uma nova oportunidade para exarar parecer *contra o réu*. Embora se diga ser órgão, nesse contexto, imparcial, nada impede que o operador do Direito, anos atuando como acusador, revista-se da roupagem de *acusador de 2.º grau*, ratificando os termos da argumentação do membro do MP de primeiro grau. Parece-nos desnecessária a atuação do Ministério Público *em dois graus de jurisdição*, ainda que se pretenda cobrar do Procurador de Justiça uma visão *imparcial* do processo. Nos termos de ALBERTO ZACHARIAS TORON, "o Ministério Público, descontente com a decisão monocrática, recorre; a defesa apresenta suas contrarrazões; depois e com muita frequência, exterminando a igualdade de armas e o contraditório, vem o Parecer ministerial de segunda instância, com renovados e substanciosos argumentos em prol da tese acusatória, pugnando pelo provimento do recurso do colega de primeiro grau. Este fato obriga a defesa a exercer a faculdade da sustentação oral e, na sessão de julgamento, quando se esperava que o representante do recorrente, Procuradoria da Justiça ou da República, falasse em primeiro lugar, vem a surpresa: inicialmente usa a palavra a defesa (recorrida) e, depois, o representante do Ministério Público no Tribunal (recorrente)".[22] Portanto, em homenagem à *ampla defesa*, deveriam os Regimentos dos Tribunais, no mínimo, permitir à defesa que se manifeste por último, na sustentação oral, quando o Procurador do Ministério Público resolver apresentar seus argumentos.

Os exemplos acima elencados têm a finalidade de evidenciar a prevalência do princípio constitucional da ampla defesa em relação a normas específicas do processo penal, quando implicarem, no caso concreto, em cerceamento da atividade defensória.

1.1.2.6 A ampla defesa na jurisprudência

1.1.2.6.1 Atuação do defensor

a) Ausência de intimação do defensor constituído para o interrogatório

• STJ: "Não viola os princípios do devido processo legal, do contraditório e da ampla defesa, bem como não prejudica o réu, a ausência de

---

22. O contraditório nos Tribunais e o Ministério Público, p. 94-95.

CAP. V • PRINCÍPIOS CONSTITUCIONAIS PROCESSUAIS PENAIS E ENFOQUES PENAIS | **373**

intimação do advogado constituído para o interrogatório, se a defesa foi exercida por defensor dativo, com a anuência do réu, de maneira plena em todos os atos processuais" (HC 93773-PI, 5.ª T., rel. Arnaldo Esteves Lima, 19.11.2009, v.u.).

b) Ausência do réu e presença do defensor em audiência

• STJ: "Não há falar em violação aos princípios do devido processo legal, do contraditório e da ampla defesa, pela ausência do réu na audiência de inquirição das testemunhas, uma vez que exercida de maneira plena pelo advogado regularmente constituído presente ao ato processual" (HC 127082-MG, 5.ª T., rel. Arnaldo Esteves Lima, 17.11.2009, v.u.).

c) Autodefesa técnica

• STJ: "O réu preso e que advoga em causa própria deve ser intimado pessoalmente, ou por carta com aviso de recebimento, da data da sessão de julgamento da apelação por ele interposta, para que possa exercer, amplamente, o seu direito constitucional à ampla defesa que, sabidamente, engloba o direito à autodefesa" (HC 143.076-RJ, 6.ª T., rel. Celso Limongi, 06.04.2010, v.u.).

d) Cerceamento de defesa e pedido de diligências

• STJ: "Não há que se dizer que o postergamento do feito foi causado exclusivamente pela defesa, uma vez que a insistência em realização de prova – exame de DNA – considerada imprescindível ao deslinde da causa, não pode ser confundida com procrastinação indevida, sob pena de cerceamento do direito constitucionalmente consagrado à ampla defesa" (HC 130.065-SP, 6.ª T., rel. Haroldo Rodrigues, 23.03.2010, v.u.).

• TJRJ: "Vê-se dos autos que a defesa requereu a expedição de ofício à Direção da Casa de Custódia para que aquele órgão remetesse ao juízo a relação de visitantes do acusado, esclarecendo se os visitantes cadastrados compareceram para visita ao acusado no dia dos fatos, sendo este pleito deferido pelo MM Juiz. Ocorre que, após a publicação da sentença, foi anexado aos autos o ofício de n. 092/GAB/SEAP--RN/2009, datado de 04 de junho de 2009, onde o Diretor da SEAP-RN em resposta ao juízo, afirma que no dia 19 de novembro de 2008 o custodiado B.S.C. (apelante) não recebeu visitas. Induvidoso que com a prolação da sentença sem que constasse dos autos tal informação, trouxe prejuízo ao réu, que não teve os princípios da ampla defesa respeitado" (AP 0006871-76.2008.8.19.0029-RJ, 8.ª C.C., rel. Valmir Ribeiro, 11.03.2010).

374 | PRINCÍPIOS CONSTITUCIONAIS PENAIS E PROCESSUAIS PENAIS – Nucci

e) Falecimento do defensor

• STF: "A CF/88 determina que "o advogado é indispensável à administração da justiça" [art. 133]. É por intermédio dele que se exerce "o contraditório e a ampla defesa, com os meios e recursos a ela inerentes" [art. 5.º, LV]. O falecimento do patrono do réu cinco dias antes da publicação do acórdão, do STJ, que não admitiu o agravo de instrumento consubstancia situação relevante. Isso porque, havendo apenas um advogado constituído nos autos, a intimação do acórdão tornou-se impossível após a sua morte. Em consequência, o paciente ficou sem defesa técnica. Há, no caso, nítida violação do contraditório e da ampla defesa, a ensejar a desconstituição do trânsito em julgado do acórdão e a devolução do prazo recursal, bem assim a restituição da liberdade do paciente, que respondeu à ação penal solto" (HC 99330-ES, 2.ª T., rel. Ellen Gracie, 16.03.2010, m.v.).

f) Obrigatoriedade de intimação pessoal do defensor dativo

• STF: "É entendimento reiterado desta Corte que a prerrogativa de intimação pessoal dos defensores de réus de ação penal é inerente aos defensores dativos, por força do art. 370, § 4.º, do Código de Processo Penal, e decorrente da própria Constituição, que assegura o direito à ampla defesa em procedimento estatal que respeite as prerrogativas do devido processo legal. Precedentes. A falta de intimação pessoal do defensor dativo qualifica-se como causa geradora de nulidade processual absoluta, sendo desnecessária a comprovação, nesta hipótese, do efetivo prejuízo para que tal nulidade seja declarada" (HC 98802-GO, 2.ª T., rel. Joaquim Barbosa, 20.10.2009, v.u.).

• STF: "A tese do impetrante está em perfeita sintonia com a jurisprudência desta Suprema Corte, segundo a qual 'a prerrogativa de intimação pessoal dos defensores de réus de ação penal é inerente aos defensores dativos, por força do art. 370, § 4.º, do Código de Processo Penal, e decorrente da própria Constituição, que assegura o direito à ampla defesa em procedimento estatal que respeite as prerrogativas do devido processo legal (...). A falta de intimação pessoal do defensor dativo qualifica-se como causa geradora de nulidade processual absoluta, sendo desnecessária a comprovação, nesta hipótese, do efetivo prejuízo para que tal nulidade seja declarada' (HC 98.802-GO, 2.ª T., rel. Min. Joaquim Barbosa, *DJe* 27.11.2009)" (HC 101.715-GO, 1.ª T., rel. Dias Toffoli, 09.03.2010, v.u.).

g) Obrigatoriedade de intimação para sustentação oral

• STF: "A sustentação oral consubstancia instrumento dos princípios da ampla defesa e do contraditório (CRB, art. 5º, inciso LV), revelando-

CAP. V • PRINCÍPIOS CONSTITUCIONAIS PROCESSUAIS PENAIS E ENFOQUES PENAIS | **375**

-se indispensável a intimação da parte sobre a data de julgamento do feito quando há requerimento expresso nos autos, sob pena de nulidade absoluta do ato. Precedentes: HC 105.728/RJ, Relator Min. Dias Toffoli, Primeira Turma, Julgamento em 30.8.2011; HC 104.136/DF, Relatora Min. Cármen Lúcia, Julgamento em 1.2.2011; HC 106.927/ GO, Relator Ministro Joaquim Barbosa, Julgamento em 15.2.2011; HC 99.929-QO/SP, Relator Ministro Eros Grau, Segunda Turma, Julgamento em 16.3.2010." (HC 103749 – SC, 1ª.T., rel. Luiz Fux, 25.10.2011, v.u.).

- STF: "A exigência de intimação pessoal do Defensor Público e do Advogado dativo, notadamente em sede de persecução penal, atende a uma imposição que deriva do próprio texto da Constituição da República, no ponto em que o estatuto fundamental estabelece, em favor de qualquer acusado, o direito à plenitude de defesa em procedimento estatal que respeite as prerrogativas decorrentes da cláusula constitucional do 'due process of law'. Precedentes" (RHC 106561 – RJ, 2.ª T., rel. Celso de Mello, 21.06.2011, v.u.).

- STF: "A sustentação oral – que traduz prerrogativa jurídica de essencial importância – compõe o estatuto constitucional do direito de defesa. A injusta frustração desse direito, por falta de intimação pessoal do Defensor Público para a sessão de julgamento do recurso de apelação interposto pelo Ministério Público, afeta, em sua própria substância, o princípio constitucional da amplitude de defesa. O cerceamento do exercício dessa prerrogativa – que constitui uma das projeções concretizadoras do direito de defesa – enseja, quando configurado, a própria invalidação do julgamento realizado pelo Tribunal, em função da carga irrecusável de prejuízo que lhe é ínsita" (HC 97.797 – PA, 2.ª T., rel. Celso de Mello, 15.09.2009, v.u.).

h) Adiamento de audiência sem nomeação de dativo

- TRF-1.ª R.: "Para que haja o adiamento de audiência ou sessão de julgamento, é necessária a efetiva demonstração da plausibilidade dos motivos que ensejaram o pedido. 2. Na hipótese, do exame da documentação que instrui o presente, vê-se que as impetrantes demonstraram impossibilidade de comparecimento dos advogados constituídos à audiência designada pelo impetrado para dia 04.06.2009, devendo a audiência, em observância ao disposto no art. 265, §§ 1.º e 2.º, do CPP (com redação dada pela Lei 11.719/2008), ser adiada para outra data disponível. 3. Entendimento contrário violaria o princípio constitucional da ampla defesa que assegura ao acusado a escolha de seu advogado, não lhe podendo ser nomeado defensor dativo, mesmo que exclusivamente para um único ato, se ele tiver advogado constituído,

376 PRINCÍPIOS CONSTITUCIONAIS PENAIS E PROCESSUAIS PENAIS – Nucci

que por motivo justo e devidamente comprovado, não poder a ele comparecer" (HC 2009.01.00.030782-0-RO, 4.ª T., rel. Mário César Ribeiro, 15.09.2010, v.u.).

i) Ausência de réu e defensor em audiência de instrução

• TRF-3.ª R.: "A audiência para inquirição de testemunha de acusação foi realizada sem a presença do réu e de seu advogado constituído, e nem sequer foi nomeado defensor *ad hoc*, o que tornou o réu indefeso para o ato. 2. Evidente o prejuízo para o acusado, já que a testemunha foi inquirida na condição de vítima. 3. Prescreve o artigo 261, do Código de Processo Penal que: 'nenhum acusado, ainda que ausente ou foragido, será processado ou julgado sem defensor', restando óbvio que a colheita de ato probatório sem que haja defensor para o réu – mesmo que nomeado *ad hoc* – não se sustenta como ato eficaz à luz do art. 5.º, LV, da Constituição e da Súmula 523 do STF. 4. Violação aos princípios do contraditório e da ampla defesa que caracterizam o devido processo penal" (EIFNU 15.430-SP, 1.ª S., rel. Johonsom Di Salvo, 19.11.2009, m.v.).

j) Renúncia e dever de garantir outro defensor ao réu

• TRF-3.ª R.: "Magistrado *a quo*, embasado exclusivamente na manifestação do corréu S. R., determina que seja certificado o trânsito em julgado em relação ao mesmo, sem que tivesse havido manifestação expressa da sua defesa técnica nesse sentido. II – Patrono que renuncia aos seus poderes quanto ao corréu não apelante, ao mesmo tempo em que, paralelamente, interpõe o recurso de apelação do outro corréu e requer a apresentação das razões recursais de O. nos termos do art. 600, § 4.º, do CPP, sendo que o primeiro não foi intimado posteriormente para constituir novo defensor. III – Certidão de trânsito em julgado que afronta o princípio da ampla defesa e contraditório, cuja nulidade foi decretada, assim como dos atos a ela posteriores, em relação a S. R. R.S." (ACR 28.824-SP, 2.ª T., rel. Cecília Melo, 09.12.2008, v.u.).

k) Inércia do defensor constituído para interpor recurso

• TJSP: "Apelo julgado deserto ante a inércia de defensor constituído. Impossibilidade. Nomeação de Defensor Público para dar seguimento ao apelo interposto pelo réu. Prevalência dos princípios do contraditório, da ampla defesa e do devido processo legal. (...) Por primeiro, destaca-se que os princípios constitucionais do contraditório e da ampla defesa possuem características especiais que garantem a efetividade

CAP. V • PRINCÍPIOS CONSTITUCIONAIS PROCESSUAIS PENAIS E ENFOQUES PENAIS | **377**

da persecução penal e dão a base de sustentação ao exercício regular dos direitos constitucionalmente assegurados a todos os cidadãos. Nesse sentido, cabe ao Magistrado garantir que, durante a persecução penal, sejam observados esses princípios, inclusive na amplidão a eles atribuída pelo texto constitucional. Com efeito, a atual Constituição atribui àqueles princípios a maior amplitude possível e, ao contrário do que se observa no presente caso, não deve o Magistrado limitar o exercício daqueles direitos constitucionalmente assegurados. O recurso não é deserto, e ainda que a jurisprudência atual estivesse dividida a este respeito, a Constituição determina que seja recebido. Com relação à falta de recolhimento de custas processuais, há necessidade de se aplicar ao caso a justiça gratuita. Diante dos princípios constitucionais da ampla defesa e do duplo grau de jurisdição, não é admissível que sejam criados obstáculos financeiros para o seu exercício. Por isso, toda e qualquer lei ou determinação administrativa que condicione o exercício do direito de recorrer a prévio pagamento deve ser rejeitada, pois se trata de Processo Penal e não de Processo Civil. O trânsito em julgado da sentença baseado na falta de pagamento das custas processuais afronta a regra legal da Assistência Judiciária que admite a pura e simples declaração de incapacidade de pagamento para sua obtenção, tendo o advogado poderes para fazer tal pedido" (HC 990.10.045791-8-SP, 1.ª C.D.C., rel. Marco Nahum, 26.04.2010, v.u.).

l) Indispensabilidade de intimação do réu acerca da desídia de seu defensor

• TJMG: "A ausência de intimação do réu da desídia de seu advogado, e a nomeação de defensor público ao mesmo sem sua anterior manifestação quanto ao interesse de constituir e/ou indicar novo causídico, está a macular de forma insanável o presente feito, por inconteste ofensa ao direito à ampla defesa." ACR 1.0517.06.001386-2/001, MG, 5.ª C.C., rel. Vieira de Brito, 02.09.2008).

m) Indispensabilidade de intimação do réu e seu defensor em relação à sentença condenatória

• TJMG: "o réu deve ser intimado pessoalmente ou por edital, se não for encontrado, bem como seu defensor, seja ele preso, revel, foragido ou em liberdade provisória, seja este constituído ou dativo, conforme estabelece o princípio da ampla defesa constitucionalmente assegurado (art. 5.º, IV, CF). Não havendo intimação pessoal do defensor, o prazo recursal só começará a fluir após a manifestação do causídico nos autos, demonstrando, inequivocamente, que teve ciência da r. sentença condenatória" (HC 1.0000.08.487340-5/000-MG, 3.ª C.C., rel. Antônio Armando Dos Anjos, 13.02.2009, v.u.).

n) Intimação do defensor acerca da juntada de procuração

- STF: "Constatada a omissão do Poder Judiciário em juntar ao processo a nova procuração outorgada pela parte, assim como o ato de revogação do anterior mandato, impõe-se, em respeito ao princípio da ampla defesa, o reconhecimento da nulidade das intimações de todos os atos processuais feitas em nome de advogado que não mais detinha poder de representação" (HC 113408 – RS, 2.ª T., rel. Cármen Lúcia, 02.04.2013, v.u.).

o) Possibilidade de atuação do defensor dativo

- STJ: "Ante o não comparecimento ou o atraso do advogado constituído, não há óbice à nomeação de defensor dativo para o ato, a fim de se imprimir a necessária celeridade à ação penal, em observância ao princípio da duração razoável do processo, sem se descurar, no entanto, do princípio da ampla defesa. No mais, eventual deficiência da defesa só enseja nulidade se demonstrado o prejuízo, a teor do enunciado n° 523 da Súmula do Pretório Excelso, o que não se verificou *in casu*" (HC 185868 – MG, 5.ª T., rel. Marco Aurélio Bellizze, 12.03.2013, v.u.).

p) Possibilidade de atuação do defensor ad hoc

- STJ: "Válida é a denegação justificada ao pleito de adiamento da audiência, não violando os princípios do contraditório e da ampla defesa a nomeação de defensor *ad hoc*, com efetiva atuação no ato e sem prejuízos concretos demonstrados (Súmula n.° 523/STF)" (HC 110.095/DF, 6.ª T., rel. Nefi Cordeiro, j. 06.11.2014, v.u.).

1.1.2.6.2 Conteúdo da acusação

a) Descrição específica dos fatos

- STF: "A acusação formalizada pelo Ministério Público deve conter a exposição do fato criminoso, ou em tese criminoso, com todas as circunstâncias até então conhecidas, de parelha com a qualificação do acusado, ou, de todo modo, esclarecimentos que possam viabilizar a defesa do acusado. Isso para que o contraditório e a ampla defesa se estabeleçam nos devidos termos. 2. A higidez da denúncia opera, ela mesma, como uma garantia do acusado. Garantia que, por um lado, abre caminho para o mais desembaraçado exercício da ampla defesa e,

CAP. V • PRINCÍPIOS CONSTITUCIONAIS PROCESSUAIS PENAIS E ENFOQUES PENAIS | 379

por outro, baliza a atuação judicial" (HC 94.226-SP – 2.ª T., rel. Ayres Britto, 28.06.2011, v.u.).

- STJ: "A perfeita descrição do comportamento irrogado na denúncia é pressuposto para o exercício da ampla defesa. Do contrário, a peça lacônica causa perplexidade, prejudicando tanto o posicionamento pessoal do réu em juízo como a atuação do defensor técnico" (HC 76.098-MG, 6.ª T., rel. Maria Thereza de Assis Moura, 06.04.2010, v.u.).

- STJ: "Diante da ausência de qualquer imputação fática relativa à paciente, é de se reconhecer a inépcia da denúncia, evidenciando-se a violação à garantia da ampla defesa, causa de nulidade absoluta" (HC 75.441-PB, 6.ª T., rel. Maria Thereza de Assis Moura, 23.03.2010, v.u.).

- STJ: "A denúncia deve atender os requisitos do art. 41 do Código de Processo Penal – expondo o fato tido como delituoso, suas circunstâncias, a qualificação do acusado, a classificação do crime, o pedido de condenação e a apresentação do rol de testemunhas –, sob pena de ser considerada inepta. 2. A prolação de sentença condenatória não implica a perda de objeto do *writ* em que se alega inépcia da denúncia, e por conseguinte de falta de justa causa no prosseguimento da ação penal, uma vez que realizada antes do referido *decisum*. 3. Não havendo a descrição do erro, artifício, ardil ou qualquer outro meio fraudulento, que teria sido utilizado pelo paciente, de modo a enquadrar sua conduta na tipificação contida no art. 171, *caput*, do Código Penal, impõe reconhecer que a denúncia não atende os requisitos do art. 41 do CPP, porque não há exposição do fato tido como delituoso com todas as suas circunstâncias, não permitindo, assim, o pleno exercício de sua ampla defesa, como assegurado constitucionalmente" (HC 151031 – SP, 5.ª T., rel. Arnaldo Esteves Lima, 13.04.2010, v.u.).

- TJRJ: "A denúncia inobservou os requisitos do artigo 41 do Código Processo Penal, quais sejam, a exposição do fato criminoso, narrando todas as suas circunstâncias, a relação de causalidade entre a conduta imputada aos recorrentes, bem como as práticas delituosas por eles supostamente cometidas. Se havia elementos contra os apelantes, a denúncia não os indicou, e, assim, a defesa não pôde ser exercida adequadamente, uma vez que a falta de imputação ou a imputação deficiente impossibilitou o exercício da ampla defesa, configurando hipótese de nulidade absoluta" (AP 0003118-98.2008.8.19.0001-RJ, 1.ª C.C., rel., Antonio Jayme Boente, 03.03.2010).

b) Defesa em relação a fatos e não à classificação

- STJ: "Inexiste prejuízo à ampla defesa, na decisão do magistrado, que ao proferir a decisão condenatória, considera qualificadora contida no texto da denúncia. No caso, da análise da exordial acusatória é possível concluir pela ocorrência da circunstância qualificadora prevista no § 1.º, do art. 159 do CP, apesar de a denúncia capitular equivocadamente o delito no *caput* do mencionado artigo" (REsp 706.437-RS, 6.ª T., rel. Og Fernandes, 16.03.2010, v.u.).

c) Denúncia concisa

• STJ: "A denúncia que, mesmo sucinta, descreve a conduta do paciente, no contexto de suposta quadrilha [associação criminosa] voltada à prática de crimes contra a Administração Pública, não agride o princípio da ampla defesa. É evidente que ninguém pode ser responsabilizado pelo que é, mas, sim, pelo que faz – prevalência do direito penal fato sobre o do autor" (HC 127667 – SP, 6.ª T., rel. Maria Thereza de Assis Moura, 27.11.2012, v.u.).

1.1.2.6.3 Peças processuais

a) Obrigatoriedade de razões e contrarrazões

• STJ: "O princípio da ampla defesa, elencado na Constituição Federal em seu art. 5.º, LV, assegura ao réu todas as condições necessárias para o exercício de suas faculdades e poderes processuais, com a disponibilidade de todos os meios e recursos que possibilitem a maior amplitude possível da sua defesa, traduzindo em importante garantia no campo do direito processual. 2. A Súmula 523 do Supremo Tribunal Federal é clara ao afirmar que "no processo penal, a falta de defesa constitui nulidade absoluta, mas a sua deficiência só o anulará se houver prova de prejuízo para o réu", logo, evidenciada nos autos a carência de defesa técnica da paciente quando do julgamento do apelo, é certo que o feito deve ser anulado desde então, porquanto houve explícita violação ao princípio constitucional da ampla defesa, o que enseja sua nulidade absoluta" (HC 136.264-SP, 5.ª T., rel. Jorge Mussi, 04.02.2010, v.u.).

• STJ: "Em respeito às garantias constitucionais ao contraditório e à ampla defesa, esta Corte Superior de Justiça tem decidido que 'não havendo a defesa do paciente apresentado contrarrazões ao recurso interposto pelo Ministério Público, deve o réu ser intimado para constituir novo patrono, ou, no silêncio, nomear-se defensor para apresentar resposta ao apelo, observando-se os princípios da ampla defesa e do contraditório' (HC 29.169 – AC, rel. Min. Paulo Gallotti, 6.ª T., j. 23.03.2004). 2. No caso dos autos, constata-se que o recurso ministerial não foi contra-arrazoado pelo defensor constituído pelo paciente, sendo, então, a decisão de impronúncia reformada pelo Tribunal de Origem

CAP. V • PRINCÍPIOS CONSTITUCIONAIS PROCESSUAIS PENAIS E ENFOQUES PENAIS | **381**

sem que se procedesse a sua intimação para indicar novo profissional para defendê-lo ou, caso constatada a sua inércia, sem a nomeação de defensor dativo, violando, assim, as garantias constitucionais ao contraditório e à ampla defesa, circunstância que dá ensejo ao reconhecimento da nulidade do acórdão objurgado" (HC 108.652-SC, 5.ª T., rel. Jorge Mussi, 09.02.2010, v.u.).

• TJSP: "Recebimento de Apelação, julgada deserta pelo Juizado Especial Criminal – Motivo: interposição de recurso sem apresentação de razões – Afronta ao art. 82, § 1.º, da Lei 9.099/95 – Decisão mantida pelo Colégio Recursal – Art. 92 da Lei 9.099/95: Aplicação subsidiária do CP e CPP – Art. 601. do CPP que determina a subida do recurso, independente de suas razões – Direito Constitucional à ampla defesa que deve ser Garantido." (HC 990.09.319477-5 – SP, 6.ª C.D.C., rel. Machado de Andrade, 25.03.2010, v.u.).

b) Habeas corpus: *inicial e trâmite*

• STJ: "O *Habeas Corpus* pode ser impetrado por qualquer pessoa, em seu favor ou de outrem, ex vi do art. 654 do CPP. Assim, não há obrigatoriedade em se nomear Defensor Público quando a impetração é feita pelo próprio paciente ou por outrem que não possua habilitação técnica para tanto. 2. Contudo, uma vez solicitado pelo impetrante/paciente a assistência de um Defensor Público dever-se-ia ter realizado a nomeação do mesmo a fim de garantir o exercício pleno da ampla defesa e do contraditório. Resta, pois, evidente a existência de omissão por este Juízo, quanto à falta apreciação do pedido defensivo" (EDcl no HC 125.288 – SP, 5.ª T., rel. Napoleão Nunes Maia Filho, 04.02.2010, v.u.).

c) *Defesa preliminar do art. 514 do CPP*

• STF: "1. A defesa técnica suscitou, em sede de alegações finais, a falta de notificação prévia dos acusados para os fins do art. 514 do CPP. É dizer: verificada a inobservância do art. 514 do CPP na fase do art. 499 do CPP (redação originária), não se dá a preclusão da matéria. 2. O prejuízo pela supressão da chance de oferecimento de resposta preliminar ao recebimento da denúncia é indissociável da abertura em si do processo penal. Processo que, no caso, resultou em condenação, já confirmada pelo Tribunal de Justiça do Estado do Rio de Janeiro, no patamar de 3 (três) anos de reclusão. 3. Na concreta situação dos autos, a ausência de oportunidade para o oferecimento da resposta preliminar na ocasião legalmente assinalada revela-se incompatível com a pureza do princípio constitucional da plenitude de defesa e do contraditório, mormente em matéria penal. Noutros termos, a falta da defesa preliminar à decisão judicial quanto ao recebimento da denúncia, em processo tão vincado pela garantia constitucional da ampla defesa e do contraditório, como efetivamente é o processo penal, caracteriza vício insanável. A ampla defesa é transformada em curta defesa, ainda que por um momento, e já não há como desconhecer o automático prejuízo para a parte processual acusada, pois o fato é que a garantia da prévia defesa é instituída como possibilidade concreta de a pessoa levar o julgador a não receber a denúncia ministerial pública. Logo, sem a oportunidade de se contrapor ao Ministério Público quanto à necessidade de instauração do processo penal – objetivo da denúncia do Ministério Público –, a pessoa acusada deixa de usufruir da garantia da plenitude de defesa para escapar à pecha de réu em processo penal. O que traduz, por modo automático, prejuízo processual irreparável, pois nunca se pode saber que efeitos produziria na subjetividade do magistrado processante a contradita do acusado quanto ao juízo do recebimento da denúncia" (HC 95.712-RJ, 1.ª T., rel. Ayres Britto, 20.04.2010, v.u.).

d) Obrigatoriedade de alegações finais

• TRF-1.ª R.: "As alegações finais constituem ato essencial do processo, cuja ausência acarreta sua nulidade absoluta. 2. Anulação do processo a partir da fase do art. 500 do Código de Processo Penal [antiga fase de alegações finais escritas, hoje substituída pelos debates orais]" (ACR 2006.43.00.000040-0-TO, 3.ª T., rel. Tourinho Neto, 25.01.2010, v.u.).[23]

e) Possibilidade de rol de testemunhas intempestivo

• TRF-4.ª R.: "Consabido que, no processo penal, as testemunhas devem ser arroladas por ocasião do oferecimento da denúncia e por ocasião da apresentação da defesa prévia (atualmente denominada de resposta à acusação, nos termos do art. 396-A do CPP, incluído pela Lei 11.719/2008), sob pena de preclusão do ato (precedentes). 2. Hipótese em que a Defensoria Pública da União, por não ter conseguido entrar em contato com o paciente, apresentou defesa preliminar sem o rol de testemunhas, apresentado posteriormente. 3. Decisão que concluiu pela preclusão para o ato que não deve prevalecer, na medida em que as particularidades do caso apontam que tal fato não foi fruto de desídia, má-fé processual ou manobra diversionista por parte da defesa, a fim de retardar indevidamente o andamento do feito. 4. Plausibilidade na alegação defensiva quanto à

---

23. Com a edição das Leis 11.689/2008 e 11.719/2008, a maior parte dos procedimentos consagra a fase de alegações finais por meio de debates orais. Ainda assim, torna-se indispensável a sua realização em audiência para a consagração da ampla defesa.

CAP. V • PRINCÍPIOS CONSTITUCIONAIS PROCESSUAIS PENAIS E ENFOQUES PENAIS | **383**

imprescindibilidade da produção da prova testemunhal, que poderá servir como argumento apto a corroborar eventuais teses defensivas a serem apresentadas no curso da instrução criminal, emprestando concretude aos princípios constitucionais do contraditório e ampla defesa." (HC 2009.04.00.012148-7-SC, 7.ª T., rel. Tadaaqui Hirose, 05.05.2009, v.u.).

- TJRJ: "Alegação de nulidade da decisão de recebimento da denúncia. Matéria definitivamente decidida em julgamento anterior. Pleito de audiência de testemunhas arroladas por novo defensor, tendo em vista a omissão do primitivo advogado. Pretensão que se acolhe em homenagem à ampla defesa e nos limites do devido processo legal" (HC 0008518-28.2010.8.19.000-RJ, 5.ª C.C., rel. Geraldo Prado, 15.04.2010).

f) Obrigatoriedade de apreciação das teses defensivas

- TJMG: "Nula é a sentença que não aprecia todas as teses defensivas levantadas nas alegações finais, ocasionando violação ao princípio da ampla defesa." (ACR 1.0112.08.084073-2/001-MG, 4.ª C.C., rel. Doorgal Andrada, 07.10.2009).

g) Fundamentação da pronúncia

- STJ: "Esta Corte já se pronunciou no sentido de que, não sendo a hipótese de absolvição sumária do acusado, a manifestação do Juízo processante não há de ser exaustiva, sob pena de antecipação prematura de um juízo meritório que deve ser naturalmente realizado ao término da instrução criminal, em estrita observância aos princípios da ampla defesa e do contraditório. Precedente" (HC 236471 – SP, 5.ª T., rel. Laurita Vaz, 07.05.2013, v.u.).

h) Uso abusivo dos embargos de declaração

- STJ: "A insistência dos embargantes diante das sucessivas oposições de embargos de declaração revela não só seu exagerado inconformismo, como também o seu nítido caráter protelatório, no intuito de impedir o trânsito em julgado da ação penal, constituindo verdadeiro abuso do direito à ampla defesa" (EDcl nos EDcl nos EDcl no AgRg no AREsp 351.963/ES, 5.ª T., rel. Jorge Mussi, j. 06.11.2014, v.u.).

1.1.2.6.4 Medidas cautelares de restrição à propriedade

a) Sequestro

- TRF-1.ª R.: "A medida de sequestro cautelar, na forma do art. 4.º da Lei 9.613/98 não dispensa a particularização dos bens a serem submetidos à constrição, ainda que se exija tão somente a demonstração de indícios dos crimes antecedentes ao de lavagem de dinheiro, previstos no art. 1.º e parágrafos da citada lei. 2. O sequestro decretado de forma genérica, atenta contra o contraditório e a ampla defesa" (MS 0063621-88.2009.4.01.0000-MG, 2.ª S., rel. Tourinho Neto, 27.01.2010, v.u.).

b)   Não apresentação de alegações finais e nomeação de dativo

- STJ: "Não configura nulidade (por ofensa ao princípio da ampla defesa), a nomeação, pelo Julgador, de defensor dativo para oferecer alegações finais em favor do réu, na hipótese de o defensor constituído, devidamente intimado para tanto, permanecer inerte. Nesses casos, tem a jurisprudência desta Corte entendido que não se faz necessário que, antes da nomeação do defensor dativo pelo Juiz, seja o réu previamente intimado para, querendo, constituir outro advogado" (RHC 267.252 – DF, 5.ª T., rel. Laurita Vaz, 22.11.2011, v.u.).

1.1.2.6.5   Comunicações de atos por edital

a)   Esgotamento dos meios de localização para a citação

- TRF-1.ª R.: "O esgotamento prévio dos meios disponíveis para a localização do acusado é providência indispensável para a validade da citação por edital (art. 361 do CPP). Precedentes do STF e STJ. II. Se a citação editalícia é determinada sem que tenha sido sequer tentada a citação pessoal do acusado, quando era possível encontrá-lo mediante a adoção de providências simples, à disposição da acusação, há nulidade absoluta a macular o feito, decorrente da violação dos princípios constitucionais da ampla defesa e do contraditório (art. 5.º, LV, da Constituição Federal)" (ACR 1998.37.01.000559-0-MA, 3.ª T., rel. Cândido Ribeiro, 11.01.2010, v.u.).

- TJSP: "A citação constitui o ato essencial à formação válida do processo, porque é meio de viabilizar o efetivo exercício do contraditório e ampla defesa – Citação editalícia realizada sem que o réu fosse procurado nos endereços por ele fornecidos nos autos – Modalidade excepcional de citação que só deve ser adotada ante a comprovada inviabilidade da citação pessoal do réu – Processo nulificado a partir da citação por edital – Hipótese em que a prisão preventiva foi decretada sob o fundamento de que o réu estaria se ocultando para não ser citado – Motivação prejudicada por força da defeituosa citação por edital" (HC 990.09.289149-9 –SP, 15.ª C.D.C., rel. Amado de Faria, 25.01.2010, v.u.).

CAP. V • PRINCÍPIOS CONSTITUCIONAIS PROCESSUAIS PENAIS E ENFOQUES PENAIS | **385**

b) Edital contendo erros

- TRF-1.ª R.: "A publicação de edital de intimação de sentença condenatória contendo dados que não condizem com a realidade do estado, de filiação e de data de nascimento do apenado não atende à finalidade precípua de dar ciência ficta da ocorrência da condenação. 2. Nula é a publicação da intimação da sentença condenatória com dados errados, não possibilitando ao réu o direito à ampla defesa" (HC 2009.01.00.009238-0-PA, 4.ª T., rel. Mário César Ribeiro, 04.08.2009 m.v.).

1.1.2.6.6 Revogação de benefícios penais

a) Pena restritiva de direitos

- STJ: "Esta Corte já pacificou o entendimento segundo o qual configura constrangimento ilegal, por ofensa aos princípios da ampla defesa e do contraditório, a conversão automática da pena restritiva de direitos em privativa de liberdade, sem a prévia oitiva do condenado, em audiência de justificação. Precedentes" (HC 242366 – RJ, 6.ª T., rel. Assusete Magalhães, 18.09.2012, v.u.).

- TRF-1.ª R.: "A prestação pecuniária, nos termos dos arts. 43, I, e 45, § 1.º, do Código Penal, consiste no pagamento em dinheiro à vítima, a seus dependentes ou à entidade pública ou privada, com destinação social, de importância fixada pelo juiz. II – Como modalidade de pena restritiva de direitos, segue a orientação prevista no art. 44, § 4.º, do Estatuto Penal – que determina a sua conversão em pena privativa de liberdade, pelo descumprimento injustificado da reprimenda imposta na sentença condenatória –, e possui natureza jurídica diversa da pena de multa, insuscetível de conversão em prisão, nos termos do art. 51 do CP. III – O descumprimento injustificado da pena restritiva de direitos deve ser aferido em audiência de justificação, em observância ao princípio do contraditório e da ampla defesa" (HC 2009.01.00.001554-9-AC, 3.ª T., rel. Tourinho Neto, 28.07.2009, m.v.).

- TRF-4.ª R.: "Não encontrado o condenado nos endereços constantes dos autos, a conversão da pena restritiva de direito em privativa de liberdade ainda assim impõe sua intimação prévia, ainda que por edital, com o objetivo de resguardar-se-lhe o exercício do contraditório e da ampla defesa. 2. Exige a conversão de penas alternativas em prisão o prévio contraditório, com assegurado direito de defesa e intervenção ministerial" (HC 0008404-42.2010.404.0000-RS, 7.ª T., rel. Néfi Cordeiro, 13.04.2010, v.u.).

- TJRJ: "Por essas razões, a ilustre Magistrada *a quo* deixou de oportunizar ao paciente o direito de justificação, com sua prévia oitiva, antes de determinar a conversão da pena restritiva de direitos em privativa de liberdade. 5. A conversão da pena restritiva em privativa de liberdade revela clara afronta aos princípios do contraditório e da ampla defesa, reputando-se caracterizada real e concreta ameaça à liberdade do paciente" (HC 0003351-30.2010.8.19.000-RJ, 2.ª C.C., rel. José Muinos Pineiro Filho, 13.04.2010).
- TJMG: "Os princípios constitucionais do devido processo legal, do contraditório e da ampla defesa, garantias de um autêntico Estado Democrático de Direito, incidem sobre todo e qualquer processo, seja em sua fase cognitiva, seja em sua fase executória. Para que a pena restritiva de direitos seja convertida em privativa de liberdade é imprescindível que a condenada, acusada do descumprimento da pena alternativa a ela imposta, seja previamente ouvida pela autoridade judiciária, a fim de que possa eventualmente justificar a violação que lhe foi imputada. Somente se, após esgotados todos os meios processuais de intimação, restar infrutífera a intimação da condenada, é que será admitida a conversão da pena sem a sua oitiva" (HC 1.0000.09.491769-7/0000-MG, 5.ª C.C., rel. Alexandre Victor de Carvalho, 24.03.2009).

b) Suspensão condicional do processo

- TJMG: "A decisão que revoga o benefício da suspensão condicional do processo deve ser precedida de manifestação da defesa. Em se tratando de defensor público, deve este ser intimado pessoalmente da audiência de justificação, bem como lhe dar oportunidade para se manifestar quanto ao pedido de revogação feito pelo Ministério Público, sob pena de ofensa aos princípios constitucionais da ampla defesa e contraditório" (HC 1.0000.09.502388-3/000-MG, 5.ª C.C., rel. Maria Celeste Porto, 01.09.2009).
- TRF-3.ª R.: "A suspensão condicional do processo, nos termos do art. 89, da Lei 9.099/95, veda a prática de ato processual no curso do período de prova, ainda que seja sentença absolutória, a qual, caso reformada em sede recursal, não teria possibilitado a ampla defesa da parte beneficiária do *sursis*. 2. Sentença anulada, a fim de aguardar-se o transcurso do período de prova, prejudicado o exame do recurso do Ministério Público Federal" (ACR 37.821-SP, 2.ª T., rel. Henrique Herkenhofff, 15.12.2009, v.u.).

1.1.2.6.7 Avaliação de provas

a) Provas colhidas no inquérito não servem para condenação

- TRF-3.ª R.: "É nula a condenação proferida exclusivamente com base nas provas colhidas no inquérito policial, sem o crivo do contradi-

CAP. V • PRINCÍPIOS CONSTITUCIONAIS PROCESSUAIS PENAIS E ENFOQUES PENAIS | **387**

tório e da ampla defesa, constitucionalmente assegurados, conforme Jurisprudência dos Tribunais, consolidada no artigo 155, do Código de Processo Penal, com a redação dada pela Lei 11.690/2008. 4. Rejeitada por maioria a preliminar de nulidade da sentença condenatória, apresentada de ofício pelo relator. Apelação provida para absolver o acusado por insuficiência de provas, nos termos do artigo 386, VII, do Código de Processo Penal" (ACR 33065-SP, 2.ª T., rel. Henrique Herkenhoff, 02.12.2008, m.v.).

1.1.2.6.8 Apelação e fuga do réu

a) Inadmissibilidade para gerar deserção

- TJSP: "Alega que o paciente sofre constrangimento ilegal, vez que o Juízo *a quo* não recebeu o recurso de apelação interposto pela defesa, sob o argumento que o réu é foragido e teve negado o direito ao recurso em liberdade – Reconhecido o constrangimento – Inteligência da Súmula 347 do STJ: *'O conhecimento de recurso de apelação do réu independe de sua prisão'*" (HC 990.09.336576-6-SP, 12.ª C.D.C., rel. Paulo Rossi, 27.01.2010, v.u.).

- TJMG: "Não tendo o art. 595 do CPP [hoje, revogado pela Lei 12.403/2011] sido recepcionado pela nova ordem jurídico-constitucional, caracteriza constrangimento ilegal o não recebimento da apelação interposta pelo réu foragido, pois é direito inafastável do mesmo ter a condenação revista pelo tribunal, sob pena de violação dos princípios da ampla defesa, do duplo grau de jurisdição, do devido processo legal e da isonomia processual" (HC 1.0000.08.487112-8/0000-MG, 3.ª C.C., rel. Antônio Armando dos Anjos, 16.12.2008, v.u.).

1.1.2.6.9 Execução penal

a) Transferência e regressão

- STJ: "É pacífico nesta Corte o entendimento no sentido de que a conversão das penas restritivas de direitos em privativa de liberdade deve ser precedida de audiência de justificativa, com a presença do defensor. Assim, constando a manifestação da Defensoria Pública antes da conversão, bem como o ciente da decisão, não há se falar em nulidade por ofensa aos princípios da ampla defesa e do contraditório. Aguardar o comparecimento do paciente, o qual não é encontrado nos endereços declinados nem atende à intimação editalícia, estando, ao que tudo indica, se furtando ao cumprimento da reprimenda, seria, no mínimo, privilegiar sua própria torpeza." (RHC 29198 – SP, 5.ª T., rel. Marco Aurélio Bellizze, 02.04.2013, v.u.).

- TJRJ: "o processo de execução penal possui natureza jurisdicional, impondo que o apenado tenha preservados os princípios da ampla defesa, do contraditório e do devido processo legal. No caso em tela, não foi franqueada vista à defesa técnica para se manifestar acerca das transferência e regressão de regime, assim como não foi respeitada a regra contida no § 2.º, do art. 5.º, da Lei 11.671/2008. A gravidade dos fatos, por si só, não autoriza a violação dos princípios constitucionais e a inobservância às leis, essenciais ao Estado Democrático de Direito." (HC 0001686-76.2010.8.19.000-RJ, 5.ª c.c., rel. Adilson Vieira Macabu, 15.04.2010).

- TJRJ: "Revogados os benefícios anteriormente concedido, de progressão de regime, visita periódica ao lar, e trabalho extramuros, além da perda dos dias remidos, e estabelecidos a ampla defesa e o contraditório, postulou a defesa a nulidade da decisão, face à ausência do patrono do apenado quando da sua oitiva no Processo Administrativo Disciplinar, com evidente violação ao disposto na Sumula 343/STJ. Os procedimentos administrativos foram anulados, por acórdão proferido por esta E. Câmara Criminal, determinando o retorno do paciente ao regime semiaberto. Em 17.09.2009 foram renovados os procedimentos, a pedido do MP, e sem a prévia oitiva do ora paciente, novamente regredido o regime para o fechado, de forma definitiva, e determinada a elaboração do cálculo de 1/6 da pena a partir do cometimento da falta grave. Não restam dúvidas, quanto à inobservância, pelo douto juízo, do princípio da ampla defesa, em afronta às normas do art. 118, § 2.º, da LEP" (HC 0003848-44.2010.8.19.000-RJ, 8.ª C.C., rel. Suely Lopes Magalhães, 11.03.2010).

b) Falta grave

- TJMG: "Em observância ao princípio da ampla defesa e do devido processo legal, é imprescindível que o condenado, acusado do cometimento de falta grave, seja previamente ouvido pela autoridade judiciária, a fim de que possa eventualmente justificar a violação que lhe foi imputada" (HC 1.0000.09.502770-2/000-MG, 5.ª C.C., rel. Alexandre Victor de Carvalho, 01.09.2009).

- TJMG: "O princípio constitucional da ampla defesa, garantia de um autêntico estado democrático de direito, incide sobre todo e qualquer processo, seja de natureza penal ou administrativa. em observância ao princípio da ampla defesa e do devido processo legal, é imprescindível que o condenado, acusado do cometimento de crime definido como

CAP. V • PRINCÍPIOS CONSTITUCIONAIS PROCESSUAIS PENAIS E ENFOQUES PENAIS | **389**

doloso seja previamente ouvido pela autoridade judiciária a fim de que possa eventualmente justificar a violação que lhe foi imputada. A não realização de audiência de justificação constitui constrangimento ilegal" (HC 1.0000.07.464804-9/000-MG, 5.ª C.C., rel. Alexandre Victor de Carvalho, 05.12.2007, v.u.).

1.1.2.6.10 Confronto com o crime de falsa identidade

• STJ: "Contudo, o Supremo Tribunal Federal, ao examinar o RE 640.139/DF, cuja repercussão geral foi reconhecida, entendeu de modo diverso, assentando que o princípio constitucional da ampla defesa não alcança aquele que atribui falsa identidade perante autoridade policial com o objetivo de ocultar maus antecedentes, sendo, portanto, típica a conduta praticada pelo agente" (HC 151866 – RJ, 5.ª T., rel. Jorge Mussi, 01.12.2011. v.u.).

1.1.2.6.11 Confronto com o Provimento 32/2000 do TJSP, que impõe sigilo aos nomes de vítimas e testemunhas

• STJ: "Da leitura do Provimento 32/2000 do Tribunal de Justiça do Estado de São Paulo, observa-se que ele não tolhe as garantias do devido processo legal, da ampla defesa, do contraditório, da publicidade dos atos processuais e da legalidade, tampouco impõe o segredo do processo, uma vez que há expressa previsão de acesso de ambas as partes, acusação e defesa, aos dados sigilosos das pessoas coagidas ou submetidas à ameaça" (HC 202.021 – SP, 5.ª T., rel. Jorge Mussi, 18.11.2011, v.u.).

1.1.2.6.12 Apreciação de recurso somente pelo relator

• STJ: "Não viola o princípio da ampla defesa a apreciação unipessoal, pelo relator, do mérito do recurso, quando obedecidos todos os requisitos para a sua admissibilidade e observada a jurisprudência dominante desta Corte Superior e do Supremo Tribunal Federal" (AgRg no REsp 1357882 – SP, 5.ª T., rel. Marco Aurélio Bellizze, 28.05.2013, v.u.).

1.1.2.6.13 Fixação de indenização civil na sentença condenatória

• STJ: "Para que seja fixado na sentença o valor mínimo para reparação dos danos causados à vítima, com base no art. 387, inciso IV, do Código Penal, deve haver pedido formal nesse sentido pelo ofendido, além de ser oportunizada a defesa pelo réu, sob pena de violação aos princípios da ampla defesa e do contraditório" (EDcl no REsp 1286810 – RS, 5.ª T., rel. Campos Marques, 23.04.2013, v.u.).

1.1.2.6.14 Atuação do Ministério Público em 2.º grau

• STJ: "Não há falar em ofensa aos princípios do contraditório e da ampla defesa pelo fato de o recorrente não ter sido intimado para se manifestar sobre o teor do parecer ministerial oferecido em Segunda Instância. Isso porque a manifestação do membro do *Parquet*, como *custos legis*, no Segundo Grau, advém do seu papel de fiscalizador do exato cumprimento da lei, não atuando como parte da relação processual. Precedentes. *Habeas corpus* não conhecido" (HC 145.023/SP, 6.ª T., rel. Marilza Maynard (Desembargadora convocada do TJSE), j. 05.06.2014, *DJe* 03.09.2014).

1.1.2.6.15 Ordem de inquirição do réu e das testemunhas

• TJRS: "O procedimento quanto à inquirição de testemunhas nos termos do art. 212 do Código de Processo Penal visa à preservação da ampla defesa. Para admitir a imprestabilidade da prova é necessário que tenha havido afronta à garantia constitucional ou norma legal protetiva, com prejuízo à parte, não se vislumbrando, no prejuízo com o fato de o réu ter sido inquirido, primeiro, pela MM Magistrada, e após, pela Acusação e pela Defesa, posto que os questionamentos, nessa ordem, permitiram à Defesa melhor análise das questões trazidas a cotejo pelas testemunhas, até então. Nulidade rejeitada" (Ap. 70055747703, 5.ª C., rel. Genacéia da Silva Alberton, j. 26.11.2014, v.u.).

1.1.3 *Princípio da plenitude de defesa*

1.1.3.1 *Conceito e interesse prático*

A plenitude de defesa, como princípio regente do Tribunal do Júri (art. 5.º, XXXVIII, *a*, CF), sempre nos chamou a atenção, visto ser expressão garantista, de conteúdo fundamental, diversa em significado e alcance da ampla defesa. Estivemos vinculados ao seu pormenorizado em nosso trabalho *Júri – princípios constitucionais*, publicado em 1999, fruto do desenvolvimento de tese de doutorado, defendida em 1998. Lançamos a ideia, hoje assimilada por vários doutrinadores e tribunais brasileiros, no sentido de que a forma *plena* da defesa tem maior altitude que a *ampla* defesa, visto que a primeira

CAP. V • PRINCÍPIOS CONSTITUCIONAIS PROCESSUAIS PENAIS E ENFOQUES PENAIS | **391**

realiza-se no contexto do Tribunal Popular, enquanto a segunda destina-se a qualquer corte togada criminal.

Não foi à toa que o princípio da plenitude de defesa foi inserido dentre as específicas garantias do Júri e muito menos pode ele comportar idêntico sentido que a similar, porém diversa, ampla defesa.

Várias são as razões a expressar a diferença existente entre ambas as garantias: a) o pleno indica algo completo e perfeito, enquanto o amplo aponta para vasto e extenso. A plenitude clama por uma robusta e integral forma de defesa, enquanto a ampla pede uma vasta e abundante atuação, ainda que não seja cabal e absoluta; b) a maior proteção que se deve conferir ao réu, no Tribunal do Júri, dá-se justamente pela natureza da corte popular, que decide em votação sigilosa, sem qualquer fundamentação, o destino do acusado. Exige-se, portanto, uma impecável atuação defensiva, sob pena de se configurar um cerceamento pela fragilidade do próprio defensor; c) os jurados são pessoas do povo, sem as garantias dos juízes togados, podendo-se influenciar por atuações impecáveis das partes, durante as suas manifestações. Eis por que o defensor, no júri, precisa ser tarimbado, talentoso e combativo, além de bem preparado; d) no plenário do júri vigora a oralidade, a imediatidade e a identidade física do juiz, de modo que, a atuação da defesa necessita ser perfeita, visto inexistir outra chance; e) a soberania dos veredictos é outra garantia da instituição do júri, implicando dizer que não pode ser alterada, no mérito, por outra corte togada. Sobreleva, então, a importância da defesa, pois a decisão final estará a cargo dos jurados; f) nas varas e cortes togadas, o magistrado é bem preparado e conhecedor das leis e da jurisprudência, podendo suprir eventual falha da defesa, aplicando a melhor solução ao caso, mesmo que não tenha sido o pedido formulado pelo advogado. No júri, os jurados são leigos e dificilmente poderão suprir eventuais deficiências da atuação defensiva.

1.1.3.2 *Especificidades no processo penal*

A aplicação da plenitude de defesa, no âmbito do Tribunal do Júri, fomenta, de certo modo, o desequilíbrio das partes, privilegiando-se a atuação da defesa, em virtude das várias peculiaridades de sua situação processual. Há que se garantir ao defensor o amplo acesso às provas e sua produção, sem se importar, em demasia, com a forma ou com os prazos estipulados pela lei ordinária. Deve-se assegurar ao defensor, desde que haja justificativa, um tempo razoável de dilação para a sua manifestação, ainda que esgotado o tempo previsto pelo Código de Processo Penal. Todas as teses defensivas (autodefesa e defesa técnica) devem ser bem expostas aos jurados no momento da votação.

Uma das questões mais polêmicas diz respeito à possibilidade de a defesa inovar a sua tese na tréplica. Parece-nos algo completamente legítimo e inatacável. Uma das partes há de falar por último aos jurados; no caso, prevalece a voz defensiva. Nesse momento, inexiste qualquer amarra para a manifestação, ainda que isso represente o oferecimento de tese inédita, não exposta antes da réplica ofertada pelo acusador. Se a defesa é *plena*, a integralidade de seu exercício pressupõe fazê-lo da maneira que bem lhe aprouver, valendo-se de qualquer estratégia lícita. Convenha-se ser perfeitamente legítimo levantar tese existente em direito, porém só manifestada na tréplica.

O órgão acusatório deve pautar-se pela pronúncia e, conforme os seus termos, produzir a sustentação de sua tese em plenário. Não lhe cabe rebater, ponto por ponto, os argumentos de defesa. Não se trata de um jogo ou de uma partida esportiva, com ataque e contra-ataque, cujo objetivo é marcar ponto no campo adversário. Cuida-se do julgamento de um ser humano, cujo futuro será decidido naquele momento, demandando-se zelo e eficiência para se fazer justiça. Logo, se o acusador pressentir a apresentação de tese inédita, deve antecipar-se e rebatê-la. Não o fazendo, omite-se e não pode pretender que se lhe abra oportunidade, durante ou após a tréplica, para suprir a lacuna.

Eventualmente, pode-se dizer que a defesa sustenta, na tréplica, tese absurda, impossível de ser imaginada pelo órgão acusatório. Ora, assim ocorrendo, como regra, a tese é inconvincente e, certamente, será rejeitada pelos jurados, afinal, trata-se de juízes leigos, mas não tolos.

Impedir a livre manifestação do defensor na tréplica, a pretexto de não se poder consagrar o princípio do contraditório, significa olvidar a importância constitucional dada à plenitude de defesa, característica particular do Tribunal do Júri. Nada pode suplantá-la. Ademais, mesmo em se tratando de contraditório, no feito comum, uma das partes há de ser a última a se manifestar e não pode existir contraditório infinito, ou seja, a qualquer alegação formulada cabe abertura de vista para a outra parte, indefinidamente.[24]

1.1.3.3 *Restrição à autodefesa técnica*

O réu, possuidor da habilitação para advogar, pode defender-se nos dois sentidos possíveis: autodefesa e defesa técnica. Entretanto, tratando-se

---

24. Antonio Scarance Fernandes vai além, sustentando que a plenitude de defesa permite, inclusive, a utilização do espaço de tempo destinado à tréplica, mesmo que o órgão acusatório não se valha da réplica (*Vinte anos de Constituição e o processo penal*, p. 92-93). Nesse ponto, discordamos, tendo em vista a desnecessidade de utilização da tréplica se não houver o que rebater, já que não houve a réplica do acusador. Por outro lado, se o defensor necessitar de mais tempo, na sua regular manifestação, em função da plenitude de defesa, pode requerer a dilação ao magistrado.

CAP. V • PRINCÍPIOS CONSTITUCIONAIS PROCESSUAIS PENAIS E ENFOQUES PENAIS | 393

de direito indisponível, passível de fiscalização pelo próprio Judiciário, em nome do interesse maior da consecução da plenitude de defesa, não se deve admitir a autodefesa técnica no plenário do júri.

Pode o réu-advogado defender-se em feitos comuns, diante de juiz togado, que saberá separar a figura do acusado e a manifestação do defensor. Porém, no Tribunal do Júri, dirigindo-se a juízes leigos, a figura do defensor pode misturar-se à do réu e o prejuízo, certamente, voltará contra este.

Por mais atuante e brilhante que possa ser, o advogado, quando réu, no Tribunal do Júri, haverá de se voltar a pessoas leigas para explicar o que houve e qual é a tese. Dificilmente, conseguiria elogiar, por exemplo, a si mesmo, sem provocar ares de empáfia ou falta de humildade, no intuito de convencimento dos jurados. Determinados argumentos técnicos deixariam de ser usados, pois a sua posição unitária comprometeria a adoção, por exemplo, do direito ao silêncio. A acusação poderia sentir-se constrangida em atacar a figura do réu, em seus aspectos morais e comportamentais, pois estaria atingindo, igualmente, a pessoa do defensor.

O risco de confusão entre réu e defesa demanda a vedação da atuação da autodefesa técnica no plenário do júri, sob pena de lesão à plenitude de defesa.

1.1.3.4 A plenitude de defesa na jurisprudência

1.1.3.4.1 Atuação do defensor

a) Importância da presença em todas as fases do processo

- STJ: "Somente após a não apresentação de contrariedade ao libelo, ou seja, passados quase dez meses sem qualquer manifestação defensiva nos autos, os réus foram intimados para informar se o advogado à época constituído ainda continuava patrocinando seus interesses; quando o recomendado seria que os recorrentes logo após o transcurso do prazo para a apresentação de alegações finais fossem cientificados que estavam sem defesa e, no caso de eventual inércia, fosse nomeado defensor dativo, dando-se, assim, efetividade ao princípio da plenitude de defesa" (RHC 22919-RS, 5.ª T., rel. Napoleão Nunes Maia Filho, 18.06.2009, v.u.).

b) Deficiência

- STF: "Quanto mais grave o crime, deve-se observar, com rigor, as franquias constitucionais e legais, viabilizando-se o direito de defesa em plenitude. Processo Penal. Júri. Defesa. Constatado que a defesa do acusado não se mostrou efetiva, impõe-se a declaração de nuli-

PRINCÍPIOS CONSTITUCIONAIS PENAIS E PROCESSUAIS PENAIS – Nucci

dade dos atos praticados no processo, proclamando-se insubsistente o veredicto dos jurados" (HC 85.969-SP, 1.ª T., rel. Marco Aurélio, 04.09.2007, v.u.).

1.1.3.4.2 Autodefesa e defesa técnica

a) Observância na quesitação

• STJ: "O direito à plenitude de defesa é garantido aos Réus submetidos ao Tribunal do Júri, cabendo ao magistrado incluir no questionário tese levantada pelo Réu no momento de seu interrogatório, ainda que não apresentada pela defesa técnica, sob pena de nulidade, nos termos do art. 484, III, do Código de Processo Penal (com redação anterior à vigência da Lei 11.689/2008) e por força do art. 482, parágrafo único, do referido estatuto" (REsp 737824-E, 5.ª T., rel. Laurita Vaz, 19.11.2009, v.u.).

• STJ: "A tese de acidentalidade do disparo de arma de fogo que ocasionou a morte da vítima, caso acolhida, acarreta o afastamento do *animus necandi* imputado ao autor e, por conseguinte, pode resultar em desclassificação para a modalidade culposa ou, até mesmo, em absolvição, tudo a depender do veredicto do Juiz Presidente (posto que, ausente o dolo, afasta-se a competência do Conselho de Sentença). 6. Sustentada em plenário referida tese, sua supressão da quesitação, além de afrontar a garantia constitucional da plenitude de defesa, impede que os Jurados apreciem com exaustão todos contornos da lide e, via de consequência, que afiram o exato alcance e compreensão sobre o caso *sub judice*." (HC 109283-RJ, 5.ª T., rel. Jane Silva, 28.10.2008, v.u.).

b) Alegações finais

• STJ: "A garantia constitucional à ampla defesa nos processos judiciais, prevista no art. 5.º, LV, da Constituição Federal, engloba a autodefesa, exercida pelo próprio acusado, e a defesa técnica, a qual deve ser plena e efetiva, sob pena de ofensa ao aludido preceito. No caso do procedimento do Tribunal do Júri, o direito à defesa ganha destaque até mesmo pela Carta Política, na qual se assegura aos acusados pela prática de crimes dolosos contra a vida a plenitude de defesa (art. 5.º, XXXVIII, *a*). 2. Embora haja entendimentos doutrinários e jurisprudenciais em sentido contrário, a falta de apresentação de alegações finais, ainda que se trate do procedimento do Tribunal do Júri, certamente não se coaduna com a aludida garantia constitucional, já que esta é a oportunidade colocada à disposição da defesa para que possa arguir teses defensivas capazes de, inclusive, evitar a

CAP. V • PRINCÍPIOS CONSTITUCIONAIS PROCESSUAIS PENAIS E ENFOQUES PENAIS | 395

submissão do acusado a julgamento pelos seus pares, exsurgindo, daí, a sua imprescindibilidade" (HC 101635-SP, 5.ª T., rel. Jorge Mussi, 01.09.2009, v.u.).

c) Quesito defensivo obrigatório

- STJ: "A quesitação relativa à absolvição do acusado decorre expressamente da lei (art. 483, § 2.º, do CPP), portanto sua formulação é obrigatória, em razão da garantia constitucional da plenitude de defesa. Precedente" (HC 254568 – PB, 6ª.T., rel. Sebastião Reis Júnior, 12/03/2013, v.u.).

- STJ: "O quesito absolutório genérico, previsto no art. 483, inciso III, do Código de Processo Penal, é obrigatório, independentemente da tese defensiva sustentada em plenário, em razão da garantia constitucional da plenitude de defesa, cuja ausência de formulação acarreta nulidade absoluta" (AgRg no AREsp 71554 – GO, 5.ª T., rel. Marco Aurélio Bellizze, 16.08.2012, v.u.).

1.1.3.4.3 Superioridade em relação à ampla defesa

- STJ: "A Constituição Federal de 1988 garante aos que serão submetidos a julgamento pelo Júri Popular a plenitude de defesa (art. 5.º, XXXVIII), princípio muito mais amplo e complexo do que a ampla defesa, sendo, desta forma, inadmissível que os réus fiquem tanto tempo indefesos em processo que apura a suposta prática de homicídio qualificado" (RHC 22919-RS, 5.ª T., rel. Napoleão Nunes Maia Filho, 18.06.2009, v.u.).

- TJRJ: "Constituição da República, em seu artigo 5.º, inciso LV, que assegura a todos em processo judicial a 'ampla defesa', porém, "especificamente no Tribunal do Júri a Constituição tutelou a 'plenitude de defesa' (CR, art. 5.º, XXXVIII, a)' e 'não parece se tratar de mera variação terminológica, com o mesmo conteúdo. Pleno (significa repleto, completo, absoluto, perfeito) é mais do que amplo (significa muito grande, vasto, abundante). Assim, a plenitude de defesa exige uma defesa em grau ainda maior do que a ampla defesa' e indícios 'veementes' de que isso não ocorreu justificam seja declarada a nulidade do julgamento. Conferir oportunidade à parte para o exercício do contraditório, por si só, não garante, de forma suficiente, o direito de reação que, mais uma vez nas palavras de SCARANCE FERNANDES, 'pode ser observado e faltar defesa real e efetiva'. E esta hipótese ocorre sempre que a defesa do réu atua de forma ineficiente." (ACR 0007319.76.1998.8.19.0004-RJ, 5.ª C.C., rel. Geraldo Prado, 20.05.2009).

1.1.3.4.4 Tréplica no júri

a) Admissibilidade de inovação de tese

- STJ: "Vem o júri pautado pela plenitude de defesa (Constituição, art. 5.º, XXXVIII e LV). É-lhe, pois, lícito ouvir, na tréplica, tese diversa da que a defesa vem sustentando. 2. Havendo, em casos tais, conflito entre o contraditório (pode o acusador replicar, a defesa, treplicar sem inovações) e a amplitude de defesa, o conflito, se existente, resolve-se a favor da defesa – privilegia-se a liberdade (entre outros, HC-42.914, de 2005, e HC-44.165, de 2007)" (HC 61615-MS, 6.ª T., rel. Hamilton Carvalhido, 10.02.2009, m.v.).

- TJMG: "De qualquer modo, a Carta Magna assegura aos acusados a ampla defesa e os recursos a ela inerentes, sendo que, no Júri, vai além, assegurando a plenitude de defesa. Sendo assim, não se pode falar em ofensa ao princípio do contraditório na sustentação de nova tese pela defesa na tréplica" (ACR 1.0026.02.003624-5/001-MG, 1.ª C.C., rel. Márcia Milanez, 02.09.2008, v.u.).

1.1.3.4.5 Não divulgação do resultado total da votação

a) Possibilidade

- TJGO: "A tese de que a interrupção da verificação dos quesitos, quando apurado a maioria dos votos em um sentido (art. 483, § 2.º, CPP), ofende a soberania dos veredictos e a plenitude da defesa não se justifica, pois, na verdade, está a garantir a soberania dos veredictos" (ACR 35294-0/213-GO, 1.ª C.C., rel. Camila Nina Erbetta Nascimento e Moura, 26.05.2009, v.u.).

1.1.3.4.6 Quesito de interesse defensivo não levantado pelas partes em plenário

- STF: "Pode o Juiz Presidente do Tribunal do Júri reconhecer a atenuante genérica atinente à confissão espontânea, ainda que não tenha sido debatida no plenário, quer em razão da sua natureza objetiva, quer em homenagem ao predicado da amplitude de defesa, consagrado no art. 5.º, XXXVIII, "a", da Constituição da República" (HC 106.376 – MG, 1.ª T., rel. Cármen Lúcia, 01.03.2011, v.u.).

1.1.3.4.7 Intimação de corréu e seu defensor para o interrogatório de outro acusado

- STJ: A falta de intimação de corréus e seus defensores para o interrogatório do outro réu implica em ofensa ao direito à plenitude de defesa

CAP. V • PRINCÍPIOS CONSTITUCIONAIS PROCESSUAIS PENAIS E ENFOQUES PENAIS | 397

e ao tratamento igualitário das partes, uma vez que o interrogatório, além de meio de defesa, emerge como fonte de provas. Impedir essa prerrogativa às partes induz à invalidade do ato, por ofensa à garantia do *due process of law*" (HC 172.390 – GO, 5.ª T., rel. Gilson Dipp, 16.12.2010, v.u.).

1.1.3.4.8 Presença do acusado no julgamento

• STJ: "Sendo opção do réu participar ou não da sessão de julgamento perante a Corte Popular e possuindo o paciente plena ciência da ação penal em curso, pois citado e intimado pessoalmente da pronúncia, não há falar em violação à garantia da plenitude de defesa" (HC 216684 – MS, 5.ª T., rel. Jorge Mussi, 18.09.2012, v.u.).

1.1.3.4.9 Prazo entre a intimação do Defensor Público e a data do julgamento pelo júri

• STJ: "A exigência de intimação pessoal do Defensor Público, notadamente em tema de persecução penal, atende a imposição que deriva do próprio texto da Constituição Federal, no ponto em que estabelece, em favor de qualquer acusado, o direito à plenitude de defesa em procedimento estatal que respeite as prerrogativas decorrentes da cláusula constitucional do devido processo legal. Além disso, o art. 552, § 1.º, do Código de Processo Civil – aplicável ao processo penal, nos termos do art. 3.º do Código de Processo Penal –, estabelece que 'entre a data da publicação da pauta e a sessão de julgamento mediará, pelo menos, o espaço de 48 (quarenta e oito) horas'. Precedentes" (HC 176359 – PA, 5.ª T., rel. Marco Aurélio Bellizze, 07.08.2012, v.u.).

1.1.3.4.10 Reconhecimento de atenuante de ofício pelo juiz presidente

• STF: "Pode o Juiz Presidente do Tribunal do Júri reconhecer a atenuante genérica atinente à confissão espontânea, ainda que não tenha sido debatida no plenário, quer em razão da sua natureza objetiva, quer em homenagem ao predicado da amplitude de defesa, consagrado no art. 5.º, XXXVIII, 'a', da Constituição da República. 2. É direito público subjetivo do réu ter a pena reduzida, quando confessa espontaneamente o envolvimento no crime" (HC 106.376/MG, 1.ª T., rel. Cármen Lúcia, *DJ* 01.03.2011).

398 | PRINCÍPIOS CONSTITUCIONAIS PENAIS E PROCESSUAIS PENAIS – Nucci

1.1.3.4.11 Ausência de correlação entre acusação e pronúncia

• STJ: "Denúncia que imputou ao acusado a 'autoria intelectual' do crime de homicídio qualificado. Pronúncia que acresceu o crime de homicídio praticado na forma omissiva imprópria, porque o acusado, sabedor do plano para ceifar a vida da vítima, nada fez. Além disso, com seu comportamento anterior e suas estreitas ligações com o crime organizado, criou o risco para a produção do resultado. Inovação na pronúncia que impõe à parte que se defenda de algo que nem sequer foi objeto da acusação, ferindo os princípios do contraditório, da plenitude de defesa e da correlação entre a denúncia e a pronúncia. 4. Segundo entendimento desta Corte Superior de Justiça, o 'princípio da correlação entre a acusação e a decisão de pronúncia representa uma das mais relevantes garantias do direito de defesa, uma vez que assegura que apenas podem constar da pronúncia os fatos que foram narrados na inicial acusatória, de forma a assegurar a não submissão do acusado ao Conselho de Sentença por fatos não descritos na denúncia' (HC 245.123/SP, Rel. Ministro Sebastião Reis Júnior, Sexta Turma, julgado em 14/05/2013, *DJe* 23/05/2013). (...) Recurso especial conhecido em parte e nela provido para despronunciar o acusado da imputação de crime de homicídio na forma omissiva imprópria, mantendo-se a pronúncia pelos crimes previstos nos arts. 288, parágrafo único e art. 121, § 2.º, I e V, c.c. art. 29, na forma do art. 69, todos do Código Penal, com o prosseguimento do feito e seu julgamento pelo Tribunal do Júri, prejudicada a tese de excesso de linguagem" (REsp 1.438.363/ES 2013/0400142-3, 5.ª T., rel. Moura Ribeiro, *DJ* 20.05.2014).

1.2 Concernente à relação processual

1.2.1 Princípio do contraditório

1.2.1.1 Conceito e limites

O contraditório compõe uma das mais relevantes faces do devido processo legal, associado, sob o prisma do acusado, à ampla defesa. Por certo, não haveria processo bilateral, com igualdade de oportunidades, preservando-se o equilíbrio e a isenção estatal na condução do feito, se não houvesse o contraditório.

Cuida-se de um dos princípios aplicáveis tanto ao órgão acusatório quanto à defesa, embora contenha algumas distorções, que merecem ser limitadas.

O contraditório significa a oportunidade concedida a uma das partes para contestar, impugnar, contrariar ou fornecer uma versão própria acerca

CAP. V • PRINCÍPIOS CONSTITUCIONAIS PROCESSUAIS PENAIS E ENFOQUES PENAIS | **399**

de alguma alegação ou atividade contrária ao seu interesse. Inexiste incentivo para contradizer um fato, com o qual se concorda, ou uma prova, com a qual se está de acordo. Logo, a abertura de chance para analisar e, querendo, contrariar já é suficiente exercício do contraditório, vale dizer, não é a expressa manifestação contrária de uma parte, dirigida a outra, que faz valer o contraditório. Este emerge legítimo, quando se concede a *oportunidade para manifestação* em relação a algo, no processo, mesmo que não seja utilizada.[25]

Há várias maneiras de se realizar, podendo-se dar ciência à parte contrária por citação, intimação, notificação ou por qualquer outro ato, que atinja a finalidade de dar conhecimento da situação gerada.

O contraditório possui o natural limite da dialética: um argumento gera um contra-argumento; uma prova gera uma contraprova; um pedido provoca um contrapedido ou uma contrariedade. Porém, uma das partes finalizará o uso do contraditório. Não se pode validar o infinito método de contraposição de argumentos ou pedidos.

No processo, iniciada a ação penal, recebida a peça acusatória, onde consta a imputação, há de se citar o réu para que apresente a sua defesa, por escrito, necessariamente. É contraditório obrigatório, em função da ampla defesa. Em primeiro momento, o acusado pode refutar a inicial ou pode calar-se, preferindo postar-se contra a imputação em estágio posterior. Eventualmente, afirmando algo inédito, em sua primeira impugnação, passível de gerar, por exemplo, a extinção da punibilidade, deve-se, novamente, provocar a oitiva da parte contrária, o órgão acusador, a fim de se manifestar em relação a algo, que pode colocar fim à sua pretensão. Cientes todos dos argumentos levantados, decide o juiz.

Na finalização da fase instrutória, surgem as alegações finais (orais ou escritas), devendo manifestar-se, em primeiro plano, o órgão acusatório. Na sequência, expressa-se a defesa. Tratando-se de mera avaliação das provas existentes nos autos, finda-se o contraditório com a alegação defensiva. Em caso excepcional, arguindo fato novo, mormente acompanhado de qualquer prova, em função da ampla defesa, deve-se outra vez ouvir a acusação. Cientes as partes, enfim, de todo o conteúdo dos autos, passa-se à decisão do magistrado. E, nesta atividade final, elucida ANDRÉ LUIZ NICOLITT: "não basta que as partes falem no processo, é preciso que elas sejam ouvidas. Assim, se

---

25. Para DENILSON FEITOZA, são corolários do contraditório os "princípios da *isonomia processual* (a parte contrária deve ser ouvida em igualdade de condições), da *igualdade processual* (igualdade de direitos entre as partes acusadora e acusada) e da *liberdade processual* (faculdade que tem o acusado de nomear advogado de sua preferência, de apresentar provas etc.)" (*Direito processual penal*, p. 135).

o contraditório deve reger todo o curso do processo, a sentença – como ato pelo qual o juiz esgota sua atividade jurisdicional – deve ser a manifestação apoteótica do contraditório".[26]

1.2.1.2 Contraditório de fatos

A oposição a fatos, consistente na manifestação contrária aos argumentos de uma parte, no sentido de que determinando fato é verdadeiro, é a principal função do contraditório. Como regra, o autor imputa ao réu a prática de um crime, cabendo a este, no exercício do contraditório, negá-lo na integralidade ou parcialmente, bem como oferecer versão diferenciada sobre os fatos.

No processo penal, os fatos alegados na peça acusatória inicial são sempre controversos, pois o direito de defesa é indisponível. Noutros termos, não pode haver o efeito da revelia, implicando na citação e ausência de impugnação, gerando a presunção de verdade dos fatos narrados. Entretanto, não se pode levar ao extremo a ideia de contrariedade absoluta, pois o que se pretende evitar é a assunção integral de culpa, sem extração de qualquer benefício para o réu. Por vezes, torna-se válida a aceitação da ocorrência de determinados fatos para que possa haver efetiva defesa (ex.: para alegar o estado de necessidade torna-se indispensável aceitar a realização de certo fato).

Na realidade, o que se não pode aceitar é a falta de impugnação integral ao crime e seus efeitos. Além disso, o fato não impugnado pela defesa, de todo modo, deverá ser convenientemente provado pela acusação, em função do princípio da presunção de inocência.

Em suma, os fatos imputados ao réu pela peça acusatória hão de ser provados, pois o ônus concentra-se no polo ativo. Cabe, entretanto, acolher a impugnação do réu, contradizendo os fatos que lhe interessar.

1.2.1.3 Contraditório de direito

Contradizer o direito, como regra, não é a meta do princípio do contraditório. Pode-se contrariar fatos, reputando-os não existentes ou realizados de maneira diversa. Porém, contestar ou impugnar o direito posto é atitude excepcional, ingressando-se no campo da inconstitucionalidade ou da aplicação de princípios gerais penais ou processuais penais.

---

26. A garantia do contraditório: consagrada na Constituição de 1988 e olvidada na reforma do Código de Processo Penal de 2008, p. 51. Ou, ainda, no dizer de ANTONIO MAGALHÃES GOMES FILHO, mencionando observação de Colesanti, trata-se da *última manifestação do contraditório* (A garantia da motivação das decisões judiciais na Constituição de 1988, p. 63).

CAP. V • PRINCÍPIOS CONSTITUCIONAIS PROCESSUAIS PENAIS E ENFOQUES PENAIS | **401**

Dada a imputação de que "A" matou "B" (fato), o contraditório concentrar-se-á na negativa ou distorção fática, mas não irá envolver a discussão acerca da existência ou inexistência do art. 121 do Código Penal, ou mesmo de sua justiça ou injustiça. Em caráter excepcional, o contraditório pode apontar uma falha no sistema, pois o acusador estar-se-ia valendo de norma penal implicitamente revogada ou não recepcionada pela Constituição Federal.

Por vezes, o contraditório de direito envolve, na essência, um debate acerca da interpretação do direito, quando existentes determinados fatos, algo diverso de contrariar, diretamente, a norma.

1.2.1.4 Contraditório de provas

Contrariar a prova produzida é outra das facetas relevantes do contraditório, pois as provas fazem parte do universo dos fatos. Aliás, é a prova o instrumento hábil a demonstrar ao juiz a veracidade dos fatos alegados.

Por isso, a inquirição da testemunha deve contar, sempre, com a assistência das partes, para que possam exercer, no momento da colheita, o direito ao contraditório. Esta é a finalidade principal da repergunta, visto caber à parte interessada questionar o alegado para esclarecer ponto negativo ao seu ponto de vista.

O mesmo se pode dar na prova pericial, com a intervenção dos assistentes técnicos, indicados pelas partes.

Ao documento ofertado e entranhado nos autos provoca-se a manifestação da parte contrária.

Algumas provas, consideradas sigilosas, por sua própria natureza, admitem apenas o contraditório diferido. Não teria sentido promover a interceptação telefônica, mediante autorização judicial, ao mesmo tempo em que se avisa o advogado do suspeito. Por óbvio, nada seria coletado. Nessas hipóteses, colhida a prova, a parte terá como contrariá-la em estágio posterior à sua produção.

1.2.1.5 Contraditório de alegações e requerimentos

O contraditório em relação a alegações e requerimento deve ser controlado, pois pode significar procrastinação indevida do andamento processual. Há requerimentos espelhando o simples cumprimento da lei, como, por exemplo, solicitando a realização de audiência ou vista dos autos fora de cartório. Não cabe o contraditório, pois inútil.

As alegações das partes, em particular, quando são as finais, não dependem do contraditório indefinido. Cada uma apresenta a sua manifestação: em primeiro lugar, a acusação; na sequência, a defesa. Não se torna a ouvir a acusação, pois ambas as partes estão analisando a prova e dando a sua interpretação, conforme seu interesse.

Excepcionalmente, utiliza-se o contraditório para questões de direito alegadas, desde que sirvam para promover a finalização anormal do processo. Ingressando um pedido de extinção de punibilidade, ouve-se a parte contrária.

É importante considerar o contraditório no campo da sustentação oral. Se o recurso a ser julgado é de interposição do Ministério Público (ou do querelante), cabe ao órgão acusatório, por meio do Procurador de Justiça atuante na Câmara ou Turma, para, na sequência, manifestar-se a defesa. Se o recurso é da defesa, depois de sua manifestação, valendo-se do contraditório, expressa-se o órgão acusatório.

1.2.1.6 A não prevalência do contraditório

Há princípios e regras, constantes do art. 5.º da Constituição Federal, considerados não prevalentes, como ocorre com o contraditório. É certo que este princípio é aplicável tanto à acusação quanto à defesa, mas não se pode perder de vista a sua inserção em ambiente de direitos e garantias humanas fundamentais, ou seja, constitui parte dos instrumentos defensivos do indivíduo contra a força estatal.

Garante-se o contraditório para a obtenção de um processo justo e ético. No entanto, a contraposição do contraditório com a ampla defesa ou com a plenitude de defesa pode trazer conflitos inadequados. A ilustração foi fornecida no capítulo anterior, cuidando da plenitude de defesa, em relação à inovação da tese defensiva na tréplica, no plenário do júri. Diz-se que não poderia o defensor apresentar tese nova, durante a tréplica, pois não existiria possibilidade para o acusador valer-se do contraditório. Ora, embora se tratando de meras interpretações de fatos, ainda que se pudesse admitir a impossibilidade de manifestação do órgão acusatório na sequência, é de se acolher a prevalência do interesse do réu e não da acusação no plenário do júri. Por isso, nada há a justificar a maior relevância ao contraditório em detrimento da plenitude de defesa.

Sob outro aspecto, há fases da persecução penal em que não prevalece o contraditório, como ocorre com a investigação policial. Dela, extrai-se apenas o quadro de elementos suficientes para formar a convicção do órgão acusatório, acerca da ocorrência de infração penal e de quem seja o seu autor. Por isso, ausente o princípio do contraditório, não se deve levar em consideração as provas produzidas nesse período, sem que exista a possibilidade de refazimento em juízo, agora sim, no cenário da possibilidade de contradição.

CAP. V • PRINCÍPIOS CONSTITUCIONAIS PROCESSUAIS PENAIS E ENFOQUES PENAIS | **403**

1.2.1.7 O contraditório na jurisprudência

1.2.1.7.1 Provas

a) Prova nova introduzida em contrarrazões

• STF: "Prova nova apresentada pelo Ministério Público em contrarrazões, sem vista à defesa. Consideração pelo acórdão. Inadmissibilidade. Ofensa ao princípio do contraditório (art. 5.º, LV, da CF). Ordem concedida. É nula a decisão que se remete, expressamente, a provas admitidas sem contraditório em contrarrazõesde recurso" (HC 87.114-SP, 2.ª T., rel. Cezar Peluso, 04.12.2009, v.u.).

b) Conversão do julgamento em diligência e testemunhas do juízo

• STJ: "Hipótese em que o Juiz singular, após a apresentação das alegações finais pelas partes, converteu o feito em diligência para a oitiva de testemunhas do juízo e, em seguida, proferiu sentença condenatória. Se não se oportunizou que as partes se manifestassem sobre a prova produzida, fica evidente a nulidade por cerceamento de defesa e por violação do princípio do contraditório" (HC 160.940-PE, 6.ª T., rel. Maria Thereza de Assis Moura, 05.04.2010, v.u.).

c) Prova emprestada

• STJ: "Ao contrário do que sustenta o impetrante, a extensa sentença condenatória está amparada em farto conjunto probatório produzido sob o crivo do contraditório, não prosperando a alegação de que estaria baseada unicamente em prova emprestada. (...) Não se olvide que esta Corte tem se manifestado pela admissibilidade da prova emprestada quando agregada a outros elementos de convicção produzidos no processo, sob o crivo do contraditório" (HC 47.311-SP, 6.ª T., rel. Og Fernandes, 11.12.2009, v.u.).

• TJSC: "Prova emprestada – decreto condenatório que se arrima, exclusivamente, nas palavras do coautor, obtidas em outro processo, e sem o crivo do contraditório – prejuízo à ampla defesa – inexistência de outros elementos de prova – absolvição que se impõe – recurso provido" (ACR 2006.044565-9-SC, 2.ª C.C., rel. Irineu João da Silva, 13.02.2007).

d) Confissão extrajudicial

• TRF-1.ª R.: "A confissão feita na fase do inquérito é válida como meio de prova a embasar uma sentença condenatória, no entanto, é importante frisar que tal prova deverá ser submetida ao contraditório e ampla defesa, sem as quais não terá validade para efeitos de condenação. Estando a confissão extrajudicial corroborada por outras provas produzidas nos autos, tem força probante, ainda que retratada em juízo" (ACR 2002.43.00.002353-6-TO, 3.ª T., rel. Tourinho Neto, 13.04.2010, v.u.).

e)   Apresentação de documentos

- TRF-3.ª R.: "As partes podem apresentar documentos em qualquer fase do processo, desde que observado o princípio do contraditório , ou seja, desde que a parte contrária seja cientificada para manifestação" (ACR 15.429-SP, 1.ª T., rel. Ricardo China, 26.01.2010, v.u.).

- TRF-3.ª R.: "Não há falar em ofensa ao princípio do contraditório se da prova documental produzida nos autos a defesa teve vista e pôde manifestar-se, em alegações, antes da prolação da sentença." (ACR 11.740-SP, 2.ª T., rel. Nelton dos Santos, 08.01.2008, v.u.).

- TRF-4.ª R.: "Violação ao princípio do contraditório e da ampla defesa. Inocorrência. 1. As partes podem juntar documentos em qualquer fase do processo (CPP, arts. 231 e 400), exigindo-se, entretanto, a ciência para eventual impugnação. 2. Para o reconhecimento de nulidade processual, deve a parte demonstrar efetivo prejuízo à defesa, o que inocorreu na hipótese *sub judice*." (HC 0006004-55.2010.404.0000-PR, 7.ª T., rel. Tadaaqui Hirose, 13.04.2010, v.u.).

- TJGO: "1. O art. 5.º, LV da Constituição Federal, consagra o princípio do contraditório, pelo qual e assegurada as partes a ciência de todos os atos e termos processuais. 2. O ato do julgador que determina a juntada de documentos sem ciência da defesa, fere tal principio constitucional. 3. A ausência de intimação da juntada de documentos autoriza a anulação do processo, quando demonstrado que desta omissão decorreu evidente prejuízo a defesa" (RSE 9806-0/220, 2.ª C.C., rel. Paulo Teles, 06.03.2008, v.u.).

f)   Reconhecimento feito na polícia

- STJ: "É de considerar o entendimento do Superior Tribunal de Justiça no sentido de que suposta inobservância das formalidades previstas no art. 226 do Código de Processo Penal não enseja nulidade do ato de reconhecimento do paciente em sede policial, caso eventual édito condenatório esteja fundamentado em idôneo conjunto fático probatório, produzido sob o crivo do contraditório, que asseste a autoria do ilícito ao paciente" (HC 208.170 – DF, 5.ª T., rel. Jorge Mussi, 04.10.2011, v.u.).

CAP. V • PRINCÍPIOS CONSTITUCIONAIS PROCESSUAIS PENAIS E ENFOQUES PENAIS | **405**

g) Inquérito e condenação

• STJ: "Consoante a jurisprudência do STJ, 'não configura ofensa aos princípios do contraditório e da ampla defesa a condenação baseada em confissão extrajudicial retratada em juízo, corroborada por depoimentos colhidos na fase instrutória. Embora não se admita a prolação do édito condenatório com base em elementos de convicção exclusivamente colhidos durante o inquérito policial, tal situação não se verifica na hipótese, já que o magistrado singular e o Tribunal de origem apoiaram-se também em elementos de prova colhidos no âmbito do devido processo legal' (STJ, HC 115.255/MS, Rel. Ministro Jorge Mussi, Quinta Turma, *DJe* de 09.08.2010)" (AgRg no AREsp 277963 – PE, 6.ª T., rel. Assusete Magalhães, 16.04.2013, v.u.).

h) Indeferimento de provas da defesa

• STJ: "De acordo com a jurisprudência do Superior Tribunal de Justiça, estando devidamente motivado o indeferimento das diligências solicitadas pela defesa, destacando o magistrado serem desnecessárias as apontadas perícias em razão do amplo arcabouço probatório já produzido nos autos, não há se falar em ofensa aos princípios do contraditório e da ampla defesa. Precedentes" (AgRg no RHC 27172 – SP, 5.ª T., rel. Marco Aurélio Bellizze, 23.10.2012, v.u.).

1.2.1.7.2 Investigação policial

a) Ausência de contraditório

• STF: "Inaplicabilidade da garantia constitucional do contraditório e da ampla defesa ao inquérito policial, que não é processo, porque não destinado a decidir litígio algum, ainda que na esfera administrativa; existência, não obstante, de direitos fundamentais do indiciado no curso do inquérito, entre os quais o de fazer-se assistir por advogado, o de não se incriminar e o de manter-se em silêncio" (HC 90.232-AM, 1.ª T., rel. Sepúlveda Pertence, 18.12.2006, v.u.).

• STJ: "Ao inquérito policial não se aplica o princípio do contraditório, porquanto é fase investigatória, preparatória da acusação, destinada a subsidiar a atuação do órgão ministerial na persecução penal" (HC 58.043-SP, 5.ª T., rel. Arnaldo Esteves Lima, 15.12.2009, v.u.).

• STJ: "'O inquérito policial constitui peça informativa, e não probatória, que serve de base para a propositura da ação penal, sendo certo que o princípio da ampla defesa não se aplica na fase inquisitorial, a qual prescinde de contraditório' (REsp 897.057-ES). 2. As provas produzidas na fase inquisitiva – cujo exame pericial, nesse momento iniciado, encerrou-se quando já deflagrado o processo penal – não impõem, para sua validez, o exercício da ampla defesa e do contraditório, que restam postergados para a fase de instrução e julgamento, dando à defesa oportunidade de formular quesitos e requerer a realização de laudos complementares" (HC 91.903-SP, 5.ª T., rel. Arnaldo Esteves Lima, 18.02.2010, v.u.).

- TRF-3.ª R.: "Não prospera ainda a alegação de cerceamento de defesa, uma vez que no inquérito policial não vige o princípio do contraditório e da ampla defesa, uma vez que se trata de procedimento de natureza inquisitorial" (HC 34.408-SP, 1.ª T., rel. Vesna Kolmar, 02.12.2008, v.u.).

b) Inadmissibilidade para a condenação

- STJ: "Ofende a garantia constitucional do contraditório fundar-se a condenação exclusivamente em elementos informativos do inquérito policial não ratificados em juízo" (*Informativo STF* 366)" (HC 141.249-SP, 5.ª T., rel. Felix Fischer, 23.02.2010, v.u.).

- TRF-1.ª R.: "A instrução criminal careceu de elementos concretos que demonstrassem a inculpação das acusadas, cingindo-se a pretensão punitiva em dados fornecidos a partir de procedimentos administra-tivos e inquisitoriais, os quais, conforme cediço, por não serem pro-duzidos sob o crivo do contraditório e da ampla defesa, e sem amparo em provas colhidas em juízo, não têm o condão de, por si só, ensejar uma condenação" (ACR 0006804-2002.4.01.3900-PA, 4.ª T., rel. Ítalo Fioravanti Sabo Mendes, 25.01.2010, v.u.).

- TJSP: "Somente a prova penal produzida em juízo pelo órgão da acusação penal, sob a égide da garantia constitucional do contraditório, pode revestir-se de eficácia jurídica bastante para legitimar a prolação de um decreto condenatório. Os subsídios ministrados pelas investigações policiais, que são sempre unilaterais e inquisitivas – embora suficientes ao oferecimento da denúncia pelo Ministério Público, não bastam, enquanto isoladamente considerados, para justificar a prolação, pelo Poder Judiciário, de um ato de condenação penal. É nula a condenação penal decretada com apoio em prova não produzida em juízo e com inobservância da garantia constitucional do contraditório (STF, HC 73.338-RJ, rel. Celso de Mello, *DJ* 19.12.1996)" (ACR 990.09.275425-4-SP, 12.ª C.D.C., rel. Paulo Rossi, 05.05.2010, v.u.).

- TJRJ: "Ora, na investigação penal não há imputação e autoridade policial não valora a responsabilidade de uma pessoa. Só o juiz. E, ressalvados os não repetíveis que, mesmo assim, são submetidos ao contraditório, os elementos colhidos na investigação penal esgotam sua finalidade com o oferecimento da denúncia e, por exigência do princípio do devido processo legal, informado pelo sistema acusatório e pelo princípio do

CAP. V • PRINCÍPIOS CONSTITUCIONAIS PROCESSUAIS PENAIS E ENFOQUES PENAIS | **407**

contraditório e da ampla defesa, devem ser reproduzidos na instrução criminal. Se não fosse assim, o processo de conhecimento seria mera perda de tempo" (AP 0001021-33.2008.8.19.0064-RJ, 5.ª C.C., rel. Nildson Araujo da Cruz, 17.12.2009, v.u.).

1.2.1.7.3 Nulidades

a) Verificação de prejuízo

• STJ: "Inviável acolher-se a pretensão de nulidade do édito repressivo, ante a ocorrência de ofensa ao princípio do contraditório e da ampla defesa, ao fundamento de que não foram efetuadas degravação, redução a termo e perícia no material coletado em vídeo e áudio, decorrente de interceptação telefônica, se restou esclarecido que à defesa foi fornecida a integralidade das gravações, com todos os diálogos" (HC 104.760-SP, 5.ª T., rel. Jorge Mussi, 27.10.2009, v.u.).

b) Citação por edital

• TRF-1.ª R.: "O esgotamento prévio dos meios disponíveis para a localização do acusado é providência indispensável para a validade da citação por edital (art. 361 do CPP). Precedentes do STF e STJ. II. Se a citação editalícia é determinada sem que tenha sido sequer tentada a citação pessoal do acusado, quando era possível encontrá-lo mediante a adoção de providências simples, à disposição da acusação, há nulidade absoluta a macular o feito, decorrente da violação dos princípios constitucionais da ampla defesa e do contraditório (art. 5.º, LV, da Constituição Federal)" (ACR 1998.37.01.000559-9-MA, 3.ª T., rel. Cândido Ribeiro, 11.01.2010, v.u.).

c) Ratificação em juízo de depoimentos prestados na polícia

• TRF-3.ª R.: "Não configura ofensa ao princípio do contraditório a macular de nulidade o processo a ratificação em Juízo dos depoimentos de testemunhas colhidos no inquérito policial, quando facultado às partes o direito a reperguntas. Ainda que houvesse, a nulidade seria relativa e estaria preclusa por não ter sido arguida no momento oportuno" (ACR 39002-SP, 2.ª T., rel. Henrique Herkenhoff, 18.05.2010, v.u.).

1.2.1.7.4 Análise dos argumentos das partes

a) Necessidade

• STJ: "Viola o princípio do contraditório e da ampla defesa a ausência de resposta por parte do órgão julgador que, apesar de ter dado oportunidade de vista à parte contrária para contrarrazões, ignora sua argumentação" (AgRg no REsp 897338-PR, 5.ª T., rel. Arnaldo Esteves Lima, 17.09.2009, v.u.).

- TJMG: "O decreto condenatório que suprime de seus fundamentos teses apontadas pelas partes, causa sensível prejuízo, devendo o ato decisório ser declarado nulo pelo órgão revisor. A norma constitucional--processual é garantista, não havendo razão para a subsistência do ato que não se submeteu à obediência da regra que assegura às partes o direito ao contraditório" (ACR 1.0223.08.253635-8/001-MG, 5.ª C.C., rel. Maria Celeste Porto, 23.06.2009, v.u.).

1.2.1.7.5 Recebimento da denúncia

a) Ausência de inépcia

- STF: "Não se declara inepta a denúncia cujo teor permite o exercício do direito do contraditório e o da ampla defesa" (HC 100968-ES, 1.ª T., rel. Ricardo Lewandowski,18.05.2010, v.u.).
- STF: "Não é inepta a denúncia que, como no caso, narra, articuladamente, a ocorrência de crime em tese, bem como descreve as suas circunstâncias e indica o respectivo tipo penal, viabilizando, assim, o exercício do contraditório e da ampla defesa" (HC 95761-PE, 2.ª T., rel. Joaquim Barbosa, 04.08.2009, v.u.).
- STJ: "Não há que se falar em inépcia da denúncia que descreve suficientemente os fatos, com a indicação da data, o local, o modo de execução do crime e a sua capitulação jurídica, de modo a permitir o pleno exercício do direito à ampla defesa e ao contraditório, não se exigindo, a depender da natureza do crime e, em especial, quando se trata de crime praticado em concurso de pessoas, a descrição minuciosa de todos os atos que teriam sido efetivamente praticados pelos denunciados" (AgRg no REsp 681149-SE, 6.ª T., rel. Celso Limongi, 23.03.2010, v.u.).
- TRF-4.ª R.: "Encontrando-se a denúncia formalmente perfeita, atendendo aos requisitos previstos pelo artigo 41 do CPP e permitindo aos réus compreenderem os fatos pelo qual estão sendo acusados, é de ser afastada a tese de prejuízo ao princípio do contraditório e ampla defesa e torna-se inviável acolher a alegação de inépcia da inicial" (ACR 2006.72.05.000941-0-SC, 7.ª T, rel. Néfi Cordeiro, 17.11.2009, v.u.).

b) Ausência de defesa preliminar prevista no art. 514 do CPP

- STF: "Na concreta situação dos autos, a ausência de oportunidade para o oferecimento da resposta preliminar na ocasião legalmente assinalada revela-se incompatível com a pureza do princípio constitucional da plenitude de defesa e do contraditório, mormente em matéria penal. Noutros termos, a falta da defesa preliminar à decisão judicial quanto ao recebimento da denúncia, em processo tão vincado pela garantia constitucional da ampla defesa e do contraditório, como efetivamente é o processo penal, caracteriza vício insanável. A ampla defesa é transformada em curta defesa, ainda que por um momento, e já não há como desconhecer o automático prejuízo para a parte processual acusada, pois o fato é que a garantia da prévia defesa é instituída como possibilidade concreta de a pessoa levar o julgador a não receber a denúncia ministerial pública. Logo, sem a oportunidade de se contrapor ao ministério público quanto à necessidade de instauração do processo penal – objetivo da denúncia do Ministério Público –, a pessoa acusada deixa de usufruir da garantia da plenitude de defesa para escapar à pecha de réu em processo penal. O que traduz, por modo automático, prejuízo processual irreparável, pois nunca se pode saber que efeitos produziria na subjetividade do magistrado processante a contradita do acusado quanto ao juízo do recebimento da denúncia." (HC 95.712-RJ, 1.ª T., rel. Ayres Brito, 20.04.2010, v.u.).

- STF: "A jurisprudência do Supremo Tribunal Federal põe-se no sentido de não violar o princípio do contraditório e ampla defesa a não apresentação de defesa prévia (art. 514 do Código de Processo Penal) quando o crime praticado por servidor público é exercido com violência e grave ameaça, por ser inafiançável" (HC 85.779-RJ, Pleno, rel. Gilmar Mendes, 28.02.2007, v.u.).

c) *Requisitos da peça acusatória*

- STF: "A acusação formalizada pelo Ministério Público deve conter a exposição do fato criminoso, ou em tese criminoso, com todas as circunstâncias até então conhecidas, de parelha com a qualificação do acusado, ou, de todo modo, esclarecimentos que possam viabilizar a defesa do acusado. Isso para que o contraditório e a ampla defesa se estabeleçam nos devidos termos" (HC 94.226 – SP,2. .T., rel. Ayres Britto, 28.06.2011, v.u.).

- STF: "O exame da inicial acusatória é balizado pelos arts. 41 e 395 do Código de Processo Penal. No art. 41, a lei adjetiva penal indica um necessário conteúdo positivo para a denúncia. É dizer: ela, denúncia, deve conter a exposição do fato normativamente descrito como criminoso (em tese, portanto); as respectivas circunstâncias, de par com a qualificação do acusado; a classificação do crime e o rol de testemunhas (quando necessário). Aporte factual, esse, que viabiliza a plena defesa do acusado, incorporante da garantia processual do contraditório" (HC 100.908-SP, 1.ª T., rel. Carlos Britto, 24.11.2009, v.u.).

- STJ: "O exercício da ampla defesa no processo penal depende, em larga medida, da adequada dedução da acusação. Assim, é imperioso que a incoativa seja elaborada de tal forma a possibilitar o exercício da defesa, relatando os fatos com todas as suas particularidades. *In casu*, a descrição dos diversos fatos imputados autoriza, suficientemente, o confronto dialético processual, prestigiando o contraditório e a ampla defesa" (HC 87.651-SC, 6.ª T., rel. Maria Thereza de Assis Moura, 04.05.2010, v.u.).

1.2.1.7.6 Advogado

a) Falecimento

- STF: "A CB/88 determina que 'o advogado é indispensável à administração da justiça' [art. 133]. É por intermédio dele que se exerce 'o contraditório e a ampla defesa, com os meios e recursos a ela inerentes' [art. 5.º, LV]. O falecimento do patrono do réu cinco dias antes da publicação do acórdão, do STJ, que não admitiu o agravo de instrumento consubstancia situação relevante. Isso porque, havendo apenas um advogado constituído nos autos, a intimação do acórdão tornou-se impossível após a sua morte. Em consequência, o paciente ficou sem defesa técnica. Há, no caso, nítida violação do contraditório e da ampla defesa, a ensejar a desconstituição do trânsito em julgado do acórdão e a devolução do prazo recursal, bem assim a restituição da liberdade do paciente, que respondeu à ação penal solto" (HC 99330-ES, 2.ª T., rel. Ellen Gracie, 16.03.2010, m.v.).

b) Direito de escolha do réu

- TJSC: "Agente que tem sua defesa promovida por advogado constituído nos autos através de mandato – notícia da prisão do causídico – pleito em cartório judicial, formulado por pessoa que afirma ser parente do réu, de constituição de outro defensor – nomeação de dativo sem intimação pessoal do acoimado para constituir novo patrono – violação da liberdade processual da eleição do defensor, corolário direto do princípio do contraditório e da ampla defesa." (ACR 2006.024682-4-SC, 2.ª C.C., rel. Carstens Köhler, 15.08.2006).

- TJSC: "Advogado constituído que, apesar de intimado, não apresentou as alegações finais – imediata nomeação de defensor dativo para tanto – nulidade insanável – ofensa aos princípios constitucionais da ampla defesa e do contraditório" (ACR 2006.002543-3-SC, 2.ª C.C., rel. Torres Marques, 28.03.2006).

CAP. V • PRINCÍPIOS CONSTITUCIONAIS PROCESSUAIS PENAIS E ENFOQUES PENAIS | **411**

c)   Sem nomeação nem constituição pelo acusado

- TJSC: "Advogado que sem nomeação e não sendo constituído pelo réu apresenta alegações finais, de conteúdo deficiente – violação dos princípios da ampla defesa e do contraditório – defesa inexistente" (ACR 2006.002062-2-SC, 2.ª C.C., rel. Carstens Köhler, 14.03.2006).

1.2.1.7.7   Recursos

a)   Ausência de contrarrazões

- STF: "É firme a jurisprudência deste Supremo Tribunal no sentido de que, havendo sido regularmente intimado o defensor constituído, não há como prosperar a alegação de ofensa aos princípios do devido processo legal, do contraditório e da ampla defesa, em razão da não apresentação das contrarrazões ao recurso especial. Precedentes" (HC 98.256-RS, 1.ª T. rel. Cármen Lúcia, 03.11.2009, v.u.).

- STJ: "É nulo o julgamento de apelação sem que se tenha providenciado a apresentação de contrarrazões defensivas, dada a patente violação dos cânones constitucionais da ampla defesa e do contraditório. Precedentes" (HC 118.904-RS, 6.ª T., rel. Maria Thereza de Assis Moura, 06.05.2010, v.u.).

- STJ: "Inexiste violação ao contraditório, quando a ausência de intimação para a apresentar de contrarrazões é motivada no fato de a Defesa adiantar-se em contraditar os argumentos do recurso em suas razões de apelação, pugnando pela sua inadmissão do apelo acusatório. Precedente" (HC 115.301-SC, 5.ª T., rel. Laurita Vaz, 05.04.2010, v.u.).

b)   Inviabilidade de conhecimento de matéria não articulada

- TJSC: ""Inadmissível a pretensão de acolhimento de manifestação, no acórdão, de matéria não articulada no recurso, trazida apenas em memoriais ou em sustentação oral, sem oportunidade de contraditório (Embargos de Declaração na Apelação Cível 43.275, de Balneário Camboriú, rel. Des. Solon D'Eça Neves, j. 21.5.97)" (ED ApCr 2006.002190-9-SC, 2.ª C.C., rel. Torres Marques, 01.08.2006).

c)   Limites ao efeito devolutivo

- STJ: "O efeito devolutivo do recurso de apelação criminal encontra limites nas razões expostas pelo recorrente, em respeito ao princípio da dialeticidade que rege os recursos no âmbito processual penal pátrio, por meio do qual se permite o exercício do contraditório pela parte que defende os interesses adversos, garantindo-se, assim, o respeito à cláusula constitucional do devido processo legal" (HC 171.817 – RJ, 5.ª T., rel. Jorge Mussi, 08.11.2011. v.u.).

1.2.1.7.8 Direito de audiência

a) Indispensabilidade

• STF: "O acusado, embora preso, tem o direito de comparecer, de assistir e de presenciar, sob pena de nulidade absoluta, os atos processuais, notadamente aqueles que se produzem na fase de instrução do processo penal, que se realiza, sempre, sob a égide do contraditório. São irrelevantes, para esse efeito, as alegações do Poder Público concernentes à dificuldade ou inconveniência de proceder à remoção de acusados presos a outros pontos da própria comarca, do Estado ou do País, eis que razões de mera conveniência administrativa não têm – nem podem ter – precedência sobre as inafastáveis exigências de cumprimento e respeito ao que determina a Constituição" (HC 93.503-SP, 2.ª T., rel. Celso de Mello, 02.06.2009, m.v.).

1.2.1.7.9 Execução penal

a) Indispensabilidade da defesa do condenado

• STJ: "É assente nesta Corte Superior o entendimento de que o art. 118, § 2.º da LEP não impõe a obrigatoriedade de instauração de PAD para o reconhecimento da prática de falta grave, mas apenas exige a realização de audiência de justificação na qual se possibilite ao apenado o exercício do contraditório e da ampla defesa, o que foi observado na espécie" (HC 141.084-RS, 5.ª T., rel. Jorge Mussi, 23.03.2010, v.u.).

• TJSP: "Não foi observado no referido procedimento o princípio do contraditório e da ampla defesa estabelecido no art. 5.º, LV, da Constituição Federal. Note-se que a declaração prestada pelo agente de segurança penitenciária, J. E., não foi colhida na presença do advogado do paciente. Demais disso, nem sequer vislumbra-se a existência de alegações finais apresentadas pela defesa, como estabelece, o artigo 55, § 5.º, aludido Regimento Interno Padrão. Logo, forçoso reconhecer que violado o princípio constitucional do contraditório e da ampla defesa, porquanto não obedecido o devido processo legal, nulo é o procedimento administrativo no que concerne a colheita de prova sem a presença do advogado regularmente constituído" (HC 990.09.294247-6-SP, 8.ª C.D.C., rel. Luiz Carlos de Souza Lourenço, 08.04.2010, v.u.).

CAP. V • PRINCÍPIOS CONSTITUCIONAIS PROCESSUAIS PENAIS E ENFOQUES PENAIS | **413**

- TJSP: "Reconhecimento de falta grave e regressão de regime – Defensora sustenta nulidade da r. decisão, alegando inexistência de sindicância, ausência de defesa técnica e de oitiva do reeducando para a regressão. – Sindicância é requisito obrigatório somente quando a falta disciplinar ocorre dentro do estabelecimento prisional, em outros casos pode haver a coleta de provas por outros meios, como oitiva perante autoridade de estabelecimento prisional e nota de culpa. Ausência de defesa técnica não gera nulidade visto súmula vinculante 5 do STF, não há ofensa ao princípio do contraditório pois oitiva do reeducando foi acompanhada por advogada da FUNAP. Art. 118, § 2.º, da LEP não trata de pressuposto absoluto, oitiva deve ser realizada sempre que possível, no caso não há comprovação de prejuízo" (AEP 990093187248-SP, 5.ª C.D.C., rel. Sérgio Ribas, 19.04.2010).

- TJMG: "Nos termos da Lei de Execução Penal, faz-se imprescindível a presença física do condenado para ser ouvido em audiência pelo juiz pois, somente desse modo, estará assegurado o amplo Direito de Defesa. II – É manifestamente ilegal a decisão que determina a regressão do regime prisional sem prévia audiência do apenado, afinal, o processo de execução é jurisdicional, e por esta razão é indispensável a observância do Contraditório e da Ampla Defesa" (AgrEx 1.0000.06.442720-6.001-MG, 5.ª C.C., rel. Alexandre Victor de Carvalho, 28.11.2006, v.u.).

- TJRS: "Em procedimento administrativo disciplinar instaurado para apurar o cometimento de falta grave por réu condenado, tendo em vista estar em jogo a liberdade de ir e vir, deve ser observado amplamente o princípio do contraditório e da ampla defesa, com a presença de advogado constituído ou defensor público nomeado, devendo ser-lhe apresentada defesa" (AgrEx 70034852590-RS, 3.ª C.C., rel. Odone Sanguiné, 06.05.2010, v.u.).

- TJRS: "A partir do processar do feito, constata-se, de plano, que efetivamente houve cerceamento de defesa, porquanto a agravante não pôde se manifestar acerca da avaliação psicossocial e dos documentos juntados antes do prolatar da decisão de mérito, direito lídimo seu. Verifica-se, pois, que não foi observado o princípio do contraditório, uma garantia constitucional. Ademais, como o incidente na execução da pena tem natureza judicial, cabe assegurar às partes o contraditório e inciso LV do artigo 5.º da Constituição Federal, segundo o qual 'aos litigantes, em processo judicial ou administrativo, e aos acusados em geral são assegurados o contraditório e a ampla defesa, com os meios e recursos a ela inerentes'. Não assegurado, portanto, no caso em tela, o respeito a princípios fundamentais, como o da ampla defesa e efetivo contraditório. Na espécie, é de ser possibilitado à defesa manifestar-se quanto à avaliação psicossocial, principalmente se o parecer ministerial foi desfavorável à concessão do benefício, ressaltando que descabe ao magistrado examinar benesse postulada em execução penal, sem a oitiva das partes interessadas, sob pena de infringência aos princípios do contraditório e da ampla defesa" (Agr Ex 7003027243-RS, 2.ª C.C., rel. Laís Rogéria Alves Barbosa, 16.07.2009).

- TJRS: "Apenado absolutamente indefeso no procedimento administrativo disciplinar. Princípios do contraditório e da ampla defesa descumpridos. Arts. 5.º, LV, da CF, e 59 da LEP violados." (Agr.Ex. 70027128669-RS, 5.ª C.C., rel. Luís Gonzaga da Silva Moura, 18.03.2009).

- TJGO: "Todavia, sobrevindo a pratica de fato novo definido como crime doloso ou falta grave, no curso da execução, a regressão só se efetivara apos audiência previa do condenado (art. 50 e 118, I e § 2.º, da LEP). A regressão do regime, sem a audiência previa do condenado, nas hipóteses previstas no § 2.º, do artigo 118 ofende o principio do contraditório, o que torna a decisão inócua" (Agr Ex 641-8/284-GO, 1.ª C.C., rel. Fábio Cristovão de Campos Faria, 02.03.2006, v.u.).

b)   Conversão de pena restritiva de direito

- STJ: "1. A jurisprudência desta Corte Superior considera que, preliminarmente à conversão de medidas restritivas de direito em pena privativa de liberdade, é imprescindível a intimação do Reeducando para que esclareça as razões do descumprimento. Isso porque cabe ao Apenado, essencialmente, justificar o não cumprimento da reprimenda. 2. O Paciente compareceu a audiência admonitória, sendo cientificado das obrigações estabelecidas para o cumprimento das penas restritivas de direitos. Todavia, posteriormente, o Reeducando interrompeu o cumprimento da reprimenda, sendo intimado pessoalmente para comparecer em Juízo, mas não atendeu o chamamento judicial. 3. A conversão da sanção alternativa em privativa de liberdade decorreu da falta de interesse do Reeducando, sendo certo que a Defensoria Pública participou ativamente de todos os demais atos processuais, em observância aos princípios do contraditório e da ampla defesa. Anular o *decisum* e determinar a realização de nova justificação acabaria por beneficiar a própria torpeza do Paciente, operação sabidamente vedada pelo ordenamento pátrio" (AgRg no HC 278.783/MG, 5.ª T., rel. Laurita Vaz, j. 26.08.2014, *DJe* 02.09.2014).

- TJSP: "Alegação de que o paciente sofre constrangimento ilegal porque teve uma de suas penas restritivas de direitos convertida para comparecimento mensal em juízo, mesmo após o trânsito em julgado da decisão originária, e sem prévia intimação da defesa para se mani-

CAP. V • PRINCÍPIOS CONSTITUCIONAIS PROCESSUAIS PENAIS E ENFOQUES PENAIS | **415**

festar a respeito.Caso em que não houve inconformismo ministerial quanto à pena substituída estabelecida antes do trânsito em julgado. Ausência de intimação da defesa que, demais. ofende o princípio do contraditório. Ordem concedida" (HC 990.10.038638-7-SP, 3.ª C.C., rel. Marco Antonio Cogan, 11.05.2010, v.u.).

• TJRJ: "Além disso, mesmo que assim não fosse, a Lei de Execuções Penais impõe a observância do devido processo legal, assegurando o respeito ao contraditório e à ampla defesa. Assim, deveria ter sido oportunizado ao paciente e a sua defesa o direito de justificação, com sua prévia oitiva, antes de determinar a conversão da pena restritiva de direitos em privativa de liberdade" (HC 0002847-24.2010.8.19.000-RJ, 7.ª C.C., rel. Alexandre H. Varella, 09.03.2010).

c)   Oitiva prévia do Ministério Público

• TJSP: "Deferimento da progressão de regime prisional do regime fechado para o aberto. Beneficio concedido sem a manifestação prévia do Ministério Público. Inadmissibilidade. Não observância dos artigos 67 e 68 da LEP. Nulidade absoluta por violação ao princípio do contraditório. Atuação ministerial prejudicada. Preliminar acolhida para anular a decisão" (AEP 990091960594-SP, 16.ª C.D.C., rel. Pedro Menin, 04.05.2010).

• TJMG: "Inexistindo prévia manifestação ministerial sobre a possibilidade de deferimento do benefício da prisão albergue domiciliar, é de se concluir pela nulidade da decisão judicial prolatada ao arrepio do princípio constitucional do contraditório." (AgrEx 1.0000.09.490513-0/001-MG, 3.ª C.C., rel. Fortuna Grion, 09.03.2010, m.v.).

• TJRS: "Na espécie, vislumbra-se causa ensejadora do reconhecimento de nulidade quanto ao decidir combatido, na medida em que exarado sem prévia oitiva do agente ministerial, desrespeitando-se, assim, o procedimento previsto na Lei de Execução Penal, bem como o princípio do contraditório" (AgrEx 70030353866-RS, 2.ª C.C., rel. Laís Rogéria Alves Barbosa, 30.07.2009).

d)   Revogação de livramento condicional

• TJRJ: "A inobservância do preceito contido no art. 143 da Lei de Execuções Penais causa a nulidade da decisão revocatória, por manifesta violação ao princípio do contraditório, corolário do devido processo legal, razão pela qual deve ser concedida a ordem, para cassar a decisão vergastada" (HC 0045186-66.2008.8.19.000-RJ, 7.ª C.C., rel. Siro Darlan de Oliveira, 29.09.2009).

416 PRINCÍPIOS CONSTITUCIONAIS PENAIS E PROCESSUAIS PENAIS – Nucci

e) Transferência de preso sem prévia oitiva do interessado

- STJ: "Não há afronta aos princípios do contraditório e da ampla defesa por não ter sido oportunizado à defesa a possibilidade de se manifestar acerca do pedido de transferência dos recorrentes para outro presídio, pois demonstrada a existência de perigo real e iminente que recaía sobre a permanência dos réus no Batalhão Especial Prisional da Polícia Militar do Estado do Rio de Janeiro" (RHC 44.014/RJ, 6.ª T., rel. Maria Thereza de Assis Moura, julgado em 04.09.2014, *DJe* 15.09.2014).

1.2.1.7.10 *Habeas corpus*

a) Necessidade de defensor

- STJ: "O *Habeas Corpus* pode ser impetrado por qualquer pessoa, em seu favor ou de outrem, *ex vi* do art. 654 do CPP. Assim, não há obrigatoriedade em se nomear Defensor Público quando a impetração é feita pelo próprio paciente ou por outrem que não possua habilitação técnica para tanto. 2. Contudo, uma vez solicitado pelo impetrante/ paciente a assistência de um Defensor Público dever-se-ia ter realizado a nomeação do mesmo a fim de garantir o exercício pleno da ampla defesa e do contraditório. Resta, pois, evidente a existência de omissão por este Juízo, quanto à falta apreciação do pedido defensivo" (EDcl no HC 125.288-SP, 5.ª T., rel. Napoleão Nunes Maia Filho, 04.02.2010, v.u.).

1.2.1.7.11 Medidas cautelares

a) Inadmissibilidade do sequestro genérico

- TRF-1.ª R.: "1. O Dec.-lei 3.240/41 sujeita a sequestro os bens de pessoas indiciadas por crimes de que resulta prejuízo para a Fazenda Nacional, sendo que seu art. 1.º é norma especial e não foi revogada pelo art. 125 do Código de Processo Penal, pois este trata de mera apreensão do produto do crime (STJ – REsp. 14.516-SC). 2. O art. 3.º, *in fine*, do Dec.-lei 3.240/41 exige que os bens submetidos ao sequestro sejam antecipadamente particularizados pelo Ministério Público Federal. Se não houve a especificação dos bens sobre os quais deva recair a medida constritiva, não há como deferir o requerimento do Parquet de sequestro dos bens de titularidade da ré. 3. Malfere os princípios da ampla defesa, do contraditório e da dignidade da pessoa humana autorizar a medida extrema do sequestro que pretende abarcar a totalidade de bens dos denunciados, quando desprovida de requisito legal" (ACR 0010594-42.2009.4.01.3800-MG, 3.ª T., rel. Tourinho Neto, 23.2.2010, v.u.).

CAP. V • PRINCÍPIOS CONSTITUCIONAIS PROCESSUAIS PENAIS E ENFOQUES PENAIS | **417**

1.2.1.7.12   Indenização civil

a)   Indispensabilidade de pedido da vítima

- TJRJ: "Quanto ao valor reparatório mínimo fixado na sentença, deve ser este excluído. A aplicação do artigo 387, IV, do CPP sem que tenha havido pedido neste sentido, viola o princípio da correlação. Não há nos autos o referido pleito indenizatório, importando tal condenação em flagrante violação ao princípio da correlação e, por consequência, ao devido processo legal, ao contraditório e à ampla defesa" (AP 000544-70.2009.8.19.0065-RJ, 7.ª C.C., rel. Renata Cotta, 27.04.2010).

- TJGO: "Verificado que durante a instrução processual na primeira instancia não houve pedido de fixação do quantum indenizatório, não cabendo ao tribunal o arbitramento, diante ofensa ao princípio do contraditório" (ACR 200903540228-BA, 1.ª C.C., rel. Amélia Martins de Araújo, 13.04.2010, v.u.).

1.2.1.7.13   Absolvição sumária do art. 397 do CPP

a)   Cerceamento da acusação

- TJRJ: "O Ministério Público é regido por princípios institucionais da unidade, indivisibilidade e independência funcional, presente o interesse recursal rechaçado pela defesa (art. 127, § 1.º, da CRFB). No mérito, rejeita-se a tese ministerial de inconstitucionalidade do art. 397 do CPP, diante da previsão 'in abstrato' da absolvição sumária nos casos elencados, que não viola, por si só, o princípio do contraditório. Diante dos fatos concretos trazidos aos autos, a aplicação inadequada deste dispositivo legal poderá resultar em violação ao princípio do contraditório, como no caso vertente, eis que a decisão absolutória negou ao órgão de acusação o direito de comprovar sua pretensão, fundada em hipótese não prevista em seus incisos. A certidão de fls. 43 não comprova, fora de dúvidas de não ser o ora apelado o autor do delito, diante de notícias jornalísticas e outras de que presos conseguem, por meios escusos, saídas indevidas dos presídios durante o período noturno. Dessa forma, não se pode retirar do órgão ministerial a possibilidade de dar prosseguimento à produção das provas que pretende apresentar para esclarecer os fatos narrados na inicial" (AP 0035482-02.2008.8.19.0203-RJ, 8.ª C.C., rel. Suely Lopes Magalhães, 24.03.2010).

1.2.1.7.14   Revisão criminal

a)   Necessidade de justificação

- TJMG: "A prova nova, consistente na retratação das vítimas, para que seja apta a derrubar a força da coisa julgada, há de ser obtida através de

418 | PRINCÍPIOS CONSTITUCIONAIS PENAIS E PROCESSUAIS PENAIS – Nucci

justificação judicial, sob pena de ofensa ao princípio do contraditório" (RevCrim 1.0000.05.421482-0-MG, 1.º G.C.C., rel. Márcia Milanez, 10.07.2006, v.u.).

1.2.1.7.15 Necessidade de intimação

a) *Do defensor em relação à sessão de julgamento para viabilizar a sustentação oral*

- STF: "A sustentação oral consubstancia instrumento dos princípios da ampla defesa e do contraditório (CRB, art. 5.º, inciso LV), revelando-se indispensável a intimação da parte sobre a data de julgamento do feito quando há requerimento expresso nos autos, sob pena de nulidade absoluta do ato. Precedentes: HC 105.728/RJ, rel. Min. Dias Toffoli, 1.ª T., j. 30.08.2011; HC 104.136/DF, rel. Min. Cármen Lúcia, j. 01.02.2011; HC 106.927/GO, rel. Min. Joaquim Barbosa, j. 15.02.2011; HC 99.929-QO/SP, rel. Min. Eros Grau, 2.ª T., j. 16.03.2010." (HC 103.749 – SC, 1.ª T., rel. Luiz Fux, 25.10.2011, v.u.).

b) *Do réu, como litisconsorte passivo, em mandado de segurança impetrado pelo MP*

- STJ: "A análise dos precedentes que deram origem ao enunciado sumular 701 do STF revelam que o que não é admitido, por implicar ofensa a ampla defesa e o contraditório, é a impetração de Mandado de Segurança pelo Ministério Público, contra decisão favorável ao réu, sem que esse seja citado como litisconsorte passivo" (RMS 27.263 – SP, 5.ª T., rel. Gilson Dipp, 22.11.2011, v.u.).

1.2.1.7.16 Imposição de penas restritivas de direitos

- STJ: "As penas restritivas de direitos, por definição, são reprimendas, e como tais deverão ser aplicadas após regular processo, submetido aos princípios do contraditório e da ampla defesa, sendo descabida a sua utilização como condição para a suspensão condicional do processo, instituto despenalizador por natureza" (AgRg no REsp 1359892 – RJ, 6.ª T., rel. Assusete Magalhães, 16.05.2013, v.u.).
- STJ: "De acordo com o entendimento firmado por esta Corte Superior de Justiça, para a conversão das medidas restritivas de direitos em pena privativa de liberdade exige-se a escorreita comunicação ao apenado, para que tenha a oportunidade de justificar as razões do descumprimento, em observância aos princípios do contraditório e da ampla defesa" (HC 199102 – RJ, 6.ª T., rel. Maria Thereza de Assis Moura, 16.04.2013, v.u.).

CAP. V • PRINCÍPIOS CONSTITUCIONAIS PROCESSUAIS PENAIS E ENFOQUES PENAIS | **419**

1.2.1.7.17 Inviabilidade da inovação da tese defensiva na tréplica

• STJ: "A inovação de tese defensiva na fase de tréplica, no Tribunal do Júri, viola o princípio do contraditório, porquanto impossibilita a manifestação da parte contrária acerca da *quaestio*" (AgRg no REsp 1306838 – AP, 6.ªT., rel. Sebastião Reis Júnior, 28.08.2012, v.u.).

1.2.1.7.18 Ordem de manifestação para sustentação oral

• STJ: "O fato de ter sido dado provimento ao recurso do Ministério Público indica, desde logo e com clareza, gravame suficiente ao reconhecimento da nulidade. Em consonância com o entendimento do Supremo, quando se impõe ao réu que promova sustentação oral antes da intervenção do representante do Ministério Público, sobretudo no caso de ser este o recorrente, cria-se manifesta restrição à defesa, com afronta ao art. 5.º, LV, da Constituição da República, o que conduz à nulidade do julgamento (HC n. 87.926/SP, Ministro Cezar Peluso, Plenário, *DJe* 24/4/2008). *Habeas corpus* não conhecido. Ordem concedida de ofício, a fim de anular o julgamento da Apelação-Crime n. 70050495712, para que outro seja realizado, devendo ser observado o direito de a defesa sustentar oralmente, se assim o desejar, após o Ministério Público" (HC 295.055/RS, 6.ª T., rel. Sebastião Reis Júnior, j. 21.10.2014, *DJe* 10.11.2014).

1.2.1.7.19 Indeferimento de carta rogatória

• STJ: "Estando fundamentada a negativa de oitiva das testemunhas residentes no exterior e não demonstrada a imprescindibilidade da prova, como determina o art. 222-A do CPP, é afastada a alegação de cerceamento de defesa e violação ao princípio do contraditório. Precedentes desta Corte" (RHC 41.477/PE, 6.ª T., rel. Nefi Cordeiro, j. 16.10.2014, *DJe* 03.11.2014).

1.2.1.7.20 Inovação de tese em embargos de declaração

• STJ: "O pedido de desclassificação da conduta foi suscitado tão somente nesta última petição de embargos de declaração, tratando-se, pois, de inovação recursal, circunstância que impede sua análise, sob pena de ofensa aos princípios do contraditório e da ampla defesa" (EDcl nos EDcl no AgRg nos EREsp 1.267.335/RJ, 3.ª Seção, rel. Gurgel de Faria, j. 24.09.2014, *DJe* 01.10.2014).

420 | PRINCÍPIOS CONSTITUCIONAIS PENAIS E PROCESSUAIS PENAIS – Nucci

1.3 Concernentes à atuação do Estado

1.3.1 Princípio do juiz natural e imparcial e princípio consequencial da iniciativa das partes

1.3.1.1 Conceito e abrangência

O juiz *natural*[27] é aquele destinado, por critérios legais, antecipados e lógicos, sem artificialismo, a analisar determinada causa concreta, guardando equidistância das partes. Em verdade, cuida-se de um órgão judiciário criado para aguardar futuras demandas, figurando como guardião dos direitos e garantias individuais. Por isso, menciona a Constituição Federal que *ninguém será processado nem sentenciado senão pela autoridade competente* (art. 5.º, LIII). A competência, como se sabe, é a medida da jurisdição, pronta a ser exercitada dentro de determinado território, conforme matéria especificamente delineada, cumprindo os padrões de respeitabilidade das prerrogativas de funções.

A abrangência do juiz natural envolve, inequivocamente, o juiz *imparcial*, aquele que tem condições, objetivas e subjetivas, de proferir veredicto sem a menor inclinação por qualquer das partes envolvidas, fazendo-o com discernimento, lucidez e razão, com o fito de aplicar a lei ao caso concreto, fornecendo a mais clara evidência de se tratar de um Judiciário integrante do Estado Democrático de Direito.

A imparcialidade do magistrado exige a sua dormência em matéria de iniciativa da persecução penal, mormente quando provocar o nascimento da relação processual. Não se concebe a identidade entre órgão acusatório e órgão julgador, visto ser antinatural a possibilidade de atuação distinta e desapaixonada por dois módulos tão diferenciados. Quem acusa, veste-se de buscador da Justiça, enquanto o julgador transforma-se em fornecedor da Justiça. Não há que se confundir quem procura com quem produz, pois ambas as incumbências são relevantes e guardam suas próprias peculiaridades. Dificilmente, no contexto da natural imperfeição humana, estar-se-ia diante do absoluto aplicador da Justiça, conhecedor da lei e apto a acusar e julgar, com idêntica disciplina e isenção de comportamento.

Na medida em que se está em cenário real, construindo a Justiça possível, assimilando as deficiências humanas, exige-se a *iniciativa das partes*, no contexto da ação penal, objetivando-se um julgamento sereno e imparcial.

---

27. Também denominado de juiz legal, juiz competente ou juiz constitucional, é "o órgão abstratamente considerado, cujo poder jurisdicional emana da Constituição" (Celso de Mello, *Constituição Federal anotada*, p. 450).

CAP. V • PRINCÍPIOS CONSTITUCIONAIS PROCESSUAIS PENAIS E ENFOQUES PENAIS | **421**

Cabe ao Ministério Público, principalmente, a iniciativa de propositura da ação penal (art. 129, I, CF) e, em segundo plano, ao ofendido (art. 5.º, LIX, CF). Este terá a oportunidade, ainda, de ajuizar ação penal nos crimes de ação privada (ou nas situações de ação penal subsidiária da pública). Ao magistrado jamais se poderá admitir a iniciativa da ação penal.

Em suma, do juiz natural alcança-se o magistrado imparcial; da preservação da imparcialidade, demanda-se a iniciativa das partes em matéria penal.

1.3.1.2 Juiz natural e juízo ou tribunal de exceção

Opõe-se, de maneira evidente, ao juiz previamente constituído para o julgamento de causas futuras, o juiz de exceção, considerado o órgão judiciário especialmente criado para apreciar caso já consumado, porém ainda não apreciado. A meta é a preservação da imparcialidade, pois a designação de juiz certo para conflito em andamento não se coaduna com a *natureza* da equidistância entre as partes. Por certo, em algumas hipóteses, a mera indicação de magistrado não significaria o nascimento de órgão parcial, mas o risco e o potencial para a lesão ao ponto nevrálgico da Justiça, que é a imparcialidade, são demasiadamente extensos.

Veda a Constituição Federal o juízo ou tribunal de exceção (art. 5.º, XXXVII), visando-se atingir o ponto correto de equilíbrio entre o Poder Judiciário e o Estado Democrático de Direito.

Reformas de organização judiciária podem trazer alterações de competência, com a criação de novas Varas e Câmaras em Tribunais. Entretanto, essas modificações não podem ser consideradas *exceções*, pois passam a constituir *regra*, desde a sua implantação, de modo a abranger todas as causas em andamento e as futuras demandas. Por isso, a redistribuição de processos, quando realizada em caráter geral, não ofende o princípio do juiz natural, nem consagra o vedado juízo de exceção.

Quando se menciona o termo *exceção*, quer-se evidenciar o nascimento de um juízo especificamente voltado ao julgamento de determinada infração penal, cuja autoria é imputada a pessoa certa, atuando enquanto for necessário àquela causa e desfazendo-se ao seu término.

1.3.1.3 Juiz imparcial

"Toda pessoa terá o direito de ser ouvida, com as devidas garantias e dentro de um prazo razoável, por um juiz ou tribunal competente, independente e imparcial, estabelecido anteriormente por lei, na apuração de qualquer acusação penal formulada contra ela, ou na determinação de seus direitos ou obrigações de caráter civil, trabalhista, fiscal ou de qualquer outra natureza".[28] A imparcialidade é inerente à Justiça, pois razões para agir deste ou daquele modo todos possuem, cabendo ao Judiciário firmar o autêntico fundamento para a consagração de direitos e imposição de obrigações. Sem o julgamento desapaixonado, o monopólio de distribuição de justiça, abraçado pelo Estado, ficaria prejudicado, dando ensejo ao (re)nascimento da *justiça pelas próprias mãos*. O princípio do magistrado imparcial abarca a própria confiabilidade do sistema judiciário e do direito posto, tornando o princípio da legalidade uma realidade e não somente uma pretensão fictícia.

A credulidade na Justiça reta, inflexível e íntegra provoca a legitimação das suas decisões, que são amparadas em lei, conferindo aos indivíduos a tranquilidade para acatar suas imposições.

Por isso, apesar de existir o juiz natural, previamente indicado para a composição de conflitos, demanda-se o juiz imparcial, tendo em vista que, conforme a situação, pode-se encontrar um magistrado *natural*, mas *parcial*. Por critérios aleatórios, é viável deparar-se com o inimigo capital ou o amigo íntimo na condução do processo, oportunizando a lei o instrumento adequado para a substituição do magistrado; no caso, a exceção de suspeição.[29]

Além disso, sob o mesmo prisma, magistrados vinculados e interessados na demanda podem, de algum modo, participar de seu processamento. O sistema prevê, então, mecanismos suficientes para a colocação de outro em seu lugar; no caso, a exceção de impedimento.[30]

A relevância do princípio do juiz imparcial transcende as linhas da lei ordinária, auferindo status de garantia humana fundamental, motivo pelo qual temos defendido que o rol de situações ilustrativas de suspeições de membros do Judiciário (art. 254, CPP) é meramente *exemplificativo* e nunca exaustivo. Outras causas podem surgir, demonstrativas da imperfeição do juiz para apreciar a causa, que merecem ser conhecidas e avaliadas pela instância competente, sob pena de, por demasiado apego à forma, impingir-se julgador parcial para determinada demanda.[31]

---

28. Art. 8.º, item 1, da Convenção Americana sobre Direitos Humanos.
29. Ver art. 254 do Código de Processo Penal.
30. Ver art. 252 do Código de Processo Penal.
31. Na nota 14 ao art. 254 do nosso *Código de Processo Penal comentado* levantamos o seguinte exemplo: "Imagine-se o juiz que tenha sido vítima recente de um crime de extorsão mediante sequestro. Pode não se apresentar em condições psicológicas adequadas para o julgamento naquela fase de recuperação, motivo pelo qual é o caso de se afastar do feito onde tenha que julgar algum caso similar. Se não o fizer, cabe à parte ingressar com exceção de suspeição". A situação *concreta* de parcialidade

CAP. V • PRINCÍPIOS CONSTITUCIONAIS PROCESSUAIS PENAIS E ENFOQUES PENAIS | **423**

1.3.1.4 Iniciativa do juiz

O magistrado, em busca da preservação de sua imparcialidade, não pode dar início à persecução penal, entendida esta como a propositura de ação penal. Não nos parece lesão à imparcialidade o mero envio de ofícios à autoridade competente para apurar eventual prática de crime, seja por requisição ao delegado, seja por comunicação ao Ministério Público. Esta providência não vincula o juiz e não produz a formação de convicção de culpa ou inocência, tendo em vista tratar-se de simples apuração.

A atuação de ofício, dando ensejo ao ajuizamento de demanda, faz com que o magistrado se transforme em órgão acusador, maculando, então, o seu desapego a qualquer das partes. Exceção se faça ao início da execução penal (art. 195, Lei 7.210/84),[32] que pode ser determinado pelo juiz competente. O enfoque, nesta situação, é diverso, pois a ação penal teve início por proposta do Ministério Público ou do ofendido, desenvolveu-se, conforme o princípio da indisponibilidade, chegando ao final, com sentença penal condenatória. Constitui a aplicação da justiça penal um monopólio estatal, de caráter obrigatório, ao menos quando se tem concluído o título executivo judicial. Eis a razão pela qual cabe a vários interessados em fazer valer esse título a iniciativa da execução da pena. Note-se, ademais, que os referidos interessados são os órgãos competentes a tanto (juiz, Ministério Público, Conselho Penitenciário, autoridade administrativa do presídio onde se encontra o condenado) ou o sentenciado e seus familiares, sem envolver a vítima, embora possa ter sido esta a autora da ação penal. A lógica do sistema é evidente: pode a parte ofendida pelo crime *iniciar* a ação penal, conforme o caso, mas não pode *executar* a pena. O monopólio da punição é absolutamente do Estado; apenas a propositura da demanda pode ser transferida ao particular, conforme disposição legal.

O processo penal brasileiro ainda possui um juiz atuante, durante a instrução, a ponto de lhe ser possível a decretação da prisão cautelar de ofício. Essas distorções presentes no sistema legislativo ordinário precisam ser superadas pela própria consciência do magistrado, encarando sua função com o máximo de rigor no tocante à imparcialidade. Por isso, sem provocação, deve abster-se de tomar qualquer medida coercitiva contra o acusado.

---

não pode, jamais, ceder espaço à formalidade legal; acima de tudo, preserva-se a Constituição Federal, em sua busca pelo juiz imparcial.

32. "O procedimento judicial iniciar-se-á *de ofício*, a requerimento do Ministério Público, do interessado, de quem o represente, de seu cônjuge, parente ou descendente, mediante proposta do Conselho Penitenciário, ou, ainda, da autoridade administrativa" (grifamos).

No mais, sabe-se poder o juiz buscar prova, determinando a oitiva de testemunhas, requisitando documentos, provocando a realização de perícias, dentre outras medidas. Nesse prisma, está-se privilegiando o princípio da busca da verdade real, almejando-se extensa colheita probatória, para auxiliar na formação do convencimento do julgador.

A iniciativa do magistrado na busca de provas pode ser positiva, desde que ele atue, sempre, com supedâneo em prova anterior, apresentada por qualquer das partes; pode ser negativa, quando ele encarnar o acusador ou o defensor, procurando provas para pender para uma das partes.

O aspecto positivo advém da complementação da prova, quando iniciada por uma das partes. Ilustrando, ouve-se uma testemunha de acusação, que fornece o nome de alguém, cuja inquirição é fundamental para a elucidação dos fatos; pode o magistrado determinar a sua oitiva, sem infringir sua imparcialidade.

O aspecto negativo origina-se do desvirtuamento de sua função neutra primordial, assumindo vestes de promotor ou advogado. Exemplificando, o juiz determina a inquirição de parentes da vítima, com o fim de produzir prova em detrimento do réu, formando um quadro negativo de sua personalidade ou conduta social. Essa tarefa cabe à acusação e não ao juiz. Aliás, se o julgador quiser saber sobre a vida pregressa do acusado, precisa agir com imparcialidade, determinando, então, a inquirição de parentes da vítima e de parentes do réu, com o objetivo de formar um quadro equilibrado de depoimentos. Não deve atuar num único sentido, lembrando-se de que as partes confiam em sua justeza, logo, aguardam medidas abrangentes, sem foco exclusivo a um dos polos da demanda.

1.3.1.5 *Imparcialidade e motivação das decisões*

O fornecimento de motivos, fundamentando uma decisão, indica o vínculo indispensável entre o magistrado e a lei, fonte da qual deve emanar a sua legitimidade de atuação. A imparcialidade pode ser analisada sob os aspectos objetivo e subjetivo. Quanto ao primeiro, torna-se visível em virtude dos comandos e decisões proferidos ao longo da instrução, mostrando-se juiz equilibrado e equidistante das partes; se uma medida prejudica o autor, outra o beneficia. Há um sistema lógico de ações e reações do magistrado, de modo a lhe garantir confiabilidade. O aspecto subjetivo da imparcialidade é mais complexo de se evidenciar, pois faz parte do âmago do ser humano, ora juiz, condutor do feito. Há de se buscar um julgador sereno e comedido, pronto a ouvir todos os argumentos, sem má vontade ou predisposição. Porém, a única forma de se verificar se a equidistância e o comedimento fizeram parte do momento em que chegou ao veredicto concentra-se na avaliação de sua fundamentação. Dados os motivos, expostos de maneira lógica e concatena-

CAP. V • PRINCÍPIOS CONSTITUCIONAIS PROCESSUAIS PENAIS E ENFOQUES PENAIS | **425**

da, demonstra o julgador a obviedade da formação de seu convencimento, produzindo nas partes o efeito assimilador e legitimador da decisão. Não quer isto dizer devam conformar-se com o mérito do julgado, mas podem as partes ter noção de que foi um veredicto seguro e *imparcial*.

No dizer de ANTONIO MAGALHÃES GOMES FILHO, "a obrigação de apresentar as razões da decisão representa, no mínimo, um forte estímulo à efetiva imparcialidade e ao exercício independente da função judiciária, impedindo escolhas subjetivas ou que possam constituir o resultado de eventuais pressões externas. Ao revés, pode também a motivação servir como ponto de partida para a descoberta de eventuais motivos espúrios ou subjetivos, que tenham influenciado as escolhas adotadas, evidenciando o *verdadeiro* caminho mental seguido para alcançar a solução das diversas questões debatidas; trata-se então de utilizar a motivação como *fonte de indícios*, como menciona TARUFFO, no caso para identificar uma possível conduta parcial ou a sujeição do juiz a pressões externas".[33]

1.3.1.6 Modificações de competência

Há vários instrumentos legais para a fixação da competência, dentre os quais prevalece o critério territorial, sustentando pelo lugar da infração penal (art. 69, I, CPP). Não sendo possível avaliar-se o local, busca-se o domicílio ou residência do réu (art. 69, II, CPP). Ademais, é fundamental analisar, previamente, se, em razão da matéria ou da prerrogativa de foro (art. 69, III e VII, CPP), não seria o caso de fixação do juízo em determinado foro, independentemente de território.

A par disso, visando-se à otimização da colheita da prova e sua posterior avaliação pelo juiz, alguns mecanismos foram idealizados para permitir a alteração de foro, substituindo-se um juiz por outro. Inexiste qualquer lesão ao princípio do juiz natural, tendo em vista que tais regras estão previstas em lei e sua validade e abrangência são gerais. Logo, não se tem por finalidade privilegiar um determinando réu ou prejudicar certo acusado.

A conexão e a continência permitem a junção de processos, para garantir a economia processual, promovendo-se uma busca única pela prova, além de permitir julgamentos coerentes e razoáveis, envolvendo o mesmo delito ou as mesmas pessoas envolvidas na prática de crimes correlatos e, de algum modo, vinculados.

O desaforamento é outro mecanismo para a modificação de competência, quando se configura qualquer das hipóteses dos arts. 427 e 428 do Código

---

33. A garantia da motivação das decisões judiciais na Constituição de 1988, p. 63.

426 | PRINCÍPIOS CONSTITUCIONAIS PENAIS E PROCESSUAIS PENAIS – NUCCI

de Processo Penal. Não se trata de lesão ao princípio do juiz natural, pois é norma geral, expressamente prevista em lei, válida para todo e qualquer caso. Ademais, parcela considerável da motivação para o desaforamento concentra-se, justamente, na preservação do juiz imparcial ("dúvida sobre a imparcialidade do júri", art. 427, *caput*, CPP). Entretanto, é preciso cautela para analisar as razões fundamentadoras do pedido formulado, pois, muitas vezes, em lugar de preservar o juiz imparcial, busca-se, na verdade, confrontar o juiz natural, levando a causa para a apreciação de outro foro, sem lastro razoável para tanto.

1.3.1.7 Instrumentos casuísticos

Alguns instrumentos especiosos ainda persistem na organização judiciária brasileira, merecendo revisão e, conforme a situação, adaptação aos mandamentos do juiz natural e imparcial. Embora se entenda a facilidade com que a direção de uma corte promova a circulação dos juízes de primeiro grau, mormente os substitutos e auxiliares, sem cargo fixo, para suprir falhas, férias, promoções etc., torna-se poderoso instrumento de ferida à inamovibilidade[34] do magistrado a alteração de posto em determinados casos. Quanto maior for o número de cargos, sem fixação de posto, crescem as chances de designações casuísticas. O ideal, portanto, é uma estrutura judiciária firmada em cargos ocupados por magistrados fixos, realmente detentores da prerrogativa da inamovibilidade, em lugar de facilitação da movimentação dos juízes.

Além dos magistrados volantes, torna-se essencial vedar a criação e a mantença de Varas Criminais vagas, ou seja, postos ocupados por juízes, que não são fixos, passíveis de remoção e substituição a qualquer momento, por mero ato discricionário da direção do Tribunal. Em lugar de *Varas*, tais postos podem obter diversas denominações (Departamento, Centro Operacional etc.), mas são fontes de atuação jurisdicional, por vezes, muito relevante, a ponto de restarem desguarnecidas da inamovibilidade.

Outro ponto a ser abordado diz respeito ao estabelecimento de Varas Privativas, especializadas em determinada matéria. Em princípio, tal medida é salutar, proporcionando maior conhecimento ao magistrado para avaliar complexos casos. Entretanto, não é demais considerar o grau de abrangência da Vara Privativa, pois, conforme a situação, torna-se um juízo antinatural, praticamente de exceção. Imagine-se uma única Vara do Júri, com um titular, contando com vários auxiliares não fixos, na cidade de S. Paulo? Seria um *superjuiz*, encarregado de analisar todos os casos de homicídio da capital,

---

34. Cuida-se de prerrogativa-garantia da magistratura, conforme art. 95, II, CF, dentre outros fatores, para assegurar a imparcialidade.

CAP. V • PRINCÍPIOS CONSTITUCIONAIS PROCESSUAIS PENAIS E ENFOQUES PENAIS | 427

ou, pelo menos, *escolher* quais casos pretende conduzir e quais os que irá transferir aos auxiliares. O mesmo se diga de qualquer outra matéria, pois a concentração de poder, nas mãos de um único magistrado, deixa de ser proveitosa para auferir contorno indesejável.

Há de se destacar, ainda, a necessidade de preservação da imparcialidade do magistrado de corte superior, não se podendo admitir que um juiz tome parte em julgamento de recurso advindo de julgado onde ele teve a oportunidade de expressar sua opinião ou voto. É o teor da Súmula 72 do STF, que entendemos imprópria: "No julgamento de questão constitucional vinculada a decisão do Tribunal Superior Eleitoral, não estão impedidos os ministros do Supremo Tribunal Federal que ali tenham funcionado no mesmo processo, ou no processo originário". Acima de qualquer benefício de facilitação da organização judiciária, deve-se preservar o princípio do juiz natural e imparcial, vedando-se qualquer resquício de tendência ou desequilíbrio na avaliação das causas apresentadas para julgamento.

1.3.1.8 *O juiz natural e imparcial na jurisprudência*

1.3.1.8.1 Juiz Natural

a) Convocação de magistrados de primeiro grau para atuar em segunda instância

- STF: "Julgamento de *habeas corpus* por colegiado integrado majoritariamente por magistrados de primeiro grau convocados: inexistência de contrariedade ao princípio do juiz natural" (HC 111.507/SP, 2.ª T., rel. Cármen Lúcia, j. 04.06.2013, Data de Publicação: 27.06.2013).

- STF: "Não viola o postulado constitucional do juiz natural o julgamento de apelação por órgão composto majoritariamente por juízes convocados, autorizado no âmbito da Justiça Federal pela Lei 9.788/99. Precedentes" (HC 101952 – SP, 1.ª T., rel. Rosa Weber, 18.12.2012, m.v.).

- STF: "O julgamento por Colegiado integrado, em sua maioria, por magistrados de primeiro grau convocados não viola o princípio do juiz natural nem o duplo grau de jurisdição. Precedentes: AI 652414-AGR/SP, Rel. Min. Ricardo Lewandowski, *DJ* 17.08.2011; RE 597133/RS, rel. Min. Ricardo Lewandowski, Pleno, *DJ* 06.04.2011" (HC 100211 – SP, 1.ª T., rel. Luiz Fux, 20.09.2011, v.u.).

- STJ: "O juiz, enquanto convocado ao exercício do cargo de Desembargador, não sofre limitações no exercício da jurisdição, exercendo as atribuições e competências de um magistrado de 2.º grau, podendo figurar como relator de qualquer feito que lhe couber por distribuição, sem restrição. Precedentes desta Corte e do STF. A designação de juízes auxiliares para atuarem nos tribunais tem o escopo de concretizar a garantia constitucional da duração razoável do processo para a célere prestação jurisdicional (CF, art. 5.º, LXXVIII)" (HC 293.686/BA, 5.ª T., rel. Gurgel de Faria, j. 21.10.2014, *DJe* 04.11.2014).

- STJ: "Não há ofensa aos princípios do juiz natural ou do duplo grau de jurisdição na apreciação de recursos por órgão composto majoritariamente por juízes convocados, desde que observada a lei de regência. Precedentes do STF e STJ" (AgRg no AREsp 82637 – MG, 5.ª T., rel. Marilza Maynard, 09.04.2013, v.u.).
- STJ: "Na linha da orientação do Supremo Tribunal Federal, não ofende o princípio do juiz natural a instituição, por parte do Tribunal de Justiça do Estado de São Paulo, de Câmaras Criminais extraordinárias formadas por Juízes de primeiro grau, arregimentados voluntariamente (HC 96.821/SP, Tribunal Pleno, rel. Min. Ricardo Lewandowski, *DJe* 24.06.2010.)" (HC 175148 – SP, 5.ª T., rel. Laurita Vaz, 23.04.2013, v.u.).
- STJ: "Julgado o mérito do RE 597.133/RS, com repercussão geral, impõe-se reapreciar o habeas corpus para denegar a ordem, segundo o entendimento consolidado pelo Plenário do Supremo Tribunal Federal de que não há afronta ao princípio do juiz natural na apreciação de recursos por órgão julgador composto, majoritariamente, por juízes de primeiro grau convocados para atuar no Tribunal" (HC 130821 – SP, 5.ª T., rel. Laurita Vaz, 22.11.2011, v.u.).
- STJ: "Não ofende o princípio do juiz natural a convocação de juízes de primeiro grau para, nos casos de afastamento eventual do desembargador titular, compor o órgão julgador do respectivo Tribunal, desde que observadas as diretrizes legais federais ou estaduais, conforme o caso. Precedentes da Suprema Corte e deste Tribunal" (HC 146.894-SP, 5.ª T., rel. Laurita Vaz, 23.03.2010, v.u.).

b) Afastamento de qualificadoras na pronúncia

- STJ: "Em respeito ao princípio do juiz natural, somente é cabível a exclusão das qualificadoras na sentença de pronúncia quando manifestamente improcedentes e descabidas, porquanto a decisão acerca da sua caracterização ou não deve ficar a cargo do Conselho de Sentença, conforme já decidido por esta Corte" (HC 247073 – PB, 5ª. T., rel. Jorge Mussi, 12.03.2013, v.u.).

c) Redistribuição de processos em virtude da criação de nova Vara

- STJ: "A redistribuição do feito decorrente da criação do nova vara com idêntica competência – com a finalidade de igualar os acervos dos Juízos

CAP. V • PRINCÍPIOS CONSTITUCIONAIS PROCESSUAIS PENAIS E ENFOQUES PENAIS | **429**

e dentro da estrita norma legal – não viola o princípio do juiz natural, mormente quando ocorre ainda na fase de inquérito policial, como na espécie" (HC 102.193-SP, 5.ª T., rel. Laurita Vaz, 02.02.2010, v.u.).

d) Especialização de Vara

• STF: "1. Denúncia por crime sexual contra menor. 2. Especialização da 11.ª Vara de Natal/RN por Resolução do Tribunal de Justiça local. 3. Remessa dos autos ao Juízo competente. 4. Ofensa ao princípio do juiz natural [art. 5.º, XXXVII e LIII da Constituição do Brasil] e à reserva de lei. Inocorrência. 5. Especializar varas e atribuir competência por natureza de feitos não é matéria alcançada pela reserva da lei em sentido estrito, apenas pelo princípio da legalidade afirmado no art. 5.º, II, da Constituição do Brasil, vale dizer pela reserva da norma. No enunciado do preceito – ninguém será obrigado a fazer ou deixar de fazer alguma coisa senão em virtude de lei – há visível distinção entre as seguintes situações: [i] vinculação às definições da lei e [ii] vinculação às definições decorrentes – isto é, fixadas em virtude dela – de lei. No primeiro caso estamos diante da reserva da lei; no segundo, em face da reserva da norma [norma que pode ser tanto legal quanto regulamentar ou regimental]. Na segunda situação, ainda quando as definições em pauta se operem em atos normativos não da espécie legislativa – mas decorrentes de previsão implícita ou explícita em lei – o princípio estará sendo acatado. 6. No caso concreto, o princípio da legalidade expressa reserva de lei em termos relativos [= reserva da norma]; não impede a atribuição, explícita ou implícita, ao Executivo e ao Judiciário, para, no exercício da função normativa, definir obrigação de fazer ou não fazer que se imponha aos particulares e os vincule. 7. Se há matérias que não podem ser reguladas senão pela lei – *v.g.*: não haverá crime ou pena, nem tributo, nem exigência de órgão público para o exercício de atividade econômica sem lei, aqui entendida como tipo específico de ato legislativo, que os estabeleça – das excluídas a essa exigência podem tratar, sobre elas dispondo, o Poder Executivo e o Judiciário, em regulamentos e regimentos. Quanto à definição do que está incluído nas matérias de reserva de lei, há de ser colhida no texto constitucional; quanto a essas matérias não cabem regulamentos e regimentos. Inconcebível a admissão de que o texto constitucional contivesse disposição despicienda – verba *cum effectu sunt accipienda*. Legalidade da Resolução do TJ/RN. 8. Não há delegação de competência legislativa na hipótese e, pois, inconstitucionalidade. Quando o Executivo e o Judiciário expedem atos normativos de caráter não legislativo – regulamentos e regimentos, respectivamente – não o fazem no exercício da função legislativa, mas no desenvolvimento de função normativa. O exercício da função regulamentar e da função regimental não decorrem de delegação de função legislativa; não envolvem, portanto, derrogação do princípio da divisão dos poderes. Denego a ordem. (HC 91.509-RN, 2.ª T., Rel. Eros Grau, 27.10.2009, v.u.).

e)   Designação de juiz

• STF: "I – A designação de juiz para atuar, de forma genérica, em uma determinada Vara, não ofende o princípio do juiz natural. II – Configura nulidade processual apenas a designação específica, casuística, de Magistrado para atuar em determinado feito. III – Diante do pedido de afastamento do Juiz titular, por motivo de foro íntimo, o processo deve ser encaminhado para o outro Juiz, designado pelo Tribunal de Justiça, ante o acúmulo de processos, para ter exercício naquela Vara. IV – Recurso improvido" (RHC 89.890-BA, 1.ª T., Rel. Ricardo Lewandowski, 05.12.2006, v.u.).

f)   Desaforamento

• STJ: "A despeito de constar dos autos cópia da notícia sobre o delito, veiculada na imprensa, não há nada que comprove que o crime tenha gerado grande repercussão na comunidade local, levando-a à grave comoção, apto a excepcionar o princípio do juiz natural" (HC 150.095-RJ, 5.ª T., rel. Arnaldo Esteves Lima, 15.12.2009, v.u.).

g)   Conexão e foro por prerrogativa de função

• STF: "Não viola o princípio do juiz natural atração, por conexão, do processo do corréu ao foro por prerrogativa de função de um dos denunciados. Precedente" (HC 104957 – GO, 1.ª T., rel. Cármen Lúcia, 22.03.2011, v.u).

h)   Competência territorial relativa

• STJ: "Improcede a alegação de violação ao princípio do juiz natural, visto que a incompetência territorial é de natureza relativa e deve ser alegada no momento oportuno, o que não fez a defesa remarcando-se que não se demonstrou qualquer prejuízo decorrente do processamento do feito no Juízo Criminal de Vila Velha/ES, ao revés do Juízo de Vitória/ES" (HC 60976 – ES, 6.ª T., rel. Og Fernandes, 04.10.2011, v.u.).

i)   Convocação de desembargador para atuar no Superior Tribunal de Justiça

• STJ: "Não viola o princípio do juiz natural o julgamento de recurso especial e de agravo de instrumento por Turma composta por De-

CAP. V • PRINCÍPIOS CONSTITUCIONAIS PROCESSUAIS PENAIS E ENFOQUES PENAIS | **431**

sembargadores convocados para substituição temporária, haja vista a assunção do cargo de Ministro com os poderes a ele inerentes, nos termos dos arts. 118 da LOMAN e 56 do RISTJ (EDcl no AgRg no Ag n. 1.384.930/MG, Ministro Marco Aurélio Bellizze, Quinta Turma, *DJe* 9/10/2013)" (EDcl no AgRg no REsp 1.351.182/RJ, 6.ª T., rel. Sebastião Reis Júnior, j. 23.10.2014, *DJe* 11.11.2014).

• STJ: "Não há nulidade em decisão proferida por Desembargador convocado, mantendo-se incólume o princípio do juiz natural, pois na linha da jurisprudência deste Superior Tribunal de Justiça, cuida-se de medida excepcional de convocação de magistrados para atuarem neste Superior Tribunal de Justiça, com o respaldo da respectiva Portaria de convocação da Presidência desta eg. Corte, nos termos do art. 56 do RISTJ. Precedentes" (AgRg no REsp 1249100 – MS, 5.ª T., rel. Marilza Maynard, 13.06.2013, v.u.).

j) Identidade física do juiz

• STJ: "De acordo com o princípio do juiz natural – nos termos da Lei 11.719, de 20 de junho de 2008 –, o magistrado que presidir a instrução criminal deverá proferir a sentença no feito, conforme preceitua o § 2º do artigo 399 do Código de Processo Penal, isto é, vinculou-se o julgador da causa à prova produzida nos autos" (AgRg no REsp 1170268 – PR, 5.ª T., rel. Jorge Mussi, 11.09.2012, v.u.).

k) Competência do juiz da execução penal

• TJSP: "Ofensa ao princípio constitucional do juiz natural ocorrência – competência do local onde o sentenciado cumpre pena. Estando o sentenciado cumprindo pena no interior, a competência será do juiz da comarca e não da vara das execuções da capital, já que um Provimento do Conselho Superior da Magistratura não pode se sobrepor sobre a Lei de Execução Penal, sob pena de violação ao princípio constitucional do juízo natural" (Agravo em Execução 0179295-46.2013.8.26.0000, 15.ª C., rel. J. Martins, j. 08.05.2014, DJ 13.05.2014).

l) Competência cumulativa de Comarcas no mesmo juízo

• TJPE: "1. O princípio do juiz natural não resta violado na hipótese em que norma legal estadual atribui a Vara especializada competência territorial em mais de uma comarca, com fundamento no art. 125 da Constituição, porquanto o tema gravita em torno da organização judiciária, inexistindo afronta aos princípios da territorialidade e do Juiz natural. 2. Nos termos do art. 125 da Constituição Federal, os Estados organizarão sua Justiça. Com base nesse preceito constitucional, é perfeitamente lícito que se estabeleçam varas especializadas para atuar em duas ou mais comarcas ou até mesmo em todo o território estadual. 3. Competente ao Juízo da Vara de Violência Doméstica Contra a Mulher da Comarca de Olinda processar e julgar o presente feito. 4. Unanimidade" (CC 3295370, 4.ª C., rel. Gustavo Augusto Rodrigues de Lima, j. 16.09.2014, DJ 02.10.2014).

1.3.1.8.2 Juiz imparcial

a) Impedimento do magistrado

- STJ: "O impedimento e a suspeição de Magistrado são circunstâncias que afetam a garantia constitucional da imparcialidade do julgador. 2. No caso, a Magistrada titular da Vara Criminal atuou na instrução, recebendo a denúncia, procedendo ao interrogatório e, posteriormente, recebendo o apelo defensivo. 3. Mesmo não tendo sido ela a prolatora da sentença, não se pode afastar que sua participação criaria empecilhos à sua atuação em outra instância, a teor do que estabelece o art. 252, III, do Código de Processo Penal. 4. De se ressaltar, ainda, que hoje em dia se confere primordial atenção ao interrogatório, tanto que, após as reformas processuais, se explicitou o princípio da identidade física do julgador. 5. Assim, está configurada a ofensa aos princípios do devido processo legal e também da imparcialidade dos julgadores" (HC 121.416-RS, 6.ª T., rel. Og Fernandes, 15.10.2009, v.u.).

b) Independência diante da imprensa e da opinião pública

- STF: "A neutralidade impõe que o juiz se mantenha em situação exterior ao conflito objeto da lide a ser solucionada. O juiz há de ser estranho ao conflito. A independência é expressão da atitude do juiz em face de influências provenientes do sistema e do governo. Permite-lhe tomar não apenas decisões contrárias a interesses do governo – quando o exijam a Constituição e a lei – mas também impopulares, que a imprensa e a opinião pública não gostariam que fossem adotadas. A imparcialidade é expressão da atitude do juiz em face de influências provenientes das partes nos processos judiciais a ele submetidos. Significa julgar com ausência absoluta de prevenção a favor ou contra alguma das partes" (HC 95.009-SP, Pleno, rel. Eros Grau, 18.12.2008, m.v.).
- TRF-1.ª R.: "(...) 2. A prisão temporária não pode ser utilizada como um instrumento de vingança em nome da sociedade, levada por influência da mídia, leiga no assunto, pretendendo sempre dar um caráter punitivo antecipatório. 3. O estado de comoção social e de eventual

CAP. V • PRINCÍPIOS CONSTITUCIONAIS PROCESSUAIS PENAIS E ENFOQUES PENAIS | **433**

indignação popular, motivado pela repercussão da prática da infração penal, não pode justificar, só por si, a decretação ou a manutenção da prisão cautelar do suposto autor do comportamento delituoso, sob pena de completa e grave aniquilação do postulado fundamental da liberdade. – O clamor público – precisamente por não constituir causa legal de justificação da prisão processual – não se qualifica como fator de legitimação da privação cautelar da liberdade do réu (STF, HC 96.483-ES, rel. Ministro Celso de Mello). 4. A polícia deve usar de talento, habilidade, inteligência, para investigar e não ficar arrimado em escutas telefônicas, em prisões desnecessárias, que só fazem humilhar quem as sofre. O combate ao crime não se pode fazer por meios que ferem a lei e a Constituição, através de uma atuação desleal processualmente. 5. A polícia não se pode igualar ao bandido, usando dos meios escusos utilizados pelo infrator da lei. A polícia deve ser a primeira a defender a lei, observando os princípios fundamentais do processo, os direitos humanos. 6. O juiz não deve se arvorar a combater o crime. Ao juiz cabe o controle da legalidade da atividade policial e do Ministério Público quando há, principalmente, ofensa aos direitos do cidadão. Deve ser imparcial. O combate ao crime é atribuição da Polícia e do Ministério Público" (HC 2009.01.00.038790-2-MT, 3.ª T., rel. Tourinho Neto, 28.09.2009, v.u.).

c)   Controle dos termos da pronúncia

• STJ: "Ontologicamente, a pronúncia deve se revestir de comedimento, sob pena de comprometer a imparcialidade dos juízes leigos. Desbordando dos limites linguísticos, reconhecimento de indícios de autoria e materialidade delitiva, tem entendido a colenda Sexta Turma que o mais apropriado é riscar os trechos excessivos ou, como *in casu*, determinar o desentranhamento e o envelopamento da interlocutória mista, certificando-se a condição de pronunciado" (REsp 982.033-PR, 6.ª T., rel. Og Fernandes, 03.12.2009, m.v.).

d)   Atuação do juiz no inquérito fiscalizando a obrigatoriedade da ação penal

• STJ: "1. Não macula a imparcialidade do Juiz a colheita de elementos indiciários tomados em interrogatório em que o réu, por confissão espontânea, revela toda a trama delituosa visando à redução de pena prevista no § 2.º do art. 25 da Lei 7.492/86, incluído pela Lei 9.080/95 ('Nos crimes previstos nesta Lei, cometidos em quadrilha [associação criminosa] ou coautoria, o coautor ou partícipe que através de confissão espontânea revelar à autoridade policial ou judicial toda a trama delituosa terá a sua pena reduzida de um a dois terços.'). 2. Ao devolver os autos ao *Parquet* para reavaliação da *opinio delicti* não está o Juiz impedido de atuar no processo-crime que venha a ser instaurado, porque age como fiscal do princípio da obrigatoriedade da ação penal, sem malferir sua imparcialidade de julgador. Inteligência do art. 28 do Código de Processo Penal. 3. É irrelevante, outrossim, o fato de o Juiz Federal, discordando do pedido de arquivamento, ter devolvido os autos do inquérito para o Procurador da República oficiante no feito, a fim de que reconsiderasse, em vez de remetê-lo diretamente para o Procurador-Geral, como determina o art. 28 do Código de Processo Penal, na medida em que, de um lado, esse modo de proceder não configura nenhuma demonstração de imparcialidade e, de outro lado, o Tribunal *a quo*, em sede de *habeas corpus*, determinou o estrito cumprimento do procedimento da lei processual penal, tendo sido a denúncia regularmente processada, depois de ratificada pela 2.ª Câmara de Coordenação e Revisão do Ministério Público Federal. 4. Ordem denegada" (HC 58.502-PR, 5.ª T., rel. Laurita Vaz, 12.08.2008, v.u.).

e) *Rol exemplificativo do art. 254 do CPP*

- TRF-1.ª R.: "1. O rol estabelecido pelo art. 254 do CPP não é taxativo e, sim, simplesmente exemplificativo. Pode o juiz não ser amigo íntimo ou inimigo capital da parte, e, demonstrar, visivelmente, parcialidade, como aquele magistrado que externa sua aversão extremada ao corrupto, ao estuprador, o que, evidentemente, não lhe dá condições psicológicas para proceder um julgamento isento, imparcial. Simples má vontade, malquerença, não é, no entanto, de se entender capaz de empanar, em princípio, a serenidade do julgador. No nosso ordenamento jurídico, não existe a figura do *recusatio judicis* e sim a do *excepcio judicis*" (EXSUSP 2006.36.00.010554-7-MT, 3.ª T., rel.Tourinho Neto, 05.09.2006, v.u.).

f) *Indeferimento de benefício não é causa de suspeição*

- TJMG: "'A suspeição assenta na falta de imparcialidade do juiz. O Juiz deve ser imparcial' (FERNANDO DA COSTA TOURINHO FILHO) – 'Esta é a razão pela qual a exceção de suspeição ou de impedimento precede toda e qualquer outra defesa indireta contra o processo. Afinal, um juiz parcial não seria legalmente aceitável para decidir qualquer outro obstáculo ao correto desenvolvimento processual' (GUILHERME DE SOUZA NUCCI). Na espécie, conquanto, de início, em tese, se tenha revestido de relevância a arguição feita pelo excipiente – e, por isso, não foi liminarmente rejeitada (CPP, art. 100, § 2.º) e nem se viu um agir malicioso de sua parte (CPP, art. 101) –, de concreto, na atuação

CAP. V • PRINCÍPIOS CONSTITUCIONAIS PROCESSUAIS PENAIS E ENFOQUES PENAIS | **435**

do excepto, incisiva – mas apenas assim e sempre fiel a ditames legais e a dados constantes do processo –, ao indeferir-lhe benefício anotado na Lei 9.099/95, nada se viu de molde a macular sua imparcialidade ou a mostrar como previamente julgada, em detrimento do excipiente, a pretensão punitiva ao órgão ministerial interessante. Nenhum motivo, pois, para se pensar em 'salvaguardar o prestígio profissional e a dignidade da administração da justiça' (Alcalà-Zamora). Rejeição (EXSUSP 1.0000.08.474352-5/000-MG, 2.ª C.C., rel. Beatriz Pinheiro Caíres, v.u.).

g) Aplicação da pena e fundamentação

• STF: "A necessidade de fundamentação dos pronunciamentos judiciais (inciso IX do art. 93 da Constituição Federal) tem na fixação da pena um dos seus momentos culminantes. Trata-se de garantia constitucional que submete o magistrado a coordenadas objetivas de imparcialidade e propicia às partes conhecer os motivos que levaram o julgador a decidir neste ou naquele sentido" (RHC 107445 – DF, 2.ª T., rel. Ayres Britto, 17.05.2011, v.u.).

h) Atuação do magistrado nas esferas administrativa e judicial; natureza do rol do art. 252 do CPP

• STJ: "1. Relacionados ao princípio do devido processo legal, os princípios duplo grau de jurisdição e da imparcialidade encontram no art. 252 do CPP vedações à atuação jurisdicional do magistrado que concretizam e permitem a devida tutela jurisdicional, elemento constante do art. 5.º, XXXV, da CF, de natureza de direito fundamental. 2. Denota-se do conteúdo do art. 252, III, do CPP, a impossibilidade de atuação do juiz, sobre os mesmos fatos, em diferentes graus de jurisdição; não se cuida, portanto, de atuação em esferas de naturezas distintas, a saber no caso concreto: a administrativa e a penal. 3. *In casu*, tratando-se de processos de origem administrativa e judicial, julgados pela Corregedoria Geral da Justiça de São Paulo e pelo Órgão Especial do Tribunal de Justiça do Estado de São Paulo, respectivamente, não há ofensa ao disposto no art. 252, III, do CPP o julgamento por magistrados que componham e tenham atuado em ambos os feitos, dada a essência diversa das esferas. 4. 'Neste diapasão, buscando as esferas administrativa e criminal objetivos totalmente distintos, pois, em cada uma, a matéria é posta em análise sob diferentes enfoques, nada impede que o juiz da seara administrativa também o seja na criminal, nada obstando, inclusive, o seu sorteio como relator em qualquer delas' (HC 42.249/RJ). 5. Constitui rol taxativo as hipóteses de impedimento do art. 252 do CPP, de forma que não se estende o conceito de 'jurisdição'. 6. Ordem denegada" (HC 131792 – SP, 5.ª T., rel. Jorge Mussi, v.u.).

i) Em confronto com a estrita observância da legalidade

- STJ: "Insta assinalar, por oportuno, que o juiz deve estrita fidelidade à lei penal, dela não podendo se afastar a não ser que imprudentemente se arrisque a percorrer, de forma isolada, o caminho tortuoso da subjetividade que, não poucas vezes, desemboca na odiosa perda da imparcialidade. Ele não deve, jamais, perder de vista a importância da democracia e do Estado Democrático de Direito" (HC 149250 – SP, 5.ª T., rel. Adilson Vieira Macabu, 07.06.2011, v.u.).

j) Em confronto com a utilização do art. 384 do CPP

- STJ: "Inexiste violação ao princípio da imparcialidade do juiz, que representa verdadeira garantia de um julgamento estreme de dúvidas, tratando-se de um dos mais importantes princípios relativos aos órgãos julgadores, quando o Magistrado, sempre agindo com o zelo que lhe é peculiar e vislumbrando a hipótese de enquadramento de fato típico com aplicação de pena mais severa aos pacientes, abre vista ao Parquet e, logo após o recebimento do aditamento, faculta à defesa a oportunidade de manifestar-se, bem como requerer as providências e medidas que entendesse cabíveis" (HC 148190 – RJ, 5.ª T., rel. Adilson Vieira Macabu, 22.03.2011, v.u.).

k) Atuação do juiz decretando medidas contrárias aos interesses do acusado

- STJ: "O fato de o Juiz, a partir das provas constantes dos autos, ter proferido decisões desfavoráveis ao Paciente (decreto de prisão temporária e sua posterior conversão em preventiva, além da própria pronúncia), não afeta sua imparcialidade e, muito menos, torna nulo o processo" (HC 180787 – GO, 5.ª T., rel. Laurita Vaz, 16.12.2010, v.u.).

1.3.1.8.3 Supressão de instância

- STF: "A supressão de instância inequívoca revela-se a malferir o princípio do Juiz natural (art. 5.º, XXXVII e LIII) na hipótese em que o writ impetrado nesta Corte versa a mesma fundamentação submetida ao Tribunal inferior. Precedentes: HC 107.053-AgR, Primeira Turma, Relator o Ministro Ricardo Lewandowski, *DJ* 15.04.11; HC 107.415, Segunda Turma, Relator o Ministro Joaquim Barbosa, *DJ* 23.03.11; HC

CAP. V • PRINCÍPIOS CONSTITUCIONAIS PROCESSUAIS PENAIS E ENFOQUES PENAIS | **437**

104.674-AgR, Primeira Turma, Relatora a Ministra Cármen Lúcia, *DJ* 23.03.11; HC 102.865, Segunda Turma, Relatora a Ministra Ellen Gracie, DJ 08.02.2011" (HC 111455 – SP, 1.ª T., rel. Luiz Fux, 28.05.2013, v.u.).

1.3.2 Princípio da publicidade

1.3.2.1 Conceito e mérito

A publicidade é fator determinante da transparência e da moralidade, significando a atuação estatal aberta, voltada ao seu real destinatário, que é a sociedade. A realização pública de justiça pertence a todos e passa a ser de conhecimento notório, conferindo legitimidade às posturas estatais de mando e de imposição de regras.[35]

O segredo e o sigilo são seus oponentes, que merecem ser vistos em caráter excepcional, porém, de algum modo, necessários, para a preservação de outros valores, igualmente resguardados pelo Estado Democrático de Direito.

Dispõe o art. 93, IX, da Constituição Federal, que "todos os julgamentos dos órgãos do Poder Judiciário serão públicos, e fundamentadas todas as decisões, sob pena de nulidade, podendo a lei limitar a presença, em determinados atos, às próprias partes e a seus advogados, ou somente a estes, em casos nos quais a preservação do direito à intimidade do interessado no sigilo não prejudique o interesse público à informação". Noutra medida, preceitua o art. 5.º, LX, da Constituição, que "a lei só poderá restringir a publicidade dos atos processuais quando a defesa da intimidade ou o interesse social o exigirem".

A composição dos interesses individuais foi contemplada com justeza nesses dispositivos constitucionais. Assegura-se a regra no processo: publicidade dos atos processuais e dos julgamentos. Garante-se, por exceção, a intimidade e o interesse público: segredo de justiça em função de atos processuais e julgamentos.

O mérito da publicidade, como regra, é indeclinável, compondo-se de fatores variados: a) assegurar a imparcialidade do juiz, pois seus atos são acompanhados pelas partes e pelo público em geral, demonstrando-se o seu

---

35. "Somente quando os cidadãos sabem, por meio da publicidade, 'como', 'quando', 'por que' e 'por quem' os atos estatais são produzidos, alçando legitimidade interna e externa, estes passam a ser aceitos e respeitados por todos. Não há quem, na condição de cidadão, aceite atos públicos sendo produzidos de maneira sigilosa" (MAURÍCIO ZANOIDE DE MORAES, Publicidade e proporcionalidade. *Sigilo no processo penal*, p. 41).

equilíbrio ou desequilíbrio na condução da causa; b) garantir a economia processual, favorecendo-se a duração razoável do processo e da prisão cautelar, pois somente à vista do público é que se pode dar o controle efetivo; c) consagrar a persuasão racional, impondo-se ao magistrado a motivação de suas decisões, sob pena de nulidade, combatendo-se, com isso, aventuras prepotentes no contexto judiciário.[36]

Por outro lado, o mérito de seu contraponto (o sigilo) advém do direito fundamental à intimidade e à vida privada, fatores de equilíbrio para o indivíduo, no Estado Democrático de Direito. Nem todos os conflitos devem ser expostos ao público, pois a segurança de atuação de um Judiciário firme e imparcial origina-se da análise de seu conjunto e não de sua totalidade. Logo, preservando-se a publicidade como regra, consegue-se atingir a posição ideal de respeito harmônico a outros interesses, como se dá no cenário da intimidade, sem deslegitimar a figura do juiz imparcial.

Convém diferençar a publicidade geral (ou externa) e a publicidade específica (ou interna). A primeira relaciona-se ao conhecimento público e genérico dos atos processuais, audiências e sessões de julgamento. A segunda firma-se no contexto das partes envoltas no processo. A publicidade geral pode ser restringida em nome de outros interesses, tais como a intimidade, a vida privada, o interesse social etc., mas a publicidade específica jamais será retirada, pois as partes técnicas[37] precisam figurar nos atos processuais em geral, sob pena de infirmar outros relevantes princípios constitucionais (ampla defesa, contraditório etc.).

---

36. Nas palavras de ANTONIO MAGALHÃES GOMES FILHO: "É que a legitimação democrática dos membros do Judiciário – que não resulta da investidura no cargo por eleição – deriva do *modo* pelo qual é exercida a sua função. Em outros termos, para ser legítima a atividade judiciária deve ser exercida com respeito às garantias da *justiça natural*: o juiz não age de ofício, nem em causa própria, e a sua decisão é um ato que nasce do diálogo *entre* as partes e *com* as partes, que são destinatárias da decisão". E, referindo-se à participação cívica propiciada pela motivação das decisões judiciais, acrescenta: "a possibilidade de tal controle serve – ainda que indiretamente e de forma difusa – para condicionar o próprio conteúdo da decisão, na medida em que a necessidade de apresentar à opinião pública um discurso racional e coerente impõe determinado tipo de comportamento mental ao juiz no momento mesmo em que realiza as opções decisórias" (A garantia da motivação das decisões judiciais na Constituição de 1988, p. 60). Tanto mais adequada será essa legitimação quanto mais ampla for a sua publicidade, demonstrando ter havido respeito aos direitos e garantias individuais, logo, ao devido processo legal.

37. Menciona-se a *parte técnica*, pois até mesmo o réu pode ser retirada da sala de audiência, por exemplo, mas seu advogado nunca será privado de acompanhar o ato, sob pena de nulidade insanável.

1.3.2.2 Intimidade e informação

Em conflito meramente aparente, opõem-se os direitos à intimidade e à informação. Na realidade, tendem à harmonização, desde que se compreenda o autêntico alcance e a finalidade de cada um deles.

A intimidade garante ao ser humano a preservação de seus valores pessoais, seu direito de ser e pensar, suas relações sociais, sexuais, profissionais e afetuosas, sem a obrigação de fornecer ao Estado qualquer satisfação de sua vida privada. Tal fronteira compõe o justo, em nome da liberdade de pensamento, de expressão, de ir e vir, enfim, de agir, desde que respeitado o direito alheio e o interesse comum. O direito à informação advém da transparência que se busca em sociedade democrática, obstando qualquer interferência manipuladora do Estado. Ambos podem coexistir sem trauma.

Informa-se tudo que diga respeito ao coletivo e à ação do Estado. Preserva-se tudo o que se relacione com o indivíduo e não interesse, diretamente, à coletividade ou ao Estado. Exemplificando, a relação afetiva de alguém não tem nenhum vínculo com o interesse comum, dizendo respeito, apenas, a indivíduos, no pleno exercício de sua intimidade. Não cabe *informar* terceiros sobre tal universo, ainda que se trate de pessoa famosa, conhecida ou ocupante de cargo público. É preciso entender que o político, o artista, o empresário, enfim, o ser humano, que se tornou célebre por algum predicado, possui vida privada e direito à intimidade. Não se transforma em pública a vida de alguém que ocupe um cargo público; são situações integralmente diversas. Não se devassa a vida privada de alguém que seja publicamente conhecido; são interesses dissociados.

Caso ocorra uma infração penal na esfera privada do indivíduo (ex.: bigamia, casamento conhecendo impedimento matrimonial, estupro, assédio sexual etc.), deve-se, certamente, apurar, pois a criminalização da conduta existe e faz parte do interesse comum a sua punição. Porém, não integra o interesse coletivo a *publicidade* dos atos processuais ou do julgamento vinculado ao referido crime, pois a aplicação da pena já será de conhecimento público, necessariamente, não constituindo medida justa a divulgação da colheita de provas ou da avaliação judicial. Se a publicidade fosse instituída em *todos* os casos, para muitos indivíduos a pena seria excessiva e desumana. O descortinar da intimidade provoca a sensação de sensível perda de valor, dando margem ao martírio e à desagregação psicológica. Aliás, é preciso registrar a integral desnecessidade disso, pois não se busca uma pena infamante, mas somente uma punição justa.

Sob outro aspecto, a Constituição Federal garante a liberdade de comunicação social ao preceituar que "a manifestação do pensamento, a criação, a expressão e a informação, sob qualquer forma, processo ou veículo não sofrerão qualquer restrição, observado o disposto nesta Constituição" (art. 220, *caput*). No § 1.º, estima que "nenhuma lei conterá dispositivo que possa constituir embaraço à plena liberdade de informação jornalística em qualquer veículo de comunicação social, observado o disposto no art. 5.º, IV, V, X, XIII e XIV". Portanto, a liberdade de informação é a regra, de onde se podem extrair as suas fronteiras: o anonimato, o direito de resposta, o direito à intimidade, à vida privada, à honra e à imagem, a liberdade de trabalho, conforme qualificação legal e o sigilo da fonte.

O direito à informação, com seus limites constitucionalmente impostos, deve respeitar a intimidade e a vida privada. Por isso, o processo também conta com o segredo de justiça, devendo o magistrado zelar pela observância da perfeita harmonia entre informação e intimidade, ora decretando o sigilo, ora assegurando a publicidade dos atos processuais.

Outro registro merece ser feito, indicando que a simples ocorrência de um crime, desencadeando a apuração pelo Estado, pode servir de divisa para eventual lesão à honra ou à imagem de alguém, assim como, conforme a situação concreta, pode dar margem à exposição da intimidade ou da vida privada. Entretanto, tal fato, isoladamente considerado, não pode servir de supedâneo para o segredo de justiça, pois, do contrário, todos os processos criminais correriam em sigilo. Há delitos, mormente os cometidos por pessoas conhecidas do público em geral, passíveis de gerar comoção e acompanhamento pela sociedade. Tal se dá, no entanto, menos pelo crime em si, mais pela qualidade e predicado do autor. Por outro prisma, é possível acontecer uma grave infração penal, contra vítima conhecida, gerando, identicamente, o interesse da comunidade. Ou, ainda, concretiza-se um delito peculiar, contendo fatores inéditos, que também pode chamar a atenção. Em todas essas situações, embora exista o interesse geral e possa haver a invasão de privacidade, não há razão para o sigilo. Ilustrando, se uma figura política conhecida mata outra, torna-se natural o interesse geral em acompanhar o processo. Não se vê motivo para o segredo de justiça, em tese, pois o crime de homicídio, por interesses políticos, não tem grau suficiente para gerar lesão à intimidade. Note-se que a infração penal não nasceu de relações íntimas, mas de relacionamento público; por isso, sua exposição demanda informação.

Os crimes contra a administração pública, ainda exemplificando, não podem ser, *a priori*, considerados de puro interesse individual, ainda que cometidos por pessoas influentes ou de projeção nacional. Ao contrário, são infrações tipicamente ligadas à moralidade da administração, bem jurídico ligado ao interesse da coletividade, motivo pelo qual a publicidade se impõe, em detrimento de eventual mancha à honra ou à imagem do agente.

A atual redação do art. 93, IX, da Constituição Federal, após a edição da Emenda 45/2004, indica, claramente, os interesses a compor: o segredo

CAP. V • PRINCÍPIOS CONSTITUCIONAIS PROCESSUAIS PENAIS E ENFOQUES PENAIS | **441**

de justiça é viável para a preservação do direito à intimidade desde que não prejudique o interesse público à informação. Noutros termos, na esfera penal, deve-se focar o crime praticado e o bem jurídico envolvido. Originando-se a infração penal da esfera individual, das relações íntimas, da vida privada, sem qualquer toque a bens públicos, como regra, prevalecerá o sigilo em detrimento da informação (ex.: delito contra a honra; delito sexual).[38] Emergindo o delito da esfera de relações sociais ou profissionais, envolvendo bens públicos ou de interesse público, como regra, prevalecerá a informação (ex: crimes contra a administração pública, contra a saúde pública, contra a vida).

1.3.2.3 Segredo de justiça e suas implicações

As ressalvas constitucionais (art. 5.º, LX; art. 93, IX) indicam caber à lei disciplinar o segredo de justiça. Para tanto, há norma de caráter geral e algumas envolvendo temática específica.

Em amplitude geral, encontra-se o disposto pelo art. 792, § 1.º, do Código de Processo Penal: "Se da publicidade da audiência, da sessão ou do ato processual, puder resultar escândalo, inconveniente grave ou perigo de perturbação da ordem, o juiz, ou o tribunal, câmara, ou turma, poderá, de ofício ou a requerimento da parte ou do Ministério Público, determinar que o ato seja realizado a portas fechadas, limitando o número de pessoas que possam estar presentes".

Embora pareça indicar o referido texto o sigilo restrito às audiências, sessões ou atos processuais, entendidos estes como os que figuram fora dos autos, na realidade, confere-se uma interpretação extensiva à expressão *ato processual*, envolvendo todo o trâmite da persecução penal, desde a investigação até o julgamento definitivo pelo juiz ou tribunal. Quer-se dizer, pois, ser viável o segredo de justiça da *produção* do ato, bem como do *resultado* dessa produção. Os autos, em sigilo, não mais ficam acessíveis a qualquer pessoa, mesmo sendo esta advogada. A única exceção, por natureza óbvia do direito de defesa, dá-se em relação ao advogado do suspeito, indiciado, acusado ou condenado.

---

38. No dizer de MAURÍCIO ZANOIDE DE MORAES, "caberá sempre ao julgador, garante constitucional dos direitos fundamentais, em cada caso concreto, verificar se os dados da intimidade expostos na causa penal são de tal intensidade que sua exposição causará um mal irreversível ao cidadão nela envolvido. Caso haja risco de isso ocorrer, deverá vedar a publicidade externa plena, determinando medidas pelas quais haja parcial e seletiva informação dos mais significativos atos processuais, sem que, por meio dessas informações, exponha-se a intimidade dos interessados" (ob. cit., p. 52).

No mesmo prisma genérico, implementou-se o § 6.º ao art. 201, após a edição da Lei 11.690/2008: "O juiz tomará as providências necessárias à preservação da intimidade, vida privada, honra e imagem do ofendido, podendo, inclusive, determinar o segredo de justiça em relação aos dados, depoimentos e outras informações constantes dos autos a seu respeito para evitar sua exposição aos meios de comunicação".

Como ilustração de caso específico, pode-se mencionar o art. 234-B do Código Penal, instituído pela Lei 12.015/2009, em relação aos crimes contra a dignidade sexual: "os processos em que se apuram crimes definidos neste Título correrão em segredo de justiça".

De toda forma, sempre que houver a direta ligação entre intimidade da pessoa humana e sua vida privada com o delito cometido, deve-se enaltecer o segredo de justiça em lugar da publicidade. Quando o crime abranger interesse público, direto ou indireto, precisa-se cumprir a regra, garantindo-se a publicidade e a liberdade de informação.

1.3.2.4 A publicidade na jurisprudência

1.3.2.4.1 Publicidade específica

a) Investigação policial

- STJ: "Deve ser garantido à defesa o acesso ao material investigatório até então produzido, em respeito ao princípio da publicidade e da ampla defesa." (HC 78107-GO, 5.ª T., rel. Arnaldo Esteves Lima, 15.05.2008, v.u.).
- TRF-4.ª R.: "A restrição de acesso aos autos de inquérito policial prevista no art. 20 do CPP não é absoluta, devendo o hermeneuta e aplicador da lei ter sempre em mente a necessidade de conjugação do referido comando normativo com o regramento inserto no art. 7.º, XIV, da Lei 8.906/94. Assim, é admissível que, antes da realização de determinada diligência, sobretudo aquelas investigativas de cunho unilateral, o advogado constituído não tenha acesso aos autos, dentro da legítima exceção do princípio da publicidade do processo" (HC 2008.04.00.031686-5-PR, 8.ª T., rel. Paulo Afonso Brum Vaz, 10.09.2008, v.u.).

b) Sessão de julgamento em colegiado

- STJ: "2. No caso dos autos, a defesa teve seu inconformismo conhecido e indeferido pelo Tribunal Federal da 1.ª Região, o que implica, como consectário lógico para a validade do ato, que sejam respeitadas as regras relativas à publicação da pauta com os nomes do réu e dos

CAP. V • PRINCÍPIOS CONSTITUCIONAIS PROCESSUAIS PENAIS E ENFOQUES PENAIS | **443**

advogados (CPP, art. 370, § 1.º), o que, entretanto, não ocorreu na espécie. 3. Com efeito, verifica-se que a ilegalidade configurou-se com a realização do próprio julgamento em 2.º grau – e não a partir dos debates do Tribunal impugnado –, sem a devida observância das regras que homenageiam os princípios do contraditório, da ampla defesa e da publicidade dos atos processuais, porque impediu a defesa de tomar as atitudes que entendera cabíveis, como a distribuição de memoriais e o uso da sustentação oral. 4. Tal circunstância não deixa alternativa ao impetrante, que não o endereçamento do remédio heroico ao Superior Tribunal de Justiça (CF, art. 105, inciso I, alínea 'c'), dada a configuração do ato coator emanado do Tribunal *a quo*, porquanto 'é nulo o julgamento de recurso criminal, na segunda instância, sem prévia intimação, ou publicação da pauta, salvo em *habeas corpus*', consoante preceito da Súmula n. 431-STF. 5. Resta claro que a ocorrência desta nulidade se deu pela decretação do sigilo judicial na instância ordinária – e que ainda se mantém no âmbito desta Corte –, a impor a abreviação dos nomes dos autores de crimes contra a ordem tributária, atitude injustificadamente comum nesses feitos, porquanto o regime de sigilo pertinente aos processos que apuram tais condutas deve apenas alcançar os documentos acerca dos dados fiscal e/ou bancário, sendo desprovida de amparo legal a ocultação do nome do acusado, sob pena de desatender ao princípio da publicidade. 6. *Habeas corpus* não conhecido. Ordem concedida, de ofício, para anular o julgamento da apelação criminal do Processo n. 2002.35.00.001172-0/GO, cujo sigilo judicial quanto às identidades das partes fica afastado, determinando-se nova publicação de pauta de julgamento, na qual devem constar, em respeito ao art. 370, § 1.º, do CPP, os nomes do réu e dos advogados, sem qualquer abreviação" (STJ, HC 212.457/GO, 6.ª T., rel. Maria Thereza de Assis Moura, rel. p/ acórdão Rogerio Schietti Cruz, j. 24.04.2014, *DJe* 04.09.2014, m.v.).

• STJ: "A falta de intimação, pela imprensa, do advogado constituído, para a sessão de julgamento, do recurso acarreta nulidade do julgamento, por ofensa ao princípio da publicidade e da ampla defesa" (HC 45193-BA, 6.ª T., rel. Hélio Quaglia Barbosa, 25.04.2006, v.u.).

c) Processo

• TJSP: "Ora, não se pode confundir os conteúdos de dois princípios constitucionais relacionados ao processo: o da publicidade e o do contraditório. O primeiro pode ser observado sob dois prismas: como decorrência do direito constitucional à *informação* e como modo de assegurar o conhecimento não apenas dos diretamente interessados na causa, mas também de toda a coletividade, como controladora máxima das ações estatais. A publicidade dos atos processuais também pode ser encarada como componente essencial do outro princípio mencionado, o do contraditório, pois corresponde ao elemento *informação,* necessário para que a outra parte processual tenha a possibilidade de *reagir* adequadamente. O conceito do contraditório pode ser resumido no binômio informação-reação. É necessário estabelecer essa divisão, pois a própria Constituição Federal permite a supressão do princípio da publicidade em situações em que o seu exercício é potencialmente conflituoso com outros princípios constitucionais, em especial a intimidade do cidadão ou o interesse social (Constituição Federal, art. 5.º, LX). Assim, como se vê, é possível que haja processos em que todas as informações não estejam disponíveis à coletividade. Mas, em nenhuma hipótese, as restrições (constitucionais ou infraconstitucionais) poderão suprimir o elemento informação ao máximo, sob pena de descaracterizar o princípio do contraditório, o que levaria a processos e julgamentos de caráter secreto e inquisitório" (HC 99009081651/5-SP, 4.ª C.C., rel. Euvaldo Chaib, 04.08.2009, v.u.).

d) Dados sigilosos

• TJRS: "O recebimento da denúncia não tem o efeito de liberar para publicidade os subsídios probatórios obtidos mediante quebra do sigilo das informações bancárias, telefônicas e telemáticas" (MS 70053583084 – RS, 4.ª C.C., rel. Aristides Pedroso de Albuquerque Neto, 09.05.2013, v.u.).

e) Confronto com o Provimento 32/2000 de SP

• STJ: "Ainda que assim não fosse, da leitura do Provimento n.º 32/2000 do Tribunal de Justiça do Estado de São Paulo, observa-se que ele não tolhe as garantias do devido processo legal, da ampla defesa, do contraditório, da publicidade dos atos processuais e da legalidade, tampouco impõe o segredo do processo, uma vez que há expressa previsão de acesso de ambas as partes, acusação e defesa, aos dados sigilosos das pessoas coagidas ou submetidas à ameaça. Ademais, é imperioso assinalar que tanto o paciente quanto o seu defensor estiveram presentes à audiência de instrução em que ouvidas as testemunhas protegidas, oportunidade na qual lhes foi oportunizado o contraditório, circunstância que afasta, por completo, a arguição de nulidade do feito" (HC 218.820/SP, 5.ª T., rel. Jorge Mussi, j. 10.04.2012, *DJe* 03.05.2012, v.u.).

CAP. V • PRINCÍPIOS CONSTITUCIONAIS PROCESSUAIS PENAIS E ENFOQUES PENAIS | **445**

1.3.2.4.2 Recursos

a) Declaração de voto vencido

- TRF-3.ª R.: "A ausência de declaração do voto vencido não impede a análise dos embargos infringentes, nem enseja o seu não conhecimento, caso em que, inexistindo nos autos os fundamentos do voto vencido, reputa-se como divergente a totalidade do julgado. 4. A declaração do voto é faculdade do Magistrado que ficou vencido, sendo que a não declaração desse voto não constitui violação ao princípio da publicidade dos julgamentos (CR, art. 93, IX)." (ACR 27083-SP, 5.ª T., rel. André Nekatschalow, 24.09.2007, v.u.).

1.3.2.4.3 Confronto com o sigilo

a) Cautela na decretação do segredo de justiça

- TJSP: "Por outro lado, com relação ao apedido de decretação do segredo de justiça, também não lhe assiste razão, pois, conforme adotou a referida autoridade manifestação do *parquet*, só pode haver seu cabimento, segundo o art. 792, § 1.º do CPP, quando 'da publicidade da audiência, da sessão ou do ato processual, puder resultar escândalo inconveniente grave ou perigo de perturbação da ordem' , o que não se observa no caso em comento, não sendo válida a argumentação de que serviria o sigilo para a proteção das testemunhas arroladas pela defesa, pois a Lei 9.807/99 organiza normas para a proteção à vítimas e testemunhas ameaçadas. Adotando o princípio do sigilo processual para o caso aqui discutido, estaria, isto sim, violando o princípio da publicidade dos atos processuais, adotado por nossa legislação pátria" (HC 990.09.250198-4-SP, 13.ª C.D.C., rel. San Juan França, 28.01.2010, v.u.).

1.3.2.4.4 Divulgação do nome do réu

a) Possibilidade

- TJMG: "Sabe-se que a publicidade dos atos processuais é assegurado por lei e pela própria Constituição da República. Conquanto haja, de fato, exceções ao princípio da publicidade, tais exceções referem-se apenas a determinados atos ou procedimentos, em verdadeira medida protetiva excepcional. Aliás, ressalte-se que referido princípio é uma medida protetiva para obstar arbitrariedades e violências contra o próprio acusado, e não propriamente um constrangimento, como o sente a advogada. Não há qualquer previsão legal que impeça que o nome do réu que não é menor conste na movimentação processual, ainda que os autos estejam pendendo de julgamento de conflito negativo de jurisdição suscitado. A única ressalva legal feita em relação ao princípio da publicidade encontra respaldo no artigo 792 do Código de Processo Penal que reza que o juiz ou tribunal poderá, de ofício ou a requerimento da parte ou do Ministério Público, determinar que o ato seja realizado a portas fechadas, se da publicidade da audiência, da sessão ou do ato processual puder resultar escândalo, inconveniente grave ou perigo de perturbação da ordem. Obviamente que nenhuma destas situações ilustra o caso *sub judice*. Assim, o segredo de justiça não é direito potestativo do réu, sendo a publicidade dos atos processuais a regra" (HC 1.0000.08.471767-7/000(1)-MG, 5.ª C.C., rel. Alexandre Victor de Carvalho, 22.04.2008, v.u.).

1.3.2.4.5 Intimação pelo Diário Oficial

a) Do defensor constituído

- STJ: "Nos termos do artigo 370, § 1.º, do Código de Processo Penal, a intimação do defensor constituído é feita por publicação no órgão incumbido da publicidade dos autos judiciais da comarca, incluindo, sob pena de nulidade, o nome do acusado.Exige-se, entretanto, que a intimação seja feita em nome de quem tenha poderes, conferidos por instrumento de mandato, para exercer em juízo a defesa do acusado, sob pena de se malferir a própria finalidade do ato, que é dar efetiva publicidade às decisões judiciais, para que delas as partes tenham conhecimento" (HC 187.705 – MT, 5.ª T., rel. Jorge Mussi, 17.10.2011, v.u.).

1.3.3 *Princípio da vedação das provas ilícitas*

1.3.3.1 *Conceito e fundamento*

A inadmissibilidade das provas obtidas por meios ilícitos, no processo, particularmente o criminal, fundamenta-se em fatores de ordem ética e mantenedores da lisura e da imparcialidade do Estado na condução do devido processo legal.

O princípio significa a proibição de se valer de provas – elementos destinados à demonstração da verdade, persuadindo o julgador – maculadas pelo vício de origem, vez que extraídas por mecanismos ilícitos. De nada adiantaria a formação de um processo repleto de garantias constitucionais, focado no juiz e no promotor imparciais, com direito à ampla defesa e ao

CAP. V • PRINCÍPIOS CONSTITUCIONAIS PROCESSUAIS PENAIS E ENFOQUES PENAIS | **447**

contraditório, realizado publicamente, para a segurança de todos, além de formalizado por inúmeras regras garantistas se o principal núcleo de avaliação, voltado à apuração da verdade dos fatos, estivesse manchado pela ilicitude.

A idoneidade dos elementos fornecidos ao magistrado para a demonstração da autenticidade ou inverossimilhança das alegações produzidas pelas partes deve ser mantida, acima de qualquer outro interesse. O julgamento *justo* se perfaz na exata medida em que o juiz se vale de provas sérias e escorreitas, sem vícios, mormente os de natureza criminosa. Cultuar o ilícito para apurar e punir o ilícito é um fomento ao contrassenso, logo, inadmissível no Estado Democrático de Direito.

O sistema de avaliação da prova, em primeiro plano, é o da persuasão racional, significando deva o juiz formar livremente a sua convicção, na análise das provas que lhe forem apresentadas, mas devendo fundamentar a sua decisão (art. 155, CPP). Essas provas devem ser apuradamente produzidas, de forma a espelhar lisura processual na apuração da culpa.

"São inadmissíveis, no processo, as provas obtidas por meios ilícitos" (art. 5.º, LVI, CF). Na realidade, as provas constituem argumentos, verificações, exames, razões, inspeções ou confirmações, de modo que não são ilícitas em si mesmas, como regra. Por isso, corretamente, a norma constitucional previu como objetivo a vedação à *obtenção* das provas por *meios* ilícitos. Noutros termos, busca-se combater a *forma de alcançar* a prova, ainda que ela possa constituir, em si mesma, elemento idôneo e, até, verdadeiro.

Ilustrando, a confissão do indiciado pode ser autêntica, correspondente à realidade, mas não deve ter sido *obtida* por mecanismo ilícito, tal como a tortura. Esse meio criminoso macula a prova e permite a sua extração do processo. Por outro lado, em caráter excepcional, mas possível, a prova testemunhal pode ser, si mesma, falsa, razão pela qual existe o tipo incriminador para a sua punição (art. 342, CP). Não quer dizer seja o testemunho retirado dos autos, afinal, não foi produzido por meio ilícito; o depoimento, em si mesmo, é o espelho da prática criminosa.

A vedação constitucional não diz respeito à formação da prova ilícita, quando por meios lícitos, mas, sim, à obtenção da prova lícita, por mecanismos ilícitos. Na mesma comparação anteriormente realizada, forma-se uma prova ilícita com um falso testemunho, embora o meio para tanto tenha sido lícito (chamativa da testemunha para depor, sob o juramento de dizer a verdade); obtém-se uma prova lícita (confissão autêntica da prática do crime), por mecanismos ilícitos (tortura para dobrar a resistência do suspeito).

O objetivo da garantia constitucional em análise é evitar a permanência, no conjunto probatório, dos elementos alcançados de maneira ilícita. Nesses casos, não interessa o conteúdo da prova e o seu grau intrínseco de confiabilidade, devendo-se extraí-la do feito. Sob outro aspecto, as provas formadas em bases ilícitas, mas introduzidas licitamente no processo, serão avaliadas pelo juiz no momento certo e pode o autor da ilicitude (falso testemunho) ser punido, posteriormente.

1.3.3.2 *Provas obtidas ilicitamente e a prevalência do interesse do réu*

Sabe-se do interesse maior em harmonizar os princípios constitucionais, mormente os que constituem direitos e garantias humanas fundamentais. Por isso, a vedação das provas obtidas ilicitamente constitui postulado geral a ser buscado pelas partes, em qualquer processo, desde que não esbarre em crucial princípio processual penal, calcado na presunção de inocência, que é a prevalência do interesse do réu.

A produção de prova ilícita tem por resultado, *como regra*, a sua eliminação do processo. Porém, caso se trate de prova indispensável para garantir a absolvição do acusado, demonstrando seu estado natural de inocência, jamais se pode desprezá-la. Lembremos que o Estado possui um propósito ao vedar a produção de provas ilícitas, que é manter a ética e a lisura dos atos processuais, mas, acima disso, encontra-se a realização de justiça e a total inviabilidade de cometimento de um erro judiciário. Inexiste fundamento lógico para garantir a ética, em nome da *falsa* condenação de um inocente; transborda-se da lisura dos meios para a ruptura ética do resultado.

A estrutura honesta dos órgãos estatais, operando o Direito, tem por finalidade assegurar o processo escorreito, em particular, com o fito de preservar o estado de inocência dos indivíduos, até que, de maneira lisa e leal, demonstre-se o contrário, ou seja, a culpa do acusado.

Se a prova se forma em torno da culpa do réu, objetivando alterar seu natural estado de inocência, obtida uma prova segura de sua não culpabilidade, embora advinda de meios ilícitos, deve-se utilizá-la, garantindo-se a harmonia maior dos princípios constitucionais. Apure-se e puna-se, se for o caso, o produtor da ilicitude, mas não se deve desprezar a prova da inocência, pois o fim maior do processo é a realização da justiça.

O contrário não encontra supedâneo legal, nem tampouco moral. Produzir provas por mecanismos ilícitos, por si só, traduz conduta indevida e, na maior parte das vezes, criminosa. Ora, os agentes do Estado não podem delinquir para buscar delinquentes. O crime surge para punir o criminoso. Uma das principais finalidades da pena, consistente na reeducação do condenado, adquirindo os bons valores existentes em sociedade, esvaem-se na exata medida em que sua condenação adveio da atividade ilícita do próprio Estado.

O Estado, como ente perfeito que é, deve perfilhar os mais dignos caminhos, de modo que jamais poderá compactuar com a produção de provas ilícitas. Em princípio, não se alcança a prova por mecanismo ilícito em hi-

CAP. V · PRINCÍPIOS CONSTITUCIONAIS PROCESSUAIS PENAIS E ENFOQUES PENAIS | **449**

pótese alguma, seja para condenar, seja para absolver. Excepcionalmente, se a prova for obtida por meio ilícito, logicamente, sem autorização prévia do Estado, pode-se utilizá-la, para que o fim do processo constitua valor útil à sociedade, mantendo-se o estado de inocência de quem realmente o é.

1.3.3.3 Disciplina legal

A Lei 11.690/2008, alterando a redação do art. 157, do Código de Processo Penal, disciplinou o cenário da obtenção das provas ilícitas, estabelecendo serem consideradas como tais, devendo ser desentranhadas do processo, as que forem obtidas em violação a normas constitucionais ou legais (art. 157, *caput*, CPP).

Logo, ilicitude é o gênero, do qual se difundem as várias formas de ilegalidades. A infração a normas constitucionais (ex.: invasão de domicílio sem ordem judicial e distante das exceções previstas no art. 5.º, XI, CF, para obter um documento incriminador) ou a normas legais (ex.: subtrair algo para servir de prova, ofendendo o art. 155 do Código Penal; formar o laudo pericial não oficial com um único perito, ferindo o disposto no art. 159 do Código de Processo Penal) caracteriza o universo da ilicitude, cuja consequência é a extração da prova do processo.

Para efeito didático, pode-se dividir a ofensa a normas penais e a lesão a normas processuais, resultando nas provas ilegais (as primeiras) e nas ilegítimas (as segundas).

1.3.3.4 As provas ilegítimas e as nulidades

O processo é formal, repleto de regras, cuja finalidade é garantir a padronização da movimentação do feito, por meio de procedimentos e atos solenes. A existência de um modelo geral de trâmite processual garante às partes a igualdade desejada diante do juiz. As falhas e os vícios decorrentes do descumprimento de certas regras conduzem ao campo das nulidades. Noutros termos, conforme o vício gerado, pode ser sanado e se aproveita o ato processual, tal como produzido. Entretanto, tratando-se de vício grave, não se pode aproveitar o ato, devendo-se refazê-lo. A nulidade pode ser apontada pela parte interessada ou declarada de ofício pelo magistrado, conforme a hipótese. Em todos os casos, está-se diante de uma mera *falha* de procedimento. Surgem, então, as regras básicas para o aproveitamento dos atos processuais viciados, dentre as quais "nenhum ato será declarado nulo, se da nulidade não resultar prejuízo para a acusação ou para a defesa" (art. 563, CPP) ou "não será declarada a nulidade de ato processual que não houver influído na apuração da verdade substancial ou na decisão da causa" (art. 566, CPP).

450 | PRINCÍPIOS CONSTITUCIONAIS PENAIS E PROCESSUAIS PENAIS – Nucci

Na essência, cabe à interpretação do magistrado apontar qual nulidade é relativa e qual é absoluta, ou seja, qual ato processual pode ser validado, pela simples preclusão, por exemplo, e qual deles precisa ser necessariamente refeito.

O cenário das nulidades, entretanto, é insuficiente para o campo das ilicitudes, fruto da garantia constitucional prevista no art. 5.º, LVI, CF.

As provas *obtidas* ao arrepio da lei processual penal não são simplesmente qualificáveis de nulas (relativas ou absolutas), pois são ilícitas e *inadmissíveis* no processo, devendo ser *desentranhadas*. Elas não são refeitas, não se sujeitam à preclusão e não necessitam de uma avaliação subjetiva do juiz. Constatada a sua formação de maneira ilegal, veste-se do manto da inadmissibilidade e da inutilização.

Portanto, se a lei indica, claramente, o modo pelo qual uma prova se forma, caso seja alcançada de maneira afrontosa à norma, passam a ser consideradas ilícitas e inadmissíveis. O laudo não oficial *deve* ser produzido por duas pessoas idôneas, portadoras de diploma de curso superior preferencialmente na área específica, dentre as que tiverem habilitação técnica relacionada com a natureza do delito (art. 159, § 1.º, CPP). Ora, a obtenção do laudo infringindo tal norma dá ensejo à produção de prova ilícita, pouco interessando a análise de nulidade (se relativa ou absoluta), visto ser ela inadmissível e passível de desentranhamento.

Permitir o debate acerca de provas formadas ao arrepio das normas processuais no simples campo das nulidades significa rebaixar a importância dada pelo constituinte às provas obtidas por meios ilícitos, bem como a regular disciplina conferida, finalmente, pela lei (art. 157, CPP).

1.3.3.5 A teoria da proporcionalidade na aceitação da prova ilícita

Buscando-se harmonizar interesses relevantes e direitos individuais, confere-se importância à teoria da proporcionalidade, no momento de avaliar as provas ilícitas e sua admissibilidade no processo penal. Noutras palavras, obtida a prova por meio ilícito dever-se-ia ponderar para qual fim é destinada: se voltada à apuração de um crime gravíssimo ou para a apuração de um crime comum ou de pouco importância. Tratando-se da primeira situação, poder-se-ia utilizar a prova, em nome da segurança jurídica, condenando--se o réu; cuidando-se da segunda hipótese, considerar-se-ia inadmissível a prova, absolvendo-se o réu.

A teoria da proporcionalidade, embora conte com vários adeptos, não nos convence. O capítulo dos direitos e garantias individuais, no contexto penal e processual penal, recheia-se de garantismo, voltando ao combate à prepotência e abuso do Estado, mas não ao contrário. Não existem várias normas clamando pela punição de criminosos, a qualquer custo, em nome da segurança pública. O cenário é bem claro: todos têm direito à vida, à liberdade, à igualdade, à se-

CAP. V • PRINCÍPIOS CONSTITUCIONAIS PROCESSUAIS PENAIS E ENFOQUES PENAIS | **451**

gurança e à propriedade (art. 5.º, *caput*, CF), *nos seguintes termos* (...). Portanto, o direito à segurança é, sem dúvida, individual e fundamental, mas encontra limites nos termos expostos pelos incisos do art. 5.º. Não será de qualquer forma a atividade persecutória estatal, fazendo valer a punição a qualquer preço. Respeitados os *termos* expressos nos incisos do art. 5.º, dentre os quais o da vedação da produção de provas ilícitas, pode-se garantir a punição *justa*.

Os agentes do Estado não podem delinquir para obter provas, ainda que voltadas à apuração de crime grave. Se o fizerem, devem ser punidos como qualquer outro delinquente. E o resultado obtido precisa ser ignorado pelo Estado-juiz. Somente assim, as autoridades aprenderão o valor sublime dos direitos individuais, pairando acima do interesse público de aplicação da lei penal. O crime é uma realidade, abrangendo todas as camadas sociais, mas, espera-se, esteja fora do contexto das entranhas do Estado, ao menos daqueles setores que se vinculam *diretamente* à garantia da segurança pública. A ilogicidade saltaria à vista de qualquer pessoa, caso se deparasse com o juiz criminoso pretendendo sentenciar o delinquente, passando-lhe, pela sentença, um comando moral de *repreensão* e *reeducação*. Por isso, esse magistrado não poderia autorizar a tortura de alguém, a pretexto de obter a confissão para descobrir a materialidade e/ou a autoria de grave crime. A invasão no universo delinquente desfaz a legitimação estatal para a repressão, equiparando a criminalidade bipolar, aparente tanto na autoridade quanto no investigado.

Exceção se faz, permitindo-se o uso da proporcionalidade, como já mencionado em item anterior, no tocante à prevalência do interesse do réu. Afinal, os vários incisos do art. 5.º estão a evidenciar a intensa preocupação com as garantias *individuais*, prometendo-se, inclusive, indenização em caso de erro judiciário (art. 5.º, LXXV, CF). Associando-se essa meta de indenidade da Justiça aos valores representados pelo estado de inocência, pelos direitos à ampla defesa e ao contraditório, calcados no direito ao silêncio e na prisão por exceção, nota-se a saliência do interesse estatal em preservar a liberdade individual. Por isso, havendo produção de prova ilícita, demonstrativa da inocência do réu, deve-se utilizá-la, em nome do interesse maior de preservação da Justiça criminal equilibrada, que não privilegia o meio, em detrimento do resultado, ao cuidar da vida de um inocente. Tal medida não significa que não se possa punir aquele que praticou o ilícito para a obtenção da prova, a menos que se consiga demonstrar a ocorrência de alguma excludente de ilicitude ou de culpabilidade.

1.3.3.6 *A prova ilícita por derivação*

São igualmente inadmissíveis – logo, ilícitas – as provas resultantes das originalmente ilícitas, formando uma corrente, cujos elos são interligados de modo invariável. A ideia é correta e resulta de lógica na avaliação das provas obtidas por meios ilícitos, afinal, de nada resolveria extirpar determinada prova se os seus frutos continuassem a produzir efeitos.

A tortura (meio ilícito) levou à confissão (prova ilícita e inadmissível), mas, graças a ela, encontra-se uma testemunha chave para o caso. Admitindo-se o testemunho, intrinsecamente idôneo, ainda que se despreze a confissão, como prova, está-se criando condições para a condenação do réu. Perder-se-ia a relevância da vedação da obtenção de provas ilícitas.

Diante disso, firma-se a teoria da prova ilícita por derivação, chamando a si, as derivadas, o mesmo critério de inadmissibilidade no processo.

Por cautela, estipula-se o fator da *fonte independente*, que é capaz de produzir a prova derivada da ilícita por outros meios, sem que se possa falar em contaminação pura e integral do resultado alcançado. No exemplo supra mencionado, caso a testemunha chave seja encontrada por outros meios lícitos, apesar de também constar do depoimento do indiciado, prestado sob tortura, há se de aceitar o seu valor, mesmo que implique em condenação do acusado.

A dupla origem permite a *validação* da prova derivada da ilícita, descontaminando-a dos seus ranços e conferindo-se legitimidade para figurar no processo.

1.3.3.7 Incidente de ilicitude da prova

Questionada a ilicitude da prova, em face dos meios pelos quais foi obtida, não havendo consenso entre as partes e sendo o caso de *produzir prova* para essa avaliação, deve o magistrado instaurar um incidente específico, nos mesmos moldes do incidente de falsidade documental (art. 145 a 148, CPP). Não se conturba a instrução e pode-se apresentar argumentos e outros dados para a demonstração da inidoneidade da prova controversa.

Findo o incidente, o juiz declara a prova inadmissível, se for o caso, determinando o seu desentranhamento do processo e sua destruição. Transitada em julgado essa decisão, que é passível de apelação, destrói-se a prova ilícita.

O processo principal pode tramitar normalmente, assim que houver decisão de primeiro grau no incidente. Considerada a prova lícita, ainda que possa haver apelação da parte contrária, o ideal é garantir-se o prosseguimento do feito. Considerada ilícita e desentranhada, ingressando apelação, do mesmo modo garante-se o curso da demanda. Certamente, o julgamento do apelo, posteriormente, pode influenciar na decisão tomada no processo principal, podendo-se anular o julgamento de primeiro grau, caso a prova retorne ao contexto probatório, pois validada pelo tribunal. De toda forma, o importante é a possibilidade de debate em torno da ilicitude da prova, com

CAP. V • PRINCÍPIOS CONSTITUCIONAIS PROCESSUAIS PENAIS E ENFOQUES PENAIS | **453**

incidente apropriado. Em casos peculiares, envolvendo réus presos, pode-se impetrar *habeas corpus* ou *mandado de segurança* para a rápida avaliação da decisão tomada no incidente pelo tribunal.

1.3.3.8 A prova ilícita na jurisprudência

1.3.3.8.1 Prova ilícita por derivação

a) Inadmissibilidade no processo

- STF: "A ação persecutória do Estado, qualquer que seja a instância de poder perante a qual se instaure, para revestir-se de legitimidade, não pode apoiar-se em elementos probatórios ilicitamente obtidos, sob pena de ofensa à garantia constitucional do *due process of law*, que tem, no dogma da inadmissibilidade das provas ilícitas, uma de suas mais expressivas projeções concretizadoras no plano do nosso sistema de direito positivo. A Constituição da República, em norma revestida de conteúdo vedatório (CF, art. 5.º, LVI), desautoriza, por incompatível com os postulados que regem uma sociedade fundada em bases democráticas (CF, art. 1.º), qualquer prova cuja obtenção, pelo Poder Público, derive de transgressão a cláusulas de ordem constitucional, repelindo, por isso mesmo, quaisquer elementos probatórios que resultem de violação do direito material (ou, até mesmo, do direito processual), não prevalecendo, em consequência, no ordenamento normativo brasileiro, em matéria de atividade probatória, a fórmula autoritária do 'male captum, bene retentum'. Doutrina. Precedentes. A questão da doutrina dos frutos da árvore envenenada ('fruits of the poisonous tree'): a questão da ilicitude por derivação. Ninguém pode ser investigado, denunciado ou condenado com base, unicamente, em provas ilícitas, quer se trate de ilicitude originária, quer se cuide de ilicitude por derivação. Qualquer novo dado probatório, ainda que produzido, de modo válido, em momento subsequente, não pode apoiar-se, não pode ter fundamento causal nem derivar de prova comprometida pela mácula da ilicitude originária. A exclusão da prova originariamente ilícita – ou daquela afetada pelo vício da ilicitude por derivação – representa um dos meios mais expressivos destinados a conferir efetividade à garantia do 'due process of law' e a tornar mais intensa, pelo banimento da prova ilicitamente obtida, a tutela constitucional que preserva os direitos e prerrogativas que assistem a qualquer acusado em sede processual penal. Doutrina. Precedentes. A doutrina da ilicitude por derivação (teoria dos 'frutos da árvore envenenada') repudia, por constitucionalmente inadmissíveis, os meios probatórios, que, não obstante produzidos, validamente, em momento ulterior, acham-se afetados, no entanto, pelo vício (gravíssimo) da ilicitude originária, que a eles se transmite, contaminando-os, por efeito de repercussão causal. Hipótese em que os novos dados probatórios somente foram conhecidos, pelo Poder Público, em razão de anterior transgressão praticada, originariamente, pelos agentes da persecução penal, que desrespeitaram a garantia constitucional da inviolabilidade domiciliar. Revelam-se inadmissíveis, desse modo, em decorrência da ilicitude por derivação, os elementos probatórios a que os órgãos da persecução penal somente tiveram acesso em razão da prova originariamente ilícita, obtida como resultado da transgressão, por agentes estatais, de direitos e garantias constitucionais e legais, cuja eficácia condicionante, no plano do ordenamento positivo brasileiro, traduz significativa limitação de ordem jurídica ao poder do Estado em face dos cidadãos. Se, no entanto, o órgão da persecução penal demonstrar que obteve, legitimamente, novos elementos de informação a partir de uma fonte autônoma de prova – que não guarde qualquer relação de dependência nem decorra da prova originariamente ilícita, com esta não mantendo vinculação causal –, tais dados probatórios revelar-se--ão plenamente admissíveis, porque não contaminados pela mácula da ilicitude originária" (RHC 90.376-RJ, 2.ª T., rel. Celso de Mello, 03.04.2007, v.u.).

- STJ: "1. No julgamento proferido no HC n.º 116.375/PB, a Sexta Turma do Superior Tribunal de Justiça concedeu parcialmente a ordem para reputar ilícitas as provas resultantes das escutas telefônicas realizadas contra os ora reclamantes, determinando o seu desentranhamento dos autos, assim como aquelas que delas derivaram, cabendo ao Juízo de primeiro grau a realização de todas as providências necessárias para as determinações de direito. 2. Não obstante a aludida determinação, o Juízo da 7.ª Vara Criminal de João Pessoa/PB recebeu a denúncia oferecida contra os reclamantes, consignando que 'a retirada e desconsideração das provas ilícitas e suas derivadas pode ser feita, salvo melhor juízo, no curso da instrução ou, até mesmo, quando da prolação da sentença', desrespeitando, assim, a decisão proferida por esta Corte. 3. Reclamação julgada procedente" (Rcl 14.109/PB 2013/0284764-7, 3.ª Seção, rel. Marco Aurélio Bellizze, *DJ* 25.09.2013).

- STJ: "Não se acolhe a alegação de denúncia baseada em provas ilícitas quando, da realização de diligência para a busca e apreensão de bem específico, recolhem-se também objetos que, flagrantemente, são produtos de crime. Segundo recente julgamento do Supremo Tribunal Federal, seria ilícita apenas a apreensão de objetos 'que se reportam a circunstâncias remotas, dissociadas do contexto atual'

(HC 95.009/SP, Tribunal Pleno, rel. Min. Eros Grau, *DJe* 19.12.2008), o que, nem de longe, ocorre na hipótese" (HC 172319 – SP, 5.ª T., rel. Laurita Vaz, 25.09.2012, v.u.).

- TRF-4.ª R.: "A obtenção da prova, mesmo no âmbito do inquérito policial, deve observar certos princípios e regras, sob pena de ser considerada nula e não se prestar ao embasamento de eventual e futura ação penal. Não pode o juízo limitar-se a negar os pedidos formulados no curso do apuratório somente sob a alegação de que em tal fase não vige o direito de defesa e do contraditório. Com efeito, acolhida a doutrina da contaminação dos frutos da árvore envenenada – *fruits of the poisonous tree* –, necessariamente teremos de reconhecer que as provas ilícitas (inclusive por derivação) devem ser consideradas nulas, independentemente do momento em que foram produzidas" (HC 2008.04.00.06199-1-PR, 8.ª T., rel. Paulo Afonso Brum Vaz, 02.04.2008, m.v.).

- TJMG: "Estando a condenação *a quo* alicerçada exclusivamente em prova obtida ilicitamente, há de se aplicar a teoria dos frutos da árvore envenenada para absolver o réu" (ACR 1.0534.05.003463-4/001-MG, 5.ª C.C., rel. Maria Celeste Porto, 27.02.2007).

1.3.3.8.2 Demonstração da ilicitude da prova

a) Habeas corpus

- STJ: "O constrangimento ilegal sanável por meio de *habeas corpus* deve ser demonstrado por meio de prova pré-constituída, razão pela qual caberia ao impetrante demonstrar quais as provas ilícitas restaram efetivamente produzidas contra o paciente e as possíveis implicações delas decorrentes no juízo de condenação, ônus do qual não se desincumbiu, inviabilizando o acolhimento do pleito de nulidade do processo, pois indispensável, para tanto, o indevido revolvimento do acervo fático-probatório." (HC 81.352-RJ, 5.ª T., rel. Arnaldo Esteves Lima, 07.10.2008, v.u.).

b) Prisão em flagrante

- STJ: "Não há falar em ilegalidade da prisão em flagrante e, consequentemente, em prova ilícita, porque efetuada por guardas municipais, que estavam de ronda e foram informados da ocorrência da prática de tráfico de drogas na ocasião, se pode fazê-lo qualquer do povo (art. 301 do Código de Processo Penal)" (RHC 20714 – SP, 6.ª T., rel. Hamilton Carvalhido, 10.05.2007, v.u.).

1.3.3.8.3 Utilização de prova ilícita na sentença

a) Inviabilidade

- TRF-1.ª R.: "Tendo o juiz sentenciante fundamentado a condenação em provas outras que não aquelas tidas por ilícitas e as dessas decorrentes, afasta-se a alegação de ilicitude dos meios probatórios" (ACR 999.01.00.114000-1-DF, 4.ª T., rel. Mário César Ribeiro, 26.01.2010, v.u.).

1.3.3.8.4 Confronto com o direito à intimidade

a) Filmagem em lugar público

- TJSP: "Prova ilícita — Filmagem da ação em local público – Não ocorrência – Crime muito grave – Proteção da sociedade contra os males da droga que deve predominar sobre a privacidade e intimidade dos traficantes" (ACR 990.09.215151-7-SP, 16.ª C.D.C., rel. Pedro Menin, 02.03.2010, v.u.).

b) Gravação de conversa telefônica por um dos interlocutores

- STJ: "É lícita a prova consistente na gravação da conversa telefônica realizada entre a irmã da vítima e interlocutor dito incapaz, a uma porque, independentemente de um dos interlocutores ser absolutamente incapaz, como se afirma na impetração, isso não retira do conteúdo da conversa gravada a característica de fonte de informação, sujeita a averiguação. A duas, porque, ainda que se entenda que a gravação de interlocução telefônica só pode ser usada na defesa dos direitos de um dos interlocutores contra o outro, isso não exclui a possibilidade de um familiar da vítima gravar conversa sua com outra pessoa, no interesse da vítima, mormente quando esta foi assassinada. A proteção de que trata a Lei 9.296/96 não abarca as hipóteses de gravação de conversa telefônica feita por um dos interlocutores sem o conhecimento do outro, restringindo-se às interceptações de comunicações telefônicas, podendo aquela ser utilizada como meio probatório, desde que inexistente causa legal de sigilo ou reservada conversação, como no caso." (HC 75794 – ES, 6.ª T., rel. Haroldo Rodrigues, 26.04.2011, v.u.).

c) Gravação ambiental clandestina

- TJAP: "Malgrado previsão constitucional desqualificadora a provas obtidas por meios ilícitos, gravação ambiental clandestina promovida por interlocutor sem conhecimento do outro, como por exemplo da vítima com seus algozes delinquentes, é lícita e considerada válida para

CAP. V • PRINCÍPIOS CONSTITUCIONAIS PROCESSUAIS PENAIS E ENFOQUES PENAIS | **457**

substanciar *notitia criminis* e correspondente persecução criminal, ainda mais quando inexistente específica causa legal de proteção ao sigilo ou à necessária reserva na conversação" (HC 6171920118030000 AP, Seção Única, rel. Constantino Brahuna, *DJ* 27.07.2011).

1.3.3.8.5 Prova produzida por particular

a) Não caracterização como ilícita

- TJRS: "Tratando-se de homicídio doloso o julgamento do mérito não é de competência do juiz singular, portanto, os critérios para indeferir a juntada de peças produzidas pela defesa é tão só quando tais elementos são desnecessários ou provas ilícitas. 2. 'Perícia' particular não é prova ilícita. Tem o valor de documento particular e será aferido juntamente com os demais elementos recolhidos aos autos. O indeferimento pode configurar cerceamento de defesa se a peça foi produzida como elemento da tese defensiva" (CP 70030357149-RS, 3.ª C.C., rel. Elba Aparecida Nicoli Bastos, 10.09.2009).

1.3.3.8.6 Interceptação telefônica

a) Determinada por autoridade incompetente

- TJGO: "A interceptação telefônica, deferida por juízo diverso do processante, não pode ser tida como prova ilícita, uma vez que deferida por competente autorização judicial" (ACR 36567-2/213-GO, 2.ª C.C., rel. Dês Prado, 13.10.2009, v.u.).

b) Realizada antes da autorização judicial

- TJRS: "Verificado que, no caso, a interceptação das comunicações telefônicas foi feita em data anterior à autorização judicial, é inegável a ilicitude da prova, pois produzida em desacordo com o disposto na Lei 9.296/96 e no artigo 5.º, XII, da Constituição Federal. 2. No âmbito processual penal, a inadmissibilidade da prova ilícita, que já era assegurada pela Constituição Federal no seu art. 5.º, LVI, foi agora, com a Lei 11.690/2008, explicitada, embora com algumas ressalvas de questionável constitucionalidade, constando do art. 157, *caput*, do Código de Processo Penal, que "São inadmissíveis, devendo ser desentranhadas do processo, as provas ilícitas, assim entendidas as obtidas em violação a normas constitucionais ou legais" (ACR 70031763055-RS, 6.ª C.C. rel. Nereu José Giacomolli, 08.10.2009).

458 | PRINCÍPIOS CONSTITUCIONAIS PENAIS E PROCESSUAIS PENAIS – Nucci

c) *Realizada em investigações preliminares, antes do inquérito*

- TJGO: "Prova obtida de interceptação telefônica, produzida no curso de investigações preliminares e só depois trasladada para o inquérito policial que serviu de base para o oferecimento da denúncia, não caracteriza como prova emprestada, e tampouco enseja reconhecimento de nulidade por ofensa ao art. 5.º, XII da CF e ao art. 1.º da Lei 9.296/96. Depois, mesmo que o monitoramento das comunicações telefônicas tenha perdurado por mais de dois meses, o Supremo Tribunal Federal já pacificou entendimento no sentido de que fatos revestidos de complexidade permitem investigação diferenciada e contínua, sem qualquer ofensa as disposições da Lei 9.296/96 (HC 83.515-RS, Pleno, Min. Nelson Jobim, *DJ* 04.03.2005). II – Os princípios da razoabilidade e da proporcionalidade informam a atividade judicante, impedindo que formalismos exacerbados anulem todo um processo em nome da obediência cega a preceptivos legais. Por fundamentar a sentença outras provas apontando a autoria e a materialidade do tráfico ilícito de entorpecentes (testemunhas, auto de busca e apreensão, laudo de exame toxicológico etc.), nenhuma nulidade ha de ser reconhecida pela ausência de transcrição do inteiro teor das gravações interceptadas. Ofensa ao art. 5.º, incisos LIV e LV da CF e ao art. 6.º, da Lei 9.296 não caracterizada. III – Não resta evidenciada nulidade da busca e apreensão domiciliar, se os autos revelam razões suficientes para a suspeita da prática de crimes, ainda mais em se tratando de tráfico de drogas, cuja natureza é permanente, tornando desnecessária, inclusive, a expedição de mandado de busca e apreensão para a realização da diligência, efetivada nos estreitos lindes do art. 5.º, XI, da CF. Precedentes: STJ, RHC 16.792, rel. Gilson Dipp. IV – Lícita a prova que culminou na prisão em flagrante do autor do fato, e também revestidas de legalidade as interceptações telefônicas produzidas no curso de investigações preliminares, só depois trasladadas para o inquérito policial que serviu de base para o oferecimento da denúncia, não há que se falar em ilicitude de provas e, por conseguinte, em aplicação da teoria dos frutos da árvore envenenada" (ACR 32910-0/213-GO, 1.ª C.C., rel. Sebastião Luiz Fleury, 26.06.2008, v.u.).

d) *Tempo e método das escutas telefônicas*

- STF: "O tempo das escutas telefônicas autorizadas e o número de terminais alcançados subordinam-se à necessidade da atividade investigatória e ao princípio da razoabilidade, não havendo limitações legais predeterminadas" (HC 106.244 – RJ, 1.ª T., rel. Cármen Lúcia, 17.05.2011, v.u.).

CAP. V • PRINCÍPIOS CONSTITUCIONAIS PROCESSUAIS PENAIS E ENFOQUES PENAIS

e)   Denúncia anônima gerando a interceptação telefônica

• STJ: "4. A jurisprudência desta Corte tem prestigiado a utilização de notícia anônima como elemento desencadeador de procedimentos preliminares de averiguação, repelindo-a, contudo, como fundamento propulsor à imediata instauração de inquérito policial ou à autorização de medida de interceptação telefônica. 5. Com efeito, uma forma de ponderar e tornar harmônicos valores constitucionais de tamanha envergadura, a saber, a proteção contra o anonimato e a supremacia do interesse e segurança pública, é admitir a denúncia anônima em tema de persecução penal, desde que com reservas, ou seja, tomadas medidas efetivas e prévias pelos órgãos de investigação no sentido de se colherem elementos e informações que confirmem a plausibilidade das acusações. 6. Na versão dos autos, algumas pessoas – não se sabe quantas ou quais – compareceram perante investigadores de uma Delegacia de Polícia e, pedindo para que seus nomes não fossem identificados, passaram a narrar o suposto envolvimento de alguém em crime de lavagem de dinheiro. Sem indicarem, sequer, o nome do delatado, os noticiantes limitaram-se a apontar o número de um celular. 7. A partir daí, sem qualquer outra diligência, autorizou-se a interceptação da linha telefônica. 8. Desse modo, a medida restritiva do direito fundamental à inviolabilidade das comunicações telefônicas encontra-se maculada de nulidade absoluta desde a sua origem, visto que partiu unicamente de notícia anônima. 9. A Lei 9.296/96, em consonância com a Constituição Federal, é precisa ao admitir a interceptação telefônica, por decisão judicial, nas hipóteses em que houver indícios razoáveis de autoria criminosa. Singela delação não pode gerar, só por si, a quebra do sigilo das comunicações. Adoção da medida mais gravosa sem suficiente juízo de necessidade. 10. O nosso ordenamento encampou a doutrina dos frutos da árvore envenenada, segundo a qual não se admitirá no processo as provas ilícitas, isto é, contaminadas por vício de ilicitude ou ilegitimidade, sendo certo que todas as demais delas decorrentes também estarão contaminadas com tal vício e deverão ser expurgadas do processo" (HC 204778 – SP, 6.ª T., rel. Og Fernandes, 04/10/2012, v.u.).

1.3.3.8.7   Reconhecimento do acusado

a)   Por fotografia

• STJ: "Prevalece, nesta Corte, o entendimento de que o reconhecimento fotográfico ocorrido na fase de investigação não caracteriza ilicitude, servindo como meio de prova idôneo, desde que corroborado em juízo.

Na espécie, o reconhecimento fotográfico do paciente foi feito na fase policial e ratificado em juízo" (HC 159.285 – RJ, 6.ª T., rel. Sebastião Reis Júnior, 13.09.2011, v.u.).

1.3.4 *Princípio da economia processual e princípios correlatos e consequenciais da duração razoável do processo e da duração razoável da prisão cautelar*

1.3.4.1 *Conceito e relevância*

A *economia* no âmbito processual significa o bom uso dos instrumentos formais, colocados à disposição das partes e do juiz, para que haja o mais adequado funcionamento e andamento dos atos processuais, culminando com um resultado eficiente e útil. Deve-se evitar o desperdício, em particular do tempo de trabalho de todos os envolvidos no feito, abrangendo não somente as partes, mas também as pessoas que gravitam, eventualmente, em certos processos (peritos, testemunhas, vítimas etc.).

Em tempos atuais, sabe-se do alto custo da Justiça, no tocante ao desperdício de atos e no elevado índice de impunidade, gerado por variados fatores, dentre os quais a prescrição. É fundamental, para o Estado Democrático de Direito, a existência de um processamento célere, porém garantista, que louve os direitos e garantais individuais, sem abrir mão da eficácia das decisões, em especial, as condenatórias.

Por isso, a economia processual emerge como princípio constitucional, calcado no inciso LXXVIII, do art. 5.º, da Constituição Federal: "a todos, no âmbito judicial e administrativo, são assegurados a razoável duração do processo e os meios que garantam a celeridade de sua tramitação".

Note-se o binômio da economia processual: razoável duração do processo + celeridade de tramitação. Não se fixou um fator temporal rígido, mencionando-se apenas o critério do *razoável*. Sem dúvida, tratou-se da melhor opção, pois somente cada caso concreto poderá permitir ao Judiciário avaliar o grau de razoabilidade ínsito no trâmite do feito. A celeridade vem acoplada dos meios que a garantam, buscando-se, assim, privilegiar as formas de colheita da prova, evitando-se o adiamento de audiências e sessões de julgamento, mormente quando se basearem em requisitos meramente formais.

A razoável duração do processo vincula-se, ainda, à razoável duração da prisão cautelar. Afinal, sabendo-se ser a prisão a exceção, enquanto a liberdade constitui a regra, cuida-se de evitar o desgaste de prisões processuais prolongadas, ferindo, indiretamente, a presunção de inocência e colocando em prática, ainda que de forma camuflada, o indevido cumprimento antecipado da pena.

CAP. V • PRINCÍPIOS CONSTITUCIONAIS PROCESSUAIS PENAIS E ENFOQUES PENAIS | 461

A razoabilidade condutora do tempo máximo para o trâmite do processo, dentro dos parâmetros garantistas constitucionais, cinge-se à prudência, à sensatez, à moderação, enfim, a critérios subjetivos do Judiciário para avaliar o caso concreto, dentro de suas particularidades.

O custo da celeridade, para assegurar a razoável duração do processo, não pode ultrapassar as barreiras dos direitos e das garantias fundamentais, lesando-as ou eliminando-as.[39] Os interesses devem visar à harmonização, sem confronto ou extirpação. Por isso, acelerar o curso da instrução não pode redundar em cerceamento de defesa ou de abrandamento inoportuno do contraditório. E, ao mesmo tempo, a simples existência do contraditório não pode gerar uma infinita fase de oitiva sucessiva das partes, em relação a qualquer tema.

Nas palavras de MARIA THEREZA ROCHA DE ASSIS MOURA e THAÍS AROCA DATCHO LAÇAVA: "Trata-se de ponto pacífico, no âmbito deste Tribunal, que o excesso de prazo não deve ser visto apenas com base na soma aritmética dos prazos legais do procedimento, podendo ser estendido quando a complexidade do caso assim o exigir. Têm sido apontados como fatores que identificam uma causa como complexa, e assim justificam uma razoável delonga no procedimento, a necessidade de expedição de cartas precatórias, julgamento de incidentes processuais, bem como de realização de exames e perícias e outras diligências, tais como degravação de conversas telefônicas interceptadas, expedição de ofícios, a pluralidade de acusados e de testemunhas, assim como a existência de autos muito volumosos, que demandem maior tempo para a análise e ordenação dos atos".[40]

Além disso, o excessivo emprego de recursos pode inviabilizar o célere trâmite processual nas cortes superiores, desvalorizando, por vezes, o trabalho sério e rápido empregado pelo magistrado de primeiro grau. Como diz José RENATO NALINI, "a passagem das ações judiciais pelas quatro instâncias e as vicissitudes de um processo formalístico, ritualístico, repleto de excessos burocratizantes, encontra uma parceria adequada: a formação jurídica-positivista e anacrônica. Ingredientes que garantem certa *permanência* na duração dos processos. Não é difícil que uma ação judicial no Brasil ultrapasse os dez e se aproxime dos vinte anos".[41]

---

39. O aceleramento do processo deve ser cauteloso, pois, do contrário, "começa, então, o sacrifício lento e paulatino dos direitos fundamentais. É o óbito do Estado Democrático de Direito e o nascimento de um Estado Policial, autoritário" (AURY LOPES JR. e GUSTAVO HENRIQUE BADARÓ, *Direito ao processo penal no prazo razoável*, p. 135).

40. A garantia da razoável duração do processo penal e a contribuição do STJ para a sua efetividade, p. 412.

41. Duração razoável do processo e a dignidade da pessoa humana, p. 195.

1.3.4.2 Princípio da duração razoável do processo

A formalidade do processo conta com vários atos sincronizados, objetivando a colheita das provas e o término da instrução, contendo as alegações finais das partes, sucedida pela sentença. Constrói-se, na prática, o devido processo legal, princípio regente de toda a sistemática do processo penal brasileiro.

Para a sucessiva prática dos atos processuais, há prazos a serem observados, alguns de natureza peremptória e outros com caráter dilatório. De todo modo, pode-se construir um quadro geral, abrangendo todos os prazos indicados em lei para o andamento do feito, concluindo-se por um número qualquer. Anteriormente à reforma de 2008, a somatória dos prazos erigia-se à base de 81 dias. Porém, com o tempo, vislumbrou-se a inadequação de uma contagem matemática para realidades processuais tão díspares. Surgiu, naturalmente, na jurisprudência o conceito da *razoabilidade* para apurar se houve ou não excesso de prazo durante a instrução. Em outros termos, se teria havido constrangimento ilegal, gerado pela lentidão do Estado-juiz.

Por isso, não se afigura necessário refazer a contagem de prazos para estabelecer um padrão qualquer. Almeja-se um trâmite célere, na *medida do possível*, conforme a realidade de cada Vara, em diversas Comarcas.

Ilustrando, recebida a denúncia ou queixa, ordena-se a citação do réu para que responda, *em dez dias*, por escrito, ao teor da imputação (art. 396, *caput*, CPP). Se o acusado o fizer em menor tempo, melhor para o acelerado trâmite do feito. Entretanto, se não o fizer nesse período, tratando-se de indisponível direito de defesa, haverá o juiz de lhe designar defensor para que ofereça a resposta escrita (art. 396-A, § 2.º, CPP). Quando tal medida se concretizar, por óbvio, o prazo inicial de 10 dias terá sido estendido.

Após a fase inicial de recebimento da peça acusatória e da resposta do réu, não havendo outra decisão de mérito, como, por exemplo, a absolvição sumária, deve-se designar audiência, a ser realizado no prazo máximo de 60 dias (art. 400, *caput*, CPP). Trata-se de outro prazo passível de dilação, pois dependerá da pauta de cada Vara, conforme o excessivo número de feitos em andamento. Como se apurar a razoabilidade num contexto em que existem prazos, mas eles podem ser dilatados? Depende-se, por evidente, do caso concreto. É razoável supor que, em Vara repleta de processos, com poucos funcionários, dificilmente os 60 dias serão respeitados para a realização da audiência. Mas, não é razoável aceitar que, em Vara tranquila, com poucos feitos em andamento e quadro completo de funcionários, não se possa acatar os tais 60 dias. No primeiro caso, inexistiria constrangimento ilegal, pois a extensão do prazo de 60 dias dá-se no contexto da razoabilidade; no segundo, haveria constrangimento, podendo-se tomar medidas contra o juiz, não somente jurisdicionais, mas de caráter administrativo.

CAP. V • PRINCÍPIOS CONSTITUCIONAIS PROCESSUAIS PENAIS E ENFOQUES PENAIS | **463**

No contexto da avaliação da *razoável* duração do processo, deve-se analisar a conduta da defesa, que, por vezes, insiste em conturbar o feito, com pedidos procrastinatórios e inúteis, não com o objetivo de garantir a ampla oportunidade de defesa, mas de arrastar o feito até que consiga algum ganho, como, por exemplo, a ocorrência da prescrição.

Cabe ao magistrado atuar no sentido de manter, com absoluta ponderação, o cumprimento dos prazos processuais, estabelecidos em lei, podendo ultrapassá-los, quando houver *justa* causa para tanto.

1.3.4.3 Princípio da duração razoável da prisão cautelar

Não há clara determinação constitucional para o zelo em relação à duração razoável da prisão cautelar, mas não há como deixar de se incluir essa fase no âmbito geral do trâmite processual. Cuidando-se da regra (liberdade) e da exceção (prisão cautelar), torna-se fundamental exigir que a celeridade no andamento do processo seja *firmemente* observada, quando se tratar de réu preso. Afinal, se para os soltos, impõe a Constituição deva existir um processo com razoável duração, garantindo-se celeridade na sua tramitação, com maior razão, deve-se exigir a *razoabilíssima* duração do feito, cuidando-se de acusado preso cautelarmente.

Nesse ponto, se houver manobra defensiva, com o intuito de protelar, sem causa justa, a instrução, não deve o magistrado aquiescer, mantendo a prisão do acusado, a qualquer preço. Ao contrário, pode supor indefeso o réu, nomeando-se outro defensor para cuidar da causa.

De outra sorte, a combalida máquina judiciária não pode servir de causa *justa* para a mantença da prisão cautelar, pois o indivíduo não pode arcar com os altos custos da fragilidade do aparelho estatal.

1.3.4.3.1 O critério da proporcionalidade

A prisão cautelar é uma necessidade para garantir a ordem pública, a ordem econômica, a conveniência da instrução ou a aplicação da lei penal, mas deve ser mantida por tempo razoável, a ser focado no prisma da proporcionalidade. Naturalmente, o réu, processado pela prática de latrocínio, cuja pena mínima é de reclusão de 20 anos, estando preso há seis meses, por medida cautelar, envolvido em processo complexo, não sofre constrangimento ilegal. Há razoável proporção entre o tempo previsto para a pena mínima, analisados os possíveis benefícios (2/5 para a progressão, cuidando-se de delito hediondo; 2/3 para livramento condicional), e o tempo de duração da prisão cautelar.

Entretanto, quando acusado da prática de furto simples, cuja pena mínima é de um ano de reclusão, a prisão cautelar de seis meses pode representar

464 PRINCÍPIOS CONSTITUCIONAIS PENAIS E PROCESSUAIS PENAIS – NUCCI

nítido constrangimento ilegal, pois, se condenado, já poderá ter cumprido metade da sua pena, em tese, sem qualquer benefício. Não se justifica para delito desse porte, a prisão cautelar excessiva, não somente pela pouca gravidade do crime, mas também pela possível pena a ser aplicada.

1.3.4.4 *A economia processual na jurisprudência*[42]

1.3.4.4.1 Duração razoável da prisão cautelar

a) Duração excessiva do tempo de prisão

- STF: "1. A jurisprudência do Supremo Tribunal Federal é firme no sentido de que a demora para conclusão da instrução criminal, como circunstância apta a ensejar constrangimento ilegal, somente se dá em hipóteses excepcionais, nas quais a mora seja decorrência de (a) evidente desídia do órgão judicial; (b) exclusiva atuação da parte acusadora; (c) situação incompatível com o princípio da razoável duração do processo, previsto no art. 5.º, LXXVIII, da CF/88. Precedentes. No caso, o paciente está preso há mais de três anos, cuja demora não pode ser imputada à defesa. Constrangimento ilegal caracterizado" (HC 120.377/ES, 2.ª T., rel. Teori Zavascki, j. 13.05.2014, DJ 28.05.2014, v.u.).

- STF: "Ilegalidade flagrante. Alongamento processual para o qual não concorreu decisivamente a defesa. Direito subjetivo à razoável duração do processo. Retardamento injustificado da causa. Ordem concedida de ofício. (...) 2. O Supremo Tribunal Federal entende que a aferição de eventual excesso de prazo é de se dar em cada caso concreto, atento o julgador às peculiaridades do processo em que estiver oficiando. 3. A gravidade da imputação que recai sobre o paciente, que não contribuiu para a demora na formação da culpa, não é causa suficiente para se relevar o desmensurado prazo de mais de três anos em que ele permanece sob custódia cautelar aguardando julgamento. 4. *Writ* extinto. Ordem concedida, de ofício, para revogar a custódia cautelar do paciente" (HC 110.288/PE, 1.ª T., rel. Luiz Fux, j. 21.05.2013, DJ 08.08.2013, v.u.).

---

42. Observa-se que, na essência, o aspecto mais questionado nos tribunais diz respeito à razoável duração da prisão cautelar, uma decorrência natural da razoável duração do processo. Na prática, somente havendo prisão, nasce o imediato interesse da parte para a celeridade do feito. Do contrário, cuidando-se de réu solto, ainda não se utiliza, com a abrangência necessária, o preceito constitucional, demandando-se a razoável duração do processo do mesmo modo.

CAP. V • PRINCÍPIOS CONSTITUCIONAIS PROCESSUAIS PENAIS E ENFOQUES PENAIS | **465**

- STF: "O encerramento da instrução criminal não afasta a alegação de excesso de prazo, se a duração da segregação cautelar for abusiva. II – Viola o princípio da dignidade da pessoa humana e o direito à duração razoável do processo o encarceramento do paciente por quase sete anos sem que haja previsão de julgamento da causa. III – O princípio da razoabilidade impõe o reconhecimento do excesso de prazo da prisão preventiva, quando a demora no curso processual não for atribuível à defesa" (HC 98.621-SP, 1.ª T., rel. Ricardo Lewandowski, 23.03.2010, v.u.).

- STF: "Prisão preventiva para garantia da ordem pública, decretada com fundamento na gravidade abstrata do crime. Fundamentação inidônea. Precedentes. 2. Custódia cautelar que se prolonga por quase um ano, sem que a defesa tenha contribuído para o excesso de prazo da instrução criminal; excesso, no caso, atribuível ao Poder Judiciário, que, ao anular a sentença condenatória por inobservância da ampla defesa, terá de renovar os atos processuais, não sendo razoável a permanência do paciente no cárcere. 3. Exceção à Súmula 691 desta Corte" (HC 97.522-SP, 2.ª T., rel. Eros Grau, 24.03.2009, v.u.).

- STJ: "1. Revela-se excessivo o prazo de 01 (um) ano e 09 (nove) meses para o julgamento da apelação criminal interposta pelo Paciente, condenado à pena de 09 (nove) meses e 10 (dez) dias de reclusão, sendo de rigor o reconhecimento da ilegalidade da prisão processual. 2. Ordem concedida para determinar o relaxamento da prisão preventiva do Paciente, porquanto ilegal, expedindo-se o competente alvará de soltura, salvo se por outro motivo estiver preso" (HC 289.762/SP, 5.ª T., rel. Laurita Vaz, rel. p/ acórdão Regina Helena Costa, j. 05.08.2014, *DJe* 27.08.2014, m.v.).

- STJ: "I – A demora injustificada no julgamento da apelação criminal oriunda do Acervo Ipiranga está caracterizada, porquanto o feito aguarda julgamento há mais de 3 (três) anos. A situação é agravada pelo fato de que o feito, após sofrer duas alterações de relatoria, foi redistribuído por sorteio para novo órgão julgador em 26.11.2013, encontrando-se sem previsão de inclusão em pauta de julgamento. II – Ordem concedida para determinar a expedição de alvará de soltura em favor do Paciente a fim de permitir aguardar solto o julgamento da Apelação Criminal n. 0004020-70.2010.8.26.0297, salvo se por outro motivo não estiver preso e ressalvada a possibilidade, caso ocorra a superveniência de fatos novos, de decretação de nova prisão preventiva" (HC 282.884/SP, 5.ª T., rel. Regina Helena Costa, j. 05.06.2014, *DJe* 10.06.2014, v.u.).

- STJ: "Os prazos indicados para a consecução da instrução criminal servem apenas como parâmetro geral, pois variam conforme as peculiaridades de cada processo, razão pela qual a jurisprudência uníssona os tem mitigado, à luz do princípio da razoabilidade. Hipótese em que, embora o feito seja evidentemente complexo, verifica-se violação ao princípio da razoável duração do processo, na medida em que o Paciente encontra-se preso preventivamente desde 28/01/2013, isto é, há aproximadamente 01 ano e 08 meses, sem que, ao menos, tenha sido recebida a denúncia ofertada pelo Ministério Público, não havendo, portanto, sequer perspectiva de realização dos atos instrutórios. A morosidade é excessiva e incompreensível, mormente se considerado que o Magistrado poderia ter indeferido as diligências que considerasse protelatórias e tomado medidas mais enérgicas para garantir a razoável propulsão da ação penal. (...) *Writ* concedido de ofício, para revogar a prisão preventiva e determinar a expedição de alvará de soltura em favor do ora Paciente, se por outro motivo não estiver preso" (HC 295.991/MG, 5.ª T., rel. Regina Helena Costa, rel. p/ acórdão Laurita Vaz, j. 26.08.2014, *DJe* 02.09.2014, m.v.).

- STJ: "No caso, o argumento de excesso de prazo trazido pela defesa tem procedência, vez que o paciente encontra-se preso desde 16.11.2010, ou seja, há mais de 3 anos e meio, sem que se tenha encerrado a instrução criminal. Conquanto o entendimento pacífico desta Corte seja no sentido de que eventual demora na conclusão da instrução criminal deva ser considerada dentro dos limites da razoabilidade, levando-se em conta sempre as circunstâncias excepcionais que venham a retardar o bom andamento do feito, no caso, o excesso de prazo é evidente, não se observando circunstância relevante que justifique tamanha demora no julgamento. Registre-se, por oportuno, que de acordo com as informações obtidas em contato telefônico com a serventia da 1.ª Vara Criminal da Comarca de Paulista/PE, na data de 9.8.2013, a ação penal em comento continua estagnada aguardando apresentação de alegações finais por parte de um dos acusados, representado pela Defensoria Pública, a quem foram remetidos os autos no último mês de julho. (...) Ordem de *habeas corpus* concedida de ofício para reconhecer o excesso de prazo na formação da culpa, a fim de garantir ao paciente o direito de responder em liberdade à ação penal em referência, se por outro motivo não estiver preso" (HC 265.680/PE, 6.ª T., rel. Og Fernandes, j. 20.08.2013, *DJe* 06.09.2013, m.v.).

- STJ: "Paciente que já estava preso há mais de 2 anos e 7 meses, por força de preventiva, sem decisão de mérito, tem sua perda de liberdade agravada, com a remessa irregular dos próprios autos ao Tribunal, após superveniência de sentença, que desclassificou seu crime de homicídio tentado qualificado, para roubo circunstanciado, o que amenizou a situação processual do paciente, delongando, ainda mais, sua segregação cautelar, já excessiva, e materializando constrangimento ilegal, por excesso de prazo, violado o princípio da razoável duração do processo (art. 5.º, LXXVIII, da Carta Federal)" (HC 150.868 – SP, 6.ª T., rel. Vasco Della Giustina, 23.08.2011, v.u.).

- STJ: "Resta configurado inadmissível excesso de prazo se o paciente está preso cautelarmente desde 28.12.2005, sendo que o seu julgamento pelo Tribunal do Júri tem previsão para ser realizado apenas em 10.11.2010, sem culpa da defesa (princípio constitucional da duração razoável do processo – art. 5.º, LXXVIII, da CF). Desnecessário lembrar que o processo de réu preso é sempre prioritário (Precedentes)" (HC 128.065-SP, 5.ª T., rel. Felix Fischer, 02.02.2010, v.u.).

- STJ: "Se a sentença foi anulada em grau de recurso e o paciente está preso por mais de um ano e meio, está caracterizado o excesso de prazo de duração da cautelar. 2. A vedação de liberdade provisória prevista no art. 44 da Lei 11.343/2006 não afasta a ilegalidade da prisão cautelar, se caracterizado o excesso de prazo" (HC 149.589-MG, 6.ª T., rel. Celso Limongi, 17.12.2009, v.u.).

- STJ: "Por força do princípio constitucional da presunção de inocência, as prisões de natureza cautelar – assim entendidas as que antecedem o trânsito em julgado da decisão condenatória –, são medidas de índole excepcional, que somente podem ser decretadas (ou mantidas) caso venham acompanhadas de efetiva fundamentação. 4. Na hipótese, vê-se que a segregação está amparada na gravidade e hediondez do delito, elementos que, por si só, não são considerados idôneos, na linha da jurisprudência desta Casa. 5. Tendo em vista que o *habeas corpus* constitui meio exclusivo de defesa do cidadão, não é lícito ao Tribunal de origem inovar na fundamentação para manter a prisão de natureza provisória. 6. Além disso, considerando a data da prisão dos pacientes (28.05.2004) e o fato de ainda não se ter realizado o júri, está ferido de morte o princípio da razoável duração do processo" (HC 44.307-SP, 6.ª T., rel. Og Fernandes, 24.08.2009, v.u.).

- STJ: "Ainda que se admita dilação no prazo necessário à formação da culpa, quando assim exigirem as peculiaridades do caso concreto, referido alargamento deve observar os limites da razoabilidade, em atenção ao art. 5.º, LXXVIII, da Constituição Federal. 2. Não se vislumbra justificativa para a manutenção da custódia provisória do paciente por 9 (nove) meses sem que, neste ínterim, tenha-se iniciado a respectiva instrução, aguardando-se a citação do corréu, também preso, para que se possa inaugurar o sumário" (HC 128.360-PI, 5.ª T., rel. Jorge Mussi, 14.05.2009, v.u.).

PRINCÍPIOS CONSTITUCIONAIS PENAIS E PROCESSUAIS PENAIS – **Nucci**

- STJ: "O prazo para a conclusão da instrução criminal não tem as características de fatalidade e de improrrogabilidade, fazendo-se imprescindível raciocinar com o juízo de razoabilidade para definir o excesso de prazo, não se ponderando mera soma aritmética de tempo para os atos processuais (Precedentes do STF e do STJ). II – No caso em tela, todavia, restou caracterizado o evidente excesso de prazo, desprovido de justificativa razoável, se os recorridos encontravam-se segregados cautelarmente há quase 02 (dois) anos e, até a data de revogação da prisão preventiva, a instrução criminal mal havia se iniciado, encontrando-se o feito, inclusive, até o presente momento, ainda em fase de citação (princípio constitucional da duração razoável do processo – art. 5.º, LXXVIII, da CF). Despiciendo lembrar que o processo de réu preso é sempre prioritário. (Precedentes)" (REsp 1.108.868-SP, 5.ª T., rel. Felix Fischer, 02.06.2009, v.u.).

- TRF-1.ª R.: "A segregação cautelar constitui medida de índole extrema e excepcional, aplicável somente em circunstâncias indispensáveis e nos casos expressos em lei, em face do princípio constitucional da inocência presumida. Assim, inexistindo elementos de convicção que autorizem concluir, com a necessária segurança, que o paciente colocará em risco a ordem pública e econômica, impõe-se a concessão de ordem de *habeas corpus*. 2. A prisão preventiva não se sustenta em relação à prisão do ora paciente, dado os indícios de sua participação diferenciada na organização criminosa (de menor importância). 3. Ademais, estando o paciente preso há mais 05 (cinco) meses sem que tenha sido oferecida a denúncia, configura-se o alegado constrangimento ilegal por excesso de prazo, considerando que a todos é assegurada a razoável duração do processo, conforme art. 5.º, LXXVIII, da Constituição Federal e que a flexibilização dos prazos processuais deve ser plenamente motivada diante de fatos que justifiquem a sua dilação, o que não afigura ser a hipótese dos autos" (HC 2008.01.00.054981-8-DF, 4.ª T., rel. Ítalo Fioravanti Sabo Mendes, 17.11.2008, v.u.).

- TRF-1.ª R.: "É pacífica a jurisprudência segundo a qual só não ocorre excesso de prazo quando a demora para a finalização da instrução criminal não puder ser imputada aos órgãos de persecução penal, mas a incidentes provocados pelas particularidades do caso concreto ou pela própria defesa.2. Caso em que o paciente está preso desde 05.03.2007, sem que tenha sido encerrada a instrução, que se encontra paralisada desde 22.04.2008, segundo consta no 'sítio' de consultas/ TRF-1.ª Região. Constrangimento ilegal caracterizado. Violação do 'princípio da razoável duração do processo', inserto no art. 5.º, LXXVIII, da Constituição Federal" (HC 2008.01.00.015814 – 2-BA, 4.ª T., rel. Mário Cezar Ribeiro, 19.05.2008, v.u.).

CAP. V • PRINCÍPIOS CONSTITUCIONAIS PROCESSUAIS PENAIS E ENFOQUES PENAIS | **469**

- TRF-3.ª R.: "O decreto de prisão preventiva do paciente se encontra em vigor desde 16.12.2004, e em decorrência de tal custódia cautelar vem sendo obstada a progressão a regime segregativo mais benéfico na execução de pena imposta em outra ação penal. III – O prolongamento da custódia por aproximadamente três anos, associado à paralisação do processo há mais de um ano na fase do artigo 499 do Código de Processo Penal, em decorrência de incidentes que não podem ser atribuídos à sua defesa, configuram o constrangimento ilegal na manutenção da prisão do paciente, por ofensa aos princípios da razoabilidade da duração do processo e a garantia do devido processo legal, assegurados nos incisos LIV e LXXVIII do art. 5.º da Constituição Federal, este último acrescentado pela Emenda 45/2004, impondo-se a concessão da ordem a fim de que o paciente aguarde em liberdade a renovação do processo. Precedentes do STF" (HC 28.955-MS, 2.ª T., rel. Henrique Herkenhoff, 16.10.2007, v.u.).

- TRF-3.ª R.: "Se a paciente está presa cautelarmente desde 12 de novembro de 2004, e o feito ainda não foi sentenciado, é de se reconhecer o excesso de prazo na instrução criminal, uma vez que há clara desproporção entre o tempo necessário para o julgamento e o lapso temporal transcorrido nos presentes autos. 8. Frise-se que o nítido excesso de prazo para o término da instrução criminal não pode ser imputado exclusivamente à defesa. 9. Acresça-se, ainda, que após o término da produção da prova oral, deverá o magistrado ouvir as partes em alegações finais, o que extrapolará, ainda mais, o limite razoável da prisão cautelar " (HC 23.294-SP, 5.ª T., rel. Higino Cinacchi, 23.01.2006, v.u.).

- TJRJ: "Apesar de bem fundamentada na garantia da ordem pública, o decreto prisional, em relação ao excesso de prazo arguido pelo impetrante, entendo que lhe assiste razão. Pela análise dos autos, verifica-se que apesar da necessidade de expedição de duas deprecatas para a oitiva de testemunhas arroladas pelo Ministério Público, não é razoável que uma instrução criminal se estenda por mais de seis meses, principalmente quando uma das testemunhas é policial militar, que facilmente pode ser encontrado. Vale ressaltar que a intimação por precatória, para a oitiva do militar Alex, expedida em assentada realizada em 22 de setembro deste ano (fls. 45), somente foi cobrada na data em que a autoridade coatora prestou as informações solicitadas, ou seja, em 10.11.2009. A prisão cautelar não pode se estender, conforme se verifica nos autos, por mais de 180 dias, extrapolando em muito aquilo que entendo ser razoável para o término da instrução criminal, valendo ressaltar que o paciente não contribuiu de qualquer modo para a demora do processo, razão pela qual não se justifica exigir que o acusado seja prejudicado pela inércia, ou incompetência do estado" (HC 0058092-54.2009.8.19.000-RJ, 7.ª C.C., rel. Siro Darlan de Oliveira, 01.12.2009).

- TJRJ: "Como corolário do princípio constitucional da duração razoável do processo, o acusado tem o direito de ser julgado com a maior brevidade possível, admitindo um alargamento com base na proporcionalidade quando incidentes ocorridos no curso da instrução o justifiquem. Desta forma, eventual excesso de prazo não pode ser apreciado com base em mero cálculo aritmético. Entendo que a gravidade do fato pode ser considerada quando o excesso de prazo da prisão cautelar é reclamado, devendo excepcionalmente ser observada à natureza do delito e à pena cominada, bem como a dificuldade na colheita da prova. Todavia, evidente que a análise respectiva deve ser feita com a observância da razoabilidade. No caso concreto, a paciente está presa há mais de 02 anos e ainda não foi provisoriamente julgada, não tendo a defesa em nada contribuído para aquele atraso, ainda se aguardando o retorno de precatórias expedidas para oitiva de agentes públicos que se encontram lotados noutros Estados, certo, ainda, que a paciente possui endereço certo, é primária e se encontra doente no cárcere, o que antes não justificou a liberdade pugnada, mas, que, agora, em razão da demora excessiva no julgamento, permite o reexame da pretensão sempre com observância da razoabilidade." (HC 0004987-31.2010.8.19.0000, 1.ª C.C., rel. Marcus Basílio, 25.02.2010).

- TJBA: "A concessão de *habeas corpus* em razão da configuração de excesso de prazo é medida de todo excepcional, somente admitida nos casos em que a dilação (1) seja decorrência exclusiva de diligências suscitadas pela acusação; (2) resulte da inércia do próprio aparato judicial, em obediência ao princípio da razoável duração do processo, previsto no art. 5.º, LXXVIII da Constituição Federal – caso em análise; ou (3) implique ofensa ao princípio da razoabilidade. 2. O período de 81 dias, fruto de construção doutrinária e jurisprudencial, não deve ser entendido como prazo peremptório, visto que subsiste apenas como referencial para verificação do excesso, de sorte que sua superação não implica necessariamente em constrangimento ilegal, podendo ser excedido com base em um juízo de razoabilidade; entretanto, na hipótese, a paciente encontra-se custodiada desde o dia 20 de março passado, estando dois dos corréus foragidos e um terceiro respondendo ao processo em liberdade, inexistindo previsibilidade à conclusão da instrução criminal, implicando em ofensa ao art. 5.º, LXXVIII, da CF/88 e ao princípio da razoabilidade" (HC 34355-8/2008-BA, 2.ª C.C., rel. Mario Alberto Simões Hirs, 11.09.2008).

CAP. V • PRINCÍPIOS CONSTITUCIONAIS PROCESSUAIS PENAIS E ENFOQUES PENAIS | 471

- TJBA: "injustificável delonga processual. Instrução criminal não encerrada, após quase quatro anos da prisão cautelar do paciente. Informação prestada pela autoridade impetrada sobre a realização, tão somente, de audiência para qualificação e interrogatório do réu/paciente" (HC 3119-9/2009-BA, 1.ª C.C., rel. Lourival Almeida Trindade, 16.12.2009, v.u.).
- TJGO: "Os prazos processuais penais, conforme previsto na lei, não devem ser considerados com rigor unicamente aritmético, mas em conjunto com toda a situação. Assim, tudo devemos fazer tendo em conta a ideia do razoável, segundo um juízo de valor. de modo que, apesar de o excesso não se apurar apenas por um desequilíbrio, apurado matematicamente, entre a condução da ação de conhecimento e a duração da prisão cautelar, a indefinição na conclusão da formação da culpa, atestada pela permanência do processo em aguardar a devolução da carta precatória de citação e interrogatório, e estando o paciente preso há quase um ano, resta configurado o constrangimento ilegal, a ser reparado via remédio heroico" (HC 27.315-5/217-GO, 1.ª C.C., rel. Alvarino Egídio da Silva Primo, 14.09.2006, v.u.)
- TJPE: "Embora não se possa restringir a configuração do excesso prazal da custódia cautelar à mera soma aritmética dos prazos legais definidos para ultimação do feito, a demora da tramitação, sem o desfecho da situação do réu, injustificada e sem contribuição da defesa para tanto, constitui constrangimento ilegal, autorizador da soltura do paciente, se por outro motivo não estiver preso, não se aplicando a Súmula 52 do STJ, face à evidente afronta ao princípio da razoável duração do processo, ainda que assentes os maus antecedentes do acusado, à vista dos inúmeros feitos criminais a que responde" (HC 181.143-0-PE, 3.ª C.C., rel. Nivaldo Mulatinho de Medeiros Correia Filho, 25.03.2009, v.u.).
- TJPE: "O prazo para o encerramento do processo deve ser observado dentro do juízo de razoabilidade, nos termos do art. 5.º, LXXVIII, com redação dada pela Emenda Constitucional 45/2004. 2. Paciente preso há mais de 03 (três) anos sendo que o último ato processual noticiado pela autoridade apontada coatora é o seu interrogatório. 3. Ausente maior complexidade no processo, o prolongamento excessivo do início da instrução criminal, no caso dos autos, fere o direito fundamental da pessoa humana a um julgamento justo e célere" (HC 172340-0-PE, 4.ª C.C., rel. Marco Antonio Cabral Maggi, 16.09.2008, v.u.).
- TJCE: "A prisão cautelar, medida excepcional, não pode perdurar por tempo indeterminado, sob pena de afrontar a garantia constitucional prevista no inciso LXXVIII, do art. 5.º, da Constituição Federal"

(HC 413737201080600000-CE, 2.ª C.D.C., rel. Paulo Camelo Timbó, 14.05.2010).

b)   Duração razoável da prisão em virtude de complexidade do feito

- STF: "O artigo 5.º, LXXVIII, da Constituição Federal determina que 'a todos, no âmbito judicial e administrativo, são assegurados a razoável duração do processo e os meios que garantam a celeridade de sua tramitação'. O excesso de prazo alegado não resulta de simples operação aritmética, porquanto deve considerar a complexidade do processo, o retardamento injustificado, os atos procrastinatórios da defesa e o número de réus envolvidos; fatores que, analisados em conjunto ou separadamente, indicam ser, ou não, razoável o prazo para o encerramento da instrução criminal. O excesso de prazo justificado com a suspensão do processo, nos termos do artigo 366 do CPP, em razão de não ter sido o paciente encontrado para fins de citação; o grande número de corréus; a complexidade do feito; e recurso em sentido estrito interposto pela defesa contra a sentença de pronúncia, não violam a cláusula da duração razoável do processo" (HC 104.346 – SP, 1.ª T., rel. Luiz Fux, 07.06.2011, m.v.).

- STF: "A periculosidade do réu constitui motivo apto à decretação de sua prisão cautelar, com a finalidade de garantir a ordem pública, consoante precedentes desta Suprema Corte (HC 92.719-ES, rel. Min. Joaquim Barbosa, *DJ* 19.09.2008; HC 93.254-SP, rel. Min. Cármen Lúcia, *DJ* 01.08.2008; HC 94.248-SP, rel. Min. Ricardo Lewandowski, *DJ* 27.06.2008). 4. A duração da prisão cautelar do paciente, pode se justificar com base no parâmetro da razoabilidade, em se tratando de instruções criminais de caráter complexo (HC 89.090-GO, rel. Min. Gilmar Mendes, 2.ª T., sessão de 21.11.2006, *DJ* 05.10.2007)" (HC 99.377-SP, 2.ª T., rel. Ellen Gracie, 29.09.2009, v.u.).

- STF: "Paciente preso fora do distrito da culpa, respondendo a processos em outros Estados: dificuldade da realização dos atos processuais. 3. Decisão do Superior Tribunal de Justiça em perfeita consonância com a jurisprudência deste Supremo Tribunal: não há constrangimento ilegal por excesso de prazo quando a complexidade da causa justifica a razoável duração para o encerramento da ação penal. Precedentes" (HC 88.435 – 1.ª T., rel. Cármen Lúcia, 13.02.2007, m.v.).

- STJ: "Conforme entendimento pacífico do Superior Tribunal de Justiça, a eventual ilegalidade da prisão preventiva por excesso de prazo para conclusão da instrução criminal deve ser analisada à luz do princípio da razoabilidade, sendo permitido ao Juízo, em hipóteses de excepcional complexidade, a extrapolação dos prazos previstos

CAP. V • PRINCÍPIOS CONSTITUCIONAIS PROCESSUAIS PENAIS E ENFOQUES PENAIS | **473**

na lei processual penal" (HC 209.629 – PE, 5.ª T., rel. Marco Aurélio Bellizze,18.10.2011, v.u.).

- STJ: "A concessão de *Habeas Corpus* em razão da configuração de excesso de prazo é medida de todo excepcional, somente admitida nos casos em que a dilação (A) seja decorrência exclusiva de diligências suscitadas pela acusação; (B) resulte da inércia do próprio aparato judicial, em obediência ao princípio da razoável duração do processo, previsto no art. 5.º, LXXVIII, da Constituição Federal; ou (C) implique em ofensa ao princípio da razoabilidade. 4. No presente caso, a dilação para a conclusão da instrução (1 ano e 1 mês) pode ser debitada à complexidade do feito, à quantidade de acusados (11 pessoas), ao aditamento da denúncia, às diligências requeridas, bem como a reiterados pedidos de liberdade provisória e *Habeas corpus*" (HC 134.160-RJ, 5.ª T., rel. Napoleão Nunes Maia Filho, 29.10.2009, v.u.).

- TRF-1.ª R.: "Princípio da razoável duração do processo que não tem caráter absoluto, devendo ser analisado o caso concreto, de modo a possibilitar a ponderação de interesses e circunstâncias. 3. Não há que se falar em excesso de prazo da prisão preventiva quando há complexidade na instrução processual em razão da grande quantidade de documentos e objetos, utilizados para a conduta delituosa, em poder do paciente. Ademais, recebida a denúncia, fica superada a questão do excesso de prazo para a instrução. O prazo razoável da duração do processo nem de longe se encontra violado no presente caso" (HC 2009.01.00.064144-6-MT, 4.ª T., rel. Hilton Queiroz, 01.12.2009,v.u.).

- TRF-1.ª R.: "'A todos, no âmbito judicial e administrativo, são assegurados a razoável duração do processo e os meios que garantam a celeridade de sua tramitação' (destaquei) – o inciso LXXVIII do art. 5.º da nossa Constituição Federal, introduzido pela Emenda Constitucional 45, de 31.12.2004. 3. Na hipótese de complexidade da instrução, ouvida de testemunhas mediante carta precatória, o processo, não se pode falar em excesso de prazo injustificável para a conclusão da instrução, ainda que superado o prazo de 81 (oitenta e um) dias. As normas devem ser interpretadas atentando-se para o princípio da razoabilidade. Não é razoável que um processo, em que há testemunhas a serem ouvidas por carta precatória, ainda que se cumpra o § 2.º do art. 222 do CPP, seja concluído no prazo de oitenta e um dias, que é o prazo normal e legal para a conclusão da instrução processual criminal" (HC 2007.01.00.053221-4-MA, 3.ª T., rel. Tourinho Neto, 04.12.2007, v.u.).

- TRF-2.ª R.: Aduz o impetrante que o paciente estaria sofrendo constrangimento ilegal em razão da existência de excesso de prazo da prisão cautelar, tendo em vista que se encontra preso provisoriamente há nove meses, sem ter havido o encerramento da instrução criminal, o que violaria o art. 5.º, LXXVIII, da Constituição Federal que assegura a duração razoável dos processos judiciais, bem como o postulado da proteção à dignidade da pessoa humana, consagrado constitucionalmente no art. 1.º, III, da Constituição Federal. 2. A jurisprudência pretoriana já consolidou o entendimento de que não constitui constrangimento ilegal a ultrapassagem do prazo de 81 dias para a formação da culpa quando o réu estiver preso provisoriamente, nos casos em que a complexidade da causa e a quantidade de teste-munhas justificarem, à luz do princípio da razoabilidade, a dilação no prazo para o término da instrução processual (Precedentes do STF e do STJ)" (HC 2009.02.01.010732-0-RJ, 1.ª T.E., rel. Aluisio Gonçalves de Castro Mendes, 02.09.2009, v.u.).

- TRF-4.ª R.: "A decisão que negou o direito de o paciente apelar em liberdade fundamentou-se na necessidade da manutenção da ordem pública, tendo em vista a quantidade de droga apreendida (mais de 3 kg de 'crack'), a região da apreensão (Guaíra/PR), bem como as conse-quências decorrentes da comercialização dessa substância na sociedade. Portanto, em exame inaugural da matéria, não se evidencia flagrante ilegalidade na decisão a justificar a medida de urgência pleiteada, uma vez que atendidos, em princípio, os requisitos legais. De outra parte, não se mostra excessivo o prazo de 10 meses para a conclusão da ins-trução do processo, tendo em conta a complexidade de causas dessa natureza, que teve três indivíduos denunciados. Encerrada a instrução com a prolação da sentença, nos termos da Súmula 52 do Superior Tribunal de Justiça, fica afastada a alegação de excesso de prazo, ainda mais quando não há flagrante desrespeito à norma constitucional da razoável duração do processo" (HC 2009.04.00.027590-0-PR, 8.ª T., rel. Luiz Fernando Wowk Penteado, 30.07.2009).

- TRF-4.ª R.: "Ademais, no caso concreto, presentes indícios veementes de autoria e provada a materialidade do delito, a manutenção da pri-são cautelar encontra-se plenamente justificada na garantia da ordem pública, tendo em vista a quantidade de entorpecente apreendido (256 gramas de cocaína).4. A concessão de *Habeas corpus* em razão da con-figuração de excesso de prazo é medida de todo excepcional, somente admitida nos casos em que a dilação (A) seja decorrência exclusiva de diligências suscitadas pela acusação; (B) resulte da inércia do próprio aparato judicial, em obediência ao princípio da razoável duração do processo, previsto no art. 5.º, LXXVIII, da Constituição Federal; ou (C) implique em ofensa ao princípio da razoabilidade. 5. No presente caso, a dilação para a conclusão da instrução pode ser debitada à comple-xidade do feito, evidenciada pelo pedido da defesa para a instauração

CAP. V • PRINCÍPIOS CONSTITUCIONAIS PROCESSUAIS PENAIS E ENFOQUES PENAIS | **475**

incidente de dependência toxicológica" (HC 2009.04.00.031183-5-PR, 8.ª T., rel. Maria de Fátima Freitas Labarrére, 01.09.2009).

• TJRS: "Eventual excesso na duração da prisão cautelar depende de exame acurado não somente do prazo legal máximo previsto para o término da instrução criminal (critério do prazo fixo), mas também dos critérios que compõem o princípio da razoabilidade (complexidade do processo, comportamento da parte e diligência da autoridade judiciária no impulso do processo penal), e que permitem a dilação desse prazo até o limite do razoável. Considerando as peculiaridades e a complexidade do caso concreto, em que são acusados 15 indivíduos, por sete fatos delituosos distintos, não há falar-se em excesso de prazo, pois não ultrapassado, ainda, o prazo máximo de duração razoável da prisão cautelar, uma vez que o paciente encontra-se segregado há oito meses e que o processo segue o trâmite regular (aguardando apenas o oferecimento da defesa preliminar de um dos corréus), não tendo sido demonstrada inércia do juízo ou atraso atribuível à acusação" (HC 7003278687-RS, 3.ª C.C., rel. Odone Sanguiné, 10.12.2009, v.u.).

• TJDF: "Se não houve o transcurso de lapso temporal superior a sessenta dias entre a decisão que recebeu a denúncia e encerramento da instrução processual, não se há de falar em excesso de prazo. 2. Mesmo que a prisão cautelar se prolongue por quase um ano após o encerramento da instrução processual, sem a prolação de sentença, não se há de falar em ofensa ao princípio da razoável duração do processo, se a demora é justificada pela complexidade do feito, pela existência de concurso de agentes e pela realização de atos processuais indispensáveis à elucidação do fato criminoso. ademais, segundo o Enunciado 52, da súmula do STJ, encerrada a instrução, fica superada a alegação de constrangimento ilegal" (HC 2009 00 2 009773-8 HBC-DF, 2.ª T.C., rel. Arnoldo Camanho de Assis, 20.08.2009, v.u.).

• TJPR: "Alegação de excesso de prazo. Inocorrência. Ausência de desídia judicial na condução do processo. ação penal que guarda relativa complexidade, sendo quatro os fatos delituosos que compõe a denúncia e cinco os réus, o que implica em natural tramitação mais compassada do feito. ademais, em se tratando de crime de tóxico a contagem do prazo deve ocorrer em sua globalidade. lapso temporal de duração da prisão cautelar que está aquém do limite legal máximo" (HC 11.292-PR, 4.ª C.C., rel. Luiz Cezar Nicolau, 13.05.2010, v.u.).

c)   Duração excessiva da prisão por conta do aparelho judiciário

• STF: "o excesso de prazo, na duração da prisão cautelar, mesmo tratando-se de delito hediondo (ou a este equiparado), impõe, em obséquio aos princípios consagrados na Constituição da República, a imediata concessão de liberdade ao indiciado ou ao réu. Nada justifica a permanência de uma pessoa na prisão, sem culpa formada, quando configurado excesso irrazoável no tempo de sua segregação cautelar (*RTJ* 137/287 – *RTJ* 157/633 – *RTJ* 180/262-264 – *RTJ* 187/933-934 – *RTJ* 195/212-213), considerada a excepcionalidade de que se reveste, em nosso sistema jurídico, a prisão meramente processual do indiciado ou do réu, mesmo que se trate de crime hediondo ou de delito a este equiparado. O excesso de prazo, quando exclusivamente imputável ao aparelho judiciário – não derivando, portanto, de qualquer fato procrastinatório causalmente atribuível ao réu – traduz situação anômala que compromete a efetividade do processo, pois, além de tornar evidente o desprezo estatal pela liberdade do cidadão, frustra um direito básico que assiste a qualquer pessoa: o direito à resolução do litígio sem dilações indevidas (CF, art. 5.º, LXXVIII) e com todas as garantias reconhecidas pelo ordenamento constitucional, inclusive a de não sofrer o arbítrio da coerção estatal representado pela privação cautelar da liberdade por tempo irrazoável ou superior àquele estabelecido em lei. A duração prolongada, abusiva e irrazoável da prisão cautelar de alguém ofende, de modo frontal, o postulado da dignidade da pessoa humana, que representa – considerada a centralidade desse princípio essencial (CF, art. 1.º, III) – significativo vetor interpretativo, verdadeiro valor-fonte que conforma e inspira todo o ordenamento constitucional vigente em nosso País e que traduz, de modo expressivo, um dos fundamentos em que se assenta, entre nós, a ordem republicana e democrática consagrada pelo sistema de direito constitucional positivo (*RTJ* 195/212-213). Constituição Federal (Art. 5.º, LIV e LXXVIII). EC 45/2004. Convenção Americana sobre Direitos Humanos (Art. 7.º, n. 5 e 6). Doutrina. Jurisprudência. A prisão cautelar – qualquer que seja a modalidade que ostente no ordenamento positivo brasileiro (prisão em flagrante, prisão temporária, prisão preventiva, prisão decorrente de sentença de pronúncia ou prisão motivada por condenação penal recorrível) – não pode transmudar-se, mediante subversão dos fins que a autorizam, em meio de inconstitucional antecipação executória da própria sanção penal, pois tal instrumento de tutela cautelar penal somente se legitima, se se comprovar, com apoio em base empírica idônea, a real necessidade da adoção, pelo Estado, dessa extraordinária medida de constrição do 'status libertatis' do indiciado ou do réu" (HC 88.025-ES, 2.ª T., rel. Celso de Mello, 13.06.2006, v.u.).

• STJ: "Para justificar a demora, dois argumentos foram utilizados pela instância ordinária: a pendência de realização de laudo de dependência toxicológica do acusado – requerido pela defesa – e a oitiva de testemu-

CAP. V • PRINCÍPIOS CONSTITUCIONAIS PROCESSUAIS PENAIS E ENFOQUES PENAIS | **477**

nhas da acusação por carta precatória. 2. Primeiramente, não se pode atribuir à defesa a demora da conclusão do feito em razão da diligência requerida, pois embora tenha sido deferida pelo magistrado, até a presente data não há notícia de que os peritos judiciais tenham realizado a diligência judicial. 3. A alegação de que rebeliões nos presídios estaduais não é argumento apto para justificar a demora dos peritos judiciais, os quais já deveriam ter realizado a confecção do laudo de dependência toxicológica. 4. Segundo, os autos noticiam que as testemunhas da acusação somente serão ouvidas por carta precatória no dia 02 de julho de 2007. Nesse particular, não é razoável que o réu seja punido por uma diligência da acusação, a qual somente será cumprida segundo o interesse da pauta do juízo deprecado. 5. A Emenda Constitucional 45/2004 inseriu o princípio da razoável duração do processo dentro das garantias fundamentais asseguradas a cada indivíduo, insculpido no art. 5.º, LXXVIII, da Constituição Federal de 1988. 6. No caso, de acordo com as justificativas apresentadas, o atraso é completamente desmedido, violando, assim, o princípio da tempestividade do processo ou da razoabilidade dos prazos processuais" (HC 72103-MS, 5.ª T., rel. Laurita Vaz, 15.03.2007, v.u.).

• TJSP: "Paciente preso há mais de dez meses, em virtude da não realização de perícia do local dos fatos por duas vezes. Atraso injustificado. O direito do réu preso em ser julgado em tempo razoável não se coaduna com a sucessão de falhas cometidas durante o procedimento. Constrangimento ilegal configurado. (...) Até agora são mais de 10 (dez) meses de prisão: aproximadamente 300 dias de cárcere sem culpa formada. Tal panorama processual é o suficiente para a constatação do excesso, configurador de constrangimento ilegal. Uma vez configurado o excesso de prazo, cumpre, em prol da intangibilidade da ordem jurídica constitucional, afastar a custódia provisória. Idas e vindas do processo, mediante cancelamentos na realização da perícia por motivos de não comparecimento dos envolvidos, não justificam a manutenção da custódia do Estado. O acusado não pode pagar, com o alto preço de sua liberdade, pelas falhas do sistema de aplicação da Justiça" (HC 990.09.166066-3-SP, 16.ª C.D.C., rel. Almeida Toledo, 22.09.2009, v.u.).

• TJDF: "A prisão cautelar flagrancial que perdura há mais de cento e sessenta dias configura o excesso de prazo na prestação jurisdicional quando não provocado por atos atribuíveis à defesa, senão às deficiências próprias do Estado. 3. Caracterizado o constrangimento ilegal pela duração excessiva do processo, a soltura do réu é medida que se impõe em obediência aos princípios constitucionais da dignidade da pessoa humana e da razoável duração do processo, previsto no art. 5.º,

III e LXXVIII, da Constituição Federal" (HC 2010002003988-1HBC--DF, 1.ª T.C., rel. George Lopes Leite, 19.04.2010, v.u.).

- TJDF: "Os crimes atribuídos ao paciente não se revestem de maior complexidade, portanto não justifica o excesso de prazo na prestação jurisdicional, atribuído às deficiências do próprio estado. Ele está segregado há cento e cinquenta e oito dias e a demora extrapola os limites da razoabilidade, pois a Constituição da República atribui a qualidade de direito fundamental do cidadão o julgamento rápido das imputações de crime. sendo a demora atribuída às deficiências próprias do aparato judiciário e não à defesa, suas consequências não podem recair sobre réu acautelado. 2. Por outro lado, a presença dos requisitos legais da prisão preventiva também não justifica o excesso de prazo na prisão cautelar e, não há falar-se em encerramento da instrução se ainda estão pendentes diligências requeridas pela acusação. Configurado o constrangimento ilegal pela duração do processo além do razoável, a soltura é medida que se impõe, sob pena de se ofender os princípios constitucionais da dignidade da pessoa humana e da razoável duração do processo, previstos no art. 5.º, III e LXXVIII, da Constituição Federal" (HC 2010 00 2 002683-9 HBC-DF, 1.ª T.C., rel. George Lopes Leite, 08.04.2010, v.u.).

- TJMT: "Não cabe ao acusado suportar, com a restrição de sua liberdade, os efeitos da inércia da máquina estatal, retardando injustificadamente o cumprimento de atos processuais urgentes, caso contrário, estar-se-ia permitindo que a efetiva prestação jurisdicional fosse postergada, *sine die*, em detrimento do sagrado direito de liberdade daquele que não colaborou para a demora. O direito subjetivo do acusado à celeridade processual agora encontra respaldo expresso na Magna Carta, nas vestes do inciso LXXVIII, art. 5.º, inserto pela Emenda Constitucional 45/2004, refletindo a preocupação do constituinte reformador em coibir a possibilidade da prisão cautelar adquirir contornos de cumprimento precoce de pena, antes da prolação de um édito condenatório" (HC 56473/2006-MT, 2.ª C.C., rel. Carlos Roberto C. Pinheiro, 23.08.2006, v.u.).

- TJCE: "A prisão cautelar, medida excepcional, não pode perdurar por tempo indeterminado, sob pena de afrontar a garantia constitucional prevista no inciso LXXVIII do art. 5.º da Constituição Federal. 2. Na hipótese, embora se trate de um caso complexo, com vários réus, todavia, o paciente encontra-se preso há mais de 3 (três) anos, sem que tenha sido finalizada a fase instrutória, restando claro que a morosidade do processo não pode ser atribuída à defesa, mas ao aparato judicial, não podendo, assim, o mesmo responder pelo atraso na prestação jurisdi-

CAP. V • PRINCÍPIOS CONSTITUCIONAIS PROCESSUAIS PENAIS E ENFOQUES PENAIS | **479**

cional com sua liberdade de locomoção." (HC 174964201080600000-CE, 1.ª C.C., rel. Paulo Camelo Timbó, 07.04.2010).

- TJRJ: "Art. 5.º, LXXVIII, da Constituição da República. Acusado que não pode suportar o ônus decorrente da ineficiência do Estado em seus direitos fundamentais. Excesso de prazo configurado" (HC 009509-04.2010.8.19.0000, 5.ª C.C., rel. Geraldo Prado, 15.04.2010, v.u.).

- TJGO: "Configurado excesso de prazo para a conclusão da instrução criminal por culpa exclusiva da maquina judiciária, impõe-se a concessão do *writ* e a imediata soltura do réu, pois a duração razoável do processo e uma garantia fundamental (art. 5.º, LXXVIII, da CF)" (HC 36054-6/217-GO, 2.ª C.C., rel. José Lenar de Melo Bandeira, 22.09.2009, v.u.).

- TJPE: "A demora para o julgamento do Paciente mostra-se injustificável e desarrazoada, sobretudo em se considerando que está preso há mais de três anos, e há um ano espera que seja realizada a perícia balística. 2. A Emenda Constitucional 45/2004 inseriu o princípio da razoável duração do processo dentro das garantias fundamentais asseguradas a cada indivíduo, insculpido no art. 5.º, LXXVIII, da Constituição Federal de 1988. 3. O atraso é completamente desmedido, violando, assim, o princípio da tempestividade do processo ou da razoabilidade dos prazos processuais, bem como o direito inerente à dignidade humana" (HC 177442-9-PE, 1.ª C.C., rel. Roberto Ferreira Lins, 13.01.2009, v.u.).

d) Duração razoável da prisão em virtude de degravação

- STJ: Não obstante a demora no julgamento da apelação, causada pela ordem de degravação, na hipótese concreta, o processo em primeiro grau teve tramitação célere, pelo que o tempo total da prisão cautelar, iniciada em 31 de julho de 2008, não fere os limites da razoabilidade, não havendo motivo a autorizar a concessão da liberdade aos Pacientes" (HC 153.423-SP, 5.ª T., rel. Laurita Vaz, 06.04.2010, v.u.).

e) Duração excessiva da prisão em face de transferência de preso para outra Comarca

- STJ: "1. Muito embora já exista sentença de pronúncia, a alegação de excesso de prazo deve ser avaliada sob o enfoque dos princípios da razoabilidade e proporcionalidade, pois o apontado constrangimento ilegal decorre da excessiva demora na manutenção da custódia efetivada após a pronúncia. 2. Paciente que está preso cautelarmente desde 10.08.2008, portanto, há mais de 1 (um) ano e 7 (sete) meses, sem que tenha havido qualquer andamento processual, estando o feito absolutamente paralisado apenas aguardando o recambiamento do paciente. 3. Constrangimento ilegal evidenciado, haja vista o tempo que perdura a custódia provisória em um processo totalmente parado por responsabilidade do Estado, que não providencia a remoção do paciente, inexistindo qualquer previsão para o julgamento pelo Tribunal de Júri. 4. *Habeas corpus* concedido para relaxar, por excesso de prazo, a prisão cautelar do paciente, se por outro motivo não estiver preso, mediante assinatura de termo de compromisso de comparecimento a todos os atos do processo" (HC 161.072-MT, 6.ª T., rel. Maria Thereza de Assis Moura, 05.04.2010, v.u.).

f) Duração excessiva da prisão em razão da proporcionalidade

• STJ: "O paciente, condenado à pena de 11 (onze) meses de reclusão pela prática do crime de furto tentado, permanece preso cautelarmente por 1 (um) ano e 10 (dez) meses, sem que fosse julgado o recurso de apelação ajuizado em seu favor, ao qual não se lhe permitiu aguardar em liberdade, atentando contra o princípio da razoabilidade e contra o caráter de provisoriedade da constrição processual, mostrando-se factível inclusive o resgate total da reprimenda, circunstâncias que levam ao flagrante constrangimento ilegal por excesso de prazo da segregação" (HC 147.951-MG, 5.ª T., rel. Jorge Mussi, 09.02.2010, v.u.).

• STJ: "As coisas hão de ter tempo e fim, hão de ter forma e medida, e os acontecimentos jurídicos não hão de ser diferentes; ao contrário, hão de ter, sempre e sempre, forma e medida (início, tempo e fim). 2. É garantido a todo preso o direito de ser julgado dentro de prazo razoável – razoável duração do processo (art. 7.º da Convenção promulgada pelo Decreto 678/92 e art. 5.º, LXXVIII, da Constituição). 3. Porque ainda não julgou o Tribunal local a apelação interposta contra a sentença que condenara o paciente, há de se reconhecer excesso de prazo na prisão – ainda cautelar –, que se alonga por mais de dois anos e meio, mormente quando a pena fixada foi de cinco anos e dez meses de reclusão." (HC 142.418-SP, 6.ª T., rel. Nilson Naves, 01.12.2009, m.v.).

• TJSP: "O Paciente encontra-se preso há quase 05 meses, sem que tenha sua situação processual definida. E como a instauração do incidente de dependência toxicológica sequer possui data para a realização do exame, não é possível vislumbrar que o processo esteja próximo de um desfecho; daí porque a prisão deixou de ser razoável e o atraso no curso do processo afigura-se injustificável. À vista disso, a manutenção da prisão cautelar não se revela mais proporcional, afrontando o disposto no art. 5.º, LXXVIII, da Constituição Federal, que garante ao Paciente a duração razoável do processo, sendo forçoso reconhecer a

CAP. V • PRINCÍPIOS CONSTITUCIONAIS PROCESSUAIS PENAIS E ENFOQUES PENAIS | **481**

ocorrência do constrangimento ilegal" (HC 990.09.273285-4-SP, 2.ª C.D.C., rel. Francisco Orlando, 22.02.2010, v.u.).

g) Duração excessiva da prisão durante investigação policial

• TRF-3.ª R.: "Assim, no presente caso, está configurado o excesso de prazo apontado pelo impetrante para a conclusão das investigações, não se apresentando qualquer elemento ou circunstância que justifique a demasiada demora aqui verificada, mormente tratando-se de indiciado submetido a custódia cautelar , dado que está a extrapolar em muito o prazo de que trata o art. 66, da Lei 5.010/66. 3. Mesmo que se admita, excepcionalmente, a inobservância do prazo fixado pela lei para a conclusão do inquérito policial em casos de maior complexidade, o que não se pode permitir é que o procedimento investigatório permaneça se transitando por mais de doze meses, submetido o indiciado à custódia cautelar , sem previsão de sua conclusão definitiva e oferecimento de denúncia, a violar, inclusive, o princípio da celeridade processual, agora previsto expressamente no inciso LXXVIII, do art. 5º, da Constituição Federal, assim redigido: 'a todos, no âmbito judicial e administrativo, são assegurados a razoável duração do processo e os meios que garantam a celeridade de sua tramitação'. 4. Portanto, a delonga em concluir o inquérito policial acarreta constrangimento ilegal na liberdade de locomoção do agente, dado estar preso preventivamente, devendo o vício ser sanado pela via do *habeas corpus*, uma vez constatado, em concreto, a demasiada demora, e, por conseguinte, o excesso de prisão provisória" (HC 26.046-MS, 5.ª T., rel. Suzana Camargo, 05.02.2007, v.u.).

h) Duração razoável da prisão após a pronúncia

• TJSP: "Impende ressaltar que embora o Código de Processo Penal não fixe prazo para que o acusado, pronunciado, seja submetido a julgamento perante seus pares, o Poder Judiciário não deve fechar os olhos para desídias ou atrasos injustificados por parte dos juízos singulares. A prisão por pronúncia não pode exceder o limite da razoabilidade, porquanto o direito ao julgamento, sem dilações indevidas, qualifica-se como prerrogativa fundamental que decorre da garantia constitucional do devido processo legal. No caso, não se vislumbra, ao menos por ora, irrazoabilidade na duração da prisão cautelar e nem tampouco desídia do r. juízo 'a quo' na condução do processo, que tramita regularmente. Rememore-se, que feito se encontra em fase de preparação para julgamento em Plenário" (HC 990.09.329431-1-SP, 8.ª C.D.C., rel. Luiz Carlos de Souza Lourenço, 08.04.2010, v.u.).

- TJSC: "'Excesso de prazo. Inocorrência. Ordem denegada. Após a pronúncia, estando preso o acusado, não há um período de tempo, expresso em lei, para que o julgamento se concretize. Entretanto, há o princípio – em nosso entendimento, constitucional, ainda que implícito – da duração razoável da prisão cautelar. Ora, se a prisão é a exceção e a liberdade, a regra, nada mais justificável que haja um limite para se manter alguém detido sem a devida condenação. Não se pode, entretanto, exigir um prazo rígido, nem se pode inventar um tempo qualquer, não previsto em lei. Demanda-se, entretanto, bom senso dos magistrados de todas as instâncias' (Nucci, Guilherme de Souza. Tribunal do júri. São Paulo: RT, 2008. p. 78-79)" (HC 2009.017767-6-SC, 1.ª C.C., rel. Carlos Alberto Civinski, 29.06.2009).

i) Duração razoável da prisão em análise concreta da realização dos atos processuais

- TRF-3.ª R.: "Os prazos indicados para a consecução da instrução criminal servem apenas como parâmetro geral, porquanto variam conforme as peculiaridades de cada processo, razão pela qual a jurisprudência uníssona os tem mitigado. 2. A demora noticiada não decorre de abuso ou lentidão imputável à acusação ou ao Juiz, sendo justificável ante a necessidade de diligências imprescindíveis na busca da verdade real, de forma a afastar a alegação de constrangimento ilegal. 3. A razoável duração do processo (CF, art. 5.º, LXXVIII), deve ser harmonizada com outros princípios e valores constitucionalmente adotados no Direito brasileiro, não podendo ser considerada de maneira isolada e descontextualizada do caso relacionado à lide penal que se instaurou a partir da prática dos ilícitos." (HC 39.893-SP, 2.ª T., rel. Henrique Herkenhoff, 09.03.2010, v.u.).

- TJRJ: "Prazo razoável de duração da prisão cautelar. Ausência de duas testemunhas em audiência realizada em 21 de novembro de 2006. Ato realizado em 13 de dezembro de 2006. Não configurado qualquer retardo excessivo nesse espaço de tempo. Dilação justificada. Fase de alegações finais iniciada em 31 de janeiro. Ausência de constrangimento ilegal." (HC 0047577-28.2007.8.19.0000-RJ, 3.ª C.C., rel. Geraldo Prado, 06.02.2007).

- TJMG: "'Demonstra-se incabível a soltura de paciente sob a alegação de excesso de prazo na instrução criminal, quando o atraso no encerramento das diligências apuratórias se apresenta justificado pela manifesta complexidade do caso, atrelado à contribuição da defesa, em consonância com o princípio da razoabilidade." (HC 1.0000.08.472603-3-MG, 1.ª C.C., rel. Márcia Milanez, 20.05.2008).

CAP. V • PRINCÍPIOS CONSTITUCIONAIS PROCESSUAIS PENAIS E ENFOQUES PENAIS | **483**

- TJRS: "Não ultrapassado, ainda, o prazo máximo de duração razoável da prisão cautelar no caso de crime de tráfico de drogas, apetrechos e afins, e associação para o tráfico, em torno de 145 dias contados da prisão em flagrante delito até a sentença. O adiamento de audiência em virtude da não apresentação do paciente pela SUSEPE configura motivo de força maior, não podendo ser atribuído à inércia do Juízo, especialmente considerando que o paciente encontra-se segregado há aproximadamente seis meses e que a instrução criminal segue ritmo normal à espécie de delito" (HC 70030822936-RS, 3.ª C.C., rel. Odone Sanguiné, 16.07.2009, v.u.).

- TJSP: "Quanto ao excesso de prazo da custódia processual, a prisão cautelar é uma medida processual extrema e, por isso, só pode ser mantida em situação excepcional. Daí a razão de estabelecer-se prazo para sua duração, não se admitindo que se a estenda indefinidamente. Todavia, o prazo estabelecido em lei, não é absoluto, havendo hipóteses para as quais se apresenta excessivo e outras em que é insuficiente para o fim a que se colima. Assim, o tempo da prisão processual não está dissociado do caso concreto. Deve-se observar a diretriz legal, mas, sobretudo, a gravidade do crime, o procedimento adequado à espécie, a existência de incidentes na relação jurídico-processual, o lugar de realização dos atos processuais e demais circunstâncias específicas da espécie. Aliás, não seria justo que se estabelecessem limites temporais idênticos para situações em que a própria lei prevê procedimentos diversos, ou para crimes de diferentes reflexos no sentimento da sociedade. Em outras palavras, o exame do tempo de prisão processual não está dissociado da análise da razoabilidade pelo julgador encarregado de zelar pelo *jus libertatis* do cidadão." (HC 990.10.019323-6-SP, 6.ª C.D.C., rel. José Raul, Gavião de Almeida, 25.03.2010, v.u.).

- TJSP: "Desde logo, algo deve ficar claro: não há prazo estabelecido na lei para conclusão do processo, de réu preso ou não. O que se pode dizer é que o réu (preso ou não) tem direito a que seu processo seja julgado num prazo razoável. Aliás, já se dizia, mesmo antes de promulgada a Emenda Constitucional 45, de 30 de dezembro de 2004; e dizia-se porque essa garantia decorre do direito ao devido processo legal, previsto no art. 5.º, LIV, da Constituição Federal; decorre, ainda, do Decreto 678, de 9 de novembro de 1992, que promulgou, no Brasil, a Convenção Americana sobre Direitos Humanos (Pacto de San José da Costa Rica); convenção que, em seu art. 8, 1, diz: 'Toda pessoa tem direito a ser ouvida, com as devidas garantias e dentro de um prazo razoável, por um juiz ou tribunal competente, independente e imparcial, estabelecido anteriormente por lei, na apuração de qualquer acusação penal formulada contra ela, ou para que se determinem seus direitos ou obrigações de natureza civil, trabalhista, fiscal ou de qualquer outra natureza (...)' (grifos meus). Pacto que nesse aspecto se inspirou, por sua vez, na Convenção Européia dos Direitos do Homem (Roma, 4 de abril de 1950), que, em seu art. 6.º, 1, afirma: 'Qualquer pessoa tem direito a que a sua causa seja examinada, equitativa e publicamente, num prazo razoável por um tribunal independente e imparcial, estabelecido pela lei (...)'. Em 2004, a EC 45 acrescentou ao art. 5.º da Constituição Federal o inciso LXXXVIII, que diz: 'a todos, no âmbito judicial e administrativo, são assegurados a razoável duração do processo, e os meios que garantam a celeridade de sua tramitação'. Consagrou-se então, constitucionalmente, o princípio do prazo razoável, ficando afastada qualquer dúvida acerca da inexistência dos tais "oitenta e um dias", ou de qualquer prazo fixo, para encerramento de processos, judiciais ou administrativos, de réus presos ou soltos. De tal sorte, e felizmente, hoje se pode afirmar: não há data predeterminada para encerramento do processo criminal de réu preso. Mesmo porque, embora não mais tenhamos os saudosos Códigos de Processo estaduais, ainda estamos, bem ou mal, numa federação; não faria sentido que o mesmo prazo vigorasse no Rio Grande do Sul, em São Paulo, no Piauí e no Amazonas. Mais: se cada Estado é um Estado, também cada cidade é uma cidade, cada crime um crime e cada processo um processo. Assim, as alegações de excesso de prazo devem ser analisadas isoladamente, para verificar se, em concreto, a demora de que reclama o paciente carece de razoabilidade" (HC 990.09.341167-9-SP, 9.ª C.D.C., rel. Francisco Bruno, 25.02.2010, v.u.).

j) Correlação com a razoável duração do processo

• STJ: "A razoável duração do processo, garantia de status constitucional, é aplicável no âmbito do processo penal em relação às prisões cautelares. Todavia, o reconhecimento do excesso de prazo deve ser precedido da análise das seguintes circunstâncias: a) complexidade da causa; b) comportamento das partes; e, c) atuação estatal. In casu, a complexidade é manifesta, bem ilustrando: a extensão da sentença, que alcançou 351 laudas; as várias preliminares suscitadas, tanto concernentes ao Código de Processo Penal, como também relativas a tratados internacionais; os apelantes são defendidos por distintos advogados; a necessidade de nomeação de novos causídicos; intimação para apresentação dos diversos advogados para apresentação de razões recursais em segundo grau. Diante deste quadro, não apelação, que está prestes a ser julgada" (HC 144.414-GO, 6.ª T., rel. Maria Thereza de Assis Moura, 15.12.2009, v.u.).

CAP. V • PRINCÍPIOS CONSTITUCIONAIS PROCESSUAIS PENAIS E ENFOQUES PENAIS | **485**

k)   Análise a ser feita somente no caso concreto

• STF: "A Constituição Federal determina, em seu art. 5.º, LXXVIII, que 'a todos, no âmbito judicial e administrativo, são assegurados a razoável duração do processo e os meios que garantam a celeridade de sua tramitação'. O Supremo Tribunal Federal entende que a aferição de eventual excesso de prazo é de se dar em cada caso concreto, atento o julgador às peculiaridades do processo em que estiver oficiando." (HC 106.858 – SP, 1.ª T., rel. Dias Toffoli, 08.11.2011, v.u.).

l)   Correlação com prisão decretada em outro processo

• STF: "Não serve ao afastamento do excesso de prazo a articulação de encontrar-se o paciente sob custódia do Estado ante processo diverso do que deu origem à impetração. Tem-se círculo vicioso impróprio à atuação judicante no que se argumenta com fato estranho ao submetido a exame." (HC 98.885 – SP, 1.ª T., rel. Marco Aurélio, 13.09.2011, v.u.).

1.3.4.4.2   Duração razoável do processo

a)   Julgamento de habeas corpus

• STF: "A inexistência de justificativa plausível para a excessiva demora na realização do julgamento de mérito do habeas corpus impetrado no Superior Tribunal de Justiça configura constrangimento ilegal por descumprimento do art. 5.º, LXXVIII, da Constituição da República, que assegura a duração razoável do processo." (HC 109.217 – SC, 1.ª T., rel. Cármen Lúcia, 04.10.2011, v.u.).

• STF: "A comprovação de excessiva demora na realização do julgamento de mérito do *habeas corpus* impetrado no Superior Tribunal de Justiça configura constrangimento ilegal, por descumprimento da norma constitucional da razoável duração do processo (art. 5.º, LXXVIII, da Constituição da República), viabilizando, excepcionalmente, a concessão de *habeas corpus*. 2. Deferimento do pedido, para determinar à autoridade impetrada que apresente o *habeas corpus* em Mesa na primeira sessão da Turma em que oficia subsequente à comunicação da presente ordem (art. 664 do Código de Processo Penal c/c art. 202 do Regimento Interno do Superior Tribunal de Justiça)" (HC 101.896-SP, 1.ª T., rel. Cármen Lúcia, 27.04.2010, v.u.).

• STF: "Decorrido o período de prova sem que o magistrado tenha revogado expressamente o livramento condicional, fica extinta a pena privativa de liberdade. II – Estando o HC pronto para julgamento há cinco meses, sem inclusão em mesa, resta configurada a lesão à garantia à duração razoável do processo" (HC 88.610-SP, 1.ª T., rel. Ricardo Lewandowski, 05.06.2007, v. u.).

486 | PRINCÍPIOS CONSTITUCIONAIS PENAIS E PROCESSUAIS PENAIS – Nucci

b) Análise das nulidades

• STJ: "'Declarado nulo o interrogatório judicial, não há que se falar em nulidade de toda a ação penal, uma vez que a mesma só se verifica quando, em sendo declarada a nulidade de uma parte, esta vier a macular o todo, não sendo possível a substituição da que for defeituosa, ou, então, quando dela depender diretamente (Arts. 196 e 573, § 1.º, do CPP)" (RHC 10.199-SP). 3. O devido processo legal não comporta atalhos por implicar, em regra, ofensa ao princípio da ampla defesa e do contraditório. Entretanto, não é crível aplicar-se o direito posto sem a devida análise do caso concreto. 4. Em consagração ao direito fundamental da duração razoável do processo, previsto no art. 5.º, LXXVIII, da CF, à instrumentalidade do processo, positivado no art. 563 do CPP, e à efetividade da tutela jurisdicional, é imprescindível que o magistrado competente proceda à análise daqueles atos que de fato resultaram prejudiciais à defesa do recorrido, mantendo-se os demais" (REsp 859.320-MG, 5.ª T., rel. Arnaldo Esteves Lima, 04.12.2009, v.u.).

c) Julgamento de revisão criminal

• STJ: "O excesso de prazo no julgamento do revisão criminal (no caso, mais de dois anos), quando injustificado, consubstancia-se em constrangimento ilegal sanável via *habeas corpus* (princípio constitucional da duração razoável do processo – art. 5.º, LXXVIII, da CF). V – Na espécie, foi manejada revisão criminal em favor do paciente em 25.06.2007, aguardando, até a presente data, julgamento. Flagrante, portanto, o constrangimento ilegal." (HC 143.672-SP, 5.ª T., rel. Felix Fischer, 03.12.2009, v.u.).

d) Julgamento de recurso

• TJMG: "Após a fase instrutória, não há mais motivos para o Ministério Público requerer diligências, quando o processo está em fase de apresentação de contrarrazões. Todos têm direito ao devido processo legal e à sua duração razoável, atendendo ao princípio constitucional da celeridade do julgamento, não estando dentro do limite razoável um recurso de apelação ficar paralisado mais de nove meses, aguardando realização de diligências requeridas pelo *parquet*, quando a fase instrutória já se findou. Ordem concedida para que seja processado imediatamente o recurso de apelação, em detrimento das diligências requeridas pelo Ministério Público" (HC 1.0000.08.488701-7/000-MG, 5.ª C.C., rel. Maria Celeste Porto, 03.03.2009, v.u.).

CAP. V • PRINCÍPIOS CONSTITUCIONAIS PROCESSUAIS PENAIS E ENFOQUES PENAIS | 487

e) Cumprimento de pena restritiva de direito

• TJRJ: "Cumprimento da pena restritiva de direitos que não teve início por conta de falhas estruturais do Estado, o que não afasta o custo material e psicológico que recaiu sobre o acusado. Isto porque, muito embora livre do cárcere, o apenado não ficou imune ao 'estigma' e à 'angústia' que este poder punitivo gerou sobre sua vida. Muito menos livre do controle social e institucional que a pena restritiva de direitos lhe impõe, até mesmo com a perspectiva de encarceramento sempre que 'a expectativa comportamental em relação aos controlados não confirmar o prognóstico dos controladores do sistema penal'. Tempo de vinculação que também deve ser considerado à luz da duração razoável do processo – intimamente relacionada à estigmatização do acusado – que se estende para além dos casos de prisão e alcança toda a atividade jurisdicional, independentemente do procedimento. Direito de o paciente ter por encerrada a sua pena dentro do prazo legal que, no caso, é o tempo de pena privativa de liberdade imposta na sentença penal condenatória, qual seja, dois anos. Nesse contexto, o comparecimento do paciente em juízo, malgrado não tenha sido para prestar o serviço à comunidade, não pode deixar de ser considerado para efeito de cumprimento de pena, pois não se tratou de mera liberalidade, mas de obrigação imposta pelo Estado e por isso será considerado como tempo de pena efetivamente cumprido" (HC 0064448-65.2009.8.19.0000, 5.ª C.C., rel. Geraldo Prado, 14.01.2010).

f) Instrução processual

• STF: "Os prazos processuais não são inflexíveis, devendo se amoldar às necessidades da vida. Há, porém, limites insuscetíveis de extrapolação, sob pena de violência aos princípios da presunção de inocência e da duração razoável do processo (art. 5.º, LVII e LXXVII, da Constituição Federal de 1988)" (HC 109714 – PE, 1.ª T., rel. Rosa Weber, 11.12.2012, v.u.).

g) Desmembramento do processo

• STJ: "A manutenção da unidade do processo mostra-se contraproducente e contrária ao princípio constitucional da duração razoável do processo, dando azo à verificação da prescrição da pretensão punitiva e à inefetividade da *persecutio criminos in iudicio*" (AgRg no Apn 537 – MT, C.E., rel. Eliana Calmon, 17.04.2013, v.u.).

488 | PRINCÍPIOS CONSTITUCIONAIS PENAIS E PROCESSUAIS PENAIS – Nucci

• STJ: "Incabível a reunião de processos se importa em prejuízo à instrução e, sobretudo, à duração razoável do processo. Precedentes" (APn 675 – GO, C.E., rel. Nancy Andrighi, 17.12.2012, m.v.).

h) Colheita de depoimentos pela via magnética

• STJ: "O legislador, tendo em conta a evolução dos sistemas de tecnologia, e, ainda, os princípios da celeridade, duração razoável do processo e oralidade, conferiu maior agilidade à colheita de provas, possibilitando, no art. 405, §§ 1.º e 2.º, do CPP, o registro dos depoimentos do investigado, indiciado, ofendido e testemunhas pelos meios ou recursos de gravação magnética, estenotipia, digital ou técnica similar, inclusive audiovisual, consignando que, no registro por meio audiovisual, será encaminhado às partes cópia do registro original, sem necessidade de transcrição" (AgRg no AREsp 159802 – MT, 6.ª T., rel. Assusete Magalhães, 16.04.2013, v.u.).

• STJ: "O art. 405 do Código de Processo Penal assegura à defesa o acesso à prova na forma original como foi produzida na audiência por meio digital. As transcrições somente se justificam quando comprovado o efetivo prejuízo para o réu, sob pena de comprometimento da garantia constitucional da duração razoável do processo. Precedentes" (HC 239462 – RS, 5.ª T., rel. Marco Aurélio Bellizze, 02.08.2012, v.u.).

i) Nomeação de dativo diante da ausência do defensor constituído

• STJ: "Ante o não comparecimento ou o atraso do advogado constituído, não há óbice à nomeação de defensor dativo para o ato, a fim de se imprimir a necessária celeridade à ação penal, em observância ao princípio da duração razoável do processo, sem se descurar, no entanto, do princípio da ampla defesa. No mais, eventual deficiência da defesa só enseja nulidade se demonstrado o prejuízo, a teor do enunciado nº 523 da Súmula do Pretório Excelso, o que não se verificou *in casu*" (HC 185868 – MG, 5.ª T., rel. Marco Aurélio Bellizze, 12.03.2013, v.u.).

1.3.4.4.3 Perpetuação da jurisdição

• STJ: "Ainda que desapareça a causa que atraiu a competência para determinado órgão jurisdicional, a regra da *perpetuatio jurisdictionis* (CPP, art. 81) impõe ao magistrado a continuidade no julgamento da causa, aproveitando-se a instrução criminal realizada, de modo a possibilitar um trilhar menos oneroso às partes e ao Estado – sem,

CAP. V • PRINCÍPIOS CONSTITUCIONAIS PROCESSUAIS PENAIS E ENFOQUES PENAIS | **489**

obviamente, olvidar os direitos individuais do acusado – atendendo-se, assim, aos princípios da economia processual e da identidade física do juiz" (HC 217363 – SC, 5.ª T., rel. Campos Marques, 04.06.2013, v.u.).

1.3.4.4.4 Falha de fundamentação e redução de pena

• TJGO: "Não havendo fundamentação concreta justificadora do aumento de pena acima do percentual mínimo no crime de roubo circunstanciado (Súmula 443 do STJ), a solução e a imposição nesta instância recursal da fração mínima, sendo desnecessária a declaração de nulidade tópica da sentença, em homenagem aos princípios da celeridade e economia processual" (Ap. 200691560196 – GO, 1ª.C.C., rel. J. Paganucci Jr., 23.04.2013, v.u.).

1.3.4.4.5 Reconhecimento de nulidade

• STF: "Demonstrado o equívoco na intimação para apresentação da defesa prévia, realizada em nome do advogado do coacusado, a anulação da ação penal a partir do indeferimento da produção da prova oral revela-se suficiente para reverter o cerceamento de defesa e, por consequência, prestigiar os princípios da celeridade e da economia processual. 3. *Habeas corpus* extinto sem resolução do mérito" (HC 115.199, 1.ª T., rel. Rosa Weber, *DJ* 18.06.2013, v.u.).

• TJSC: "Por várias razões, dentre as quais o princípio da economia processual, não se proclama a existência de uma nulidade, buscando-se refazer o ato – com perda de tempo e gastos materiais para as partes – caso não advenha qualquer prejuízo concreto" (Guilherme de Souza Nucci)" (RSE 2012.043324-4 – SC, 4.ª C.C., rel. Rodrigo Collaço, 11.04.2013).

1.3.4.4.6 Incompatibilidade da citação por edital no Juizado Especial Criminal

• TJSC: "Tanto a citação editalícia quanto a suspensão do processo são incompatíveis com os Juizados Especiais, que, conforme o art. 2º da Lei 9.099/1995 são guiados pelos critérios da oralidade, simplicidade, informalidade, economia processual e celeridade" (Conflito de Jurisdição 2012.075112-8 – SC, 1.ª C.C., rel. Carlos Alberto Civinski, 09/04/2013).

490 | PRINCÍPIOS CONSTITUCIONAIS PENAIS E PROCESSUAIS PENAIS – Nucci

1.3.4.4.7 Julgamento unificado

• TJRS: "A regra da unicidade de julgamento, vale dizer, para um mesmo fato ou conjunto de fatos ligados por nexo razoável, por mais complexos e multitudinários que sejam, a resposta juridicamente normal é o julgamento conjunto, sustenta-se não só por razões de eficiência (economia processual), mas principalmente por motivação de justiça e equidade (evitar decisões contraditórias, com respostas diversas ou desproporcionais para o mesmo fato). Ao julgamento pelo Tribunal do Júri, tais ponderações aplicam-se (*ex vi* do inc. I do art. 78 do CPP), até em linha de maior intensidade, inclusive pela peculiar natureza da decisão, tomada por íntima convicção e livre de motivação direta, o que aumenta o risco de veredictos conflitantes. A separação, o recorte artificial-processual da unidade/conexão fática, só se justifica em peculiar situação, carecedora de especial ônus argumentativo (art. 80 do CPP) ou em face da regra legal expressa, hipótese que o legislador já considerou *a priori* e que passa a demarcar o devido processo legal (art. 469, § 1.º, do CPP)" (Correição parcial 70051594927 – RS, 3.ª C.C., rel. Jayme Weingartner Neto, 13.12.2012).

1.3.4.4.8 Hipótese de absolvição sumária

• STJ: "1. De acordo com a melhor doutrina, após a reforma legislativa operada pela Lei 11.719/2008, o momento do recebimento da denúncia se dá, nos termos do artigo 396 do Código de Processo Penal, após o oferecimento da acusação e antes da apresentação de resposta à acusação, seguindo-se o juízo de absolvição sumária do acusado, tal como disposto no artigo 397 do aludido diploma legal. 2. A alteração criou para o magistrado o dever, em observância ao princípio da duração razoável do processo e do devido processo legal, de absolver sumariamente o acusado ao vislumbrar hipótese de evidente atipicidade da conduta, a ocorrência de causas excludentes da ilicitude ou culpabilidade, ou ainda a extinção da punibilidade, situação em que deverá, por imposição do artigo 93, inciso IX, da Constituição Federal, motivadamente fazê-lo, como assim deve ser feito, em regra, em todas as suas decisões" (HC 223266 – SP, 5.ª T., rel. Jorge Mussi, 05.03.2013, v.u.).

1.3.4.4.9 Respeito à ampla defesa

• TJRJ: "O paciente foi submetido a Júri Popular, que expediu veredicto condenatório pela realização da conduta comportamental descrita no art. 121, § 2.º, IV, do CP, tendo a Juíza-Presidente fixado a resposta penal em 12 anos de reclusão, no regime fechado. O condenado, ora paciente, interpôs recurso de Apelação Criminal, pugnando pela apresentação de razões recursais na segunda instância, na forma do art. 600, § 4.º, do CPP. A julgadora recepcionou o apelo, mas determinou a imediata apresentação das respectivas razões, ao argumento de que o § 4.º, do art. 600, do CPP se confronta com o Princípio da Celeridade insculpido na Constituição da República. Em que pese o compreensível apreço pela celeridade verificado nas escritas atacadas, temos em confronto a decisão que negou vigência a legislação ordinária invocando o Princípio da Eficiência, cláusula prevista no art. 5.º, LXXVIII, da Carta Cidadã com a norma constitucional reconhecida pela doutrina e pela jurisprudência como inserida no chamado bloco de constitucionalidade, prevista no art. 5.º, LV, da CF/88, que garante a ampla defesa aos litigantes, com os meios e recursos a ela inerentes, base em que se fincou o legislador ordinário na previsão da apresentação das razões na 2.ª instância. A *mens legis* de tal dispositivo é possibilitar à Defesa, conhecendo o Órgão Fracionário onde o recurso será julgado, desenvolver teses e estratégias defensivas. Ademais, as normas ordinárias precisam sofrer interpretação vertical, isto tendo em conta que a Constituição Federal está no ápice da pirâmide, devendo o Código de Processo Penal ser interpretado em consonância e obediência ao Pacto Fundamental da República. Nessa ordem de ideias, não resta dúvida que o principio da ampla defesa está inscrito na Constituição Federal e que o mesmo corresponde ao devido respeito à plenitude de defesa. Em seguida, surge o denominado Pacto de San José da Costa Rica, mais especificamente o art. 8.º, 2, alíneas 'c' e 'h', da Convenção Internacional de Direitos Humanos. Tal tratado de Direitos Humanos possui valor supralegal como já afirmou o próprio Supremo Tribunal Federal. Impossível, portanto, a negativa de vigência ao comando normativo processual escrito no art. 600, § 4.º, do CPP, posto que, após o cotejo vertical ora realizado, conclui-se estar o mesmo abrigado sob o imarcescível manto constitucional, garantindo aos litigantes em processo judicial, especialmente no âmbito penal, o mais amplo e irrestrito direito de defesa. Constrangimento ilegal evidenciado. Ordem conhecida e concedida, para determinar o processamento do recurso e a sua remessa ao Tribunal, onde a defesa será instada a apresentar suas razões" (HC 0046993-14.2014.8.19.0000, 8.ª C., rel. Gilmar Augusto Teixeira, *DJ* 01.10.2014).

1.3.4.4.10 Prova emprestada

- STJ: "1. Nos termos do entendimento pacífico desta Corte, cristalizado na Súmula n.º 455, a produção antecipada de provas, com base no art. 366 do Código de Processo Penal, deve ser concretamente fundamentada, não bastando a mera alegação de que o decurso do tempo poderá levar as testemunhas ao esquecimento. 2. *In casu*, não há flagrante ilegalidade a ser reconhecida, por trata-se de situação excepcional em que o magistrado levou em consideração, para determinar a produção antecipada da prova, não apenas a gravidade do fato e o decurso do tempo, mas, também, e principalmente, o fato de que as testemunhas de qualquer modo seriam ouvidas em relação ao corréu, de maneira que, em atenção ao princípio da economia processual, seria um tanto desarrazoado exigir-se a repetição do ato, obrigando as testemunhas a comparecerem por duas vezes ao fórum com idêntica finalidade. 3. Recurso ordinário desprovido" (RHC 45.263/SP, 6.ª T., rel. Maria Thereza de Assis Moura, j. 11.11.2014, *DJe* 27.11.2014).

1.3.4.4.11 Em conflito de competência

- STJ: "1. O crime previsto no art. 7.º, IX, da Lei n. 8.137/90, consistente na venda de produto impróprio para o consumo, deve ser processado e julgado perante o foro em que se aperfeiçoou a relação consumerista, tendo em vista o bem juridicamente tutelado por essa norma. 2. Tendo o cidadão consumidor realizado a compra do leite questionado em Paranoá/DF, este é o local competente para a persecução criminal. 3. É este, ademais, o local onde reunida a maior quantidade de provas: presença do consumidor final e daqueles que atuaram na empresa diretamente realizadora da venda, onde formalizada denúncia ao DECON e realizada a perícia no material, assim justificando a mais econômica persecução neste foro, ainda que antes e inicialmente ofertado produto à venda em Hidrolândia/GO. 4. Conflito conhecido para declarar competente o juízo suscitado" (CC 107.342/GO, 3.ª Seção, rel. Nefi Cordeiro, j. 13.08.2014, *DJe* 21.08.2014).
- TJDF: "1. A teor do inciso III do art. 76 do Código de Processo Penal, a conexão probatória ou instrumental configura-se quando a prova de uma infração ou de qualquer de suas circunstâncias elementares influir na prova de outra infração, o que demandará o julgamento em conjunto das ações penais, situação que só se justifica na medida em que se assegure a economia processual e a racionalidade das decisões judiciais, impedindo, assim, decisões conflitantes, o que não se vislumbra na hipótese. 2. Conflito conhecido para declarar competente o Juízo de Direito do Segundo Juizado Especial Cível e Criminal de Brasília (Guará)" (CC 0018607-07.2014.8.07.0000, Câmara Criminal, rel. João Batista Teixeira, j. 15.09.2014, *DJE* 19.09.2014).

1.3.5 Princípios regentes do Tribunal do Júri

1.3.5.1 Tribunal do Júri como direito e garantia humana fundamental

Disciplina o art. 5.º, XXXVIII, da Constituição Federal o seguinte: "é reconhecida a instituição do júri, com a organização que lhe der a lei, assegurados: a) a plenitude de defesa; b) o sigilo das votações; c) a soberania dos veredictos; d) a competência para o julgamento dos crimes dolosos contra a vida".

Há o *reconhecimento* do júri como forma de aprovação constitucional à sua existência, afirmando-o como essencial à estrutura do Judiciário no Brasil. Sua disciplina depende de lei, atualmente nos termos dos artigos 406 a 497 do Código de Processo Penal. A par disso, são assegurados princípios regentes da instituição, não passíveis de superação pela lei ordinária.

Independentemente de qualquer avaliação acerca do cabimento ou necessidade do Tribunal do Júri no cenário do Poder Judiciário brasileiro, tema avesso ao objeto deste trabalho, deve-se acatar a sua inserção constitucional, no capítulo dos direitos individuais. Por isso, cabe-nos analisar o grau de seu status na Constituição Federal. Cuida-se de direito à participação do povo na atividade jurisdicional estatal; retrata a garantia do devido processo legal para processar e julgar, no espírito do juiz natural, o agente de crimes dolosos contra a vida.[43]

Um de seus princípios regentes – a plenitude de defesa – já foi analisado em capítulo à parte, tendo em vista o relevo da sua situação, vinculada, diretamente, à proteção do indivíduo, quando réu no Tribunal Popular. Os demais constituem o objeto do exame nos tópicos abaixo, porque são princípios ligados à própria instituição e seu funcionamento.

1.3.5.2 Princípio do sigilo das votações

O sigilo opõe-se, naturalmente, à publicidade. Entretanto, sabe-se ser esta a regra no trâmite processual, mas não se desconhece ser aquela a exceção. Ambas de nível constitucional e igualmente previstas expressamente em lei, além de consideravelmente úteis.

A publicidade dos atos processuais e das sessões de julgamento deve-se, primordialmente, à garantia de visibilidade da imparcialidade do magistrado, assegurando-se o controle e a fiscalização do sistema judiciário por qualquer do povo. Porém, há casos em que o sigilo merece prevalência, como ocorre

---

43. Para maiores detalhes, consultar o nosso *Tribunal do Júri*.

para a preservação da intimidade de alguém ou para abonar o interesse social ou público (art. 5.º, LX; art. 93, IX, CF).

No caso do Tribunal do Júri, busca-se resguardar a serenidade dos jurados, leigos que são, no momento de proferir o veredicto, em sala especial, longe das vistas do público. Não se trata de ato secreto, mas apenas de publicidade restrita, envolvendo o juiz togado, o órgão acusatório, o defensor, os funcionários da justiça e, por óbvio, os sete jurados componentes do Conselho de Sentença.

O resguardo da votação permite maior desenvoltura do jurado para solicitar esclarecimentos ao magistrado togado, consultar os autos e acompanhar o desenvolvimento das decisões, na solução de cada quesito, com tranquilidade, sem a pressão do público presente, nem tampouco do réu. Segundo DANIZA MARIA HAYE BIAZEVIE, "o vetusto sistema da íntima convicção do júri apresenta-se como verdadeira afronta ao princípio constitucional da motivação das decisões judiciais. No sistema da íntima convicção, o julgador não precisa fundamentar sua decisão e muito menos obedecer a critérios de avaliação das provas, e a intuição da verdade adquire grande prestígio, fazendo desmoronar a segurança jurídica que se espera das decisões judiciais".[44] Em que pese a preocupação esboçada, no sentido da exigência de motivação da decisão judicial, não há cabimento em se demandar tal postura do tribunal *popular*, leigo em matéria jurídica. Quem não conhece, não fundamenta, apenas decide.

Além desse apartado momento de decisão, a Lei 11.689/2008[45] trouxe importante modificação no desenrolar da votação, tornando desnecessária a divulgação da contagem, o que mais garantia confere ao *sigilo* das votações. As perguntas formuladas pelo magistrado devem ser respondidas pelos jurados com cédulas contendo o "sim" e o "não". São sete jurados e a maioria (4 votos) é suficiente para decidir a questão. Portanto, basta que se atinja o quarto voto pelo sim ou pelo não e deve-se encerrar a votação, sem qualquer necessidade de perdurar na apuração, para, ao final, divulgar o total: 7 x 0; 6 x 1; 5 x 2 ou 4 x 3. Afinal, a narrativa em voz alta do resultado pode deflagrar o voto de cada jurado, mormente ao se atingir a unanimidade; sabe-se, por natural, que todos votaram pelo sim ou pelo não. No entanto, divulgando-se que foi

---

44. A inconstitucionalidade do Tribunal do Júri, p. 165.

45. "A resposta negativa, de *mais de 3 (três) jurados*, a qualquer dos quesitos referidos nos incisos I e II do *caput* deste artigo encerra a votação e implica a absolvição do acusado" (art. 483, § 1.º, CPP, destacamos). "Respondidos afirmativamente por *mais de 3 (três) jurados* os quesitos relativos aos incisos I e II do *caput* deste artigo será formulado quesito com a seguinte redação (...)" (art. 483, § 2.º, CPP, grifamos).

CAP. V • PRINCÍPIOS CONSTITUCIONAIS PROCESSUAIS PENAIS E ENFOQUES PENAIS | **495**

atingido o quarto voto, sem se saber o conteúdo dos outros três, decide-se a questão, sem necessidade de conhecimento do *conteúdo* da votação.

Ademais, inexiste qualquer razão de ordem prática para a divulgação do resultado total, fixando-o no termo. Se o Conselho de Sentença decidiu por 7 a 0 ou por 4 a 3 é, completamente, indiferente. O colegiado decide por maioria, não havendo qualquer recurso para contrapor o resultado com base em escore. A tentativa de *adivinhação* de quem votou *sim* e quem votou *não*, além de se procurar *interpretar* o desejo de cada jurado é pura fantasia e desrespeito à soberania do Conselho de Sentença. Jurados podem mudar de ideia durante a votação, não constituindo motivo para supor ter havido erro, somente porque a contagem passou de majoritária para unânime (ou vice-versa).

1.3.5.3 *Princípio da soberania dos veredictos*

A *soberania* dos veredictos é a alma do Tribunal Popular, assegurando-lhe efetivo poder jurisdicional e não somente a prolação de um parecer, passível de rejeição por qualquer magistrado togado. Ser soberano significa atingir a supremacia, o mais alto grau de uma escala, o poder absoluto, acima do qual inexiste outro. Traduzindo-se esse valor para o contexto do veredicto popular, quer-se assegurar seja esta a última voz a decidir o caso, quando apresentado a julgamento no Tribunal do Júri.

Nada impede a harmonização de princípios, como, por exemplo, a válida utilização do duplo grau de jurisdição, afinal, jurados podem equivocar-se, como qualquer outro juiz, merecendo reavaliar o caso, em determinadas situações. Por isso, corretamente, estabelece-se a possibilidade de apelação, quanto ao mérito da decisão do Conselho de Sentença, desde que *manifestamente* contrária à prova dos autos (art. 593, III, *d*, CPP). Porém, ao Tribunal togado cabe, dando provimento ao apelo, determinar novo julgamento pela mesma instituição popular, não se substituindo à vontade do povo na prolação do veredicto (art. 593, § 3.º, CPP).

Erro grave, em nosso entendimento, concentra-se na revisão criminal, ação de impugnação, voltada a decisões condenatórias com trânsito em julgado, quando se permite a invasão do mérito do veredicto, invertendo-o ou modificando-o. Em qualquer caso, mesmo havendo possibilidade de erro judiciário ou surgindo prova nova, caberia ao próprio Tribunal Popular conhecer e decidir o *mérito* da revisão criminal. Por isso, quando proposta, restaria ao Tribunal togado dar-lhe provimento, quando for o caso, para determinar novo julgamento pelo júri, em sede de revisão. Inexiste qualquer parâmetro legal ou constitucional para que o Tribunal togado invada competência alheia e decida o mérito, absolvendo quem fora, anteriormente, condenado, soberanamente, pelo Tribunal do Júri.

Alegações de que o erro judiciário e a liberdade do inocente constituem mais que justificativa para a absolvição decretada pelo Judiciário togado não são convincentes pela singela razão de se estar desdenhando da capacidade de revisão do Tribunal Popular. Ora, se surgir prova inédita, ainda não conhecida pelo júri, convém realizar-se outro julgamento, porém, pelo povo. Se houver alegação de erro judiciário, cabe ao povo, igualmente, analisar e decidir a sorte do condenado. Isso, e somente isso, justifica o princípio da soberania dos veredictos.

Insista-se: não se está defendendo um princípio pelo próprio princípio. A soberania não é um fim em si mesmo. Cuida-se de uma decisão política do constituinte, outorgando poder supremo ao Tribunal Popular para julgar crimes dolosos contra a vida. Logo, *qualquer* alegação de inocência ou erro judiciário *precisa*, sem dúvida, ser conhecida e revista, mas pelo tribunal competente, que, certamente, não é o togado.

Avaliar que, submetida a revisão criminal ao júri, significa proporcionar a perpetuação do *erro judiciário*, porque os jurados podem rejeitá-la é exatamente o mesmo que dizer que o Tribunal Popular não sabe julgar com o mesmo acerto que o togado. Afinal, quem tem o poder constitucional de proclamar a culpa ou a inocência de alguém, acusado da prática de crime doloso contra a vida? O Tribunal do Júri. Portanto, o que interessa se o mérito é decidido no julgamento ordinário ou em sede de revisão criminal? Não pode haver diferença alguma, sob a veste de um ou outro manto processual diferenciado, com o fito de retirar do júri o poder final de decisão.

Sob outro prisma, quando interposta apelação, quanto ao mérito da decisão popular, deve o Tribunal togado agir com a máxima cautela, a fim de não dar provimento a todo e qualquer apelo, somente porque *entende* ser mais adequada outra avaliação. Ou porque o veredicto popular contraria a *jurisprudência* da Corte. Nada disso interessa ao jurado, que é leigo. Respeitar a soberania dos veredictos significa abdicar da parcela de poder jurisdicional, concernente ao magistrado togado, para, simplesmente, *fiscalizar* e buscar corrigir *excessos* e *abusos*, mas sem invadir o âmago da decisão, crendo-a *justa* ou *injusta*.

O parâmetro correto para a reavaliação do Tribunal togado em relação à decisão do júri é o conjunto probatório: se há duas versões válidas, dependentes apenas de interpretação, para levar à condenação ou à absolvição, escolhida uma das linhas pelo Conselho de Sentença, há de se respeitar sua soberania. Nenhuma modificação pode existir.

Entretanto, analisando-se a prova existente nos autos, somente um caminho poderia ser tomado, legitimamente, pelo júri (condenar ou absolver); optando pela decisão *oposta* ao conjunto probatório, dá-se provimento ao apelo para que se reveja o caso. Ainda assim, deve-se acatar, com serenidade, o segundo veredicto proferido, caso insista em manter o primeiro.

CAP. V • PRINCÍPIOS CONSTITUCIONAIS PROCESSUAIS PENAIS E ENFOQUES PENAIS | **497**

A decisão política de inserir o Tribunal do Júri como instituição da Justiça brasileira, conferindo-lhe *soberania* para seus veredictos, é inquestionável por qualquer Tribunal togado. Resta o acatamento à decisão popular, quanto ao mérito dos julgamentos de crimes dolosos contra a vida.

1.3.5.4 *Princípio da preservação da competência para julgamento dos crimes dolosos contra a vida*

A fixação da competência do Tribunal do Júri, efetivada em norma constitucional, tem a finalidade de preservar a instituição das investidas contrárias à sua existência, passíveis de constar em leis ordinárias. Noutros termos, caso inexistisse o disposto no art. 5.º, XXXVIII, *d*, da Constituição Federal, nada poderia garantir que o legislador, por meio de alteração do Código de Processo Penal (art. 74, § 1.º), retirasse do júri a competência para os delitos dolosos contra a vida e instituísse, em seu lugar, qualquer outro grupo de infrações de pouquíssima ocorrência, esvaziando a atuação do Tribunal Popular.

A meta da reserva de competência adquire o contorno de enaltecimento da instituição popular, conferindo-lhe importância no cenário do Judiciário, visto tratar de julgamentos de delitos, cuja tutela concentra-se na vida humana, o mais relevante dos bens jurídicos.

Não se trata de opção calcada em elementos técnicos, vale dizer, o Tribunal Popular seria o natural juízo para crimes dolosos contra a vida, por qualquer razão. Cuida-se de eleição política, cuja escolha concentrou-se em infrações penais graves e presentes no cenário nacional, permitindo a visibilidade da instituição em todas as Comarcas brasileiras.

Ademais, a competência eleita é *mínima* e não taxativa ou exclusiva. O júri será organizado nos termos da lei ordinária, *assegurada* (tornando seguro) a competência para os delitos dolosos contra a vida. Outros crimes podem ser envolvidos pelo Tribunal Popular, desde que haja alteração legislativa, incluindo novas figuras típicas na sua alçada.

Ponto relevante a demonstrar a competência *mínima*, mas não exclusiva, concentra-se na perfeita viabilidade para o júri conhecer e julgar os crimes conexos, conforme disposição legal (art. 78, I, CPP). São inúmeros os exemplos de infrações penais diversas do contexto de proteção à vida humana julgados, diariamente, pelos Tribunais do Júri no Brasil. Trata-se de perfeito cumprimento do dispositivo constitucional de reserva de competência; resguardados os crimes dolosos contra a vida, qualquer outro pode ser atraído para o Tribunal Popular, bastando existir lei autorizadora.

A avaliação da expressão *crimes dolosos contra a vida* emite um juízo técnico, apontando para o Código Penal e sua divisão classificatória, levando em consideração o bem jurídico *predominante*. Portanto, os únicos delitos, cuja meta do agente é, com nitidez, a ofensa à vida humana, concentram-se nos artigos 121, 122, 123, 124, 125, 126 e *127* do Código Penal. Outros delitos podem envolver lesão à vida, como ocorre, dentre outros, com o latrocínio (art. 157, § 3.º, CP), mas o objetivo primordial do autor focaliza delito patrimonial.

1.3.5.5 *O sigilo das votações na jurisprudência*

1.3.5.5.1 Motivação das decisões

a) *Desnecessidade*

- STJ: "Segundo o disposto no art. 5.º, XXXVIII, *b* e *c*, da Constituição Federal, são assegurados à instituição do júri o sigilo das votações e a soberania dos veredictos, razão pela qual não se exige motivação ou fundamentação das decisões do Conselho de Sentença, fazendo prevalecer, portanto, como sistema de avaliação das provas produzidas, a íntima convicção ou a certeza moral dos jurados. Trata-se, pois, de exceção à regra contida no inciso IX do art. 93 da Constituição Federal" (HC 162990 – DF, 6.ª T., rel. Sebastião Reis Júnior, 20.11.2012, v.u.).

- STJ: "A Constituição Federal, em seu art. 5.º, inciso XXXVIII, alíneas *b* e *c*, conferiu ao Tribunal do Júri a soberania dos seus veredictos e o sigilo das votações, tratando-se de exceção à regra contida no inciso IX do art. 93, razão pela qual não se exige motivação ou fundamentação das decisões do Conselho de Sentença, fazendo prevalecer, portanto, como sistema de avaliação das provas produzidas a íntima convicção dos jurados. 3. Após a produção das provas pela defesa e pela acusação na sessão plenária, a Corte Popular tão somente responde sim ou não aos quesitos formulados de acordo com a livre valoração das teses apresentadas pelas partes. Por esta razão, não havendo uma exposição dos fundamentos utilizados pelo Conselho de Sentença para se chegar à decisão proferida no caso, é impossível a identificação de quais provas foram utilizadas pelos jurados para entender pela condenação ou absolvição do acusado, o que torna inviável a constatação se a decisão baseou-se exclusivamente em elementos colhidos durante o inquérito policial ou nas provas produzidas em juízo, conforme requerido na impetração" (HC 175.993/RJ 2010/0107137-5, 5.ª T., rel. Jorge Mussi, *DJ* 06.09.2011).

- STJ: "As decisões proferidas pelo Tribunal do Júri decorrem do juízo de íntima convicção dos jurados e representam exceção à obrigatoriedade de fundamentação dos provimentos judiciais (art. 93, IX, da Constituição Federal) contemplada pela própria Carta Política, que

CAP. V • PRINCÍPIOS CONSTITUCIONAIS PROCESSUAIS PENAIS E ENFOQUES PENAIS | **499**

assegura o sigilo das votações aos integrantes do Conselho de Sentença (art. 5.º, XXXVIII, *b*, da Constituição Federal)" (HC 81.352-RJ, 5.ª T., rel. Arnaldo Esteves Lima, 07.10.2008, v. u.).

- TJRJ: "O princípio constitucional do sigilo da votação faz com que a decisão dos jurados nasça de suas íntimas convicções" (APL 00118858020128190003/RJ, 1.ª C., rel. Maria Sandra Kayat Direito, *DJ* 26.08.2014).

1.3.5.5.2 Incomunicabilidade dos jurados

- TJRS: "O sigilo das votações constitui prerrogativa a garantir a incomunicabilidade dos Jurados, de modo que possam estes julgar por íntima convicção e livres de qualquer influência externa" (ACR 70045755931/RS, 2.ª C., rel. Rosane Ramos de Oliveira Michels, *DJ* 28.03.2013).

1.3.5.6 A soberania dos veredictos na jurisprudência

1.3.5.6.1 Apelação

a) Possibilidade de revisão do mérito

- STF: "1. A jurisprudência é pacifica no sentido de que não há falar em ofensa ao princípio constitucional da soberania dos veredictos pelo Tribunal de Justiça local que sujeita os réus a novo julgamento (art. 593, III, d, do CPP), quando se tratar de decisão manifestamente contrária à prova dos autos. 2. No caso, o Tribunal de Justiça estadual reconheceu que a tese defensiva não é minimamente consentânea com as evidências produzidas durante a instrução criminal. Desse modo, qualquer conclusão desta Corte em sentido contrário demandaria, necessariamente, o revolvimento de fatos e provas, o que é inviável na via estreita do *habeas corpus*. 3. Ordem denegada" (HC 94.730/MS, 2.ª T., rel. Teori Zavascki, *DJ* 01.10.2013).
- STF: "A determinação de realização de novo julgamento pelo Tribunal do Júri não contraria o princípio constitucional da soberania dos veredictos quando a decisão for manifestamente contrária à prova dos autos. Precedentes" (HC 113627 – SP, 2.ª T., rel. Cármen Lúcia, 02.04.2013, v.u.).
- STF: "A soberania dos veredictos não é um princípio intangível que não admita relativização. A decisão do Conselho de Sentença quando manifestamente divorciada do contexto probatório dos autos resulta em arbitrariedade que deve ser sanada pelo juízo recursal, nos termos do art. 593, inciso III, alínea *d*, do Código de Processo Penal" (HC 114.770/ES, 1.ª T., rel. Marco Aurélio, *DJ* 08.10.2013).

- STF: "A jurisprudência deste Supremo Tribunal é firme no sentido de que o princípio constitucional da soberania dos veredictos quando a decisão for manifestamente contrária à prova dos autos não é violado pela determinação de realização de novo julgamento pelo Tribunal do Júri, pois a pretensão revisional das decisões do Tribunal do Júri convive com a regra da soberania dos veredictos populares. Precedentes" (HC 111207 – ES, 2.ª T., rel. Cármen Lúcia, 04.12.2012, v.u.).

- STF: "Os veredictos do Tribunal do Júri são soberanos e não podem ser revistos, salvo quando manifestamente contrários à prova dos autos, remontando a garantia do art. 5.º, XXXVII, 'c', da Constituição Federal ao célebre *Buschel vs. Case*, de 1670, decidido pelas Cortes Inglesas" (HC 108.685/MS, 1.ª T., rel. Rosa Weber, j. 05.06.2012).

- STF: "A jurisprudência do Supremo Tribunal Federal firmou entendimento no sentido de que não contraria a soberania dos veredictos decisão do Tribunal *a quo* que anula decisão do Tribunal do Júri contrária à prova dos autos" (AI 781923 AgR-MG, 1.ª T., rel. Cármen Lúcia, 06.04.2010, v.u.).

- STF: "A soberania dos veredictos do Tribunal do Júri, não sendo absoluta, está sujeita a controle do juízo *ad quem*, nos termos do que prevê o artigo 593, III, *d*, do Código de Processo Penal. Resulta daí que o Tribunal de Justiça do Paraná não violou o disposto no art. 5.º, XXXVIII, *c*, da Constituição do Brasil ao anular a decisão do Júri sob o fundamento de ter contrariado as provas coligidas nos autos. Precedentes" (HC 94.052-PR, 2.ª T., rel. Eros Grau, 14.04.2009, v.u.).

- STF: "A soberania dos veredictos do tribunal do júri não é absoluta, submetendo-se ao controle do juízo *ad quem*, tal como disciplina o art. 593, III, *d*, do Código de Processo Penal. 5. Esta Corte tem considerado não haver afronta à norma constitucional que assegura a soberania dos veredictos do tribunal do júri no julgamento pelo tribunal *ad quem* que anula a decisão do júri sob o fundamento de que ela se deu de modo contrário à prova dos autos (HC 73.721-RJ, rel. Min. Carlos Velloso, *DJ* 14.11.96; HC 74.562-SP, rel. Min. Ilmar Galvão, *DJ* 06.12.96; HC 82.050-MS, rel. Min. Maurício Correa, *DJ* 21.03.2003)." (RE 559.742-SE, 2.ª T., rel. Ellen Gracie, 28.10.2008, v.u.).

- STJ: "A submissão da decisão proferida pelo Conselho de Sentença ao duplo grau de jurisdição não ofende a soberania dos veredictos quando a decisão dos jurados for absolutamente dissonante das provas constantes dos autos" (AgRg no HC 191689 – BA, 6.ª T., rel. Sebastião Reis Júnior, 21.02.2013, v.u.).

- STJ: "1. A teor do entendimento desta Corte, não é manifestamente contrária à prova dos autos a decisão dos jurados que acolhe uma das

CAP. V • PRINCÍPIOS CONSTITUCIONAIS PROCESSUAIS PENAIS E ENFOQUES PENAIS | 501

versões respaldada no conjunto probatório produzido. 2. Demonstrada, pela simples leitura do acórdão impugnado, a existência evidente de duas versões, a decisão dos jurados há que ser mantida em respeito ao princípio da soberania dos veredits (CF art. 5.º, inciso XXXVIII, alínea *c*). 3. Somente nas hipóteses em que a tese acolhida pelo Conselho de Sentença não encontra mínimo lastro probatório nos autos é que se permite a anulação do julgamento, nos termos do disposto no art. 593, inciso III, do Código de Processo Penal, situação em que os jurados decidem arbitrariamente, divergindo de toda e qualquer evidência probatória, o que, definitivamente, não corresponde ao caso vertente. Precedentes. 4. Ordem concedida para cassar o acórdão impugnado, restabelecendo a decisão dos jurados, pela absolvição do Paciente" (HC 116.924/SC 2008/0215645-7, 5.ª T., rel. Laurita Vaz, *DJ* 04.08.2011).

• STJ: "Não há violação ao princípio da soberania dos veredictos, inserto no art. 5.º, XXXVIII, *c*, da CF, nos casos em que, com espeque na alínea *d* do inciso III do art. 593 do CPP, o Tribunal de Origem, procedendo a exame dos elementos contidos no feito, entende que a decisão dos jurados não se coaduna com a prova produzida no caderno processual" (HC 105.268-SP, 5.ª T., rel. Jorge Mussi, 23.03.2010, v.u.).

• STJ: "A alegação de que o acórdão impugnado teria violado o princípio da soberania dos veredictos, requer, na hipótese, inevitavelmente, o reexame do conjunto probatório dos autos, pois o Tribunal *a quo*, ao examinar o contexto fático-probatório apresentado no recurso, entendeu que a decisão proferida pelo júri popular foi emanada em completa dissociação com as provas do caso. Precedentes. 2. Ademais, o Superior Tribunal de Justiça tem aplicado o entendimento de que se a decisão proferida pelos jurados caracterizar arbitrariedade, deve o Tribunal *a quo* anulá-la, sem, todavia, que isso signifique qualquer tipo de violação dos princípios constitucionais, sobretudo da soberania dos veredictos" (HC 53.545-RJ, 5.ª T., rel. Laurita Vaz, 28.11.2006, v.u.).

• TRF-2.ª R.: "A soberania dos veredits do júri, assegurada em preceito constitucional, não é absoluta, sujeitando-se as decisões do conselho de sentença à instância recursal, não implicando ofensa à norma constitucional que assegura a soberania dos veredits do júri, o acórdão proferido em grau de apelação para anular a decisão contrária à prova dos autos" (ACR 7061-RJ, 2.ª T.E., rel. Liliane Roriz, 09.03.2010, v.u.).

• TJMG: "A despeito da soberania dos veredictos, consagrada constitucionalmente, segundo as regras processuais ainda em vigor a decisão dos jurados, ao menos quando exarada num primeiro julgamento, é passível de cassação quanto ao mérito quando se apresente arbitrária, inteiramente dissociada da prova colhida nos autos" (ACR 1.0024.07.450933-2/002-MG, 2.ª C., rel. Herculano Rodrigues, 04.06.2009, v.u.).

- TJMG: "Se a decisão emanada pelo Tribunal do Júri apresenta-se manifestamente contrária à prova dos autos, deve ser cassada, sem ferir a soberania dos veredictos" (ACR 1.0035.02.001705-5/002-MG, 4.ª C.C., rel. Júlio Cezar Guttierrez, 10.03.2010, v.u.).

- TJMS: "Em virtude do princípio constitucional da soberania do veredicto (CF, art. 5.º, XXXVIII, *c*), a modificação do julgamento pelo Tribunal do Júri entra no campo da excepcionalidade, sendo mantidas as decisões que encontram amparo em contingente de provas que sustenta a posição adotada pelos jurados. Só pode ocorrer um novo julgamento, se for constatado que a decisão foi manifestamente contrária à prova dos autos, o que não ocorreu no caso em apreço" (APL 00000180720128120029/MS, 1.ª C., rel. Manoel Mendes Carli, *DJ* 11.11.2014).

b) Inviabilidade sem contradição com as provas

- STF: "Inexistindo contradição frontal, há que se prestigiar o princípio constitucional da soberania dos veredictos" (HC 96.242-SP, 1.ª T., rel. Ricardo Lewandowski, 19.05.2009, v.u.).

- STJ: "A Constituição da República, na letra do artigo 5.º, inciso XXXVIII, alínea "c", assegura a soberania dos veredictos da instituição do Júri. 2. Optando os jurados por uma das vertentes hipotéticas da verdade dos fatos, fundadas pela prova, contra ela não decidem, menos ainda de forma manifesta, mormente quando o *decisum* está apoiado na prova produzida em juízo, sob as garantias do contraditório" (HC 45.825-PE, 6.ª T., rel. Hamilton Carvalhido, 14.02.2006, v.u.).

- TRF-1.ª R.: "Para que persista a tese de que a decisão do Júri foi manifestamente contrária à prova dos autos, é necessário que haja inequívoca demonstração de que os jurados adotaram versão inteiramente desconexa daquelas que se extraem dos possíveis contextos inferidos a partir do acervo probatório, sob pena de violação ao princípio da soberania dos veredictos" (ACR 1998.42.00.000116-0-RR, 3.ª T., rel. Olindo Menezes, 18.04.2008, v.u.).

- TJSP: "Acórdão que, por maioria, deu provimento ao apelo do Ministério Público para submeter o réu a um novo julgamento pelo Tribunal do Júri – Voto vencido, favorável ao acusado, que mantinha o julgamento efetuado pelo Conselho de Sentença, reconhecendo a ocorrência do homicídio privilegiado – Prova oral reunida que não infirma a versão do réu – Não constatada a arbitrariedade na decisão do Tribunal do Júri – Senhores Jurados que acolheram a versão que lhes pareceu mais próxima da realidade – Princípio da soberania dos veredictos que não é absoluto, mas, no caso, deve ser preservado – Julgamento em

CAP. V • PRINCÍPIOS CONSTITUCIONAIS PROCESSUAIS PENAIS E ENFOQUES PENAIS | **503**

primeiro grau mantido" (Emb Inf 993030530587-SP, 4.ª C.D.C., rel. Salles Abreu, 22.04.2010).

- TJSP: "Decisão contrária à evidência dos autos – Inocorrência – Jurados que adotaram uma das vertentes probatórias – Condenação mantida, em razão da soberania dos veredictos. Recurso desprovido" (AP 990090554231-SP, 6.ª C.D.C., rel. Ericson Maranho, 20.08.2009).

- TJMG: "A decisão dos Senhores Jurados que não encontra apoio nas provas amealhadas ao longo da persecução penal é manifestamente contrária à prova dos autos, já que proferida ao arrepio de tudo o que se demonstrou no decorrer da instrução, sem suporte algum a justificar o acerto da conclusão adotada. Daí ser de rigor a sua cassação, para que o réu seja submetido a novo julgamento" (ACR 1.0245.07.122135-3/001-MG, 3.ª C.C., rel. Antônio Armando dos Anjos, 23.02.2010, v.u.).

1.3.5.6.2 Pronúncia

a) A dúvida favorece a remessa ao júri

- STJ: "Ao Tribunal do Júri compete, em consonância com o princípio da soberania dos veredictos, insculpido no art. 5.º, XXXVIII, *c*, da Constituição da República, a apreciação do mérito da acusação, daí porque se diz que, na fase de pronúncia, eventual dúvida a respeito da autoria do crime deve prestigiar, segundo uma ponderação de valores constitucionais, o interesse da sociedade." (HC 91.439-BA, 6.ª T., rel. Og Fernandes, 17.09.2009, v.u.).

b) Excesso de linguagem

- STJ: "Ultrapassando o magistrado os limites da pronúncia, enquanto juízo de admissibilidade da acusação do réu perante o Tribunal do Júri, afirmando o *animus necandi* e afastando não só a legítima defesa, mas também a sua moderação, de modo peremptório e com análise intensiva e extensiva do conjunto da prova, próprios do *judicium causae*, ofende a competência funcional constitucional dos jurados, pelo prejuízo que se deve presumir à soberania dos veredictos, por função imprópria do julgado, no ânimo dos membros do conselho de sentença" (HC 44.792-SP, 6.ª T., rel. Hamilton Carvalhido, 20.04.2006, v.u.).

- TRF-4.ª R.: "A conciliação do preceito constitucional que, de um lado, obriga a fundamentação das decisões judiciais, com aquele que, de outro, afirma a soberania dos veredictos do Tribunal do Júri, impõe que o magistrado se abstenha de realizar, na sentença de pronúncia, exame aprofundado do acervo probatório' (STF, HC 89.833, rel. Min. Ricardo Lewandowski, 1.ª T., j. 27.03.2007, *DJ* 04.05.2007)"

(RSE 1997.70.01.013829-9-PR, 8.ª T., rel. Paulo Afonso Brum Vaz, 25.11.2009, v.u.).

1.3.5.6.3 Quesitação

a) Previsão de quesito específico

• STJ: "Não compete ao Juiz presidente do júri e tampouco às demais instâncias aplicar atenuante não reconhecida pelos jurados, em atenção ao princípio da soberania dos veredictos" (HC 100.843-MS, 6.ª T., rel. Og Fernandes, 04.05.2010, v.u.).

b) Desclassificação imprópria

• STJ: "A competência do Tribunal do Júri encerra-se quando votado quesito que culmine em desclassificação imprópria, devendo o julgamento do feito ser atribuído ao Juiz Presidente. 2. Constatada a desclassificação, a continuidade da votação implica nulidade apenas das respostas dadas pelo Conselho de Sentença para os demais quesitos, não se fazendo necessária a anulação de toda a sessão de julgamento, sob pena de violação do princípio da soberania dos veredictos, já que, em novo julgamento, o Conselho de Sentença poderia, em tese, modificar as respostas conferidas aos quesitos formulados anteriormente à nulidade" (HC 49.494 – RJ, 6.ª T., rel. Maria Thereza de Assis Moura, 12.08.2008, v.u.).

1.3.5.6.4 Recursos

a) Limite na motivação

• STJ: "Visando resguardar a competência do Júri e o princípio da soberania dos veredictos, não é permitido ao tribunal emitir juízo de valor a respeito do mérito da ação penal, notadamente quanto às questões relativas à materialidade e autoria delitivas, sob pena de, assim o fazendo, influenciar o novo julgamento em desfavor do réu. Deve restringir sua análise à verificação da existência, ou não, de prova suficiente a respaldar a tese acolhida pelo Conselho de Sentença." (HC 138.240-ES, 5.ª T., rel. Arnaldo Esteves Lima, 15.04.2010, v.u.).

b) Confronto com a reformatio in pejus

• STJ: "A regra que estabelece que a pena estabelecida, e não impugnada pela acusação, não pode ser majorada se a sentença vem a ser anulada, em decorrência de recurso exclusivo da defesa, sob pena de violação do princípio da vedação da *reformatio in pejus* indireta, não se aplica

CAP. V • PRINCÍPIOS CONSTITUCIONAIS PROCESSUAIS PENAIS E ENFOQUES PENAIS | **505**

em relação as decisões emanadas do Tribunal do Júri em respeito à soberania dos veredictos (Precedentes)" (REsp 1.068.191-SP, 5.ª T., rel. Felix Fischer, 13.04.2010, v.u.).

1.3.5.7 Competência para os crimes dolosos contra a vida

a) Pronúncia e afastamento de qualificadoras

• STJ: "Na fase de pronúncia, ocorre a inversão da regra procedimental, ou seja, *in dubio pro societate*. Dessa forma, as circunstâncias qualificadoras só podem ser excluídas da sentença de pronúncia quando se revelarem manifestamente improcedentes, sob pena de usurpação da competência do Tribunal do Júri, juiz natural dos crimes dolosos contra a vida, a quem cabe valorar o conjunto probatório discutido em plenário e confirmar ou não sua ocorrência" (AgRg no AREsp 263415 – MG, 5.ª T., rel. Marilza Maynard, 09.04.2013, v.u.).

2. PRINCÍPIOS IMPLÍCITOS

2.1 Concernentes à relação processual

2.1.1 Princípio do duplo grau de jurisdição

2.1.1.1 Conceito e aplicabilidade

Se estivéssemos cuidando de tema geral sobre a vida, surgiria o termo *resignação* para expressar o conformismo e a aceitação do ser humano diante das vicissitudes e sofrimentos impostos pelo destino. Entretanto, seria oportuno mencionar, também, não ser esse estado a regra no comportamento humano, mas pura exceção. Na maior parte das vezes, prevalece a irresignabilidade como demonstração de rebeldia diante dos obstáculos naturais da vida. Nem sempre se pode tomar por negativa a reação às contrariedades, pois ela também quer dizer uma mostra de força e luta para contornar os problemas e alcançar a vitória desejada.

Porém, o mais relevante é assumir o caráter comum da natureza humana, demonstrativo da falta de conformismo diante da contrariedade. Assim sendo, o universo do Direito não poderia pairar alheio a tal realidade, desde que se sabe ter o Estado assumido o monopólio penal de distribuição de justiça.

A decisão judicial do juiz singular, a primeira a ser proferida no processo, haverá de gerar inconformismo em alguma das partes. A procedência, impondo a condenação, acarreta a irresignação do réu, fazendo valer seu desejo de recorrer a outra instância, de modo a ouvir, novamente, a análise da sua situação. A improcedência, externada pela absolvição, move o inconformismo do órgão acusatório, que, igualmente, pode recorrer para acalmar a sua ânsia pela reavaliação do caso. A procedência parcial pode colocar ambas as partes em estado de irresignabilidade, provocando a reação ambivalente, com a interposição de dois recursos.

Em suma, seria extremamente rara a possibilidade de se encontrar a parte que, diante de uma única decisão judicial contrária ao seu interesse, atuasse com conformismo, deixando de recorrer a outra instância. Ademais, a falibilidade humana também é fator preponderante a ser considerado, o que justifica a existência do duplo grau de jurisdição para eventual correção de erros.

A estrutura do Judiciário, então, mostra-se lógica e atenta às necessidades das partes: permite-se o recurso a instância superior, mormente em se tratando do mérito da causa, bem como se lança a reavaliação a um órgão colegiado, com maior chance de acerto.

Ao menos a dupla análise da imputação criminal deve ser realizada, consagrando-se o duplo grau de jurisdição como um princípio constitucional implícito, mas, sem dúvida, importante.

A sua inserção constitucional implícita deve-se à expressa previsão na Convenção Americana sobre Direitos Humanos (art. 8, item 2, *h*), ingressando pela porta do art. 5.º, § 2.º, da Constituição Federal, que admite outros princípios, além dos expressamente previstos nos demais incisos do art. 5.º.

Além disso, observa-se o sistema recursal previsto no capítulo destinado ao Poder Judiciário, constatando-se que várias ações possuem o duplo grau previsto no texto constitucional. Exemplos disso podemos encontrar no âmbito do *habeas corpus* (art. 102, II, *a*, CF), bem como no campo do crime político (art. 102, II, *b*, CF). Ora, se o julgamento do crime político, na Justiça Federal de primeira instância, acarreta o direito de recorrer, ordinariamente, ao Supremo Tribunal Federal, consagrando-se o duplo grau de jurisdição, às demais causas criminais, por questão de isonomia, deve-se estender idêntica oportunidade.

Em suma, o duplo grau é uma decorrência da necessidade humana de inconformismo diante da contrariedade, buscando a reavaliação do caso em diversa instância. Não significa, por óbvio, que, havendo o julgamento do recurso, mantida a primeira decisão, a resignação tome conta do perdedor. Porém, na maioria das vezes, tal situação termina por ocorrer, visto terem sido esgotadas as várias possibilidades de análise do caso. Quando quatro magistrados (um de primeiro grau; três de segundo grau) concluem pela condenação, torna-se mais fácil a aceitação por parte do réu.

CAP. V • PRINCÍPIOS CONSTITUCIONAIS PROCESSUAIS PENAIS E ENFOQUES PENAIS | 507

O *duplo* grau é um fator de estabilidade do sistema judiciário, permitindo uma segunda chance, mas não pode servir para a *eternização* do feito nos escaninhos forenses. Por isso, deve-se vedar o triplo ou o quarto grau de jurisdição, como mecanismo rotineiro, em busca do trânsito em julgado. Dupla avaliação é viável, ao menos quanto ao mérito. A partir disso, tornar-se-ia infindável o desejo da parte perdedora de recorrer, até que consiga um veredicto favorável à sua tese.

É certo existirem os recursos especial e extraordinário, dirigidos, respectivamente, ao Superior Tribunal de Justiça e ao Supremo Tribunal Federal. Porém, não constituem recursos *ordinários*, leia-se, comuns ou rotineiros. São exceções voltadas a casos particulares, normalmente envolvendo questões de direito, buscando uma uniformidade de interpretação para conferir credibilidade ao sistema jurídico, avaliado em conjunto. O duplo grau de jurisdição não envolve a previsão para tais exceções, prevendo, somente, uma reavaliação do caso, por órgão colegiado superior.

2.1.1.2 Exceções ao duplo grau de jurisdição

A acomodação dos princípios constitucionais, de modo a preservá-los em perfeita harmonia, leva à inviabilidade de aplicação do duplo grau em certas situações.

O principal obstáculo à utilização do duplo grau concentra-se na existência do foro privilegiado (ou foro por prerrogativa de função). Em nosso entendimento, cuida-se de um inadmissível privilégio no Estado Democrático de Direito; qualquer pessoa deveria ser julgada, como seus pares, por juiz singular, quando em primeira instância. Assim ocorrendo, estaria garantida a utilização do duplo grau e, conforme o caso, dos recursos excepcionais (especial e extraordinário).

Entretanto, concedendo-se o privilégio a determinadas autoridades de serem julgadas em órgãos colegiados, componentes da cúpula dos Tribunais, acaba-se por eliminar o uso do duplo grau, visto não existir para qual instância superior recorrer.

O deputado federal e o senador, por exemplo, serão julgados pela prática de crime, durante o exercício do mandato, pelo Plenário do Supremo Tribunal Federal. Se forem condenados, por óbvio, não haverá possibilidade de ingresso de recurso ordinário, pretendendo a reavaliação do caso, pois *todos* os ministros da mais Alta Corte já participaram da decisão.

O mesmo se pode dizer do desembargador, quando julgado pelo Superior Tribunal de Justiça. Afinal, o recurso ao Supremo Tribunal Federal, conforme texto constitucional, para tais casos, somente se daria em se cuidando de extraordinário, envolvendo matéria de direito, vinculada à Constituição Federal.

O membro do Ministério Público, julgado pelo Tribunal de Justiça, em sua composição plena (ou pelo Órgão Especial), não tem à disposição o duplo grau, pois sua situação foi avaliada pela cúpula do tribunal de seu Estado. Ao Superior Tribunal de Justiça e ao Supremo Tribunal Federal somente poderá avançar por meio de recursos *não ordinários*, cuja finalidade não é de reavaliação de questões de fato, mas somente, se for o caso, de matéria de direito.

A harmonização dos princípios e regras constitucionais configura-se pelo simples fato de não se poder ter tudo ao mesmo tempo, por absoluta inviabilidade lógica. Os constituintes entenderam por bem atribuir o julgamento de casos criminais de autoridades a órgãos de cúpula; dessa forma, automaticamente, preteriram o duplo grau de jurisdição. Foi uma troca *justa*: em nome de um privilégio[46] que outros brasileiros não possuem, perdem a possibilidade de reavaliação do caso. Haverá um único julgamento, embora realizado por um colegiado de vários membros, todos com vasta experiência e distinta respeitabilidade.

Não há que prevalecer, forçosamente, o princípio do duplo grau de jurisdição para quem já tem a prerrogativa de ser julgado por órgão colegiado de cúpula. Seria, em verdade, benefício excessivo, fazendo desmoronar qualquer justificativa de igualdade, diante de outros cidadãos comuns.

A composição entre as normas constitucionais é o mais adequado caminho a seguir: enquanto houver foro privilegiado, o duplo grau de jurisdição deixa de ser exercitado.

2.1.1.3 *Fundamentação nos graus superiores*

O dever de motivar a decisão, particularmente a condenatória ou as que a mantêm, envolve não somente o juízo de primeiro grau, mas todas

---

46. Cuida-se de privilégio, pois é uma vantagem não concedida a outras pessoas. Essa vantagem funda-se na perspectiva de que somente haverá condenação pelas vozes de um colegiado composto do mais alto grau de saber jurídico possível, em nível estadual ou federal. O brasileiro comum será julgado por um juiz singular e, depois, terá seu recurso avaliado por três desembargadores. São apenas quatro pessoas julgando, enquanto a autoridade dispõe de inúmeros magistrados para analisar sua situação, com o maior zelo possível, afinal, constituem a cúpula de seu Tribunal. E todos agem numa única sessão pública, expondo seus votos e abalizado saber, evitando-se qualquer chance de um relator decidir a sorte do réu, acompanhado pelos outros magistrados da turma ou câmara, sem a detalhada análise do caso, sob a justificativa de excesso de trabalho. Não fosse um privilégio, já estaria há muito revogado no Brasil.

CAP. V • PRINCÍPIOS CONSTITUCIONAIS PROCESSUAIS PENAIS E ENFOQUES PENAIS | **509**

as instâncias. O preceito impositivo advém do art. 93, IX, da Constituição Federal.

Observa-se, no entanto, que determinados acórdãos deixam de fundamentar convenientemente a decisão tomada. O relator limita-se a transcrever o parecer do Ministério Público de 2.º grau; pode também restringir-se a reproduzir a sentença de primeiro grau; alguns, inclusive, baseiam-se em Regimentos Internos, para alegar que estão "autorizados" a simplesmente citar a sentença como parâmetro. Ora, se fosse tão simples, não haveria necessidade de motivação. Um órgão qualquer faria o texto-base e todos os demais o reproduziriam. Eventualmente, alegações finais do Ministério Público poderiam servir até para formar o acórdão do Tribunal de Justiça. Imagine-se que o juiz reproduza tais alegações na sua sentença e o Tribunal faça o mesmo no tocante à referida sentença. Ninguém mais fundamenta; apenas o órgão acusatório o fez. As teses de defesa terminam rechaçadas pela via indireta, constituindo patente ofensa à própria ideia de duplo grau de jurisdição.

Os integrantes do Poder Judiciário têm o *dever* constitucional de fundamentar os seus julgados – e não copiar pareceres, quaisquer que sejam, de outros órgãos.

2.1.1.4 Supressão de instância

Um dos pontos mais relevantes no cenário do duplo grau de jurisdição diz respeito à supressão de instância. É verdade que o acusado tem direito a obter a reavaliação de seu caso em segundo grau, por um colegiado. Eventualmente, pode atingir Instâncias Superiores, como o STJ ou o STF, em situações excepcionais.

No entanto, seja qual for a hipótese, o duplo grau não pode se efetivar, validamente, se o tribunal superior decidir matéria não apreciada antes pelo órgão jurisdicional inferior.

Se tal situação ocorresse, estar-se-ia contornando o duplo grau, chegando ao tribunal com questão inédita, que seria decidida em primeira mão. Ilustrando, imagine-se que a defesa (ou a acusação) não invoca determinada tese para o juiz apreciar; caso a apresente, depois, em grau recursal diretamente ao tribunal, não terá havido duplo grau, mas uma só avaliação do tema.

O objetivo deste princípio é assegurar à parte – especialmente ao acusado – a oportunidade de ter os pontos controversos analisados por mais de um órgão jurisdicional. Como regra, dá-se o julgamento pelo magistrado de primeiro grau, seguindo-se ao tribunal, que atua em segundo grau.

510 | PRINCÍPIOS CONSTITUCIONAIS PENAIS E PROCESSUAIS PENAIS – Nucci

2.1.1.5 *O duplo grau de jurisdição na jurisprudência*

2.1.1.5.1 Limites ao duplo grau de jurisdição

a) Inviabilidade de existência de recurso inominado

• STF: "Contudo, não obstante o fato de que o princípio do duplo grau de jurisdição previsto na Convenção Americana de Direitos Humanos tenha sido internalizado no direito doméstico brasileiro, isto não significa que esse princípio revista-se de natureza absoluta. 4. A própria Constituição Federal estabelece exceções ao princípio do duplo grau de jurisdição. Não procede, assim, a tese de que a Emenda Constitucional 45/04 introduziu na Constituição uma nova modalidade de recurso inominado, de modo a conferir eficácia ao duplo grau de jurisdição" (AI 601832 Agr – SP, 2.ª T., rel. Joaquim Barbosa, 17.03.2009, v.u.).

b) Inviabilidade da limitação ao recurso por meio da deserção

• STJ: "Encontra-se consolidado na jurisprudência desta Corte e do Supremo Tribunal Federal o entendimento de que a exigência de recolhimento do réu à prisão como condição para o recebimento do recurso de apelação consubstancia afronta aos princípios da ampla defesa e do duplo grau de jurisdição. Súmula 347 do STJ" (HC 205341 – CE, 6.ª T., rel. Og Fernandes, 05.03.2013, v.u.).

c) Inviabilidade de avaliação de mérito em habeas corpus

• TJRS: "Não pode ser proferida decisão sobre matéria ainda não apreciada pelo juízo de origem, sob pena de ferir o princípio do duplo grau de jurisdição. O *habeas corpus* é ação originária e não grau de recurso ou substitutivo da prestação de jurisdição original" (HC 71002571974 – RS, T.R.C., rel. Laís Ethel Corrêa Pias, 10.05.2010).

d) Possibilidade de julgar a admissibilidade do recurso

• TJSC: "O princípio do duplo grau de jurisdição, enquanto garantia individual, permite ao interessado a revisão do julgado contrário ao seus interesses. No entanto, o exercício do direito de recorrer está vinculado a condições processuais para que se evite a utilização da via recursal como um instrumento de abuso de direito ou de mera satisfação de curiosidade acadêmica. É incumbência da parte recorrente apresentar os fatos e fundamentos jurídicos do pedido, sob pena de não observar o princípio da dialeticidade recursal. Para o conhecimento do recurso pelo tribunal *ad quem*, é indispensável o preenchimento dos requisitos

CAP. V • PRINCÍPIOS CONSTITUCIONAIS PROCESSUAIS PENAIS E ENFOQUES PENAIS | **511**

de admissibilidade. Faltante cópia da decisão atacada, é inviável o conhecimento do agravo (CPP, art. 587)" (Recurso de Agravo 20140533021, 1.ª C., rel. Carlos Alberto Civinski, *DJ* 10.11.2014).

2.1.1.5.2 Exercício do duplo grau de jurisdição

a) Não constitui medida procrastinatória

• STJ: "A interposição de recurso em sentido estrito contra a sentença de pronúncia constitui prerrogativa inerente ao direito de defesa e ao legítimo exercício da garantia do duplo grau de jurisdição, não se havendo de imputar ao paciente, que lança mão desse recurso, a responsabilidade pelo excesso de prazo da prisão cautelar" (HC 123497 – SP, 6.ª T., rel. Og Fernandes, 23.02.2010, v.u.).

b) Prevalência do interesse recursal em caso de conflito

• STJ: "É matéria pacífica neste Tribunal e sumulada pelo Pretório Excelso que, diante da divergência entre defensor e réu acerca do intuito de recorrer, prevalece o entendimento que viabiliza o duplo grau de jurisdição" (HC 264249 – SP, 6.ª T., rel. Maria Thereza de Assis Moura, 02.05.2013, v.u.).

c) Garantia de intimação do réu e seu defensor

• STJ: "A intimação da sentença condenatória, tanto do réu quanto de seu defensor, é providência indispensável para bem se viabilizar os cânones do contraditório, da ampla defesa e do duplo grau de jurisdição. A violação de tal regra implica nulidade de natureza absoluta" (HC 94866 – PI, 6.ª T., rel. Maria Thereza de Assis Moura, 06.10.2009, v.u.).

d) Possibilidade de decretação da prisão cautelar

• STJ: "Não fere o princípio da presunção de inocência e do duplo grau de jurisdição a vedação do direito de apelar em liberdade, se ocorrente um dos pressupostos legalmente exigidos para a preservação do réu na prisão, *in casu*, para assegurar a aplicação da lei penal, haja vista a não localização do recorrido para a intimação de atos processuais" (REsp 1043733 – SP, 5.ª T., rel. Jorge Mussi, 29.09.2009, v.u.).

e) Necessidade de fundamentação do acórdão

• STJ: "Viola os princípios da fundamentação das decisões judiciais e do duplo grau de jurisdição o acórdão que, negando provimento ao recurso de apelação, limita-se a ratificar a sentença condenatória e a adotar as razões do parecer ministerial" (HC 199397 – SP, 6.ª T., rel. Sebastião Reis Júnior, 05.03.2013, v.u.).

2.1.1.5.3 Correlação com outros princípios

a) Devido processo legal e motivação das decisões judiciais

• STJ: "O dever judicial de motivação das decisões é corolário do devido processo legal, que viabiliza às partes o exercício do duplo grau de jurisdição, além de permitir, a todos, a fiscalização da atuação do Poder Judiciário." (HC 131700-PE, 6.ª T., rel. Maria Thereza de Assis Moura, 19.11.2009, v.u.).

b) Soberania dos veredictos

• STF: "A pretensão revisional das decisões do Tribunal do Júri não conflita com a regra de soberania do veredicto (inciso LXVIII do art. 5.º da Constituição Federal). Regra compatível com a garantia constitucional do processo que atende pelo nome de duplo grau de jurisdição. Garantia que tem a sua primeira manifestação no inciso LV do art. 5.º da CF, *in verbis*: 'aos litigantes, em processo judicial ou administrativo, e aos acusados em geral são assegurados o contraditório e a ampla defesa, com os meios e recursos a ela inerentes'" (HC 94567-BA, 1.ª T., rel. Carlos Britto, 28.10.2008, v.u.).

• STJ: "A submissão da decisão proferida pelo Conselho de Sentença ao duplo grau de jurisdição não ofende a soberania dos veredictos quando a decisão dos jurados for absolutamente dissonante das provas constantes dos autos" (AgRg no HC 191689 – BA. 6.ª T., rel. Sebastião Reis Júnior, 21.02.2013, v.u.).

• STJ: "Nos processos de competência do Tribunal do Júri, o princípio do duplo grau de jurisdição (art. 5º, LV, da CF) deve coexistir com o princípio da soberania dos veredictos (art. 5.º, XXXVIII, *c*, da CF), que importa em restrição ao poder de revisão das decisões de mérito. Assim, a anulação do julgamento, com fundamento na alínea *d* do inciso III do art. 593 do CPP – ou seja, quando a decisão dos jurados for manifestamente contrária a prova dos autos –, restringe-se às hipóteses em que o Conselho de Sentença decide absolutamente divorciado do conjunto probatório, e não quando confere às provas interpretação divergente do Tribunal Togado, sob pena de violação do princípio constitucional da soberania dos veredictos do júri" (HC 128437 – ES, 6.ª T., rel. Assusete Magalhães, 07.11.2012, v.u.).

CAP. V • PRINCÍPIOS CONSTITUCIONAIS PROCESSUAIS PENAIS E ENFOQUES PENAIS | 513

• TJDFT: "Quando a decisão do Conselho de Sentença do Tribunal do Júri é manifestamente contrária às provas dos autos, a sua cassação não viola a soberania dos veredictos, de forma a haver harmonia entre este princípio constitucional e o duplo grau de jurisdição" (AP MP 2001.09.1.005704-3-DF, 2.ª T.C., rel. Silvânio Barbosa dos Santos, 21.01.2010, v.u.).

2.1.1.5.4 Supressão de instância

a) *Inocorrência na alteração da pena pelo tribunal*

• STF: "Alegação de ofensa ao duplo grau de jurisdição, fundada em que o TRF da 4.ª Regional, ao reformar a sentença absolutória, para condenar o paciente, não poderia fixar a pena. Improcedência, porquanto não se tratando de nulidade ou de determinação no sentido de que o juiz recalcule a pena fixada, mas do reconhecimento de figura típica diversa da contida na sentença, a competência para a fixação da pena é induvidosamente da Corte Regional, a quem a matéria foi integralmente devolvida no recurso de apelação. O acórdão prolatado por esse órgão substituiu, *in totum*, a sentença" (RHC 100686 – SP, 2.ª T., rel. Eros Grau, 02.02.2010, v.u.).

• STJ: "Não há falar em nulidade do acórdão por violação do princípio do duplo grau de jurisdição pelo fato de o Tribunal de origem, ao apreciar o recurso de apelação interposto pelo órgão acusatório, entender equivocada a *emendatio libelli* operada pelo Juiz e condenar o paciente nos termos da peça acusatória, fixando, desde logo, a pena a ser cumprida" (HC 51052 – SP, 6.ª T., rel. Paulo Gallotti, 02.04.2009, v.u.).

b) *Configuração em caso de adiamento da decisão pelo juiz*

• TRF-1.ª R.: "Sob pena de supressão de instância e violação do princípio do duplo grau de jurisdição, tendo em vista que a r. decisão recorrida apenas postergou a análise do pedido do ora apelante, devem os autos retornarem ao MM. Juízo a quo para que o mesmo, adentrando pelo mérito da medida assecuratória pretendida, apure o preenchimento, ou não, de seus requisitos" (ACR 2007.38.00.013801 – 5 – MG, 4.ª T., rel. Ítalo Fioravanti Sabo Mendes, 24.06.2008, v.u.).

c) *Configuração em caso de afastamento da prescrição e ingresso no mérito*

• TRF-2.ª R.: "O juízo *ad quem* não pode, ao reformar decisão na qual se declarou a ocorrência de prescrição, ingressar na matéria de fundo sob pena de estar suprimindo instância e desrespeitando direito do réu ao duplo grau de jurisdição" (ACR 6477 – RJ, 2.ª T.E.,rel. Liliane Roriz, 10.03.2009, v.u.).

d) *Configuração em caso de aplicação de lei mais favorável em* habeas corpus

* TRF-3.ª R.: "A discussão acerca da lei penal mais favorável no caso concreto, não cabe ser apreciada nas estreitas lindes do *habeas corpus*, por se tratar de questão que exige análise aprofundada e valorativa dos elementos dos autos, devendo ser feita em sede de recurso, de forma a assegurar ao paciente o adequado exercício do duplo grau de jurisdição" (HC 39380 – MS, 2.ª T., rel. Cecília Mello, 13.04.2010, v.u.).

e) *Configuração em caso de deficiência de análise do tema ou motivação do juiz se for suprida pelo tribunal*

* STJ: "A defesa não pode formular *habeas corpus* no Superior Tribunal de Justiça arguindo, somente aqui, a tese relativa ao princípio da insignificância, sem antes levar o tema a debate nas instâncias inferiores. Tal interpretação afronta o princípio do duplo grau de jurisdição" (AgRg no HC 234.924, 6.ª T., rel. Sebastião Reis Júnior, *DJ* 11.06.2013).

* TRF-4.ª R.: "Sendo recente a informação acerca do possível pagamento dos tributos devidos, mostrar-se-ia temerário o reconhecimento da extinção da punibilidade do paciente, devendo ser prestigiado o princípio do contraditório bem como o duplo grau de jurisdição" (HC 50204209820144040000, 7.ª T., rel. Sebastião Ogê Muniz, *DJ* 30.09.2014).

* TRF-3.ª R.: "É nula a sentença se o magistrado omite-se integralmente quanto à análise da autoria, deixando de demonstrar a participação de cada um dos acusados na prática delitiva. 2. Referida omissão é constituída de nulidade insanável, porquanto é dever do magistrado a fundamentação de todas as suas decisões e direito do acusado conhecer as razões de sua condenação, sob pena de não poder exercer seu direito essencial ao contraditório e à ampla defesa, garantidos pela Constituição Federal, não podendo o Tribunal suprir essa grave omissão, em razão do princípio da vedação à supressão de instância, inerente à ampla defesa" (ACR 28090 – SP, 5.ª T., rel. Luiz Stefanini, 05.10.2009, v.u.).

* TRF-4.ª R.: "A fixação da pena-base acima do mínimo legal sem a análise concreta de todas as circunstâncias judiciais do artigo 59 do Código Penal contraria o princípio constitucional da individualização da pena, impondo-se a declaração de nulidade parcial da sentença

CAP. V • PRINCÍPIOS CONSTITUCIONAIS PROCESSUAIS PENAIS E ENFOQUES PENAIS | **515**

por trata-se de questão que não pode ser diretamente apreciada pelo Tribunal, sob pena de supressão de instância e afronta ao duplo grau de jurisdição" (ACR 2004.04.01.044258-8 – PR, 7.ª T., rel. Sebastião Ogê Muniz, 17.11.2009, m.v.).

• TJSP: "Magistrado que não respondeu a todas as alegações da defesa – Ofensa à garantia constitucional da ampla defesa e do contraditório. Anulação da sentença que é de rigor" (AP 990090405597-SP, 6.ª C.D.C., rel. Ericson Maranho, 22.02.2010).

• TJMG: "Resulta-se ilegal e eivada de nulidade a decisão concebida por Turma Recursal do Juizado Especial Criminal que, valorando o conjunto probatório, impõe condenação ao paciente, sem que a matéria meritória tenha sido apreciada em primeira instância, fugindo ao objeto específico do recurso interposto que se referente à incidência das normas da Lei n. 9099/95" (HC 10000130322795000, 7.ª C., rel. Cássio Salomé, *DJ* 13.06.2013).

• TJMG: "A sentença que é omissa quanto à possibilidade, ou não, de substituição da pena privativa de liberdade por restritivas de direitos deve ser declarada nula, não podendo o Tribunal manifestar-se acerca da referida substituição sob pena de violar o princípio do duplo grau de jurisdição" (ACR 1.0309.04.000056-9/001-MG, 5.ª C.C., rel. Vieira de Brito, 27.01.2009, v.u.).

• TJBA: "O art. 155 do Código Penal brasileiro prevê, além da pena de reclusão para o crime de furto a aplicação de multa, a qual deixou de ser aplicada pelo juiz *a quo* constituindo-se nulidade absoluta nesta parte, a qual não pode ser suprida nesta superior instância, em face da imprescindível observância do duplo grau de jurisdição" (ACR 63954-2/2008, rel. Eserval Rocha, 12.05.2009, v.u.).

• TJGO: "Não deve o apelo analisar matéria que não foi objeto de exame da sentença recorrida, sob pena de ofensa ao duplo grau de jurisdição e supressão da instancia originaria." (ACR 33474-1/213-GO, 1.ª C.C., rel. Jamil Pereira de Macedo, 07.10.2008, v.u.).

f) Inocorrência em caso de condenação pelo tribunal após absolvição em primeiro grau

• TRF-3.ª R.: "Sobrevindo o decreto condenatório somente em segunda instância (já que o réu foi absolvido em primeiro grau de jurisdição), a decretação do perdimento dos bens apreendidos não acarreta qualquer violação ao princípio do duplo grau de jurisdição, sendo certo que somente nesse momento e que poderia ter sido decretada a perda, ou seja, com a condenação" (ACR 22.732-SP, 5.ª T., rel. Ramza Tartuce, 17.12.2007, v.u.).

516 | PRINCÍPIOS CONSTITUCIONAIS PENAIS E PROCESSUAIS PENAIS – Nucci

g) Configuração em caso de pedido dúplice, sendo somente um apreciado pelo juiz

- TJSP: "Pedido de saída temporária de Final de Ano. Pleito indeferido em primeiro grau de jurisdição. Pleito de reconhecimento de constrangimento. Pleito secundário para que seja concedido o benefício para o próximo feriado. Necessidade de avaliação pelo Juízo das Execuções Criminais, com rediscussão em sede recursal própria, pena de ofensa ao princípio do duplo grau de jurisdição. Via constitucional, ademais, imprópria." (HC 990093688395-SP, 5.ª C.D.C., rel. Pinheiro Franco, 04.03.2010).

h) Deficiência de fundamentação de acórdão

- STJ: "No caso dos autos, contudo, o Tribunal de origem não se desonerou do dever constitucional de fundamentação previsto no art. 93, inciso IX, da Constituição da República. Limitou-se, em evidente ofensa ao princípio do duplo grau de jurisdição, a fazer referência genérica aos fundamentos da sentença condenatória e aos argumentos do parecer ministerial, sem apontar os trechos cuja concordância permitia afastar as alegações defensivas e sem agregar fundamentos próprios que, ainda que concisos, justificassem o desprovimento do recurso, tornando impossível às partes, à sociedade como um todo, e a esta Corte Superior avaliar as razões em tese incorporadas à decisão. Precedentes. Ordem de *habeas corpus* não conhecida. *Habeas corpus* concedido, de ofício, para declarar a nulidade do acórdão impugnado e determinar que se proceda a novo julgamento do Recurso de Apelação n.º 004969-69.2010.8.26.0564, nos termos explicitados no voto" (HC 239.221/SP, 5.ª T., rel. Laurita Vaz, j. 07.08.2014, *DJe* 22.08.2014).

2.1.1.5.5 Recurso no Júri

a) Deficiência na interposição suprida pelo tribunal

- TJDFT: "Sendo a matéria do recurso concernente ao rito do Tribunal do Júri delimitada, deve ser indicada a alínea que se deseja recorrer, no entanto, não foi indicado na petição o dispositivo específico, no qual se fundamentou o recurso. Porém, em casos semelhantes à destes autos, a jurisprudência atual, de acordo com os princípios do duplo grau de jurisdição e da ampla defesa, opta pelo conhecimento do recurso, desde que seja possível verificar, explícita ou implicitamente, nas razões do recurso, a descrição de alguma das alíneas do artigo 593, inciso III, do código de processo penal" (APR 2007.03.1.043131-3-DF, 2.ª T. C., rel. Silvânio Barbosa dos Santos, 23.04.2009, v.u.).

CAP. V • PRINCÍPIOS CONSTITUCIONAIS PROCESSUAIS PENAIS E ENFOQUES PENAIS

b) Inexistência do recurso de ofício

- TJGO: "Com a reforma difundida pela lei 11.689/2008 não ha mais duplo grau de jurisdição obrigatório de decisão que, nos crimes dolosos contra a vida, absolve sumariamente o réu. Impulso oficial não conhecido." (Rec Ex Of 10796-4/223-GO, 2.ª C.C., rel. José Lenar de Melo Bandeira, 18.02.2010, v.u.).

2.1.1.5.6 Julgamento por câmaras formadas por juízes de primeiro grau

- STF: "O julgamento por Colegiado integrado, em sua maioria, por magistrados de primeiro grau convocados não viola o princípio do juiz natural nem o duplo grau de jurisdição. Precedentes: RE 597.133, Pleno, Relator o Ministro Ricardo Lewandowski, *DJ* 06.04.2011; HC 112.151, Primeira Turma, Relator o Ministro Luiz Fux, *DJ* 18.06.2012; AI 754.188-AgR, Primeira Turma, Relator o Ministro Marco Aurélio, *DJ* 02.10.2012; HC 115.182, Segunda Turma, Relator o Ministro Gilmar Mendes, *DJ* 17.12.12; ARE 650.721-AgR, Segunda Turma, Relator Ministro Ricardo Lewandowski, *DJ* 18.03.2013" (HC 113.874/MG, 1.ª T., rel. Luiz Fux, 16.04.2013, v.u.).

2.2 Concernentes à atuação do Estado

2.2.1 Princípio do promotor natural e imparcial

2.2.1.1 Conceito e aplicação

O promotor[47] natural é o previamente designado por lei para cuidar de determinado feito criminal, produzindo, por consequência, a ideia de que existirá uma acusação imparcial, consagrando o equilíbrio e a lisura do Estado Democrático de Direito.

Não há que se buscar um acusador destemido e cego, voltado a dissecar a vida de todos e a esmiuçar a intimidade alheia, com o fito de produzir números, pretensamente demonstrativos da atuação firme do Estado-repressor no combate à criminalidade.

O bacharel em Direito, devidamente submetido a concurso público, de provas e títulos, ingressa na carreira de promotor de *Justiça* e não de acu-

---

47. O termo, para o contexto do princípio, significa o membro do Ministério Público em geral (federal e estadual).

sador oficial. Cuida-se de integrante de "instituição permanente, essencial à função jurisdicional do Estado, incumbindo-lhe a defesa da ordem jurídica, do regime democrático e dos interesses sociais e individuais indisponíveis" (art. 127, *caput*, CF). A meta do promotor, na área criminal, não deixa de ser vinculada aos propósitos máximos da instituição, zelando pela *defesa* da ordem jurídica e pelos interesses sociais e *individuais indisponíveis*. Deve, pois, cumprir fielmente a lei e garantir que os direitos humanos fundamentais, sem dúvida, indisponíveis (liberdade, vida, integridade etc.), como regra, sejam respeitados.

Aplica-se o conceito do promotor natural e imparcial ao devido processo legal, pois se pretende a realização da justiça, sob os auspícios da dignidade da pessoa humana e não se valendo de qualquer instrumento, para qualquer finalidade.

Os órgãos estatais ligados à persecução penal devem ser, na essência, imparciais, pois a garantia da segurança pública e da segurança jurídica diz respeito a todos os operadores do Direito, mormente os que se encaixam nos quadros administrativos do Estado.

2.2.1.2 *Fundamento constitucional*

Embora controversa a existência constitucional do princípio do promotor natural e imparcial, parece-nos seja princípio implícito ao sistema normativo. A principal norma a salientar esse propósito é a que confere ao membro do Ministério Público as mesmas prerrogativas da magistratura, cuja atuação imparcial constitui o cerne de sua existência. Preceitua o art. 128, § 5.º, I, serem garantias da carreira: a vitaliciedade, a inamovibilidade e a irredutibilidade de subsídio. Por outro lado, visando-se à imparcialidade na sua atividade, veda-se o exercício da advocacia, a percepção de honorários, percentagens ou custas, a participação em sociedade comercial, o exercício de outra função pública, salvo magistério, o recebimento de contribuições de pessoas físicas ou entidades privadas ou públicas (art. 128, § 5.º, II, CF).

A Lei Orgânica Nacional do Ministério Público (Lei 8.625/93) também traz vários dispositivos demonstrativos do culto à figura do promotor natural e imparcial, com cargo específico, previamente destinado a atender determinados casos criminais.

Sob outro prisma, entendem NELSON NERY JUNIOR e ROSA MARIA DE ANDRADE NERY que, "quando o texto constitucional diz que ninguém será 'processado' senão pela autoridade competente, estabelece o princípio do promotor natural, pois, em regra, não o juiz mas o MP é quem pode processar (dar início à ação penal ou civil pública). No texto, o verbo 'sentenciar'

CAP. V · PRINCÍPIOS CONSTITUCIONAIS PROCESSUAIS PENAIS E ENFOQUES PENAIS | **519**

é que se refere ao juiz. Devem todos os promotores de justiça ocupar cargos determinados por lei, vedado do chefe do MP fazer designações especiais, discricionárias, de promotor *ad hoc* para determinado caso ou avocar autos administrativos ou judiciais afetos ao promotor natural" (*Constituição Federal comentada e legislação constitucional*, p. 133).

Parece-nos que o termo *processado* pela autoridade competente diz respeito ao magistrado, encarregado da *condução* do processo até chegar à fase da sentença. O promotor tem a iniciativa da ação penal, mas é o Estado-juiz que *processa* o feito, recebendo a denúncia, chamando o réu a se defender e zelando pela produção da prova. Tanto assim que, nos casos de ação penal privada, não é o ofendido que *processa* o réu, mas o Estado-juiz do mesmo modo.

Nas palavras de PEDRO HENRIQUE DEMERCIAN, "trata-se de uma expansão para o regime jurídico do Ministério Público, da tradicional garantia construída no âmbito da jurisdição. É, por assim dizer, um desdobramento do princípio do juiz natural, e que foi concebido com a mesma preocupação de limitar o arbítrio estatal no desenvolvimento do processo".[48]

No entanto, o relevante é concluir ser o membro do Ministério Público uma autoridade imparcial, com atividade regulada previamente em lei, sem que se possa escolher acusadores para determinados réus, sejam eles rígidos ou brandos. A anterior fixação da parcela de competência e a designação aleatória determinam qual será o órgão acusatório, na maioria dos casos, assim como o critério aleatório da distribuição indica o órgão judiciário.

2.2.1.3 *O promotor natural na jurisprudência*

2.2.1.3.1 Previsão no ordenamento brasileiro

a) Não consagração

* STF: "O STF não reconhece o postulado do promotor natural como inerente ao direito brasileiro (HC 67.759, Pleno, *DJ* 01.07.1993): 'Posição dos Ministros Celso de Mello (Relator), Sepúlveda Pertence, Marco Aurélio e Carlos Velloso: Divergência, apenas, quanto à aplicabilidade imediata do princípio do Promotor Natural: necessidade de 'interpositio legislatoris' para efeito de atuação do princípio (Ministro Celso de Mello); incidência do postulado, independentemente de in-

---

48. *Regime jurídico do Ministério Público no processo penal*, p. 74.

termediação legislativa (Ministros Sepúlveda Pertence, Marco Aurélio e Carlos Velloso). Reconhecimento da possibilidade de instituição de princípio do Promotor Natural mediante lei (Ministro Sidney Sanches). Posição de expressa rejeição à existência desse princípio consignada nos votos dos Ministros Paulo Brossard, Octavio Gallotti, Néri da Silveira e Moreira Alves'. 4. Tal orientação foi mais recentemente confirmada no HC 84.468-ES (rel. Min. Cezar Peluso, 1.ª Turma, *DJ* 20.02.2006). Não há que se cogitar da existência do princípio do promotor natural no ordenamento jurídico brasileiro" (HC 90.277-DF, 2.ª T., rel. Ellen Gracie, 17.06.2008, v.u.).

• TRF-3.ª R.: "O princípio do promotor natural foi objeto de discussão no HC 90.277, tendo o Colendo STF se pronunciado no sentido de que não se cogita da sua existência no ordenamento jurídico brasileiro. Logo, não cabe a discussão, nesta sede, sobre a lisura da distribuição de processos no âmbito do MP, tampouco da seleção dos membros do MPF que atuam no presente caso, impondo-se afastar a alegação de que houve violação do princípio do promotor natural" (HC 30850-SP, 2.ª T., rel. Cecília Mello, 27.04.2010, v.u.).

b) Consagração

• STF: "A reiterada jurisprudência do Supremo Tribunal Federal no sentido de que 'o princípio do Promotor Natural, tendo presente a nova disciplina constitucional do Ministério Público, ganha especial significação no que se refere ao objeto último decorrente de sua formulação doutrinária: trata-se de garantia de ordem jurídica destinada tanto a proteger o membro da Instituição, na medida em que lhe assegura o exercício pleno e independente de seu ofício, quanto a tutelar a própria coletividade, a quem se reconhece o direito de ver atuando, em quaisquer causas, apenas o Promotor cuja intervenção se justifique a partir de critérios abstratos e pré-determinados, estabelecidos em lei' (*Habeas Corpus* 67.759-2/RJ, Plenário, relator Ministro Celso de Mello, DJ 01.07.1993)" (RE 638757 AgR – RS, 1.ª T., rel. Luiz Fux, 09.04.2013, v.u.).

• STJ: "O princípio do promotor natural, evidenciado na garantia constitucional acerca da isenção na escolha dos representantes ministeriais para aturarem na persecução penal, almeja assegurar o exercício pleno e independente das atribuições do Ministério Público, repelindo do nosso ordenamento jurídico a figura do acusador de exceção, escolhido arbitrariamente pelo Procurador-Geral" (HC 249033 – MG, 5.ª T., rel. Laurita Vaz, 23.10.2012, v.u.).

CAP. V • PRINCÍPIOS CONSTITUCIONAIS PROCESSUAIS PENAIS E ENFOQUES PENAIS | **521**

- TRF-2.ª R.: "A doutrina situa o princípio do promotor natural como corolário das garantias dos membros do Ministério Público (notadamente, as da independência funcional e da inamovibilidade) e, em última análise, do próprio devido processo legal. Há, inclusive, quem lhe atribua a mesma envergadura do princípio do juiz natural. 3. O princípio do promotor natural consiste em garantia constitucional de toda e qualquer pessoa (física ou jurídica) de ter um órgão de atuação do Ministério Público com suas atribuições previamente estabelecidas em lei, a fim de se evitar o chamado *promotor de encomenda* para um determinado caso" (ACR 2002.51.01.506424-0, 1.ª T., rel. Guilherme Calmon Nogueira da Gama, 12.12.2007, m.v.).

- TRF-4.ª R.: "Ao Ministério Público, por injunção constitucional, enquanto titular exclusivo da ação penal pública, incumbe a formação da *opinio delicti*, não podendo o Magistrado imiscuir-se em tal convicção. O órgão acusador, contudo, encontra-se vinculado à competência do Juízo no qual oficia, de forma que somente o promotor natural pode se convencer. Inteligência dos arts. 129, I, da CF; 6.º, V, da LC 75/93, e 3.º, I, da Lei 8.038/90" (INQ 0008841.83.2010.404.0000, 4.ª C., rel. Paulo Afonso Brum Vaz, 15.04.2010, v.u.).

- TJRJ: "O princípio do promotor natural é inerente ao devido processo penal, tendo fundo constitucional, não sendo possível a deflagração da ação penal pública por aquele que não tem atribuição previamente estabelecida em lei, buscando com isto impedir a existência do chamado promotor por encomenda. No caso concreto, o Promotor que requereu a interceptação telefônica e ofereceu a denúncia contra os acusados atuou dentro dos limites de sua atribuição ditada previamente em resolução do Procurador Geral de Justiça (Resolução 786), ficando com a atribuição para oferecer a denúncia. O Promotor em exercício no juízo competente somente possui atribuição para oferecer a denúncia na hipótese de ter ocorrido segregação da liberdade do agente, seja por prisão em flagrante, preventiva ou temporária" (SER 0036426-62.2007.8.19.0001 (2008.051.00476)-RJ, 1.ª C.C., rel. Marcus Basílio, 13.11.2008, v.u.).

- TJMG: "O princípio do Promotor Natural visa garantir ao acusado um julgamento imparcial, isento, impedindo a designação de promotor *ad hoc*, designado com critérios políticos e manipulações casuísticas e assegurando-se a efetivação da norma prevista na CF, que veda a criação de tribunal e acusador de exceção" (ACR 1.0400.00.002970-4/002-MG, 3.ª C.C., rel. Antônio Carlos Cruviel, 10.06.2008, m.v.).

2.2.1.3.2 Atuação na fase investigatória

a) Não indica suspeição para o processo

- STF: "O simples fato de ter atuado na fase investigatória não induz ao impedimento ou à suspeição do promotor de Justiça, pois tal atividade é inerente às funções institucionais do membro do Ministério Público. Não se invalida a denúncia que descreve o fato típico criminal e possibilita o exercício da ampla defesa pelo paciente. Ordem indeferida. Alegação de excesso de prazo na prisão cautelar não conhecida pelo relator, porém acolhida pelos demais integrantes da Turma." (HC 86346-SP, 2.ª T., rel. Joaquim Barbosa, 18.04.2006, v.u.).

b) Não exige promotor natural

- STF: "O princípio do promotor natural está ligado à persecução criminal, não alcançando inquérito, quando, então, ocorre o simples pleito de diligências para elucidar dados relativos à prática criminosa. A subscrição da denúncia pelo promotor da comarca e por promotores auxiliares não a torna, ante a subscrição destes últimos, à margem do Direito." (RHC 93247-GO, 1.ª T., rel. Marco Aurélio, 18.03.2008, v.u.).

c) Participação ativa indevida

- TJSP: "Incontroverso que testemunha do fato não pode ser ao mesmo tempo autor da ação penal. O digno Promotor de Justiça não se limitou a acompanhar a diligência de apreensão de documentos. O zeloso membro do *Parquet* foi além e deu voz de prisão à acusada. Inarredável que poderia fazê-lo assim como qualquer pessoa do povo. No entanto ao assumir a posição de autor da prisão da acusado o eminente Promotor de Justiça deixou de atuar como representante do Estado no que tange ao 'jus puniendi' para assumir a figura de testemunha dos fatos. Corolário natural seria a oitiva no auto de prisão em flagrante do ilustre autor da prisão em flagrante como testemunha." (ACR 990.09.009611-0-SP, 15.ª C.D.C., rel. Flávio Silva, 04.08.2009, v.u.).

d) Grupos especializados

- TJSP: "Consoante orientação que segue prevalecendo no Colendo Superior Tribunal de Justiça (REsp 495.928-MG), a atuação de grupos especializados de promotores, como o GAECO, não se presta a violar o primado em referência, na medida em eles não são criados para atuar em um caso específico. Tais grupos especializados são órgãos criados no âmbito interno do Ministério Público, dentro de sua competência

CAP. V • PRINCÍPIOS CONSTITUCIONAIS PROCESSUAIS PENAIS E ENFOQUES PENAIS | **523**

administrativa, visando proporcionar agilidade e efetividade às funções institucionais do *Parquet*, com competência anteriormente especificada e membros integrantes previamente definidos, características que tornam legítima a sua atuação" (HC 990.09.101833-3-SP, 15.ª C.D.C., rel. Roberto Mortari, 23.06.2009, v.u.).

2.2.1.3.3 Competência por prerrogativa de foro

a) Zelo pelo promotor natural

• STJ: "A inobservância das regras processuais de competência em razão da prerrogativa de função, de natureza absoluta, impõe a anulação de todo o processo-crime, inclusive da exordial acusatória oferecida por órgão que não detinha a legitimidade ativa" (RHC 25.236-PE, 5.ª T., rel. Arnaldo Esteves Lima, 03.12.2009, v.u.).

2.2.1.3.4 Unidade e indivisibilidade do MP

a) Possibilidade de substituição de promotor

• STJ: "Não prospera a alegada violação do princípio do promotor natural sustentada pelo impetrante, pois, conforme se extrai da regra do art. 5.º, LIII, da Carta Magna, é vedado pelo ordenamento pátrio apenas a designação de um 'acusador de exceção', nomeado mediante manipulações casuísticas e em desacordo com os critérios legais pertinentes, o que não se vislumbra na hipótese dos autos. 5. A instituição do Ministério Público é uma e indivisível, ou seja, cada um de seus membros a representa como um todo, sendo, portanto, reciprocamente substituíveis em suas atribuições, tanto que a Lei 8.625/93 prevê, em seus arts. 10, IX, 'e' e 'g', e 24, a possibilidade de o Procurador-Geral de Justiça designar um Promotor de Justiça substituto ao titular, para exercer sua atribuição em qualquer fase do processo, inclusive em plenário do Júri" (HC 57506-PA, 6.ª T., rel. Og Fernandes, 15.12.2009, m.v.).

• STJ: "O princípio do promotor natural não sustenta a fundamentação de tempestividade do recurso ministerial, uma vez que, como instituição una e indivisível, a distribuição interna de atribuições permite melhor atuação, mas não impede que um órgão substitua outro com o escopo de cumprimento de seus fins existenciais." (REsp 969160-RJ, 5.ª T., rel. Arnaldo Esteves Lima, 06.08.2009, v.u.).

• STJ: "A ofensa ao Princípio do Promotor Natural verifica-se em hipóteses que presumem a figura do acusador de exceção, lesionando o exercício pleno e independente das atribuições do Ministério público, o que não ocorre nos autos. A atuação ministerial pautada ela própria organização interna, com atribuições previamente definidas em Lei Orgânica do Ministério Público estadual, não configura violação ao Princípio do promotor natural (Precedentes)." (HC 93838-BA, 5.ª T., rel. Felix Fischer, 04.12.2008, v.u.).

- TRF-1.ª R.: "O Ministério Público é uno e indivisível, quando um membro fala, fala em nome de toda a instituição, salvo quando age como *custos legis*. No nosso ordenamento jurídico, não há o princípio do Promotor Natural" HC 2008.01.00.024212-2-AM, 3.ª T., rel. Tourinho Neto, 24.06.2008, v.u.).

b) Possibilidade de atuação conjunta

- STJ: "Não há violação ao princípio do promotor natural se houve regular designação de representante do Ministério Público para atuar em conjunto com outro membro do *Parquet*" (HC 40394-MG, 6.ª T., rel. Og Fernandes, 14.04.2009, v.u.).

- TJRJ: "Não viola o princípio do promotor natural a designação, pelo Procurador-Geral de Justiça, de um substituto ao titular, com a anuência deste, para exercer sua atribuição em qualquer fase do processo, inclusive em plenário do júri, se nenhum dos dois tinha impedimento para atuar nem havia motivos para se arguir a suspeição de qualquer deles, ainda mais quando ocorreu preclusão a respeito, por falta de impugnação no momento oportuno" (AP 0009743-56.2005.8.19.0001 (2008.050.04304)-RJ, 3.ª C,C., rel. Manoel Alberto, v.u.).

2.2.2 Princípio da vedação do duplo processo pelo mesmo fato

2.2.2.1 Conceito e mérito

Veda-se a duplicidade de processo baseado no mesmo fato para garantir a segurança jurídica, evitando-se a persecução penal indeterminada e infinita. Dado o fato delituoso, nasce o poder punitivo estatal, que, servindo-se de seus vários órgãos de investigação e acusação, pode promover a ação penal contra o pretenso autor. Evidencia-se, então, o embate entre Estado e indivíduo, lastreado no devido processo legal, com todas as suas garantias, além de calcado no princípio do estado de inocência. Mostradas as armas da acusação e apontadas as de defesa, profere-se a decisão do Estado-juiz. Em caso de absolvição, extingue-se o interesse estatal em punir o réu, preservando-se seu estado de inocente. O trânsito em julgado dessa decisão põe termo absoluto a qualquer outra iniciativa de discutir culpa, quando se tratar do mesmo

CAP. V • PRINCÍPIOS CONSTITUCIONAIS PROCESSUAIS PENAIS E ENFOQUES PENAIS | **525**

fato. Emerge a segurança jurídica de cessar a perseguição, visto não ter sido demonstrada, no tempo certo, eventual culpa.

O mérito do princípio não se volta, apenas, a impedir a dupla punição pelo mesmo *crime*, mas tem por objetivo obstar o duplo processo pelo mesmo *fato*. Quer-se garantir a força da decisão judicial exclusiva para determinada infração penal, em particular, a sentença absolutória.

Impede-se a revisão em favor da sociedade, pois ninguém será submetido a novo processo pelos mesmos fatos.[49] Cuida-se de garantia humana fundamental, advinda da Convenção Americana sobre Direitos Humanos, ingressando no cenário brasileiro pela abertura do art. 5.º, § 2.º, da Constituição Federal.

2.2.2.2 Correlação com impunidade

À primeira vista, impedir-se a revisão criminal em prol da sociedade, ainda que surja prova nova e evidente da culpa do réu, anteriormente absolvido, parece consagrar a impunidade, em detrimento dos interesses da sociedade.

Porém, a avaliação, calcada nesses termos, é prematura e equivocada. O Estado detém os mais fortes instrumentos de coerção, possuindo agentes preparados e exclusivamente voltados à apuração de crimes, diversamente do indivíduo, cujo escudo protetor funda-se, tão-somente, em seu advogado.[50] Por isso, as várias garantias individuais, constantes do art. 5.º da Constituição Federal, voltam-se à proteção da pessoa, cujo esteio é o princípio regente da dignidade humana.

O Estado não necessita de proteção, pois ele é o ente que protege. A ocorrência do crime lhe desperta a atuação, que, no entanto, como regra, tem um limite de tempo para concretizar-se, sob pena de se consumar a prescrição. Do mesmo modo, agindo, há que se valer de todos os mecanismos possíveis para inverter o estado de inocência do acusado, dentro das garantais do devido processo legal. Exige-se um fim, igualmente, para a persecução penal, não se sublimando a busca indeterminada por punição.

Esgotada a atividade persecutória, advindo a sentença absolutória, torna-se essencial afiançar-se ao indivíduo a segurança jurídica desse embate. Não há justiça perfeita, nem decisão judicial sagrada. A falibilidade humana, na administração da lei penal, precisa ser considerada, tanto para condenar, quanto para absolver. Entretanto, a parte fraca da relação processual penal é o indivíduo, razão pela qual a mobilização para a sua defesa torna-se mais

---

49. Convenção Americana sobre Direitos Humanos, art. 8.º, item 4.
50. "O advogado é indispensável à administração da justiça, sendo inviolável por seus atos e manifestações no exercício da profissão, nos limites da lei" (art. 133, CF).

intensa e pesarosa, merecendo possuir um termo garantista, consagrando a finalização da busca estatal pela punição.

Se a prescrição é um instituto de enaltecimento da segurança jurídica, pois, passado determinado período de tempo, torna-se injusta a aplicação da pena, pela perda de suas finalidades, quer retributivas, quer preventivas, naturalmente, o uso do processo criminal também precisa ter limitação.

Possivelmente, no estrito significado do termo *impunidade*, entendendo-se como ausência de castigo ou punição, sem dúvida, a absolvição definitiva, por falta de elementos demonstrativos da culpa, pode consagrar. Porém, no sentido amplo e pejorativo, impunidade não houve, visto que o Estado não deixou de agir, por interesses escusos ou por ineficiência. O processo-crime existiu e a busca pela punição, igualmente. Cessada a persecução, sem alteração do estado de inocência, torna-se definitiva a decisão e não mais resulta relevante a modificação da *coisa julgada*.

Por outro lado, a revisão criminal em favor do réu, para sanar defeitos ou erros, impõe-se como razoável, uma vez mais para afirmar a certeza de justiça e de sublimação do equilíbrio estatal na atuação em cenário penal. Prevaleçem os direitos individuais em detrimento do difuso interesse da sociedade pela punição.

O Estado Democrático de Direito exalta a dignidade da pessoa humana, terminando por engrandecer os direitos individuais em contraposição à força estatal punitiva.

2.2.2.3 A reabertura da persecução penal

Há situações processuais, tal como o arquivamento de inquérito policial, que admitem a reabertura do caso, desde que surjam provas novas.[51] Demanda-se, entretanto, o ineditismo patente dessas provas, não sendo viável assimilar-se uma prova refeita ou reformulada. Ilustrando, o surgimento de testemunha, que nunca prestou depoimento, conhecedora do caso, pode ser considerado prova *nova*. Porém, a testemunha já inquirida que, revendo sua anterior posição, resolve dar nova versão para o caso, não é considerada prova inédita. Exceção a isso pode dar-se se a testemunha, já ouvida, apresentar-se à autoridade, narrando fato *novo*, que a teria impedido de contar a verdade anteriormente (como uma ameaça ou extorsão).

De todo modo, em nome da segurança jurídica, com base no espírito do princípio de vedação ao duplo processo pelo mesmo fato, quer-se ga-

---

51. Súmula 524, STF: "Arquivado o inquérito policial por despacho do juiz, a requerimento do promotor de justiça, não pode a ação penal ser iniciada sem novas provas".

CAP. V • PRINCÍPIOS CONSTITUCIONAIS PROCESSUAIS PENAIS E ENFOQUES PENAIS | **527**

rantir, também, a investigação limitada, cujo termo final é o arquivamento determinado pelo juízo.

Embora não se trate de decisão de mérito, na sua essência, avaliando a culpa ou inocência do indiciado, cuida-se de finalização de fase persecutória e, como tal, merece firmeza quanto ao término.

Desse cenário, nasce a exigência de que a revitalização da investigação, com eventual propositura de ação penal, somente tem sentido se inéditas provas surgirem, desde que não tenha ocorrido a prescrição.

2.2.2.3.1 A inconstitucionalidade do art. 414, parágrafo único, do CPP

Ocorrendo a impronúncia, por falta de prova da materialidade ou da existência de indícios suficientes de autoria, autoriza-se a propositura de nova ação penal, enquanto não ocorrer a extinção da punibilidade, se houver prova nova (art. 414, parágrafo único, CPP).

Embora se classifique a decisão de impronúncia como interlocutória mista, de conteúdo terminativo, encerrando a primeira fase do processo, sem juízo de mérito, não deixa de ser uma decisão judicial, proferida após o devido processo legal para demonstrar a culpa do réu. O Estado falhou em apontar, no processo criminal, os elementos necessários para o encaminhamento do caso ao juiz natural, que é o Tribunal do Júri. Findou o processo, em verdade. Qual é a razão para reinaugurá-lo, caso surjam provas inéditas? Em nosso entendimento, há confronto direto com o princípio da vedação do duplo processo pelo mesmo fato.

O referido princípio não esclarece qual é a natureza do processo, mas proíbe nova investida do Estado contra o indivíduo, quando já houve anterior persecução, finalizada por decisão judicial.

Assim sendo, o Estado-acusação propôs ação penal, obrigando o réu a se defender, instaurando-se processo-crime, como outro qualquer. Colhem-se provas em juízo, emitem-se alegações finais e há o julgamento. Inexistente prova suficiente contra o acusado, impronuncia-se. Ora, fosse outro crime qualquer, haveria a absolvição, por insuficiência de provas. E esta decisão, transitada em julgado, seria definitiva. Desse modo, é injustificável que a decisão de impronúncia não possua o efeito garantista de finalização do embate pela demonstração da culpa do réu.

Acima da lei ordinária, encontra-se a garantia humana fundamental, implícita na Constituição Federal, vedando o duplo processo com base nos mesmos fatos. Logo, o disposto pelo art. 414, parágrafo único, do CPP, é inconstitucional.

2.2.2.4 O duplo processo na jurisprudência

2.2.2.4.1 Reinício da persecução penal

a) Fato novo

- TJSC: "Cumpre salientar que não foi descoberto nenhum fato novo, pois a conduta narrada na segunda denúncia já era de conhecimento do Representante do Ministério Público quando oferecimento da inicial acusatória que ensejou a instauração da Ação Penal 009.05.000758-9" (HC 2009.043591-8-SC, 3.ª C.C., rel. Torres Marques, 24.09.2009, v.u.).

VI

SÍNTESE CONCLUSIVA DAS PROPOSTAS RELATIVAS À EXEGESE DOS PRINCÍPIOS CONSTITUCIONAIS PENAIS E PROCESSUAIS PENAIS

1. PRINCÍPIOS REGENTES

1.1 Os princípios penais e processuais penais lidam, diretamente, com direitos e garantias humanas fundamentais, devendo ser considerados como as autênticas linhas de diretrizes para a interpretação das normas infraconstitucionais. Em caso de conflito, a prevalência deve ser implantada em favor dos princípios constitucionais.

1.2 Dois vetores inspiram todo o sistema jurídico penal: dignidade da pessoa humana e devido processo legal. A dignidade humana envolve, basicamente, dois aspectos: objetivo e subjetivo. Objetivamente, representa o conjunto de direitos básicos para assegurar um mínimo existencial ao ser humano (moradia, alimentação, educação, saúde, lazer, vestuário, higiene, transporte, previdência social). Subjetivamente, significa a consagração da valorização individual, enaltecendo a autoestima e a respeitabilidade do ser humano, distinguindo-o de outros e conferindo-lhe vivência única e reconhecida. O devido processo legal pretende abarcar todos os princípios penais e processuais penais, com a finalidade de garantir a atuação firme, mas justa, do Estado Democrático de Direito, diante dos conflitos gerados pela ocorrência da infração penal.

530 | PRINCÍPIOS CONSTITUCIONAIS PENAIS E PROCESSUAIS PENAIS – Nucci

1.3 A dignidade humana encerra elementos de proteção tanto do agente do crime como da vítima, cada qual nos aspectos que lhes diz respeito. Do mesmo modo em que se busca o processo-crime regrado e garantista, não se deve perder de foco a sustentação da parte ofendida, em matéria de tutela de seus imediatos interesses, tais como a recomposição do dano, a assistência jurídica e psicológica e o resguardo de novas agressões.

2. DIREITOS E GARANTIAS HUMANAS FUNDAMENTAIS

2.1 São normas hegemônicas, muitas delas encarnando princípios constitucionais de cristalina relevância, merecendo prevalecer sobre qualquer lei infraconstitucional, que dispuser de modo contrário.

2.2 A superfície dos direitos e das garantias fundamentais detém uma borda impenetrável, digna de fiel respeito por parte do legislador ordinário, de modo que baliza reformas no sistema normativo e não é por elas delimitada.

3. LEGALIDADE

3.1 É o princípio central do sistema de direito codificado, guarnecendo a indispensável segurança jurídica no âmbito das figuras típicas incriminadoras, bem como no contexto dos instrumentos processuais de persecução penal.

3.2 Inspira e serve de base aos princípios da anterioridade, personalidade, individualização da pena, taxatividade, proporcionalidade e vedação à dupla punição pelo mesmo fato.

3.3 Determina a estrita aplicabilidade da prisão cautelar, a obrigatoriedade da ação penal e a oficialidade regente no processo penal.

3.4 Controla o processo de integração do sistema normativo penal em face do emprego da analogia, admitindo exceção apenas no tocante à forma analógica favorável do réu.

3.5 Exerce estreita fiscalização em relação à utilização de mecanismos de interpretação, tais como a extensiva e a analógica, impondo limites ao recurso da tipicidade aberta como método de composição de tipos incriminadores.

3.6 Admite como plausível o uso da norma penal em branco, desde que utilizada como autêntico instrumento de complemento de tipos penais, visando à mantença de sua atualização, diante da evolução e das descobertas humanas.

4. ANTERIORIDADE

4.1 É o princípio-garantia da legalidade, permitindo eficiência à previsão expressa de crime e de pena em lei, como meta de afirmar a segurança jurídica.

5. RETROATIVIDADE

5.1 Consagra a extratividade da lei penal benéfica, demonstrativa da movimentação da norma no tempo, balizando-se pela data do fato criminoso até a extinção do interesse punitivo do Estado.

5.2 A ultratividade e a retroatividade favoráveis ao acusado evidenciam a preocupação humanista do constituinte ao dar maior relevo à justa modernização do status penal atual do réu do que à valorização da formal coisa julgada ou do ato jurídico perfeito.

6. HUMANIDADE

6.1 Reconhece-se o princípio da humanidade como expressamente previsto no art. 5.º, XLVII, da Constituição Federal, porém, ainda não se lhe conferiu a concretude indispensável para que deixe o campo da teoria, adentrando a prática cotidiana dos fóruns e presídios.

6.2 Vedam-se as penas cruéis, tornando-se essencial considerar como tais as penas privativas de liberdades, cumpridas ao arrepio da lei, dissociadas dos mínimos substratos de dignidade humana. Não somente em teoria uma pena pode ser cruel; sobretudo, na realidade, deve-se detectar e vetar a existência da crueldade no sistema presidiário brasileiro. Penas cumpridas de *forma* cruel precisam ser consideradas ilegais, pois o fundo da questão é matéria constitucional fundamental.

7. RESPONSABILIDADE PESSOAL

7.1 O foco na individualidade humana permite a concessão de direitos e garantias, ao mesmo tempo em que se justifica, integralmente, a punição igualmente individualizada. Cada qual responde por seus atos, no cenário penal, constituindo fronteira intransponível o universo da conduta criminosa pessoal.

7.2 O reflexo da punição criminal atinge as vertentes direta e indireta. Diretamente, a pena deve abarcar restrições individuais voltadas à pessoa do delinquente, sendo que somente este deve ser processado pela conduta considerada criminosa. A responsabilidade penal é pessoal e a ação penal é intranscendente.

7.3 Toda e qualquer pena, por direta afirmação constitucional, será destinada à pessoa do infrator, não havendo amparo para supor deva ser suportada por terceiros. Nessa exata medida, pouco interessando o conteúdo de lei ordinária, a multa, fruto da prática criminosa, jamais poderá ser cobrada de herdeiros do condenado falecido, sob pena de grave violação de preceito constitucional. Igualmente, nenhuma pena restritiva de direitos, ainda que com caráter pecuniário, atingirá inocentes.

7.4 Os efeitos indiretos da condenação são inexoráveis, abarcando vidas de inocentes de maneira reflexa. Entende-se como fatalidade a prisão de alguém, quando se visualizar os prejuízos advindos à sua família, em matéria de sustento e presença no lar. Por isso, cabe ao Estado ocupar-se de preservar o mínimo existencial para os familiares necessitados, na forma de abono ou pecúlio.

7.5 No campo processual penal, a maior cautela deve ser dirigida às denúncias genéricas, cujo teor deve compor o meio-termo entre a necessidade e a garantia. Delitos cometidos em concurso de pessoas podem dar ensejo à imputação genérica da prática do crime a vários coautores e partícipes, sem que se consiga, especificamente, delimitar a conduta de cada um deles. Não o fazendo de maneira genérica, cuida-se de cultivo à impunidade. Porém, há de se demandar a garantia de que todos os imputados, conforme as provas colhidas, efetivamente concorreram para a infração penal. Indevida se torna a imputação genérica, sem lastro probatório, sustentando o envolvimento de todos os codenunciados.

8. INDIVIDUALIZAÇÃO DA PENA E DAS MEDIDAS CAUTELARES PROCESSUAIS PENAIS

8.1 Reduzir diferentes pessoas a um único, simples e pobre padrão de pena, baseado no critério de se tratar de um mesmo tipo penal, é ilegal e inconstitucional. Impõe-se, por força do princípio da *individualização* da pena a justa atribuição da medida correta de sanção a cada réu, conforme suas pessoais contingências.

8.2 Constitui ilegalidade evidente a denominada *política da pena mínima*, significando a aplicação da pena no mais baixo grau possível como forma de evitar a motivação e o processo de verificação das condições pessoais do acusado.

8.3 Redunda em inconstitucionalidade qualquer estandardização de regimes de cumprimento de pena, assim como toda e qualquer regulamentação executória da sanção penal.

8.4 Avesso ao princípio da individualização da pena é a utilização de critérios aritméticos para estabelecimento da sanção penal, pois as condições humanas não são subsumidas em simplórias frações.

8.5 A individualização das medidas cautelares processuais penais é uma exigência atual, por ostentar compatibilidade e harmonia com o princípio penal da individualização da pena, em particular com a edição da Lei 12.403/2011, que passou a prever esse quadro para a atuação concreta do juiz.

9. INTERVENÇÃO MÍNIMA

9.1 O ser humano deve ser livre, em vivência justa e solidária, como base fundamental da República Federativa do Brasil (art. 3.º, I, CF). Para tanto, cabe ao Estado Democrático de Direito promover e resguardar os direitos e garantias individuais, contendo a intervenção repressivo-penal ao mínimo indispensável para assegurar a harmonia e o bem-estar em sociedade.

9.2 O excesso de figuras típicas incriminadoras fere a ideia de intervenção mínima, retirando o Direito Penal da posição de *ultima ratio*, para que se desvista do caráter de subsidiariedade e invada áreas reservadas a outros ramos do ordenamento jurídico.

9.3 O abusivo intervencionismo do Estado rompe o limite racional de sua fragmentariedade, provocando o seu inchaço incômodo, arrogando a si a resolução de conflitos, que seriam, como regra, imunes à repressão penal.

9.4 A profusão de normas incriminadoras quebra a promessa de ter por fundamento a dignidade da pessoa humana, como esteio da democracia, visto atingir condutas de mínima ofensividade, supérfluas e irrelevantes.

9.5 É essencial a firme postura do Judiciário para conter o ímpeto legislativo desregrado e afoito, que criminaliza inocuidades e deixa de extirpar do ordenamento jurídico tantas outras figuras vetustas e descompassadas com a realidade. A consideração de inconstitucionalidade precisa ser aplicada a vários tipos penais incriminadores, infringentes do princípio da intervenção mínima.

9.6 O princípio da insignificância, consequência natural da aplicação da intervenção mínima, deve ser considerado sob os seguintes prismas: consideração do valor do bem jurídico, em termos concretos; consideração da lesão ao bem jurídico, em visão global, e consideração particular aos bens jurídicos imateriais de expressivo valor social.

9.7 O princípio da adequação social, igualmente corolário da intervenção mínima, precisa ampliar sua aplicabilidade, alcançando as efetivas e céleres transformações sociais, de modo a impedir a tipificação de condutas consideradas socialmente aceitas e consensualmente assimiladas.

10. TAXATIVIDADE

10.1 Despiciendo tratar-se de legalidade penal sem o acolhimento indeclinável do princípio da taxatividade, pois tipos penais incriminadores vagos e oportunistas são inócuos para garantir a mínima segurança jurídica demandada pelo Estado Democrático de Direito.

10.2 Por certo, a tipicidade aberta, dependente de interpretação acurada do operador do Direito, para ser conhecida e corretamente

534 | PRINCÍPIOS CONSTITUCIONAIS PENAIS E PROCESSUAIS PENAIS – NUCCI

aplicada, é indispensável, evitando-se os tipos fechados complexos e incompreensíveis.

10.3 Tal medida, para a composição de tipos penais, justifica a utilização de termos de interpretação valorativo-cultural e valorativo-jurídica, assim como a inserção de elemento subjetivo específico.

10.4 Inadequados são os instrumentos calcados em elementos excessivamente abertos, seja em termos internos, em termos de encerramento, em condutas ou abrangendo a inteireza do tipo penal.

11. PROPORCIONALIDADE

11.1 A harmonia do sistema normativo penal pressupõe correlação e equilíbrio entre o grau de ofensa ao bem jurídico, provocado pela prática do crime, e a medida da pena aplicável ao caso. O desajuste entre delito e pena desestabiliza as bases da intervenção mínima, pois, na prática, o autor da infração penal termina por receber punição acima de sua capacidade de absorção, representando abuso estatal.

11.2 O excesso legislativo, na cominação de penas, tornou-se realidade, necessitando da intervenção do Poder Judiciário para fazer cumprir os princípios constitucionais, superiores a qualquer previsão legal ordinária.

11.3 Penas abusivas, detectadas no caso concreto, devem ser consideradas inconstitucionais, por lesão ao princípio da proporcionalidade. Deve-se buscar, como solução ao impasse, as penas aplicáveis a crimes análogos, visto ser viável o emprego de analogia *in bonam partem*, como forma de sanar desvio legislativo, que atua em desfavor do réu.

11.4 No processo penal, denota-se o emprego da proporcionalidade no cenário das medidas restritivas cautelares. A prisão por tempo excessivo, em face do prolongamento indevido da instrução, termina por representar uma restrição desproporcional e ilegal. De igual modo, a prisão decretada sem fundamento nos requisitos do art. 312 do Código de Processo Penal. Invasões de privacidade, como interceptações telefônicas e quebras de sigilo fiscal, bancário e de dados, sem lastro probatório suficiente (materialidade e indícios de autoria), constituem instrumentos desproporcionais, demonstrativos da atuação ilegal do Estado.

12. DUPLA PUNIÇÃO PELO MESMO FATO

12.1 Nem haveria de ser um princípio penal, previsto em qualquer documento, visto ser regra básica de bom-senso, racionalidade e sensibilidade. Porém, nem tão certas são as boas querenças humanas, de modo que o relevo à vedação da dupla punição pelo mesmo fato há de ser consagrado.

12.2 Fossem aplicadas sanções múltiplas em decorrência de uma mesma base fática, estar-se-ia, por começo, ferindo a legalidade, cuja previsão é de um fato e uma pena, em absoluta correspondência. Além disso, lesão adviria ao devido processo legal, pois há patente restrição ao duplo processo pelo mesmo fato. Demais não é ressaltar a ranhura à proporcionalidade, pois as penas são estabelecidas, em abstrato, para serem aplicadas, nos termos concretos, a uma determinada infração penal. A punição dúplice, calcada em identidade fática, resultaria em repressão desproporcional.

12.3 Um particular cuidado deve ser mantido no processo de individualização da pena, pois, em virtude de vários estágios e fases, pode o magistrado aplicar elevações ou aumentos de pena sobrepostos, fundados no mesmo fato.

12.4 Fatores lastreados em diversas bases de sustentação podem ser considerados, ainda que cumulados, por não haver dupla punição pelo *mesmo* fato. Tal situação espelha o contexto da reincidência, demandando mais severa punição pela consideração de circunstância pessoal do agente, tal como se pode fazer, levando-se em conta a personalidade, a conduta social ou os antecedentes. O aumento provocado pela incidência dessa agravante não diz respeito à superposição de fatos; quem cometeu um roubo, tendo sido condenado definitivamente, ao praticar, depois, um estelionato, merece maior pena não por conta de se estar punindo outra vez o referido roubo, mas porque se está apenando mais gravemente o crime de estelionato, demonstrativo da recalcitrância do agente em cumprir as leis e respeitar o direito alheio.

12.5 Inexiste, ainda, dupla punição pelo mesmo fato, quando o magistrado considera, em diferentes etapas, sustentado por diversos delitos, os antecedentes e a reincidência. Há possibilidade de o agente ser somente reincidente – cometer novo delito, após condenação anterior, com trânsito em julgado, por crime – ou ser reincidente e possuir maus antecedentes – cometer novo crime, depois de ter sido condenado por delito anterior –, além de ostentar outras condenações com trânsito em julgado.

13. CULPABILIDADE

13.1 Não há crime sem dolo ou culpa, cumprindo-se baluarte essencial do Estado Democrático de Direito, avesso à punição sem intenção ou displicência. A simples voluntariedade da conduta é insuficiente para gerar responsabilidade penal, constituindo a presença da consciência do agente um fato indispensável, particularmente voltado à meta de concretizar o tipo penal incriminador ou de atuar em desacordo com o dever de cuidado objetivo.

536 | PRINCÍPIOS CONSTITUCIONAIS PENAIS E PROCESSUAIS PENAIS – **Nucci**

13.2 Descontextualizada se encontra a responsabilidade penal objetiva, embora se faça presente no sistema jurídico penal brasileiro. Deve-se, contudo, apor-lhe limites mais precisos, exigindo, ao menos, previsibilidade remota da situação criminosa a ser desencadeada.

13.3 No cenário do dolo e da culpa, deve-se transferir a culpa consciente para o contexto do dolo, correlacionando-se com o dolo eventual, tendo em vista a inviabilidade prática de sua detecção no processo-crime. A opção pelo dolo eventual ou pela culpa consciente não reflete, com rigor, o autêntico intuito do agente no quadro da assunção deliberada do risco ou da sinceridade de que não aconteça o resultado secundário. Portanto, as variações jurisprudenciais a respeito de determinada conduta configurar dolo eventual ou culpa consciente, *v.g.* o *racha*, constituem o resultado das reflexões dos magistrados, calcadas nas circunstâncias do fato e não, com efetividade, no elemento subjetivo do agente. A insegurança dessa avaliação e a flutuação na solução dos casos concretos não são compatíveis com o real propósito do princípio da culpabilidade.

13.4 Em linhas processuais, demanda-se conter a responsabilidade objetiva na apresentação de denúncias excessivamente genéricas, quando o Estado-acusação não consegue demonstrar o mínimo indispensável, consistente na atuação dos concorrentes, ao menos com dolo ou culpa. Ainda que não se consiga especificar cada conduta, exige-se a presença do elemento subjetivo.

14. PRESUNÇÃO DE INOCÊNCIA

14.1 O estado natural de inocência é direito indisponível e irrenunciável, corolário da dignidade da pessoa humana. A imediata consequência dessa presunção é a atribuição do ônus da prova, nos casos de imputação criminal, ao órgão acusatório.

14.2 A inocência demanda respeito aos direitos e garantias individuais, salvo comprovada necessidade para a busca de provas em relação à culpa do agente. As medidas restritivas da liberdade devem ser aplicadas em caráter excepcional e fundamentado.

14.3 A decorrência lógica do estado de inocência é a prevalência do interesse do réu, quando em confronto com o interesse punitivo estatal; afinal, o inocente deve ter seu estado natural preservado, especialmente em caso de dúvida.

14.4 Advém, igualmente, da presunção de inocência a imunidade à autoacusação, significando que o acusado não tem obrigação alguma de produzir prova contra si mesmo, possuindo, sempre que necessário, o direito ao silêncio.

15. AMPLA DEFESA

15.1 Cuida-se de instrumento exclusivo do acusado para refutar a acusação estatal, no âmbito criminal, utilizando-se dos mecanismos legais de maneira extensa e copiosa, buscando, acima de tudo, manter o seu estado de inocência.

15.2 Divide-se em autodefesa, promovida diretamente pelo réu, dirigindo-se ao julgador, e em defesa técnica, sustentada por advogado constituído ou nomeado pelo Estado, além de ser apto o defensor público.

15.3 A defesa técnica deve ser efetiva, não bastando a mera formalidade em sua atuação; tratando-se de direito individual indisponível, compete ao juiz, primordialmente, zelar pela sua eficiência.

15.4 A garantia da ampla defesa deve ser exercida com ética e prudência, sem implicar em procrastinação indevida ou uso de mecanismos ilícitos. Afinal, a duração razoável do processo é princípio de economia processual, constituindo interesse de todas as partes envolvidas no feito.

15.5 Em situações de confronto entre a lei ordinária, prevendo forma de cerceamento da atividade de defesa, e o princípio constitucional da amplitude de defesa, deve este prevalecer, pois é o espelho fiel do Estado Democrático de Direito.

16. PLENITUDE DE DEFESA

16.1 Constitui o aperfeiçoamento da ampla defesa, inserido no contexto do Tribunal do Júri, demandando particular atenção para a atividade defensória, em grau de eficiência e extensão no uso.

16.2 Justifica-se o empenho constituinte em privilegiar a *plena* e absoluta possibilidade de defesa, diante do Tribunal Popular, tendo em vista a sua decisão desmotivada, sigilosa e lastreada somente em bom-senso e consciência de justiça.

16.3 A plenitude de defesa precisa ser considerada de relevância superior à atividade da acusação, quando em confronto os dois interesses, pois é mandamento constitucional explícito.

17. CONTRADITÓRIO

17.1 O direito a contrapor argumentos contrários ao próprio interesse é inerente a qualquer das partes no processo; trata-se, pois, de princípio aplicável tanto à acusação quanto à defesa.

17.2 Fundamenta-se, na essência, na contrariedade de fatos e provas, pois são os elementos sobre os quais se constrói o direito aplicável e forma-se a convicção do julgador. O contraditório em relação a questões de direito é de rara viabilização, pois as partes conhecem as normas postas, cabendo-lhes aplicar o que lhes compete, sem necessidade de ouvir o lado contrário. Excepcionalmente, cuidando-se de questão de direito, passível de gerar a terminação do processo, deve-se ouvir os envolvidos, antes de haver a decisão judicial.

17.3 O limite do contraditório é a natural contraposição de ideias: manifesta-se, em primeiro lugar, a acusação, que traz o fato novo, com o fim de inverter o estado de inocência; na sequência, expressa-se a defesa, contrariando todos os argumentos desejados, buscando manter o estado de inocência. No desenvolvimento do processo, a ordem se mantém: produz-se a prova da acusação; em seguida, a da defesa. Ao final, em debates derradeiros, expõe o órgão acusatório a sua tese, analisando as provas colhidas, sucedido, então, pela defesa. Encerra-se, com isso, o contraditório; do contrário, perpetuar-se-ia o debate, sem qualquer decisão. O lado relevante dessa breve exposição da dialética processual cinge-se ao fato de ser a defesa livre para argumentar o que bem entender, ao final das alegações, pois a ela cabe encerrar o contraditório. Nada justifica a reabertura de oportunidade para a continuidade da contraposição de ideias, ouvindo-se, outra vez, a acusação e assim por diante.

18. JUIZ NATURAL E IMPARCIAL

18.1 Dentre as principais garantias individuais, encontra-se a exigência de um juízo ou tribunal imparcial, que possa solucionar o conflito de interesses de maneira isenta e proba. Assegurando-se esse fiel equilíbrio entre as partes, aponta-se a necessidade de existir o juiz natural, previamente designado por lei para conhecer os casos criminosos futuros. Leia-se, portanto: inicialmente, estabelece-se o juiz competente para determinadas causas; após, concretizando-se a infração penal, busca-se o juiz certo, sem qualquer escolha ardilosa ou de má-fé.

18.2 Eis o motivo para a vedação, a contrário senso, do juízo ou tribunal de exceção, constituído pelo órgão jurisdicional especialmente criado para a análise de crime já ocorrido, possivelmente, destinando-se ao caso um julgador comprometido com posições preconcebidas. Por óbvio, em tese, poderia o juízo de exceção ser tão imparcial quanto o natural, mas não é a regra, ao menos no jogo político entre os Poderes do Estado.

18.3 Destoa do juízo natural e imparcial todo e qualquer órgão judiciário desprovido de inamovibilidade, apto a decidir controvérsias relevantes, sem a possibilidade de se afirmar no cargo.

18.4 Dessa fórmula de prévia organização judiciária, decorre o princípio da iniciativa das partes, impedindo-se que o magistrado atue de ofício, perdendo a sua imparcialidade, ao menos no que concerne à propositura da ação penal.

18.5 Paralelo ao juiz natural e imparcial encontra-se o dever de motivar as decisões, visto que, somente pela força do argumento, expresso e logicamente deduzido, pode-se avaliar a real isenção do julgador.

19. PUBLICIDADE

19.1 A pública exposição do magistrado, conduzindo os atos processuais e as sessões de julgamento, legitima a sua atuação, como Poder de Estado, pois não escolhido diretamente pelo povo. Permite-se, com isso, a fiel fiscalização de que a lei é cumprida, a despeito de quaisquer eventuais interesses escusos.

19.2 Embora presente essa regra garantista, não se pode considerá-la absoluta, tendo em conta outros interesses individuais fundamentais, tais como a intimidade e a vida privada. A harmonização de tais fatores cria o ambiente propício ao equilíbrio entre a fiscalização da atividade judiciária e o respeito aos interesses sociais, públicos e individuais essenciais.

19.3 A restrição à publicidade somente pode dar-se no cenário geral, afastando do acompanhamento processual o povo em geral; jamais haverá publicidade integralmente vedada, pois as partes têm legítimo interesse de acompanhar o feito, sob pena de violação a outros direitos e garantias igualmente relevantes.

20. PROVAS ILÍCITAS

20.1 São vedadas no processo as provas *obtidas* ilicitamente, pois se constrói uma base ética e moral sobre a qual são lançados argumentos e elementos hábeis à demonstração da verdade. Não se compatibiliza o processo criminal com o crime processual. Da ilicitude não se ergue nada positivo, de modo que a primeira providência estatal é zelar pelos instrumentos utilizados pelas partes para provocar o convencimento do juiz.

20.2 Há que se vetar o uso da proporcionalidade no campo das provas ilícitas, não se admitindo que se possa fazer a ponderação entre ilicitudes, optando pela de melhor funcionalidade. Exceção se faça à utilização da prova ilícita para demonstrar a inocência, visto ser este princípio fundamental do Estado Democrático de Direito.

20.3 Consagra-se o princípio da prova ilícita por derivação, expurgando--se do processo todas as provas decorrentes da ilícita, pois carregam a mácula por transmissão.

21. ECONOMIA PROCESSUAL

21.1 A celeridade do andamento processual produz ganho para as partes envolvidas, conferindo às Varas e Cortes, em geral, o aprimoramento da prestação jurisdicional, garantindo-se a eliminação da impunidade. Da instrumentalidade dos atos, funcionalmente dispostos a capacitar os operadores do Direito a colher provas e concluir instruções com eficiência, emana a duração razoável do processo.

21.2 Inexiste tempo certo para a duração de um processo, pois cada situação, representativa de diversa imputação criminosa, abrange peculiar complexidade. O bom-senso inspira o razoável, ou seja, a justa medida entre a demora e a necessidade de busca.

21.3 Ingressa no contexto da razoabilidade a avaliação da proporcionalidade, pois é fruto da harmonia entre o crime cometido, o tempo de instrução e a eventual punição a ser aplicada. Em particular, eleva-se a importância da proporcionalidade, quando se está diante da duração razoável da prisão cautelar. Nessa situação, o constrangimento à liberdade individual impõe a natural celeridade, mas sem a predeterminação de tempo, o que provoca a mais aguçada atuação do bom-senso do Judiciário. Longos períodos de prisão cautelar quase sempre são injustos, em face da provável antecipação da pena, algo incompatível com o estado de inocência.

22. JÚRI

22.1 O Tribunal do Júri é instituição reconhecida pela Constituição Federal como direito individual à participação do povo nas decisões judiciais, assim como representa a garantia ao devido processo legal para apurar crimes dolosos contra a vida, julgando seus autores.

22.2 Sua consolidação e afirmação dão-se em virtude de princípios regentes, consubstanciados na soberania de seus veredictos, no sigilo das votações e na preservação de competência mínima constitucionalmente estabelecida para apreciar os crimes dolosos contra a vida.

22.3 Ausente a soberania de suas decisões, tornar-se-ia órgão popular de consulta e parecer, não vinculando o Judiciário togado, que, com o passar do tempo, ignoraria a vontade do povo, privilegiando o culto ao saber jurídico.

22.4 O desprestígio ao sigilo das votações constituiria fonte de constrangimento aos jurados, leigos que são, desprovidos das garantias da magistratura togada, provocando intranquilidade nos tensos momentos de decisão.

22.5 A inexistência de competência mínima, forçosamente fixada na Constituição Federal, poderia levar a instituição ao ocaso, conforme mutações na legislação ordinária, sem que se pudesse impor a sua relevância.

23. DUPLO GRAU DE JURISDIÇÃO

23.1 O natural inconformismo da parte perdedora, que almeja a reavaliação do caso por distinto órgão, promove a categorização do duplo grau como garantia fundamental no processo criminal.

23.2 Deve-se assegurar que uma corte colegiada possa rever a decisão do juiz singular, seja para condenar, seja para absolver.

23.3 O duplo grau cede às exigências de determinados privilégios, como a previsão do foro por prerrogativa de função, não sendo possível garantir a aplicabilidade concomitante de direitos que se excluem.

24. PROMOTOR NATURAL E IMPARCIAL

24.1 Como decorrência do juiz natural e imparcial, o ideal seria a consagração de uma acusação igualmente justa e isenta, promovida por órgão previamente designado por lei. Poder-se-ia certificar a imunização com relação a eventuais perseguições, promovidas por acusadores de exceção.

24.2 De *status* controverso, o princípio não encontra respaldo no Supremo Tribunal Federal, atualmente, mas, ao menos, tem-se por certo que a inserção de acusador específico, determinado a promover a acusação contra alguém, pode dar ensejo ao restabelecimento da imparcialidade, ainda que por meio de exceção de suspeição.

25. DUPLO PROCESSO PELO MESMO FATO

25.1 A segurança jurídica demanda a atuação estatal única para a apuração da culpa de alguém, valendo-se de todo o seu poderoso instrumental para colher provas e apresentá-las em juízo. Vencida essa etapa, havendo a absolvição, não há plausibilidade em se tolerar a busca incessante para a inversão do estado de inocência.

25.2 Inexiste confusão entre a vedação ao duplo processo e a impunidade, pois esta, na essência, representa a inércia do Estado em agir e apurar, a tempo, antes da prescrição, a materialidade do crime e sua autoria. Entretanto, realizada a apuração, apontado o pretenso culpado, esgota-se naquele feito a possibilidade de inversão do estado de inocência, sem se perpetuar a angústia do indivíduo de maneira indefinida.

25.3 Diante do princípio constitucional, há que se reconhecer a inconstitucionalidade do art. 414, parágrafo único, do Código de Processo Penal, permitindo a nova propositura de ação penal, em caso de impronúncia anterior, desde que surjam novas provas. Afinal, processo houve e o Estado apresentou todas as provas que possuía, não obtendo sucesso em demonstrar a culpa do réu. Merece o mesmo termo que outros feitos, encerrando-se de modo definitivo.

26. PRIMAZIA DA CONSTITUIÇÃO FEDERAL

Deve-se conceder à Constituição Federal, em seu amplo feixe de princípios, direitos e garantias humanas fundamentais, a prevalência sobre toda e qualquer disposição ordinária, fora do Texto Magno, para que se ergam as sólidas bases de um Estado Democrático de Direito, em especial, nas sendas penal e processual penal, cujos valores e institutos vinculam-se, estreitamente, à dignidade da pessoa humana.

BIBLIOGRAFIA

AGESTA, Luis Sanchez. *Curso de derecho constitucional comparado*. 2. ed. Madrid: Nacional, 1965.

ALEXY, Robert. *Teoria dos direitos fundamentais*. Trad. Virgílio Afonso da Silva. São Paulo: Malheiros, 2008.

ALMEIDA, Joaquim Canuto Mendes de. *Princípios fundamentais do processo penal*. São Paulo: RT, 1973.

ALMEIDA, José Raul Gavião de. MORAES, Maurício Zanoide de. FERNANDES, Antonio Scarance. *Sigilo no processo penal – eficiência e garantismo*. São Paulo: RT, 2008.

ALMEIDA JÚNIOR, João Mendes. *Noções ontológicas de Estado, soberania, autonomia, federação, fundação*. São Paulo: Saraiva, 1960.

_____. *O processo criminal brasileiro*. 4. ed. Rio de Janeiro-São Paulo: Freitas Bastos, 1959. v. 1 e 2.

ANDRADE, Manuel da Costa. *Sobre as proibições de prova em processo penal*. Coimbra: Coimbra Editora, 1992.

ANDRADE, Vander Ferreira. *A dignidade da pessoa humana – valor-fonte da ordem jurídica*. São Paulo: Cautela, 2007.

ANDREWS, J. A. (Org.). *Human rights in criminal procedure – A comparative study*. The Hague, Boston, London: Martinus Nijhoff Publishers, 1982.

ARAUJO, Luiz Alberto David. NUNES JÚNIOR, Vidal Serrano. *Curso de direito constitucional*. São Paulo: Saraiva, 1998.

AVOLIO, Luiz Francisco Torquato. *Provas ilícitas – Interceptações telefônicas, ambientais e gravações clandestinas*. 3. ed. São Paulo: RT, 2003.

AZAMBUJA, Darcy. *Teoria geral do Estado*. 4. ed. Porto Alegre: Globo, 1955.

BADARÓ, Gustavo Henrique Righi Ivahy. *Direito processual penal*. Rio de Janeiro: Elsevier, 2008. t. I e II.

_____. *Ônus da prova no processo penal*. São Paulo: RT, 2003.

_____; LOPES JR., Aury. *Direito ao processo penal no prazo razoável*. Rio de Janeiro: Lumen Juris, 2006.

BARBOSA, Rui. *Comentários à Constituição Federal brasileira*. Org. Homero Pires. São Paulo: Saraiva, 1934. v. 6.

BARBOSA JÚNIOR, Salvador José. TOLEDO, Armando. A nova tipificação do delito de embriaguez ao volante. *Direito penal – reinterpretação à luz da Constituição: questões polêmicas*. São Paulo: Elsevier, 2009.

BARRETO, Vicente de Paulo (coord). *Dicionário de filosofia do direito*. Rio: Renovar, 2006.

BARROSO, Luís Roberto. *Interpretação e aplicação da Constituição*. São Paulo: Saraiva, 1996.

BASTOS, Celso Ribeiro. *Curso de direito constitucional*, 18. ed. São Paulo: Saraiva, 1997.

_____. MARTINS, Ives Gandra. *Comentários à Constituição do Brasil*, v. 1. São Paulo: Saraiva, 1988.

BIAZEVIE, Daniza Maria Haye. A inconstitucionalidade do Tribunal do Júri. In: *Direito penal – reinterpretação à luz da Constituição: questões polêmicas*. São Paulo: Elsevier, 2009.

BITENCOURT, Cezar Roberto. *Teoria geral do delito*. São Paulo: RT, 1997.

_____. *Tratado de direito penal* – Parte geral. 8. ed. São Paulo: Saraiva, 2003.

BONAVIDES, Paulo. *Ciência política*. 4. ed. Rio de Janeiro: Forense, 1978.

_____. *Curso de direito constitucional*. 7. ed. São Paulo: Malheiros, 1997.

BOTTINI, Pierpaolo Cruz. *Crimes de perigo abstrato e princípio da precaução na sociedade de risco*. São Paulo: RT, 2007.

BRUNO, Aníbal. *Direito penal* – Parte geral. Rio de Janeiro: Forense, 1978. t. I e II.

_____. *Das penas.* Rio de Janeiro: Editora Rio, 1976.

_____. Sobre o tipo no direito penal. *Estudos de direito e processo penal em homenagem a Nélson Hungria.* Rio de Janeiro-São Paulo: Forense, 1962.

BUSTOS RAMÍREZ, Juan (org.). *Prevención y teoria de la pena.* Santiago: Editorial Jurídica ConoSur, 1995.

CAETANO, Marcelo. *Direito constitucional.* Rio de Janeiro: Forense, 1977. v. 1.

_____. *Direito constitucional.* Rio de Janeiro: Forense, 1978. v. 2.

_____. *Manual de ciência política e direito constitucional.* 6. ed. rev. e ampl. por Miguel Galvão Teles. Coimbra: Almedina, 1996. t. I.

CALMON, Pedro. *Curso de direito constitucional brasileiro.* 4. ed. Rio de Janeiro-São Paulo: Freitas Bastos, 1956.

CANOTILHO, José Joaquim Gomes. *Direito constitucional.* 6. ed. Coimbra: Almedina, 1995.

CARDOSO, Danielle Martins. Roubo e insignificância penal. In: *Direito penal – reinterpretação à luz da Constituição: questões polêmicas.* São Paulo: Elsevier, 2009.

CEREZO MIR, José. *Curso de derecho español* – Parte general. 5. ed. Madrid: Tecnos, 1998. v. 1.

_____. *Curso de derecho penal español.* 6. ed. Madrid: Tecnos, 1999. v. 2.

CERNICCHIARO, Luiz Vicente, e COSTA JR., Paulo José. *Direito penal na Constituição.* 3. ed. São Paulo: RT, 1995.

CERVINI, Raúl. *Os processos de descriminalização,* 2ª ed. São Paulo: RT, 2002.

CORRÊA JUNIOR, Alceu, e SHECAIRA, Sérgio Salomão. *Teoria da pena.* São Paulo: RT, 2002.

CORREIA, Eduardo. *Direito criminal.* Coimbra: Almedina, 1997. v. 1.

COSTA JR., Paulo José da. CERNICCHIARO, Luiz Vicente. *Direito penal na Constituição.* 3. ed. São Paulo: RT, 1995.

COUCEIRO, João Claudio. *A garantia constitucional do direito ao silêncio.* São Paulo: RT, 2004.

CUNHA, Sérgio Sérvulo da. *Princípios constitucionais.* São Paulo: Saraiva, 2006.

DALLARI, Dalmo de Abreu. *Constituição e constituinte.* 3. ed. São Paulo: Saraiva, 1986.

_____. Constituição para o Brasil novo. *Constituinte e democracia no Brasil hoje.* 4. ed. São Paulo: Brasiliense, 1986.

_____. *Elementos de teoria geral do Estado.* 6. ed. São Paulo: Saraiva, 1979.

DEMERCIAN, Pedro Henrique. MALULY, Jorge Assaf. *Curso de processo penal.* 4ª ed. Rio: Forense, 2009.

_____. *Regime jurídico do Ministério Público no processo penal.* São Paulo: Verbatim, 2009.

DIAS, Ricardo Ferreira. FERREIRA, Cristiane Caetano Simões. Abuso de autoridade: das necessárias mudanças da lei. In: TOLEDO, Armando (coord). *Direito penal – reinterpretação à luz da Constituição: questões polêmicas.* São Paulo: Elsevier, 2009.

DINIZ, Maria Helena. *Norma constitucional e seus efeitos.* 3. ed. São Paulo: Saraiva, 1997.

DÓRIA, Sampaio. *Comentários à Constituição de 1946.* São Paulo: Max Limonad, 1960. v. 4.

_____. *Direito constitucional (curso e comentário à Constituição).* 3. ed. São Paulo: Editora Nacional, 1953. t. I e II.

DOTTI, René Ariel. *Bases e alternativas para o sistema de penas.* 2. ed. São Paulo: RT, 1998.

EDWARDS, Carlos Enrique. *Garantías constitucionales en materia penal.* Buenos Aires: Astrea, 1996.

ENRIQUE EDWARDS, Carlos. *Garantías constitucionales en materia penal.* Buenos Aires: Astrea, 1996.

ESPÍNOLA FILHO, Eduardo. *Código de Processo Penal brasileiro anotado.* 3. ed. Rio de Janeiro: Borsoi, 1955. v. 1 a 8.

ESTEFAM, André. *Direito penal – parte geral,* v. 1. São Paulo: Saraiva, 2010.

FEITOZA, Denilson. *Direito processual penal – teoria, crítica e práxis.* 5. ed. Niterói: Impetus, 2008.

FERNANDES, Antonio Scarance. Vinte anos de Constituição e o processo penal. In: PRADO, Geraldo. MALAN, Diogo (coord). *Processo penal e democracia. Estudos em homenagem aos 20 anos da Constituição da República de 1988.* Rio: Lumen Juris, 2009.

_____. ALMEIDA, José Raul Gavião de. MORAES, Maurício Zanoide de. *Sigilo no processo penal – eficiência e garantismo.* São Paulo: RT, 2008.

_____. *Processo penal constitucional.* São Paulo: RT, 1999; 4. ed., 2005.

FERRAJOLI, Luigi. *Direito e razão – Teoria do garantismo penal.* Trad. Ana Paula Zommer Sica, Fauzi Hassan Choukr, Juarez Tavares e Luiz Flávio Gomes. São Paulo: RT, 2002.

FERREIRA, Cristiane Caetano Simões. DIAS, Ricardo Ferreira. Abuso de autoridade: das necessárias mudanças da lei. In: TOLEDO, Armando (coord).

Direito penal – reinterpretação à luz da Constituição: questões polêmicas. São Paulo: Elsevier, 2009.

FERREIRA, Pinto. *Comentários à Constituição Brasileira*, v. 1. São Paulo: Saraiva, 1989.

FERREIRA FILHO, Manoel Gonçalves. *Comentários à Constituição Brasileira de 1988*, 2. ed. São Paulo: 1997.

FIORAVANTI, Maurizio. *Los derechos fundamentales.* Madrid: Editorial Trotta, 1996.

FIUZA, Ricardo Arnaldo Malheiros. *Direito constitucional comparado.* 3. ed. Belo Horizonte: Del Rey, 1997.

FOUCAULT, Michel. *Vigiar e punir* – Nascimento da prisão. 25. ed. Trad. Raquel Ramalhete. Petrópolis: Vozes, 2002.

FRAGOSO, Heleno Cláudio. Alternativas da pena privativa da liberdade. *Revista de Direito Penal*, n. 29, Rio de Janeiro: Forense, jan.-jul. 1980.

_____. *Lições de direito penal* – Parte geral. 15. ed. Rio de Janeiro: Forense, 1994.

FRANCO, Afonso Arinos de Melo. *Estudos de direito constitucional.* Rio: Forense, 1957.

FRANCO, Alberto Silva. STOCO, Rui (Coord.). *Código de Processo Penal e sua interpretação jurisprudencial.* São Paulo: RT, 1999. v. 1 e 2.

_____. *Crimes hediondos.* 3. ed. São Paulo: RT, 1994.

_____ et al. *Código Penal e sua interpretação jurisprudencial.* 5. ed. São Paulo: RT, 1995.

GIACOMOLLI, Nereu José. Função garantista do princípio da legalidade. *RT* 778/476.

GOMES, Luiz Flávio. *Princípio da insignificância e outras excludentes de tipicidade.* São Paulo: RT, 2009.

_____. MAZZUOLI, Valerio de Oliveira. *Comentários à Convenção Americana sobre Direitos Humanos – Pacto de San José da Costa Rica*, 2. ed. São Paulo: RT, 2009.

GOMES, Mariângela Gama de Magalhães. *Direito penal e interpretação jurisprudencial – do princípio da legalidade às súmulas vinculantes.* São Paulo: Atlas, 2008.

_____. *O princípio da proporcionalidade no direito penal.* São Paulo: RT, 2003.

GOMES FILHO, Antonio Magalhães. A garantia da motivação das decisões judiciais na Constituição de 1988. In: PRADO, Geraldo. MALAN, Diogo (coord). *Processo penal e democracia. Estudos em homenagem aos 20 anos da Constituição da República de 1988*. Rio: Lumen Juris, 2009.

_____. *Direito à prova no processo penal*. São Paulo: RT, 1997.

_____. *A motivação das decisões penais*. São Paulo: RT, 2001.

_____. *Presunção de inocência e prisão cautelar*. São Paulo: Saraiva, 1991.

GRECO, Rogério. *Curso de direito penal – Parte geral*. Rio de Janeiro: Impetus, 2002.

GRECO FILHO, Vicente. *Tutela constitucional das liberdades*. São Paulo: Saraiva, 1989.

GRINOVER, Ada Pellegrini. *Liberdades públicas e processo penal*. 2. ed. São Paulo: RT, 1982.

GUARAGNI, Fábio André. *As teorias da conduta em direito penal – um estudo da conduta humana do pré-causalismo ao funcionalismo pós-finalista*, 2. ed. São Paulo: RT, 2009.

GUERRA FILHO, Willis Santiago. Dignidade humana, princípio da proporcionalidade e teoria dos direitos fundamentais. *Tratado luso-brasileiro da dignidade humana*, 2. ed. in: MIRANDA, Jorge. SILVA, Marco. São Paulo: Quartier Latin, 2009.

HUNGRIA, Nélson. *Comentários ao Código Penal*. Rio de Janeiro: Forense, 1958. v. 1, t. I

JAKOBS, Günther. *Derecho penal del enemigo*. Trad. Manuel Cancio Meliá. Madrid: Thompson-Civitas, 2003.

_____. *Derecho penal – Parte general – Fundamentos y teoría de la imputación*. 2. ed. Trad. Cuello Contreras e Gonzalez de Murillo. Madrid: Marcial Pons, 1997.

JESCHECK, Hans-Heinrich. *Tratado de derecho penal – Parte general*. Trad. Mir Puig e Muñoz Conde. Barcelona: Bosch, 1981.

JHERING, Rudolf Von. *A evolução do direito*. Salvador: Livraria Progresso Editora, 1950.

JIMÉNEZ DE ASÚA, Luis. *Lecciones de derecho penal*. Mexico: Editorial Pedagógica Iberoamericana, 1995.

_____. *Principios de derecho penal – La ley y el delito*. Buenos Aires: Abeledo-Perrot, 1997.

LACAVA, Thaís Aroca Datcho. MOURA, Maria Thereza Rocha de Assis. A garantia da razoável duração do processo penal e a contribuição do STJ para a sua efetividade. In: PRADO, Geraldo. MALAN, Diogo (coord). *Processo penal e democracia. Estudos em homenagem aos 20 anos da Constituição da República de 1988.* Rio: Lumen Juris, 2009.

LEWANDOWSKI, Enrique Ricardo. A formação da doutrina dos direitos fundamentais. *Tratado luso-brasileiro da dignidade humana*, 2. ed. In: MIRANDA, Jorge. SILVA, Marco. São Paulo: Quartier Latin, 2009.

LIMA, Carolina Alves de Souza. *O princípio constitucional do duplo grau de jurisdição.* São Paulo: Manole, 2003.

_____. MARQUES, Oswaldo Henrique Duek. O princípio da humanidade das penas. In: *Tratado luso-brasileiro da dignidade humana*, 2ª ed. MIRANDA, Jorge. SILVA, Marco. São Paulo: Quartier Latin, 2009.

LOEWENSTEIN, Karl. *Teoría de la Constitución.* Trad. Alfredo Gallego Anabitarte. Barcelona: Ariel, 1965.

LOPES JR., Aury; BADARÓ, Gustavo Henrique. *Direito ao processo penal no prazo razoável.* Rio de Janeiro: Lumen Juris, 2006.

LUISI, Luiz. Um novo conceito de legalidade penal. *Ajuris* Especial, jul. 1999, p. 110-117.

_____. *Os princípios constitucionais penais.* Porto Alegre: Sérgio Antonio Fabris Editor, 1991.

MALAN, Diogo. PRADO, Geraldo. *Processo penal e democracia – estudos em homenagem aos 20 anos da Constituição da República de 1988.* Rio: Lumen Juris, 2009.

MALULY, Jorge Assaf. DEMERCIAN, Pedro Henrique. *Curso de processo penal.* 4. ed. Rio: Forense, 2009.

MARCOCHI, Marcelo Amaral Colpaert. Posse de celular em presídio – Lei n. 11.466/2007. In: TOLEDO, Armando (coord). *Direito penal – reinterpretação à luz da Constituição: questões polêmicas.* São Paulo: Elsevier, 2009.

MARQUES, José Frederico. *Elementos de direito processual penal.* Atual. Victor Hugo Machado da Silveira. Campinas: Bookseller, 1997. v. 1 e 4.

_____. Os princípios constitucionais da justiça penal. *Revista Forense* 182/20, mar.-abr. 1959.

_____. *Tratado de direito penal.* Atual. Antonio Cláudio Mariz de Oliveira, Guilherme de Souza Nucci e Sérgio Eduardo Mendonça Alvarenga. Campinas: Bookseller, 1997. v. 1 e 2.

MARQUES, Oswaldo Henrique Duek. LIMA, Carolina Alves de Souza. O princípio da humanidade das penas. *Tratado luso-brasileiro da dignidade humana*, 2. ed. In: MIRANDA, Jorge. SILVA, Marco. São Paulo: Quartier Latin, 2009.

_____. *Fundamentos da pena.* São Paulo: Juarez de Oliveira, 2000.

MARTINS, Ives Gandra. Bastos, Celso Ribeiro. *Comentários à Constituição do Brasil*, v. 1. São Paulo: Saraiva, 1988.

_____. MENDES, Gilmar Ferreira. *Controle concentrado de constitucionalidade*. 3. ed. São Paulo: Saraiva, 2009.

_____. REZEK, Francisco. *Constituição Federal. Avanços, contribuições e modificações no processo democrático brasileiro*. São Paulo: RT & Centro de Extensão Universitária, 2008.

MASSUD, Leonardo. *Da pena e sua fixação – finalidades, circunstâncias judiciais e apontamentos para o fim do mínimo legal*. São Paulo: DPJ, 2009.

MAURACH, Reinhart, e ZIPF, Heinz. *Derecho penal – Parte general*. Buenos Aires: Astrea, 1994. v. 1.

MEDICA, Vincenzo La. *O direito de defesa*. Trad. Fernando de Miranda. São Paulo: Saraiva, 1942.

MELLO, Dirceu. Violência no mundo de hoje. *Tratado luso-brasileiro da dignidade humana*, 2. ed. In: MIRANDA, Jorge. SILVA, Marco. São Paulo: Quartier Latin, 2009.

MELLO FILHO, José Celso. *Constituição Federal anotada*, 2. ed. São Paulo: Saraiva, 1986.

MELLO, Marco Aurélio. Liberdade de expressão, dignidade humana e estado democrático de direito. *Tratado luso-brasileiro da dignidade humana*, 2. ed. In: MIRANDA, Jorge. SILVA, Marco. São Paulo: Quartier Latin, 2009.

MENDES, Gilmar Ferreira. *Direitos fundamentais e controle de constitucionalidade*, 3. ed. São Paulo: Saraiva, 2009.

_____. COELHO, Inocêncio Mártires. BRANCO, Paulo Gustavo Gonet. *Curso de direito constitucional*. 4. ed. São Paulo: Saraiva, 2008.

_____. MARTINS, Ives Gandra da Silva. *Controle concentrado de constitucionalidade*. 3. ed. São Paulo: Saraiva, 2009.

_____. A proteção da dignidade da pessoa humana no contexto do processo judicial. *Tratado luso-brasileiro da dignidade humana*, 2. ed. In: MIRANDA, Jorge. SILVA, Marco. São Paulo: Quartier Latin, 2009.

MIRANDA, Jorge. *Constituições de diversos países*. 3. ed. Lisboa: Imprensa Nacional Casa da Moeda, 1986. v. 1.

_____. *Constituições de diversos países*. 3. ed. Lisboa: Imprensa Nacional Casa da Moeda, 1987. v. 2.

_____. *Manual de direito constitucional*. 3. ed. Coimbra: Coimbra Editora, 1987. t. I.

_____. *Manual de direito constitucional*. 2. ed. Coimbra: Coimbra Editora, 1988. t. II.

_____. *Manual de direito constitucional*. 2. ed. Coimbra: Coimbra Editora, 1987. t. III.

_____. *Manual de direito constitucional*. Coimbra: Coimbra Editora, 1988. t. IV.

MOMO, Marcelo. Progressão de regime nos crimes hediondos. *Direito penal – reinterpretação à luz da Constituição: questões polêmicas*. São Paulo: Elsevier, 2009.

MONTEIRO, Antonio Lopes. *Crimes hediondos*, 9. ed. São Paulo: Saraiva, 2010.

MORAES, Alexandre de. *Direito constitucional*. 7. ed. São Paulo: Atlas, 2000.

_____. *Direito constitucional*. 24. ed. São Paulo: Atlas, 2009.

_____. *Direitos humanos fundamentais – Teoria geral, comentários aos arts. 1.º a 5.º da Constituição da República Federativa do Brasil – Doutrina e jurisprudência*. 2. ed. São Paulo: Atlas, 1998 (Coleção Temas Jurídicos, v. 3).

_____. Provas ilícitas e proteção aos direitos humanos fundamentais. *Boletim IBCCRIM*, n. 63, fev. 1998.

MORAES, Alexandre Rocha Almeida de. *Direito penal do inimigo – a terceira velocidade do direito penal*. Curitiba: Juruá, 2008.

MORAES, Maurício Zanoide de. FERNANDES, Antonio Scarance. ALMEIDA, José Raul Gavião de. *Sigilo no processo penal – eficiência e garantismo*. São Paulo: RT, 2008.

_____. Presunção de inocência no processo penal brasileiro: análise de sua estrutura normativa para a elaboração legislativa e para a decisão judicial. Rio de Janeiro: Lumen Juris, 2010.

MOURA, Maria Thereza Rocha de Assis. LACAVA, Thaís Aroca Datcho. A garantia da razoável duração do processo penal e a contribuição do STJ para a sua efetividade. In: PRADO, Geraldo. MALAN, Diogo (coord). *Processo penal e democracia. Estudos em homenagem aos 20 anos da Constituição da República de 1988*. Rio: Lumen Juris, 2009.

_____. *Justa causa para a ação penal – Doutrina e jurisprudência*. São Paulo: RT, 2001 (Coleção de Estudos de Processo Penal Prof. Joaquim Canuto Mendes de Almeida, v. 5).

NALINI, José Renato. Duração razoável do processo e a dignidade da pessoa humana. *Tratado luso-brasileiro da dignidade humana*, 2. ed. In: MIRANDA, Jorge. SILVA, Marco. São Paulo: Quartier Latin, 2009.

NERY, Rosa Maria de Andrade. NERY JUNIOR, Nelson. *Constituição Federal comentada e legislação constitucional*. São Paulo: RT, 2006.

NERY JUNIOR, Nelson. NERY, Rosa Maria de Andrade. *Constituição Federal comentada e legislação constitucional*. São Paulo: RT, 2006.

NICOLITT, André Luiz. A garantia do contraditório: consagrada na Constituição de 1988 e olvidada na reforma do Código de Processo Penal de 2008. In: PRADO, Geraldo. MALAN, Diogo (coord). *Processo penal e democracia. Estudos em homenagem aos 20 anos da Constituição da República de 1988*. Rio: Lumen Juris, 2009.

NUCCI, Guilherme de Souza. *Código Penal comentado*. 14. ed. Rio de Janeiro: Forense, 2014.

_____. *Manual de direito penal*. 10. ed. Rio de Janeiro: Forense, 2014.

_____. *Código de Processo Penal comentado*. 13. ed. Rio de Janeiro: Forense, 2014.

_____. *Manual de processo penal e execução penal*. 11. ed. Rio de Janeiro: Forense, 2014.

_____. *Leis penais e processuais penais comentadas*. 8. ed. Rio de Janeiro: Forense, 2014. v. 1 e 2.

_____. *Individualização da pena*. 6. ed. Rio de Janeiro: Forense, 2014.

_____. *Tribunal do Júri*. 5. ed. Rio de Janeiro: Forense, 2014.

_____. *Habeas corpus*. Rio de Janeiro: Forense, 2014.

NUNES JÚNIOR, Vidal Serrano. ARAUJO, Luiz Alberto David. *Curso de direito constitucional*. São Paulo: Saraiva, 1998.

OLIVEIRA, Antonio Cláudio Mariz de. O direito penal e a dignidade humana. A questão criminal: discurso tradicional. In: *Tratado luso-brasileiro da dignidade humana*, 2. ed. MIRANDA, Jorge. SILVA, Marco. São Paulo: Quartier Latin, 2009.

OLIVEIRA, Eugênio Pacelli de. *Curso de processo penal*. 10. ed. Rio: Lumen Juris, 2008.

PIERANGELI, José Henrique. ZAFFARONI, Eugenio Raúl. *Manual de direito penal brasileiro* – Parte geral. São Paulo: RT, 1997.

PONTE, Antonio Carlos da. *Inimputabilidade e processo penal*, 2. ed. São Paulo: Quartier Latin, 2007.

_____. *Crimes eleitorais*. São Paulo: Saraiva, 2008.

PRADO, Geraldo. MALAN, Diogo. *Processo penal e democracia – estudos em homenagem aos 20 anos da Constituição da República de 1988*. Rio: Lumen Juris, 2009.

QUEIROZ, Paulo de Souza. *Do caráter subsidiário do direito penal*. Belo Horizonte: Del Rey, 1998.

BIBLIOGRAFIA | 553

_____. *Direito penal – parte geral*. São Paulo: Saraiva.

RANGEL, Paulo. *Direito processual penal*, 15. ed. Rio: Lumen Juris, 2008.

REZEK, Francisco. MARTINS, Ives Gandra. *Constituição Federal. Avanços, contribuições e modificações no processo democrático brasileiro.* São Paulo: RT & Centro de Extensão Universitária, 2008.

ROSA, Inocêncio Borges da. *Comentários ao Código de Processo Penal.* 3. ed. Atual. Angelito A. Aiquel. São Paulo: RT, 1982.

ROXIN, Claus. *Derecho penal* – Parte general (Fundamentos. La estructura de la teoria del delito). Trad. Diego-Manuel Luzón Peña, Miguel Díaz y García Conlledo, Javier de Vicente Remesal. Madrid: Civitas, 1999. t. I.

_____. *La evolución de la política criminal, el derecho penal y el proceso penal.* Valencia: Tirant lo Blanch, 2000.

_____. *Teoria del tipo penal* – Tipos abertos y elementos del deber jurídico. Buenos Aires: Depalama, 1979.

SAAD, Marta. Direito ao silêncio na prisão em flagrante. In: PRADO, Geraldo. MALAN, Diogo. *Processo penal e democracia – estudos em homenagem aos 20 anos da Constituição da República de 1988.* Rio: Lumen Juris, 2009.

SANTOS, Christiano Jorge. Interceptação telefônica, segurança e dignidade da pessoa humana. *Tratado luso-brasileiro da dignidade humana,* 2. ed. In: MIRANDA, Jorge. SILVA, Marco. São Paulo: Quartier Latin, 2009.

SANTOS, José Carlos Daumas. *Princípio da legalidade na execução penal.* São Paulo: Manole & Escola Paulista da Magistratura, 2005.

SANTOS, Lycurgo de Castro. O princípio de legalidade no moderno direito penal. *Revista Brasileira de Ciências Criminais* n. 15/182.

SHECAIRA, Sérgio Salomão. *Criminologia.* São Paulo: RT, 2004.

_____; CORRÊA JUNIOR, Alceu. *Teoria da pena.* São Paulo: RT, 2002.

SILVA, Ivan Luís Marques da. *Reforma Processual Penal de 2008.* São Paulo: RT, 2008.

SILVA, José Afonso da. *Comentário contextual à Constituição,* 4. ed. São Paulo: Malheiros, 2007.

_____. *Curso de direito constitucional positivo.* 9. ed. São Paulo: Malheiros, 1992.

SILVEIRA, Renato de Mello Jorge. *Direito penal supra-individual* – Interesses difusos. São Paulo: RT, 2003.

TEMER, Michel. *Elementos de direito constitucional,* 9. ed. São Paulo: Malheiros, 1992.

Toledo, Armando. Barbosa Júnior, Salvador José. A nova tipificação do delito de embriaguez ao volante. *Direito penal – reinterpretação à luz da Constituição: questões polêmicas*. São Paulo: Elsevier, 2009.

Toron, Alberto Zacharias. O contraditório nos Tribunais e o Ministério Público. *Escritos em homenagem a Alberto Silva Franco*. São Paulo: RT, 2003.

Tourinho Filho, Fernando da Costa. *Manual de processo penal*, 11. ed. São Paulo: Saraiva, 2009.

Tucci, Rogério Lauria. *Direitos e garantias individuais no processo penal brasileiro*, 3. ed. São Paulo: RT, 2009.

Vieira, Emanuelle Boullosa. Moeda falsa: um crime de perigo concreto ou abstrato? In: Toledo, Armando (coord). *Direito penal – reinterpretação à luz da Constituição: questões polêmicas*. São Paulo: Elsevier, 2009.

Welzel, Hans. *Derecho penal alemán*. Santiago: Editorial Juridica de Chile, 1997.

Zaffaroni, Eugenio Raúl. *Tratado de derecho penal* – Parte general. Buenos Aires: Ediar, 1988.

_____ e Pierangeli, José Henrique. *Manual de direito penal brasileiro* – Parte geral. São Paulo: RT, 1997.

Zipf, Heinz e Maurach, Reinhart. *Derecho penal* – Parte general. Buenos Aires: Astrea, 1994. v. 1.

Zisman, Célia Rosenthal. O princípio da dignidade da pessoa humana. *Estudos de Direito Constitucional*. In: Garcia, Maria (coord). São Paulo: Thomson-IOB, 2005.

ANEXOS

Quadros esquemáticos do inter-relacionamento entre os princípios constitucionais penais e processuais penais

1. *Inter-relação entre os princípios constitucionais penais*

2. *Inter-relação entre os princípios constitucionais processuais penais*

3. *Inter-relação entre os princípios constitucionais penais e processuais penais*

1. INTER-RELAÇÃO ENTRE OS PRINCÍPIOS CONSTITUCIONAIS PENAIS

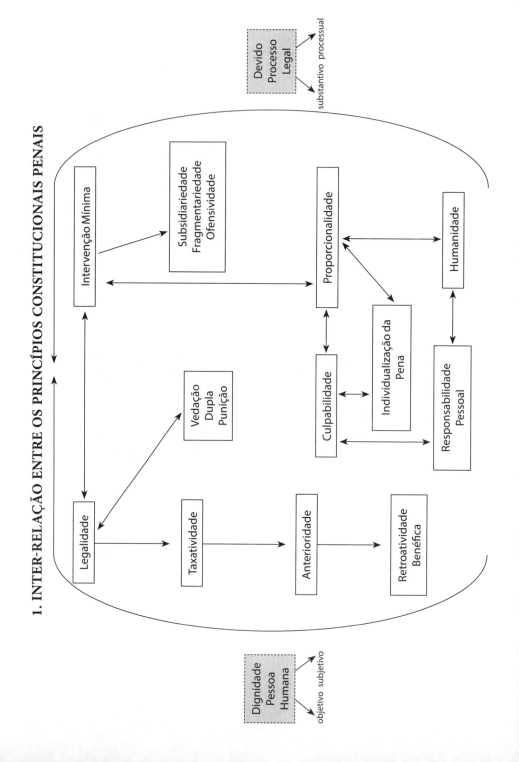

Regem o sistema dos princípios constitucionais penais os princípios da dignidade da pessoa humana e do devido processo legal. Harmonicamente, conduzem os demais a produzir a meta principal do Estado Democrático de Direito, consistente em aplicar a justa medida punitiva, tendo por base a prática do crime.

Sob o prisma objetivo, a dignidade humana obriga o Estado a assegurar ao indivíduo as condições mínimas de sobrevivência respeitável; sob o enfoque subjetivo, garante o respeito à autoestima e à individualidade.

O devido processo legal congrega, sob a ótica substantiva, todos os princípios penais e, sob o lado processual, todos os princípios processuais penais.

O princípio da legalidade, uma das mais relevantes garantias individuais contra eventuais abusos do Estado, precisa ser guarnecido pelos princípios da taxatividade e da anterioridade. Afinal, de nada adiantaria haver lei definindo o crime e cominando a pena, se não houvesse a indispensável e clara especificação da conduta criminosa, além de se exigir seja a previsão formulada *antes* do cometimento do delito. Finalmente, dada a legalidade, torna-se justo e razoável a aplicação retroativa de toda mudança legislativa benéfica ao réu, pois as alterações de política criminal estatal devem abranger todo o universo da sociedade. A legalidade impõe, ainda, seja vedada a dupla punição do agente pelo mesmo fato, vez que há uma figura típica exclusiva para a aplicação a cada delito cometido, sem qualquer repique.

O princípio da legalidade irmana-se com a intervenção mínima, pois esta demanda o mais reduzido número de tipos penais incriminadores possível, além de indicar aqueles que devem ser considerados inconstitucionais, por ofensa à subsidiariedade, fragmentariedade e ofensividade. Ademais, a intervenção mínima relaciona-se com a proporcionalidade, exigindo o equilíbrio entre figuras típicas realmente necessárias à garantia da ordem pública, aplicando-se as penas de maneira coerente à gravidade da lesão provocada.

A proporcionalidade interage com a humanidade, pois seria cruel impingir uma pena severa a uma infração penal ínfima; corresponde-se com a culpabilidade, visto prever sanções diferenciadas aos delitos dolosos e aos culposos, demonstrando-se, abstratamente, a gravidade de cada uma das infrações. Demanda vínculo com a individualização da pena, justamente para graduar, em concreto, proporcionalmente à lesão ao bem jurídico e sua forma de realização, a pena merecida pelo agente.

A culpabilidade interatua com a individualização da pena, pois aos crimes dolosos prevê-se sanção mais severa que aos culposos; quando necessário, portanto, cabe ao magistrado zelar pela correta individualização, em particular no contexto dos crimes qualificados pelo resultado, quando este pode dar-se por dolo ou culpa. Relaciona-se com a responsabilidade pessoal, pois a pena não pode atingir, jamais, quem não tenha participado do delito, atuando com dolo ou culpa.

A humanidade caminha ao lado da responsabilidade pessoal, assegurando--se, sem qualquer abuso, nem crueldade, seja a pena aplicada apenas ao autor da infração penal.

ANEXOS | 559

2. INTER-RELAÇÃO ENTRE OS PRINCÍPIOS CONSTITUCIONAIS PROCESSUAIS PENAIS

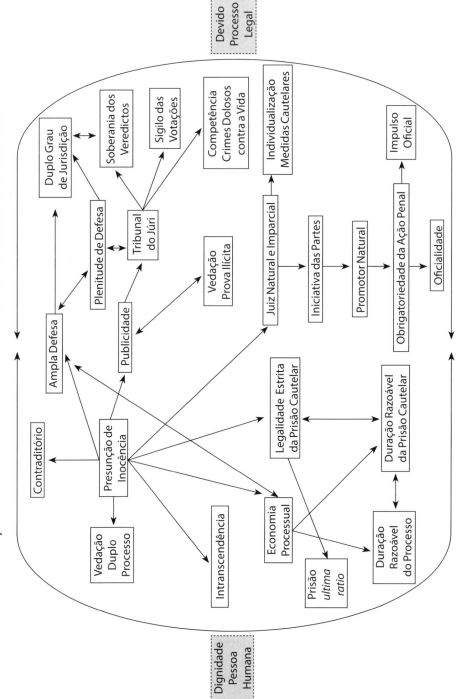

A dignidade da pessoa humana e o devido processo legal fornecem os elementos indispensáveis à composição do sistema de princípios processuais penais, de modo a garantir a estabilidade e a prevalência dos direitos e garantias individuais.

O princípio da presunção de inocência é o principal elemento do quadro geral, pois governa vários outros princípios, impondo o respeito fiel à pessoa humana. Em razão do estado natural de inocência, cabe ao órgão acusatório demonstrar a culpa do agente, que mantém, como garantias, o contraditório e a ampla defesa. Exercita seus instrumentos defensórios à luz da publicidade, que, por consequência, impõe um processo ético, não se admitindo a produção de provas ilícitas.

O estado de inocência clama pela vedação ao duplo processo pelo mesmo fato, calcado no fator de estabilidade das relações entre Estado e indivíduo, impondo-se a segurança jurídica, após o trânsito em julgado de sentença absolutória. Por isso, não se admite a transcendência da ação penal, abrangendo pessoas não participantes do evento criminoso, logo, inocentes.

Da presunção de inocência, extrai-se, ainda, a estrita legalidade da prisão cautelar, não se podendo deter pessoas, senão nos restritos termos da lei, antes do trânsito em julgado de sentença condenatória. Decorre, naturalmente, a economia processual, encurtando-se o trâmite processual, que termina por servir de instrumento de pressão contra o réu. Fomenta-se a duração razoável do processo e, logicamente, a duração razoável da prisão cautelar.

O advento da Lei 12.403/2011 proporcionou visão moderna ao princípio da individualização da pena, pois o estendeu para a fase processual, antes da culpa formada, exigindo que o juiz individualize a aplicação de medidas cautelares alternativas à prisão. Ademais, inseriu a ideia de constituir a prisão cautelar a *ultima ratio*, nos moldes da intervenção mínima que se aguarda do Estado numa visão democrática do processo penal.

A publicidade é o estado reinante no Tribunal do Júri, cujos princípios regentes conferem-lhe *status* particular na estrutura do Judiciário brasileiro. Em seu plenário, prevalece um fortalecimento da ampla defesa, denominado plenitude de defesa, além de se exigir sejam seus veredictos soberanos, quanto ao mérito. Assegurando-se a devida tranquilidade aos jurados, impõe-se o sigilo das votações. Cumprindo a meta de garantir a existência do Tribunal Popular, reserva-se competência constitucional mínima para os delitos dolosos contra a vida.

A ampla defesa, a plenitude de defesa e mesmo a soberania dos veredictos coexistem, harmonicamente, com o duplo grau de jurisdição, permitindo-se a reavaliação das decisões de primeiro grau por corte colegiada superior. No tocante ao júri, a medida de reforma limita-se a conduzir a outro julgamento pelo mesmo Tribunal Popular.

O estado de inocência incentiva a existência do juiz natural e imparcial, como garantia de ocorrência de julgamentos isentos. Por isso, o magistrado não intervém de ofício, instaurando a instância penal, cabendo às partes tal iniciativa. Do órgão acusatório oficial, espera-se imparcialidade, igualmente, dando ensejo ao cultivo do promotor natural. Este, por sua vez, tem a obrigação da atuar, quando detém provas suficientes da prática de crime de ação pública incondicionada, ou quando autorizado pela vítima, nos delitos de ação pública condicionada. A oficialidade rege o monopólio punitivo estatal, não se permitindo ao particular qualquer ingerência da execução da pena.

3. INTER-RELAÇÃO ENTRE OS PRINCÍPIOS CONSTITUCIONAIS PENAIS E PROCESSUAIS PENAIS

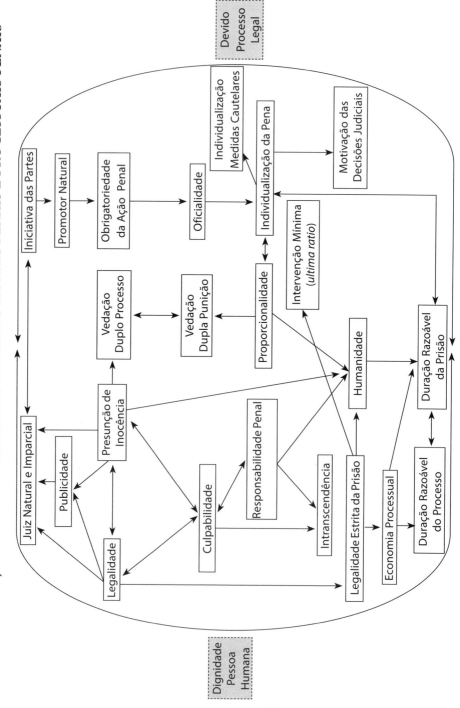

Todo o sistema de princípios constitucionais penais e processuais penais é conduzido pela dignidade da pessoa humana e pelo devido processo legal, com suas ramificações e naturais consequências.

No inter-relacionamento entre o Direito Penal e o Processo Penal, destacam-se dois relevantes princípios, um de cada lado: a legalidade e o estado de inocência. Da legalidade, extrai-se a imposição do juiz natural e imparcial, garantidor do processo ético, preservando-se o estado de inocência, quando necessário cultuar a prevalência do interesse do réu. O direito à imunidade contra a autoacusação também advém da força da legalidade, associado ao horizonte construído pela presunção de inocência.

A publicidade incentiva o juiz imparcial, que dá ensejo à iniciativa das partes em matéria de propositura da ação penal, preferencialmente pelo promotor natural e imparcial, cuja atuação é obrigatória, na maior parte dos casos. Rege o processo a oficialidade, impedindo-se qualquer ação punitiva particular, e o impulso oficial, significando ser o magistrado o condutor do feito após o início até o fim, com ou sem a provocação das partes.

A legalidade torna indispensável o respeito à culpabilidade, visto inexistir crime sem dolo ou culpa, até pelo fato de se cultuar o estado de inocência. Disso resulta, ainda, a intranscendência da ação penal, jamais podendo atingir, sem justa causa, a figura de terceiros, distantes da autoria do delito.

O estado de inocência preserva a vedação ao duplo processo pelo mesmo fato, que, por consequência, impede a dupla punição pelo mesmo fato, princípios ligados à proporcionalidade e à humanidade. Afinal, aos autores de crimes graves deve-se punir proporcionalmente à lesão cometida, mas uma única vez, do contrário, estar-se-ia invadindo a seara da crueldade. Além disso, respeita-se a proporcionalidade para autorizar a quebra de sigilo bancário, fiscal e telefônico, bem como a busca e apreensão em domicílio.

A legalidade penal interatua com a legalidade da prisão cautelar, demandando a duração razoável do processo e da prisão provisória. Não há crime sem prévia definição legal, nem pena sem anterior cominação legal, vedando-se, por óbvio, a antecipação da pena, que exige a condenação com trânsito em julgado, rompendo o estado de inocência. Insere-se no sistema a ideia de prisão cautelar como *ultima ratio*, decorrente da aplicação, também no processo penal, da intervenção mínima, em especial, após a edição da Lei 12.403/2011.

Por derradeiro, observa-se a relevância da individualização da pena, no contexto da oficialidade das punições, impondo a justa medida da sanção penal a cada réu, de per si, sem padronização, o que seria desumano e desproporcional. Ademais, individualizar pressupõe motivar, obrigando o

Judiciário a fundamentar suas decisões, conferindo-lhe status público, legitimando, assim, a atuação do Poder de Estado. E, por derradeiro, cumpre salientar a nova visão processual penal, advinda da Lei 12.403/2011, referente à individualização das medidas cautelares alternativas à prisão cautelar, um avanço significativo no cenário dos princípios garantistas.

OBRAS DO AUTOR

Princípios Constitucionais Penais e Processuais Penais. 4. ed. Rio de janeiro: Forense, 2015.

Tribunal do Júri. 6. ed. Rio de janeiro: Forense, 2015.

Provas no Processo Penal. 4. ed. Rio de janeiro: Forense, 2015.

Manual de Direito Penal. Parte geral. Parte especial. 11. ed. Rio de Janeiro: Forense, 2015.

Manual de Processo Penal e Execução Penal. 12. ed. Rio de Janeiro: Forense, 2015.

Código de Processo Penal Comentado. 14 ed. Rio de Janeiro: Forense, 2015.

Código Penal Comentado. 15. ed. Rio de Janeiro: Forense, 2015.

Crimes contra a Dignidade Sexual. 5. ed. Rio de Janeiro: Forense, 2014

Prática Forense Penal. 8. ed. Rio de Janeiro: Forense, 2014.

Código de Processo Penal Militar Comentado. 2. ed. Rio de Janeiro: Forense, 2014.

Estatuto da Criança e do Adolescente Comentado – Em busca da Constituição Federal das Crianças e dos Adolescentes. Rio de Janeiro: Forense, 2014.

Habeas Corpus. Rio de Janeiro: Forense, 2014.

Prisão e Liberdade. 4. ed. Rio de Janeiro: Forense, 2014.

Leis Penais e Processuais Penais Comentadas. 8. ed. Rio de Janeiro: Forense, 2014. vol. 1.

Leis Penais e Processuais Penais Comentadas. 8. ed. Rio de Janeiro: Forense, 2014. vol. 2.

Código Penal Militar Comentado. 2. ed. Rio de Janeiro: Forense, 2014.

Individualização da Pena. 6. ed. Rio de Janeiro: Forense, 2014.

Prostituição, Lenocínio e Tráfico de Pessoas. São Paulo: Ed. RT, 2013.

Organização Criminosa. Comentários à Lei 12.850 de 02 de agosto de 2013. São Paulo: Ed. RT, 2013.

Dicionário Jurídico. São Paulo: Ed. RT, 2013.

Código Penal Comentado – versão compacta. 2. ed. São Paulo: Ed. RT, 2013.

Crimes Contra a Dignidade Sexual. 4. ed. São Paulo: Ed. RT, 2013.

Direito Penal – Parte Especial. 2. ed. São Paulo: Ed. RT, 2012. Esquemas & sistemas. vol. 2.

Direito Penal – Parte Geral. 3. ed. São Paulo: Ed. RT, 2013. Esquemas & sistemas. vol. 1.

Direito Processual Penal. 2. ed. São Paulo: Ed. RT, 2013. Esquemas & sistemas. vol. 3.

Doutrinas Essenciais. Direito Processual Penal. Organizador, em conjunto com Maria Thereza Rocha de Assis Moura. São Paulo: Ed. RT, 2012. vol. I a VI.

Tratado Jurisprudencial e Doutrinário. Direito Penal. 2. ed. São Paulo: Ed. RT, 2012. vol. I e II.

Tratado Jurisprudencial e Doutrinário. Direito Processual Penal. São Paulo: Ed. RT, 2012. vol. I e II.

Doutrinas Essenciais. Direito Penal. Organizador, em conjunto com Alberto Silva Franco. São Paulo: Ed. RT, 2011. vol. I a IX.

Crimes de Trânsito. São Paulo: Juarez de Oliveira, 1999.

Júri – Princípios Constitucionais. São Paulo: Juarez de Oliveira, 1999.

O Valor da Confissão como Meio de Prova no Processo Penal. Com comentários à Lei da Tortura. 2. ed. São Paulo: Ed. RT, 1999.

Tratado de Direito Penal. Frederico Marques. Atualizador, em conjunto com outros autores. Campinas: Millenium, 1999. vol. 3.

Tratado de Direito Penal. Frederico Marques. Atualizador, em conjunto com outros autores. Campinas: Millenium, 1999. vol. 4.

Tratado de Direito Penal. Frederico Marques. Atualizador, em conjunto com outros autores. Campinas: Bookseller, 1997. vol. 1.

Tratado de Direito Penal. Frederico Marques. Atualizador, em conjunto com outros autores. Campinas: Bookseller, 1997. vol. 2.

Roteiro Prático do Júri. São Paulo: Oliveira Mendes e Del Rey, 1997.

www.editoraforense.com.br
forense@grupogen.com.br

Impressão e acabamento
Rua Uhland, 307
Vila Ema-Cep 03283-000
São Paulo - SP
Tel/Fax: 011 2154-1176
adm@cromosete.com.br

Cód.: 1214166